本书是国家社科基金重大招标项目“台湾经学文献整理与研究（1945—2015）”（16ZDA181）的阶段性成果

1945年以来的台湾地区经学研究

1945 NIAN YILAI DE TAIWAN DIQU JINGXUE YANJIU

郜积意　主编　林庆彰　副主编

人民出版社

目　录

《周易经文注疏校证》述评
——马光宇先生《周易》校勘学刍议

顾永新*

《周易经文注疏校证》（以下简称《校证》）原系1961年台湾师范大学中文研究所马光宇先生的硕士学位论文，指导教授是蒋慰堂先生；翌岁发表在《台湾师范大学中文研究所集刊》第六辑。对于《周易》经传注疏的校勘而言，这是一篇重要的文献。

马光宇先生纂述《校证》之时，一方面，清人及日本学者已有较为充分的校勘成果，并且表现出较高的水平；另一方面，近现代学者利用新发现之新材料所进行的校勘工作也已取得了一定的进展，在一定程度上廓清了清人在取材范围和校勘方法上的局限。所以，《校证》较之清人有所推进，也基本上反映了《周易》经传注疏的校勘在当时所能达到的水平。其后近三十年间并无《周易》经传注疏的校勘之作，直至1995年，才有野间文史先生校勘广岛大学附属图书馆藏天文旧钞单疏本《周易正义》十四卷（以下简称广大本），结撰《广岛大学藏旧钞本〈周易正义〉考附校勘记》（《广岛大学文学部纪要》特辑号）。由此可见，《校证》在《周易》校勘学史上实乃不可或缺的重要一环，在相当长的历史时期里发挥着持久的影响。

一、总体特征

马光宇先生以区区一篇硕士学位论文，通校《周易》经传注疏，并取得了丰硕的成果，实属难能可贵。对于校勘而言，最大也是最重要的成

---

* 顾永新，北京大学中文系教授。

就无疑就是出校异文，对于探究文本正误、解读《易》理、研析版本源流系统，作用都是直接而显见的。具体说来，其成就主要表现在以下三个方面：

首先，《校证》晚出，广校众本，巨细靡遗，超越前人。参校本有台湾“中图馆”藏汉石经残碑拓本、世界书局缩印皕忍堂影刊本开成石经、丙寅季夏涉园影印巾箱本《周易》（八经之一）等白文本；台湾“中研院”藏“景印北宋本”《周易注》（附《释文》）、《四部丛刊》影印宋刊本《周易注》（实乃南宋淳熙抚州公使库刻递修本），以及通过《七经孟子考文补遗》（以下简称《考文》）转引的古本和足利本等经注本；单疏本用的是 1935 年北平人文科学研究所影印徐坊、傅增湘旧藏南宋刻本（以下简称单疏本）；注疏合刻本包括台湾“中图馆”藏“宋建刊元明修补十行本”《周易兼义》（以下简称“台图”十行本）、台湾“中图馆”藏明嘉靖中李元阳刻本（以下简称闽本）和崇祯中毛氏汲古阁刻本《周易兼义》（以下简称毛本），以及通过《考文》转引的“宋板”（八行本）。其他参校本还有嘉庆中木渎周氏刻本《周易集解》和扬州阮氏琅嬛仙馆刻本《周易虞氏义》等。较之阮元《周易注疏校勘记》（以下简称《校勘记》），参校本的数量及版本类型都大为增加，尤其是单疏本的使用，此前尽管已有海保渔村校过旧钞单疏本，向宗鲁先生校过宋刻单疏影印本，但运用到综合各种类型版本的全面校勘之中还是首次，确如马先生所云“尤以能将单疏，校正今本之误，诚属快事”（《导言》）。

其次，通过全面的异文校勘，发现了参校各本的不同特点及其相互关系。如通过对汉石经的校勘，不仅校出一些异文，还发现“爻辞、彖辞、象辞各自为起止，此乃汉石经之编例与今日《周易》象辞、彖辞杂入每卦每爻之后不同”（《各种版本略述》）；“景印北宋本”和“涵芬楼影宋本”（《四部丛刊》影印本）卷次划分相同，异文亦大多相同；单疏本有与今本（据《凡例》，实指“台图”十行本）文字差异较大者，多足以正今本之误；李元阳九行本经文注疏异文大多与今本同，但亦有不少相异之处；汲古阁毛本与李元阳本同，而与今本不同者亦复不少；此外还注意到

“十行本缺字甚多，误字更是不少，且字体不纯正，印板不清，简体字亦多”，“实非善本，故先儒每多病之”；“阮元重刊《宋本十三经注疏》，即以十行本为底本，故十行本异同之处多与今本同，然亦有少数之处不同”（《各种版本略述》），这实际上说明元刻明修补十行本的不同时期修补本之间也存在着异文。这些结论皆源于具体的校勘，由异文得出，多为确论。

最后，《校证》对阮氏《校勘记》等前人校勘成果实有补正。如发现“岳本亦有少数之处（恐有脱文）阮元校记迥异者”，感叹“夫以阮公上智之才，犹有疏略，校书亦难矣”（《校后语》）。又如注意到“引《七经孟子考文补遗》常以一切注文皆冠属古本”（《校后语》），实际上《考文》用以参校之古本有三，故存在着三本、二本、一本尽皆相同或彼此各异的诸多情况，应予以区分；当然，《校证》在实际操作中也有失误，将古本与三本、二本、一本并称，似未能获知后者实乃前者之组成部分，较之阮氏识见愈下矣。

限于 20 世纪 60 年代经学文献研究的总体发展水平，以及海峡两岸之间学术交流阻遏隔绝，当然也还有马先生自身文献学造诣和校勘实践经验等主客观因素，《校证》存在的问题也有不少，试从以下四个方面约略举例说明。

（一）参校版本搜罗不广且有认定不当者

《校证》参校本虽多，但失校南宋初两浙东路茶盐司刊行的八行本《周易注疏》十三卷（只是通过《考文》间接引用“宋板”），这不能不说是一大憾事。当然，或许是因为日本足利学校遗迹图书馆所藏原版印本（1973 年汲古书院影印本，以下简称八行本）和原北京图书馆（以下简称北图）所藏宋刻宋元递修本（以下简称钱本）当时皆无影印本行世，查阅、校勘不易。《导言》曰：“两宋之间，刻板经籍渐多，有十行本注疏者，后经元明，递有修补。明正德中，其板尚存。”据此，竟似不知十行本之前有最初的注疏合刻本——越刊八行本的存在，也不明宋刻十行本之于元刻十行本有别，知其观念尚与清代学者仿佛。《所据各本书目》《凡例》所列参校本径将台湾“中图馆”所藏元刻明修补十行本著录为“宋建刊元明修补十行本”。事实上，长泽规矩也先生的名作《十行本注疏考》(1934年)，早已明确地揭示了这些问题，既已在日本汉学大会上发表，后刊登在《书志学》上，收入《长泽规矩也著作集》第一卷（题目改作《正德十行本注疏非宋本考》）。当然，20世纪50年代成书的《台湾“中图馆”善本书目》即著录为宋建刊明代修补十行本。这是当时经学文献研究的水平所限，可以说是历史原因，无可厚非。

又据《所据各本书目》《凡例》，《校证》用以参校之经注本（单注本）有台湾“中研院”藏“景印北宋刊本《周易》(附《释文》)”。据传世版本及相关目录著录，北宋并未出现经注附《释文》本，如兴国于氏、建安余氏、廖氏世彩堂等刊行的经注附《释文》本均出现在南宋。所以，尽管我们未能目验其书，但可以推定绝非北宋刊本，当刻于南宋。我们推断，当即1928年日本东京文求堂影刊瞿氏铁琴铜剑楼旧藏南宋初建阳坊刻本《周易注》，因为秦蕙田跋是书以为“真北宋佳本”，马先生所谓“北宋”或本于此。

又据《凡例》，《校证》“所据汉石经为台湾‘中图馆’所藏之汉石经残碑拓片”。事实上，屈万里先生《汉石经周易残字集证》三卷1961年当年即由台湾“中研院”历史语言研究所出版；此前更有汉石经研究的集成之作——马衡先生遗著《汉石经集存》早在1957年已由科学出版社出版。当然，当时海峡两岸咫尺天涯，学术音讯阻隔不通，失校也在情理之中。

又据《凡例》，《校证》“所据唐石经为世界书局缩印皕忍堂影刊本”。我们知道，明嘉靖中关中地震导致开成石经倒损，万历中西安府学生员王尧惠等曾予以补字，这样就人为地产生了不少讹误，多为清人所诟病。不过，“实则明人补缺别为一石，不与原石相淆。后人每以旧拓完善相尚，率取补缺文字剪配裱册”，所以皕忍堂影刊本的底本“取新拓整张经文，与仁和魏稼孙《开成石经图考》相符者，依样钩摹”，[①] 残缺处又依阮元校刻南昌府学本双钩补入。实际上，清人对于开成石经的考证成果已有不少，如严可均《唐石经校文》（《校证》间或引及）、钱大昕《唐石经考异》、臧庸《唐石经考异补》、王朝璩《唐石经考正》、吴骞《唐开成石经考异》等，所以在利用皕忍堂影刊本时应当结合这些考证成果。

此外，也还有一些关于版本的模糊甚至错误认识，如《各种版本略述》称元相台岳氏荆溪家塾刻本《周易注》为“影仿宋岳刻五经萃”（之一）。我们知道，这完全是沿袭清人的错误认识，误以为刊刻九经三传者是南宋岳珂，实际上经过张政烺先生、翁同文先生等的研究，[②] 知为元代岳浚无疑。而所谓“仿岳本”实乃乾隆中内府仿刻岳本五经，也就是阮氏《校勘记》所参校之岳本。所以，马先生发现“其异同之处，多与阮氏《校记》所列者相同”（《各种版本略述》），自然是理所应当的。限于当时学界对于岳本的认识水平，其说亦无可无不可也。

（二）对于《周易》各种版本类型卷数次第的认识有误

马先生注意到今传《周易》各本卷数次第之不同，曰：

> 今本《周易》，凡十卷，乃合上下经九卷及上经前之《周易正义》八论一卷而言。十行本、李元阳九行本、毛本皆如此。岳本、涵芬楼本又以经文九卷，合《略例》一卷而成十卷。亦有仅作九卷者，不兼《略例》《释文》或孔序、八论之数，单谓上下经而言。如日本足利学所藏之宋板《正义》，即不载孔序及八论、《略例》《释文》诸篇，可见日本足利学所藏之宋板《正义》，或

---

① 《景刊唐开成石经》卷首《例言》，中华书局 1997 年影印本。

② 张政烺先生《读相台书塾刊正九经三传沿革例》，“1943 年草成，只在友人中谈论。1960 年赵万里编《中国版刻图录》采纳了我的考证”（张先生自述：《我在史语所的十年》，载《张政烺文史论集》，中华书局 2004 年版，第 847 页）；至 1991 年正式发表在《中国与日本文化研究》第一辑，后收入《张政烺文史论集》。翁同文先生《相台岳氏九经三传刻梓人为岳浚考》，1966 年发表在《大陆杂志》第 32 卷第 7 期，后收入《宋史研究集》第十一辑，（台北）编译馆台湾中华丛书编审委员会 1979 年版。

> 止作九卷。《直斋书录解题》谓《周易》为十三卷，且引《馆阁书目》云："今本止十三卷。"但山井鼎之《七经孟子考文补遗》所载宋板《周易注疏》亦作十三卷。故一本《周易》有作十三卷者。但《旧唐书》又作十八卷。今据孔颖达《周易正义序》未（当作末）云："为之《正义》，凡十有四卷，庶望上裨圣道，下益将来。"由此可知孔氏作《正义》时，所见之《周易》尚作十四卷。且傅增湘氏所影板刊之宋监本《周易正义》，正作十四卷，与孔子（子字衍）序所说正合，由此言之，作九卷者、十卷者、十三卷者乃至十八卷者，皆非《周易》本来之卷数，当以十四卷为准。故傅增湘宋监本《周易正义》识语云……今考《新唐书》及《郡斋读书志》皆谓十四卷，此当是《周易》未分歧之旧观也。后人所称九卷、十卷、十三卷者，乃至十八卷，或是宋以后修板重刑（当作刊）者，各凭已（当作己）意，或分多而成十八卷之误，或并少而成九卷、十卷、十三卷之失，以至准的无依，乃启后学之疑惑也。若明此理，虚拟悬测之言未足信也，当以《新唐书》《郡斋读书志》、孔序、傅识，作为定论，久悬未决之疑，顿然冰释矣。(《校后语》)

设如马先生所云，不但卷数问题不能涣然冰释，更不能成为定论，反而启人误解，滋生疑窦。根本原因就出在马先生不辨版本类型及其内容构成，将各种版本杂糅在一起来讨论，把卷数异同简单地归结为宋以后修板重刊，本来扞格不通，怎好强作解人。就经注本而言，无论是单纯的经注本如南宋淳熙抚州公使库刻递修本（抚本），还是经注附《释文》本如南宋初建阳坊刻本（建本）和元相台岳氏荆溪家塾刻本（岳本）都是上下经六卷，外加《系辞》二卷、《说卦》《序卦》《杂卦》一卷，凡九卷，邢璹注《略例》又一卷。至于孔序及《新唐书》《郡斋读书志》所著录之十四卷本正是单疏本，卷首为进表、孔序，卷一为八论，卷二至卷十为上下经，卷十一至卷十三为《系辞》，卷十四为《说卦》《序卦》《杂卦》。至于《直斋书录解题》所著录之十三卷本并不误，实即八行本《周易注疏》十三卷，亦即《考文》所载宋板，也就是前揭日本足利学旧藏本，北图藏本亦为八行本，特经过宋元修补耳。至于元明以降通行的十行本系统《周易兼义》则为九卷，与经注本相同。之所以产生这样的歧异，实质上是因为八行本和十行本尽管同样都是注疏合刻本，但二者的编纂方式却并不一样，前者是以单疏本为基础加入经传、注文，上下经分作九卷，《系辞》分作三卷，《说卦》《序卦》《杂卦》合为一卷，知其卷数、卷次全同单疏本；后者是以经注本为基础加入疏文（《正义》），上下经分作六卷，《系辞》分作二卷，《说卦》《序卦》《杂卦》合为一卷，知其卷数、卷次全同经注本。不仅如此，二者之不同即便从书题上亦可见其所取材内容之主次：八行本卷端题“周易注疏卷第一”，以单疏（单疏本题作“周易正义卷第二”）为主；十行本卷端题“周易兼义上经乾传第一”，以经注（经注本题作“周易上经乾传第一”）为主。

鉴于当时所能获见之版本以及对于经书版本源流系统的认识所限，有关卷数次第的认识自然不免出现偏差，对于“兼义”的解释就更显得捉襟见肘。马先生备引《四库全书总目》及阮元、陈鳣、瞿镛诸家说，以为“后人修板，乃将《音义》总附卷末，上下经文仅有注疏所释之义，而无《音义》，故谓之‘兼义’。孔氏八论无注无疏，仍题‘正义’，衡诸事理，或当然也”（《校后语》）。马先生试图解释十行本卷首称“正义”而卷端称“兼义”在文字表达层面存在的抵牾，如上所述，这实际上都是由于注疏合刻本的内容构成方式不同所致。八论本身就是《正义》（疏）的组成部分，当然无所谓更有注、疏；陆德明《释文》的《（周易）音义》就是为《周易》的经传和王、韩注而作，并不是无《音义》，不过是构成方式与其他诸经十行本（“建本有音释注疏”）不同而已，不是附于每节经、注文之后，而是总附于注疏合刻本之后，相当于附刻。

（三）对于《周易》各本行款的认识不确切

正是因为马先生对于《周易》版本源流系统的认识不够明晰，也就导致他对各本行款的描述和判断不确切，甚至错误。《校证》乾卦卦辞出校云：

> 景宋本、涵芬楼（脱本字）经文下接书注文，注文双行小字，行行顶格。单疏每卦卦辞之后，疏文另提行，且行行顶格。李本、毛本每卦占一行，卦辞另提行又占一行，其下紧书注疏，注文单行，疏文双行小字。仅卦辞及爻辞、彖、象提行顶格，注疏均空一字书之。虞本卦辞、爻辞及彖、象均提行顶格，注文皆低一格书之，且各为起讫。《集辞（当为解字）》卦辞、爻辞、彖、象亦行行顶格，下接解文，解文双行小字，行行顶格。余卦皆仿此。

马先生注意到参校各本行款之异同，详加注明，这是必要的。但是，这段描述存在着两个问题：一是唐代李鼎祚所作《周易集解》引及汉人《易》说为多，清代张惠言辑本《周易虞氏义》纂辑虞翻《易》说，从校勘学的角度来看，并不适合用作直接的参校本，只可作为他校资料，以为异文之参考而已，因为它们并不属于通行的注疏本系统；至于不避冗赘揭示其行款，则全无意义。二是没有厘清版本系统，各种版本类型混杂在一处，使人无法探知其规律，参悟其要领。抚本、建本、岳本等经注本卦辞下各爻爻辞及王注均连写，不另提行。单疏本于卦辞后提行顶格冠以“正义曰”疏文起，以下各爻爻辞及《易传》注疏均连写（中间空二格），不另提行。至于注疏合刻本，八行本、十行本卦辞之下直接疏文，以下各爻爻辞及《易传》注疏均连写，与单疏本同；闽本、明万历中北京国子监刻本（以下简称监本）、毛本每卦卦形、卦名和卦辞不连写，每一小节经传（卦、爻辞和《易传》）均提行顶格，次行起均低一格。这是区分宋元刻本和明刻本的重要标准之一。

单疏本相对于经注本原本别行，而疏文兼释经文和注文，所以就产生了标示经、注文起止的问题。这也是区分不同注疏合刻本的标志性特征。据黄彰健先生研究，台湾“中研院”史语所藏唐写本《周易正义》残卷（一叶，三十二行，贲卦《正义》）标示经、注文起止用字多较宋刻单疏本为繁，进而推断孔颖达原本对经文、注文应未省略，后来省略经、注文、仅标明起止的做法可能是受到佛教经疏、论疏的影响。[①] 孔氏原本是否标示起止无从考证，但从敦煌《毛诗》《春秋左传》等经《正义》写本来看，皆标示经、注文起止，至少说明在刻本时代之前的写本时代已然如是。因此，研究各本所示经、注文起止对于厘析版本系统具有重要意义。马先生对此未尝措意。如阮本乾卦九二解注的疏文标示起止：注“处于地上”至“唯二五焉”。《校证》：“十行本、李本、毛本同。单疏、宋板作‘出潜’至‘五焉’。按：单疏疏文所标起讫或起讫文句所取之字，与其他诸本多有不同，以后不再述。”实际上，单疏本标示起止：注云“出潜”至“五焉”，较八行本（宋板）多出“云”字，二者并不相同。而且，单疏本和注疏合刻本构成内容及其方式不同，单疏本并无经传、注文，故均标示起止（文字简短者径录原文）；而注疏合刻本疏文缀于经传、注文之后，故直接其下者无须重复标示。不过，同样是注疏合刻本，八行本和十行本标示起止的方式又有不同。如乾卦彖辞《正义》单疏本、八行本标示起止相同：注“天也”至“者邪”；十行本标示起止：注“天也者形之名也”至“岂非正性命之情者邪”。虽然表面上看起来二者之别只是文字多寡的问题，实际上内涵却是不一样的，这与两种类型的注疏合刻本《正义》疏解经传、注文的方式不同有关。八行本依照单疏本旧式划分小节，内部各句经传、注文依次胪列，小节末下接《正义》归总解释各句经传、注文，先分释各句经传文，然后分释各句注文。而这一小节注文除了“天也者形之名也”至“岂非正性命之情者邪”一大段，下文“保合大和”和“首出庶物”两句王注简短，已合并在疏解彖传的《正义》之中阐释，故此处只标示“天也者”一段起止。十行本则不划分小节，以王弼、韩康伯出注为标志，划分为多个单位（多数情况是每句自为单位），于经传、注文之下把原本总释整个小节的《正义》分割开来，分释各单位经传、注文，先释经传，再释注文，所以“彖曰：大哉乾元”单位传文、注文之下《正义》并不包含对于下文“保合大和”和“首出

① 黄彰健：《唐写本〈周易正义〉残卷跋》，《大陆杂志》第42卷第9期，1971年；后收入氏著《经学理学文存》，（台北）台湾商务印书馆1976年版，第241—248页。

庶物”传文、注文的诠释内容，所标示之注文起止（注“天也者形之名也”至“岂非正性命之情者邪”）是恰当的。《校证》对此不甚了了，未尝出校。

（四）未能充分吸收前人校勘成果

宋元以降对于《周易》经传注疏的校勘，以清代学者浦镗《十三经注疏正字》（本文采用台湾商务印书馆《景印文渊阁四库全书》本，第 192 册，以下简称《正字》）、乾隆中武英殿刻本《周易注疏》每卷后附《考证》（本文采用马宗霍先生旧藏本，以下简称《考证》）、卢文弨《群书拾补》（本文采用《续修四库全书》影印乾隆中抱经堂刻本，第 1149 册，以下简称《拾补》）、阮元《宋本十三经注疏并经典释文校勘记》（本文采用《续修四库全书》影印清嘉庆十一年文选楼刻本，第 180 册）和日本学者山井鼎考文、物观补遗《七经孟子考文补遗》（本文采用日本昌平坂学问所旧藏享保十六年初刻本，今藏日本公文书馆）成就最大。近现代以来，随着宋元旧本和古写本不断进入研究者视野，相关的校勘成果也不断涌现，并表现出更高的水平。1850 年，日本江户后期儒学者、考证学者海保渔村撰《周易校勘记举正》一卷（本文采用关仪一郎所编《儒林杂纂》本，东洋图书刊行会，1938 年，以下简称海保本），根据所藏旧钞单疏本补正阮元《校勘记》，首次全面揭示了单疏本的诸多优长，意义重大；但往往过分迷信旧钞本，这也是应该具体分析的。1914 年，刘承干刊行《嘉业堂丛书》，其中《周易正义》的底本是狩谷棭斋求古楼所藏旧钞单疏本，刘氏又校以阮氏《校勘记》，成《周易单疏校勘记》二卷（以下简称嘉业堂本）。1935 年，长泽规矩也先生在《书志学》第五卷第四号发表《周易校勘记补遗（一）》，将静嘉堂文库所藏旧钞单疏本《周易正义》残卷（以下简称静嘉堂本）与阮元《校勘记》对校，惜仅成阮本卷二、三部分，且未能利用单疏本、八行本。1940 年前后，向宗鲁先生手校北平人文科学研究所影印单疏本，遂成《〈周易疏〉校后记》，1941 年发表在《华西学报》；后经屈守元先生整理，重刊于《中国历史文献研究集刊》第三集（岳麓书社1983年版）。《校记》则未见，不知是否存于天壤间。此外，明清人尚有不少考异之作，辨析异文，考评正误，如明代周应宾《九经考异》、陈士元《五经异文》、清代周春《十三经音略》、王甗《周易校字》、宋翔凤《周易考异》、丁晏《周易解故》等等。至于其他笔记、札记涉及《周易》文本校勘者更是不胜枚举。

《校证》完成于这种学术背景之下，但除了《考文》和《校勘记》之外，于其他成果皆未寓目，挂一漏万，知其拟定选题之先，并未做相关学术史的考察，故而未能充分吸收前人校勘成果。当然，作为硕士学位论文，其撰写时间和内容容积都是有限的，碍于著述体例，只是单纯地通校众本，汇辑异文，并不致力于网罗前人成果，以反映相关研究领域的总体水平，也是有的。

二、异文校勘

作为校记，《校证》的最大成就无疑就是翔实地提供了各本异文，且有明确校理是非者。马先生博采众本，广校异文，间下按断，多有可资后人校勘、解读文本之用者。我们拟以乾卦为中心，间及他卦，以八行本为底本，校以单疏本、美国柏克莱加州大学东亚图书馆藏元刻元印十行本《周易兼义》（本文采用2014年中华书局《柏克莱加州大学东亚图书馆藏宋元珍本丛刊》影印本，以下简称元印十行本）、北京市文物局藏元刻明修十行本《周易兼义》（本文采用《中华再造善本》影印本，以下简称文物局十行本）、闽本《周易兼义》（本文采用日本东京大学东洋文化研究所藏本）、毛本《周易兼义》（本文采用日本京都大学人文科学研究所藏本）、清嘉庆二十年南昌府学刻《重刊宋本十三经注疏·周易兼义》（本文采用2007年台湾艺文印书馆影印本，以下简称阮本）等，同时参照中日两国学者的校勘成果，以揭示异同，评骘正误，借此对《校证》的成就和不足有一个清醒的认识。

《校证》校异同兼校是非，以校异同为主，按断亦颇有可取者。如乾卦“六爻发挥”：《校证》：“诸本皆同。《释文》：挥，本亦作辉。按挥为本字，辉乃假借也。”新按：参校诸本并无异文。朱骏声《说文通训定声》：“挥，假借为辉。”煇、辉异体字，《说文》无辉字，盖后起。再如乾卦“矣上下两体”，《校证》：“若作矣应上属为句，若作是应下属为句，依文意作是较妥。”新按：马说是也。《正字》：“矣，疑其字之误，属下句。”单疏本、元印十行本、静嘉堂本、嘉业堂本、《周易要义》（宋魏了翁撰，本文采用《中华再造善本》影印北图藏宋淳祐十二年魏克愚刻本，以下简称《要义》）作是；文物局十行本、阮本作矣。长泽先生已指出作是，是也。又如困卦“释株者杌木谓之株也”，海保曰：“此句有误，诸本皆不通。”单疏本、八行本作杌木，十行本、阮本作初不。《校证》解决了这一问题，曰：“初不显然为杌木形近之误。毛本、李本（闽本）作机木，亦误。经文有‘困于葛藟于鼿甈’之文、此杌字即甈字。《释文》云：‘甈，《说文》作𣊧，薛又作杌，字同。’由此可证。”

除了通过辨析字词训诂以论定是非之外，《校证》于注疏文本结构亦有考论。乾卦“其‘六爻发挥’之义”：《校证》：“诸本皆如此，《七经孟子考文》山井鼎按语云：‘从此以下，解下文者，乃误在此。但宋板每章通为一节，间不杂疏，故无此误。’按经文观之，此疏宜在下段，山井鼎之说，或是也。”新按：《正字》：“‘其六爻发挥’至‘略言之’二百八字，当在下节疏‘旁通万物之情也’下。”知浦氏虽未见八行本，仅靠涵泳文意便已推知疏文存在错简；而《考文》径据足利学八行本，明确指出其疑义。二者可谓不谋而合，《校证》认同其义，甚是。如上所述，出现这种现象的原因在于十行本疏文解经、解注的方式及其所出位置不同于单疏本所致。本节十行本分割为“乾元”至“性情”和“乾始”至“平也”两个单位，每个单位分别有疏文释传文、注文，却在分割过程中误将“其‘六爻发挥’之义”至“于此略言之”二百八字分在前一单位疏后，实际上应该是后一单位末尾附带说明的问题（根据《要义》的理解，又可分为“合散消息与体相乖，爻所以明情”和“阳居阳为得位，阳得阳为无应”两部分内容）。八行本疏文同于单疏本，位于整个小节传文、注文之后，通释传、注，所以不会出现这样变乱次序的情况。

马先生以一己之力通校《周易》经传注疏，极深研几，积功数载，疏漏、讹舛自然不可避免，即有按断或欠精到者亦在情理之中。如马先生所云：

> 校书之难，有如谷中拾稗，即使专心徧求，亦有遗漏之处。此次校《易》，每当校讫一篇，再次检阅，仍有疏略之处。至于漏校之文、讹谬之处，或所难免。（《校后语》）

斯诚平心之论也，亦为经验之谈。校书犹如秋风扫落叶，马先生黾勉从事，用力甚勤，但疏失的存在毕竟是势之必然。或失校重要的异文，如乾卦“无祇悔之类”，海保本“悔”下有“元吉”二字，静嘉堂本、嘉业堂本、广大本同，复卦初九爻辞正作“不远复，无祇悔，元吉”。《要义》有“元吉”二字而无“之类”二字；单疏本“悔”字下空两格，虽二字泯灭，尚知存在缺文（祇作衹）；至于八行本、元印十行本、文物局十行本、闽本、监本、毛本、阮本则径脱二字，并无空格。这条异文对于判断单疏本之刊刻年代及版本源流至关重要，马先生大概是忽略了单疏本空格这一重要的标记，从而导致失校此处异文。

或胪列异文有误，如乾卦“非是一爻之九”，《校证》：“十行本、李本、毛本同。单疏九作几。按作几，非也，因形近而误。”新按：单疏本九误作九，乃凡字异体，《校证》误作几字。又如蒙卦“《小雅》云”，《校勘记》：“钱本、宋本、闽、监、毛本小作尔。按尔字误。《小尔雅》唐人多作《小雅》，《文选》注亦然。”《校证》出文雅误作稚，且称李本（闽本）与十行本、单疏本同，亦非是。实际上，闽、监、毛本作《尔雅》，单疏本、八行本、十行本、阮本作《小雅》。海保本作《小尔雅》，不同于刻本系统。

或援引前人校勘成果不加辨正。如乾卦“可与几也”，《校证》：“《唐石经校文》云：与下当有言字。《集解》、古本、足利本、二本与下有言字。其他诸本皆无言字。”新按：《考文》：“与下有言字，二本、足利本同。”海保本有言字，曰：“今本无言字。按：古钞经注本有经‘可与几也’作‘可与言几也’者，单疏所据，盖与此同。‘可与言几也’‘可与存义也’，相对为文，则有言字者是也。”建本有言字，静嘉堂本、广大本亦有言字，松崎明复以为有言字者为长；抚本、岳本、陈本、元印十行本、文物局十行本、阮本无言字，知日系钞本确有不同于刻本系统者。《正义》“可与几者”，《校勘记》：“石经、岳本、闽、监、毛本同。古本、足利本与下有言字。”海保曰：“言字校者旁补，与九三经《正义》及古钞经注本合。说见上。”新按：单疏本、嘉业堂本、钱本、元印十行本、文物局十行本、阮本无言字，静嘉堂本、广大本有言字。分析王注和《正义》，似可推知其所据底本皆无言字（当然，也有个别反例，如下文九四《正义》曰：“九三则不云‘及时’，但‘可与言几’而已。”）。王注“故可与成务矣”释传文“可与几也”，而《正义》下文释王注曰：“务谓事务，既识事之先几，可与以成其事务。‘与’犹许也，言可许之事，不谓此人共彼相与也。”则“可与几也”之“几”亦犹许也。

疏漏固然在所难免，按断或失公允，则表现得更为突出。试看以下诸例：

乾卦“王以九三与上九相并”，《校证》出文“王”作“正”，“十行本、李本、单疏同毛本王作正。宋板正作王。按作正，于义较长”。新按：单疏本、元印十行本、“台图”十行本（《校证》以为作正恐非是，无论是元印十行本还是明修补十行本皆无作正者）、文物局十行本、阮本、《要义》作王，闽、监、毛本作正。王注以九三与上九相提并论，故作王是也，形近而讹为正。《校证》非是。

乾卦“纯阳进极”，《校证》出文“进”作“虽”，“十行本、李本、毛本、单疏同。宋板虽作进，按作虽，是也”。新按：单疏本、元印十行本、文物局十行本、阮本作虽，静嘉堂本、嘉业堂本、广大本、《要义》作进。作进、作虽义可两通，然《序卦》曰“如贲尽致剥，进极致伤等”，则作进于义为长。长泽先生亦以为十行本作虽误。《校证》恐非是。

乾卦“以柔顺而为不正”，《校证》：“诸本皆同。古本、足利本、三本句末有‘之主’二字。按有‘之主’二字，于义较长。”新按：《考文》："下有'之主'二字，三本、足利本并同。"参校诸刻本均无"之主"二字。离卦卦辞王注《正义》"若柔而不履正中，则邪僻之行"与此句文意相近，由是知"之主"二字或系后人妄加。《校证》恐非是。

乾卦"或难具解"，《校证》出文"具"作"其"，"十行本、李本、毛本同。单疏其作具。宋板同。按作其较妥，疑形似而误也"。新按：《正字》推断"其疑具字误"。《校勘记》认定宋本作具是也。长泽先生亦以为作其误。单疏本、静嘉堂本、嘉业堂本作具，元印十行本、文物局十行本、阮本作其。"难具解""易略解"对文，义同下文"具说"，《校证》非是。

乾卦"或在事后者"，《校证》出文"者"作"言"，"十行本、李本、毛本同。单疏言作者。宋板同。按上句'或多在事上言之'证之，作言是也"。新按：单疏本、静嘉堂本、嘉业堂本、《要义》（脱"事上言之或在"六字）作者，元印十行本、文物局十行本、阮本作言。上文"或在事上言之，或在事后言之"，此处句式雷同，故以"者"替换"言之"，句法富于变化；如作"言"，则当有宾语"之"字。《校证》非是。

乾卦"但九四于前进多于九三"，《校证》出文上"于"字作"欲"，"十行本、李本、毛本同。单疏欲作于。宋板同。按板（疑当作字）欲前进，于义较长"。新按：单疏本、静嘉堂本、嘉业堂本作于，元印十行本、文物局十行本、"台图"十行本、阮本作欲。所谓"其意与九三同"，指上文九三传文亦有"君子进德修业"句。此处"前进"当指时、位之进。从爻位来看，九四比九三"前进"；下文王注云"以爻为人，以位为时"，九四位在九三之上，故时机亦先于九三。又，下文《正义》云"九三中虽在人，但位卑近下，向上为难，故危惕，其忧深也；九四则阳德渐盛，去五弥近，前进稍易，故但疑惑，忧则浅也"，亦可知前进实指时、位而言。由此推论，知作于是也。长泽先生亦以为作欲误。《校证》恐非是。

乾卦"貌恭心恨"，当作"很"，《校证》出文"恨"作"狠"，"十行本、李本、毛本同。单疏狠作恨。宋板同。按作狠较妥"。新按：《汉书·楚元王传》："称誉者登进，忤恨者诛伤。"王念孙《读书杂志》："恨读为很。忤，逆也；很，违也。谓与王凤相违逆，非谓相怨恨也。……则是皆读为怨恨之根，而不知其为很之借字矣。"单疏本作恨，是也。广大本、嘉业堂本、静嘉堂本、元印十行本、文物局十行本、"台图"十行本、阮本作狠，皆不免以今绳古，因不明恨为很之借字而妄改也。《校证》非是。

无妄"不敢菑发新田，唯治其畬熟之地"，《校证》出文"畬熟"作"菑熟"，"十行本、李本同。毛本菑发作首发。单疏、宋板菑熟作畬熟。按依上文'不敢创首'及'若田农不敢发首而耕'证之，当作首发。又依注文有'不菑而畬'之文，疑当作畬熟之地"。《拾补》出文"不敢首发新田，唯治其菑熟之地，皆是不为其始，而成其末"，"钱本同。宋本首作菑，菑作畬，始作初。今按：首发新田，是菑也；菑熟之地，正谓畬也。毛本依钱本未必非"。《校勘记》出文"不敢菑发新田"，"宋本、闽本同，钱本、监、毛本菑作首。按卢文弨云……钱本是"。又一条出文"唯治其菑熟之地皆是不为其始"，"钱本、闽、监、毛本同，宋本菑作畬，始作初。按卢文弨云……钱本是"。单疏本、八行本上句作菑，下句作畬；十行本、阮本上、下句均作菑。海保本与八行本（宋本）同，按曰："'畬熟'正与'菑发'对文，宋本与单疏合，钱本非是。卢说失之。"王注："不耕而获，不菑而畬，代终已成，而不造也。"由是知海保说是也，《校证》非是。

小过"履得中位"，《校证》出文"位"作"正"，"十行本、李本、毛本同。单疏、宋板正作位。按以上'履中而正'证之，作中正是也"。海保本作正，以为作位误。新按：单疏本、十行本作位，"台图"十行本、阮本作正。六二爻辞王注："在小过而当位，过而得之之谓也。……妣者，居内履中而正者也。过初而履二位，故曰'过其祖'而'遇其妣'。"所以《正义》曰："六二在小过而当位，是过而得之也。……六二居内，履中而正，故谓之妣。已过于初，故曰'过其祖'也；履得中位，故曰'遇其妣'也。""中位"是《正义》习用的成语，此处指六二当位，又是中位、臣位，作位是也。《校证》非是。

总之，《校证》是《周易》校勘学史上的重要文献，广校众本，汇辑异文，校异同间校是非，较之前人有所推进，对于《周易》经传注疏文本的解读及其版本研究具有重要意义。当然，《校证》毕竟是一定历史时期的产物，受到那个时代文献学尤其是经学文献学发展水平的局限，同时也受到海峡两岸学术交流不畅、善本购求、阅览不易等诸多因素的困扰。所以，我们对其不应苛求，更不能以今绳古，以今非古，应该客观评价，公允去取，择善而从。

屈万里先生《易》学研究述略

谢向荣*

屈万里先生（1907—1979），当代著名学者，曾任山东鱼台县图书馆馆长、山东省图书馆编藏部主任、台湾“中图馆”特藏组主任、馆长、台湾“中研院”历史语言研究所所长、台湾大学中文系教授、主任暨中文研究所所长、美国普林斯顿高等研究所研究员、普林斯顿大学东亚图书馆访问学者、新加坡南洋大学中文系客座教授暨亚洲文化研究所高级研究员。1972年，以甲骨文、经学与版本目录学等卓越成就，膺选为台湾“中研院”院士。

屈先生著述等身，成就卓越，于学术界、教育界与图书馆事业上，均贡献良多，世所推重。综观屈先生平生之学，于经学用力至勤，成就斐然，被李济先生誉为“经学台湾第一”①，堪称“台湾经学之领航者”②。群经之中，以《周易》居首，而屈先生亦深于《易》理，终生致力于寻找《周易》之起源，直至临终仍盼望能编成《周易集释》一书，对《易》学尤为重视③。惟探讨屈先生《易》学思想之专论，却凤毛麟角，殊为可

---

* 谢向荣，香港能仁专上学院中文系助理教授。

① 引自苏同炳：《屈万里李庄“取经”》，《近世学者与文人群像》，（台北）台湾商务印书馆1994年版，第243页。

② 何淑苹女士语，参见氏著：《台湾经学的领航者——屈万里先生》，《山东图书馆学刊》2009年6月第3期（总第113期），第110页。

③ 参见胡有瑞：《屈万里教授致力寻找易经起源》，《屈万里先生文存（六）》，《屈万里全集（十七）》，（台北）联经出版事业公司1985年版，第2135—2137页；应平书：《难敌癌症两年多苦缠 屈万里教授昨辞人间：勤俭自持治学著述·足以为士林典范；〈周易集释〉未定稿·空留后学长惜悼》，《台湾“中研院”院士屈翼鹏先生哀思录》，（台北）屈万里先生治丧委员会1979年版，第229—232页。

惜。何淑苹女士编有《近三十年屈万里研究论著目录》①，细列1979年2月至2009年6月间屈先生研究之相关论著，并于《台湾经学的领航者——屈万里先生》一文曰：

> 先生学术精湛，堂奥难窥，仅一隅即探求不尽，足资深入研发。……综观目前研究成果，论《诗》者最夥……次则图书文献居多。……余如《周易》《尚书》《四书》、金石等，则鲜有述及，犹待学界垦殖。②

为此，本文谨综述先生传略及其治《易》经历、方法与态度等，概述其《易》说之特点，冀能扬其清芬，嘉惠后学。

一、屈万里先生传略

屈万里先生，字翼鹏，笔名鹏、尺蠖、翼、屈轶、书佣等。清光绪三十三年（1907年）农历九月十五日，生于山东省鱼台县谷亭镇。先生自幼笃志好学，七岁入乡塾，两年间读毕《百家姓》《三字经》《四书》及部分《诗经》。九岁入小学，插班四年级，夜间由其尊人为先生讲授《孟子》及韩愈等诸家古文，毕业前已圈读《纲鉴易知录》一遍。十六岁时就读省第七中学，后转入以"发扬东方文化"为办学宗旨之东鲁中学高中部，从游于当时名儒硕学，常埋首于经典文献中，并于课余读毕《资治通鉴》及《续资治通鉴》。1928年济南"五三惨案"后，返乡任鱼台县立图书馆馆长，兼授国文于师范讲习所。后游学北平，入私立郁文学院。1931年9月，日军发动九一八事变，东北衅起，乃退学返回济南。时先生年二十四岁，毕生所受之正规教育止此。

1932年1月，经齐鲁大学国学研究所所长栾调甫先生荐介，至山东

① 何淑苹：《近三十年屈万里研究论著目录》，《书目季刊》第43卷第2期（2009年9月），第99—121页。本文承蒙邹濬智博士居中联系，得何女士不吝赐示，不胜铭感，谨此致谢。

② 何淑苹：《台湾经学的领航者——屈万里先生》，《山东图书馆学刊》2009年第3期，第110页。

省图书馆任职，得以坐拥书城，从此为学有本。1936 年 7 月，调升为编藏部主任。1937 年 7 月 7 日，抗日战争全面爆发，屈先生与时任山东省图书馆馆长王献唐先生，为保存文物，特将馆中金石器物、古籍等辗转运抵曲阜，又运至四川万县。1939 年 5 月，因山东省图书馆经费无着，先生只身赴重庆，谒师吕鸿升先生于“大成至圣先师奉祀官”孔德成先生府中，任孔先生伴读，订结终生情谊。惟先生认为于孔先生府中无事可以效劳，心不自安，遂请去。1940 年 12 月，任职“中图馆”编纂，负责主编善本书目。1943 年 2 月，以借调名义，入“中研院”历史语言研究所考古组，任甲骨文研究之助理员；1944 年 1 月，升任助理研究员。在所三年期间，先生认真钻研甲骨文之余，熟读《尚书》《诗经》《孝经》《老子》《屈赋》，旁及《左传》《礼记》诸书，颇得傅斯年先生治学真传。1945 年，抗战胜利，“中图馆”迁还南京，馆长蒋复璁先生迭函先生促归，先生遂于 11 月归，历任编纂、特藏组主任。

1949 年，“中图馆”疏迁善本书到台，委先生为台湾办事处主任。同年 3 月，辞卸“中图馆”职务，后应台湾大学校长傅斯年先生之聘，任中国文学系副教授兼文书组主任。1953 年，晋升为教授。1955 年，兼任台湾“中研院”历史语言研究所副研究员，1957 年改专任研究员，仍受台湾大学合聘为教授。1965 年夏，应美国普林斯顿高等研究所及普林斯顿大学之聘，为该所研究员及该校图书馆访问学者，为期一年；其间又应加拿大多伦多大学之聘，为该校东亚学系访问教授。1966 年 9 月，先生从美国讲学回台后，应中国台湾地区教育事务主管部门负责人阎振兴先生之邀聘，任台湾“中图馆”馆长。1968 年 3 月，先生辞卸馆长职务，重回台湾大学教书，以及回台湾“中研院”继续从事研究工作。1968—1973 年间，先生兼任台湾大学中国文学系暨研究所主任。1970 年夏，应新加坡南洋大学之聘，为该校中文系客座教授及该校亚洲文化研究所高级研究员，讲学一年。1972 年，荣膺为台湾“中研院”院士。1972—1978 年间，任中国台湾地区教育事务主管部门学术审议常务委员，主持大专教师职称升等评审。1973—1978 年间，又兼任台湾“中研院”历史语言研究所所长。1978年4月初，先生罹患肺癌，经过十个多月治疗，不幸于1979年2月16日病逝于台湾大学附属医院，享年七十二岁。[①]

综观屈先生之求学过程，并无显赫学历，惟由于其人勤奋苦学，一生著述宏丰，学术成就非凡。先生任教台湾大学中国文学系，前后达三十年，曾讲授《周易》《尚书》《诗经》、中国经学史、古籍导读、文史资料讨论、经学专题讨论等课程；指导研究生完成十篇博士学位论文、三十余篇硕士学位论文[②]，其学生于各所院校发挥不同影响[③]，皆印证先生对学术界之贡献。至于先生之著述，范围遍及甲骨、金文、《周易》《诗经》《尚书》《四书》《史记》《老子》、版本、目录、图书文献、民俗等，又曾编辑及校补不同古籍，著作甚夥，其中大部分均已收入联经出版事业公司发行之《屈万里全集》[④]，共收屈先生著作十六种，凡二十二册，四百余万言，沾溉后学多矣。

屈先生治学严谨，功在文化，郑骞先生评其为学治事、待人律己诸端曰：

> 翼鹏之为学，焚膏继晷，勤也；其治事，案无留牍，敏也；其待人，肝胆相照，诚也；其律己，戒慎谨严，敬也。凡此四者。常人有其一而足以名世，而翼鹏兼之，发之以毅力，持之以恒心。观其素常：一书未完不读他书，一文未成不读他文；纲举目张，随机因应，纷错旁午，各得其宜。固有远胜于务广而荒、

① 参见刘兆佑：《屈万里》，载秦孝仪主编：《中华名人传》第5册，（台北）近代中国出版社1986年版，第134—149页；张晓芬：《屈万里先生的学识与为人（一）》，《孔孟月刊》第46卷第1、2期（2007年10月），第47—53页；李伟泰：《屈万里先生传（1907—1979）》，《台湾大学中国文学系系史稿（1929—2014）》，（台北）台湾大学中文系，2014年，第699—707页。

② 参见李伟泰：《屈万里先生传（1907—1979）》，《台湾大学中国文学系系史稿（1929—2014）》，第701—702页。

③ 参见杨晋龙：《开辟引导与典律：论屈万里与台湾〈诗经〉学研究环境的生成》，《屈万里先生百岁诞辰国际学术研讨会论文集》，（台北）台湾大学中文系，2006年，第125—126页。

④ 全集由屈先生故旧门生如龙宇纯教授、丁邦新教授、张以仁教授、陈瑞庚教授、黄沛荣教授、李伟泰教授、周凤五教授、刘兆佑教授等于1981年成立的“屈万里先生遗著整理小组”编纂。详见刘兆佑：《怀念一生献身学术著作如林的“书佣”——屈万里院士其人其书》，《屈万里先生年谱》，（台北）台湾学生书局2011年版，第349页。

迂拘暗弱之寻常读书人者。弸于中而彪于外，此其所以卓荦出群，蜚声驰誉，学问事功皆有辉煌之成就也。

翼鹏之襟怀志业，非是寻章摘句之陋儒，实为俊朗通达之开士。深愿世之读翼鹏书者，不惟读其书，且知其人；不惟咏其言，且明其功与德。而其门人诸君，亦皆曾从予游者，不惟继其学，且能效法其为人，发扬光大，身体力行。庶几不负翼鹏生平身教与言教兼施之弘旨也。①

综观屈先生之论著，以及诸家对屈先生之感念，知郑先生所言，殊非溢美之词也。

二、屈万里先生之治《易》经历

（一）中学时期

屈先生自幼笃志好学，而其对《易》学之兴趣，则始于十五岁。先生于《先秦汉魏易例述评·自序》曰：

予年十六，始读《周易》。初习《本义》《程传》诸书，多扞隔难通。渐及《注疏》，亦未能辨其是非。②

1922年，先生十五岁，初读《周易》，并以朱熹《周易本义》、程颐《周易传》诸书入门。其中详情，可参看先生《书佣论学集·自序》所言：

当五四运动之后的第三年，我进了初级中学。那时大家都喊着要把线装书丢到厕所里。有一天，我看到上海《时事新报》的

① 郑骞：《屈万里全集·跋》，《屈万里先生文存（六）》，《屈万里全集（十七）》，（台北）联经出版事业公司1985年版，第2389—2390页。

② 屈万里：《先秦汉魏易例述评·自序》，《先秦汉魏易例述评》，《屈万里全集（八）》，（台北）联经出版事业公司1984年版，第3页。标点符号与原文略异。按：引文中十六为虚岁，周岁十五。

《学灯》副刊里，刊登了一篇文章，题目是“八卦与代数之定律”。我在想：《周易》是最古的线装书，应该丢进厕所去了，怎么和代数会有关系？那时我虽然已学代数，但还没读过《周易》，因而那篇文章，我反复地读了几遍，总看不懂。到了寒假，我就发愤读《周易》；父亲用《朱子本义》作教本，给我讲解。在二十多天的寒假中，虽然把它读到能够背诵了；但它的意义，却大部分不明白。以后的二十多年，凡是我能见到的注解《周易》之书，几乎全读了；但心里所积的问题，却愈来愈多。[①]

由此可知，先生对《易》学产生兴趣，源于初中时在上海《时事新报》的《学灯》副刊所见之《八卦与代数之定律》一文。据张其成先生《易学大辞典》所载，该文由沈仲涛先生撰作，名曰《易卦与代数之定律》，1924 年由学灯出版社印行[②]。当时，先生疑惑古籍《周易》何以与西洋代数相关，于是发愤研读《周易》，在十余日内即可背诵[③]，并经父亲讲解朱熹《周易本义》，但始终读不明白。

1925 年，先生十八岁，于山东济宁省第七中学肄业，转入由山东著名理学家夏溥斋先生任校长、以发扬东方文化为办学宗旨之济南私立东鲁中学高中部。先生《中学生活片段的回忆》一文曾记录其入学时之感受：

中学三年级的时候……到济南投考东鲁学校……记得那次入学考试相当严格；除了笔试之外，还有口试。口试由校长和教务长主持。口试时校长听说我读过《易经》，便引了“有天地然后有万物”一句，要我接下去背；我幸而还没忘掉下文，接着背了

---

① 屈万里：《书佣论学集 · 自序》，《书佣论学集》，（台北）台湾开明书店 1969 年版，第 1—2 页。

② 参见张其成主编：《易学大辞典》，华夏出版社 1992 年版，第 832 页。

③ 据廖玉蕙《读书与治学的历程——访屈翼鹏先生》所载，屈先生曰：“这时刚好快到寒假，放了寒假回去，我就要求父亲为我讲解《易经》。寒假很短，只有二十多天，中间又隔了个旧历年，要到亲戚朋友家里去磕头拜年，实际上只有十多天的功夫，我父亲虽然粗枝大叶地讲了一下，但我一得空便拿出来念，一部《易经》分量不多，一个寒假大致便读背了，但背得还不熟。”见《屈万里先生文存（六）》，《屈万里全集（十七）》，（台北）联经出版事业公司 1985 年版，第 2123 页。标点与原文略异。

一段，于是校长严肃的脸上，居然泛出了一丝的笑意；我当时颇有受宠若惊之感。①

当时，任教该校的教师，均为当时鸿儒硕彦，其中包括著名经学家李云林先生。先生自述其高中治《易》之事曰：

> 我考上高中后，只要见到有关《易经》的书便找来读，看来看去总是不懂的多，李（云林）老师曾经劝我千万不可读《易经》。他说："十三经中，只有《春秋》和《易经》，不要多费工夫研读，因为读来读去就会入了魔途。"但是，因为兴趣鼓励着，一有功夫仍找解《易》的书来读。王弼以后的这些书，虽然意见不一样，但还容易读，读到汉《易》，便感到困难。汉《易》那一套互体、飞伏、爻辰、纳甲、变卦种种义例，每一条看起来都看不懂。我最早读的是唐代李鼎祚的《周易集解》，引的全是汉魏的说解，一直到进了图书馆，书更多了，找来看，仍旧不懂，直到看到惠栋作的《易汉学》，汉人那一套东西才渐渐懂了。我想，若有一位老师老早指导，必定可以省了许多工夫，我那位李老师大概有能力指导我，但是他反对读《易经》，我也不敢问他。结果差不多花了十多年的时间才看到《易汉学》这本书，不是花了许多冤枉工夫吗？②

虽然任教经学老师李云林先生曾劝屈先生不可读《易》，但屈先生自十五岁初读沈仲涛《易卦与代数之定律》一文后，即对《周易》产生浓厚兴趣，遂坚持自学，潜心研读王弼《周易注》及其他解《易》之书。惟对于李鼎祚《周易集解》所载一套汉《易》思想，如互体、飞伏、爻辰、纳甲、变卦等等义例，始终无法理解。其间，先生治《易》主要依

① 屈万里：《中学生活片段的回忆》，原载《联合报》1978年3月15日第12版"心影录"；后收入《少年十五二十时》，（台北）联经出版事业公司1979年版，第5—6页。标点与原文略异。

② 廖玉蕙：《读书与治学的历程——访屈翼鹏先生》，《屈万里先生文存（六）》，第2126—2127页。标点与原文略异。

靠自学，并无老师指导，故所费心力甚多。先生又记述曰：

年二十二，乃理汉《易》，兼读《易图明辨》诸作，以为宋人《易》说，果不足恃；汉儒去古未远，其说于象有据，当得《周易》之真。于是困顿迷惘，悉心以求，八九年中，未尝稍废斯业。然愈学愈困，愈研愈疑。最后乃决汉人之说，亦断非《周易》所有。思为说以辨之，顾人事旁午，未暇及也。①

先生整个高中阶段，自十八岁至二十一岁间，一直自修《易》学。1928年，先生高中毕业，其时正潜心研治汉《易》，兼读清人胡渭《易图明辨》等对宋代《易》图辨伪之书，认为宋《易》并不足恃，而汉《易》于象有据，当得《周易》之真。于是，往后十年，先生一直苦研汉《易》，惟一直不得要领。直至后来读到惠栋《易汉学》一书，始觉茅塞顿开，认为汉人《易》说，并非《周易》本有。此时，先生本欲著书考辨汉《易》之弊，惟碍于人事杂务，未暇应付。

（二）任职山东省图书馆时期

1932年，先生二十五岁，经齐鲁大学国学研究所所长栾调甫先生推荐，获山东省图书馆馆长王献唐先生聘为该馆馆员，至1936年又调升为编藏部主任。此四年间，先生得图书馆地利之便，努力阅读，治《易》颇有得。屈先生《书佣论学集·自序》曰：

进入山东图书馆后，读书较多，也见到一些以前没见过的学术性刊物，因而眼界渐开。但涉猎的书籍虽颇广泛，而主要的兴趣还是在《周易》一书。直到在山东图书馆服务了三四年之后，才知道研治《周易》不能专靠古人的批注，而必需参考其他的比较数据；于是除了泛览先秦的典籍之外，也开始注意考古学和民俗学等类的文献。由于馆长王献唐先生是金石学的名家，我当时

① 屈万里：《先秦汉魏易例述评·自序》，第3页。标点符号与原文略异。按：引文中二十二为虚岁，周岁二十一。

> 受他的影响，也读了不少的金文书籍。这些资料，对于《周易》卦爻辞的研究，很有裨益。更因为读了欧阳修的《易童子问》，和当时杂志中几篇有关《周易》的论文，而感到八卦是否伏羲所画，和卦爻辞及十翼究系何人或何时所作等问题，确有讨论的必要。也就是说，到这时我才知道注意探讨学术数据的真伪，以及其产生的时代等问题。①

廖玉蕙《读书与治学的历程——访屈翼鹏先生》亦记录屈先生之言曰：

> 王（献唐）馆长是专门研究钟鼎文的，因此，图书馆里有关古文字学的藏书也比较多，想这些东西一定和《易经》有关，兴趣便转到这方面来，接着又知道有了甲骨文，我想到甲骨文可能关系更大！又看了些用甲骨文来证《易经》的文章，兴趣便又转到甲骨文上去，这都是因为任职图书馆的好处。②

屈先生任职山东省图书馆期间，涉猎愈广，学问日增，终领悟治《易》除依靠古人批注外，并须参考其他文献，包括其他先秦典籍，以及考古学与民俗学等相关材料。同时，由于受著名金石学家王献唐影响，先生渐对甲骨、金石之学产生兴趣，期望相关知识可助其考辨《周易》之卦爻辞。此外，由于读过欧阳修质疑十翼非孔子所作之《易童子问》，以及当时杂志上几篇讨论《周易》作者及时代问题之论文，先生对学术资料之真伪及其时代等问题，愈加重视，于是对八卦是否伏羲所画，而卦爻辞及十翼究系何人或何时所作等问题，重新认真思辨。由此可见，先生后来于文字学、考古学、民俗学、版本学、文献辨伪等不同领域之成就，实皆奠基于任职山东省图书馆之时，且均源于先生学《易》之志也。此段

① 屈万里：《书佣论学集·自序》，第2页。

② 廖玉蕙：《读书与治学的历程——访屈翼鹏先生》，《屈万里先生文存（六）》，《屈万里全集（十七）》，（台北）联经出版事业公司1985年版，第2126—2127页。标点与原文略异。

期间，先生于《易》大有收获，既编成《汉魏石经残字二卷校录一卷》二册[①]，为日后编撰《汉石经周易残字集证》一书奠定良好基础，又撰有《读杨树达〈周易古义〉》[②]、《易损其一考》[③] 二篇论《易》专文，并为王献唐先生草拟《李慎〈周易注解〉序》一文[④]。

（三）战乱载书避难时期

1937年，先生三十岁，是年七七事变起，波及华北，王献唐馆长为维护文物之安全，嘱屈先生偕工友李义贵先生，负责押运山东图书馆收藏之善本书、古器物、名人字画等十大箱至曲阜避难。1938年，又辗转到达汉口，再往西到四川，入万县，抵乐山。其间，先生又把握时间，重读《周易》，并记录心得。屈先生《先秦汉魏易例述评·自序》曰：

---

① 《汉魏石经残字二卷校录一卷》，1934年由山东省图书馆印行，附王献唐先生《叙》。后简称为《汉魏石经残字》，收入《屈万里全集（十五）》，1985年由联经出版事业公司出版。按：王献唐先生《汉魏石经残字叙》记为“二十三年七月二十五日”所撰，刘兆佑教授《屈万里先生年谱》［（台北）台湾学生书局2011年版，第4页］记曰：“民国二十三年（一九三四年）先生二十七岁《汉魏石经残字二卷校录一卷》（二册）一书，由山东省图书馆出版。”并无问题，惟刘教授同书第349页所载《怀念一生献身学术著作如林的“书佣”——屈万里院士其人其书》一文，则记曰：“《汉魏石经残字二卷校录一卷》，民国二十二年，山东省图书馆出版。”此“二十二年”，当为“二十三年”之误。

② 《读杨树达〈周易古义〉》，原题作《读〈周易古义〉》，载于北平《华北日报》1936年1月27日第7版“图书周刊”第65期。刘兆佑教授、林庆彰教授《屈万里先生文存·编后记》订作《评杨树达著〈周易古义〉》［《屈万里先生文存（六）》，第2388页］。因当时编者一时未能考见，故本文并未收入《屈万里全集》。

③ 屈万里：《易损其一考》，原载《山东省立图书馆季刊》第1卷第2期（1936年12月），第109—112页；后收入《屈万里先生文存（一）》，《屈万里全集（十七）》，（台北）联经出版事业公司1985年版，第87—91页。

④ 《李慎〈周易注解〉序》一文，据丁原基教授整理的《王献唐日记》补，标题由笔者所订。考《王献唐日记》1936年2月16日记曰：“诸城有人以其先人所注《周易》拟为丛刻，求为序文，嘱翼鹏代笔。”又1936年12月28日记曰：“前有诸城丁式如君以《李涓东易注》求作序，搁置数月，曾属翼鹏代撰，夜间取出阅之，细加改窜，于十二时始定稿。”王献唐日记尚未发表，此转引自赵飞鹏《屈万里与王献唐之交谊及其版本目录学之成就》，《国学大师王献唐学术研讨会论文集》，第224、226页。又王献唐《双行精舍书跋辑存（续编）》，齐鲁书社1986年版，第1—2页，载王献唐为清代李慎《周易注解》（八卷）所撰之《序》，其文曰：“诸城丁君钧韶，持涓东李先生《易》注来索叙，受读既克，敬书其端……。”盖李慎《周易注解》，即日记所述之《李涓东易注》也。

> 二十六年秋，东邻犯顺，鲁北沉沦。予随山东图书馆馆长向湖老人，载馆中书籍文物，避难入蜀。翌春抵万邑，僦居西山田家。日长多暇，遂草成《彖象传例》一卷。是秋复携书西徙，止于乐山。自冬徂春，又草就《文言》《系辞》及《说卦》三篇例各一篇。①

屈先生《载书飘流记》亦记其事曰：

> 在乐山居停五月，日长多暇，惟假读书游览遣闷。每日晨间以两时治《易》，午后以两时遨游，余则温习经、子。计五阅月中，凡治《周易》一过，签出新得四十余条。②

据此，知先生于载书西徙期间，日长多暇，遂重读《易》，得新见四十余条，并草成《周易彖象传述例》一书，来年又撰《周易文言传述例》《周易系辞传述例》《周易说卦传述例》三篇，以备来日撰写《先秦汉魏易例述评》一书之资。

关于《周易彖象传述例》一书，王献唐先生致傅斯年先生之信，有评曰：

> 《周易彖象传述例》……其书实事求是，综合全经文句，比对详究，求得义例。其方法似成蓉镜，而精密过之；又近焦里堂，而无其牵就之失。昔人恍惚幽眇之谈，一扫而空，殆以近代科学方法治之。③

王先生对《周易彖象传述例》评价甚高，认为其书更胜成蓉镜、焦循之作。惟是书并未收入《屈万里全集》，仅见载于《屈万里先生文存（一）》卷前粉纸，其文曰：

> 《易》上下经不自言其例，言《易》例者，自《彖》《象》传始。其例至简，较然易明。求诸经文，多能吻合。亦有经文若

① 屈万里：《先秦汉魏易例述评·自序》，第3页。标点符号与原文略异。

② 屈万里撰，屈焕新编注：《载书记事》，《载书飘流记》，中西书局2015年版，第46页。

③ 屈万里撰，屈焕新编注：《载书记事》，《载书飘流记》，第42页。

无其义，而传申之者，正朱晦庵所谓“未可便以孔子之《易》，为文王之《易》”也。《十翼》皆所以注经，岂宜执注之说，尽律经文，以为无少差忒？即《十翼》亦不尽出一手，又未可以《文言》《系辞》及《说卦》三篇之说，谓即《彖》《象》传之说也。《彖》《象》传文辞简古，其义以中为贵，以时为尚，深合孔子之道。以为孔子所作，是为近之。《文言》《系辞》之时代较晚，《说卦》三篇，又其后矣。今述《易》例，……①

又上引《载书飘流记》谓先生“凡治《周易》一过，签出新得四十余条”，考屈先生遗著《周易集释初稿》扉页有“二十八年元月鹏自署于乐山”之墨书题记，② 知是书之初稿，亦正于此段时期编纂。

（四）任孔德成先生伴读时期

1939年夏，先生三十二岁，应孔德成先生之聘，担任“大成至圣先师奉祀官”府文书主任，至1940年秋辞任。屈先生《先秦汉魏易例述评·自序》记述此期间之治《易》经历云：

客夏来渝，为孔达生先生伴读。因敌机肆虐，相随居歌乐山中。山景清幽，人事至简。因得尽取汉人《易》说而评述之，历时七阅月而毕。于是综合前著，益以《国语》《左传》、先秦诸子、汉初诸子等例，而成斯编。盖流离颠沛，未遑宁处；三年之间，所成仅如是耳。③

先生《中学生活片段的回忆》一文又言：

进入高中后……无意中发现一部《李氏易传》（即李鼎祚的《周易集解》），看到那些互体、升降、纳甲、爻辰、变卦……

---

① 见《屈万里先生文存（一）》卷前粉纸第16面，题为“《周易彖象传述例》一文之手稿（民国二十七年）”。

② 屈万里：《周易集释初稿》上册，（台北）联经出版事业公司1985年影印限定版，扉页。

③ 屈万里：《先秦汉魏易例述评·自序》，第3页。标点符号与原文略异。

等义例，几乎如坠里雾中……直到民国二十八年，我跟孔达生先生伴读的时候，才从《清经解》中，读到惠栋的《易汉学》和张惠言的《虞氏易例》等书，才读懂了《李氏易传》。①

廖玉蕙《读书与治学的历程——访屈翼鹏先生》亦载屈先生自述云：

孔（德成）先生……劝我留在他那里，我便留在那边。到民国廿九年，国家经济愈来愈紧了，物价愈来愈贵，孔先生除了供我吃饭外，每月还给我七十元零花。虽然在那期间我利用时间把《皇清经解》中和《易经》有关的书都看了，并且撰成了《先秦汉魏易例述评》一书，对我帮助固然很大，但我在那儿无事可做，自己愈想愈不过意。②

综此可知，先生任孔德成先生伴读期间，闲暇较多，遂阅遍《皇清经解》中与《周易》相关者，如惠栋《易汉学》、张惠言《虞氏易例》等，然后尽取汉儒《易》说，综合前著《周易彖象传述例》《周易文言传述例》《周易系辞传述例》《周易说卦传述例》诸篇，益以《国语》《左传》、先秦诸子、汉初诸子等例，撰成《先秦汉魏易例述评》一书。是书载王献唐先生 1940 年 12 月 29 日撰写之《题辞》，其文曰：

《周易》一书，在群经中最称难理，先后注释，无虑数百家，大别汉宋两派；汉宋之中，又各持异议，分论万端，使人炫惑。居今治《易》有两途：一仍研究本经，一对历代说《易》者作一总清算。翼鹏是书，即从事第二种工作者也。《十翼》为说《易》最早之书，先将义例寻出，既无汉儒象数之习，更无宋儒先天后天诸弊。继述汉魏《易》学各派，分别究讨，阐其例说，明其得失，起于《十翼》，而终于王弼，向之周汉魏晋《易》说，艰深奥衍，得此，若视诸掌矣。翼鹏研《易》垂二十年，其

① 屈万里：《中学生活片段的回忆》，《少年十五二十时》，第 4 页。标点与原文略异。

② 廖玉蕙：《读书与治学的历程——访屈翼鹏先生》，《屈万里先生文存（六）》，第 2128 页。标点与原文略异。

> 治本经，先以音韵训诂释字义，继以群经、甲骨、金文参释文旨，两者既明，再据经文为史料，作各项研究，言必求征，义必求当，用力最笃，而方法最密，心所未安，不肯苟下一字，与献唐共事七年，諗之最深，今读是编，亦仅其《易》学一端耳。治《易》两途，翼鹏已兼程并进，终此一生，能使是经灿然大明，省却治学者无限心力，乃吾辈对文化上之贡献，愿共勉之也。①

手稿本又附高亨1942年2月25日撰就之《叙》文曰：

> 翼鹏深研《易》学，多历年许，著《先秦汉魏易例述评》一书，知余于此经稍有心得，远道寄稿，谦衷征叙。其书叙列絜要，条贯密察，辨剖审谛，评骘精塙，使余讽籀三复，不忍释卷，而乐为之序。因述先秦学者说《易》之枢要以贻之。余之书已付开明书店，翼鹏之书将付商务印书馆，剞劂问世，为时匪遥。而事变益棘，……淞、沪书坊，皆被逼歇业。此二书者不知何日始与儒林相见矣，可慨也夫。②

综合王、高二氏所言，可概知先生治《易》之功力，以及《先秦汉魏易例述评》一书之宝贵价值也。唯此书最终因故未能于当时刊出，延至1958年，始将上卷以《先秦汉魏易例述评（上）》为题，发表于《学术季刊》第6卷第4期（1958年6月）；下卷则以《先秦汉魏易例述评（汉魏部分）》为题，发表于《幼狮学报》第1卷第2期（1959年4月）；1969年4月，终将两卷合并，由台湾学生书局印行。屈先生于1968年11月12日撰写之《先秦汉魏易例述评·自序》后记中详述其经过曰：

> 是稿草成于二十九年秋，至三十一年，重庆中国文化服务社允为印行，爰录副与之。顾尔时国难方殷，出版事业至为艰苦；而稿中卦画错杂，制版尤难，因稽迟至抗战胜利，尚未付排。三

① 王献唐：《先秦汉魏易例述评·题辞》。

② 高亨：《先秦汉魏易例述评·叙》，载山东省图书馆、鱼台县政协编：《屈万里书信集·纪念文集》，齐鲁书社2002年版，书首彩页。

> 十七年夏，将付梓矣，……遂复作罢。播迁来台时，藏书都弃置南京，惟携旧稿及批注之书与俱，而是稿在焉。1958 年夏，《学术季刊》索稿，遂以此付之；乃甫刊出上卷（见六卷四期），而该刊遽停。1959 年夏，复以下卷载于《幼狮学志》（一卷二期）。惟期刊体例与专书不同，致原文颇有删削。且期刊发行数量有限，未克广请正于方家。因取原稿，略加校订，重付手民。自脱稿之初，至是已二十有八载矣。[①]

《先秦汉魏易例述评》一书，自 1940 年秋脱稿，因时局困难，竟迟至 1968 年始得付梓，实为学《易》者之一大憾事也。

（五）任职“中图馆”时期

1940 年冬，先生三十三岁，辞任“大成至圣先师奉祀官”府文书主任后，获“中图馆”馆长蒋复璁先生聘为该馆编纂。此后约两年时间，先生专注于管理馆中善本书籍，并发表有《说易》[②]、《读程启盘〈雕菰楼易义〉》[③]、《读李证刚等撰〈易学讨论集〉》[④]、《关于周易之年代思想》[⑤] 诸篇《易》学论文。

（六）任“中研院”助理时期

1942 年秋，先生三十五岁，听闻“中研院”历史语言研究所聘请一

---

① 屈万里：《先秦汉魏易例述评·自序》，第 5 页。标点符号与原文略异。

② 屈万里：《说易》，原载《“中图馆”图书月刊》第 1 卷第 3 期（1941 年 3 月），第 14—19 页；又收入黄沛荣编：《易学论著选集》，（台北）台湾长安出版社 1985 年版，第 131—140 页。

③ 原题作《雕菰楼易义》，发表于《“中图馆”图书月刊》第 1 卷第 6 期（1941 年 8 月），第 27—28 页。刘兆佑教授、林庆彰教授《屈万里先生文存·编后记》订作《〈雕菰楼易义〉评介》[《屈万里先生文存（六）》，第 2388 页]。因当时编者一时未能考见，故本文并未收入《屈万里全集》。

④ 原题作《易学讨论集》，发表于《“中图馆”图书月刊》第 1 卷第 7—8 期合刊（1941 年 12 月 31 日），第 78—79 页；后收入《屈万里先生文存（一）》，第 49—50 页，编者订名为《易学讨论集》。

⑤ 屈万里：《关于周易之年代思想》，原载《读书通讯》第 46 期（1942 年 7 月），第 16 页；后收入《屈万里先生文存（一）》，第 51—54 页。

位研究甲骨文之助理员，协助董作宾先生作研究。先生希能得到更专业的进学机会，乃央请王献唐先生予以推荐，终得时任历史语言研究所所长傅斯年先生欣然惠允。唯因先生深得“中图馆”蒋复璁馆长信任，坚不放人，最终折中以“借调”形式进入历史语言研究所，为期三年。苏同炳先生《屈万里李庄“取经”》一文，引述屈先生1942年9月24日致傅斯年之信函，以见其求学之志，其函云：

> 里学殖荒陋，竟荷拔擢，欣感之情，匪言可喻。即当作辞职准备，静候尊命。……里自念此行，无异登仙。他日追随我公及彦堂先生之后，不知能小有成就以仰副尊意否？要当竭尽驽钝，以自奋勉也。[①]

由于“中图馆”蒋复璁馆长不愿放行，屈先生复致函傅斯年先生，申述其志云：

> 里自忖既无负于公家，而于个人治学则有莫大之便，故无论利诱势迫，里志决不动摇。盖里自知无吏才而祇嗜书卷，故宁为萧颖士之仆，而不愿为乘轩之鹤。[②]

屈先生于信中谓“自念此行，无异登仙”，又引典谓“宁为萧颖士之仆，而不愿为乘轩之鹤”，再三申明其入职“中研院”之志。苏同炳先生于《屈万里李庄“取经”》一文中，阐释先生所用典故原意，并云：

> 屈万里先生……在民国三十二年进入史语所充当助理员时，已经在“中图馆”担任颇高的职任——高级荐任职的编纂，其地位相当于史语所的副研究员了。史语所的助理员职位甚低，最高阶只是委任一级而已。屈先生由高级荐任职的编纂改任史语所的委任职助理员，不但职等降低了许多，地位更见卑微。然而屈先生……对此甘之如饴……不但要挽请王献唐为其大力推介，而且

① 苏同炳：《屈万里李庄“取经”》，原载《传记文学》第54卷第4期（1989年4月）；后以笔名“庄练”自署，载氏著《近世学者与文人群像》，第244页。

② 苏同炳：《屈万里李庄“取经”》，《近世学者与文人群像》，第245页。

即使当时的“中图馆”馆长蒋复璁不允其辞职之请，他还是要坚决地一辞再辞，最后还请出傅斯年先生为他代向蒋馆长说项，不达目的不止。①

屈先生甘愿放弃高薪，坚决进入“中研院”改任较低职位，所为何事？屈夫人费海瑾女士《屈万里先生的治学与史语所》曰：

一九四二年，“中研院”历史语言研究所缺少一位助理员，屈先生为了研究《周易》，自愿放弃高薪的“中图馆”编纂职位，到史语所任助理员。他请王献唐先生写介绍信给傅斯年先生，幸获傅先生允准，然馆长蒋复璁先生坚不放人，最后采取折衷办法，屈先生暂以借调名义，于三十一年冬天，进了史语所。②

屈先生《书佣论学集·自序》亦述其事曰：

为了研治《周易》的缘故，在抗战的末期，我进了“中研院”历史语言研究所，研究甲骨文。在近乎三年的岁月中，关于《周易》方面，收获的并不多；但由于傅孟真（斯年）先生的启示，才确切知道作研究工作必得靠真实的数据，才知道原始资料之胜于传述资料，才知道鉴别资料的重要性。因而对于以前所笃信的远古史事，才知道很多是出于后人的传说，而未可尽信。于是，从那时到现在，这二十多年来所从事的，大部分是鉴别资料和解释资料的工作，而且是偏重于先秦时期的。③

由此可见，先生甘愿舍高阶就低职，坚持进入“中研院”史语所，旨为进一步研治《周易》，其情其志，至为可感。虽然，先生自谓此期间“关于《周易》方面，收获的并不多”，惟由于得到傅斯年、董作宾等先生之教导，先生对甲骨文及古史之研究，大有进展，且明白鉴别原始资料之重要，此对先生日后之学术研究，有莫大裨益。

---

① 苏同炳：《屈万里李庄“取经”》，《近世学者与文人群像》，第 240、243 页。

② 见屈费海瑾：《屈万里先生的治学与史语所》，《屈万里书信集·纪念文集》，第 244 页。

③ 屈万里：《书佣论学集·自序》，第 2—3 页。

先生于1943年春任史语所助理员，1944年1月升任助理研究员，至1945年冬离任，其间仅著有《周易爻辞中之习俗》一篇《易》学论文。[①] 惟先生遗著《学易札记》之封页自署“卅三年元月订于南溪李庄”，[②] 知亦属此时所编。又屈夫人费海瑾女士《屈万里先生的治学与史语所》引载先生1944年秋至1946年底之“自修课程表”手稿，表中《甲部》“拟研究之题目”，特别列明《周易》一书；《乙部》“时间之分配”，则记录其治《易》时间为“每年‘一’‘二’‘十一’‘十二’四个月，每日晚间以二小时之时间为之”[③]，亦可见此期间先生仍不忘学《易》，并屡以札记形式记录新见，自律甚严。

（七）复职“中图馆”时期

1945年，先生三十八岁，时值抗战胜利，“中图馆”迁还南京，民国教育部门特派蒋复璁馆长往京沪区接收图书文物。蒋馆长急需人员协助，数度致函催促屈先生回馆，先生遂于11月离开史语所，复回“中图馆”任职。1946年1月，先生自渝抵达南京，任特藏组主任，负责善本书之典藏考订工作。及至1949年春，“中图馆”疏迁善本书及重要文物至台北，先生膺任台湾办事处主任。同年3月，因无法接济经费，先生一筹莫展，唯有辞卸“中图馆”职务，另谋生计。

由1945年冬至1949年春复职“中图馆”期间，先生仍不忘治《易》，著有《汉石经周易为梁丘氏本考——跋张溥泉先生藏汉熹平石经周易残石》《周易卦辞利西南不利东北说》两篇《易》学论文。

---

① 屈万里：《周易爻辞中之习俗》，原载《“中大”文史哲季刊》第1卷第2期（1943年6月），第43—48页；后收入《屈万里先生文存（一）》，第79—86页。刘兆佑教授《屈万里先生年谱》，第33、36页，两引作《周易爻辞中之礼俗》，疑为误录。

② 参见黄沛荣：《读易三种·整理后记》，《屈万里全集（一）》，（台北）联经出版事业公司1983年版，第879页。

③ 见屈费海瑾：《屈万里先生的治学与史语所》，《屈万里书信集·纪念文集》，第242页。标点与原文略异。

（八）任教台湾大学时期

1949年，先生四十二岁，获台湾大学校长傅斯年先生延聘，为该校副教授兼文书组主任，后又兼讲义组主任、校长室秘书等职。1953年，先生46岁，晋升为教授。1968年至1973年间，更兼任台湾大学中国文学系暨研究所主任。

此二十余年间，先生一直诲人不倦，春风化雨，并持续研《易》，不时发表相关论著，例如《周易卦爻辞成于周武王时考》①、《说易散稿》②、《先秦汉魏易例述评（上）》③、《先秦汉魏易例述评（汉魏部分）》④、《〈周易古义〉补》⑤、《〈周易卦爻辞释义〉序》⑥、《旧雨楼藏汉石经残字辨伪》⑦、《推衍与附会——先秦两汉说易的风尚举例》⑧ 等多篇专论；以及出版不同专书，如1964年出版的《古籍导读》⑨，下编“经书解题”载

---

① 屈万里：《周易卦爻辞成于周武王时考》，原载《台大文史哲学报》第1期（1950年6月），第81—100页；后收入《书佣论学集》，第7—28页；又载黄沛荣编：《易学论著选集》，（台北）台湾长安出版社1985年版，第141—164页。

② 屈万里：《说易散稿》，原载《台大文史哲学报》第7期（1956年4月），第23—40页；后收入《书佣论学集》，第29—47页。

③ 屈万里：《先秦汉魏易例述评（上）》，《学术季刊》第6卷第4期（1958年6月），第10—45页。

④ 屈万里：《先秦汉魏易例述评（汉魏部分）》，《幼狮学报》第1卷第2期（1959年4月），第1—66页；又以《汉魏易例述评》为题，载黄寿祺、张善文编：《周易研究论文集》第2辑，北京师范大学出版社1989年版，第254—313页。

⑤ 屈万里：《〈周易古义〉补》，原载《孔孟学报》第2期（1961年9月），第1—14页；后收入《易经研究论集》，（台北）黎明文化事业公司1981年版，第129—145页；《屈万里先生文存（一）》，第55—73页；载黄寿祺、张善文编：《周易研究论文集》第2辑，第39—51页。

⑥ 屈万里：《〈周易卦爻辞释义〉序》，1965年7月16日撰成，收入李汉三《周易卦爻辞释义》，（台北）台湾中华丛书编审委员会1969年版，第1页；后收入《屈万里先生文存（四）》，《屈万里全集（十七）》，（台北）联经出版事业公司1985年版，第1345—1346页。

⑦ 屈万里：《旧雨楼藏汉石经残字辨伪》，原载《书目季刊》第2卷第1期（1967年9月），第53—57页；后收入《屈万里先生文存（一）》，第25—35页。

⑧ 屈万里：《推衍与附会——先秦两汉说易的风尚举例》，收入《屈万里先生文存（一）》，第93—104页。

⑨ 屈万里：《古籍导读》，（台北）台湾开明书店1964年版；收入《屈万里全集（十二）》，（台北）联经出版事业公司1984年版。按：此稿乃先生1963年秋任教台湾大学中国文学系“古籍导读”课之讲义。

有《周易解题》。1969年出版之《书佣论学集》[①]，收载《汉石经周易为梁丘氏本考》《周易卦爻辞成于周武王时考》《说易散稿》《易卦源于龟卜考》等早期《易》学论文四篇；1969年又出版《先秦汉魏易例述评》[②]一书，笔耕不断。

教学方面，先生于1976年曾指导台湾大学中国文学研究所《易》学硕士学位论文一篇——张彬村《易传与庄子的现实世界观与理想世界观》[③]；又于1968—1978年间，为台湾大学中文系所开设选修课《周易》[④]，为台湾学术界培育更多《易》学人才。据周志文教授《台大师长》一文所述，屈先生之《周易》课，向来备受欢迎，甚至可谓盛况空前，其文曰：

> 一九七七年我上博士班第一年……屈老师开了门一学期的"周易研究"，听讲的人很多，不但是学生，还有社会慕名前来的贤达，其中还包括一位在台北甚有名气有"山人"名号的命相大师在座，这课原先在研究室上，后来不得不改成在上"文史资料讨论"的教室上了，张清徽老师也一度来旁听，这课可用盛况空前来形容。[⑤]

1977年农历九月十五日，先生七秩寿辰，其门生友好为表对先生敬佩之情，特编《屈万里先生七秩荣庆论文集》[⑥]以贺；全书总650页，收录论文共38篇，合计六十余万字，堪显先生教化之功。其中，与《易》

① 屈万里：《书佣论学集》，（台北）台湾开明书店1969年版；收入《屈万里全集（十四）》，（台北）联经出版事业公司1984年版。

② 屈万里：《先秦汉魏易例述评》，（台北）台湾学生书局1969年版；收入《屈万里全集（八）》，（台北）联经出版事业公司1984年版。

③ 参见吴淑慧：《台湾各大学院校历年易学硕士论文一览表（1958—2003）》，载赖贵三主编：《台湾易学史》，（台北）里仁书局2005年版，上编附录六，第160页。

④ 参见吴淑慧：《台湾各大学院校历年易学开课调查统计表》，载赖贵三主编：《台湾易学史》上编附录四，第145页。

⑤ 周志文：《台大师长》，载周志文：《记忆之塔》，（台北）INK印刻文学生活杂志出版有限公司2010年版，第172—173页。

⑥ 《屈万里先生七秩荣庆论文集》编辑委员会编：《屈万里先生七秩荣庆论文集》，（台北）联经出版事业公司1978年版。

学相关者，有黄沛荣教授《论易传中的“中”“正”“应”》一文①。黄教授除此文外，另著有《易学乾坤》②、《周易彖象传义理探微》③ 及多篇《易》学论文，乃台湾《易》学界之要员。此外，先生其他门人亦有发表《易》学论著，如程元敏教授著《朱子易例及易传比较研究》④、《浅说周易小象传义理》⑤、《蜀才及其易注》⑥。詹秀惠教授著《周易卦爻辞之著成年代》⑦。林政华教授著《黄氏日抄中宋人易注辑佚》⑧、《易经诸卦名义研究》⑨、《易经成语研究》⑩、《易经大象传义理研究》⑪、《易经中所涵儒家开明思想之雏型》⑫、《易学新探》⑬。李伟泰教授著《论宋儒河图洛书之学》⑭。周凤五教授著《上博楚简〈周易〉符号试探》⑮。叶国良教授著《〈易林〉作者作时问题重探》⑯ 等，均可间接证成屈先生对《易》学

---

① 《屈万里先生七秩荣庆论文集》编辑委员会编：《屈万里先生七秩荣庆论文集》，第501—510页。

② 黄沛荣：《易学乾坤》，（台北）大安出版社1998年版。

③ 黄沛荣：《周易彖象传义理探微》，（台北）万卷楼图书有限公司2001年版。

④ 程元敏：《朱子易例及易传比较研究》，《中山学术文化集刊》第4期（1969年11月），第1—34页。

⑤ 程元敏：《浅说周易小象传义理》，《孔孟月刊》第13卷第3期（1974年11月），第1—3页。

⑥ 程元敏：《蜀才及其易注》，《台大中文学报》第2期（1987年11月），第113—134页。

⑦ 詹秀惠：《周易卦爻辞之著成年代》，《孔孟月刊》第16卷第10期（1978年6月），第12—19页。

⑧ 林政华：《黄氏日抄中宋人易注辑佚》，《书目季刊》第10卷第3期（1976年12月），第107—114页。

⑨ 林政华：《易经诸卦名义研究》，《台北师专学报》第9期（1981年4月），第1—18页。

⑩ 林政华：《易经成语研究》，《台北师专学报》第11期（1984年6月），第117—140页。

⑪ 林政华：《易经大象传义理研究》，《书目季刊》第18卷第4期（1985年3月），第150—167页。

⑫ 林政华：《易经中所涵儒家开明思想之雏型》，《东吴文史学报》第5期（1986年8月），第1—8页。

⑬ 林政华：《易学新探》，（台北）文津出版社1987年版。

⑭ 李伟泰：《论宋儒河图洛书之学》，《孔孟学报》第26期（1973年9月），第133—151页。

⑮ 周凤五：《上博楚简〈周易〉符号试探》，载中国叶圣陶研究会编：《中华传统文化研究与评论》第1辑，人民教育出版社2007年版，第204—209页。

⑯ 叶国良：《〈易林〉作者作时问题重探》，《毛子水先生九五寿庆论文集》，（台北）幼狮文化事业公司1987年版，第125—146页；经修改后，又收入氏著《经学侧论》，（新竹）台湾清华大学出版社2005年版，第1—35页。

传承之贡献。

此外，屈先生又于1969年率台湾大学中文研究所研究生编纂《清儒经说·辛瓦义丛辑》一书。是书于1975年纂成，先生撰《〈清儒经说·辛瓦义丛辑〉序》述其事曰：

> 清儒率精于文字、声韵、训诂之学，复能以实事求是之精神解经，故多识见卓荦，或正前贤之失，或发前修所未发，夐乎尚矣。其说经专书之要者，正续《清经解》，既网罗略尽。说经专文之载于文集者，《清代文集篇目分类索引》一书，亦可供检索。独零辞碎义，散见于杂著之书者，则搜求至感不便。久欲将此类散义，采撷排比，汇为一书。顾兹事体大，既非一人之力所能成……一九六九年夏，以此事谋之台湾大学中文系教授冯承基先生，承慨允负总纂之责。于是商兑体例，甄选分纂人员。时东亚学术研究计划委员会尚存，蒙其资助，遂得从事斯业。预定纂辑期限，为三年有半。至一九七二年六月，东亚学术会结束；复得哈佛燕京学社资助半年，乃观厥成。即此编也。
>
> 任采辑之事者，皆台湾大学中文系研究所博士班及硕士班研究生，先后计有郑良树、黄沛荣、李伟泰、周学武诸君，及王雪兰女士。分类汇纂者，则《礼记》为周学武君，《尚书》《周礼》为李伟泰君，余十经为黄沛荣君。而黄君始终其事，故辛劳特多。
>
> 是编于分别注解各经之专书固不录；于群经总义之作，亦复摒除。所搜采者，皆以杂著、随笔、琐录等为名之书，都凡三百二十余种。其中未刊布之稿本，达三十余部。……群经为昔时人人必读之书，众说纷纭，瑕瑜互见，尤不可不广稽博览。则有此一编，将可取之左右而逢其源。免辗转访书之苦，省披沙拣金之劳。斯于学林或不无微助也。①

① 屈万里：《〈清儒经说·辛瓦义丛辑〉序》，《屈万里先生文存（四）》，第1341—1342页。

黄沛荣教授曾于“屈万里先生百岁诞辰国际学术研讨会”上，发表《韩国汉文〈易〉著的文献价值》一文，其中提到《清儒经说·卒瓦义丛辑》一书《周易》部分之成果，其文曰：

> 有关《易》学杂著的搜集，早在1968年，屈翼鹏师得哈佛燕京学社补助[①]，进行“清儒经说·卒瓦义丛辑”计划，并商请冯承基教授指导研究生开展辑录工作。工作人员有郑良树、黄沛荣、王雪兰、李伟泰、周学武等。经过四年时间，于数百种清人杂说、杂考类书籍中，辑出经说约七千条；加入新式标点及小标题后，按所释经书之顺序排列，编成稿本28册，其中《易经》部分共578条[②]。1997至2002年，沛荣又与台湾“中研院”文哲所戴琏璋教授合作，……从事“历代易学杂著资料库”的建置工作，共辑录出数百万字。[③]

屈先生主持《清儒经说·卒瓦义丛辑》之编纂计划，带领门人辑出清儒《周易》杂说数百条，又间接衍生出后来之“历代易学杂著资料库”研究计划，不但有栽培后学之德，更为众多学《易》者省却搜寻资料之苦，诚有功于《易》学界之善举也。

（九）任职台湾“中研院”历史语言研究所时期

1955年，先生四十八岁，除任教于台湾大学外，又兼任台湾“中研院”历史语言研究所副研究员；1957年改专任研究员，仍受台湾大学合聘为教授。此后二十余年，除1966年至1968年间曾应中国台湾地区教育

① 据上引屈先生《〈清儒经说·卒瓦义丛辑〉序》所言，此计划当初谋于1969年夏，由东亚学术研究计划委员会资助三年半，1972年6月复得哈佛燕京学社再资助半年。

② 按：黄教授此文谓《清儒经说·卒瓦义丛辑》之《周易》成果共578条，惟黄教授前著《近十余年来海峡两岸易学研究的比较》（《汉学研究》第7卷第2期，1989年12月）第7页则曰：“《清儒经说·卒瓦义丛辑》一书……《周易》部分共有八百四十一条。”两者数据颇有不同，暂未知何者为是。

③ 黄沛荣：《韩国汉文〈易〉著的文献价值》，《屈万里先生百岁诞辰国际学术研讨会论文集》，（台北）台湾图书馆、台湾“中研院”历史语言研究所、台湾大学中国文学系，2006年，第339—340页。

事务主管部门负责人阎振兴先生之邀聘，复任台湾“中图馆”馆长，而暂时停薪留职外，其余时间，先生均兼顾台湾大学教书及台湾“中研院”之研究工作。

此段期间，与台湾“中研院”历史语言研究所直接相关之《易》学论著，包括1956年4月发表于该所第27本集刊之《易卦源于龟卜考》[①]，以及1961年12月以该所第四十六号专刊出版之《汉石经周易残字集证》[②]。以上两篇，对《易》学界均有重大影响。

1972年7月18日，先生荣膺台湾“中研院”院士。是日报纸及传播媒体均以显著篇幅刊载此项消息，而台湾“中研院”发布之新闻稿，则称先生“对先秦史料之考订，中国古代经典（《诗》《书》《易》等）及甲骨文之研究，均有成就，尤精于中国目录校勘之学”[③]，明确肯定先生于《易》学及其他研究之贡献。

先生当年甘愿舍高阶就低职，坚持进入史语所，旨为进一步研治《周易》。而先生晚年之最大心愿与最终研究，乃编纂完成《周易集释》一书，让读者了解《周易》之真相。据先生《周易集释初稿》手稿所示，扉页有“二十八年元月鹏自署于乐山”之墨书题记，唯书内又另有“三十五年一月廿三日”“四〇、八、卅一”之识语，知是书于1939年以后，又续有补编增益，但仍有待增补及评断[④]。先生于《先秦汉魏易例述评·自序》，早已揭示自己向有编纂《周易集释》一书之夙愿，其文曰：

> 夫卦爻虽为占筮而作，然稽其所述物事，则可证尔时之社会状况；衡其吉凶之故，亦可知其思想之立场。乃研究殷周间社会史者之绝好资料。十翼阐发哲理，大率皆儒家言，语多精粹，尤

---

① 屈万里：《易卦源于龟卜考》，原载《台湾“中研院”历史语言研究所集刊》第27本（1956年4月），第117—133页；后收入《书佣论学集》，第48—69页；又载黄寿祺、张善文编：《周易研究论文集》第1辑，北京师范大学出版社1987年版，第43—63页。

② 屈万里：《汉石经周易残字集证》，《台湾“中研院”历史语言研究所专刊》之四十六，1961年12月，收入《屈万里全集（十一）》，（台北）联经出版事业公司1984年版。

③ 转引自刘兆佑：《屈万里先生年谱》，第203页。

④ 参见黄沛荣：《〈读易三种〉整理后记》，《读易三种》，第879页。

治先秦思想史者之要籍。只以两千年来，沉霾于汉宋象数图书等雾氛之下，遂致真相全失。窃不自量，夙拟以甲骨、金文及《诗》《书》中所习用之语法、物事，以稽研卦爻辞；以战国诸子所习用之语法、物事，以参证十翼。然后博采汉魏诸家训诂旧义，与清儒及时贤考订之说，断以己意，纂为《集释》一书，俾就正于通人。十数年来，积稿既盈箧衍。①

及至晚年，先生依然记挂编纂《周易集释》之事，计划动笔之期。胡有瑞《屈万里教授致力寻找易经起源》一文记曰：

对《易经》的研习，屈教授一直是想根据文字学、训诂学来了解和阐释。三十多年来，他尝试从艰深难懂的甲骨文、钟鼎文版本中，寻找《易经》的起源，以及《易经》所显示的深意。用平实的写法，将深奥的《易经》让更多的人了解，一直是屈教授的心愿。……十月中旬，在学生们的安排下，他欢度了七十岁的生日。那天，他很高兴，谈他的病，谈学问，也谈到了手边的研究。他说：完成了《尚书集释》的校对工作，书出版后，要紧接着手的，就是《周易集释》。②

张以仁教授《空余怀慕千行泪——永怀恩师屈翼鹏先生》亦云：

翼鹏师……在病中完成了《尚书集释》一书的初稿，正准备撰写《易经集释》。师母有一次问他：“《易经集释》要多久才能完成？”他说几个月就可以了。……师母说：“他曾说过，重要的意见都在他脑子里。”他浸溶《易》学数十年，有关书文几皆读遍，脑中实已有一部《易》学大全。他在《易》学方面的深厚根基，当世恐怕罕有其匹，如果他能多活一年，乃至半年，这部

① 屈万里：《先秦汉魏易例述评·自序》，第4页。标点符号与原文略异。

② 胡有瑞：《屈万里教授致力寻找易经起源》，《屈万里先生文存（六）》，第2137页。

不朽之作，定可问世。[①]

可惜，记录先生毕生《易》学心得之《周易集释》，始终未能成书。此诚为《易》学界之莫大损失！

（十）先生逝后

1978年，先生七十一岁，是年4月，肺部感到不适，经台湾大学附属医院诊断为肺癌。1979年2月16日，不幸病逝于台湾大学附属医院，享寿七十有二。

先生既卒，门生故旧如龙宇纯教授、丁邦新教授、张以仁教授、陈瑞庚教授、黄沛荣教授、李伟泰教授、周凤五教授、刘兆佑教授等，于1981年成立“屈万里先生遗著整理小组”，拟编纂先生遗作，由联经出版事业公司发行。小组于整理先生遗箧时，发现未刊行之遗书多种，其中有《周易集释初稿》《周易札记》《周易批注》《先秦文史资料考辨》几种，俱与先生之《易》学有关。《周易集释初稿》《周易札记》《周易批注》三书，因篇幅关系，汇集为《读易三种》一书[②]；《先秦文史资料考辨》则单行，其下编第二章“经部书与史部书”载《周易》之资料考辨，共分四节：（一）《周易》的内容和古今本的异同，（二）画卦和重卦的时代，（三）卦爻辞作成的时代，（四）十翼作成的时代。至于先生生前已发表的《易》学论著，如《先秦汉魏易例述评》《汉石经周易残字集证》等，均已收入《屈万里全集》之中；其余单篇论文，亦一一搜集，多已收录于《屈万里先生文存》，大大嘉惠学林。

1985年，先生逝世六周年，刘兆佑教授主编《书目季刊》第18卷第4期“屈翼鹏院士逝世六周年纪念专刊”[③]，后又编成《屈万里院士纪念

---

① 张以仁：《空余怀慕千行泪——永怀恩师屈翼鹏先生》，《屈万里书信集·纪念文集》，第302页。标点与原文略异。本文原载于《联合报》1979年3月10日第12版。

② 屈万里：《读易三种》，《屈万里全集（一）》，（台北）联经出版事业公司1983年版。

③ 刘兆佑主编：《书目季刊》第18卷第4期“屈翼鹏院士逝世六周年纪念专刊”，（台北）台湾学生书局1985年版。总261页。

论文集》出版[①]。全书收录故旧门生感念屈先生治学之论文共 18 篇，卷末附录 13 篇叙述屈先生之生平事功与学术著作之文章。

2002 年，先生逝世廿三周年，由山东省图书馆、鱼台县政协编纂之《屈万里书信集 · 纪念文集》出版[②]。其中，“书信集”共收录屈先生与朋友往来信函共 212 通，包括屈先生所收友人来函共 169 通及屈先生复函 29 通，另附相关信函或祭文 14 通。“纪念文集”方面，则收录纪念屈先生之文章共 30 篇。

2006 年，先生逝世廿七周年，台湾图书馆、台湾“中研院”历史语言研究所、台湾大学中国文学系于 9 月 15—16 日合办“屈万里先生百岁诞辰国际学术研讨会”，以纪念先生其人其学。会议收录论文 23 篇，并附张以仁教授专题演讲《浅谈屈翼鹏老师的为人与治学》，已编成《屈万里先生百岁诞辰国际学术研讨会论文集》一书出版[③]。

2009 年，先生逝世三十周年，山东省图书馆该年 6 月 24—25 日于济南主办“王献唐、屈万里、路大荒学术研讨会”，其中“屈万里专题研究”类论文共十篇，悉已收入《山东图书馆学刊》2009 年第 3 期“王献唐、屈万里、路大荒学术研讨会”专号[④]。

2011 年，先生逝世三十二周年，刘兆佑教授出版《屈万里先生年谱》[⑤] 一书，详列先生之生平事迹，并附录“屈万里先生之学术及对中国图书馆事业之贡献”，收入作者论屈先生之旧作八篇。

时至今下，先生已逝世三十九年之久，正值台湾“中研院”中国文哲研究所举办“战后台湾的经学研究（1945—现在）学术研讨会”之际，

---

① 《屈万里院士纪念论文集》编辑委员会：《屈万里院士纪念论文集》，（台北）台湾学生书局 1985 年版。总 285 页。

② 山东省图书馆、鱼台县政协编：《屈万里书信集 · 纪念文集》，齐鲁书社 2002 年版。总 482 页。

③ 《屈万里先生百岁诞辰国际学术研讨会论文集》，（台北）台湾图书馆、台湾“中研院”历史语言研究所、台湾大学中国文学系，2006 年。总 612 页。

④ 《山东图书馆学刊》2009 年第 3 期“王献唐、屈万里、路大荒学术研讨会”专号（总第 113 期，山东省图书馆 2009 年版）。总 162 页。

⑤ 刘兆佑：《屈万里先生年谱》，（台北）台湾学生书局 2011 年版。总 419 页。

诸家又得以聚首，重新回顾屈先生对台湾《易》学发展之功劳。先生虽卒，但其《易》学生生不息，至今仍不断启迪后学，促益当世，其功其德，毋庸赘言。

三、屈万里先生之治《易》态度与方法

上述经历，对先生治《易》之态度及其方法，均有明显影响。先生于《书佣论学集·自序》言：

> 平生治学，以三事自誓：一、绝对服从真理；二、绝不作意气之争；三、绝不用连自己都不相信的理由，来增强自己的论据。①

此三种先生治学之总原则，固亦可视为先生治《易》之基本态度。

此外，先生早于1940年撰写《先秦汉魏易例述评·自序》时，已述及其拟定编纂《周易集释》一书之方法，其文曰：

> 夫卦爻虽为占筮而作，然稽其所述物事，则可证尔时之社会状况；衡其吉凶之故，亦可知其思想之立场。乃研究殷周间社会史者之绝好资料。十翼阐发哲理，大率皆儒家言，语多精粹，尤治先秦思想史者之要籍。只以两千年来，沉霾于汉宋象数图书等雾氛之下，遂致真相全失。窃不自量，夙拟以甲骨、金文及《诗》《书》中所习用之语法、物事，以稽研卦爻辞；以战国诸子所习用之语法、物事，以参证十翼。然后博采汉魏诸家训诂旧义，与清儒及时贤考订之说，断以己意，纂为《集释》一书，俾就正于通人。②

先生自述其治《易》之法，乃“以甲骨、金文及《诗》《书》中所习用之语法、物事，以稽研卦爻辞；以战国诸子所习用之语法、物事，以参

① 屈万里：《书佣论学集·自序》，《书佣论学集》，第3页。

② 屈万里：《先秦汉魏易例述评·自序》，第4页。标点符号与原文略异。

证十翼。然后博采汉魏诸家训诂旧义，与清儒及时贤考订之说，断以己意”。王献唐先生《先秦汉魏易例述评·题辞》，亦曾称许先生“用力最笃”“方法最密”，认为此种治《易》态度甚善，其文曰：

> 翼鹏研《易》垂二十年，其治本经，先以音韵训诂释字义，继以群经、甲骨、金文参释文旨，两者既明，再据经文为史料，作各项研究，言必求征，义必求当，用力最笃，而方法最密，心所未安，不肯苟下一字，与献唐共事七年，諗之最深，今读是编，亦仅其《易》学一端耳。①

由此可见，王先生对屈先生此种治《易》之法，评价甚高。1941年，先生发表《说易》一文，复申论今人治《易》之可行途径，其文曰：

> 治《易》之途径，据作者所见，有应注意者三事：
>
> （一）当以经观经，以传观传。……以经文之义训，比照经文；以传文之义训，比照传文。传文有合于经者，自当取以参证；其不合者，不必强以为说，庶几各还其真，而不致有鹿马鼠璞之误矣。
>
> （二）注释之书，当知所取舍也。历代说《易》之书，汗牛充栋，穷毕生之力，或亦不克尽读，故不得不有所抉择。窃意初学仍当从注疏入手，以其例去《易》之本谊尚未甚远，而古训复多有存留也。汉人经说，存者已少，不妨尽取而读之。其关于《易》例者，则不必探求；而关于训诂及异文者，固多可取资也。宋以后至晚明诸书，其为图书先后天之学者，固可不读；即义理一派，其诠释亦多望文生义，违失古训。是直束之高阁可矣。清代说《易》之书，与虽非专书，而及于《易》义者，大半可读；然亦只宜注意其训诂，不必泥其义例，此关于注释书之阅读，窃意当如是也。
>
> （三）甲骨、金文，可资考证也。清代考据之学，突越前代，

① 王献唐：《先秦汉魏易例述评·题辞》。

> 于文字之学，收获尤大，惟于金文未能大量运用，于甲骨文则尤不如吾人之眼福，是二者，皆与《周易》产生之时代相后先，故可取以质证者甚多……学者潜心研求，当不少惊人之发现也。①

此务实之治《易》方法与态度，直至先生晚年，依然坚持不懈。先生于1976年发表《推衍与附会——先秦两汉说易的风尚举例》，申之曰：

> 我们研究《周易》，首先要了解经文。经文有经有传；传的意见，并不一定尽合经文；所以要以经观经，以传观传。然后从训诂、文字、音韵等方面入手，参以金文、甲骨文及其他考古学以及先秦文献等资料，客观地寻求经文的本义。本义既明，才能利用《周易》经传的资料，分别作各方面的研究。②

据此，知先生治《易》，坚持“经传独立”，并主张需兼考训诂、文字、音韵诸端，辅以甲骨文、金文、先秦文献，以至于其他与民俗考古相关之文献，皆应博参综考，然后始能求得《周易》卦爻辞之真义也。

四、总结

屈万里先生为台湾地区著名学者，其治学以《易》学为本，其于《易》学研究之贡献亦大。本文不揣谫陋，尝试对屈先生之《易》学研究作一述略，综论先生之治《易》经历、态度与方法，以便学者了解先生之治《易》精神、涵养及其思想，冀有抛砖引玉之效。唯学养所限，疏漏之处恐多，敬祈大雅方家指正。

---

① 屈万里：《说易》，《屈万里先生文存（一）》，第45—46页。标点与原文略异。

② 屈万里：《推衍与附会——先秦两汉说易的风尚举例》，《屈万里先生文存（一）》，第104页。

论高怀民的《易》学史观

陈颢哲*

一、前言

在20世纪初时，意大利史家克罗齐（Benedetto Croce，1866—1952）出版了《历史学的理论与实际》，提出了著名的史学理论命题："一切真历史都是当代史。"① 英籍史家柯灵乌也据此衍生出另一个重要论断："历史是活生生的心灵的自我知识。"② 在这两位史家眼中，一切的过往事件只是不会说话的史料，如果没有人去碰触这些陈迹，历史事件就会永远沉寂。但当每个时代的学者在接触史料时，这些史料便会在历史学家的心中引起反响，在学者自身独特的心灵、学识及所身处的时代的帮助及影响下，学者们在心中重演过去的史迹，这些经过心智演绎的史料，才能构成所谓的"历史"。③

两位史家无独有偶，皆是强调学者在面对过往历史时所透显出来的主

---

* 陈颢哲，台湾"中研院"中国文哲研究所博士后。

① ［意］克罗齐《历史学的理论与实际》译书中将此文直译为"一切历史都是当代史"，傅任敢译，商务印书馆1982年版，第15页。然曾祥铎教授则认为，此译法在阅读时会令人直觉地感到有所不通，因此其采用何兆武先生的译文"一切真历史都是当代史"。见何兆武编：《当代西方史学理论》，中国社会科学出版社1996年版，第153页。曾教授指出此二种译文优劣之讨论，可参见曾祥铎：《论克罗齐史观："一切真历史都是当代史"》，收于《兴大历史学报》第十二期，2001年10月，第250页。

② ［英］柯灵乌：《历史的理念》，黄宣范译，（台北）联经出版事业公司1981年版，第206页。

③ 柯灵乌写道："历史的探讨显露出史家个人心智的才力，史家所可能了解的唯有他自己重新思考过的那些思想；他之所以能认知这些思想，正好说明他个人有能力从事这样的思想"。［英］柯灵乌：《历史的理念》，黄宣范译，第222页。

动性，因此历史绝非客观的存在，构成历史的史料，是在主观心灵的诠释下才得以被赋予意义，从而搭建出历史。[①] 拜诠释学之赐，我们在看待历史时，也多半不会再主张史料诠释的绝对客观或是“让史料说话”而已，学者的立场、目的甚至是择取以供论述的材料，无一不是“崭露出史家个人心智的才力”之处。从这个角度看，所有的作品，无论或显或隐，都满盈着作者的意图。从传统王朝式大范围的历史书写，直到多元化、以各式观念为主轴的历史作品，都受到作者某些特定意识甚或是感情的支配。如余英时先生所说：“尽管你嘴里说要客观，你尽量地希望没有主观，可是，你的教育、你的背景、你的价值观念，无形中都影响到你对史料的选择，对于问题的提出，甚至于问题的提法。所以历史学上有一个主观的因素、解释性的因素，这个因素，是驱除不去的。”[②] 这种解释性的因素，也就是“史观”之所以千殊万别但又确实存在的依据，从太史公通古今之变、欲成一家之言的《史记》，到梁启超的《戊戌政变记》，[③] 学者在面对过往陈迹时，都以自身的背景、价值取向进行历史的对话，从而呈现出不同的历史样貌。同样的，作为专门学科史的经学史写作，也难以跳出此

① 柯灵乌对历史的思考，因为太过强调“思想”的因素，使他落入了唯心主义史观的极端，而局限了其史观的有效性。如余英时所批评：“他（柯灵乌）的史观用之于研究思想史以至政治史是可以有很好的收获的，但却不甚能解释经济史的发展以及大规模的社会变动。就我个人理解所及，我也觉得他一方面过分注重历史的‘内在面’与夫‘将心比心’的领悟，另一方面又极力强调‘证据’的重要性，也是一严重的矛盾。因为当我们在设身处地‘重演’（reenact）古人的意境时，我们很难找到任何证据来‘证明’古人的思路正是如我头脑中现在所‘重演’的。”余英时：《章实斋与柯灵乌的历史思想》，《历史与思想》，（台北）联经出版事业公司 1976 年版，第 207 页。

② 余英时：《史家、史学与时代》，《历史与思想》，第 255 页。

③ 梁启超自云：“又如二十年前所著《戊戌政变记》，后之作清史者记戊戌事，谁不认为可贵之史料？然谓所记悉为信史，吾已不敢自承。何则？感情作用所支配，不免将真迹放大也。”梁启超：《中国历史研究法》，（台北）里仁书局 1984 年版，第 139 页。

等三界五行，从刘师培《经学教科书》到皮锡瑞的《经学历史》,[①] 直至近人撰著的各经专史莫不如是。

稍有不同的是关于经学史的书写，与一般历史较为关注政治、经济或文化等社会层面不同，因此经学史观的内涵亦有别于一般的历史写作。顾名思义，经学史著作即是叙述经学发展历程的专门学史，横亘于其中的诠释向度，即所谓的“经学史观”，此不仅是对历史现象的诠释倾向，也关乎诸如古文、今文等学术立场的选择，更直接体现经学史家个人对经学的认知、经典性质的定位等等。依照当代诠释学的理论，相较于“客观”的史料，此等种种“主观”之处，才是理解撰著者之所以将作品书写成如此样貌的关键。一部没有这种“主观”性的著作，只力求完整、客观而不带主见的写作，只是章学诚所谓“整辑排比，谓之史纂；参互搜讨，谓之史考”而已；更何况，绝对的客观本就是不可能做到的事。

如同阅读皮锡瑞《经学历史》之时，不能深明其宗法西汉今文学的立场，仅就细枝末节抨击其论述失当处，则无异买椟还珠，终究难以进入皮锡瑞心中架构宏大的经学世界。本文所讨论的焦点，高怀民教授的《易学史》三部曲也不例外。相对于现今所常见力求隐没作者自身的各种学术史著作，高氏的经学史论述可说是更带有个人色彩，许多《易》学上传统陈说的重新架构、甚至是史料的择别诠释，都可说是体现了高氏个人独特的《易》学心得；这些论点未必真能廓清历史的迷雾，但对于理解高氏心中所认知的《易》学史，却是极为关键的重点。若不能理解作者价值取舍之所由，那在阅读著作时，难免有隔靴搔痒之嫌。

---

① 经学史书写所涉及的“主观”部分，尤以作者的经学立场为显著。如刘师培“素治古文”，其《经学教科书》所持论，便以古经学为尚。如以经书是“上古之书”，孔子只见是“述而不作”，余如经书次序的排列，按六经早晚为序，经名释义以《说文》立论等。可参见汤志钧：《刘师培和〈经学教科书〉》，《东海学报》1992年第33期，第21—28页。又如皮锡瑞《经学历史》，今人多不将其视为一本经学学科的学术史，而是以今文经学立场所书写的经学论著。见吴仰湘：《皮锡瑞〈经学历史〉并非经学史著作》，《史学月刊》2007年第3期，第5—11页。亦可参见缪敦闵：《刘师培〈经学教科书〉中的经学观——与皮锡瑞〈经学历史〉的比较》，载林庆彰主编：《经学研究论丛》第八辑，（台北）台湾学生书局2000年版，第25—68页。

二、高怀民教授学思概述

近世台湾《易》学园地，以赖贵三教授《台湾易学史》所论，[①] 可约略区分为三代，首代以播迁来台学者为主，计有钱穆、方东美、戴君仁、屈万里、高明、牟宗三；次则为胡自逢、黄锦鋐、黄庆萱、陈鼓应、简博贤、吕凯等先生；第三代则有庄耀郎、岑溢成、龚鹏程、谢大宁等先生。本文所讨论之高怀民教授，则列为第二代《易》学专家。

高怀民教授（1928— ），河南叶县人。高先生幼承庭训，从父亲焕文公及母亲江太夫人习《易》，彼时家学渊源，为先生日后投身《易》学之远因。[②] 高教授的学术生命与《易》是无法切割的，除去家学影响外，先生于34岁时就读于台湾师范学院中文系，受《易》于李遐敷教授；于39岁取得台湾中国文化学院（今台湾中国文化大学）哲学硕士，由南怀瑾先生指导撰写《大易思想之演变暨其体系之研究》，为日后研究《易》哲学奠下基础。后先生曾负笈至希腊大学哲学研究所，返台后，有感于中国学术缺乏具有哲学思想体系的《易》学书，因以无法将作为中国哲学根源之《易》学弘扬光大，是以发愿撰写“一部《易》学史”“一本阐明《易》哲学思想及其体系的书”，[③] 由斯信念，而有先生一生的等身之作。

综观先生生平关于《易》学专书，《易》学史部分计有：《先秦易学史》、[④]《两汉易学史》、[⑤]《宋元明易学史》及《邵子先天易哲学》；《易》哲学部分则有《伟大的孕育》《大易哲学论》和《易魂诗谭》。此外尚有《周文王“演易”事剖述及其易学思想大要》《〈易纬·乾凿度〉残篇文

① 该计划名“台湾易学史”，2000年度台湾科学委员会专题研究计划，由赖贵三教授主持。

② 高怀民教授自云：“怀民学《易》，始于父母之教导，犹忆童时晨兴，母亲教我背诵八卦歌之情景。由于一念之引导，乃后日于诸学中独喜《易》之哲思。”详见氏著：《易魂诗谭·自序》，（台北）乐学书局2006年版，第2页。

③ 高怀民：《易魂诗谭·自序》，第2页。

④ 高怀民：《先秦易学史》，（台北）台湾商务印书馆1975年版。

⑤ 高怀民：《两汉易学史》，（台北）台湾商务印书馆1970年版。

解析——西汉形上思想的成就》等单篇论文共45篇。[①] 1982年后先生又任教于台湾中国文化大学、台湾政治大学、台湾东吴大学，共指导十六篇博士学位论文、二十六篇硕士学位论文，对培养《易》学人才，亦可说是居功厥伟。除专业之外，先生亦致力于《易》学普及，多次出任民间《易》学团体学术顾问等职，仅就笔者所见，已知先生曾任台湾中国哲学会监事、《易经》学会学术顾问等职。其学术生涯，确可说是以阐扬《易》道为职志。

由于高怀民教授育才无数，其学又为学林所重，是以目前众多近代《易》学史专著，多有论及教授文章，近来更有王诗评先生所撰硕士学位论文《高怀民教授易学研究》[②] 及吴进安教授所撰单篇论文《高怀民教授易学理论之研究》[③] 为专门讨论。诸前贤对高怀民教授之《易》学已多有阐扬，亦多称述其贡献。[④]

先生之学，若如徐芹庭教授《六十年来之易学》一文所归纳，则高氏《易》学思想类著作，属“论述派”；而三部《易》学史则归为“考证派”。[⑤] 而徐氏另撰有《易学源流》，则以高怀民《易》学为“义理派之《易》学”。[⑥] 徐教授所谓“论述派”或“义理派”之特征为：“或述往古之《易》说，探其赜而索其微；或论《易》学之大体，钩其深而极其精；或演《易》道为新学，极新颖之能事；或敷《易》道于致用，讲圣学之菁英，盖彬彬乎盛矣。”[⑦] 诚然，此种分类颇能符应高氏建构《易》

① 高氏之著作并不止此数，其由希腊返台后，亦多着力于东西哲学之比较研究，如有专著《中国先秦与希腊哲学之比较》，（台北）“中文社”1983年版，亦有多篇专论中国哲学思想之论文，为免烦冗，上述罗列仅以《易》学相关著作为主。

② 王诗评：《高怀民教授易学研究》，硕士学位论文，台湾师范大学中文系，1999年。

③ 吴进安：《高怀民教授易学理论之研究》，《哲学与文化》第42卷第12期，2015年12月。

④ 如杨庆中：《二十世纪中国易学史》中，专立《1949年以来台湾地区的易学研究》，以专节申论高怀民之《易》学成就，人民出版社2002年版，第483、496页。亦可参见陈韦在：《高怀民易学研究》，载赖贵三主编：《台湾易学史》，第399—437页。

⑤ 徐芹庭：《六十年来之易学》，载程发轫编著：《六十年来之国学》，（台北）正中书局1972—1975年版，第110、137页。

⑥ 徐芹庭：《易学源流》，（台北）编译馆1987年版，第1173—1391页。

⑦ 徐芹庭：《六十年来之易学》，《六十年来之国学》，第97页。

学系统及阐发《易》哲学见长的特色。此外，高氏对《易》学的特殊贡献，则在于三部具系统性的《易》学史，于二十世纪，先生当为第一人。[①] 因此，赖贵三教授亦誉先生为“第二代《易》学专家中之重要人物”。

三、《易》学史的撰写准则

如前所述，高氏《易》学已有专文探讨，如王诗评《高怀民教授易学研究》，已巨细靡遗地论及高氏《易》学专著，亦对其内容做出详细介绍；而吴进安教授亦以宏观视角，讨论高怀民教授《易》哲学体系。然关于先生之《易》学史，笔者认为仍有可深入之处，尤以此三部《易》学史的撰述，几可谓高氏《易》学总纲。尤其是作者在此三书中所展现出来的《易》学意识，以及构筑《易》学体系背后的用心，若非深加求索则不能得。

高怀民教授曾言及“说到《易》学，我想最基本的认识应该有，那就是：它是哲学思想”[②]，且再三申明《易》的哲学性格：

> 放眼我们今日的《易》学界，所有的是《易》训诂学、《易》算命学、《易》史料考据学、《易》物理学、《易》天文学、《易》数学等，而纯粹而精的哲学思想的《易》学到哪里去了呢？不要忘记《易》之被称为“博大精深”是指它的哲学思想而言呀！[③]

于此前提下，高怀民教授在撰写其《易学史》时，并不单以严格意义上的“经学家”作为介绍对象，而是以学者对于《易》学之贡献作为去取标准，因此于《宋元明易学史》中有谓：

---

① 杨庆中亦主此说，参见氏著：《二十世纪中国易学史》，第483页。

② 高怀民：《易学的哲思——人类理性的导引》，《周易研究》1998年第2期，第1页。

③ 高怀民：《先秦易学史·自序》，第2页。

《易》学史中人物众多，或为思想创发者，或为训注章句者，或为捡拾前人唾余以自炫耀者……等等情况，不胜其繁多。作者认为《易》学史之作不应该一概而论，如编写辞典样，著其姓名，述其著作，如果那样便失去了价值标准，乌乎可？本书系以哲学思想为价值取决，以发明哲思为高尚，训注推演者其次。①

虽此《自序》载于《宋元明易学史》，然观高氏《先秦易学史》《两汉易学史》实亦采用此一标准。② 可见高氏并非要撰述一部录鬼簿式的人物名册，而是于书中蕴有自身的去取标准，亦即以《易》学有创发性的贡献者为主。

此一标准的确立，便注定了三部《易》学史虽冠以“史”名，却不以提供线状的历史书写见长，而更偏向思想史式的写作策略。

这种特色，也展现在高氏讨论学术问题时的“考证方法”上。徐芹庭教授将高氏三部《易学史》归入“考证派”的著作，但高氏的“考证”方法，并非仅仅因循传统以古籍与出土文物为据的考证方法而已。其虽不反对考征于史料，然如其所云：“如果再像以往那样拖下去，等待我们的历史考古工作终有一天会发现到伏羲氏的头盖骨或伏羲氏手画八卦的真迹后，再据以写先秦易学史，学术良心容许我们再等待下去吗?”③ 因此高氏不仅仅以文献史料作为唯一证据，而是借由考察“大的历史思潮的演变”以推求其真相：

作者现在是设身处地运思，尽量求做到以历史上伏羲氏的时

① 高怀民：《宋元明易学史·自序》，第2页。

② 杨庆中则认为：“高先生的《宋元明易学史》的写作，距前两史的写作约二十余年，期间，高氏的兴趣曾一度转移到对大《易》哲学的研究，并撰述了《大易哲学论》。所以在《宋元明易学史》的写作中，其所表现出的对‘哲学’的兴趣似乎要高于对‘史’的兴趣。虽然其仍不废弃前两种方法的运用，但由于‘以哲学思想为价值取决，以发明哲思为高尚’，使得此书表现出了与前两书颇为不同的风格气象。”氏著：《二十世纪中国易学史》，第497—498页。然笔者认为高氏之撰作立场仍属一致，如高氏于《先秦易学史》中特立“道家易”一章，专论道家学与易学之关系，仍是着眼于“以发明哲思为高尚”原则；《两汉易学史》中，略“儒门易”而详“象数易”，亦因“象数易”于此时期为阐扬《易》道之重点，而“儒门易”则相对隐晦不显，是以详彼而略此，仍为同一原则之展现。

③ 高怀民：《先秦易学史·自序》，第2页。

代论伏羲氏的思想，以历史上周文王的时代论周文王的思想，以历史上孔子的时代论孔子的思想。《周易》一书中的字句当然是主要根据，同样主要的，是大的历史思潮演变，将《周易》中所言投入历史思潮的演变中，印证出它的出处渊源。这样一来，就旁涉到当时政治、社会、信仰等方面，也由此产生了和传统见解不同的结果，还发现了一些史学上从未发现到的问题。①

另一方面，高氏确实也不弃考证，如杨庆中所评：

具体而言，其（按：高氏《易学史》）考证的内容包括三个方面：一是文字的考证；一是史料的考证；一是前人观点之得失的考证。文字的考证主要是对一些重要而颇引起争议的字词进行训诂，如其对“易”字的解释、对“元”字的解释等，都是文字考证的实例。史料的考证主要是对一些传说或本来面目不清的史料进行厘定，如其对《子夏易传》的考证、对田何传《易》的推断等，都属于这方面的例子。对前人观点之得失的考证主要是对前人的一些错误认识进行纠正，如其对孔颖达《周易正义》中误疏王弼《注》的辩证，即属此例。②

高氏书中虽有大量进行考辨的文字，但并非大量援引书面材料进行考证，反倒多是据义理、时代因素甚至是所评论对象之学思背景来进行，亦即“在思想史中言考据”③ 的方式进行考索，这是三部《易学史》一贯的显著特征。如高氏批评孔颖达《周易正义》误疏王弼采用象数家六日七分说时，高氏先行说明孔氏《正义》之误在于《复卦·象传》：“反复其道，七日来复。”王弼《注》云：“阳气始剥尽，至来复，时凡七日。”孔

① 高怀民：《先秦易学史·自序》，第 4 页。

② 杨庆中：《二十世纪中国易学史》，第 497 页。

③ 语出徐复观《中国思想史工作中的考据问题·代序》。徐复观所谓“在思想史中言考据”者，乃指三个层面：其一是知人论世的层面；其二是在历史中探求思想发展演变之迹的层面；其三是以归纳方法从全书中抽出结论的层面。详见氏著：《两汉思想史》卷三，（台北）台湾学生书局 1979 年版，第 3—5 页。

颖达《正义》则解云：

> 阳气始剥尽，谓阳气始于剥尽之后，至阳气来复时，凡经七日。观注之意，阳气从剥尽之后，至于反复，凡经七日，其注分明。如褚氏、庄氏并云五月一阴生，至十一月一阳生，凡七月。而云七日不云月者，欲见阳须速，故变月言日。今辅嗣云“剥尽至来复”，是从尽至来复，经七日也，若从五月言之，何得云始尽也？又《临》卦是阳长，而言八月，今《复》卦亦是阳长，何以独变月而称七日？观注之意，必谓不然，亦用易纬六日七分之义，同郑康成之说，但于文省略，不复具言。①

高怀民教授以孔说为误，理由有二：其一，王弼本人深恶象数，不可能自毁长城，杂象数以为己说。其二，由剥卦至坤而复，乃阳气由上九降至坤卦（阳息）而回到复卦之初九，正好是“七日来复”，乃是《彖传》《复》卦“七日来复，天行也”的描述。因此王弼《注》说并非十二消息卦，而是紧扣《十翼》而来的说解。② 第一个理由的成立，是透过王弼的学术背景以及当世思想进行比勘，第二个理由则是借由义理脉络的梳理而导出。此间是非姑且勿论，但由此可知高氏之考证，绝非乾嘉汉学的考据方法。

又如高氏考证太极双鱼图之作者时，举清儒胡渭《易图明辨》为引，历数前此数说，皆以为此太极双鱼图为“蔡季通如荆州，复入峡，始得其三图焉”。就是说，此图是蔡元定入蜀所得，非其自作。但高怀民认为“根据《宋史》蔡元定的传记以及其子孙辈的传记、朱熹等相关人物的传记，都看不到蔡元定入蜀得图之事”③，遂以蔡元定本人的《易》学特长做出推测，并举蔡元定《纂图指要》的《易》学理念为据，认为蔡元定“早已将《易》学之道视为一大太极”，故“作者以太极图为他制作，应

① （唐）孔颖达：《周易正义》，（台北）艺文印书馆影印阮元刻《十三经注疏》本，第65页。

② 高怀民：《两汉易学史》，第305—307页。

③ 高怀民：《宋元明易学史》，第277页。

是比较应理的判断”[①]。在这番考证之中，高氏先是以文献中未见蔡元定入蜀作为根据，再考察蔡氏《易》学，据以推测出今日所常见的太极阴阳双鱼图，应是蔡元定改良邵雍《易》图而制成。不消说，这当然又是一种以思想背景为线索的推理考据，并非直从文本寻得直接证据的考证方式。

当然，此三部《易学史》既为“史”，高氏自不可忽视客观史料所提供出来的讯息，其虽经常透过哲学推理或“思想考据”的方法进行论述，但也仍未在文献上提出悬空的想象作为立论根据，使得三部《易学史》中，处处皆可察见高氏所主张的《易》学观，且避免了过分堆砌史料而枯燥的问题。在理解高氏撰著的学术方法之后，才能进一步地说明他贯注在三部《易学史》中的经学史观。

四、《易》非卜筮之书

《易》向来被视为群经之首，历代学者多以极大的热情灌注其中，又兼以“《易》道广大，无所不包，旁及天文、地理、乐律、兵法、韵学、算术，以逮方外之炉火，皆可以援《易》以说，而好异者又援以入《易》，故《易》说愈繁”[②]，《易》学流派家法之繁，牵连学问之广，于诸经中确实罕有匹俦。然而，《易》学发展虽然枝繁叶茂，却也大致不出四库馆臣所归纳的二派六宗，而主要骨干的象数派、义理派，归根结底，实际上在于对《易》的本质认知差异。当以《易》为占筮之书时，自然应以象数阐释；当视《易》为哲思之典时，便穷极曲奥地发挥义理。

其中异同，或可借由高氏于《宋元明易学史》中对朱熹的批判可得

---

① 高怀民：《宋元明易学史》，第 201 页。按：蔡元定极服膺邵雍的先天《易》学，故高怀民以邵雍有先天《易》图之无极图，亦应当为蔡元定所继承。今日所见阴阳双鱼之太极图，即是蔡元定配合阴阳爻消长，化为黑白二色，加工绘成。高氏认为这样的《易》学功夫，“对于蔡元定而言，是非常自然可以思想到的事”。语见氏著：《宋元明易学史》，第 278 页。

② （清）纪昀：《易类总序》，《钦定四库全书总目 · 易类一》，（台北）艺文印书馆 1966 年版，第 63 页。

而窥。高怀民先生视《周易》为哲学之书的理念，可谓通贯高氏所有的《易》学著作，但亦不可讳言，《易》本身即具有占筮功能。如《系辞传》有云："《易》有圣人之道四焉；以言者尚其辞，以动者尚其变，以制器者尚其象，以卜筮者尚其占。"诚然，《易》与占筮脱不了关系，但这样的论断牵涉《易》学许多层次的问题。首当其冲者，则是《易》之性质为何？常见的说法中，《十翼》时被公认为是深具哲思的作品；但在《易经》的部分，因其独特的卦象及卦爻辞形式，使得《易》很容易与卜筮相结合。但对高氏而言，《易》道绝不是仅依赖卜筮而传，而是因其本身囊括万理，卜筮仅是其中功用之一。《易》从创制伊始，便是一部哲学之书。

客观地说，《易》与占筮相连的记录甚早，《周礼》即有称"太卜掌三《易》之法"，而散见于《左传》《国语》中的占筮记录，亦可见筮法之于《易》的高度相关性。而经学史上的秦火焚书，按《汉书·艺文志》记载，也因《易》为卜筮之书而未在禁绝燔灭之列。占筮既然是《易》的重要功能，是以《易》之性质也被归于卜筮类别。时至今日，大量的《易》学著作亦多将此作为根本前提，于书中论述《易》性质时，将此语置于不可疑之处，目为根本定义。①

《易经》性质的论定，宋代以前较无疑义；宋代以后，才开始大量出现主张《易》为卜筮之书者，其中关键人物当推朱熹。② 在朱熹以前，学

① 在今日常见的经学通论等书中，《易》之性质皆被目为卜筮之书，乃由后儒以《十翼》辅之，才由占筮而为哲理之用。此说多散见于各种介绍性之书籍，成为当代研《易》主流的根本论述前提，如杨庆中：《二十世纪中国易学史》，人民出版社 2002 年版，卷首即谓："《周易》是目前所见我国最早的一部筮占之书，约成书于西周时期。起初编纂此书的目的，是为了便于占算时检索吉凶的结果。"《前言》，第 1 页。另一种则是不否认《周易》之目的为占卜，但特别强调占筮、卦爻辞之背后乃蕴有深邃之哲理。如张善文：《周易漫谈》，（台北）顶渊文化事业有限公司 1998 年版，其论及《易》之性质时云："倘若《周易》的卦形、卦爻辞没有内在的哲学性质，无论哪一位'圣人'都无法凭空阐发出其中的'义理'来。所以，我们必须认识到，尽管《周易》的出现是以卜筮为用，但其内容实质却含藏着深邃的哲学意义。"第 39 页。不论何种说法，都已将《易》置于占筮之中。

② 廖名春以为朱熹提出此一命题，开展了新的《易》学进路，是继王弼、孔颖达之后的《易》学"第三座里程碑"。详见（宋）朱熹撰、廖名春点校：《周易本义·自序》，中华书局 2009 年版，第 2 页。

者无论是论象数、研义理，皆把《易》视为参赞天地化育、垂训天人大道之书，尤其是伊川所撰《易传》，将理学结合《易》道，把玄远的哲思推致精微。而朱熹虽崇拜伊川，却反对《伊川易传》的做法；朱熹认为《伊川易传》“义理精，字数足，无一毫欠缺”①，但“将经来合他这道理，不是解《易》”②。显见朱子并不能接受伊川这种参以己意的解经活动，对其而言，伊川将“经”来合自身之“传”，让《易经》失去了本来面貌。其云：

> 《易》本为卜筮作，古人质纯朴，作事须卜之鬼神。孔子恐义理一向没于卜筮中，故明其义。至如“义无咎也”“义弗乘也”，只是一个义。③

经自经、传自传，二者不可相提并论，经本因卜筮而设，而传为义理阐扬，仅能将经的意思“接着说”。有此前提，则读经不可混于传，亦不可牵传义以合经。基于这个理由，朱熹针对《易经》的解读方式提出新说，于《答张敬夫》书中云：

> 圣人作《易》本是使人卜筮，以决所行之可否，而因以教人为善。……故卦爻之辞，只是因依象类，虚设于此，以待扣而决者，使以所值之辞决所疑之事，似若假之神明，而亦必有是理而后有是辞，但理无不正，故其叮咛告戒之辞，皆依于正。天下之动，所以正夫一而不缪于所之也。以此意读之，似觉《卦》

---

① （宋）黎靖德编：《朱子语类》卷67，中华书局1986年版，第1651页。下所引述朱熹语皆出此本。

② （宋）黎靖德编：《朱子语类》卷67，第1563页。关于朱熹说经的指导原则，钱穆氏说之甚详，其云：“经有本义，有推说义。朱子意，先明本义，乃可推说，尽可推说，然非本义。于此必当辨。伊川尝谓古之学者，先由经以识义理，后之学者，却须先识义理，方始得看经。若果如此，学者自以所识之义理来看经书，自可即以所识之义理来解经说经。此处乃朱子与伊川对经学上意见相异。”可参见钱穆：《朱子新学案》，《钱宾四先生全集》第14册，（台北）联经出版社1994年版，第5页。

③ （宋）黎靖德编：《朱子语类》卷66，第1620页。

《爻》《十翼》指意通畅。[①]

在这封信中，朱熹突破了往常将《易》视为广大无所不包、占筮仅为《易》道之一的成说，主张将经的原属功能限定于占筮，理解《易》也必须回到卜筮的情境中，如此才能契合圣人原意。

当然，朱熹的主张并非毫无理据，综观其一生言论，确实有许多反诘非常有力：

> 《易》只是为卜筮而作，故《周礼》分明言太卜掌三《易》，《连山》《归藏》《周易》。古人于卜筮之官，立之凡数人。秦去古未远，故《周易》亦以卜筮得不焚。今人说《易》是卜筮之书，便以为辱累了《易》。见夫子说许多义理，便以为《易》只是说道理，殊不知其言吉凶悔吝皆有理，而其教人之意无不在也。今人却道圣人言理，而其中因有卜筮之说，他说理后，说从那卜筮上来作么？[②]

朱熹以为后人因为轻视"占筮"，遂不自觉地忽视了《易》本卜筮的本质；今人硬要将经典神圣化，过分强调经典蕴有义理的一面。所以朱熹反诘，若是圣人透过《易》讲道理，那直说便是，何必要透过一堆占筮、吉凶来申说呢？是以又说：

> 圣人要说理，何不就理上直剖判说？何故恁地回互假托，教人不可晓？又何不别作一书？何故要假卜筮说？又何故说许多吉凶悔吝？[③]

在相当程度上，朱熹应也意识到经学是叠加累积的学问，其衍生的再诠释，距离原典的本初意涵，相去不可以道里计。从卜筮吉凶之中演绎出道德人伦之理，实是过度推论。因此朱熹举证主张：

---

① （宋）朱熹：《晦庵先生朱文公全集》卷31，《朱子全书》第21册，上海古籍出版社2002年版，第1350页。

② （宋）黎靖德编：《朱子语类》卷105，第2625页。

③ （宋）黎靖德编：《朱子语类》卷66，第1623页。

> 《易》自是别一个道理，不是教人底书。故《记》中只说先王崇四术，顺《诗》《书》、礼、乐以造士。《语》《孟》中亦不说《易》，至《左传》《国语》方说，然亦只是卜筮耳。①

从先秦古籍的记录来看，《易》向来都作为占筮之用，先王教士亦不采《易》，显然《易》中的道理就不是儒家所习见的道德伦理，而是吉凶悔吝的卜筮之学。朱熹所论，确实为入室操戈，如果圣人要说道理，何不写一部类似《学》《庸》之类的著作，反要另外创制卦象；若真要教人，这套符号系统反而只是徒增困扰，也难怪先王先圣皆不以《易》为教，这就反面证明了《易》确为卜筮之书。②《汉书·儒林传》所载："及秦禁学，《易》为筮卜之书，独不禁，故传受者不绝也。"便是证成此说的最佳说辞。

站在学术的理由，朱熹的论断确实有理有据。但这个命题如果放在"经学"上时，却割裂"经"之所以为经的理由及神圣性。尤其是当朱子站定"《易》本为卜筮作"的立场时，伏羲只是画卦、文王周公只是解卦、孔子只是随处点拨引申说义而已。朱熹谓：

> 今人才说伏羲作《易》，示人以天地造化之理，便非是，自家又如何知得伏羲意思！兼之伏羲画《易》时亦无意思。他自见得个自然底道理了，因借他手画出来耳。故用以占筮，无不应。③

此则伏羲只是"偶然见得一便是阳，二便是阴，从而画放那里"④，而且"方伏羲画卦时，止有奇偶之画，何尝有许多话说？文王重卦作繇辞、周公作爻辞，亦只是为占筮设，到孔子方始说从义理去"⑤。

---

① （宋）黎靖德编：《朱子语类》卷67，第1658页。

② 据张克宾所归纳，朱熹的立论有三：一为据《周礼》《国语》《左传》等史实；二为以《周易》本经经文，如"利涉大川"等涉及吉凶者为论；三则考察《易传》中涉及占筮语。以此而推论《周易》之筮书性质。详见氏著：《朱熹"〈易〉本是卜筮之书"疏论》，《中国哲学史》2011年第2期，第103—109页。

③ （宋）黎靖德编：《朱子语类》卷67，第1658—1659页。

④ （宋）黎靖德编：《朱子语类》卷67，第1623页。

⑤ （宋）黎靖德编：《朱子语类》卷66，第1622页。

在朱熹眼中，《易》确实有圣人以占筮设教的用心，但后来无论是《十翼》或是诸家《易》说，无不是附会穿凿。一部《周易》，从形成至流衍，几乎可以说是一段“误读”的历史：

上古之时，民心昧然不知吉凶之所在，故圣人作易教之卜筮，使吉则行之，凶则避之，此是开物成务之道。故《系辞》云“以通天下之志，以定天下之业，以断天下之疑”，正此之谓也。初但有爻而无文，往往如今之“杯筊”相似耳。但如今人因火珠林起课者，但用其爻不用其辞，则知古者之占，往往不待解而后有吉凶。至文王周公才作彖爻之辞，使人得此爻者，便观此爻之吉凶。至孔子，又恐人不知其所以然，故又复逐爻解之，谓此爻所以吉者，谓以中正也：此爻所以凶者，谓不当位也，明明言之，使人易晓耳。至如《文言》之类，却是就上面发明道理，非是圣人作《易》，专为说道理以教人也。①

这段言论，可以说是朱熹立基于“《易》本为卜筮”的立场上阐发出来的《易》学纲领：伏羲画卦，画出奇“—”偶“- -”的阴阳二象是“初无文义”，只是如同今日民间庙宇所用“筊杯”的“掷筊”活动来展现吉凶；文王周公也只是希冀更能清晰地说明、判定吉凶而有卦爻辞；至孔子虽有所谓义理，但其本旨仍是卦爻象与卦爻辞之吉凶阐释。且即便孔子至圣，也“只得随他那物事说，不敢别生说”。② 所谓“卜筮设教”者，只是“占得贞吉便守正以俟之”，此即为《易》之用，“人人皆决于此，便是圣人家至户到以教之也”。③ 当“伏羲画卦”别无义理时，就只是“画出卦象”；文王、周公作卦爻辞，也只是依傍于象而说吉凶；孔子亦是依循吉凶之说释其所以然。且朱熹更强调：

盖其所谓象者，皆是假此众人共晓之物，以形容此事之理，

① （宋）黎靖德编：《朱子语类》卷70，第1768页。
② （宋）黎靖德编：《朱子语类》卷66，第1626页。
③ （宋）黎靖德编：《朱子语类》卷66，第1621页。

> 使人知所取舍而已。故自伏羲而文王、周公，虽自略而详，所谓占筮之用则一，盖即那占筮之中，而所以处置是事之理，便在那里了；故其法若粗浅，而随人贤愚，皆得其用。……到得夫子，方始纯以理言，虽未必是羲文本意，而事上说理，亦是如此。但不可便以夫子之说为文王之说。①

《易》之为经，有所谓“《易》历三圣”之说，此为传统学者展开《易》学论述的大前提，亦是道统传承意义之所在。但朱熹提出此言，以伏羲画卦为伏羲之《易》，文王、周公重卦系词为文王、周公之《易》，则《易》也将可能片片割裂。当然，站在诠释学的角度，吾人自然可谓朱熹所意图者，在于返还作者本意，但站在经学研究者的立场，却是摧毁了圣经传道的神圣使命。朱熹更谓：

> 学《易》者需将《易》各自看，伏羲《易》，自作伏羲《易》看，是时未有一辞也；文王《易》，自作文王《易》看；周公《易》，自作周公《易》看；孔子《易》，自作孔子《易》看。必欲牵合作一意看，不得。②

所以朱熹的读《易》之法，诀窍在于“须是将伏羲画卦、文王重卦、周公爻辞、孔子《系辞》及程氏《传》各自看，不要相乱惑，无抵牾处也。”③ 所以，朱子的《易》学观，大致上便是透过定义“《易》为卜筮”的性质，而界定伏羲、文王、周公谈《易》时仅是就卜筮上说，至孔子时，才说到哲学义理上头。

但高怀民教授显然不同意朱熹的说法：

> 他（朱熹）在基本上不认为《易》是一本思想的书，而是卜筮之书，至孔子，为了说明吉凶所以然之义，才“逐爻解之”，《易》才成为有思想的书。所以对于朱熹而言，《易》之有思想，

---

① （宋）黎靖德编：《朱子语类》卷 67，第 1647 页。
② （宋）黎靖德编：《朱子语类》卷 66，第 1622 页。
③ （宋）黎靖德编：《朱子语类》卷 67，第 1646 页。

并非在动机上出于思求宇宙自然及人生之道的哲学思想。①

又说：

古代《易》学家如汉象数易家，十九精于占筮，但并不否认《易经》之哲思，朱子则全然不承认其有哲学思想，令人不能不疑心于朱子本人实为欠缺哲理思考之人。②

行文至此，应当能理解高氏为何对朱熹所提出的“卜筮”命题如此反对，因这直接与高氏所认定的《周易》性质相冲突。例如，高氏举朱熹对坤卦卦辞“君子有攸往，先迷后得主利”的阐释为证，朱熹释此句云：“遇此卦者，其占为大亨而利以顺健为正，如有所往，则先迷后得而主于利。”③ 高氏指出，若依照《象传》所云“先迷失道，后顺得常”来看，“先迷后得主利”必须断句成“先迷，后得主，利”，亦即喻人先迷失其方向，后却能够得返常道，吉事也。然朱熹却“为了符合‘《易》为卜筮之书’，将‘主利’断为一词，而解作‘则先迷后得而主于利’抛弃孔子的《象传》之言于不顾，完全落入了社会上术家算命的用语”。④ 甚且，依高氏看来，朱熹的断语下得轻率武断，如《朱子语录》中，曾有弟子问朱熹：“伏羲画卦，恐未是教人卜筮？”朱熹竟然妙答：“这都不可知，但他不教人卜筮，画作甚？”这样的响应当然可以视作是师生间的趣味反诘，不过身为一代大儒的朱熹以此种戏谑口吻看待儒家经典，也难怪高氏要特笔书之，显对此种态度颇不以为然。⑤

平心而论，朱熹虽将《易》作为卜筮书，但并非全然抹去义理哲思，

① 高怀民：《宋元明易学史》，第 168—169 页。

② 高怀民：《宋元明易学史》，第 179 页。

③ （宋）朱熹：《周易本义》卷之一，收于《周易二种》，（台北）大安出版社 1999 年版，第 39—40 页。

④ 高怀民：《宋元明易学史》，第 176 页。

⑤ 高怀民批评朱熹甚为严厉，如朱熹将“元亨利贞”解为“元亨，谓大亨也；利贞，谓利于正也”的说法，是“自以为是”，而且虽然朱熹之语“是说得通的，但这样一来，却是把一部传承数千年被目为哲学思想的《易经》经文，真的变成了‘亦未有许多话说’‘只为占筮设’了”。语见氏著：《宋元明易学史》，第 175 页。

而是站在理学的角度，肯定《周易》之占筮亦是天理的具体展现，人依循占筮而行，亦可窥见天理流行之机。[①] 但高氏所建构的《易》学理论，并不似朱熹般有些许转折，而是直接承认当伏羲"一画开天"时，便已然开始了《易》学哲学的架构，而三圣参赞《易》的意义，就在于完成这个哲学的谱系，如果只是占卜吉凶，那伏羲画卦、文王重卦之举，也只是江湖术士的举措而已，高氏绝不接受这样的说法。在他看来，朱熹就是缺乏了整体的哲学思考，才会误判《周易》的性质。

另一个层面看，高氏用甚为强烈的语气批驳朱熹的理由，或许是朱熹因为透过"卜筮"之说而否定《易经》的哲学价值，改变了历来"《易》历三圣"的传统前提，将《易》学传承一刀切开，其价值，如同朱伯崑先生所言：

> （朱熹）立足于卜筮解释经文，其对字义的解释，亦能超越前人的窠臼，作出新的贡献。……朱子虽强调还《周易》一书的本来面貌，但不因此否认《易传》和历代《易》家解《易》的价值。[②]

但这所谓"还《易》本来面貌"，却也让各种《易》说成为各弹各调，尤其是在朱熹的诠释理路下，《易经》的卦象、卦爻辞本体，与《易传》形成截然不同的两回事。但高氏则深表不然：

> 对应于神道思想之进于人道，《易》学也由筮术占断演变为演说哲理，于是在卦爻辞之外，产生了《十翼》。《十翼》与卦爻辞不可视为截然不同的两回事，它们的本质是一样，它们的血脉是一贯相承，只是由于时代不同，使思想的重心有了转变……这情形正如符号易之演变为筮术易，文王之六十四卦乃承伏羲氏八卦之义，踵事增华，将八卦之思想发挥得更精更广，而转变其

① 相关论述甚多，如张克宾亦总结朱熹之说，认为"'《易》为卜筮之书'的内涵是'《易》以卜筮设教'"。张克宾：《朱熹易学思想研究》第二章第二节，人民出版社2015年版。

② 朱伯崑：《易学哲学史》第二卷，第483—484页。

> 思想指向于筮术；今孔子继文王之筮术易，更上层楼，将筮术易之思想再发挥，不但愈精深广涵，且为之建立起一个整体的系统，而转变其筮术占断之思想指向于演说哲理。三圣悬隔千古，心法一贯，……允为人类学术史上绝无仅有之奇迹。[①]

高氏不惮烦冗，再三言及《十翼》与卦爻辞不可视为各自独立的个体，因“它们的本质是一样，它们的血脉是一贯相承”。因此他才批评朱熹认为：“《易》所以难读者，盖《易》本是卜筮之书，今却要从卜筮中推出讲学之道，故成两节功夫。”这种说辞，恰好证明了朱熹不懂《易》哲学的深邃内涵。[②] 在高氏眼里，朱熹既然不懂《易》学蕴奥之哲思，无怪乎只能浅薄地将卜筮作为《易》的唯一功能。

果如赖贵三先生所述，“以经观经”“以传观传”“经传分治”，是20世纪治《易》的重要特征，则高怀民教授的观点显然是对时代洪流的逆反。对高氏而言，“《易》历三圣”的《易》形成史，便是一次次的《易》道衍流，圣圣相传，《传》而《经》至道。[③] 这样的立场，也可从清末皮锡瑞的主张中得到呼应，皮氏曾谓：

> 伏羲作《易》垂教，当时所以正人伦、尽物性者，皆在八卦之内，意必有义说寓于卜筮，必非专为卜筮而作。文王重卦，其说加详，卜人筮人口授相传，以其未有文辞，故乐正不以教士，然其中必有义理，不可诬也。或疑只有画而无辞，何得有义理在内？既有义理，则必著为文辞。是又不然。《左氏》杂采占书，其占不称《周易》者，当是夏殷之《易》，而亦未尝不具义理。

---

① 高怀民：《先秦易学史》，第232—233页。

② 高怀民：《先秦易学史》，第238页。

③ 高氏曾用极细腻的文字描述此一过程，其谓：“易之书，括天、地、人之道，然其在先秦发展之序，乃起于天地之道，浸假而降落人道。伏羲氏之易思想，以天地之道为主，然彼时文字未兴，只好寄奥义于八卦之象。周文王之易思想，致力于天地与人道之合一，彼时文字虽兴而未畅，故曾象为六十四卦，系简约之辞以明人事。至孔子之时，哲思欲开，文字广用，故孔子以传解易，主于文字叙述而明易道，而所明者多于人道之事。”参见氏著：《宋元明易学史》，第71页。

若无义理，但有占法，何能使人信用？观夏殷之《易》如是，可知伏羲、文王之《易》亦如是矣。周衰而卜筮失官，盖失其义，专言祸福，流为巫史，《左氏》所载。焦循尝一一辨其得失。曰：《易》至春秋，淆乱于术士之口，缪悠荒诞，不足以解圣经。孔子所以韦编三绝而翼赞之也。……孔子见当时之人，惑于吉凶祸福，而卜筮之史加以穿凿傅会，故演《易》系辞，明义理、切人事，借卜筮以教后人，所谓以神道设教，其所发明者，即羲文之义理，非别有义理；亦非羲文并无义理，至孔子始言义理也。①

上述言论来自皮锡瑞《经学通论》，该文亦专为朱熹论“《易》为卜筮作”而发，皮氏与高氏虽悬隔百年，但其义仍可相通。高怀民教授虽发挥大《易》哲学，但仍不弃传统经生“人更三圣，事历三古”的说法。核诸其三部《易学史》，此一观念实贯串其中，尤其是《先秦易学史》区分先秦《易》学发展为符号易、筮术易、儒门易的做法，更是这一观念的直接体现。此《易》学形成三时段，三圣一脉相承，才能够完成《易》道由法天地自然而至人文化成的过程，缺一不可。而高氏的大《易》哲学，其实也立基在这个史观上。其《大易哲学论》所建构的哲学体系，大略可区分为两大部分，分别为阐释天地自然万物（包括“人”）的宇宙论，以及专门运用于人世的“人”道哲思。前者则是透过伏羲、文王以画卦、重卦、系卦爻辞而展现出来，后者则体现于孔子撰《十翼》。由天道流行到人文世界，三圣各有建树。反之，若不承认“《易》历三圣”之说，则孔子无从挺立人的价值，使“人”列于三才之一，在论及人道之极通天地生生之德时，更无所依傍。这观点可从高怀民另一部《大易哲学论》一书中得到印证，由第二论“太极——宇宙万物之奥府”以至于第七论“德合天地，是谓大人”皆属“孔子儒门易思想”，皆强调易道由天道贯通至人道的过程中，孔子肩负起挺立人道价值的作用。② 从中亦可

① （清）皮锡瑞：《论易为卜筮作实为义理作孔子作卦爻辞纯以理言实即羲文本义》，《经学通论》，中华书局2008年版，第41页。

② 高怀民：《大易哲学论》，（台北）作者自印，1988年再版，第115—459页。

窥见，对高氏而言“《易》历三圣”，不只是他撰写三部《易学史》的最核心立场，亦是其赖以构筑大《易》哲学的根本基石。

五、“《易》历三圣”与今文家说

高怀民教授极力强调“《易》历三圣”的传统说法，依此为准将其说法贯注于文字之中，以伏羲、文王、孔子作为《易》的形塑者，借此重新认知《易》作为文明肇始、人智根源的神圣地位。但自1912年以来，将经典视为研究上古史史料的风气，强调“科学方法”研究经典，成为一股强大的主流，即便古奥如《易》，仍无法抵挡这股时代的洪流。如顾颉刚撰《周易卦爻辞中的故事》《论易系辞传中观象制器的故事》；钱穆《论〈十翼〉非孔子作》；李镜池《周易探源》，直至容肇祖撰《占卜的源流》，《古史辨》第三册所结集的文章，皆是以《周易》为卜筮之书为核心所展开的“经典清洗工作”。该册开卷扉页上，更赫然印上《朱子语录》七则，主旨皆是朱熹论“《易》本卜筮之书”的学术理念。如同顾颉刚于《自序》所云：

> 其编纂的次序，以性质属于破坏的居前，属于建设的居后。于《易》则破坏其伏羲、神农的圣经的地位而建设其卜筮的地位；于《诗》则破坏其文、武、周公的圣经的地位而建设其乐歌的地位。但此处说建设，请读者莫误会为我们自己的创造。《易》本来是卜筮，《诗》本来是乐歌，我们不过为它们洗刷出原来的面目而已；所以这里所云建设的意义只是“恢复”，而所谓破坏，也只等于扫除尘障。①

当这些学者清洗了经典的神圣色彩，经典便不再是圣人不刊之鸿教，而是可以用不同的角度切入，以得到不同成效的上古史料。如屈万里先

---

① 顾颉刚编著：《古史辨·自序》，（台北）蓝灯文化事业股份有限公司1987年版，第1页。

生，可以透过《周易》架构出西周史；[①] 又如郭沫若先生《周易时代的社会生活》《周易之制作时代》，强调以科学方法研究《周易》，并用数学以及辩证法诠解八卦、阴阳等观念。

前辈的研究成果，确实达到“扫除尘障”的效果，只是在这所谓“科学启蒙”的影响下，《周易》不再“所以继天地、理人伦而明王道”（《易纬·乾凿度》），《易》只是卜筮书，伏羲只是某个时期的群体共同形象、重卦之人也渺茫难征、孔子更未能梦见《十翼》。面对此种情状，高氏并未回避前人已有的研究成果，但同时也对前人提出批评：

> 《易》学起源于伏羲氏画卦，这话如在百多年以前提出来，是无问题的。但自近代考古疑古之风盛行后，史学界对以往，尤其是先秦的史实，多推翻原案，重新估价，估价的标准是以直接史料为凭证，如无直接史料作证据，一概不予承认。如此一来，在《易》学方面，伏羲氏竟被人断为西汉初年学者捏造的名字，从而画卦的事，自然也是附会之说了。[②]

又说：

> 在研究古史上，传说与神话有其价值，传说是口传的历史，神话是传说既久了以后必然失实的后果，这两者虽然明知道与本来的史实有隔，然而研究文字发明以前的远古史，欲求蛛丝马迹的文化遗迹为辅助而说明历史，不得忽略它们。[③]

因此他认为《古史辨》一派学者太过霸道武断：

> 诚如《古史辨》中顾颉刚的考证，自禹以上，舜、尧、帝喾、颛顼、黄帝、神农、伏羲等，并是后人捏造的人物，从而判为“东周以上只好说无史”，就古史考证上说，这种态度当然最

---

① 屈万里：《说易》《〈周易古义〉补》《〈周易〉卦辞“利西南不利东北”说》《西周史事概述》，载《屈万里先生文存》。

② 高怀民：《先秦易学史》，第 36 页。

③ 高怀民：《先秦易学史》，第 37 页。

严谨，但这种截根断源的方式，是不通的。我们只好说顾氏有史学家的勇气，而缺乏史学家的眼光。[①]

所以基于没有更多积极证据的支持，高氏毋宁更为相信“历史上传说下来的画卦的人，众口一词，只有伏羲氏一人”[②]。

而伏羲画卦之所以伟大，甚至可称作“人类理性的第一道曙光”，原因亦在于这是华夏民族第一次以具体的符号表现抽象的事理，从伏羲的“−”（阳爻）一笔划下，人类的文明便开始滋长；伏羲当时如何称呼这个符号，已不得而知，然而后世逐渐发现它的重要性，便谓之为“太极”。由“太极”到复杂的“八卦”，高氏进行了一系列的推演后，“不得不承认八卦的画成是哲学思想的促动”。而近代学者中，不相信远古时代具有表达高度抽象思维能力的人，则是“受了‘齐头并进的历史观’的影响”，[③] 忽略了每个时代都会有一二才智之士，引领整个时代向前。但也就是因为伏羲太过圣智，以至于其所创造的八卦之符号“易”，必须留待千百年后的文王才又将“易”往前推了一步。

文王演“易”，自是文化史上之大事。当然，文王是否真有重卦，甚至是否撰写卦爻辞，都没有直接证据，[④] 因此高氏“设身处地运思”，认为“就文王当时所处的情势而论，他羑里演‘易’乃是环境使然。我们当然也可以说他平时已有了演‘易’的心意，然而如果不是羑里之囚的数年闲暇，他将整日忙于治理国事，忙于应人接物，恐怕也不会拨出数年的时光去专心一意于《易》学的研究”。[⑤] 再者，文王演“易”，结合了伏羲言天地自然之道的抽象义理，又结合政治性思维，此可从同人、大有、谦、豫、临等与人事相关的卦名中可见；甚且卦爻辞的“利建侯”“利用刑人”等，亦是政治运用的体现。且筮法中的“位”“时”“中”等观念，亦被融合进伏羲《易》学，而借由卦象表现出来。因此高氏

① 高怀民：《先秦易学史》，第 37 页。

② 高怀民：《先秦易学史》，第 38 页。

③ 高怀民：《先秦易学史》，第 68 页。

④ 此说仅见于《史记·周本纪》《汉书·艺文志》《汉书·五行志》等文献。

⑤ 高怀民：《先秦易学史》，第 90 页。

盛赞：

> 今所流传下来的《周易》一书，不止是筮术占断的书，也是哲学理论的书；不只是哲学理论的书，也是政治思想的书。这才是文王的千古不朽功业。①

时至孔子，则面临神道退隐、人道将兴的时代思潮，因此《易》学亦不得不面临一大转型。时至而孔圣生焉，文王所制之神道设教、以卜筮而教民的效用，在于东周后人智勃兴，开始对天、神产生怀疑后，"人"的价值也开始被抬高，《十翼》也应运而生。

自汉以降，《十翼》出于孔子之手的说法，基本上并未受到质疑，直到欧阳修的《易童子问》，才正式提出这个重要的命题。但高氏并不完全否认欧阳修所质疑的论点，他认为《十翼》或许文字真非出于孔子，但"今就《十翼》内容来看，除《说卦传》中'帝出乎震'一章为受五行思想影响外，《十翼》的其他内容，均为纯粹的儒门思想"。且如《史记》为孟子立传，云"退而与万章之徒，序《诗》《书》，述仲尼之意，作《孟子》七篇"。高氏据以反诘：

> 史公岂不知《孟子》一书为其弟子所手录？所以归名于孟子者，也正由于思想是学术之实质，而文字是躯壳之故。……是以古人言孔子作《十翼》，就文字而论为非是，就思想而论则未为不可。②

从《孟子》的例证可知，在古代言某书作者时，仍归宗于学术所从出，因此《孟子》虽弟子所录，史籍仍归名于孟子其人。同样的理由，也可以用在《十翼》上，因此"古人言孔子作《十翼》，就文字而论为非是，就思想而论则未为不可"③。也就是说，即便《十翼》非全出于孔子之手，仍然是出于孔门之中。所以整体而论，高氏仍然是延续传统旧说，

---

① 高怀民：《先秦易学史》，第 94 页。

② 高怀民：《先秦易学史》，第 240 页。

③ 高怀民：《先秦易学史》，第 240 页。

以为伏羲画卦、文王重卦及作卦爻辞、孔子撰《十翼》。

平实而言，高氏落实“《易》历三圣”的理由，绝大多数出于推想，这当然是受限于文献不足征的困境。但笔者以为，应该注意的是，一位现代学者，尤其是身处在古史辨学派之余波荡漾的二十世纪，为何仍要坚持传统之说?

这或许可从民族情感的角度立论，高氏曾批判顾颉刚截断东周以上古史，使民族情感受到伤害。[①] 但更重要的，或许是由于高怀民教授强烈主张《易经》为中国哲学之源，吾民族于文明肇始之初，便已展现出对自身存有的信心，《易》道灿然大备，上参天地化育，下至个人生命安顿;借由上古三圣的存在，告知现今世人必须师法先圣，方能为人类文明寻得一出路。这也是赖贵三教授所论高氏《易》学特色，即在于:

> 高氏在《易经》哲学方面有多篇文章问世，尤以如何以《易经》哲学反思人类世界的思考为代表，这是以古鉴今，从典籍提炼智慧、关怀现世的思索。[②]

然而，高氏虽以大《易》哲学的立场坚持了传统的“《易》历三圣”说，亦据此而衍生一套宏大的哲学架构，深言《易》道广大，囊括万有之义，以《易》义蔚为华夏思想根源，更有异于西方哲思而卓然独立处。

但此处仍须再分疏，赖贵三先生曾言及二十世纪《易》学发展的主要特色，在于“实证方法则承续了清代乾嘉朴学的考据精神，对于《周易》的看法则接受了清末今文经学家的观点”[③]。此一断语比诸高怀民教授的三部《易学史》，在“实证方法”的精神层面上，确实可以在书中得

① 高怀民:《先秦易学史》，第37页。

② 赖贵三:《台湾易学人物志》，(台北)里仁书局2013年版，第624页。

③ 语见氏著:《台湾易学史》，其云:“二十世纪易学研究的两个特点，首先认为《易经》是卜筮之书，《易传》为哲学之书，得到‘以经观经’‘以传观传’‘经传分治’的方法结论，此大异于传统‘以传解经’‘经传不分’的认识进路。其次则指出本世纪古史辨派的《易》学义涵，源出于自宋代以来的经学怀疑之风;实证方法则承续了清代乾嘉朴学的考据精神，对于《周易》的看法则接受了清末今文经学家的观点。中国台湾与大陆的《易》学研究者沿袭了传统，批判继承了前贤。”第115页。

到相当程度的认同；但高怀民教授所主张的“大《易》哲学”，是否确实符合“接受了清末今文经学家的观点”？笔者以为这在相当层次上是可以接受的，尤其是这种极度推崇《易经》，以至经纬天地的态度，极易使人联想到高氏是“接受了清末今文家的观点”，此二者皆共同具有强调经典神圣性与义理普世性的特质，不过高氏与晚清今文家之《易》说，实是形肖而神不似，其根本的精神与目的有着明显区隔。

最明显的分别，即在于今文家皆以经学本位的儒家经传体系为核心，突出孔子与六经之间的关系，据此展开各种经学论述。试看皮锡瑞《经学通论》特重孔子与六经的视角，其对于非经传所载及的内容皆采取排诋的立场，如论及汉代虞翻《易》学时，谓其“其学杂出于道家，故虞氏虽汉《易》大宗，亦有当分别观之者”①；论汉代术数《易》学时，则斥以“猥杂”②。面对《易》学中图书一派时，则直言“不足据”③；谈到象数时，则批评言象数者“必欲穷象之隐微，尽数之毫忽，乃寻流逐末，术家所尚，非儒者之务也”④，连带着被判定为非儒家当行本色的《易》学家，尽在逐斥之列。⑤《易》的“无不悉备”，在皮锡瑞这里，必须符合其经学立场，以合乎孔子赞《易》为前提，否则皆为“附《易》外道”而已。

这也就是杭辛斋《学易笔谈》所指摘的：

> 历来讲《易》家，无论其为汉学、其为宋学，而有一宗牢不可破之锢蔽，即将经学二字横梗胸中视野。埋其庞然自大之身于故纸堆中，而目高于顶，不但对于世界之新知识、新思想深闭锢拒；而于固有之名物、象数、气运、推步之原本于《易》者，亦

---

① （清）皮锡瑞：《论孟氏为京氏所托虞氏传孟学意间出道家》，《经学通论》，第21页。

② （清）皮锡瑞：《论王弼多清言而能一扫术数瑕瑜不掩是其定评》，《经学通论》，第25页。

③ （清）皮锡瑞：《论宋人图书之学亦出于汉人而不足据》，《经学通论》，第21页。

④ （清）皮锡瑞：《论象数已具于易求象数者不当求象于易之外更不当求数于易之先》，《经学通论》，第35页。

⑤ 皮锡瑞云：“京房卦气原出历数，扬雄太玄推本浑天，其数虽巧合于易，实是引易以强合其数。……陈抟龙图，本是丹术，邵子衍数，亦原道家，其数虽似巧合于易，实是引易以强合其数。”见氏著：《论说易之书最多可取者少》，《经学通论》，第43页。

> 皆视为小道，而不屑措意。凡经传所未明言、注疏所未阐发者，悉目为妄谈、为异端，排斥攻击，不遗余力。①

辛斋所论，无非指陈《易》学家拘谨于儒门经传，凡未见载籍者，皆斥为妖妄，忘了“《易》之为书，广大悉备，上自天地之运行，下及百姓所日用，无不弥纶范围于其中”②。杭辛斋深论《易》道广大的目的，在于希冀以《易》接引新式科学，并范围旧有传统学术，③ 但其做法不是以《易》学思想连通他者，而是以“早定其数”的方式说明《易》道无所不包。如论及魏伯阳以《易》言丹道、佛道与《易》之关系等“非儒”的成分时，是透过卦象来说明《易》中早有以卦象论定释、老必然出现，而非说明二者间思想的联系。④ 虽然杭辛斋的说法颇有牵强，但较于陈说，毕竟又使《易》学涵摄的范围更加宽阔，尤其是杭辛斋给予术数一派正面的价值认同，落实了《易》无所不包的特质。同样的态度，也展现在高氏的著作中，而恰与皮锡瑞形成鲜明的对比。在皮氏看来，《易》道必须到孔子手上才可称之为灿然大备；但从高氏的《易》学哲学史观看，《易》反而是在伏羲画卦时就已然无所不包，而“《易》历三圣”的过程，虽然确立了《易》的神圣地位，完成了天道以至于人道的哲理演进，但站在哲学思考的立场，却也多少带有点“道术将为天下裂”的意味。尤其是孔子赞《易》之后，《易》入儒门，列为《五经》，这本是儒学史、经学史该大笔特书之处，高氏却在此喟叹：

> 六艺既为孔子之教学科目，又经孔子述修，视为儒门之学原

① 杭辛斋：《论易家之锢蔽》，《学易笔谈》，天津古籍书店1988年版，第40—41页。

② 杭辛斋：《论〈易〉家之锢蔽》，《学易笔谈》，第41页。

③ 此已有多位学者论及，甚以“科学《易》”名之。详可参见周神松：《杭辛斋〈易〉学思想浅论》，硕士学位论文，山东大学哲学系，2010年。张青松：《杭辛斋〈易〉研究》，硕士学位论文，台湾大学中文系，2003年。另可参见尹天齐：《民国科学易的形成、构成与影响》，硕士学位论文，山东大学哲学系，2017年。

④ 杭辛斋云：“魏伯阳之《参同契》，借《易》卦以明丹学，与《易》义无涉，犹不与焉。儒者禁言异端，于他书则是，于《易》则非。《易》备万物万象，此道教东南一偏象，不可不知也。”从《易》之象而推知佛、道的出现已在定数，是以“《易》备万物万象”。可参见氏著：《佛教道教之象数备于易》，《学易笔谈》，第235页。

> 无不可，但对《易》学这一门，终不免有“屈就”之感，因为：第一，《易》道大，《易》学发始于天道思想，下用于人道只是其全体大用之一端；而儒门之学乃以人道为主。第二，《诗》《书》《礼》《乐》《春秋》五学，均为专门学术，各有其本身之学术领域，《易》学则为全面的学术，无所不包；故以《易》学与五学并列，若不相称。第三，再就发生上言，五学均为人间之学，因人而立；《易》学则不然，《易》之道普于三极，宇宙间即无人类，并不损于《易》道之存在。由此看来，孔子之纳《易》入儒门，使成为六学之一，似乎是“引大就小”，将“全面”之用的易学纳入“局部”之用的园地中了。①

这段话，是理解高氏的《易》学史观与今文说异途之关键。在高氏大《易》哲学的体系中，伏羲画卦创制符号，意味着人心体贴天道，观器而制象；至文王时，透过筮术而与人事结合，以神道设教的方式使《易》道行于人间；到了孔子，则以“仁”解《易》道，使《易》成为人格修养成圣之学。所以“《易》历三圣”者，只是《易》道由天道至人间的过程，与人类文明的发展相配合，由无尽的原理至于可捉摸的现实世界，既是时势所然，也是《易》道步步缩限的过程。但儒家门墙毕竟局限不了广袤的《易》道，才又有不同的《易》学发展。所以高氏所谓“《易》为中国文化之源”，一如杭辛斋所论，是超越了经学本位的态度，而不只是一句空口白话，更确实地展现在《易学史》拣择取舍的标准及评价上。

例如高氏在《先秦易学史》论述孔子纳《易》入儒门之后，紧接着就安排以老子为代表的“道家易”，认为儒门以外，尚有筮术以及道家两支《易》学持续发展，其盛言老子的道家易：

> 后世以“道家”称老子，其实老子之思想完全出于《易》，而且自老子之后，在《易》学演变中，道家易这一支始终是

① 高怀民：《先秦易学史》，第299页。

> 《易》学中重要的一个角色。在先秦三支《易》学而言，主流当然是孔子的儒门易，但老子的道家易，对《易》学形上方面的创发，确是思想上光辉的一页，老子与孔子二人正是分工合作，一向上开展，一向下开展，合力经营大《易》这门学术。①

高氏将孔、老并列为《易》学发展的重要传人，很显然，他所谓的"大《易》哲学"便不是谨守儒家矩矱的经学式《易》学，而是融通各种面相的《易》学。所以这三部《易学史》虽然是描述儒家《易经》的专门学术史，但绝不是如同皮锡瑞固守经学立场的经学史著作。这个立场，更加清晰地体现在论"王弼注《易》杂染玄旨"的命题上，高氏在厘清王弼并未沾染玄风后，提出了反诘：

> 王弼《易》注中有了老子思想是否就是"流弊"呢？……作者认为研究《易》学的人，应有一个很重要的能耐，那便是：要能站在儒、道两家的藩篱之外看《易》学。因为《易》是中国文化的大源，它既不专属于儒家，也不专属于道家。自伏羲氏画卦到文王演易，易由天道自然思想的"符号易"，演变为神道思想的"筮术易"，原无儒、道之别，孔、老二氏出，始改变筮术易为文字义理，孔子引易入人道，老子则重视易的天道方面，于是易有儒、道之分。但因孔子取学术演变的顺势承继了易思想，且用易为教本以授门人，并袭用了"易"的原有名称；老子因未设教的原故，未采用易为教本以授徒，且未习用"易"一名而只言其理，名之为"道"。所以自孔、老之后，学术界都视儒家为《易》学正统，忽略了道家易。儒家后学，尤认易为儒门之学，这实在是一种偏见。易原是儒、道所从出的"中国文化的大源"。②

① 高怀民：《先秦易学史》，第320页。
② 高怀民：《两汉易学史》，第319页。

据此，高氏也提出了许多“可能会遭遇一些学者的反对”[1]的论断，比如，高氏言秦火焚书时，遭毁禁的《易》是儒门易，而此时《易》学则藏身于筮术易的背后，以占筮《易》的面貌问世才得以传承。如此而言，高氏也论及司马迁《仲尼弟子列传》中所记载的商瞿、田何等学者，其实是指筮术易的传承，而非儒门《易》的传承。此是汉兴之后，田何以“筮术”与“易学”两科教人的原因。[2]至于皮锡瑞所排抵的汉象数之学，高氏也持道家易的理路，赞同这是《易》学脱离儒家藩篱的一次振兴。[3]不只如此，如高怀民对邵雍《易》学的高度重视，也同样是因为这套融通的《易》学观在背后支撑，才使得他在撰写《宋元明易学史》这部时间长度横跨约七百年的著作中，以近四分之一的篇幅叙述邵雍的《易》学。原因除了邵雍“对《易》哲学思想创发者多”[4]的理由外，恐怕还是因为邵子的先天《易》说“补充了当初伏羲氏‘未尽表达’之天道思想部分”[5]，而且“体会到《易》道之不二，乃能得儒、道二家源出于一本之真”[6]，才使得高氏不惜以大量的篇幅进行陈述。

借用杭辛斋的话来说，皮锡瑞这样的今文家谈《易》“即将经学二字横梗胸中”，但高怀民明显地并无所谓“儒门”或是“经学”本位主义的立场。是以虽同样主张“《易》历三圣”的义理演进，皮锡瑞的认知是由蒙昧创制到孔子的粲然大备，高氏却以为是广大无际而缩限一隅；同样，皮锡瑞所盛赞的《易》学学者，皆是出自儒门，但高氏心中的“《易》学五圣十贤”[7]，却泰半非儒家人士。根本的成因，即在于高氏是以超越儒家经学的眼光来叙述《易》的发展，其目的也并非要重建《易经》学的历史，而是以自身的学术价值取向来构筑作为中国文化、哲学、思想之源

---

① 高怀民：《先秦易学史·序》，第3页。

② 高怀民：《两汉易学史》，第7页。

③ 详可参见氏著：《两汉易学史》，第三章“汉象数易兴起的原因”，第58—103页。

④ 高怀民：《宋元明易学史·序》，第2页。

⑤ 高怀民：《宋元明易学史》，第71页。

⑥ 高怀民：《宋元明易学史》，第68页。

⑦ 高怀民：《易魂诗谭》。其中《易》学五圣为伏羲、文王、老子、孔子、邵雍；十贤则是孟喜、扬雄、虞翻、管辂、王弼、陈抟、程颐、朱熹、来知德、王夫之。

的“大《易》哲学”。

六、结语

《汉书·艺文志》有云：“人更三圣，世历三古。”又云诸经性质：“《乐》以神合，仁之表也；《诗》以正言，义之用也；《礼》以明体，明者著见，故无训也；《书》以广听，知之术也；《春秋》以断事，信之符也。五者，盖五常之道，相须而备，而《易》为之原。故曰‘《易》不可见，则乾坤或几乎息矣’，言与天地为终始也。”① 《汉书》的说法，其实便已隐喻《易》道广大，远非儒家所能藩篱。高怀民教授也从《易》学与先秦诸子思想的比勘中，得到如斯结论：《易》为中国文化之源。②

从哲学思想的脉络开展，高氏赋予了“《易》历三圣”新的哲学解释，虽然也据此表彰《易》的神圣地位，但儒家义理毕竟无法承载“大《易》哲学”，这就注定了高氏的《易学史》，必须以超越传统儒家的角度来撰写。

不过，作为首出的《易学史》，高氏显然不愿意只是撰写一部记载《周易》传承的人物书名大全。经由“《易》历三圣”所建构出来的《易》学哲学史观，成为他撰写《易学史》剪裁史料的重要准则。综观高怀民教授的三部《易学史》，这个观念无不巨细靡遗地贯穿于著作中。当然，高氏再三强调这套哲学理论，自有其用世之目的，这套贯通天人的哲学思想，并不能单纯以经学思想的角度绳范之。在“《易》历三圣”的立场上，高怀民教授未必不知道圣贤的身影渺茫难寻，他也仅以理性的口吻呼吁不可扫落传统，一如戴静山先生对《周易》平反：“二千多年前的书(《易》)，必有不适宜于现代的地方，我们应该做分别黑白、修正违失的工作，而不应完全屏弃。”③ 高氏反而是基于对文化存续的使命感、对人

① （汉）班固：《汉书·艺文志》，中华书局1960年版，第1723页。

② 语见陈韦在：《高怀民老师访问稿》，载赖贵三：《台湾易学史》，第438—441页。

③ 戴君仁：《谈易·自序》，(台北) 台湾开明书局1982年版，第1页。

类文明的责任心，以极大的热情促使他以高举古圣的大纛，勾勒出《易》学通天彻地的本领，以《易》道为木铎，呼吁现代的人们重新审视古老的智慧。

由斯而论，高氏虽然以哲学背景撰写《易》学史，但寓于其中的根本目的，仍是如古代儒者“以《禹贡》治水，以《洪范》察变，以《春秋》折狱，以三百五篇当谏书”般，让经典的智慧重新活在当下的社会之中。这就如同皮锡瑞《经学历史》强调“六经皆孔子作”的主张，当然难以通过求真标准的检验。但若思及皮锡瑞的用意，在于重返西汉初期的经学盛世，希望能借由重新标举孔子以至经典的神圣性，让“通经致用”的理想能够落在现实的政教上，那皮锡瑞“六经皆孔子作”的论述也就不足为怪。同样，高怀民教授以“《易》历三圣”的史观，挟着“大《易》哲学”的眼光撰写这三部《易》学史时，也是试图最大限度地拓展《易》学的门墙，重新赋予《易》学新的生命。

改革开放以来海峡两岸《易》学研究之交流与互动

肖满省*

改革开放以来，海峡两岸之间的交流合作不断深化，一直走在前列的文化交流，更是取得了丰硕的成果。在海峡两岸日益密切的文化交流中，《易》学领域的交流无疑是十分引人注目的。1989年台湾学者黄沛荣教授在《周易研究》发表《近十年来海峡两岸易学研究的比较》[①] 一文，对改革开放十余年来海峡两岸《易》学进行了细致的比较，其中“学术心得交流”一节初步涉及海峡两岸《易》学交流的问题。此后，总结、研究海峡两岸《易》学研究成果的论著多有出现，论文方面如黄沛荣教授的《易学研究的回顾与展望》[②]、宋锡同《新中国成立六十年来大陆易学研究回顾与展望》[③]、刘大钧教授的《百年易学研究回顾与前瞻——〈大易集义〉序言》[④]、《20世纪的易学研究及其重要特色——〈百年易学菁华集

* 肖满省，福建师范大学文学院副教授。

① 黄沛荣：《近十年来海峡两岸易学研究的比较》，《周易研究》1989年第1期。此文在《周易研究》发表后，作者又作了补充修订，改为《近十余年来海峡两岸易学研究的比较》，于1989年12月发表在《汉学研究》第7卷第2期。

② 黄沛荣：《易学研究的回顾与展望》，载《大易集要》，齐鲁书社1994年版。又载刘大钧主编：《百年易学菁华集成·初编·易学史》第7册，上海科学技术文献出版社2010年版，第2973—2976页。

③ 宋锡同：《新中国成立六十年来大陆易学研究回顾与展望》，载潘德荣等主编：《六十年哲学的反思与六十年的哲学反思》，上海人民出版社2012年版，第314—322页。

④ 刘大钧：《百年易学研究回顾与前瞻——〈大易集义〉序言》，载《弘易集》，上海科学技术文献出版社2013年版，第149—155页。

成〉前言》[①] 等，专著则有杨庆中的《二十世纪中国易学史》[②]、杨世文的《近百年儒学文献研究史》[③] 等，台湾赖贵三的《台湾易学史》[④]、《台湾易学人物志》[⑤] 等著作则着眼于全面介绍台湾的《易》学研究状况。山东大学《易》学与中国古代哲学研究中心主编的《百年易学菁华集成》荟萃了近百年来的《易》学研究成果，为学者研究近百年《易》学提供了极大的便利，在《易》学研究史上无疑具有里程碑式的意义。这些相关论著对于我们审视海峡两岸的《易》学研究都具有很重要的学术价值。

如前所述，学术界研究海峡两岸《易》学发展状况的论著已有很多，但着眼于海峡两岸《易》学交流的论著尚不多见，因此，有必要对改革开放以来海峡两岸的《易》学交流的情况作较全面的审视。就海峡两岸学术交流的主要途径而言，主要有会议交流、论著出版与观点引用等方面，以下分别进行介绍。

一、改革开放以来海峡两岸《易》学会议交流之基本概况

由于众所周知的历史原因，在台湾“戒严”解除之前，海峡两岸的文化交流基本上处于隔绝的状态，海峡两岸的学术研究在各自特定的轨道上独自前行。1984 年在武汉举行了首届“中国《周易》学术讨论会”，但本次会议尚未见有台湾学者参加，也就谈不上海峡两岸《易》学交流。

在海峡两岸《易》学交流史上，山东大学《易》学与中国古代哲学研究中心无疑扮演着无可争议的“主角”。1987 年 12 月，当时的山东大学哲学系“《周易》研究室”主持召开了第一次“国际《周易》学术讨论会”，来自 6 个国家和地区的两百多名代表参加了此次会议。“此次国

① 刘大钧：《20 世纪的易学研究及其重要特色——〈百年易学菁华集成〉前言》，《弘易集》，上海科学技术文献出版社 2013 年版，第 193—207 页。又载刘大钧主编：《百年易学菁华集成·前言》，上海科学技术文献出版社 2010 年版。

② 杨庆中：《二十世纪中国易学史》，人民出版社 2000 年版。

③ 杨世文：《近百年儒学文献研究史》，福建人民出版社 2015 年版。

④ 赖贵三主编：《台湾易学史》，（台北）里仁书局 2005 年版。

⑤ 赖贵三：《台湾易学人物志》，（台北）里仁书局 2013 年版。

际《周易》学术讨论会，可谓盛况空前，正是这次大会因新闻媒体的广泛宣传将国内的《易》学研究推向了繁荣发展的新阶段。”[①] 在此之后，各种类型的《易》学会议逐渐多了起来，并引发了近几十年来的“《周易》热”。在海峡两岸《易》学交流史上，此次会议也具有开创性的意义。中国台湾地区著名学者陈鼓应等人的到来，拉开了海峡两岸《易》学交流序幕。不仅如此，以陈鼓应为代表的“《易传》为道家学派作品”所引发的争议，也缘起于本次大会。（详见下文）为推动《易》学研究的深入开展，加强学术界的联系，1993年夏，山东大学《周易》研究中心又主持召开了“首届海峡两岸《周易》学术讨论会”，参加本次大会的正式代表共计85人，其中，台湾代表25人，大陆代表60人。大会共收到论文65篇、专著10部。就与会者职称而言，高级职称即占55人。[②] 由此可见海峡两岸《易》学交流的规模与层次。更具有重大长远历史意义的是，在本次大会上，“海峡两岸《易》学界同仁，经过共同协商，决定以本次大会为起点，确立起双向交流的关系，这就为海峡两岸《易》学界同仁的深入交往，为弘扬中华《易》学乃至中华传统文化，重振中华的德、业，奠定了基础”[③]。此后，该会议每两年在大陆和台湾轮流召开，[④] 形成了双向性的延续和机制，为海峡两岸学者搭建了一个《易》学交流与研究的平台。

为进一步加强海峡两岸青年《易》学研究者的交流，在“第四届海峡两岸《周易》学术讨论会”（1999年，台北）的倡议下，台湾中华《易经》学会发起并于2000年6月在台湾召开了首届“海峡两岸青年

① 刘大钧：《20世纪的易学研究及其重要特色——〈百年易学菁华集成〉前言》，《弘易集》，上海科学技术文献出版社2013年版，第196页。又载刘大钧总主编：《百年易学菁华集成·前言》，上海科学技术文献出版社2010年版。

② 刘大钧：《首届海峡两岸〈周易〉学术讨论会闭幕词》，《周易研究》1993年第3期。

③ 刘大钧：《首届海峡两岸〈周易〉学术讨论会闭幕词》，《周易研究》1993年第3期。

④ 因受各种客观因素的影响，该系列会议曾有中断，具体举办时间如下：1995年第二届（台北）、1997年第三届（北京）、1999年第四届（台北）、2009年第六届（台北）、2013年第七届（济南）。其中，第五届未见相关报道。2008年9月，“海峡两岸《易》学文化研讨会”在天水市召开，不知是否即为第五届？

《易》学论文发表会”。这一会议的成功召开，得到了海峡两岸专家学者的一致肯定。第二届“海峡两岸青年《易》学论文发表会”紧接着就在当年的12月在武汉举行，2001年11月，山东大学《易》学与中国古代哲学研究中心就举办了第三届“海峡两岸青年《易》学论文发表会”。“短短两年间我们举行了三次青年《易》学论文发表会，加深了海峡两岸青年学者之间的互动之情与商榷之风，《周易研究》学刊亦不断刊登台湾青年学人的文章。”① 此后，该会议先后在海峡两岸陆续召开。② 海峡两岸由此建立起了第一个以青年学者为主体的《易》学学术双向互动交流的机制，为《易》学青年的成长搭建了重要的平台。

此外，2000年10月，山东大学《易》学与中国古代哲学研究中心还举办了“百年《易》学研究回顾与前瞻国际学术研讨会”，2002年，山东大学《易》学与中国古代哲学研究中心又与青岛市崂山风景区管理委员会合作召开了“海峡两岸《易》学与中国哲学研讨会”。正如刘大钧教授所说，“我们这次召开的海峡两岸《易》学与中国哲学研讨会，已是我们海峡两岸学者有关《易》学交流的第八次聚会，自1993年至今，9年中8次相聚，这种海峡两岸学人持之以恒的良性互动，是海峡两岸其他任何学术活动和经贸活动所没有的”③。2005年，山东大学《易》学与中国古代哲学研究中心又与青岛市崂山风景区管理委员会合作召开了“《易》学与儒学国际学术研讨会”。

刘大钧教授说：“可以说历次海峡两岸《易》学研讨会的成功举办，反映了海峡两岸学界相互了解、彼此交流的强烈愿望，取得了丰硕的研究成果，讨论的议题几乎涉及《易》学研究的各个领域，每次大会之后，我们都在山东齐鲁书社、上海古籍出版社或四川巴蜀书社正式出版论文

---

① 刘大钧：《海峡两岸易学与中国哲学研讨会开幕词（2002年）》，载《弘易集》，上海科学技术文献出版社2013年版，第49页。

② 因受各种客观因素的影响，该系列会议曾有中断，具体举办时间如下：第二届（2000年11月，武汉）、第三届（2001年11月，济南）、第四届（2003年11月，台北）、第五届（2012年11月，台北）、第六届（2013年10月，武汉）、第七届（2015年7月，台北）。

③ 刘大钧：《海峡两岸易学与中国哲学研讨会开幕词（2002年）》，载《弘易集》，上海科学技术文献出版社2013年版，第49页。

集，这些论文在海内外产生了广泛的影响。”[①] 由此可见，山东大学《易》学与中国古代哲学研究中心在海峡两岸《易》学交流乃至推动国际《易》学交流发展上所做出的巨大贡献。

除了山东大学《易》学与中国古代哲学研究中心，海峡两岸还有许多机构、团体、组织或个人，都积极参与海峡两岸的《易》学会议交流中来，为海峡两岸的《易》学交流搭建了桥梁。河南安阳是《周易》的发祥地，“文王演易”的传说就发生在安阳汤阴的羑里城。自1989年以来，“《周易》与现代化国际讨论会”每年在安阳举办一届，至2017年已举办至第二十八届。海峡两岸及世界其他许多国家或地区的著名《易》学研究专家都参与到这一系列会议之中来。为此，安阳市还出版了一系列专著和论文集，扩大了会议的影响，加强了海峡两岸的交流，促进了《易》学研究的深入和展开。

此外，关于海峡两岸《易》学交流的会议还有很多，且有些会议有着集中明确的议题，比如1995年1月，在广州召开了主题为“《周易》与现代思维”的国际《周易》讨论会；1995年3月，在南京召开了主题为“《周易》与中医”的国际《周易》研讨会。还有许多海峡两岸《易》学交流是发生在各种非《易》学为主题的学术会议上，如各种儒学会议、经学会议等，即使在非常专门的学术会议中，也常见海峡两岸《易》学交流的情形。1993年6月，海峡两岸七十多名学者齐聚台北故宫博物院，举办“王船山学术研讨会”。在本次大会中，船山《易》学是学者关注较多的对象之一。武汉大学哲学系唐明邦教授《王船山的周易象数论》、台湾政治大学哲学研究所教授曾春海先生《船山易学与朱熹易学观之比较》、台湾大学哲学系教授郭文夫《从比较哲学的络索论大易道德基础之胜义》就属于这种情况。[②]

---

① 刘大钧：《2008年海峡两岸易学文化研讨会开幕词》，《周易研究》2008年第5期。

② 徐荪铭：《海峡两岸学术交流的新开端——台湾辅仁大学“王船山学术研讨会”述评》。周发源、刘晓敏、王泽应主编：《船山学刊百年文选·船山卷·综合》，岳麓书社2015年版，第332—334页。

总之，涉及海峡两岸《易》学交流的各类学术会议还有很多，在此不胜枚举。这些学术会议的召开，无疑为海峡两岸的《易》学交流搭建了良好的互动平台。正如黄沛荣教授所说："基于学术交流与意见传达的要求，定期召开学术会议，邀请全国的学者专家聚集一堂，就其专长共同讨论，实有其必要性。学术会议，也可使学术的接班人——研究生或大学生接触更多的资讯，思考更多的课题，使他们走出各有偏重的学术门户，开拓更广阔的视野。无论在《易》学发展的广度和深度方面，都会有正面的意义。"①

二、海峡两岸《易》学论著的相互出版或观点的相互引用

论文发表和著作出版，是学术成果展现的主要途径，也是学术交流的重要媒介。在海峡两岸《易》学交流的过程中，《易》学著作在海峡两岸的相互出版或观点的相互引用，无疑能为《易》学交流提供重要的媒介。

在中国台湾地区解除"戒严令"以前，海峡两岸的学术交流因政治因素而遭到隔绝，但学术交流的潜流一直存在。由于台湾地区的学者渴望获得大陆有关资料，台湾的出版社往往想方设法，将著作加以"整容"出版，以躲避台湾当局的查禁。如台湾华联出版社翻印高亨的《周易古经今注》时，作者被改为张世禄。因此，"解严"之前，"在台湾大学、台湾师范大学附近的流动书摊上，经常可以买到各种盗版的大陆书籍"②。著名学者林庆彰教授曾专门对"戒严"时期出现的各种"伪书"进行了详细的审查，计得一千多种。这些"伪书"的大量出现，对台湾的学术

① 黄沛荣：《易学研究的回顾与展望》，载《大易集要》，齐鲁书社 1994 年版。又载刘大钧主编：《百年易学菁华集成·初编·易学史》第 7 册，上海科学技术文献出版社 2010 年版，第 2983 页。

② 林庆彰主编：《五十年来的经学研究（1950—2000）》，（台北）台湾学生书局 2003 年版，第 22 页。

研究产生了不小的影响，虽然在一定程度上扰乱了学术研究，① 却充当了海峡两岸学术交流的桥梁。

台湾地区解除“戒严令”之后，有关学术著作在海峡两岸的相互出版有了合法的正规渠道，各种著作纷纷出现。1993年4月，王水照先生到台湾中国文哲研究所参加词学研讨会，因此得以对台湾学界有总体的观察。他说：“在台湾书店，可以看到种种大陆版图书，也有不少大陆学者著作的台湾版：有重印的，也有新排版的，有合法的，更有为数众多的盗印版。一套《大陆地区文史哲博士学位论文》（第一辑十册）放在书店显眼的位置，说明他们对大陆学术的兴趣，已关注到年轻学人方面。”② 如台北蓝灯文化事业公司1991年出版了朱伯崑的《易学哲学史》，台湾三民书局1996年出版了郭建勋的《新译易经读本》。黄寿祺、张善文合撰的《周易译注》和金景芳、吕绍纲合撰的《周易全解》则分别由顶渊出版社和跃升文化事业有限公司出版。朱高正先生在为台湾版《周易全解》所写的序中说：“大陆《易》学的发展与成就，多有值得台湾借镜之处。笔者相信，通过海峡两岸优秀作品相摩相益，不仅可以为台湾的《易》学界打开另一扇窗，带来新的气象，古老的《易经》更将因海峡两岸中国人智慧的交锋，受到世人重新的认识与肯定。”③

在台湾《易》学研究领域，从大陆来到台湾的一大批著名学者如屈万里、高明、严灵峰、南怀瑾等延续着传统的研究路线，对《周易》经传、《易》学史等研究成为当时《易》学界的主流，并取得了较为突出的成果，培养了众多《易》学研究的人才，高怀明、黄庆萱、陈鼓应、徐芹庭、黄沛荣等诸多学者，都在《易》学研究领域取得了较为丰硕的成果。这些研究成果，随着海峡两岸交流的不断深入，被大量介绍到大陆。

---

① 钟丽慧：《大量“伪书”充斥书市——不肖出版商牟利，扰乱了学术研究》，台湾《民生报》第七版，1980年11月24日。转引自《经学研究三十年——林庆彰教授学术评论集》，第468—472页。

② 王水照：《台湾学界一瞥》，载《半肖居笔记》，东方出版中心1998年版，第282页。

③ 朱高正：《周易全解·序》，载吕绍纲编：《金景芳九五诞辰纪念文集》，吉林文史出版社1996年版，第279页。

1989年南怀瑾、徐芹庭合撰的《周易今注今译》由天津古籍出版社影印发行，在大陆形成了一定的影响。尤其是南怀瑾先生的《易经杂说》和《易经系传别讲》在大陆拥有大量的读者，很多人的《易》学知识都是借由此书而获得。在通史方面，高怀民教授的《先秦易学史》《两汉易学史》《宋元明易学史》和徐芹庭教授的《易学源流》《易图源流》在很大程度上填补了《易》学史的空白，这些著作都在大陆得到出版流通。

在论文发表方面，前述学术会议交流后，常有后续的论文集出版，如：《大易集成》[①]（济南国际《周易》学术讨论会论文集）、《大易集要》[②]（首届海峡两岸《周易》学术讨论会论文集》）、《大易集述》[③]（第三届海峡两岸《周易》学术研讨会论文集）。这些论文集的出版，进一步扩大了学术会议的影响。除此之外，山东大学《易》学与中国古代哲学研究中心主办的《周易研究》，不仅刊发海峡两岸学者的《易》学论文，也是台湾学界许多学术机构长期订阅的重要刊物，已成为海峡两岸《易》学交流的重要平台。

学术观点的征引，是学术交流的直接表现形式。在海峡两岸《易》学著作中，相互征引对方著作的观点已经成为一个普遍的现象。但由于受到学术研究方法以及图书资料获取渠道等主客观因素的影响，两相比较，台湾《易》学著作征引大陆学者的观点较为突出，表现出较为宽阔的学术视野。正如王水照先生在《台湾学界一瞥》中所说："海峡两岸学者虽然面对同一研究对象，又有同一文化思想渊源，但由于多年暌隔，在研究思路、方法和手段上多有差异，具有很强的互补性，因此加强交流越来越显得必要和重要。然而目前的情况却颇不平衡：他们对大陆了解多，我们对台湾了解少。"[④] 王水照先生的观察虽是发生在1993年，所述的对象也

① 刘大钧主编：《大易集成——济南国际〈周易〉学术讨论会论文集》，文化艺术出版社1991年版。

② 刘大钧主编：《大易集要——首届海峡两岸〈周易〉学术讨论会论文集》，齐鲁书社1994年版。

③ 刘大钧主编：《大易集述——第三届海峡两岸〈周易〉学术研讨会论文集》，巴蜀书社1998年版。

④ 王水照：《台湾学界一瞥》，载《半肖居笔记》，东方出版中心1998年版，第282页。

只是泛指整个学术界，但他的这一观察同样适合于《易》学领域，而且这一现象直到现在仍然存在。以清初《易》学研究为例，汪学群有《王夫之易学——以清初学术为视角》[①]、《清初易学》、[②]《清代中期易学》[③]三部著作，台湾学者杨自平有《清初至中叶易学十家之类型研究》，[④]他们的研究不仅在时间上重合，具体的研究对象也有一致的地方。但对比两书在征引文献方面的情况，两者存在着巨大的差别。汪著没有单列"参考文献"，只采用页下注的形式，所征引的文献只有研究对象的原始典籍，不见近现代人以及今人的论著，当然也没有台湾学者的论著了。杨著列有"参考文献"，且分"古籍"和"今人作品"两大类。在古籍类中，除了研究对象的原始典籍外，还列有一系列的古代《易》类典籍和其他经、史、子、集类著作；在今人著作中又分"专书""专书论文""期刊论文""学位论文""其他文献"五类。在今人著作中，作者除了参考台湾学者的论著外，还参考了大量大陆学者的论著。依照其原本次序，《易》学方面的论著就有朱伯崑的《易学哲学史》、李镜池的《周易通义》、汪学群的《清初易学》《清代中期易学》《王夫之易学——以清初学术为视角》、金生杨的《〈苏氏易传〉研究》、胡朴安的《周易古史观》、杨效雷的《清儒易学举隅》、廖名春的《〈周易〉经传与易学史续论》《周易研究史》、萧汉明的《船山易学研究》，学位论文则有孔春杰的《李塨的易学思想研究》（硕士学位论文）、崔丽丽的《毛奇龄易学研究》（博士学位论文）、陈修亮的《乾嘉易学三大家研究》（博士学位论文）、黎心平的《〈周易虞氏消息〉研究》（博士学位论文），期刊类的论文就更多了，就不在此一一列举。对于台湾学者来说，大陆的硕博论文、单篇论文等材料的收集是很不容易的。然而从台湾学者论著的参考书目中，我们可以看出

① 汪学群：《王夫之易学——以清初学术为视角》，社会科学文献出版社2002年版。
② 汪学群：《清初易学》，商务印书馆2004年版。
③ 汪学群：《清代中期易学》，社会科学文献出版社2009年版。
④ 杨自平：《清初至中叶易学十家之类型研究》，（台北）台湾大学出版中心2017年版。

台湾学者在这方面的努力。①

在文献典籍的整理出版方面，台湾学者的成就表现得尤其突出。1976年，由严灵峰编订的《无求备斋易经集成》在台北的成文出版社出版，该丛书选定了三百六十二部《易》类著作，为《易》学研究提供了很大便利，在海峡两岸形成了很好的反响。林庆彰教授编纂的《经学研究论著目录》（1912—1987）、二编（1988—1992）、三编（1993—1997）、四编（1998—2002），收录了海内外研究《周易》的专书、期刊、报纸、论文集论文、博硕士学位论文、学术会议论文等，为《易》学研究提供了极大的便利，深获学界重视和好评，在海峡两岸学者中受到一致的推许。

此外，以简帛《周易》为代表的地下《易》学研究材料的出土，为《易》学研究提供了千年难得的素材。大陆学者因地利之优势，在《周易》出土文献研究方面取得了突出的成就。由于海峡两岸客观上的一些不便，台湾地区的学者未能充分参与到《周易》出土文献的整理、研究中来，但著名学者严灵峰、陈鼓应、黄沛荣等人依然取得了不俗的成果，可见台湾学者虽然在原始资料不足的情况下，仍能突破各种限制，依据大陆整理的材料，掌握《易》学研究的新动向，在一定程度上促进了海峡两岸《易》学研究的交流。

三、海峡两岸《易》学交流的个案考察：陈鼓应“《易传》为道家学派作品”所引发的争议

如果说，前述海峡两岸《易》学之交流，表现出的是一种“润物细无声”的潜性状态，让人不易察觉，那么以陈鼓应为代表所主张的“《易传》为道家学派作品”所引发的争议则是一番激烈空前的“唇枪舌战”了。

---

① 在此需特别说明的是，汪著与杨著不管在学术方法、学术理念、学术风格等各方面都存在差异。本文将两者进行对比，只是为了说明海峡两岸学者在文献征引方面表现出来的不同风格，并不存在优劣的评价。读者识之。

自秦汉以来，《易》为儒家之典籍成为人们普遍认同的共识。魏晋时期，《易》位居三玄之首，王弼虽引《老子》之思想以解《易》，后世之《道藏》也常常收入《易》学著作，即使这样，并未有学者将《易》归为道家，《易》为儒学典籍的传统观点一直处于无可争议的地位。

20世纪初，西方学术研究方法传入中国并得到广泛应用，学者们借此对传统学术进行了全新的解读。在《易》学研究领域，疑古之风盛行，《易》为儒学典籍的传统观点也受到挑战。顾颉刚认为，《易传》思想是受了道家的暗示，李镜池认为，《乾》卦《彖传》很可能受了《老子》的影响，张岱年认为，《易传》的"太极"说是受了老子的影响。在此期间，对该问题进行细致考察的当推钱穆。为了证明《易传》非孔子所作，他详细论证了《系辞传》的"道""天""鬼神"三个概念与《论语》不合，他说："《易·系》里的思想，大体上是远于《论语》而近于老庄的……所以《易·系》里的哲学，是道家的自然哲学，他的宇宙论可以说是唯气之一元论，或者说是法象的一元论。"① 然而，当时学者议论指向的中心并非讨论《周易》的性质和学派归属问题，在学界也未引起广泛的争议。该问题遂长期归于沉寂之状态。

20世纪80年代末90年代初，陈鼓应连续发表十多篇论文，一反传统之观点，提出"《易传》为道家学派之作品"的大胆论断。"陈鼓应精通中国哲学史，尤其以老庄、黄老道家之思想为最，因此对于中国哲学到底是以儒家或道家为主，有一个不同于一般学者的见解，提出了所谓的道家主干说；而对于《易传》的哲学思想，也反对专家学者的既定看法，以为并非属于儒家，而是属于道家。"② 陈氏这一观点的形成，据其自述，乃是受了大陆学者的影响。他说："我对《易传》感兴趣，在很大程度上是受了20世纪80年代大陆学者重视《易传》研究的影响。大陆学者都很强调《易传》在先秦哲学史上的地位，如有学者认为它是整个先秦哲学

① 钱穆：《论十翼非孔子作》，载《古史辨》第3册，上海书店出版社1931年版，第89、94页。

② 赖贵三：《台湾易学人物志》，（台北）里仁书局2013年版，第732页。

发展的高峰，而更多学者则认为它和《老子》一起分别代表了儒道两家不同的辩证法体系。对于前一种看法，我认为，就思想系统的原创性和完整性而言，《易传》都不如老庄……学界曾普遍认为，中国两大辩证法体系：以道家主柔，儒家主刚。对于这种说法，我一开始便抱一种怀疑的态度。其一，先秦儒家并没有建立一个自觉体系；其二，先秦辩证法体系只有一个，即从老子（包括庄子）至《易传》（《易经》只有萌芽性观念）。它们的思维模式基本上是同一的，如每物都有对立面，而对立面之间相互依存又相互转化，且以循环往复、终而复始之方式进行。至于尚柔、尚刚，只是此一体系内的不同侧面。”在现存先秦文献中，《老子》有“尚柔”的明确主张，但“先秦儒家典籍从未有刚柔对举之例，更未有于刚柔对立中尚刚之主张”。“因此，主柔、主刚乃是道家体系两个侧重面。”由于高度推崇道家，1987 年底，在山东大学主办的“济南国际《周易》学术讨论会”上，陈氏“首次提出《易传》是道家系统的作品而非古今学者所说的儒家之作”的明确主张。[①] 此后，随着教学和研究的不断深入，陈氏撰写发表了一系列相关论文，力证《易传》是道家系统作品的主张。这些论文在 1994 年结集为《易传与道家思想》一书交由台湾商务印书馆出版发行，1996 年三联书店出版了该著作的简体字版，2007 年商务印书馆发行了该书的修订重排版，2015 年中华书局又将其列入《陈鼓应著作集》出版，由此可见学术界对该书的重视。为更清楚地展示陈氏的研究理路，在此不嫌其繁抄录其目录如下：

第一部分　《彖传》的主体思想：道家的宇宙观

《彖传》与老庄

《彖传》的道家思维方式

第二部分　《象传》《文言》解《易》的道家倾向

《象传》中的道家思维方式

《文言》解《易》的道家倾向

① 陈鼓应：《台湾商务印书馆 1993 年版序》，载《易传与道家思想》卷首，中华书局 2015 年版。

玹）

附录三 书评

一、易入儒道简论（王德有）

二、关于《易传》的学派属性题——兼评陈鼓应《易传与道家思想》（萧汉明）

从以上文章可以看出，书中所收录的系列论文，均紧紧围绕“《易传》的哲学思想是属于道家而非儒家”[①] 这一问题展开。他所采用的材料，除了《易传》本文之外，主要依靠稷下道家的作品和马王堆出土的珍贵文献。其基本思路是：“从内证与类书中提出大量的原始材料，详尽地指证《易传》哲学的重要概念、范畴及学说，均渊源于道家，从而论证《易传》是属于道家系统的作品。”[②] 具体而言，“本书从哲学议题、思维模式以及万物起源说、自然循环论、阴阳气化论、天人一体观、变化发展观、乐天知命的达生观和刚柔相济说等各阶层中的概念、范畴和命题，论证《易传》各篇哲学思想从属于道家学脉”[③]。陈氏指出，“考察一部分作品的学派倾向，我们应着重于它的主体思想。……就《易传》而言，无疑以《彖传》《系辞》思想性最强，它们将《周易》这部卜筮之书哲理化，意义重大。就《彖传》而言，它出现于孟子之后，却一点不提儒家的中心观念——仁和义，却对孔孟都不讲的宇宙观（天道观）方面的内容感兴趣，以其思维方式与哲学概念等来看，与道家思想一一对应，而与儒家无涉。战国中后期的思想都有融合性的特点，《系辞》形成比《彖传》晚，其思想的涵容性更强，但其主要部分无疑是形而上学与宇宙论，从概念上来说，就是太极、道、阴阳、精气这些内容，它们与道家有密切的关系。若从司马谈《论六家要旨》所论述的道家之特点来看，就更清

① 陈鼓应：《台湾商务印书馆 1993 年版序》，载《易传与道家思想》卷首，中华书局 2015 年版。

② 陈鼓应：《台湾商务印书馆 1993 年版序》，载《易传与道家思想》卷首，中华书局 2015 年版。

③ 陈鼓应：《台湾商务印书馆 1993 年版序》，载《易传与道家思想》卷首，中华书局 2015 年版。

楚地看出道家（或确切地说黄老道家）之成为《系辞》的主体思想”[①]。总之，作者于该著作中“详加论证”的观点就是：“《周易》经传不归于先秦儒家，而《易传》主体思想乃属老庄哲学发展之系脉。”[②]

正如陈氏所言，提出“《易传》的哲学思想是属于道家而非儒家。这对于专家学者们的既定看法，是一个巨大的挑战”，“一时难以令学界接受”。[③] 陈鼓应有关论文的相继发表，在海峡两岸学界都引起了激烈的讨论，支持陈氏观点者不乏其人，除前述《易传与道家思想》所附录的胡家聪、王葆玹两位学者的论文，黄宝先也发表《〈易经〉与稷下学——兼论〈易传〉为稷下黄老之作》[④] 给予声援，但反对的声浪更为强烈。兹略述如下：

吕绍纲《〈易大传〉与〈老子〉是两个根本不同的思想体系》一文指出：“陈鼓应虽然强调《易传》在宇宙观和方法论等方面接近于道家系统，但没有做深入论证，只在哲学范畴、概念和命题上将《易传》与老子思想作了一般性的直接比对，指出他们表面的某些相似之处，这是不能令人信服的。”[⑤] 吕氏认为，《易大传》作为一个完整的思想体系，与老子是根本对立的。李存山的《道家主干地位说献疑》[⑥] 认为，陈氏“《易传》乃道家系统之著作”的观点是将《老》《易》的关系简单化了。针对吕、李二文，陈鼓应发表了《对两篇商榷文章的答复》[⑦] 重申了自己的观点。

---

① 陈鼓应：《台湾商务印书馆1993年版序》，载《易传与道家思想》卷首，中华书局2015年版。

② 陈鼓应：《台湾商务印书馆1993年版序》，载《易传与道家思想》卷首，中华书局2015年版。

③ 陈鼓应：《台湾商务印书馆1993年版序》，载《易传与道家思想》卷首，中华书局2015年版。

④ 黄宝先：《〈易经〉与稷下学——兼论〈易传〉为稷下黄老之作》，《管子学刊》1994年第4期。

⑤ 吕绍纲：《〈易大传〉与〈老子〉是两个根本不同的思想体系》，《哲学研究》1989年第8期。

⑥ 李存山：《道家主干地位说献疑》，《哲学研究》1990年第4期。

⑦ 陈鼓应：《对两篇商榷文章的答复》，《哲学研究》1990年第5期。

赵俪生《〈易·系辞传〉内容之剖析》一文通过分析“易简”“三才”“生生”“鬼神”“存”“顺”等概念，得出结论：“《系辞传》的基调是儒家的，不是道家的，更与《庄子》无涉。但是，我不排除五行家、道家、墨家对《系辞》都会有感染、浸润、渗透和羼入的作用。”①

周桂钿的《道家新成员考辨——兼论〈易·系辞〉不是道家著作》强调，不能仅仅依据某个个别概念就将某位学者或某部著作归为某一学派，“讲‘道’的不一定就是道家，不能拿一两个概念来作为某人或某书是道家的确证”②。

廖名春《论帛书〈系辞〉的学派性质》（《哲学研究》1993年第7期）一文对陈鼓应、王葆玹关于帛书《系辞》属道家学派的观点也予以反驳，认为他们夸大了帛书《系辞》与今本《系辞》间的差异，颠倒了二者之间的关系。在其祖本时，帛书《系辞》与今本《系辞》的差异，大多是不存在的。根据表面的差异，认为今本不见于帛本的部分为汉儒所添的说法是不能成立的。帛书《易传》的其他部分也体现了儒家的思想，如果无视这种整体的联系，单单认定其中的《系辞》为道家的传本，是不合乎先秦古书惯例的。针对廖名春的观点，陈鼓应、王葆玹分别发表文章给予回应：陈鼓应《也谈帛书〈系辞〉的学派性质》③、王葆玹《〈系辞〉帛书本与通行本的关系及其学派问题——兼答廖名春先生》④。

除了上述直接反对陈氏的观点外，在讨论过程中，又形成了一种第三方的观点。余敦康《帛书〈系辞〉“易有大恒”的文化意义》有意摆脱非此即彼的论争模式，提出了一种折中的观点，认为《易传》“是一个非道非儒、亦道亦儒的综合体”⑤，其中所包含的思想实际上是一种站在天人

---

① 赵俪生：《〈易·系辞传〉内容之剖析》，《东岳论丛》1991年第5期。

② 周桂钿：《道家新成员考辨——兼论〈易·系辞〉不是道家著作》，《周易研究》1993年第1期。

③ 陈鼓应：《也谈帛书〈系辞〉的学派性质》，《哲学研究》1993年第7期。

④ 王葆玹：《〈系辞〉帛书本与通行本的关系及其学派问题——兼答廖名春先生》，《哲学研究》1994年第4期。

⑤ 余敦康：《帛书〈系辞〉“易有大恒”的文化意义》，载《道家文化研究》第3辑，上海古籍出版社1993年版。

之学的高度，综合总结儒道两家思想的新型的世界观，集中体现了中国文化的基本精神。陈亚军《帛本〈系辞〉探源》认为，帛书《系辞》“既不属于道家，也不属于儒家，而是属于‘巫史文化’的早期《易》学的一个流派的作品”[①]。王德有《易入儒道简论》认为“是儒道两家分别吸收了《易》，而不是《易》归于儒或归于道”[②]。王德有《易道儒三家主旨辨》进一步认为，“《易》、道、儒各有所主”，《易》主阴阳，道主自然，儒主仁义，“不必非要把《易》归入道或归入儒”。[③]

陈鼓应撰写发表的一系列相关论文在1994年结集为《易传与道家思想》一书交由台湾商务印书馆出版发行。陈氏在书序中说，“本书的出版，在观点上一反众说。书中所展示的观点，不仅打破了学界公认的看法，也推翻了二千年来经学传统的旧说”。但是，陈氏的“乐观”结论下得似乎过早，“学界公认的看法”并未就此“打破”，“二千年来经学传统的旧说”也没有被“推翻”，相关的争论并未因该著作的出版而衰歇。《易传与道家思想》一书出版以后，陈氏提出的观点依然受到学界的热烈讨论和广泛争议。萧汉明首先撰文指出：“如果《管子》稷下道家之作和帛书《黄帝四经》果如前贤所说成书于战国中期，陈先生的结论是有可能成立的。但我对前贤之说尚存许多疑虑，无论从内容的时代特征上或从其他可认定时代的著作的比较上看，《管子》中的稷下道家之作和《黄帝四经》都只能成书于战国后期，而不可能更早。”[④]《管子》四篇是陈鼓应先生论证《易传》属道家著作的重要证据。如果相关著作的成书时间不能确定，陈鼓应以稷下道家的《管子》来证明《易传》为道家之作的做法就很值得商榷。持类似观点的还有李存山，他认为《管子》四篇作于《庄子》之后，他说：“《内业》等四篇的写作时间是一个不易解决、难得

① 陈亚军：《帛本〈系辞〉探源》，载《道家文化研究》第3辑，上海古籍出版社1993年版。

② 王德有：《易入儒道简论》，《哲学研究》1994年第4期。

③ 王德有：《易道儒三家主旨辨》，载《国际易学研究》第1辑，华夏出版社1995年版。

④ 萧汉明：《关于〈易传〉的学派属性问题——兼评陈鼓应〈易传与道家思想〉》，《哲学研究》1995年第8期。

共识的问题。”[①] 此外，还有诸多文章坚持《易》为儒家经典，兹列论文篇目如下：

邢文：《儒学与〈周易〉——马王堆帛书研究的视角》，《中国社会科学院研究生院学报》1995 年第 2 期。

丁原明：《〈易传〉与道家哲学思想之比较》，《周易研究》1996 年第 1 期。

郭沂：《〈易传〉成书与性质若干观点平议》，《齐鲁学刊》1998 年第 1 期。

陈来：《帛书〈易传〉与先秦儒家易学之分派》，《周易研究》1999 年第 4 期。

邓立光：《从帛书〈易传〉析述孔子晚年的学术思想》，《周易研究》2000 年第 3 期。

以上论著，从不同角度对陈氏的观点提出商榷，陈鼓应先生也积极响应，继续将研究向前推进，自 1996—2001 年间，又陆续发表了多篇关于道家《易》学研究的力作。这些论文最后结集起来，以《道家易学建构》为题出版。全书收文八篇，即《先秦道家易学发微》《道家与〈周易〉经传思想脉络诠释》《乾坤道家易诠释》《论〈文子·上德〉的易传特色》《汉代道家易学钩沉》《王弼道家易学诠释》《三玄四典的学脉关系——论三玄思想的内在联系之一》《老、庄及〈易传〉的重要哲学议题——论三玄思想的内在联系之二》。这些论文从阴阳学说、道论（如道器说、太极说）以及对待与流行等思想观念（包括辩证思维方式和动静观、变动观）的角度，进一步构建了道家《易》学的思想体系。在这些论文中，《易传》属道家著作仍是陈鼓应的主要观点。他自己说：“这两书为建立道家《易》学的姐妹作。它们的问世，连带破除了《周易》经传专属儒家经典的神话，同时也将改写先秦哲学史以及《易》学哲学史。”

然而，“神话”并不是那么容易就能被“破除”，“哲学史”也不是轻

① 李存山：《再谈〈内业〉等四篇的写作时间》，《中国哲学史》1999 年第 2 期。

而易举就能被“改写”，争论还在继续。再列有关论文如下：

陈启智：《论〈易传〉的学派属性——与陈鼓应先生商榷》，《周易研究》2002年第1期。

路德斌：《从“性”“命”概念的演化看〈易传〉的著作年代及思想渊源》，《周易研究》2003年第2期。

梁韦弦、王俊超：《帛书〈易传〉五篇之间的联系及其成书年代问题》，《吉林师范大学学报》2004年第6期。

张丽娟：《陈鼓应的〈易传〉观批评》，福建师范大学硕士学位论文，2014年7月。

在台湾方面，也有学者发表相关的看法，范光良《略评陈鼓应〈易传与道家思想〉》指出，“本书最大的缺点是尚未提升到哲学问题的讨论和相关的哲学性展示”①。台北教育大学的颜国明教授在《易传与儒道关系论衡》中对“《易传》是道家《易》学”论点作了深层次的考察，全书从五大进路展开论衡：一、“《易传》是道家《易》学”驳议，二、从“《易》学”义涵检视“道家《易》学”谱系，三、“《易传》是道家《易》学”的论述策略及其纰缪，四、从“体用架构的转接”与“概念篇目的比附”探讨《易》《老》融通中的曲解问题，五、《易传》与儒、道关系论衡。作者在该书中提出这样一个问题：“概念的互相启发、因袭，是视作思想上的影响，还是因为有些概念雷同即可视之为属于同一思想家，且此中又涉及有没有哪些概念必然专属于某一家？……概念相同，是否其内容意义就等同，其学说体系也就相同？”② 台湾政治大学哲学研究所黄艳芬硕士学位论文《老子哲学的易学根源——由天人相应为道路》（2001年）、中兴大学刘昌佳硕士学位论文《彖传与儒道思想之比较研究》（2003年）也是讨论此一问题的专论。

从以上论述可以看出，对于陈氏的观点，有人支持，也有人反对，相比较而言，反对者占较大多数。有关探讨虽然没有形成定论，但学术讨论

① 转引自赖贵三：《台湾易学人物志》，（台北）里仁书局2013年版，第734页。

② 颜国明：《易传与儒道关系论衡》，（台北）里仁书局2006年版，第61—79页。

更重要的意义乃在于通过辩论使对象更加明晰。萧汉明在《关于〈易传〉的学派属性问题》中说道："陈先生对《易传》（包括帛书《系辞》和几篇说《易》之作）与老庄、稷下道家、《黄帝四经》所作的比较研究，令人信服地揭示出《易传》与道家学说深厚的思想渊源，对先秦思想史的研究作出了很大的贡献。"[①] 但谁影响谁的最终结论尚有待时日。

四、结语

在海峡两岸近几十年来的交流中，文化领域的交流尤其是传统文化的交流是走在前列的。就海峡两岸《易》学研究来说，海峡两岸各有所长。台湾学者以其基础深厚、学术训练扎实而彰显其特色，且表现出较为明显的世界性眼光，许多学者能够有意识地将传统《易》学哲学与西方哲学进行深入的比较研究，给予学界有益的启迪。大陆《易》学研究虽然曾出现过短暂的停滞，但由于从事相关研究的学人基数庞大，信息发达，又得到外部环境的有力支撑，通过近三十年的成长，表现出强劲的发展势头。因此，双方应拓宽交流管道，加强海峡两岸学人的往来和学术交流，以达到相互促进之效果。

① 萧汉明：《关于〈易传〉的学派属性问题——兼评陈鼓应〈易传与道家思想〉》，《哲学研究》1995年第8期。

战后台湾郑玄《尚书注》辑佚研究述略

——兼及郑氏《尚书》学研究

王利*

一、前言

郑玄著述繁多，但流传至今者仅《毛诗笺》《三礼注》四部，余皆散佚。《尚书注》为郑玄《尚书》学之核心，约于北宋前期亡佚①，世传王应麟有辑本，然至清代乾隆中期方始流行。其后，学者致力于此，辑本甚多，成为今日研究《尚书郑注》的材料基础。

今人对郑玄《尚书》学的研究在郑学系统中最为薄弱②，笔者曾作《郑玄〈尚书〉学研究论著目录（1912—2016）》，收录约五十余种，其中台湾学人之研究多关涉重大者，然而早期论著，多流传不广，时至今日，又因学风转移，其成就多晦而不彰。故笔者不揣简陋，先述战后台湾学者于郑氏《尚书》学研究之大概，继之逐家考察辑佚领域之成果，进而总结台湾学者研究之特色，希冀阐幽表微，承继拓新。

---

* 王利，中山大学博雅学院博士后。

① 两《唐志》并载郑玄注《古文尚书》九卷，而宋代国家书目（《崇文总目》）、史志目录（《宋史·艺文志》及《补》）及私藏目录（《郡斋读书志》《直斋书录解题》《遂初堂书目》），皆无著录。

② 吴怡青：《郑玄相关研究论著目录（1912—2008）》分类收入相关研究论著，其中通论56种、生平16种、著述7种、《尚书》学3种、《诗经》学45种、《易》学20种、《礼》学86种、《春秋》学4种、《孝经》学17种、《论语》学33种、谶纬7种、训诂校雠语言文字研究44种、与其他学者比较研究17种、其他学术思想相关研究15种、学术地位与贡献11种。见氏著：《清代郑玄著作辑佚之研究——以辑佚类丛书为中心》，硕士学位论文，台北大学，2009年，第118—152页。

二、郑玄《尚书》学研究略览

1964 年，高明撰《郑玄学案》，分为三节：一“郑玄之生平”、二“郑玄之著述”、三“郑玄之学术”。著述部分列有《尚书注》《书赞》《尚书大传注》《尚书纬注》《尚书中候注》等。学术部分依次分为：《三礼》《易》《尚书》《诗》《春秋》《论语》、纬书。《尚书》学部分略述郑玄注经之旨（“为学不欲为一师一书所囿蔽，而欲折衷于己之独见”），及宋、清《尚书》学研究大概。不过，于《尚书注》辑本云：“宋末王应麟采辑为一卷，清李调元附加案语，刻入《函海》中，为《郑氏古文尚书》十卷；又撰《郑氏古文尚书证讹》十一卷，亦在《函海》中。”[①] 考李调元《郑氏古文尚书序》云：“以王应麟所集《郑氏注》列于前，而以鄙见所订，另以校字小书单行列于每条后，总曰‘证讹’，而书名则仍称《郑氏古文尚书》云。”[②] 可知《郑氏古文尚书》即《郑氏古文尚书证讹》，并非两部书，书中卷前题名也二名混用，并未分别，且《函海》中也只收一种。

1974 年，吕凯撰博士学位论文《郑玄之谶纬学》，是首部以“郑玄谶纬学”为题的学位论文。该书分三章，首章为“谶纬概说”，第二章论“郑玄对谶纬之贡献”，分为（一）“郑玄精通谶纬之时代背景”，（二）“郑玄对今古文经及谶纬之态度”，（三）“郑玄之引经注纬”，（四）“郑玄之引纬注经”，（五）“郑玄纬注之阐述经义者”，（六）“郑玄纬注之阐述阴阳家之学说”，（七）“郑玄纬注对后世之影响”等七节。第三章则略述《易纬》《书纬》《尚书中候》等郑注。[③]

---

① 高明：《郑玄学案》，载《香港大学五十周年纪念论文集》第 1 册，抽印本，香港大学出版社 1964 年版，第 31 页。

② （清）李调元：《童山文集》卷 3，影清乾隆刻《函海》道光五年增修本，《续修四库全书》集部第 1456 册，上海古籍出版社 1995 年版，第 512 页。

③ 吕凯：《郑玄之谶纬学》，博士学位论文，台湾政治大学中国文学研究所，1974 年，指导教授：高明、熊公哲，（台北）台湾商务印书馆 1982 年版、2011 年第 2 版。

1978年，陈品卿为《中国历代思想家》丛书中之《郑玄》篇撰稿，分“传略”“学术思想”“对后世的影响”三部分。其中总结《尚书》郑注中的学术思想：一、兼容今古文的说法，而用自己的见解作依归；二、普遍综合各类经籍的精髓，来阐述《书经》的微言大义；三、采取经书以外的各种书籍的菁华，来辅助加强《尚书》注的旨意；四、取《尔雅》《方言》《说文》等训诂方面的书籍，来解释《尚书》经传上的艰奥字句；五、引用史书的记载，来参证《尚书》经传的史实；六、解释《尚书》经传时，创下训诂学的许多条例；七、归本于人事的仪则，以阐发《书经》的意义；八、把图书谶纬中抽象奥秘的道理，作为书意的佐证；九、注经的态度客观。①

1994年，林国钟撰硕士学位论文《〈尚书正义〉对郑玄、王肃之取舍研究》，全面整理《尚书正义》中所收郑、王二家之言者与孔传之比较，考订孔颖达之取舍态度，并加以归纳，以见《正义》所论郑、王之是非；及列举《正义》不引二家之言，以作反面之补充。②

1996年，车行健先生撰博士学位论文《礼仪、谶纬与经义——郑玄经学思想及其解经方法》，讨论郑玄“以汉制解经”“感伤时事”“陈古讽今”等方法，借由分析郑玄谶纬解经中所蕴含的“天之通于人政”，以及探讨“以礼解经”时所揭露出的“为政以礼”“致太平”等观念皆与政治上的治乱之道有关，说明昌言治乱之道是郑玄经学思想的主要重点及其特色所在。郑玄在经注中所表露的“尊经主义”精神，其实质意义除了在学术领域内能“通经”外，更希望能在实践的领域方面“致用”，“为政以礼”与“周礼致太平”就是他致用的具体政见。③

2002年，洪春音撰博士学位论文《纬书与两汉经学关系之研究》，正

① 陈品卿：《郑玄》，载王寿南主编：《中国历代思想家》，九州出版社2011年版，第427—469页。

② 林国钟：《〈尚书正义〉对郑玄、王肃之取舍研究》，硕士学位论文，台湾中正大学中国文学研究所，1994年，指导教授：庄雅州。

③ 车行健：《礼仪、谶纬与经义——郑玄经学思想及其解经方法》，博士学位论文，台湾辅仁大学中国文学系，1996年，指导教授：王静芝。

文最后一章论“郑玄的经学与纬书说”，旨在说明郑玄接续《白虎通》的路径，使纬书说与经学的融合达到最高峰。①

2008年，程元敏《尚书学史》专辟一节，总结郑氏《尚书》学，分为（一）里贯、履历及求学经过，（二）《尚书》著作，（三）《尚书》说述评，（四）弟子、门人及友生等四目析论。著作列有：《尚书注》《书赞》《尚书义问》（后人抄合）、《尚书释问注》（后人抄合）、《尚书音》（郑注经有音切，可信）、《尚书大传注》《六艺论》《驳许慎五经异义》《郑志》《郑记》《尚书纬注》《尚书中候注》等。又考郑玄说《书》承用卫宏、贾逵、马融义，不过与马融说异者亦多，列四十余事（用李威熊《马融之经学》）；又言郑说兼采今古文家义，经纬互证，以子解《书》，以史解《书》；又解《后汉书》“质于辞训，通人颇讥其繁”之意，以“通人”即“大儒”“通儒”，而“才说之士、载笔之家，属文华丽简高（东汉时渐尚此风），因于康成文辞之表达，嫌其未尽高妙”；最后言郑玄乃宋明理学、心学之导师。②

2011年，林庆彰撰《民国时期的郑玄研究》，先概述民国以前的郑玄研究，主要是清人的成果，分为一“传记、年谱的考订”、二“著作的考订”、三“前人辑佚著作的订补”、四“著作的辑佚”、五“《毛诗笺》训诂研究”五个方面。又对民国时期郑玄研究的几个方向做梳理：一“传记、年谱的考订”，二“著作的考订”，三“《周易注》的研究”，四“《尚书注》的研究”，五“《毛诗笺》的研究”，六“丧服研究”，七“《大学》《中庸》郑注的研究”。其中以《毛诗笺》的研究最为丰富，《尚书注》的研究仅有一家。据此推论，清代学者研究郑玄的方向，大体着重郑玄著作的辑佚，民国时期慢慢转变为对郑玄著作的笺释，可见从清代到民国是考证逐渐转为义理的过程。③

---

① 洪春音：《纬书与两汉经学关系之研究》，博士学位论文，台湾东海大学中国文学系，2002年，指导教授：陈鸿森。今按：此书尚未亲见，仅据目录及提要而略知旨归。

② 程元敏：《郑玄之〈尚书〉学》，《尚书学史》，（台北）五南图书出版股份有限公司2008年版，第777—812页。

③ 林庆彰：《民国时期的郑玄研究》，“第四届中国经学国际学术研讨会”，（台北）台湾大学文学院，2011年3月18—19日。

三、郑玄《尚书注》辑佚研究述要

以下按照论著发表先后顺序，首述作者学术背景，次列主要内容，最后为评析。因个人学力有限，搜集材料多寡不一，论述篇幅长短参差，所作评论也详略不同。

（一）李云光

李云光（1927— ），文学博士。早年任教于台湾师范大学中文系，后追随老师高明、潘重规赴港[①]，长期任教于香港中文大学中文系。

求学经历：1954年，台湾师范学院中文系毕业。学位论文：《曾子学案》，（台北）台湾师范大学中国文学研究所硕士学位论文，1959年，指导教授：高明；《三礼郑氏学发凡》，（台北）台湾师范大学中国文学研究所博士学位论文，1964年，指导教授：高明、林尹、孔德成。

代表著述：《补梁书艺文志》[（台北）五大印制厂1957年版]、《三礼郑氏学发凡》[（台北）嘉新水泥公司文化基金会1966年版]、《毛诗重言通释》[（台北）台湾商务印书馆1978年版]、《康有为家书考释》[（香港）汇文阁书店1979年版]、《南海康先生法书》[（香港）明谦有限公司1985年版]、《礼的反思》[（高雄）复文图书出版社1992年版]。

1962年，李云光发表《郑康成遗书考》[②]，分“郑学书目”与“郑君遗书之辑本”两部分。

“郑学书目”，首列“前人书目”4种：《郑志》目录、王昶《春融堂集》所列书目、黄奭补王昶书目、郑珍之郑学书目；次为“新定书目”，共86种，其中《书》类著述10种：《尚书注》《尚书义问》《尚书大传注》《尚书略说注》《尚书中候注》《尚书纬璇玑钤注》《尚书纬考灵曜

① 高明于1960年秋赴香港联合书院任高级讲师兼中文系主任，于1964年8月返台。潘重规于1960年赴香港新亚书院任教，后接任中文系系主任兼研究所导师，随后又任香港中文大学教授、文学院院长等职，1972年于香港中文大学荣休。

② 李云光：《联合书院学报》第1期（1962年6月），第1—59页。

注》《尚书纬刑德放注》《尚书纬帝命验注》《尚书纬运期授注》，简要列明出处、卷数。

“郑君遗书之辑本”，详考汇刻本 4 种（王复、袁钧、孔广林、黄奭）、单辑本 39 种，末又附传记 2 种、年谱 5 种、服虔《左传注》5 种。其叙云：

> 世传郑君书旧题王应麟辑者，《易注》之外，尚有《尚书注》《古文论语注》（卷末附《论语孔子弟子目录》）《驳五经异义》《箴膏肓》《发墨守》《起废疾》《郑志》等数种；唯《易注》附刻《玉海》之后，其余无见焉。学者咸以不见《玉海》者为东吴惠栋辈所伪托。孔广林尝取惠氏《九经古义》相参证，辑中案语多与之相同，则伪托之迹，信而有征也。

盖怀疑除《易注》而外，其余郑注辑本并非王应麟所辑，而又从信清人之说，以为惠栋伪托。

《书》类列有《尚书注》辑本 7 种、《尚书中候注》辑本 4 种、《尚书大传注》辑本 8 种、《尚书五行传注》辑本 5 种、《尚书略说注》辑本 7 种、《尚书纬璇玑钤注》辑本 1 种、《尚书纬考灵曜注》辑本 1 种、《尚书纬刑德放注》辑本 1 种、《尚书纬帝命验注》辑本 1 种、《尚书纬运期授注》辑本 1 种。

其中《尚书注》，先有解题，述郑玄《尚书》学渊源、性质、篇数等，后列各家辑本，详细如下：

> 《郑氏古文尚书证讹》。《函海》本。（李氏云：“据清儒相传，此盖惠定宇辈辑录，托名深宁者。”）
>
> 《古文尚书》十二卷。孙星衍补集。《岱南阁丛书》本。
>
> 《尚书注》九卷。袁钧辑。《郑氏佚书》本。
>
> 《尚书注》十卷。孔广林增订。《通德遗书所见录》本、《学津讨原》本。
>
> 《尚书注》。黄奭辑。《高密遗书十四种》本。（李氏云：“光

绪十九年所刊十种本无《书注》。”）

《禹贡郑注释》二卷。焦循撰。《焦氏丛书》本、《清经解续编》本。

《禹贡郑注略例》一卷。何秋涛撰。《清经解续编》本。

其于《尚书郑注》辑本虽然略有遗漏，比如余萧客《古经解钩沉》本、孙星衍《尚书今古文注疏》本、曹元弼《古文尚书郑氏注笺释》；考证稍有不慎，比如《学津讨原》本虽为孔广林所辑，然经张海鹏校梓，与后来孔广林自定义本多有不同，当分属两种；体例也并不谨严，如焦循《禹贡郑注释》并非单纯辑本，与其他诸种性质不同。然而其学术贡献仍然非常突出：

1. 除单辑本之外，还曾注意到注疏本，其于辑本末尾云：“此外于《尚书》郑注有搜集及阐明之功者，可于此略述，如王鸣盛因王应麟辑本，加以补益，作《尚书后案》；惠栋作《古文尚书考》，以辨定孔传之伪；江声著《尚书集注音疏》；阎若璩撰《古文尚书疏证》；段玉裁有《古文尚书撰异》，皆是。”虽于诸家成书年代顺序混乱，然其识见尤为通达。

2. 着重考察辑本，在“郑玄著述考”研究中，此文仍不可替代。李氏之后，如王利器《郑康成年谱》（齐鲁书社1983年版）、耿天勤主编《郑玄志》（山东人民出版社2003年版）、杨天宇《郑玄三礼注研究》（天津人民出版社2007年版），皆有“著述”一节，然多略述流传，于辑本鲜有如此详细。

3. 注意到多种郑注辑本题名为王应麟，而无法考实，故怀疑非深宁自作。又据清人之说，以为惠栋辈所伪托。虽未能做到“辨章学术，考镜源流”，然较之于同时代学者，其识见已略胜一筹。

（二）陈品卿

陈品卿（1933—2007），文学博士。曾任中小学教师，后任台湾师范大学中文系教授。

学位论文:《墨经与别墨》,(台北)台湾中国文化学院中国文学研究所硕士学位论文,1964年,指导教授:李渔叔;《尚书郑氏学》,(台北)台湾师范大学中国文学研究所博士学位论文,1973年,指导教授:熊公哲、高明、林尹。

代表著述:《尚书郑氏学》[(台北)嘉新水泥公司文化基金会1977年版]、《庄学新探》[(台北)文史哲出版社1983年版]、《庄学研究》[(台北)台湾中华书局1983年版]、《中学作文教学指导》[(台北)台湾师范大学中等教育辅导委员会1989年版]。

1.《尚书郑氏学》概要

书前冠有高明1976年10月31日所作序文。正文分九章。

首章为导论,述《尚书》之名义、《尚书》之传本、郑注《尚书》篇目与诸家篇目之比较、郑氏《尚书》学之师承、《尚书》郑注之特色与价值、《尚书》郑注之版本,并作郑玄新传,以简述郑氏之生平。

第二章为《尚书》郑注汇辑。分三十四篇。

第三章为《尚书》佚文郑注汇辑。据江声所辑、孙星衍补订之《尚书》佚文辑录,其非郑注者,则不入焉。

第四章为郑氏《书赞》及《书序》注汇辑。本篇以宋王应麟辑、清孔广林增订、张海鹏校梓本为底本,参证清儒李调元、黄奭、孙星衍、袁钧、江声、王鸣盛诸家所辑,汇而聚之,共为一章。

第五章为《尚书大传》郑注汇辑。本篇以陈寿祺《尚书大传辑校》为主,而又考之于孔广林、王闿运两家。

第六章为《尚书中候》郑注汇辑。本篇以张海鹏订正本为主,袁钧本为辅,而考之以王谟本、孔广林本,依十八篇之目,辑成此篇。

第七章为《尚书纬》郑注汇辑。本篇所辑纬书共五种:《璇玑钤》《考灵曜》《刑德放》《帝命验》《运期授》。以《玉函山房辑佚书·尚书纬》为主,参之以《玲珑山馆丛书·尚书纬》(益雅堂本),汇而辑之。

第八章为《尚书》郑氏学渊源考。本篇稽考渊源有孔安国、贾逵、许慎、马融、伏生、欧阳大小夏侯三家、与夫群纬之书。条而列之,以明郑氏《尚书》之学，皆有本有源。

第九章为《尚书》郑注释例。就先儒所辑郑注《尚书》经文、《尚书大传》《尚书中候》《尚书纬》之佚文，考稽探索，分类释例，凡十有三：一曰引书例，二曰今文古文互用例，三曰经文大传互用例，四曰经文纬书互用例，五曰以制度礼俗释之例，六曰声训例，七曰义训例，八曰以天文五行释之例，九曰以卜筮图书灾异释之例，十曰发凡例，十一曰正误例，十二曰考释例，十三曰阙疑例，细目凡百三十余例。

附录：征引书目表。

2.《尚书郑氏学》学术史意义

高明《序》云：

> 余重其人之自强不息也，因即授之以经学，为之言内圣外王之道，而以远大之器期之。……其博士学位论文《尚书郑氏学》，考辨精详，固可与同门诸友之作相颉颃，而毫无逊色矣。……于康成《尚书》之学，剖析入微，体会周至，非其好学深思，曷能致是耶？

今日重审陈氏书，可知此言并非溢美之词。

（1）本书为第一部也是唯一一部以“郑氏尚书学”为题的研究专著

有清一代，《尚书》学研究大致沿“辨伪古文→宗经古文学→宗经今文学”之大方向发展，辑佚书而外，独尊郑氏者首推王鸣盛，其作《尚书后案》三十卷，专为“发挥郑氏康成一家之学”①。而其他学者如江声、段玉裁、孙星衍诸家，皆未有专主。1952年，曹元弼撰成《古文尚书郑氏注笺释》四十二卷，师法胡渭、江声、王鸣盛、段玉裁、孙星衍、陈乔枞、王先谦、皮锡瑞诸家义，弥缝变易，乃清人新疏系统中，又一专宗郑氏之巨著。适时海峡相隔，曹氏书又仅存手稿，故陈品卿当未及见之。曹氏书虽成于现代，然其旨趣、方法、体例与清儒无异，故第一部现代意义

① （清）王鸣盛：《尚书后案》，《续修四库全书》经部第45册（影清乾隆四十五年王氏礼堂刻本），第1页。

之研究专著仍以本书当之。

是书成于1973年，迄今已四十余年，尚未见同题专著。期间虽有“郑氏尚书学”相关著述，如房晔《郑玄所注〈古文尚书〉性质研究》（南开大学硕士学位论文，2007年）、吴凯《郑玄〈古文尚书注〉训诂研究》（扬州大学硕士学位论文，2010年）、史应勇《尚书郑王比义发微》（华东师范大学出版社2011年版）及笔者《郑玄〈尚书注〉辑考》（香港中文大学博士学位论文，2016年），然终不如本书体大思精，关涉深远。故其成书至今，仍是学界唯一一部全面研究郑氏《尚书》学之专著。

（2）本书全面整理郑玄《尚书》学著述

郑玄《尚书》学著述颇多，计有《古文尚书注》（含《书序注》）、《书赞》《尚书大传注》《尚书中候注》《尚书纬注》等，《隋志》：“梁有《尚书义问》三卷，郑玄、王肃及晋五经博士孔晁撰。《尚书释问》四卷，魏侍中王粲撰。”“梁有《尚书音》五卷，孔安国、郑玄、李轨、徐邈等撰。”[①] 此三书当是后人所为，非郑氏原作。除此而外，《六艺论》中的《尚书论》（《尚书序》孔颖达疏又称《书论》）、《驳许慎五经异义》及康成弟子门生所作之《郑志》，《郑记》也亦有涉及《尚书》者。本书分别汇辑《尚书注》《尚书逸文注》《书赞》及《书序注》《尚书大传注》《尚书中候注》《尚书纬注》，郑氏《尚书》学主要著述皆网罗在内，可谓郑氏《尚书》学著述之集大成者。

另外，在辑本参校方面，搜集足够全面。以《尚书注》为例，其以张海鹏校梓本为底本，以李调元本、黄奭本、孙星衍补集本、袁钧本、孔广林本、江声本、王鸣盛本、孙星衍注疏本、段玉裁本参证之，除余萧客《古经解钩沉》、焦循《禹贡郑注释》未利用外，其余清人重要辑本皆搜罗在内。

可见，一则于郑氏《尚书》学著述辑佚种类搜集全面，二则于清人辑本种类参考丰富，故本书在郑氏《尚书》学资料搜集与整理方面，前所未有。

---

① （唐）魏征等：《隋书》卷32，中华书局1973年版，第913页。

（3）本书于释例层面，细分类目，有条不紊

义例是经学研究的核心之一，又称体例或条例。朱一新云："古书各有体例，……古人著书，其例散见书中，非若后人自作凡例，冠于简端之陋而无当也。"又自注云："经传不必言，即史部、子部诸书之古雅者莫不如是。不通其书之体例，不能读其书，此即大义之所存，昔人所谓义例也。"[①] 可知义例涉及古人著述之旨趣、结构及方法。

本书将《尚书》郑注分为十三例，细绎之，可整合为以下几类：

> 第一，引用互证类（引书例、今文古文互用例、经文大传互用例、经文纬书互用例）。
>
> 第二，名物制度类（以制度礼俗释之例、以天文五行释之例、以卜筮图书灾异释之例、考释例）。
>
> 第三，语言文字类（声训例、义训例、正误例）。
>
> 第四，发凡阙疑类（发凡例、阙疑例）。

基本将郑注内容涉及的各个方面都有所归属，一方面在《尚书》学内部，可以揭示郑玄注释《尚书》的方法及理念，另一方面在郑学层面，又可以为其他经注研究提供对比，比如《三礼》郑注释例。

3.《尚书郑氏学》不足之处

（1）以张海鹏本为底本

清人辑本众多，但各有问题，不宜以任何一种为底本，张海鹏本虽校刻精良，情况亦如此。

《皋陶谟》："惇叙九族。"《后汉书·班固传》李贤注引郑玄云："辩，别也。章，明也。惇，厚也。睦，亲也。"[②] 张海鹏本脱"惇，厚也"一条。

《洪范》："初一曰五行。"赵祯《洪范政鉴》小注引郑康成曰："行

① （清）朱一新撰，吕鸿儒、张长法点校：《无邪堂答问》，中华书局2000年版，第183页。

② （南朝宋）范晔撰，（唐）李贤注：《后汉书》卷40下，中华书局1965年版，第1382页。

者，言顺天行气。”① 张本脱漏此条。

《禹贡·冀州》：“厥田惟中中。”《尚书·禹贡》疏：马、郑皆云“冀州不书其界者，时帝都之，使若广大然”。文既局以州名，复何以见其广大？是妄说也。又解余州先田后赋，此州“先赋后田”，亦如境界，殊于余州也。②

张本辑“余州先田后赋”至末尾为郑注。考孔传：“此州帝都，不说境界，以余州所至则可知。先赋后田，亦殊于余州。不言贡篚，亦差于余州。”孔疏引“马、郑皆云”乃是针对孔传“以余州所至则可知”而言，其后“又解”亦是疏解孔传“先赋后田，亦殊于余州”之义，故绝非马、郑之注。

（2）校勘考异不严谨

本书虽为汇辑，然考证诸辑本异同，时有错讹之处。

《皋陶谟》：“何忧乎驩兜？何迁乎有苗？何畏乎巧言令色孔壬？”张本郑玄注：“禹为父隐，故言不及鲧。”陈品卿按：

> 孙星衍补集本……郑注未收。……王鸣盛本、孙星衍注疏本皆与孙星衍补集本同。

此说误。考孙星衍补集本作马融注，不过小注曰：“《史记集解》引郑注同作‘言不及鲧’。”③ 王鸣盛《尚书后案》作“禹为父隐，故言不及鲧也”，小注曰：“《尚书疏》作马注。《史记·夏本纪·集解》作郑注。”④ 孙星衍注疏本与张本同，作“禹为父隐，故言不及鲧”⑤。

《禹贡·徐州》：“泗滨浮磬，淮夷蠙珠暨鱼，厥篚玄纤缟。”张本辑

① （宋）赵祯：《洪范政鉴》卷1上，《续修四库全书》子部第1060册（影宋淳熙十三年内府写本），第312页。

② （汉）孔安国传，（唐）孔颖达正义：《尚书正义》卷6，影清嘉庆二十年南昌府学刊本，（台北）艺文印书馆1960年版，第79页。

③ （清）孙星衍辑：《古文尚书马郑注》卷2，清乾隆嘉庆间孙氏《岱南阁丛书》本，第1页下。

④ （清）王鸣盛：《尚书后案》卷2，第28页。

⑤ （清）孙星衍撰，陈抗、盛冬铃点校：《尚书今古文注疏》卷2，中华书局1986年版，第79页。

郑注："泗水出济阴乘氏。淮夷，淮水之夷民也。淮水之上夷民，献此珠与鱼也。纤，细也。祭服之材尚细。"陈品卿按：

> 王鸣盛本经文"玄"作"元"。郑注"济"作"泲"。"乘氏"下少"淮夷，淮水之夷民也"八字。"鱼"上多"美"字。"细也"下少"祭服之材尚细"六字。

考王鸣盛本："泗水出泲阴乘氏。蠙珠，珠名。淮夷，淮水之上夷民，献此蠙珠与美鱼也。纤，细也。祭服之材尚细。"① 足见其校对并不严谨。

（3）罗列诸家，无所是非，疏于辨伪

本书汇合清人多种辑本，但仅罗列诸说，未作考证，故多延续清人之误。

《禹贡·雍州》："浮于积石，至于龙门西河。"《文选·木华〈海赋〉》"启龙门之岝嶺"，注云：《尚书璇玑钤》曰：禹开龙门，导积石。郑玄注曰：龙门，山名也。②

张本辑为郑注，且未列出处。此条显然属于郑玄《尚书纬璇玑钤》注，若为补《尚书》郑注之阙，需要说明。

《牧誓》："昏弃厥遗王父母弟不迪。"《白孔六帖·封建八》"不迪"：

> 《书》今商王受"昏弃厥遗王父母弟不迪"。迪，道也。言接之不以道也。③

张本辑"迪，道也。言接之不以道也"为郑注。考《尚书》孔传云："言弃其骨肉，不接之以道。"孔疏引郑注云："誓首言此者，神怒民怨，纣所以亡也。"④《白帖》此条无"郑"字，亦无"注"字，且与孔传义同，当非郑注。

《洪范》："次八曰念用庶征。"《小学绀珠·天道·庶征》"雨（木肃

① （清）王鸣盛：《尚书后案》卷3，第58—59页。

② （南朝梁）萧统编，（唐）李善注：《文选》卷12，上海古籍出版社1986年版，第544页。

③ （唐）白居易、（宋）孔传：《白孔六帖》卷37，《景印文渊阁四库全书》第891册，（台北）台湾商务印书馆1983年版，第592页。

④ （汉）孔安国传，（唐）孔颖达正义：《尚书正义》卷11，第159页。

春）、旸（金乂秋）、燠（火哲夏）、寒（水谋冬）、风（土圣）”：

郑康成说。

《书·洪范》：“念用庶征。”在天为五行，在人为五事。修则休征各以其类应之，五事失则咎征各以其类应之。

《史记》：五是来备。

荀爽曰：五韪咸备是也。

吴仁杰曰：雨水、旸火、燠木、寒金。

苏子由云：雨土、旸金、燠木、寒水、风火。[①]

张本辑“在天为五行”一段皆为郑注。据《小学绀珠》之体例，“郑康成说”当是指标目“雨（木肃春）、旸（金乂秋）、燠（火哲夏）、寒（水谋冬）、风（土圣）”，所据即郑“八庶征”之注，见《尚书·洪范·疏》[②]。《小学绀珠》所引“在天为五行”云云，实为蔡沈《书集传》之文。[③]

综上所述，本书于辑佚体例、校勘、辨伪诸方面皆有不足，然于《尚书》郑氏学研究中，其学术地位仍不可取代。

（三）李威熊、李振兴

李威熊（1940— ），文学博士，现任逢甲大学中国文学系荣誉教授。学位论文：《经典释文引说文考》，（台北）台湾政治大学中国文学研究所硕士学位论文，1971年，指导教授：高明；《马融之经学》，（台北）台湾政治大学中国文学研究所博士学位论文，1975年，指导教授：高明。

代表著述：《汉书导读》[（台北）文史哲出版社1977年版]、《董仲舒与西汉学术》[（台北）文史哲出版社1978年版]、《中国文化精神的探索》[（台北）黎明文化事业公司1985年版]、《中国经学发展史论》

① （宋）王应麟：《小学绀珠》卷1，《景印文渊阁四库全书》第948册，第384页。

② （汉）孔安国传，（唐）孔颖达正义：《尚书正义》卷12，第177页。

③ （宋）蔡沈：《书经集传》卷4，《景印文渊阁四库全书》第58册，第80页。

[（台北）文史哲出版社1988年版］等①。

李振兴（1930— ），文学博士，曾任台湾政治大学中文系教授，现已退休。学位论文：《说文地理图考》，（台北）台湾政治大学中国文学研究所硕士学位论文，1972年，指导教授：高明；《王肃之经学》，（台北）台湾政治大学中国文学研究所博士学位论文，1976年，指导教授：高明、熊公哲。

代表著述：《华夏的曙光：尚书》［（台北）时报文化出版事业有限公司1981年版］、《尚书流衍及大义探讨》［（台北）文史哲出版社1982年版］、《尚书学述》［（台北）东大图书公司1994年版］。

两位学者博士学位论文之中皆有马融、郑玄、王肃三家《尚书注》之比较：李威熊《马、郑、王尚书注之异同》②、李振兴《马、郑、王三家尚书注异同表》③。指导教授相同，毕业年份相邻，撰述时代同时，而所制表格体例也大体一致（依次为：篇目、经文、马注、郑注、王注、备注），故将两家合论。其可议者如下：

李威熊将一些篇目拆分，比如《皋陶谟》《禹贡》分上、中、下，《洪范》分上、下，《顾命》分上、中及《康王之诰》，《吕刑》称“上”。李振兴于表前后两处言“《泰誓》后得”，故表中并无《泰誓》；又用马融本，故《费誓》上承《文侯之命》，下接《秦誓》。

对比李振兴本，李威熊本所缺条目数如下：“尚书”解题1条、《尧典》9条、《皋陶谟》5条、《禹贡》8条、“商书”解题1条、《盘庚》6条、《高宗肜日》2条、《西伯戡黎》1条、《微子》2条、《牧誓》1条、《洪范》9条、《金縢》2条、《大诰》3条、《召诰》2条、《洛诰》1条、《多士》1条、《无逸》2条、《君奭》2条、《多方》1条、《立政》1条、《顾命》4条、《康王之诰》1条、《吕刑》1条、《费誓》4条、《秦誓》1

① 见黄忠慎：《文化、经典与阅读：李威熊教授七秩华诞祝寿论文集·卷首语》，（台北）秀威信息科技股份有限公司2010年版，第5页。

② 李威熊：《马融之经学》，第295—326页。

③ 李振兴：《王肃之经学》，（台北）嘉新水泥公司文化基金会1980年版，第274—306页。

条、《书序》2 条，共 73 条。所缺大都是该条经文无马融注者，故其所谓三家异同，其实是马注与郑、王两家注之异同。

对比李威熊本，李振兴本缺条目数如下：《尧典》20 条、《皋陶谟》6 条、《禹贡》12 条、《甘誓》2 条、《盘庚》1 条、《微子》2 条、《泰誓》2 条、《牧誓》1 条、《洪范》5 条、《金縢》3 条、《酒诰》2 条、《梓材》2 条、《召诰》1 条、《洛诰》3 条、《无逸》2 条、《君奭》2 条、《顾命》4 条、《吕刑》2 条、《文侯之命》1 条、《书序》10 条，共 83 条。李振兴没有特别遗漏某一家，但内部注文条目缺失或不准确之处颇多（李威熊也是如此）。

可见，两家各有得失，事属草创，且偏重不同（一在马融，一在王肃），也不必苛责。

（四）古国顺

古国顺（1939—　），文学博士，现任台湾“中大”客家语文研究所兼任教授。学位论文：《清代尚书著述考》，（台北）台湾政治大学中国文学研究所硕士学位论文，1975 年，指导教授：胡自逢；《司马迁尚书学》，（台北）台湾中国文化大学中国文学研究所博士学位论文，1984 年，指导教授：胡自逢。

代表著述：《清代尚书学》[（台北）文史哲出版社 1981 年版]、《史记述尚书研究》[（台北）文史哲出版社 1985 年版]。

1.《清代尚书著述考》

在第二章《辑佚书目》中罗列以下几种郑注辑本：

> 《尚书郑注》十卷，（汉）郑玄撰，（宋）王应麟辑，（清）孔广林增订，见《学津讨原》第二集第十三册。
>
> 《尚书注》十卷，（汉）郑玄撰，（清）孔广林辑，见《通德遗书所见录》第 1 册《郑学汇函》。
>
> 《尚书注》九卷，（汉）郑玄撰，（清）袁钧辑，见《郑氏佚书》。

> 《书赞》一卷，（汉）郑玄撰，（清）王仁俊辑，见《玉函山房辑佚书续编》。
>
> 《尚书说注》一卷，（汉）郑玄撰，（清）袁钧辑，袁尧年校补，见《郑氏佚书》。

除去江声、王鸣盛、孙星衍、焦循等在其他章节外，尚缺余萧客辑《古经解钩沉》、李调元《郑氏古文尚书证讹》、孙星衍补集《古文尚书马郑注》、黄奭辑《尚书古文注》等数种。且《郑学汇函》本《尚书郑注》十卷，当影自张海鹏照旷阁《学津讨原》本，非《通德遗书所见录》本；而《尚书说注》当指《尚书略说注》，属于《尚书大传》部分。

2.《清代尚书学》

此书成于后，故较前作更为完善。涉及郑注辑本诸家中，江声、王鸣盛、李调元、孙星衍、焦循，详述作者背景、主旨及主要内容、他人评价、最后是简短按语。另外，在“辑佚”部分又单独提出李调元本、孔广林本、袁钧本、孙星衍本作介绍。

但其中考证颇有疏略处，如：

> 孔广林有《尚书郑注》十卷，见《学津讨原》第二集及《郑学汇函》《通德遗书所见录》。……书首有广林自序及张海鹏后序。……此书张海鹏《学津讨原》中总目题王应麟撰，误也。

此处则未能明确分辨孔广林本与张海鹏校梓本之异同：一、所谓“书首有广林自序及张海鹏后序”，仅张海鹏校梓本如此，孔广林自定义本书前并无自序，更无张海鹏后序，孔氏总为《后叙》一卷置于《通德遗书所见录》末尾；二、所谓“张海鹏《学津讨原》中总目题王应麟撰，误也”，张海鹏《后序》云：“右《尚书郑注》，宋王氏应麟采辑，本朝曲阜孔君广林复加补正，厘为十卷。”[①] 盖孔广林原辑本即题名为王应麟，而张海鹏题作“宋王应麟辑，阙里孔广林增订，虞山张海鹏校梓”，并无

① （清）孔广林增订，（清）张海鹏校梓：《尚书郑注·后序》，清嘉庆十年照旷阁刻《学津讨原》本，第1页上。

误解。

阎耀棕对此书相关问题有所评述，认为迄今仍是为数不多的《尚书》学史类专著中，唯一全面阐述清代《尚书》学发展之作。此书以清代《尚书》学最核心之议题作为总纲，确实能囊括清代《尚书》学发展之诸多环节，但又导入专家研究、学案体、目录学、学术流变史等诸体例，结构庞杂繁琐，未能详加考证学者的师承授受；且实际阐述诸学者，多仅著录其《尚书》学著作之名目，然后简单提要而已，较少深入其内容作具体分析，难以清晰呈现诸学者《尚书》学彼此之间的横向与纵向联系。故所欲呈现的清代《尚书》学脉络，亦因此稍显模糊不清；最后认为，此书乃先驱之作，既属开创，不宜过度吹求，至于未密之处，宜各自择定一二体例，巩固主轴，极深研几，逐一别为专著。①

（五）吴怡青

吴怡青硕士学位论文《清代郑玄著作辑佚之研究——以辑佚类丛书为中心》②，结合“郑玄著作”与“清代辑佚学”两个论题，依次考述王谟《汉魏遗书钞》、洪颐煊《经典集林》、孔广林《通德遗书所见录》、袁钧《郑氏佚书》、黄奭《黄氏逸书考》、马国翰《玉函山房辑佚书》、王仁俊《玉函山房辑佚书三种》七部丛书之成书背景及辑佚价值，又总结其辑佚体例与得失、郑玄著作辑佚的价值与贡献，最后提出清代辑佚郑玄著作之研究在图书文献学上具有的意义，其中孔、袁、黄三家含郑玄《尚书注》辑本。

不过此文重在文献学层面，故于具体经注问题并未太多关注。而且在诸家成书问题上，仍有值得补苴之处。如孔广林辑郑玄著述，先成《易注》《书注》《驳异义》《箴膏肓》《发墨守》《释废疾》《郑志》七种，

---

① 阎耀棕：《清代〈尚书〉学研究的先驱——古国顺〈清代尚书学〉述评》，《台湾东海大学图书馆馆讯》新166期（2015年7月15日），第67—82页。

② 吴怡青：《清代郑玄著作辑佚之研究——以辑佚类丛书为中心》，硕士学位论文，台北大学，2009年，指导教授：林庆彰。

题为《北海经学七录》，有乾隆三十九年古俊楼刊本，但仅刻《郑志》八卷[1]；后共得十八种，改题为《通德遗书所见录》；其中《尚书郑注》十卷、《尚书中候郑注》五卷又为张海鹏收录至《学津讨原》第二集，即嘉庆十年虞山张氏照旷阁刊本；嘉庆十八年，孔氏方才校订清录，至光绪十六年有《通德遗书所见录》山东书局刊本。作者对古俊楼刊本、照旷阁刊本皆未提及。另外，为何孔氏先辑七种，作者亦未交代。盖适时坊间流传此七种，并称"伯厚辑录"，既有成书，故孔广林先行校订，后来孔氏听闻除《易注》外，其余题名为王应麟辑者，皆"惠氏辑录，托名深宁"[2]，然而张海鹏校梓本仍以为王应麟辑，故其所据底本应是《北海经学七录》本。诸如此类成书细节，皆当有所说明。

（六）洪博升

洪博升，文学博士，现任教于中山大学南方学院文学与传媒系。

学位论文：《段玉裁之〈尚书〉学》，（台北）世新大学中国文学研究所硕士学位论文，2010年，指导教授：洪国梁；《江声与王鸣盛〈尚书〉学之比较研究》，（台北）世新大学中国文学研究所博士学位论文，2015年，指导教授：洪国梁。

洪博升撰《江声、王鸣盛之辑佚思维及其辑〈尚书〉郑〈注〉之若干重要问题》[3]，以江声《尚书集注音疏》、王鸣盛《尚书后案》采辑郑注为中心，论述诸多方面。

1. 论江、王注经观念与辑古训之关系

认为二家治《尚书》，乃沿阎若璩、惠栋对伪孔之辨伪而来，故舍弃伪孔《传》，转而集马、郑之《注》，且二家于治经上同谓治经必须守汉人家法，说经以汉儒为宗，当是乾嘉以来汉学之表征，更是"吴派"说

① 详见王重民：《中国善本书提要》，上海古籍出版社1983年版，第37页。

② （清）孔广林：《通德遗书所见录》（清光绪十六年山东书局刻本）卷72，叙录第1页下至第2页上。

③ 洪博升：《江声、王鸣盛之辑佚思维及其辑〈尚书〉郑〈注〉之若干重要问题》，《台大中文学报》第45期，2014年6月，第181—232页。

经之特色。但是，江氏无疑踵武其师惠栋，主贯通秦汉之学；而王氏则泥于一师，专尊郑玄，这也形成二家《尚书》学面貌之异。

2. 论江、王辑《尚书》郑《注》之特色

以惠栋为首之“吴派”的辑佚活动，为清代辑佚学之先声；对王鸣盛、孙志祖、丁杰诸人认为郑玄《古文尚书》实乃惠栋所辑，而托名于王应麟，又持怀疑态度；并以李调元辑本、余萧客辑本作对比，认为四家同为清代《尚书》学之先导，而江、王所辑郑《注》，在内容上更为完整，对佚文考证更为精确，对经注位置之复原更为贴切。

3. 讨论江、王辑《尚书》郑《注》之重要若干问题

（1）论江、王诠释郑《注》说多符同。详举五例，认为“二人在诠释上，无论引证、行文顺序及用字遣词皆近同，若非有共同商讨，甚至参考彼此著作的情形，实难以如此近似”。但并不认定为某方剽窃，因为二人著述年代交错，王鸣盛虽言“就正于有道江声”，但《集注音疏》刊刻晚于《后案》，也有可能是江氏取王氏之见。总之二书是江、王共同商讨之成果，“就目前所呈现的证据下，以及两人的交往情形、学术讨论关系，认为两人在《尚书》研究、成书经过，诚为紧密，无法孤立而观”。

（2）论江、王诠释郑《注》说相异。两家主要在治经思维上有异，对江氏而言，郑《注》之诠释，并非等于《尚书》经义；而对王氏而言，郑《注》即为《尚书》经义。

（3）论同采郑《注》但来源各异。

①郑玄《尚书大传注》与《尚书》郑《注》问题。江氏以郑玄《大传注》当郑《注》，并加以诠释发挥经义之情形，是江、王二家显著之差别。盖《大传》为伏生所传，为西汉《今文尚书》的最早传授者，亦为《尚书》之鼻祖，为《尚书》学之源，故其说实可信也。而王氏则将郑玄《尚书注》与《大传注》分为二源，故不以《大传注》为《尚书》郑《注》，故《后案》所辑之郑《注》，往往不见《大传注》，此亦可显示江氏比王氏更注重《尚书》郑《注》以外之文献。

②他书郑《注》与《尚书》郑《注》问题。盖江氏以“集注”体为

注经之法，而王氏专从郑说，故虽同为郑学，但落实于治经实践上则多有不同，此乃值得注意之处。

最后，总结江、王二家在辑佚内容、方法、观念上之异同：

1. 二人同为吴派经师，然而二人在治经思维与实践上，实相迥异，江氏从其师惠栋治《易》之法，综合先秦两汉古训，首重贯通；而王氏则恪守郑玄之说，落实于治《书》。

2. 江、王所辑郑注多同，然于某几处对郑《注》的疏解，说法、行文、用字方面亦有相同者，则二家之书关系匪浅。

3. 王氏独尊郑《注》，江氏则否，对江氏而言，郑《注》之诠释，并非等于《尚书》经义；而对王氏而言，郑《注》之说等同于《尚书》经义，故二家虽同辑郑《注》，然并不表示对郑说皆认同。

4. 江氏以郑玄《大传注》《礼记注》等注《尚书》，而王氏则一从《尚书注》，且江氏比王氏更信《大传》。

总的来说，在清代《尚书》学史上，江声、王鸣盛是继阎若璩、惠栋辨别伪古文、伪孔传之后又一高峰，开启乾嘉以后对以马、郑为代表的“汉学”研究之风气。作者站在学术史之高点，取二者对比研究，可谓独具慧眼，其成就主要体现在以下两点：

1. 江声、王鸣盛在学术理念上都受到惠栋影响，特别在辑佚方面，故皆可归入“吴派”，不过同中求异，作者抓住江、王治经理念的最大不同：王鸣盛独尊郑氏，江声贯通古训、不主一家。由此造成两家在辑佚、疏解等诸多方面之不同。此点恰与二人和惠栋之关系亲疏远近相合：江声为惠氏入室弟子，学术理念一以贯之；王鸣盛称惠栋为“友”，并无严格的师徒关系，其理念稍有不同，不难理解。

2. 关于两家成书关系，江、王二人皆未有详细述说，仅王鸣盛言“又就正于有道江声”数语，其中细节多不得而知。作者在此问题上花费颇多精力，从引证、行文顺序及用字遣词诸多微细之处，推测当有参考彼此著作之可能，然而作者并未因此而论断某方剽窃抄袭，而以为二书是江、王共同商讨之成果，为复杂的交错成书过程，以及更为重要的学术道德问题，提供一近实而可靠的解释，也是作者尤其高妙的地方。

四、结语

通过以上对战后台湾学者郑玄《尚书》学及《尚书注》辑佚研究之梳理，可略作以下总结：

其一，学统传承与学风转移。

大体而言，战后台湾学者研究郑玄《尚书》学，集中在两个学术宗系之中：

一、高明系。高明常与熊公哲联合指导学生，二人皆为一代硕儒，在台湾师大、台湾政大诸校培育英才无数。高明长于“郑学”，李云光、陈品卿、李威熊、李振兴、吕凯等皆传其学，古国顺（师从胡自逢）、林国钟（师从庄雅州）则是再传弟子。

二、屈万里系。屈万里与熊、高二先生同属大陆来台的第一代学人，学术地位亦相仿佛，而授业于台大，为台湾地区经学代表人物。尤长于《尚书》学，程元敏、林庆彰皆从其游，而吴怡青、洪博升则为三传弟子。

可见台湾经学传承，脉络鲜明。然相比于已为宗师的第一代，以及活跃于当今学界的第三代及后学，第二代学人的研究多归于沉寂，特别是20世纪六七十年代如李云光、陈品卿诸家的著作，更少人探究。究其原因，一方面受外部时局影响，论著刊行流通受限；另一方面学风转移，经过20世纪70年代的两次论战，[①] 文献考证之风逐渐衰微。然而经学研究终究“以经文为主”[②]，时移势易，第二代学人之成果理应得到更为广泛的重视。[③]

---

① 详见蒋秋华：《〈尚书〉研究》，载林庆彰主编：《五十年来的经学研究（1950—2000）》，（台北）台湾学生书局2003年版，第83—89页。

② （清）焦循：《与孙渊如观察论考据著作书》，《雕菰集》卷13，载刘建臻点校：《焦循诗文集》，广陵书社2009年版，第246页。

③ 李振兴：《王肃之经学》，华东师范大学出版社2012年版，即是显例。

其二，研究特色及启示。

经过本文的整理可以较为清晰地看到，战后台湾学者的《尚书》郑氏学研究是逐渐深入细化的。第一代学人研究范围广大，如高明《郑玄学案》，乃对“郑学”作一通盘梳理。第二代学人则多做专经研究，如胡自逢之于郑氏《周易》学、陈品卿之于郑氏《尚书》学、赖炎元之于郑氏《毛诗》学、李云光之于郑氏《三礼》学、吕凯之于郑氏谶纬学，皆为专门之学。第三代学人乃至后学，则关注更为细微的学术史问题，比如《尚书》郑注辑佚、清代《尚书》学、清代《尚书》郑氏学、清代某家的郑氏《尚书》学研究等。这一学术趋势，必定会走向更为精密的研究，前代学人所未曾留心的版本、校勘、佚文、辨伪、成书年代诸问题，都会随着研究的深入而成为新的论题。

据此可粗略地将三代学人的研究划分为两个范畴：一是郑氏解经学，二是“郑学”学术史。前者重在发明“郑学”内部的方法、理念，尝试理解并构建郑氏解经之系统；后者则重在“郑学”之流传，考察其在学术史上的影响。两者是横纵交互的，研究郑氏《尚书》学，一方面要本于郑氏群经诸纬的注释体系，另一方面又要分辨与贾马王孔以及历代经说的异同。这种对“郑学”研究的立体化，是值得继承与发扬的。

其三，未来研究方向。

在“郑学”、郑氏《尚书》学及《尚书郑注》辑佚领域，战后至今，台湾几代学人做出卓绝贡献。通过上文分析，在具体研究内容方面，陈品卿、李威熊、李振兴重在佚文整理，而李云光、古国顺、吴怡青、洪博升则偏向辑本研究，这两点是《尚书郑注》研究的两大方面。而清人辑本研究成为新的研究趋势。总结前人成果，可知未来会在以下几个层面展开更为丰富多元的探索。

1. 原辑作者及伪托问题

以王应麟辑郑玄《尚书注》，此说始自清人，但现代学者多未曾考证此说之由来及真伪，便直接将原辑者之名冠于王应麟，比如高明、陈品卿。而且，此一问题又有多层关涉：第一，除《周易郑注》辑本外，历代并无其他郑注辑本之确切记载，而清代流传多种郑注辑本皆题名为王应麟，其来源可疑。第二，王鸣盛、孙志祖、丁杰诸人皆怀疑《尚书郑注》实乃惠栋所辑，而托名于深宁，惠栋在此问题能否摆脱嫌疑，则又是另一大问题。李云光于此已有深入认识，注意到王应麟辑本之真伪及惠栋之托名，不过尚未能厘清此说之来龙去脉。至洪博升，因深入研究早期清人辑本，意识到所谓惠栋伪托之说仍未完全解决问题，不过其限于文章体例，对此也未能深究。

2. 清代诸家辑本成书问题

现存清人郑《注》辑本，按照著作类型，可粗略分成两类：一为注疏本（辑佚的目的为解经注），如江声《尚书集注音疏》、王鸣盛《尚书后案》、焦循《禹贡郑注释》、孙星衍《尚书今古文注疏》、曹元弼《古文尚书郑氏注笺释》。二为纯辑本（单纯辑录佚文或略作考证），如余萧客辑《古经解钩沉》、李调元《郑氏古文尚书证讹》、孔广林辑《尚书注》、孔广林增订张海鹏校梓《尚书郑注》、袁钧辑《尚书注》、孙星衍补集《古文尚书马郑注》、黄奭辑《尚书古文注》。据上文分析可知，凡涉及清人辑本之处，如高明、李云光、陈品卿、古国顺、吴怡青、洪博升，皆或多或少存有问题，盖未能对清代诸家辑本作全面整理研究之故也。

3. 辑佚与校勘、辨伪问题

辑佚与辨伪，“两者的关系似乎孪生一般”，而且直接关系到校勘。[①] 严格而言，系统整理《尚书郑注》佚文者仅陈品卿一家，其本身即存在校勘、辨伪等问题，其他学者则各有所偏重。但自清末以来，《尚书郑注》缺乏更为全面、严谨的整理，因此在研究清人诸家辑本基础之上，其成果应当直接反映在郑注整理方面，进而做出超越清人的成绩。

---

① 倪其心：《校勘学大纲》，北京大学出版社 1987 年版，第 285 页。

屈万里先生的《尚书》研究及其对疑古思潮的继承与修正

陈志峰*

一、前言

屈万里先生为台湾当代经学研究最具影响力学人之一，平生治学，以经史、古文字、版本目录之学为主，成果斐然，名重当世。孔德成先生《屈万里先生全集序》论屈先生一生治学云：

> 吾友屈君翼鹏，笃志好学，寝馈坟典，未尝为庶务少輙（按：輙，疑当为"辍"）。先治《周易》，以社会学之观点，一扫玄秘之色彩。欲征占卜之源流，而取殷墟甲骨之学；欲明后世于《易》解说之附会，而治阴阳五行之史。继治《诗》《书》。其治《诗》也，善以民俗文学之比拟，而解《国风》。其治《书》也，先为注释，复以佶屈聱牙，众说纷纭，乃总汇古今诸家成编，以供治斯学者参考之资。又以古籍多所伪讹，乃治版本之学，而及汉石经之考订。进而更为先秦史料之考辨。①

此文精要概括出屈先生一生治学之范畴与特色，凡所研治，必以科学之精神与方法，遍搜资料，反复推证，而后定论。是以孔先生总结其治学精神，以为"实事求是，寓科学之方法、观念于朴学之中""可谓得其正

---

* 陈志峰，台湾世新大学中国文学系助理教授。

① 孔先生文见《读易三种》，（台北）联经出版事业公司 1983 年版，书首。

矣”，此论深得屈先生治学精神之要义。①

屈先生治版本目录、校雠、训诂、辨伪诸学，以为治经之基础，综理多方，而后归本于史。《尚书》古来即属经书之列，屈先生不仅视之为经，更目之为史，故《〈尚书〉与其作者》以《尚书》“实际上它是中国最古的、也是最具权威性的一部史书”②，知屈先生治《尚书》，乃本之于史学之观点。《经学简述》又云：

> 若拿六经皆史的眼光看，这些都是古代的史料，嘉言可为修养品德之用，也是思想史、哲学史的资料。如《诗经》那么美丽的诗篇正是文学史的材料。《尚书》是政治史，《周礼》是古代官制史、政治思想史的材料。而《礼记》《仪礼》为民俗史或社会史料。我们从此着眼，可知经书为后世史料。③

自王阳明至于章学诚，“六经皆史”之内涵实与其特定的学术背景有关，然皆非史料之意。④ 屈先生言此“史”为“史料”义，实借此以申史料之要，由史料之比较、分析与运用，以考古史之真。此观点应是受傅斯年先生之影响。⑤ 屈先生曾自陈“认识他前，由于拜读他那些关于文史的著作，而激发了我的治学的志趣”，更在接触到傅斯年之后，为其渊博的

---

① 引文见《读易三种》，书首。

② 屈万里：《〈尚书〉与其作者》，《屈万里先生文存》第1册，（台北）联经出版事业公司1985年版，第105页。

③ 屈万里：《屈万里先生文存》第1册，第1059页。

④ 章学诚“六经皆史”“六艺皆古史之遗”等说法，皆非单纯史料之义，而有其特殊的史学、经学思想之含义。章氏之说见《文史通义·易教上》，中华书局1985年版，第1页；《丙辰札记》，中华书局1986年版，第57页。相关讨论，参见周予同、汤志钧：《章学诚“六经皆史说”初探》，《中华文史论丛》第1辑，1962年8月，第211—217页。

⑤ 屈万里先生曾追随傅斯年先生，无论学术或处事，皆深受其影响。《先秦文史资料考辨》云：“王国维曾有‘二重证据’之说，以为有古物资料和书本资料对证所得到的结论，是正确可信的。傅孟真先生也提倡‘比较材料’说，他认为整理史料的方法，‘第一，是比较材料；第二，是比较材料；第三，还是比较材料。’”《古籍导读》论“治学与材料”，亦本诸傅斯年“史料学”之观点，而区分“直接史料”与“间接史料”，第43—44页。关于傅斯年之史料观点，见氏著《史料略论》，《傅斯年全集》第2卷，（台北）联经出版事业公司2003年版，第5—60页。亦可参见徐有富《屈万里成长模式研究》“得名师指导”一节，《山东图书馆学刊》2009年第3期，第132—133页。

学问与见解所折服。① 又述及“他治学的口号，是‘有一分证据说一分话’，不作悬想的论断，他完全以最原始的材料，作实事求是的研究”②。凡此皆透露出屈先生对傅斯年学术成就的倾慕。

屈先生既以史之观点治经，则史料之解释与考辨，实乃治经最要紧事，而史料的解释又必须根柢于考辨之成果。故屈先生在许多文章中，屡陈史料考辨的重要，如1964年出版的《古籍导读》，论“治学与材料”：

> 吾人治学之目的，在求得真知识。昔人论学之道，曰：“实事求是，莫作调人。”胡适之先生言科学的治学方法，亦曰：“尊重事实，尊重证据。”此皆不刊之论也。吾国古籍虽繁，然要言之，实大部分为史料。吾人今日所从事之文史方面研究工作，大多数乃整理史料或考证史料之事也。③

《古籍导读》乃屈先生于1963年在台湾大学中文系开设“古籍导读”课之教本，屈先生以自身之经验，强调从事文史研究最要紧事，乃在史料之整理与史事之考证。要言之，求真乃第一要义。屈先生《先秦文史资料考辨·绪言》云：

> 治学的目的，在获得正确的结论。如果所根据的资料不正确，所得的知识，自然不够真实。以之从事研究工作，所得的结论自然也不会正确。因此，鉴别学术资料，是每一个从事学术工作的人所不可疏忽的。④

此即先生所谓“读书之目的在求真，所读者如为伪书，即不能得真实之知识”之义也。⑤

将经书作为研究历史之材料，则必牵涉时代先后与篇章真伪等相关问题，屈先生《古籍导读》下编“经书（八种）解题”即谓：

---

① 屈万里：《敬悼傅孟真先生》，《屈万里先生文存》第5册，第1839页。

② 屈万里：《敬悼傅孟真先生》，《屈万里先生文存》第5册，第1841页。

③ 屈万里：《古籍导读》，（台北）联经出版事业公司1984年版，第43页。

④ 屈万里：《先秦文史资料考辨》，（台北）联经出版事业公司1983年版，第5页。

⑤ 屈万里：《古籍导读》，第61页。

> 古籍之要者，莫如群经。而以今日治学之眼光言之，则经书亦皆古代史料也。史料产生之时代如不能确知，或史料之真伪不能辨别；则凭以著史，必难尽信。故群经各成于何时，既不应置而不究；而经书中不可尽信之记载（如《论语》“公山弗扰”章），与夫理想之制度（如《周礼》），亦不宜不表著之，庶几学者不至以伪为真、或以理想当事实也。①

史料产生时代之不考，而以后出之材料误为先古所产生，则历史发展之探求，乃不能得其确实；史料真伪之不辨，而以后人有心造伪之书而为真材料，则历史内容之真伪莫辨，而史事错讹甚矣。此当即是屈先生特为重视考辨历史材料之原因。

屈先生之训释《尚书》，遍取甲骨文、金石文字与古今人说解，相互参证，而后使文句怡然理顺。考辨资料，则本诸目录学，辨古文流传之真伪、考今文篇章之年代，欲使资料之运用，各得其宜。其后归本于史，将《尚书》正确之解读与年代之先后，一一厘定安排，以得古史之真。

屈先生于《尚书》材料之考辨，析其内容，主要有二：一是对古文《尚书》相关问题之考辨。其最重要成果，乃在以新出汉石经残字，解决古文《尚书》纠缠不清之问题。② 二是对今文《尚书》诸篇著成年代之考定，尤其是作为“后人述古之作”之相关篇章。此方面主要针对前儒旧说加以检讨、辨析，并推定诸篇著成年代。这方面最见功力与特色。故本文集中论此，并借以延伸讨论自民初以来，顾颉刚、钱玄同等人在历史学界所掀起的疑古思潮，在屈先生《尚书》学之考辨上，有何发展与改变。

---

① 屈万里：《古籍导读》，第 103 页。

② 屈万里先生据汉石经《尚书》残片所见约八百字，撰成《汉石经〈尚书〉残字集证》，据其“自序”，屈先生以此区区八百字，证成古文《尚书》之学术要事有三：一是取直接材料汉石经残字证实清人所考证诸事；二是证明旧雨楼汉石经残存乃方若伪刻，四年后更撰定《旧雨楼藏汉石经残字辨伪》，系统证成此事；三则解决自宋代以迄清代中叶对汉石经《尚书》所据本之疑案。见屈万里：《汉石经尚书残字集证·自序》，（台北）联经出版事业公司 1984 年版，第 2—3 页。就上述三事观之，第一事固属辨伪之情事，然屈先生并非直接证明古文《尚书》为伪，而在证明清人考订之成果，若由学术史角度观之，清人论于前，先生证于后，两相呼应。第三事则在解决《尚书》学史上，汉石经《尚书》所据之版本问题，属学术资料考辨之版本问题，屈先生据此直接史料汉石经，厘清《尚书》学史上之疑案。唯有第二事确属屈先生辨伪实践上之创发。

二、屈先生考定《尚书》诸篇著成年代述略

学界首先论及屈万里辨伪图书的学者，当属林庆彰先生，其《屈万里先生与图书辨伪》[①] 一文，本于“屈先生既时时强调辨伪的重要，必是治学过程中的经验之谈，与辨伪有关的著作也相当多”[②] 之意，且学界尚未有比较系统的研究，是以对此相关问题，初步作一鸟瞰式之推论阐述。林先生分析《书佣论学集》与《屈万里先生文存》中关于辨伪学的内容，归纳为“考辨某书籍的作者和年代”“考辨典籍中某篇的时代”与“叙述前人考辨的成果，撰成论文”等三类。[③] 本文参酌林先生的研究，综览屈万里先生今存之著作，以《尚书》研究资料的考辨为例而展开讨论。兹先论屈先生以“考定著成年代”与“辨别伪书”分属两事，次述屈先生考定今文《尚书》诸篇的著成年代。

（一）“考定著成年代”与“辨别伪书”分属两事

对于“辨伪学”而言，古书真伪与成书年代之讨论，实乃不可分割之两面，然屈先生将此视为二事，重点各异。此应略作辨明。

古籍辨伪学源出传统目录学，[④] 而后蔚为大国。民初以来，对于古籍辨伪最有力者当推梁启超与顾颉刚，梁启超更有专著行世，[⑤] 最具系统，影响甚大。屈先生论史料考辨之范围，与梁氏所论重叠颇多而观点互有异

① 林庆彰：《屈万里先生与图书辨伪》，载《屈万里先生百岁诞辰国际学术研讨会论文集》，（台北）台湾图书馆、台湾“中研院”历史语言研究所、台湾大学中国文学系主编，2006年，第93—107页。

② 林庆彰：《屈万里先生与图书辨伪》，载《屈万里先生百岁诞辰国际学术研讨会论文集》，（台北）台湾图书馆、台湾“中研院”历史语言研究所、台湾大学中国文学系主编，2006年，第94页。

③ 林庆彰：《屈万里先生与图书辨伪》，载《屈万里先生百岁诞辰国际学术研讨会论文集》，（台北）台湾图书馆、台湾“中研院”历史语言研究所、台湾大学中国文学系主编，2006年，第94—96页。

④ 参见郑良树：《古籍辨伪学》，（台北）台湾学生书局1986年版，第1—2页。

⑤ 梁启超《古书真伪及其年代》乃讲课文，由周传儒、姚名达、吴其昌记录。此书实为辨伪学史上第一部总结辨伪理论与方法的专著。

同。如《周礼》一书，梁启超以伪书视之，而屈先生则以传述资料视之。以伪书视之者，缘“周公所作”也，[①] 遂以为此书乃刘歆欲与今文经争胜而伪造，故不可用以探求西周礼制。[②] 以传述史料视之者，由古文字与礼制而考定其著成年代为战国，故可视为战国时代之历史文献。[③] 细究两人异同，其区别在于，梁启超以先秦托名之作如《管子》《商君书》等书，皆是伪造；而屈先生则以为此非有心伪造之书，乃本于传述之书。其《古书的若干问题——文史研究丛谈之一》云：

> 近半个世纪以来，辨伪书的风气很盛，是连《管子》《庄子》《商君书》……等都包括在内。严格地说来，这是不太正确的。因为这些书都是后人所辑与某家的学说或史事有关的资料，原来并没有题“管仲撰”“庄周撰”或“商鞅撰”等等。那些书里之有著者的题名，乃是后人加上去的。它们既出于后人所编集，书中不免记载着管仲、庄周、商鞅等以后的事。读者只可说书中的某些资料有问题，而不能说它们是伪书；因为它们事实上是真本。……因此，本文所谓伪书，乃是后人有意造假，以冒充真货的作品。[④]

此段或针对疑古辨伪风气而发，屈先生所举诸子书，正是辨伪者视为伪书的重要代表。如《管子》，辨伪者以为是管仲撰，而屈先生则从传述者的立场，谓其乃后人编辑而成。屈先生更以目录学的立场，重新辨析伪书之定义：真正的伪书，必是以假冒真、有心伪造者。

屈万里先生在著作中，不时提点后人治学当本诸求真。若此，便不得不留意鉴别资料的真伪。由屈先生著作观之，鉴别资料主要涉及古书真伪、成书年代与图书版本等三大问题，皆从目录学发展而出。屈先生《从

---

① 参见梁启超：《古书真伪及其年代》，载《饮冰室专集》之 104，中华书局 1936 年版，第 3 页。

② 参见梁启超：《古书真伪及其年代》，载《饮冰室专集》之 104，中华书局 1936 年版，第 22 页。

③ 屈万里：《先秦文史资料考辨》，第 339 页。

④ 屈万里：《屈万里先生文存》第 3 册，第 912 页。

目录学的立场看中国古书的一些问题》所列治学的三大问题，即与此同。[①] 若以《尚书》而言，《古文尚书》是伪书，无须再辨，而今文《尚书》如《尧典》《皋陶谟》《禹贡》《甘誓》等篇，梁、屈二人皆将重心转为“考年代”，而非“辨真伪”，[②] 与顾颉刚从辨真伪之角度研究《尧典》，大异其趣。[③]

屈先生论“鉴别学术资料的重要”，提到几点：

> （一）资料是真的还是假的？（二）资料产生的时间问题，即它是当时的记载，还是出于后人的传述？（三）资料是完整的还是残缺的？（四）资料经过历代的传写和传刻，文字难免讹误，究竟哪一个本子的讹误较少？[④]

第一点属古籍辨伪，第二点属资料年代之考定，第三、四点则为版本之考究。由前两点看，屈先生实将古籍真伪与著成年代视为鉴别资料的不同方面。

此外，《古籍导读》论伪书之类别有五：一、作者意在述古事，本无心作伪；而后人不知作者姓名，遂误以所述之人为作者或误以所述古史之时代为作者之时代。二、本无其书，而凿空杜撰者。三、原书已佚，后人伪作以充原书者。四、攘窃他人作品以为已有者。五、真伪参半者。[⑤] 第一项为屈先生辨别传述资料与伪造古书之差异，此项之“后人不知作者姓名，遂误以所述之人为作者、或误以所述古史之时代为作者之时代”，乃以今文《尚书》为例，屈先生云：

> 如《尚书》中之《尧典》《皋陶谟》《禹贡》……等篇，皆

① 屈万里：《屈万里先生文存》第3册，第937页。

② 梁启超：《古书真伪及其年代》，第93页。

③ 顾颉刚研究今文《尚书》，将其成书年代推为汉代，与其研究古史传说层累造成之说法，有极密切关系。此与屈先生将相关篇章视为“传述史料”之意义不同。关于顾颉刚研究今文《尚书》真伪的问题，参见许华峰：《顾颉刚的〈尧典〉著作时代研究及其意义》，《台湾政大中文学报》2012年12月第18期，第115—138页。

④ 屈万里：《先秦文史资料考辨》，第5页。

⑤ 屈万里：《古籍导读》，第62—64页。

> 是也。若此类者本非伪书，乃由于后世学者之误认。而误认之结果，其在学术上之作用，遂与伪书等，故或有以伪书视之者。惟“伪”之责任，不应由作者负之耳。①

以《尧典》诸篇为例，或以为伪作，或以为传述资料。以为伪书者，当受《书序》“昔在帝尧，聪明文思，光宅天下。将逊于位，让于虞舜，作《尧典》”② 的影响。是以屈先生清楚言明此类作品非关真伪之辨，而是“误以所述古史之时代为作者之时代”。故研究此类文献，便须将“著成年代”作为重点考察，并借此甄别出后人附益之成分。

《尚书》中唯一须辨别真伪者，不在今文诸篇，而在东晋以来伪造之二十五篇，即第五项“真伪参半者”。由此可见，屈先生所谓“伪书”，实即有心作伪之书。故“考定著成年代”与“辨别伪书”分属两事。观屈先生对《尚书》之考辨，亦可分为两类：

第一类是对古文《尚书》辨伪之研究。主要针对今文《尚书》三十三篇外，另有二十五篇为伪造。③ 此多综理旧说，并引用出土石经，证成旧说。故屈先生论辨别伪书，单指伪古文《尚书》之篇章，而不及于今文《尚书》中述古之作。

第二类则是考证《尚书》诸篇之著成年代。集中于伏生所传之今文《尚书》，此是“先秦的故物”，而不涉于伪作。此类又可分为“后人述古之作”与“当时的原始资料”两种，④ 是屈先生《尚书》考辨中最见功力、最具成就者。

---

① 屈万里：《古籍导读》，第 62—63 页。

② 据阮元所刻《十三经注疏》本《尚书正义》卷 2，（台北）艺文印书馆影印清嘉庆二十年江西南昌府学刊本 1993 年版，第 18 页。

③ 《今本尚书的真伪》云：“伏生所传的二十九篇《尚书》（后出的《泰誓》不算），是真正出于先秦的。在今本《尚书》里，幸而把它们都保存下来；不过这二十九篇，被分成了三十三篇（把《尧典》‘慎徽五典’以下，分作《舜典》，又加上了二十八个字；把《皋陶谟》‘帝曰来禹’以下，分作《益稷》；把《盘庚》分作三篇）罢了。”《屈万里先生文存》第 1 册，第 117 页。又《尚书集释·概说》“四、伪古文尚书”亦有说，《尚书集释》，（台北）联经出版事业公司 1984 年版，第 23 页。

④ 屈万里：《〈尚书〉与其作者》，《屈万里先生文存》第 1 册，第 108—111 页。

（二）屈先生关于今文《尚书》著成年代之考定

《古书的若干问题——文史研究丛谈之一》论“后人的述古之作”云：

> 古书中也不乏后人述古之作。这些书，有些是根据文字的记载重述，它们的记述，和原始资料相距还不太远。但西汉以前，多是用竹简写书（帛书太贵），缮写固多困难，保藏、携带尤其不易。因而许多史事，常常靠口头流传；也就是说，那只是许多传说之一。再加上记述者的时代色彩，以及加添的枝叶，自然和史事的真相就有了距离。诚然，当时的人记载当时的事，也不一定都可靠；但总比后人据传说追述的记载，可靠的成分居多。如此说来，作研究工作的人，就不能不注意古书著成的时代了。①

史事之流传，从口传至写于竹帛，辄有千百年之久。书写者往往将其所处时代之思想内涵、古礼制度、文辞用语等，不自觉附益于古史。辨伪者遂目为伪书，以致所述古事概视之为伪。但古书所述史事虽有后人附益者，宜当辨别何者是所述古事，何者是附入成分。此是屈先生考定古籍著成年代之基本用意。诚如《尚书中不可尽信的材料》中所言：

> 后人的述古之辞，诚然不是伪书。那时的作者们，本没有作伪的必要；他们只是根据传说，而笔之于书。不过，以战国年间人，而根据传闻以述唐虞夏商或周初时事……所以，我们传统的历史，根据《尧典》，便说唐虞时代，已知道一周年是三百六十六日，已知道闰月，已实行三年之丧，已有禅让之制；根据《禹贡》，便说唐虞时的疆域，已经西北到了今之新疆，西南到了今之西康；根据《甘誓》，便说五行和三正之说，已经通行于夏代初年；……其可信的程度，究竟如何，是不难想象到的。②

---

① 屈万里：《屈万里先生文存》第3册，第916—917页。

② 屈万里：《屈万里先生文存》第1册，第133页。

前人对待传述史料，最大问题是误以所载之史事即为作者所处之年代，以至于后出的学术思想、古礼制度等，出现于上古史中。故著作年代未经考定，便以之论证古史，易有年代混乱之弊。屈先生在《先秦文史资料考辨》中，论及古书的产生年代：

> 关于古书，古人则往往不注意它们产生的时代；他们习惯地以后人传述的资料，误认为是原始资料；甚至大多数的学者，明知道是传述的资料，却与原始资料一样看待，而不加选择地去运用它们。因而，涉及这方面的问题，古人所作的论断，就很多与实情不合。[①]

针对传述史料的使用，研究者的首要工作，便是考定其著成年代，将后人附益之部分，一一辨析。“传述资料，只是不可尽信，并不是尽不可信”[②]。

屈先生《从目录学的立场看中国古书的一些问题》云：

> 中国古书中，传统的资料很多，譬如《尚书》这部古经，从《尧典》到《金縢》，这开头的十二篇中，除了《禹贡》和《盘庚》两篇较早外，其余都是战国时人的述古之作；可是从汉代到民国初年（甚至现在还有很多人），谈中国古史的，都不怀疑地采用了这些资料。但如果拿考古学的资料和较原始的图书资料对证之后，便知道这些述古之作，处处都是问题。[③]

屈先生所指十二篇，即指《虞夏书》《商书》全部，以及《周书》前三篇。此述古之作，从文辞、史事、礼制、思想等方面判断，多有后人所增附的成分。前儒过于信古，以致所论古史内容乃多可疑之处。[④]

---

① 屈万里：《先秦文史资料考辨》，第 6 页。

② 屈万里：《屈万里先生文存》第 1 册，第 12 页。

③ 屈万里：《屈万里先生文存》第 3 册，第 943 页。

④ 如屈先生《经学简述》所言：“其实《尚书》开头明言‘曰若稽古帝尧’诸字，可断言为后人追述，而后代学者以‘经’的观念深入人心，戴上有色的眼镜看经书，就连最明显的证据也察不出了。”《屈万里先生文存》第 1 册，第 8 页。

以《尧典》所述尧舜史事与诸子之不同为例，屈先生《先秦文史资料考辨》云：

> 虽然不少人能够辨别那是原始资料，那是传述资料；但还有些人总认为传述资料必定是于古有据，而采用不疑。实则，这种态度，是值得商讨的。《韩非子·显学篇》说："孔子墨子，俱道尧舜，而取舍不同，皆自谓真尧舜。尧舜不复生，谁将使定儒墨之诚乎?"这说明了由于传说之不同，以致不能确定史事的真相。儒墨两家之谈尧舜史事，按理说都是有所依据，而不是他们杜撰；而所以不同者，就是由于传说演变的关系。①

儒墨既非有意作伪，自然无涉于伪书的问题。但因牵涉到传说之演变，则必须从其传述年代加以考辨。非有心伪造的传述，只要把各个不同时代之内容，还诸各个时代，则《尚书》篇章中的史事只是"不可尽信"，非"尽不可信"。

屈先生对于后人传述而成的史料，其观点并非一味屏斥。对于传述而言，目的本与作伪无关，与前述伪书的"有心作伪"大异。对于此类材料，不可信者乃在附益之部分，而非传述史事的主体。

基于上述关于"传述资料"的立场，屈先生尤重《尚书》篇章著成年代的考证。关于著作年代颇有异说者，屈先生取前儒旧说，参酌考定，确立其所记之确切年代，如《文侯之命》与《费誓》等篇，其中所载人、事、物等内容，后人多有异说，此则关涉上古史事的确立与材料之解读，一旦确立其确切年代，其史学价值自不容忽视。《先秦文史资料考辨》云：

> 《尚书·大诰》以下，都是当时人所记的当时文献。虽然也有些篇幅较短的，如《文侯之命》《费誓》《秦誓》三篇；但其他十多篇，每篇都抵得上毛公鼎的铭文。而且，它们所记载的史

① 屈万里：《先秦文史资料考辨》，第10—11页。

事，其重要性远超过了毛公鼎。[①]

《周书》《大诰》以下篇章，乃可信之当时记载，唯成书时间多有异说，故考定其确切年代，亦为历史研究中不可回避的问题。

综上所论，屈先生对于《尚书》诸篇著成年代之考定，乃以今文《尚书》为主。依据《〈尚书〉与其作者》所分，可分为两大类：《尧典》以下至《金縢》等十二篇，为“后人的述古之作”；《大诰》以下至《秦誓》等十六篇，为“当时原始资料”。[②] 前十二篇出于后人追述，是以篇章中多有后人附益者。屈先生谓：“原始资料，固然可贵；述古之作，虽然有些值得推敲的地方，但也是珍贵的文献。”[③] 由此可知，后人追述之篇章，其价值虽不比原始资料，然对于篇章所述历史事件，只要经过“推敲”，将后人附益之部分，回归后人，则追述之篇章亦可作为史料使用。

三、屈先生考定今文《尚书》诸篇著成年代之方法

屈万里先生著作中，涉及今文《尚书》诸篇著成年代之考定，可分为四类，兹依照时间先后，胪列如下：

第一类：专篇考定写成时代

1956《〈尚书·皋陶谟〉篇著成的时代》

1958《〈尚书·文侯之命〉著成的时代》

1962《〈尚书·甘誓〉篇著成的时代》

1964《论〈禹贡〉著成的时代》

第二类：专文讨论《尚书》真伪及作者问题

1955《今本尚书的真伪》

1961《尚书中不可尽信的材料》

1962《尚书及其作者》

---

① 屈万里：《先秦文史资料考辨》，第9页。

② 屈万里：《屈万里先生文存》第1册，第108—111页。

③ 屈万里：《屈万里先生文存》第1册，第111页。

第三类：与《尚书》相关的专题讨论

1948《谥法滥觞于殷代论》

1959《河字意义的演变》

1960《岳义稽古》

1962《对于“与五行有关的文献”之解释问题敬答徐复观先生》

1968《文字形义的演变与古籍考订的关系》

1971《从目录学的立场看中国古书的一些问题》

1973《字义的演变和学术资料的解释与鉴别》

1976《传述史料中常见的几种现象》

第四类：尚书注释与导读

1956《尚书释义》

1964《古籍导读》

1983《尚书集释》

1983《先秦文史资料考辨》

若问屈先生何以将《尚书》考辨之重点，放在著成年代之考定上，《谥法滥觞于殷代论》是重要的转折点。

先生在1948年四十一岁时所撰《谥法滥觞于殷代论》之结论，引出往后《尚书》研究的方向。《谥法滥觞于殷代论》之撰作缘由，乃因甲骨文、金文等材料出土之后，足可与传世文献如《逸周书·谥法》《白虎通·姓名》等进行比较分析。屈先生之前，王国维、郭沫若、董作宾、胡厚宣、吴其昌等学者，皆有相关成果，屈先生因之而作。其“前说”云：

> 每一制度之兴起，在其未成定制以前，往往有其邈远之前身。其出或迫于情势之不得已，或在有意无意之间，偶尔造成一新的事态。当其滥觞之始，本无一成不易之想。后人觉其事可法，于是久之而成制度。在其过程中，又必有行之于此而未必行之于彼之现象。及其垂为定制，万方从同，不知经历几许年岁。

谥法之制，亦复如此。[①]

此段文字，乃在于探讨制度由初始到成熟之发展过程。一成熟之制度，必有其生长演进之过程；一思想之演变，亦复如是。此段观念与屈先生考定《尚书》诸篇著成年代之缘由密切相关，因屈先生对于《尚书》著成年代之考定，多是此一思维之展开，例如三正、五服、五行、九州、九卿等，皆是如此。《谥法滥觞于殷代论》文后“附记”云：

> 殷人日干之号为后人所追命之说既定，则故籍著成之年代，亦有可资辨证者。如《高宗肜日》篇，文辞浅近，今人固疑其不逮于西周。然守旧者仍笃信书序，以为武丁时书；以疑之者仅能谓其文辞浅近，更无其他决定性之证据，足以拑笃信者之口也。……今按是篇有“祖己曰”云云，祖己乃祖庚之兄，既以日干为号，其上且冠以祖字，如此称谓，至迟当在武乙之后。以此言之，是篇之成，至早亦不能上于武乙之世，此断然无疑者。至其究晚至何时，尚待定论耳。又《盘庚》三篇，佶屈聱牙，即勇于疑古者，由多信其为盘庚时之作品。然三篇中皆著盘庚之名，是亦知非当时书也。[②]

此文撰于1948年，据“附记”可知，先生因考证谥法之滥觞问题，从而领悟到商代帝王世系之谥法制度一经确定，则《尚书》中凡涉及以日干追命商代先王之篇章，即可据以推定。此文开启了屈先生从传述史料中讨论《尚书》著成年代的方向。

自《谥法滥觞于殷代论》写成之后，对于《尚书》诸篇年代的考定，便反复出现于屈先生的诸多论文中。屈先生除专文讨论《皋陶谟》《禹贡》《甘誓》《文侯之命》四篇的著成年代外，尚有诸多文章亦曾论及相

① 屈万里：《谥法滥觞于殷代论》，《书佣论学集》，（台北）台湾开明书店1980年版，第352—353页。

② 屈万里：《谥法滥觞于殷代论》，《书佣论学集》，（台北）台湾开明书店1980年版，第360页。

关议题。本文略总为六例①，分述如下。

（一）文辞之风格与字义之演变

以文辞之风格作为判别文章早晚之依据。文辞古奥者成书年代较早，如《尚书集释》论《盘庚》，以为“文辞古奥，似非西周晚年以后作品”；论《大诰》，则谓“文辞古奥，其语法与西周金文同，为西周初年作品无疑”。② 文辞浅易者则往往后起，如论《尧典》，以为“文辞平易，去佶屈聱牙之周诰及西周时之金文绝远。知其成书年代，当在东周以来”。论《甘誓》，则谓“文辞浅易，与《尧典》《皋陶谟》及《汤誓》《牧誓》等篇相近，而去周诰及西周时金文绝远。即此可知其不特非夏初或商初作品，亦不可能成于西周”。论《西伯戡黎》，则云“文辞浅易，与《甘誓》《汤誓》《高宗肜日》等篇相似，盖亦战国时作品也”。③

文辞风格与语法，固可透过同时代之篇章，及与甲骨文、金文等材料相比较，而明其古奥、浅易之风格；但据以论成书早晚，只能推定其大致。是以屈先生往往多方参校验证。与文辞风格最相关者，莫过于字义的演变。“在时代较早和稍后，往往有不同的含义”，如能加以考证，“不单是在古书文辞的解释方面，有重要的关系；且对于考订古籍著成的年代方面，也是重要的条件之一”。④ 因而以字义之演变与《尚书》相关篇章合证，即能推论其时代。

---

① 许书齐《屈万里尚书学研究》辟有专节讨论屈先生“考辨各篇成书年代”及其方法，分为“引先秦典籍考其年代”“采前人之说考其年代”“采今人之说考其年代”“以五行之说考其年代”“以甲骨文、金文考其年代”“以谥号考其年代”等六项，除第四项与本文所归纳之“思想发展”略有相关外，余皆异趣。参见许书齐：《屈万里尚书学研究》，硕士学位论文，彰化师范大学中文研究所，2009年，第92—100页。

② 以上文辞古奥诸例，分见屈万里：《尚书集释》，第82、134页。

③ 以上文辞浅易诸例，分见屈万里：《尚书集释》，第4、74页。又屈先生《〈尚书·皋陶谟〉篇著成的时代》亦提及：“从文辞上看，任何人都可以察觉得到，《皋陶谟》不但不如西周初年的《大诰》《康诰》《酒诰》……等古奥，而且不如东周初年的《文侯之命》；不但不如《文侯之命》，亦且不如鲁僖公时代的《费誓》。那么，单就文辞一点来看，《皋陶谟》之著成，也不会早到春秋中叶。”《书佣论学集》，第70页。

④ 屈万里：《屈万里先生文存》第2册，第373—374页。

屈先生《文字形义的演变与古籍考订的关系》云：

> “帝”字在秦以后，一直便是人王的尊称。但在西周和春秋时期著成的文献，都是指“上帝”而言，绝无例外。……《尧典》一篇，尧既被称为“帝尧”，又对面称时王曰“帝”，又屡言“帝位”。我们就凭这一个“帝”字，便可确定《尧典》一篇为战国时人述古之作，而非尧舜当时的记载了。①

又《字义的演变和学术资料的解释与鉴别》亦云：

> 春秋末年以前的文献，并没有把帝字当作人间帝王来用的，……一直到了战国晚期周赧王的时候，势力强大的诸侯认为称“王”还不够伟大，于是秦昭王称西帝，齐愍王称东帝，才开了人王称帝的例子。但二人的称号不久就取消了，一直到秦始皇统一天下，自称始皇帝以后，每一个君王就都称为帝了。②

据此两条资料，春秋以前未有人王称帝者，故《尧典》《皋陶谟》诸篇之年代上限，可推至春秋以后。③ 从战国晚期，始开启人王称帝之例，至秦始皇以前，并未固定为人王称帝，故战国晚年可为《尧典》《皋陶谟》成书之时代下限。《字义的演变和学术资料的解释与鉴别》又举“考妣”“夫子”之例云：

> 《尧典》说，帝尧死了以后，“百姓如丧考妣，三载，四海遏密八音”。“考”“妣”连用，在春秋晚年以前，还没有这种用

① 屈万里：《屈万里先生文存》第2册，第379—381页。

② 屈万里：《屈万里先生文存》第2册，第388页。

③ 按：屈先生谓春秋以前之“帝”盖指“上帝”，以后始渐有“人王”称帝之现象，此说大致无误，然可进一步补充：晚近出土之卜辞，在殷商晚期，已有称死去之君王为帝，如第四期之文武帝，第五期的帝乙、帝辛。又陕西凤翔出土之周原甲骨，亦有周王祭祀商代君王而称“帝”者，然则商周卜辞之中，既有称死去之君王为帝，则屈先生之说，或可补正。关于周王祭祀商王之讨论，可参见王晖《古文字与商周史新证》书中“周原甲骨属性与商周之际祭礼的变化”一章（中华书局2003年版）。另，许进雄先生更指出：“最先，政治上最具权威者称王，神仙世界最具威力者称帝。到了商代末期，某些王死掉后也被尊称为帝。周人克商后沿用王的称号以称在世或去世的王。”《中国古代社会——文字与人类学的透视》，中国人民大学出版社2008年版，第38页。

法，这里既然说“如丧考妣”，当然是战国人的作品。①

仅从“帝”和“考妣”的用法来看，就可证明《尧典》是战国时代的文献，是后人追述古代的史料，而不是尧舜当时的记载。②

> “夫子”固然尊称，可是并不用来对面相称，到了战国时代，才有对面称呼“夫子”的。但是《尚书·牧誓》说：“夫子勖哉!”“勖哉夫子!”这篇是周武王在牧野誓师时对他的部下所说的话，我们从它的文辞看来，就觉得《牧誓》和《大诰》以下的作品，大不相同，现在这篇的作者既已把“夫子”用为对面的称呼，更可证明这是战国时人追述周初史实的文献了。③

屈先生考证诸关键词在各不同时代之演变，同时点出考妣连用、对面称人为“夫子”，皆为春秋以前之文献所未见，而为战国文献所习见，故借以考定《尧典》《皋陶谟》《牧誓》之著成年代，应在战国时期。

（二）古礼制度

屈先生撰定《谥法滥觞殷代论》之后，因论及制度演变有略详、简繁等现象，故也以制度作为《尚书》著成年代之推定依据。以下试以“六卿”“三正”“五服”等为例，略述其如何推断《尚书》的著成年代。

1. 六卿

《〈尚书·甘誓〉篇著成的时代》针对《甘誓》“乃召六卿”一句，援引史景成《六卿溯源》之研究成果，其要点有：④

（1）六卿制度始于春秋时代的诸侯之国：宋、晋、郑。

（2）宋国之六卿始于鲁文公七年，分别为右师、左师、司马、司徒、司城、司寇。此终春秋之世未曾改易。晋国六卿为晋文公初作三军时已开其端，六卿是上、中、下三军各设一将、一佐，其后数目虽有变化，但晋

① 屈万里：《屈万里先生文存》第2册，第395页。

② 屈万里：《屈万里先生文存》第2册，第395—396页。

③ 屈万里：《屈万里先生文存》第2册，第396页。

④ 屈万里：《书佣论学集》，第110—111页。

悼公时又恢复三军六卿之制，以迄春秋之终。郑六卿之名始见于鲁襄公九年，其确定者为当国、为政、司马、司空、司徒，另一则未知是否为司寇。

(3) 三诸侯国中六卿掌军政者唯晋，故史氏颇疑《甘誓》乃出自晋人。

屈先生据史景成六卿之考证，以为：

> 史先生怀疑《甘誓》出于晋人，目前尚不能断定其说之是否；但他所论证的六卿源流，则是确凿可信。因此，可知《甘誓》著成的最早时代也当在鲁文公中叶以后。①

六卿之制既见于春秋以后，则《甘誓》既为后人记述夏启战有扈氏之文章，从此篇誓词中出现之“六卿”，便可由制度演变之考察，确立其时代上限。唯史景成推论《甘誓》应是出于晋人所作，观其条件，当是以为晋文公所置六卿，乃因应“作三军”而设，正合于《甘誓》作为战争誓师之背景，事在鲁僖公二十七年，早于宋国六卿之鲁文公七年。然屈先生于此颇有保留，推其原因，应是以晋国六卿之制，数目演变颇为不同，可见此制度并未成熟；而宋国自鲁文公七年后设置六卿，终春秋之世，未曾改变，相较晋国，已成定制。

2. 三正

三正事涉历法，有建子、丑、寅之异，先后不同，则夏正既先建寅为首，于理不应知殷正建丑、周正建子之事。则必于三正皆成之后，始有“三正”之完整说法。屈先生《〈尚书·甘誓〉篇著成的时代》论“怠弃三正”，即以此切入。

《甘誓》“三正”之说，自东汉马融以来，始终不得要解。屈先生首先论以干支纪月之制，始于《逸周书·周月》，而谓“此篇书之著成，约当在战国时代。在此以前，连以干支纪月的事情都没有，三正更不必说

---

① 屈万里：《书佣论学集》，第111页。

了”[①]。一旦“三正”出现的时间确立，则汉代以降误以《甘誓》为夏代作品之原因，也就可以推知：皆以《甘誓》所记载之时代，误为《甘誓》著成之时代。是以马融解释“三正”为建子、建丑、建寅，屈先生驳云“夏王不应该预先知道殷、周的事情”。郑玄与伪孔则解为“天地人之正道”，实为“求其说而不得，只好强为之辞”。蔡沈则更以为“唐虞之前，当已有之”，赵翼也欲证明“三正迭建，固不始于三代”，皆非是。[②] 一旦求得“三正”之运用年代，则《甘誓》为后人述古之辞而最早成于战国晚年，便可知旧儒皆拘执于《甘誓》为夏书，故强为“三正”之说作解。屈先生更以为：

> 三正的字样，又见于《泰誓》（《史记·周本纪》引）……战国以前还没有以干支纪月的习惯；即此可知这《泰誓》绝不会是西周初年的作品。就《孟子》和《左传》所引的《泰誓》看来，它的文辞和《甘誓》《汤誓》《牧誓》等同样的浅近。应当同是战国的产物。它有三正这个词汇，是不足为奇的。[③]

真本《泰誓》散见于先秦古籍中，文辞浅近，不当出于西周早期。更进一步，屈先生以为《甘誓》所谓“三正”，必指历法上建子、建丑、建寅而言，因此须与“威侮五行”相参看：

> 终始五德之术，是说帝王之兴，必应五行之运；而帝王既兴之后，最要紧的事情，便是改正朔。由此说来，《甘誓》所谓怠弃三正，等于说不奉王朝的正朔。这样才能和威侮五行相配，也才值得剿绝其命。[④]

“威侮五行”既与“怠弃三正”相接，即指有扈氏“轻侮应运而生之帝王，其罪重大。故天用剿绝其命”“怠慢废弃三正；亦即不奉时王之正

① 屈万里：《〈尚书·甘誓〉篇著成的时代》，《书佣论学集》，第113页。
② 屈万里：《〈尚书·甘誓〉篇著成的时代》，《书佣论学集》，第113页。
③ 屈万里：《〈尚书·甘誓〉篇著成的时代》，《书佣论学集》，第113页。
④ 屈万里：《〈尚书·甘誓〉篇著成的时代》，《书佣论学集》，第114页。

朔”。[①] 以三正言，“历有三正，至春秋后期之人始知之，故战国时乃有三正之说”。以五行言，“五德终始之说，创自邹衍；而本篇为战国时人述古之作，故及用之”。[②]

3. 五服

五服之制，核诸《禹贡》所言疆域幅员，由南至北、由东至西，层层立制，竟至于五千里之远。屈先生《论〈禹贡〉著成的时代》考定《禹贡》成书年代之上限，不得早于周穆王以前，以《禹贡》中言及“五服”之制，甚具系统，然与“九州”之说有所龃龉。屈先生云：

> 这种画野分服的方法，和分为九州的办法，是势不两立的。因为既分天下为九州，又要把它分成五服；那么，一个国家的行政区域，怎能有两种不同的，而且相互矛盾的形式？[③]

屈先生又云：

> 在甲骨文里，见不到五服的影子。而且，由于近人研究甲骨文的结果，知道殷人活动的区域，以及见于卜辞的殷之属国和敌国的所在，照现今的地理来说，……以这样的疆域，固然不能实行五服制度，也难产生五服思想；因为那时的“天下”实在太小了。[④]

不但那时的天下不能有五服的疆域。西周早期的文献，亦不见五服之说。[⑤] 而《康诰》《酒诰》《顾命》等篇所出现与服相关之名称，虽与《禹贡》名称有相同之处，但内涵绝不相同，屈先生云：

> 《周书》里所谓侯、甸、男、卫等，大概是由于诸侯所在地的远近或是由于所负的任务不同，而产生了这些不同的名词。它

① 屈万里：《尚书集释》，第 75 页。
② 屈万里：《尚书集释》，第 75 页。
③ 屈万里：《论〈禹贡〉著成的时代》，《书佣论学集》，第 123 页。
④ 屈万里：《论〈禹贡〉著成的时代》，《书佣论学集》，第 123—124 页。
⑤ 屈万里：《论〈禹贡〉著成的时代》，《书佣论学集》，第 124 页。

> 们的名称，和《禹贡》的五服既不相同；而且，在这些早期的史料里，也绝没有环王城之外若干里为某服，那种刻板式的制度的痕迹。因此，我们或者可以说：《禹贡》的五服说，可能由于《周书》侯、甸、男、卫等字样所引起；而《周书》的侯、甸、男、卫等，决不是因仍了《禹贡》五服说的制度。[①]

《禹贡》所言五服之制，义与《周书》不同。《周书》之五服，乃依其对于周王室所负之任务不同而称之。若以《禹贡》五服出于《周书》或可，若以《周书》在《禹贡》之后，则恐不然。

至于《国语》亦有五服之说，但《国语》之成书已降至战国初年之后，《国语·周语》所载祭公谋父对周穆王所言“先王之制”，屈先生以为仅可将其视为“西周中叶，已经有了五服的传说”：

> 更由《康诰》《酒诰》《顾命》等文献来看祭公谋父所谓“先王之制”的话，也很难相信。因为殷代没有此制，周初到成王的晚年（《顾命》记成王崩和康王即位的事）也没有此制。由祭公谋父谏穆王这段话看来，穆王也不知道有此制；从而可以推知昭王时也决没有此制。如此说来，祭公谋父这段话即使可信，也只能证明这五服的传说，发生在穆王的时代，决不会更早。[②]

若进一步从疆域之角度而言，西周时代不足以产生五服之条件，然“春秋时代，各国的交通渐繁，人们的地理知识渐广，如果在此时产生五服说，就不足奇异了”[③]。统合相关资料说法，《国语》既载五服传说，则五服之说必当早于《国语》成书时代，故屈先生乃进一步总结：

> 五服说的产生，最早也不会前于周穆王之世，最晚可能到春秋晚年。《禹贡》作者，既把五服编在《禹贡》里，可知《禹贡》的著成时代，最早也不过到周穆王，最晚可能到春秋的晚年

---

① 屈万里：《论〈禹贡〉著成的时代》，《书佣论学集》，第124页。

② 屈万里：《论〈禹贡〉著成的时代》，《书佣论学集》，第125页。

③ 屈万里：《论〈禹贡〉著成的时代》，《书佣论学集》，第126页。

或者更晚。①

据此，屈先生乃以五服说之流传，推定《禹贡》成书时间之上限，当为周穆王以后，甚而延至春秋晚期。更进一步，《皋陶谟》既有“五服”之说，其时间上限，亦可由此推之。

（三）地理疆域观念

以地理疆域而论《禹贡》的成书年代，是屈先生《论〈禹贡〉著成的时代》的最重要内容。《论〈禹贡〉著成的时代》论证《禹贡》著成的时代凡七事，除“以梁州贡铁镂证之《禹贡》成书不得早至西周之世”与“以五服证之《禹贡》成书不得早至周穆王以前”两事之外，其五事分别为：②

1. 以梁州疆域证之《禹贡》成书不得早至春秋初年以前：（1）梁州黑水，乃指现在四川宜宾西南到云南北部的金沙江。（2）巴蜀和秦国之交通不会早到秦穆公，而《左传·鲁桓公九年》载巴楚之交通。《禹贡》作者之地理知识已至四川西南、云南北部，则春秋诸国有关此地之交通情况，正可作为《禹贡》年代的推定——应在秦穆公之后。

2. 以九州证之《禹贡》成书不得早至春秋中叶以前：（1）《禹贡》九州指冀、兖、青、徐、扬、荆、豫、梁、雍，甲骨文、金文皆不见九州字样或任一州名。（2）《国语》《左传》载西周幽王时代有“九州”之名，但所指乃一狭小方域，非《禹贡》所言之整个天下。（3）齐灵公时之“齐侯钟”有“咸又九州”，释义为“囊括中国”，其年代在春秋末叶。

3. 以扬州三江证之《禹贡》成书不应早至春秋以前：（1）吴与鲁、晋会于黄池，可推知春秋末叶南方吴国与中原交通渐繁，从而可知中原人对于吴越地理之粗略知识，不会在周简王十年以前。（2）《禹贡》作者知吴越一带有三江，应非公元前六世纪中原人所可知。

---

① 屈万里：《论〈禹贡〉著成的时代》，《书佣论学集》，第126页。

② 以下五点所列细项，隐括屈先生《论〈禹贡〉著成的时代》之内容。

4. 以扬州及徐州贡道证之《禹贡》成书不应迟至战国之世：（1）《禹贡》言“沿于江海，达于淮泗”，长江淮河之间，除了浮海，并无相通水道，时至鲁哀公九年，吴王夫差以邗沟通江、淮，故《禹贡》当在此前。（2）淮、泗古不与黄河通，《禹贡》言“达于河”当是“菏”之误字，此菏可通济水，据胡渭所考“淮通泗，泗通菏，菏通济，济通漯，漯通河”。（3）《国语·吴语》载吴王夫差北征，“阙为流沟，通于商鲁之间”，据《左传》，乃在哀公十三年，可知此前泗、河不通，自夫差后始通。（4）《禹贡》作者不知泗水可通济水，则著成年代应在鲁哀公十三年以前。

5. 以五行、五岳及大九州等说证之《禹贡》成书不应迟至战国之世：（1）五岳之说于战国兴起后，论山岳必言及五岳，而《禹贡》未及之。（2）春秋以前言“岳”字，乃霍山之专名，《禹贡》言“太岳”“岳阳”皆合之。（3）以五岳言，《禹贡》用“岳”字，乃春秋时代之习惯，故其年代不得在战国后。

屈先生推论之依据，乃从《禹贡》导山、导水所历之疆域、水脉、五岳等有关地理之描述，考察不同地名、水名、地域概念之演变，推定其大致年代。据上五事，可见屈先生先推定《禹贡》著成的时代上限，不得早于春秋初叶，再推定其时代下限在战国之世。故《论〈禹贡〉著成的时代》以为“《禹贡》的著成时代，最早不能前于春秋中叶，也不会到战国时代。他大概是春秋晚年晋国人所编的一篇理想的‘体国经野’之书”①。

（四）思想演进

思想演进之脉络，亦有可资考定年代者，如《〈尚书·甘誓〉篇著成的时代》论“威侮五行”云：

> 五行之目，始见于《洪范》；以五行配方时，始见于《尧

① 屈万里：《论〈禹贡〉著成的时代》，《书佣论学集》，第160页。

> 典》。而《洪范》之著成，约当战国初叶；《尧典》之著成，约当战国中叶。《墨子·经下》有五行无常胜之说；《左传》以五行配星宿，因及分野，皆约当战国中叶。到了邹衍，才使阴阳和五行合流，而创立了终始五德之说。……依照邹衍的终始五德之说，则历代帝王都是应着五行之运而兴的。照此意义来说，威侮五行，就等于说着看不起应运的帝王。这问题才是严重的，才是值得“天用剿绝其命”的。因此，我觉得“威侮五行”一语，应该如此解释，在文字上才说得通，在罪过上才值得剿绝其命，而且能和下文的“怠弃三正”相配合。[①]

既以五行终始之说，起于战国中叶邹衍，屈先生乃进一步以为“《甘誓》这篇书的著成时代，最早也当在战国晚年”[②]。此时五行终始之说，渐趋流行，故《甘誓》言“威侮五行”，乃是指蔑视应运而生的帝王，则当在战国中叶之后。

又如《〈尚书·皋陶谟〉篇著成的时代》引述杨筠如《尚书核诂》观点，以为“五辰当即岁星等五星”“五辰之义，本为五星”，[③] 更进一步申说：

> 除了“抚于五辰”之外，还有“以出纳五言”的话语。孙星衍的《今古文尚书注疏》说：“五言者，五声之言。”即是以宫、商、角、徵、羽五声，配合信、义、仁、礼、智五常；所以五声之言，也就是五常之言。这些（五辰和五言）以及五采、五色等，显然地都是五行说盛行以后的产品。五行说的盛行不会早到春秋时代；可知《皋陶谟》之著成，也不会早到春秋之世。[④]

以五行配五声、五常、五采、五色等，当与五行说之流行有关。五行说既不在春秋以前流行，乃至未能形成一套思想系统，则《皋陶谟》之

① 屈万里：《书佣论学集》，第 112 页。
② 屈万里：《书佣论学集》，第 113 页。
③ 屈万里：《书佣论学集》，第 70 页。
④ 屈万里：《书佣论学集》，第 70—71 页。

著成，便得以春秋为其时间上限，而将其著成年代推至春秋以后。

（五）地理物产

20世纪以来，对于《禹贡》之著成时代，多有分歧，仅据屈先生《论〈禹贡〉著成的时代》一文所略述，便有五种十八家。屈先生首以“梁州贡铁镂证之《禹贡》成书不得早至西周之世”，乃以物产之角度，论铁器之使用，将《禹贡》之著成，推至西周以降。“铁”字说解，古来便无异说，故关键点乃在“镂”字解释。屈先生引《说文》“刚铁可以刻镂。《夏书》曰：‘梁州贡镂。’”，申云：

> 《伪孔传》同样地把镂解释为“刚铁”。所谓刚铁，似乎就是练成的钢。如果此一解释不误，那么梁州的贡品中既已有铁，而且还有钢。[①]

屈先生以为“这是一个很重要的问题”[②]，因为根据屈先生所引述罗振玉对于家藏三代之古铜刀“柄中空虚，中实以铁”之说法，以及日本学者梅原末治《中国出土的一群铜利器》据美国佛利尔美术馆所藏之刀刃富含铁质，而“认为西周初年已有一部分用铁铸制的东西”，皆将铁器之使用推至公元前一千年左右，甚而更早。屈先生怀疑二氏之说，其论云：

> 退一步来说，我们即使承认佛利尔美术馆所藏的含铁利器，是西周初年之物，又真的是有意加进去的铁质。但由铜铁混冶情形看来，那时对于冶铁技术还幼稚得很，铁的用途还少得很。而《禹贡》已说到贡铁、镂，可见那时铁的用途已经很广，冶铁技术已经很精（可以炼钢）。这绝不是西周时代所能有的现象。所以，从梁州贡铁镂一事来推断，《禹贡》的成书，决不可能早到

① 屈万里：《书佣论学集》，第118—119页。

② 屈万里：《书佣论学集》，第118—119页。

西周时代。[①]

《禹贡》言梁州贡铁、镂，镂乃冶铁技术之更精良者。西周以前，设使出土器物具有铁之成分，然就技术而言，与镂可谓相去千里。是以屈先生乃从冶铁技术由粗而精的演进过程，推论《禹贡》“梁州贡铁、镂”之技术，绝非西周以前所有。

（六）由袭用早期《尚书》篇章推其晚出

《尚书》中有不同篇章而其文辞、思想有相袭者，若其中一篇能确定其著成之时代，其余便有推论的基点。以屈先生《〈尚书·皋陶谟〉篇著成的时代》为例，《尧典》《皋陶谟》《禹贡》三篇，是古史时代的传述之作，但其著成年代，并不等于所述史事之年代。屈先生考定《禹贡》成于春秋末年至战国中叶之间，考定《尧典》著于孔子以后、孟子以前之战国初年，又辨《皋陶谟》沿袭《禹贡》、隐括《尧典》，故《皋陶谟》之著成时代不当早于战国初年。

何以推定必是《皋陶谟》沿袭《尧典》《禹贡》？这正是屈先生《〈尚书·皋陶谟〉篇著成的时代》的精要之处。以下一一为之析论。

由“九川”“五服”论《禹贡》先于《皋陶谟》。

1.“九川”之虚实

《禹贡》与《皋陶谟》俱有“九川”之目，以此“九川”为钤键，即可推何者为先、何者为后？屈先生云：

> 《皋陶谟》说：“予决九川，拒四海。”九川，解《尚书》的人都说是九州之川。九州之川而为之九川。单从字面上看，就知道是不可通的。这显然的就是《禹贡》“九川涤源”的九川。不过解释《禹贡》“九川”的人，也把它说成了九州之川；他们似乎都没注意到上文的导水。导水是把天下的水分为九系，……九川也者，就是这九个系统之水，这是很显然的。作《禹贡》的

① 屈万里：《书佣论学集》，第122页。

> 人，对于“九”特别地有兴趣：土地既分为九州，水也分为九系，山也分成九脉（叫作九山），则也只承认九个，田地厘为九等，赋税定为九级。九川、九山、九泽……这些“自我作古”的成语，在《禹贡》里，都是由于归纳前文而来：都是言之有物的。很显然，《禹贡》便是这些“典故”的老家。那么，《皋陶谟》的“九川”，是承袭的《禹贡》，而不是《禹贡》承袭《皋陶谟》，这是不争的事实。①

《禹贡》导山、导水之九山、九川，皆据彼时地理实况而区分，是以屈先生谓其“言之有物”，绝非蹈虚之语。而《皋陶谟》所述大禹自陈其“决九川”，乃一虚语，而无实指，虚出于实。故屈先生以为《皋陶谟》“九川”，当袭自《禹贡》“九川”之说。

2.“五服”之详略

“五服”之名，并见于两篇。然《皋陶谟》仅言“弼成五服，至于五千”，仅是有其名，而无其目，未若《禹贡》之详说。屈先生由此推之：

> （《皋陶谟》）这两句话如果不详细地给他作注脚，真叫人不知它那葫芦里装的什么药。《皋陶谟》既然顺口而出地用了“五服”“五千”之说，那必然的，在作《皋陶谟》的人认为“五服”“五千”等语，在当时是共知共喻的；也就是说，在《皋陶谟》还没产生之前，“五服”“五千”的说法，就先已流行了。这说法的“祖籍”是哪里呢？无疑地，还是出于《禹贡》。②

“五服”“五千”之制，其细目详具于《禹贡》，屈先生谓：

> 《禹贡》既把天下分为九州，同时又把它分为五服。……这甸、侯、绥、要、荒五个服，便是所谓五服。服是环王城之外，每面各五百里；也就是说，东西和南北两合计，各共为一千里。侯服是环甸服之外，每面各五百里。绥、要、荒三服，依此类

① 屈万里：《书佣论学集》，第72页。
② 屈万里：《书佣论学集》，第72页。

> 推。那么，五服合计，每面共为二千五百里；也就是东西和南北总计，都是五千里。所以，“五服”弼成，就“至于五千”了。[①]

“五服”具见于《禹贡》，而《皋陶谟》虚指之，“《皋陶谟》之袭《禹贡》，是绝无疑义的”[②]。

屈先生以为《皋陶谟》“在行文方面来说，它的丰神，和《尧典》宛然相似。在袭用字和辞方面来看，它和《尧典》，更是一个鼻孔出气”[③]。《〈尚书·皋陶谟〉篇著成的时代》分列“抄袭《尧典》文句”“隐括《尧典》的理论”“暗用《尧典》的故事”“袭用的字及辞和《尧典》一致”等四点讨论。[④] 以文句、字辞之袭用为例，如《尧典》有“汤汤洪水方割，荡荡怀山襄陵，浩浩滔天”之句，《皋陶谟》则有“洪水滔天，浩浩怀山襄陵”之句；《尧典》述舜代天子之事时，有“五载一巡守，群后四朝，敷奏以言，明试以功，车服以庸”之文，而《皋陶谟》述禹进言于帝而有“光天之下，至于海隅苍生，万邦黎献，共惟帝臣。惟帝时举，敷奏以言，明庶以功，车服以庸”之语，皆可见沿袭之迹。然屈先生亦自知“单就两个抄袭的例子而言”，“难以断定究竟是《皋陶谟》袭《尧典》，抑是《尧典》袭《皋陶谟》”，[⑤] 故先生又从理论与故事两层次进行推论。

在理论层次上，屈先生指出，《皋陶谟》“慎厥身修”“惇叙九族”“庶明励翼”等语，分别是修身、齐家、治国、平天下之理论层次，自然“很容易地就会想到《尧典》首段的几句话”，但屈先生也同时意识到“修、齐、治、平这一套儒家的道理，《尧典》可以用它，《皋陶谟》也可以用它”，《皋陶谟》自然未必是沿袭者。[⑥] 屈先生论云：

> 我们要知道，真正用修身、齐家、治国、平天下这些字样，

① 屈万里：《书佣论学集》，第 73 页。
② 屈万里：《书佣论学集》，第 73 页。
③ 屈万里：《书佣论学集》，第 73 页。
④ 屈万里：《书佣论学集》，第 73—78 页。
⑤ 屈万里：《书佣论学集》，第 74 页。
⑥ 屈万里：《书佣论学集》，第 74—75 页。

> 而又加上格物、致知、正心、诚意等物事，使这套理论整齐化的，是《大学》一书。而《大学》却又引用了《尧典》的“克明峻德”一句，这证明了《尧典》之著成在《大学》之前。《皋陶谟》没有用修身、齐家……等字样，而且也没有正心、诚意……等意味，可知他不会晚于《大学》。加以《皋陶谟》和《尧典》两篇中的文句和袭用语雷同的很多，知道它们俩必有密切的关系。然后再看谈修、齐、治、平这一套道理而用到“九族”之字样的，在《孟子》以前，似乎只有《尧典》和《皋陶谟》。如此说来，可知《尧典》和《皋陶谟》谈修、齐、治、平的话，必有一个是窃取者。照文理说，则显然是《皋陶谟》隐括《尧典》，而不会是《尧典》演绎《皋陶谟》。所以我认为《皋陶谟》“慎厥身修……”这些话，是隐括《尧典》。①

屈先生此段文字的逻辑层次井然有序，其所推论，已足定《尧典》先著成于《皋陶谟》之事实。

在故事层次上，则是围绕驩兜推荐共工的相关事迹，屈先生指出：

> 驩兜使尧舜不放心的事，在较早的传说中，似乎只有《尧典》所说推荐共工的这一案。由于“忧虑”他作奸犯科，于是就和共工同被放逐，窜逐三苗的窜，是迫使他们迁徙的意思。《尧典》这两个故事，就被《皋陶谟》给用上了。②

经由上述多种论证，屈先生认为：

> 《皋陶谟》之著成，既在《禹贡》和《尧典》之后，而《禹贡》之著成，不能早到春秋中叶；《尧典》之著成，则约当战国初年。那么，《皋陶谟》之著成，也就不得前于战国初年了。③

又根据《孟子》引用《皋陶谟》“禹闻善言则拜”之典故，更进一步

① 屈万里：《书佣论学集》，第75页。
② 屈万里：《书佣论学集》，第75—76页。
③ 屈万里：《书佣论学集》，第84页。

指出，《皋陶谟》之著成，也应在战国初叶，而稍后于《尧典》。[①]

四、论屈先生对疑古思潮的继承与修正

经史研究者的主要依据，乃传世的历史文献资料。以今文《尚书》而论，《周书》中属于当时文献者，有《大诰》《康诰》《酒诰》《梓材》《召诰》《洛诰》《多士》《无逸》《君奭》《多方》《立政》《顾命》《费誓》《吕刑》《文侯之命》《秦誓》等篇。虽然其中牵涉具体分歧，如《文侯之命》有晋文侯、晋文公两说，但此分歧却无关伪作。有的历史文献只是传述资料，其中多有后人附益的成分。[②] 以极端疑古的观点视之，这些传说材料既不属于真上古者，宜归为伪史料，不可引用。但屈先生的态度，则是要区分传说材料与后人附益者，何者是真，何者是后人所加，故云传述资料是不可尽信，并非尽不可信。

屈先生早年从事图书版本目录之学，故多能以“考镜源流”之态度，观察史料内容的演变过程。《从目录学的立场看中国古书的一些问题》云：

> 一部书，或者一部书中的某些篇章，如果不能把它们著成的时代辨别清楚，则可能产生两种后果：其一，是把史事（包括典章制度、思想史、文学史）的发生时代弄错了；其二，是把传说资料当作了原始资料。把史事的时代搞乱了，固然是严重的错误；而传说资料往往与史实不尽符合，自然不如原始资料之可贵。[③]

此谓考定历史文献著成时代的重要性，以及区分传说资料与原始资料

① 屈万里：《书佣论学集》，第 84 页。

② 屈万里：《传述史料中常见的几种现象》“结语”所言之第二种：“追述古事的人，往往以自己所见当时的制度或风气，无意中误加之于古代，致使古代史事中掺杂一些后代的色彩。”《屈万里先生文存》第 2 册，第 498 页。

③ 屈万里：《屈万里先生文存》第 3 册，第 940 页。

的必要性。

又《宋人疑经的风气》云：

> 研究学术，首当辨别材料之真伪，自不待言。经书是研究学术的重要资料，更应当考清楚它们产生的时代，只是古代的经生们，都把经书看作金科玉律，不敢怀疑它们，以致误认了许多史料，而造成很多不可信的古代史事。①

此以经书为例，也是为了区分传说资料与原始资料的可信度不一。

屈先生治经研史，受前辈、同侪影响者甚多。晚清以来诸大师，如梁启超言辨伪、王国维倡“二重证据法”、傅斯年言“史料”，乃至董作宾、李济、孔德成、王献唐诸先生，皆影响屈先生治经史当留心甲骨、金文。若以《尚书》学为论，其受王国维、傅斯年先生的影响最深。

王国维《古史新证》“总论”云：

> 研究中国古史为最纠纷之问题：上古之事，传说与史实混而不分。史实之中固不免有所缘饰，与传说无异；而传说之中，亦往往有史实为之素地，二者不易区别。此世界各国之所同也。②

“传说之中，亦往往有史实为之素地”，盖不以传说史事尽伪，因其中也有可信之成分。王国维《国学丛刊序》又云：

> 凡记述事物，而求其原因、定其理法者，谓之科学；求事物变迁之迹而明其因果者，谓之史学。……凡事物必求其真，而道理必求是，此科学之所有事也；而欲求事物之真与道理之是者，不可不知事物道理之所以存在之由与其变迁之故，此史学之所有事也。……然治科学者，必有待于史学上之材料；而治史学者，亦不可无科学上之知识。今之君子，非一切蔑古，即一切尚古。蔑古者出于科学上之见地，而不知有史学；尚古者出于史学上之

① 屈万里：《书佣论学集》，第243页。

② 王国维：《古史新证》，（新竹）台湾清华大学出版社1994年版，第1页。

见地，而不知有科学；即有调停之说者，亦未能知取舍之所以然。①

王国维此论，似为疑古者而发。其言科学之原因理法、史学之变迁因果，以屈先生考辨古史相证，与王国维之言多有相合。屈先生研究《尚书》，面对古史材料，本于科学精神以求真；面对传述材料，则以史学立场观其演化之迹。故屈先生撰《尚书释义》，首揭凡例云：

《尧典》等篇成书之时代虽迟，而吾国文化自古。由今日已发现之考古学材料验之，吾国文化之古，盖远出好古之士所想象者之外。著者固爱吾国文化，而尤爱真理；故凡晚出之书，皆推证其著成之约略时代，而不曲为隐讳。②

此即本于科学精神以求真。又《先秦文史资料考辨》云：

传述资料，只是不可尽信，并不是尽不可信。因为也有被大家公认为荒诞无稽的书，其中竟有真实的史料；王国维根据《山海经》和甲骨文钩稽出来王亥的故事，便是一例。……对于传述资料的运用，首先要持怀疑的态度。如果证实了那些资料于古有征（全部的或局部的），然后再用它当作证据；否则，就只能以疑传疑，不可据以下肯定的结论。这是我们对于传述资料应持的态度。③

此则以史学立场观传述材料之可信与否。屈先生因治《周易》《诗经》《尚书》等书，多以出土文献相参证。研究《周易》，则以传世文献为主，参以甲骨文、金文与考古资料，用以探求经文本义；④ 研究《诗

① 王国维：《国学丛刊序》，《观堂别集》卷4，《王国维遗书》第4册，上海古籍出版社1983年版，第7页。

② 屈万里：《尚书释义·凡例》，（台北）台湾中国文化大学出版社1980年版，第2页。

③ 屈万里：《先秦文史资料考辨》，第12页。

④ 参见屈万里：《推衍与附会——先秦两汉说易的风尚举例》，《屈万里先生文存》第1册，第104页。

经》字形、字义、语法，则资以甲骨文、金文而加以比较；[①] 研究《尚书》，更强调博取出土文献，以对《尚书》作客观正确之诂训。[②] 甚而别撰《先秦文史资料考辨》，以逾半篇幅，阐述“古物资料”之鉴别与运用，此皆素为学者所习知，其方法实即王国维所倡行的“二重证据法”。屈先生云：“自王氏以后，经过大家在史学考证方面努力的结果，对于中国传统的古史说，已经有了很大的修正和补充。”[③] 相类似的说法，在屈先生文章中，比比皆是。

傅斯年也是影响屈万里先生治学方向的重要人物。傅斯年与顾颉刚是早期北大同学，然自顾颉刚创“古史层累说”以来，史学界被此一股“古史辨”风潮所席卷。傅斯年早期曾与其声气相通，[④] 但往后史学思想的发展，却是异趣，渐渐转而针对“古史辨”思潮进行批判。王泛森曾指出：

> 傅斯年强调，伪造出一大批疑古者认定是伪造品的东西是不可能的。譬如，应将文体看作随时间演变的结果。那些相信某人创造了某种文体的人，实际忽视了这些文体的发展进程。地名也是自然而然形成，很难创造出来。因此，在先秦文献《禹贡》中出现了一些汉代的地名，也不能肯定说《禹贡》是汉代学者伪造的书。因为仅见于汉代书的地名不必即始于汉代，可能是从一个很早的年代流传下了的。[⑤]

傅斯年提出对“古史层累”的另一种思考——层累部分的可能真实性。且傅斯年强调见于后代之事物，未必皆始于后代。钱穆曾考证古史地

---

① 屈万里：《诗经诠释》，第23页。

② 屈万里：《尚书释义》，第31页。

③ 屈万里：《甲骨文的发现、传播及其对学术的贡献》，《屈万里先生文存》第2册，第431页。

④ 杜正胜指出：“对于顾的论旨，傅斯年必不陌生，甚至还有先见之明。因为他在北大时期就已经是一位疑古论者了。傅斯年其实是疑古的先锋部队，这点往往忽略。”《从疑古到重建——傅斯年的史学革命及其与胡适、顾颉刚的关系》，《中国文化》第12期，第226页。

⑤ 王泛森：《傅斯年：中国近代历史与政治中的个体生命》，生活·读书·新知三联书店2012年版，第130页。

理，谓“考古之事，往往愈后愈密，所得转胜于前人，然亦有不尽然者”“考史者往往有正史所缺而旁见于诸家，亦有前人失载而转详于后世者”，[①] 颇与傅斯年之意相合。屈先生考辨《尚书》著成之年代，强调后人传述材料未必尽不可信，也与傅斯年之意暗合。

屈先生亦曾与顾颉刚有所交流，据刘兆佑先生《屈万里先生年谱》便曾记载到屈先生与顾颉刚之交往，[②] 如：

> “民国三十年（一九四一）先生三十五岁”条所载，七月一日、十一月十三日、十一月十七日、十一月十九日、十一月二十日，皆述及屈先生与顾颉刚往来之事。[③]
>
> “民国三十五年（一九四六）先生四十岁”条所载，十月五日、十一月十八日，述及屈先生与顾颉刚餐宴。[④]
>
> “民国三十六年（一九四七）先生四十一岁”条所载，一月三日与顾颉刚共游、四月七日晤面、四月二十一日与四月二十三日获顾颉刚信函。[⑤]

据上诸条述资料，可知屈、顾在1940年代来往颇密切，是以屈先生了解顾颉刚等人的研究倾向，自在意料之中。屈先生既受傅斯年影响，又与顾颉刚有所交往，是以清楚地辨别出傅斯年之异于疑古者：

> 自从顾颉刚等竖起怀疑古史的旗帜，天下风起云涌；但他们只有破坏，没有建设。而历史语言研究所，则运用科学的可信的材料，从事于本国史的建设。[⑥]

《中国传统古史说之破坏和古代信史的重建》更进一步推阐：

---

① 钱穆：《秦三十六郡考》，《钱宾四先生全集》第36册，（台北）联经出版事业公司1995年版，《古史地理论丛》，第267页。

② 于此可见，屈先生在1948年赴台前数年，与顾颉刚交往频频。此数条资料应是刘兆佑先生自《顾颉刚日记》与屈先生遗物中辑出。

③ 刘兆佑：《屈万里先生年谱》，（台北）台湾学生书局2011年版，第29—30页。

④ 刘兆佑：《屈万里先生年谱》，（台北）台湾学生书局2011年版，第40—41页。

⑤ 刘兆佑：《屈万里先生年谱》，（台北）台湾学生书局2011年版，第42—43页。

⑥ 屈万里：《敬悼傅孟真先生》，《屈万里先生文存》第5册，第1842页。

> 欲证明史事的真伪，自然首先要追究史料的来源；要追究史料的来源，就不能不考察古书著成的年代和真伪。所以辨伪书的工作，乃是导致破坏传统古史说兴起的主因。因而考古学材料之大量发现，又渐渐地引导研究古史的人们，走上了重建古史之途。①

据此知屈先生对古史辨思潮的继承，乃在于史料的鉴别。至于对考古材料以及古史重建的重视，则近于王国维的路数。

屈万里先生在1967年回顾自己一生治经态度的演变。早年就读东鲁中学时期，信古颇甚。及入山东图书馆，因受王献唐先生影响，及研读欧阳修《易童子问》等，渐对伏羲画八卦与卦爻辞、《十翼》作者心生疑问。而后“才注意探讨学术资料的真伪，以及其产生的时代等问题”。其后又受傅斯年先生启示，“才确切地知道作研究工作必得靠真实的资料，才知道原始资料之胜于传述资料，才知道鉴别资料的重要性”。② 屈先生更总结一生治学，誓守“绝对服从真理”“绝不作意气之争”“绝不运用连自己都不相信的理由，来增强自己的论据”等三事，③ 一言以蔽之，“信”而已矣。此一思想，实可视为傅斯年治史精神之承续，此盖即傅斯年所谓“学术之用，始于疑而终于信，不疑无以见信”之义也。④

同属讨论《尧典》《皋陶谟》《禹贡》等篇，顾颉刚《致胡适论今文尚书著作时代书》，今文《尚书》依其时代性质，分为三组，其三为《尧典》《皋陶谟》《禹贡》三篇，并云：

> 这一组决是战国至秦汉间的伪作，与那时诸子学说有相连的关系。那时拟《书》的很多，这三篇是其中最好的；那些陋劣的（如《孟子》所引“舜浚井”一节）都失传了。⑤

① 屈万里：《书佣论学集》，第363页。

② 屈万里：《书佣论学集》，第2—3页。

③ 屈万里：《书佣论学集》，第23页。

④ 傅斯年：《清梁玉绳史记志疑》，《傅斯年全集》第4册，第370页。

⑤ 顾颉刚：《致胡适论今文尚书著作时代书》，《顾颉刚古史论文集》卷8，中华书局2011年版，第2页。

并言可“从事实上辨它们的伪”①。顾颉刚又撰成《〈尧典〉著作时代考》,② 认定《尧典》成于汉武帝时。屈先生与之不同，其论《尧典》:

> 今人有谓本篇当成于秦统一之后，甚至有谓成于汉武帝时者，说皆未的。……盖本篇乃战国时人，就所闻尧舜之事迹笔之于书者。述古之作，自不免带有著者时代之色彩；……。如谓中国曰夏，谓“金作赎刑”等，皆以后代之观念记述古事，康有为、梁启超已言之矣。此类述古之作，所言史事，虽未可尽信，然究非伪书。今人有以本篇为伪书者，实谬悠之说也。③

以文理推之，此篇似对顾颉刚等人之说而发。又如论《禹贡》之九州与禹之事迹，屈先生撰写《论〈禹贡〉著成的时代》，已参用前人研究春秋齐灵公时所铸“齐侯钟”及相关材料。至于顾颉刚考辨古史的问题，路新生指出，“顾先生过分强调史料的当下性，致使他对带有传说性的古史作出了否定性的结论”④。他说：

> 对于“秦公簋”“齐侯镈钟”这样的器，顾先生应该能够看得到，王国维的《古史新证》顾先生也应知晓,⑤ 但顾对此都未予利用，却作出了对传说的古史和人物的否定性判断，这就使得顾先生的结论下得过于轻率偏激。⑥

据此，王国维《古史新证》已取“秦公簋”“齐侯镈钟”参照《商颂》，证知“春秋之世，东西二大国无不信禹为古之帝王”。而顾颉刚《与钱玄同先生论古史书》因假定“禹或是九鼎上铸的一种动物”，而推

---

① 顾颉刚：《顾颉刚古史论文集》卷 8，第 2 页。

② 顾颉刚：《〈尧典〉著作时代考》,《顾颉刚古史论文集》卷 8，第 63—151 页。

③ 屈万里：《尚书集释》，第 6 页。

④ 路新生：《中国近三百年疑古思潮史纲》，复旦大学出版社 2014 年版，第 404 页。

⑤ 顾颉刚确知《古史新证》之存在，甚而列为教材，1927 年，顾氏于中山大学所编《中国上古史讲义》列参考资料，有“戊种（豫备建立上古史新系统之研究文字）”，第七本即为王国维《古史新证》。参见《顾颉刚古史论文集》卷 3，第 7 页。甚而连“齐侯镈钟”，亦在其“乙种”材料中（第 2 页）。

⑥ 路新生：《中国近三百年疑古思潮史纲》，第 405 页。

论“禹是南方民族中的神话人物”，其所列九大理由，或从传世文献而得，或从地方传说而知，竟无一以出土文献为参证。①

要之，传述史料本于代代之传闻，与时附益，并非不具有稽考古史之功能与价值。若研究者能在繁杂的传述史料中，将“不可尽信”之材料一一剔除，还其面目，仍有其特定之史料价值。是以屈先生又云：

> 基于上述情形，可知（一）传述史料，不可轻信。（二）从事研究工作引用传述史料时，最好能多找相关的资料，加以比较研讨，然后决定其资料可信的程度。如无比较资料而又必须引用时，最好以疑问的态度出之。②

以此与傅斯年之语相证：“一书一篇之真伪，未可一概言之，一词之可取与否，未可鲁莽断之，将证之而后用，或存疑而莫明。”③ 两文脉络何其相似！传述史料不可尽信，非尽不可信，故须“比较研讨”，以决定史料之可信程度；若得出土文献以为参验，则可用以证史。《屈万里先生文存》中所收《殷周篇》《〈史记·殷本纪〉及其他记录中所载殷商时代的史事》《西周史事概述》，即可视作此种思路的实践。

五、结语

当代台湾《尚书》学的发展，屈先生居功厥伟。其门生后学，继承

---

① 顾颉刚：《讨论古史答刘胡二先生》，《顾颉刚古史论文集》卷1，第228—236页。

② 屈万里：《传述史料中常见的几种现象》，《屈万里先生文存》第2册，第499页。

③ 傅斯年：《殷历谱序》，《傅斯年全集》第3册，（台北）联经出版事业公司1980年版，第220页。

屈先生之研究成果与方法者，如程元敏①、朱廷献②、周凤五③、黄沛荣④诸先生，皆在学界发挥一定的影响力，从而将屈先生的学术精神持续传承。本文以屈先生《尚书》研究为重心，归纳屈先生考定《尚书》诸篇著成年代之成果、方法，并进而探讨屈先生对疑古思潮的继承与修正。

屈先生对《尚书》诸篇著成年代的考定，重点在“后人的述古之作”上。篇章有《尧典》《皋陶谟》《禹贡》《甘誓》《汤誓》《盘庚》《高宗肜日》《西伯戡黎》《微子》《牧誓》《洪范》《金縢》等十二篇，当中《皋陶谟》《禹贡》《甘誓》三篇，更有专文考定其著成年代。其余篇章，或见于《尚书释义》《尚书集释》，或见于《先秦文史资料考辨》《古籍导读》，或散见于《屈万里先生文存》《书佣论学集》之中。

就其考定《尚书》诸篇著成之年代，及对经史研究的影响而论，屈先生因考定年代，从学术思想、制度发展与字义演变等方面，提供考辨的脉络。透过此脉络，学者得以借此观察中国学术思想由简而繁、由浅而深的演变迹象。这也是屈先生与古史辨等疑古学者的不同之处。疑古学者以信史材料为断，凡后人附益者，皆不可信，其书皆伪书；而屈先生则以演

① 程元敏先生论“今本《尚书》二十九篇之著成时代”，继承屈先生之研究成果与治学方法，厘定诸篇之著成年代，以为治学考史之需，参见程元敏：《尚书学史》，（台北）五南图书出版股份有限公司2008年版，第131—140页。

② 朱廷献亦本屈先生重视甲骨、金文以证经史之研究法以治《尚书》，如其在《尚书研究自序》中所言：“余从先师习《尚书》已二十余载，先生于己未冬病笃时，谓余曰：‘近年大陆出土卜辞彝器甚多，以此批注或纠正诸经，最为有用。’余遂以‘利簋’铭文，以证《牧誓》甲子克殷之经过。”《尚书研究》，（台北）台湾商务印书馆1987年版，第2页。至于《尚书研究》所收关于真伪问题、著成年代、汉魏石经、地下资料与诸篇考释之文章，或师取屈先生治学路数，或沿用研究成果，触处皆是，兹不具举。

③ 周凤五先生《伪古文尚书问题重探》论“今本古文尚书与伪孔传的成立”，考定“今本古文尚书大致出现于元嘉二十八年以后、孝建三年以前，首尾五年之间”，亦纯用屈先生考定年代与研治目录之法。参见周凤五：《伪古文尚书问题重探》，（台北）台湾大学中国文学研究所硕士学位论文，屈万里指导，1974年，第133—142页。

④ 黄沛荣先生《周书研究》特重考定《周书》主体之时代：或就外在之文章特色及内在之内容思想，推证主体各篇之时代；或就《左传》《韩非子》《吕氏春秋》《战国策》称引《周书》推证《周书》在先秦时已传布；或就主体以外各篇之著成，加以探讨，而归类为“时代较早”“战国”“重见他书”等三部分，并予以评述；或探讨各篇之源流，从文体、文法、思想体系、观念、名物、制度、时代背景等方面考定其著成时代。参见黄沛荣：《周书研究》，（台北）台湾大学中国文学研究所博士学位论文，屈万里指导，1976年。

变之立场认为，传述史料“只是不可尽信，并不是尽不可信”，因不可尽信，故须辅以考古资料、民俗学、考古学之研究成果与其他文献，多方钩稽参验，区分其信史部分与后人附益部分。此实承自王国维、傅斯年等之治学方法。

屈先生《尚书》学之研究成果，标志着台湾《尚书》学发展史的一段高峰，在台湾经学界影响甚深。虽然屈先生考定的若干结论，或可再行商讨，但屈先生的研究方法、学术精神，仍有不可取代的学术史意义。

附：本文2016年6月刊登于《台大中文学报》第53期。

推想的限度：论黄彰健先生的“周公受命义”及其相关问题

洪博升*

一、前言

《尚书》一经，其中“周诰”部分，被认为是西周初年的公文档案，是研究西周史事最重要的文献。而在周代历史中，周公无疑是最重要的人物，其地位，诚如钱穆云：“中国古史所传述之圣人，如尧舜禹汤文武，其人其事，传说之色彩常胜于纪实。若论人物个性在中国历史上之明显表现，而具有真实重大之影响者，则应自周公始。”① 周公对周朝之历史、文化、制度之影响，固不待言，然而在政治上，周公最为人所熟知之事，莫过于摄政及是否称王一事。此问题，从汉代迄近代，争辩不休，相关研究更是汗牛充栋。换言之，周公摄政是否称王一事，乃成为研究西周史、经学史、《尚书》学史上无可回避的问题。吕庙军就 1978—2008 年之间的周公研究，归纳出：一、“周公曾经摄政称王”；二、“周公只摄政未称王”；三、“周公未摄政未称王”；四、“周公篡国”四种意见。② 而在台湾，1945—2000 年的历史学研究，对于周公是否称王，正反各有支持

---

* 洪博升，中山大学南方学院文学与传媒系讲师。

① 钱穆：《周公与中国文化》，《中国学术思想史论丛（一）》，九州出版社 2011 年版，第 141 页。

② 吕庙军：《周公研究》，人民出版社 2012 年版，第 17 页。

者;[①] 甚至在各大学之课堂上，教授《尚书》者，亦有不同之意见。[②] 今日看来，此不仅是历史问题，更是学术史的议题。此议题，就近代台湾经学史上，争论最频繁的莫过于屈万里先生与徐复观先生的相互答难。[③] 然而在屈、徐二先生之后，对周公摄政称王问题有专门研究者，尚有黄彰健先生。

黄彰健先生（1919—2009年），湖南省浏阳市人，1982年获选第14届台湾“中研院”院士。主要研究明清政治史与法制史、中国上古史。其出版专书有：《明实录校勘记》《戊戌变法史研究》《康有为戊戌真奏议》《经学理学文存》《明清史研究丛稿》《明代律例汇编》《经今古文学问题新论》《中国远古史研究》《周公孔子研究》《武王伐纣年新考并论〈殷历谱〉的修订》。其中，有关经学著作，最要者为《经学理学文存》《经今古文学问题新论》《周公孔子研究》三书，而黄氏对周公称王之说，主要收录于《经学理学文存》中。虽然学界主要将黄氏定位为明清史、近代史的学者，但黄氏对上古史、经学史上之问题多有研究与创见，至少在周公称王的问题上，多有着墨，不应轻易忽视。

二、黄氏论周公受命称王问题

黄氏的周公研究，最主要有四篇文章：《释周公受命义》[④]《释周公受命义续记》[⑤]《召诰解——三论周公受命问题》[⑥]，此三篇文章收录于其论

---

① 林天人编著：《战后台湾的历史学研究：1945—2000（第2册：先秦史）》，（台北）台湾大学出版中心2004年版，第186—189页。

② 笔者在求学期间，曾修习三位学者所授之《尚书》课程，其中一位学者支持周公称王；两位不支持。

③ 徐复观：《与陈梦家、屈万里两先生商讨周公旦曾否践阼称王的问题》《有关周公践阼称王问题的申复》，载徐复观：《中国思想史论集续编》，九州出版社2013年版。屈万里：《西周史事概述》《关于所谓周公旦“践阼称王”问题敬复徐复观先生》，载《屈万里先生文存》第2册，（台北）联经出版事业公司1985年版。

④ 载于《大陆杂志》第46卷第5期。

⑤ 载于《东方杂志复刊》第7卷第11期、《大陆杂志》第48卷第3期。

⑥ 载于黄彰健：《经学理学文存》，（台北）台湾商务印书馆1976年版，第45—73页。

文集《经学理学文存》；第四篇为《四论周公受命摄政称王问题》[①]。此外，其又著《论汉代古文尚书经说谓周公摄政称王，并论此一经说始于刘歆》，收录于《经今古文学问题新论》。[②] 前四篇文章之宗旨，据黄氏自言“讨论周公受命摄政称王问题，连本文在内，我一共写了四篇文章”，并说明四篇文章之宗旨：

> 第一篇系《释周公受命义》，系据《金縢》篇：“惟永终是图”，会通《大诰》《洛诰》《君奭》诸篇为说。用《书经》经文以证周公受命摄政称王，以驳斥《书序》《尚书大传》及《史记》所记。
>
> 第二篇系《释周公受命义续记》，系用以与屈万里先生商榷。屈先生写《关于所谓周公旦“践阼称王”问题敬复徐复观先生》一文时，已看见拙著《释周公受命义》，但屈文不提《金縢》篇，亦不提我对《金縢》篇“惟永终是图”的解释。屈文系据《书经》《召诰》篇立说。屈文认为：《洛诰》系记周公反政成王事，而《召诰》《多士》之作在《洛诰》之前；《召诰》已称周公为公，成王为王，此可证周公在摄政时称公，不称王。而拙文《释周公受命义续记》则指出：《召诰》说“王乃初服”，在《召诰》时，周公已归政。需合观《召诰》《洛诰》，始可见周公归政始末。拙文并据铜器司土簋、师簋等铭文指出：在西周时，摄行天子政务之人亦称王，未在“王”上加一“摄”字。
>
> 第三篇系《召诰解》，系用以答复程元敏君所撰《周公旦未曾称王考》。程君亦据《召诰》为说，但不惜曲解《召诰》“王乃初服”文义。程君此文洋洋数万言，亦不提《金縢》篇，亦不提我对《金縢》篇“惟永终是图”的解释。《金縢》篇系后世史官追记，其可信程度虽不能与《大诰》相比，但其所记：周公

① 载于《大陆杂志》第54卷第3期，第114—118页。

② 黄彰健：《经今古文学问题新论》，台湾“中研院”历史语言研究所1982年版，第9—18页。

> “新命于三王，惟永终是图”，与《大诰》“敉文武图功”、《康诰》“惟时叙”、《洛诰》“惟周公诞保文武受命”相合，应确有所本。对《书经》与周公有关诸篇的解释，与《金縢》篇相合，总比与它抵触要好。讨论周公受命摄政称王问题，恐不应抹杀拙文此一重要论据。屈先生写文章答复徐复观先生，尚知据原始材料立说，而程君此文则不分别原料次料，所相信数据有互相抵触而不知，故我在《召诰解》中，将《书经》《诗经》、铜器铭文及佚篇《书序》所记周公史事，汇集排列；对《康诰》“天乃大命文王”那段话加以考释；并解说后世各种经说、史说、传说之错误之所由起。
>
> 第四篇文章即本文（升按：《四论周公受命摄政称王问题》），系用以答复叶君（升按：叶达雄）所著《西周文武成康时代的文治与武功》。……叶氏此文亦将《书经》经文与《书序》《尚书大传》《史记》等书，一视同仁，未分别原料次料，对《万姓统谱》这一类的书竟也加以征引。①

从黄氏之自述，可知其论述最重要者为《释周公受命义》，此文乃以《金縢》为依据，建构出周公“受命称王”之论，并结合周诰他篇经文进行论证。而第二篇《释周公受命义续记》，特别指出是与屈万里先生商榷，并提出《召诰》时周公已归政之观点。第三篇《召诰解》，则是特别针对程元敏先生《周公旦未曾称王考》一文，认为程先生不仅曲解《召诰》“王乃初服”文义，在数据信息上面更互有抵触，批评语气不可谓不重。而《四论周公受命摄政称王问题》，则是此系列论文的最后一篇，主要是批评叶达雄《西周文武成康时代的文治与武功》一文，② 认为叶文同程元敏先生一样，在资料上未分别原始材料与次要材料。

以上所引，知黄氏所论特别针对屈万里与程元敏两先生而发，尤其对“周公受命”之论非常自信，故其言及屈、程二先生不用自己论点时，语

① 黄彰健：《四论周公受命摄政称王问题》，第117页。

② 叶文载于《台湾大学历史学系学报》第3期。

气似稍有不满。[①] 无论如何，今要全面了解黄氏的周公研究，非得探析其《释周公受命义》一篇不可。据黄氏之说，其主要根据为《金縢》：“公曰：……予小子新命于三王，惟永终是图。兹攸俟，能念予一人。”[②] 黄氏释此段话：

> “惟永终是图”，三王新近命周公图谋完成周武王抚有四方的使命，完成周文王、周武王所受的天命（此处释终字），使宗庙神灵永有依归（此处释永字）。[③]

黄氏之意，乃解“终”为“完成”，并引申出“完成周文王、周武王所受的天命”；解“永”为“使宗庙神灵永有依归”。从黄氏的解释可知，为作是解，而将“永终”之文序倒置为“终永”，乃以此文意为导向，认为“完成周文王、周武王所受的天命”（终），才能“使宗庙神灵永有依归”（永）。但何谓“完成周文王、周武王所受的天命”？对此，黄氏云：

> 《大诰》说“天休于文王，兴我小邦周，克绥受兹命”，是文王作王，系奉天命。
>
> 《金縢》说“命于帝庭，敷佑四方”，是武王作王，亦奉天命。周公则系受命于三王，三王死后，三王之神灵虽在上帝左右，但周公毕竟非直接受命于上帝，故其爵位始终为公，特以“永终是图”，当时环境有此需要，故又命其自称“予一人”。周公系以公爵的身份而担任摄政王。其摄行天子政务，毕竟系遵奉三王的命令。没有三王的命令是不行的。[④]

综合上述文字，知黄氏认为文王、武王所受天命，即受天命为周王之意，此说古今少有异辞。因此，黄氏将周公“受命”这件事，解释成周

① 黄彰健先生之个性，可参见唐宝民:《古典瞬间：黄彰健的个性》，香港《文汇报》2016年11月15日；以及茅海建:《我所知道的黄彰健先生》，《南方周末》2010年5月20日。对黄氏的人格、处事有十分生动的描述。

② （唐）孔颖达等:《尚书正义》卷13，上海古籍出版社2016年版，第196页。

③ 黄彰健:《释周公受命义》，《经学理学文存》，第2页。

④ 黄彰健:《释周公受命义》，《经学理学文存》，第11页。

公受三王之命“图永终”——摄政称王。如此一来，黄氏利用对《金縢》文字的解释，将周公与摄政称王之事联结，此为黄氏论点的基本架构。其余所论，皆沿着此论或补充，或展开，或评议旧说，目的皆为佐证周公摄政称王。如黄氏云周公“受命摄行天子政务，并自称‘予一人’。‘予一人’系古天子自称，故《大诰》《康诰》《酒诰》‘王若曰’的王字系周公摄行王政时自称”[①]。将《大诰》《康诰》《酒诰》中的“王”皆释为周公。又以《尚书》经文参照，谓《大诰》“敉宁武图功”“予不敢不亟卒宁王图事”“不敢不成宁考图功”“予曷其不于前宁人图功攸终”，认为“此处正有‘终’字‘图’字，可与《金縢》篇互证”。又云《洛诰》“惟周公诞保文武受命惟七年”，即《金縢》“无坠宝命”“永终是图”之意。又谓《君奭》“公曰：我受命无疆惟休，亦大惟艰”，此处“我受命”，正可与《金縢》“予小子新命于三王”相参证。[②]（后文有详论）

今夷考黄氏之论，其实并非新说。如其引《洛诰》说云云，清代庄述祖即云：“‘永终是图’谓占书龟所告之谋也。……周公言‘归俟尔命’及见书所示之谋，知三王所以命周公者，日艰大日益，若诞保文武受命七年之事，亦见占书。”[③] 是庄氏已将《洛诰》“诞保文武受命”与《金縢》“予小子新命于三王”相合。不惟庄氏，宋翔凤亦云：“《金縢》一篇分三节。……至‘王翼日乃瘳’为一节，明周公践阼摄政，乃新命于三王。……‘永终是图’谓当终文武之事，公则曰‘三王之命’也。”[④] 宋氏即将“永终是图”解释成三王命周公“终文武之事”，此“终”其实也是“尽”“完成”之意。可见，黄氏的说法其实不完全是新见。问题是，此种说法是否合理？要解释这一疑问，必须考虑：一、文句的解释是否合经义。二、史实的真实情形为何。就周公摄政而言，从古迄今，无论赞同

① 黄彰健：《释周公受命义续记》，《经学理学文存》，第 31 页。

② 以上黄氏引《大诰》《洛诰》《君奭》以证《金縢》之说，见黄彰健：《释周公受命义》，《经学理学文存》，第 4 页。

③ （清）庄述祖：《尚书今古文考证》卷 3，《续修四库全书》本，第 434 页。

④ （清）宋翔凤撰，梁运华点校：《过庭录·尚书谱》卷 6，中华书局 2006 年版，第 116—118 页。

“称或不称”王，诸家皆各执一词，只相信自己的证据，此从屈万里、徐复观二先生之相互答难即可知。[①] 不仅屈、徐二先生如此，后来论者多同此。综观所有学者，其提出的证据无外“纸上文献”与“地下材料”，而纸上文献几乎决定了大半“称或不称”王之论点，地下材料只是佐证而已。回到黄氏之说，其最主要的依据，仍是《金縢》“永终是图”一句的解释。此句文意，古今学者说法不一，除了上引庄、宋二家之说，另如元代朱祖义《尚书句解》云：“已许武王不死，可为国家永远终久是谋。”又如近人屈万里云：“言三王能谋其久远，意谓不使武王即死。”[②] 刘起釪则云：“我小子新受三王的命令，也可以永久替国家谋画。”[③] 李民、王健云：“我小子刚才从太王、王季、文王那里接受的命令，就是图谋国家的长久。”[④] 诸家说解，在于到底是谁“谋永终”以及“永终”的内容为何。就此而言，黄氏讨论此问题具有学术史的意义，可以厘清周初史实，可以深化周公研究、《尚书》研究。然而黄氏所采用的观念与方法，是否合乎逻辑与事实，则是本文要讨论的重点。

三、黄氏纠驳“永终是图”旧说及其立说问题

黄氏引了诸多旧说，并进行商讨：（一）《史记·鲁世家》：“王其无害。旦新受命三王，维长终是图。兹道能念予一人。”（二）伪孔《传》：“周公言，我小子新受三王之命，武王惟长终，是谋周之道。言武王愈，此所以待，能念我天子事，成周道。”（三）宋时澜《增修东莱书说》：

---

① 徐复观批评屈万里：“屈先生治学最大的特点是‘择观念而固执’。择定一个观念，固执起来；合于自己观念的资料使用，不合于自己观念的多弃置不用。资料的运用与弃置，都没有批判性的解释。”见《与陈梦家、屈万里两先生商讨周公旦曾否践阼称王的问题》，《中国思想史论集续编》，第118页。而屈万里回应徐氏：“徐先生这段话，却毫无可疑地是‘夫子自道’……徐先生这种‘择观念而固执’的勇气，真堪惊人。”见《关于所谓周公旦“践阼称王”问题敬复徐复观先生》，《屈万里先生文存》第2册，第623—624页。

② 屈万里：《尚书集释》，（台北）联经出版事业公司2003年版，第130页。

③ 顾颉刚、刘起釪：《尚书校释译论》第3册，中华书局2005年版，第1246页。

④ 李民、王健：《尚书译注》，上海古籍出版社2012年版，第240页。

“再行永其（武王）年，以图终其业。”（四）元朱祖义《尚书句解》：“已许武王不死，可为国家永远终久是谋。”（五）杨筠如《尚书核诂》：“永，长也。终与永同。永终即上文‘永有依归’。”（六）屈万里《尚书释义》：“永终，即永久也。言三王能谋其久远，意谓不使武王即死。……此谓三王必能眷顾己之诚心而允其所请也。”[①] 对以上六说，黄氏分别批评云：

> 我不知道太史公对《金縢》这几句话究竟作何解释。（一）伪孔《传》释“能念予一人”为能念周武王。“武王惟长终”，究竟应怎么讲，我不懂。（二）要武王长寿，以终其业。而武王事实上未能完成抚有四方的大业。如谓此系三王的命令，这等于说三王的神灵不灵。（三）《书经》原文说“予小子新命于三王，惟永终是图”，并未说命武王“永终是图”。《说文》：“命，使也，从口令。”命武王永终是图，恐不能释为三王给周公的命令，只有解释为三王令周公惟永终是图，才与命字的意思相符。（四）杨氏谓“永终是图”系承《金縢》上文“先王永有依归”说，为拙说所本。但杨氏事实上只解释了永终的永字，而终字实承上文“无坠天之降宝命”说。（五）屈先生释永终为永久，未注意永字系承《金縢》上文“永有依归”说，“终”字系承上文“无坠宝命”说，故对“永终”二字永是永个什么、终是终个什么，仍含糊过去。而且屈先生释《金縢》“永终是图”为“三王能谋其久远”，三王能谋其久远，此与释“永终是图”为“武王永终是图”一样，恐均不能解释为三王给周公的命令。只有解释为三王令周公“永终是图”，这才与“新命于三王”的“命”字的意义相符。[②]

从黄氏对古今学人的批评，可知黄氏解“永终是图”之意：一、黄

① 以上诸说，见黄彰健：《释周公受命义》，《经学理学文存》，第7—10页。
② 以上诸说，见黄彰健：《释周公受命义》，《经学理学文存》，第7—10页。

氏直言不明《史记·鲁世家》、伪孔《传》之解释。二、否定时澜、朱祖义将“永终是图”释为武王长寿之说。三、否定命武王“永终是图”是三王给的命令，如朱祖义、屈万里，而是三王令周公“永终是图”。四、接受杨筠如对“永终”为“先王永有依归”的解释，又稍微修正了杨氏的说法。此四说，《史记》与伪孔《传》均将“永终”训为“长终”，但太史公并未明言“永终”之主语为何人，或为何种内容；而伪孔《传》则是将“长终”系诸武王，使武王能长终，意即使武王生命能延长之意。尔后时澜、朱祖义、屈万里之说，其实皆是扩大伪孔之说，将是句释为“令武王命延，谋求周朝长久之大业”。惟杨筠如将“永终”释为“先王永有依归”，黄氏认为此应为“永”字之意，而非释“终”字。换言之，黄氏否定了前人将“永终”连读的看法，其实无论是永久、永年等，皆是将“永终”释为“长”义，黄氏则分开解释，将“永”释为“使宗庙神灵永有依归”，“终”释为“图谋完成文王、武王所受的天命”。黄氏如此解释，乃因《说文》“命，使也”，意谓“是三王的使命”，即“予小子（周公）接受三王之使命”，进而将此使命之内涵解释成“图谋完成文王、武王所受的天命，使宗庙神灵永有依归”——即摄政称王。此种解释与前人大相径庭。兹合时澜、朱祖义、屈万里之说，将“予小子新命于三王，惟永终是图”翻译成白话文，与黄氏之说合观如下：

> （时澜、朱祖义、屈万里等）“予小子（周公旦）亲受三王之命，（武王命延）以谋求周朝长久之计。”
>
> （黄彰健）“予小子（周公旦）亲受三王之命，图谋完成文王、武王所受的天命，使宗庙神灵永有依归。”

黄氏之释，有两个基本论点：一、上引黄氏云：“要武王长寿，以终其业。而武王事实上未能完成抚有四方的大业。如谓此系三王的命令，这等于说三王的神灵不灵。”二、黄氏认为“予一人”是古天子自称，其引《礼记·玉藻》“凡自称，天子曰予一人”，以及《盘庚》《汤誓》、甲骨文、铜器铭文等以证之。或谓秦穆公及鲁哀公已自称“予一人”,[①] 黄氏驳云“此均系平王东迁、王纲解纽以后事。如据此而说西周初年诸侯已可自称予一人，故周公在《金縢》篇中自称‘予一人’，此即忽略时代变迁，称谓可以改变。”[②] 按：第一点之说，过于执拗。《金縢》经文“能念予一人”下，紧接着说“王翼日乃瘳”，虽然不久之后武王辞世，然而这等于“三王的神灵不灵”吗？好比今时民间有家人生病，希望家人痊愈而祷告、吃斋，结果一时好转，然生命有限，终归一死，难道因此可质疑神明之灵验乎？“王翼日乃瘳”，即示武王病情确实好转，知黄氏此论实有可商。而第二点，黄氏以纸上文献与地下材料互证“予一人”是天子自称，是也；然而说秦穆公及鲁哀公自称“予一人”是“平王东迁、王纲解纽以后事”，不可以说西周初年史事，否则为“忽略时代变迁”。黄氏此论实忽略了成书年代与所述时代相对应的问题，傅斯年论《金縢》文体全与周诰不类，绝非西周时作品。[③] 程元敏先生更另从语词、文法、制度等论证《金縢》乃春秋中叶人撰作,[④] 谓“《金縢》乃春秋时人述古之作，作者以春秋时诸侯得称‘予一人’，误以周公尝有是自称也”[⑤]。古籍常见后人用后世语词述古事，如《尧典》一篇处处可见后人以当时语词、制度述古之迹。黄氏自言“《金縢》篇系后世史官追记”，亦承认《金縢》一篇并非实录，既是追记，则予一人不必是天子自称，不得谓之“忽略时代变迁”。否则，《尚书》中《虞夏》《商书》之文辞多见后代词语，则难以解释。

其次，诠释经书文辞，不仅当斟酌字辞，更应观照前后辞气、文意是否流畅，如吴闿生云：“《诗》《书》文虽崇奥，要亦古哲所精心结撰之

① 秦穆公称予一人，见《尚书·秦誓》：“邦之杌陧，曰由一人；邦之荣怀，亦尚一人之庆。”鲁哀公称予一人，见《左传·哀公十六年》：“俾屏余一人以在位。”

② 黄彰健：《释周公受命义》,《经学理学文存》，第3—4页。

③ 傅斯年：《中国古代文学史讲义》,《傅斯年全集》第1册，（台北）联经出版事业公司1980年版，第80页。

④ 程元敏：《尚书周书牧誓洪范金縢吕刑篇义证》,（台北）台北万卷楼图书股份有限公司2011年版，第135—141页。

⑤ 程元敏：《尚书周书牧誓洪范金縢吕刑篇义证》，第186页。

文，故必以文家之义法求之，而后意绪乃能大明，而精神旨趣因以毕见。千古注疏训诂所以罕得其真谛者，皆由于文法之不讲故也。”[①] 观黄氏对“永终是图”一句的解释，实未顾及《金縢》文意之脉络。兹将《金縢》文句分段观之：

既克商二年，王有疾，弗豫。

公乃自以为功，为三坛同墠。为坛于南方，北面周公立焉；植璧秉珪，乃告太王、王季、文王。

史乃册祝曰：“惟尔元孙某，遘厉虐疾；若尔三王，是有丕子之责于天，以旦代某之身。……乃命于帝庭，敷佑四方，用能定尔子孙于下地；四方之民，罔不祇畏。呜呼！

无坠天之降宝命，我先王亦永有依归。今我即命于元龟，尔之许我，我其以璧与珪，归俟尔命，尔不许我，我乃屏璧与珪。”

乃卜三龟，一习吉。启籥见书，乃并是吉。公曰：“体，王其罔害；予小子新命于三王，惟永终是图。兹攸俟，能念予一人。”

公归，乃纳册于金縢之匮中。王翼日乃瘳。

分段后，在“永终是图”前，其叙事内容如下：(1) 武王有疾。(2) 周公告三王。(3) 史官承周公命作祝词。(4) 卜龟、启籥皆吉。至此，占卜内容显示武王将痊愈。(5) 周公曰“予小子新命于三王”，因周公亲自向三王祷告，故言“受命于三王”。(6) “惟永终是图”者，乃应前“无坠天之降宝命”。此时占卜皆吉，故能“图永终”“无坠天之降宝命”者，显是武王，此亦应前周公祝祷文“乃命于帝庭，敷佑四方，用能定尔子孙于下地”，命于帝庭者，谓武王受命为天子。既然武王将愈，非武王孰能图永终乎？若周公知王将愈，又言自己受命称王，岂非篡位乎？是知黄氏此解，于理无据也。又黄氏此解，则“永”“终”必为倒文，非解经之法。今观程元敏先生《尚书周书牧誓洪范金縢吕刑篇义证》一书，言

① 吴闿生：《尚书大义·例言》，(台北) 台湾中华书局1986年版，第1页。

“或者释‘终’为‘完成’（动词），谓三王新近命周公完成周文王、武王所受的天命，又牵引周诰文字曲说，强而不可通”[①]。此“或者”，程先生虽无明言何人，殆暗指黄氏也。[②]

以此言之，黄氏谓《大诰》“敉宁武图功”“予不敢不亟卒宁王图事”“不敢不成宁考图功”“予曷其不于前宁人图功攸终”，认为“此处正有‘终’字‘图’字”，可与《金縢》篇互证。又谓《洛诰》：“惟周公诞保文武受命惟七年”，即《金縢》“无坠宝命”“永终是图”之意。又《君奭》“公曰：我受命无疆惟休，亦大惟艰”，黄氏谓此“我受命”，可与《金縢》“予小子新命于三王”相参证。如斯之论，恐有可商。案“图永终”者既非周公，则与《大诰》不得“互证”，且黄氏时忽略语境，单取一二相同之字彼此附会，不免稍嫌草率。又《洛诰》云“惟周公诞保文武受命”，言“周公保护文王武王接受的天命”，即指摄政之事，《尚书大传》云：“周公摄政，一年救乱，二年克殷，三年践奄，四年建侯卫，五年营成周，六年制作礼乐，七年致政成王。”是也。《君奭》之“我受命”，黄氏认为前人讲作“我周受命”“我文王武王受命”是“增字解经”。[③] 然而，观《君奭》“殷既坠厥命，我有周既受”“天不庸释于文王受命”“惟时受有殷命哉”，皆言“受命”者是“文王”，是“周”，无一称周公。且“我受命无疆惟休”，文与《召诰》“惟王受命，无疆惟休”相同，若他篇“受命”者皆非周公，单此“我受命”是周公自称，也非文理所在。今案对面者是召公，岂有对召公言已受命称王之理？再观下文“其汝克敬以予监于殷丧大否，肆念我天威”，此“我”，即“我周”之意，非周公也。同例又如《召诰》“今我初服”，“我”即上“王乃初服”

---

① 程元敏：《尚书周书牧誓洪范金縢吕刑篇义证》，第183页。

② 笔者完稿后询问某教授，此教授为程元敏先生弟子，证实当年史语所屈万里先生与黄彰健先生对周公称不称王颇有争议，屈先生命程元敏先生撰写《周公旦未尝称王考》，尔后黄先生又对程先生之文更作辩驳。本文疑程先生《尚书周书牧誓洪范金縢吕刑篇义证》所批评之“或者”，指黄彰健先生。此或有助于今人理解屈万里、黄彰健、程元敏三位先生的周公研究及其背景。谨附于此，若有误解，则由本人承担。

③ 黄彰健：《释周公受命义》，《经学理学文存》，第11页。

之“王”。因此，此句实不能看作“增字解经”①，而应视为前句“我有周既受”之省。

四、黄氏立说的方法论问题

吕庙军《周公研究》一书归纳前贤研究周公称王问题时曾言：“在关于周公称王问题的研究中，我们还可以看到很多学者除了在传世文献的、考古材料的证据之外，还充分发挥了个人逻辑推理、思想义理发明的方法，这实际上是一种‘推想’的方法。”② 毫无疑问，研究问题有时需要“推想”，然而“推想”的限度为何？如何找寻证据使“推想”更稳固？则是学术研究的重点所在。黄氏以为周公称王，既有文献证据，也有逻辑推想。推想的有效性决定其立论的可信度。

（一）“口气”与“会通”

观黄氏论周公称王之法，先据《金縢》设定“周公受命”称王，以此为立论前提，再据书本文献与出土文献，寻找适合自己论点的证据。因为先设定周公受命称王，所以黄氏特重周公的“口气”与《尚书》周诰诸篇的“会通”。就周公的“口气”，黄氏云：

> 《大诰》说：“敷贲，敷前人受命。”屈先生译此句为“我奔走着（勤勉地）施行先人所接受的时代使命”。健按，《大诰》所谓“前人受命”，指《金縢》篇所记，帝命武王“敷佑（抚有）四方”。《大诰》所谓“敷前人受命”，亦即《金縢》篇“无坠天之降宝命”“永终是图”之意。这正是周公从三王处接

① “增字解经”，据洪国梁归纳王引之《经义述闻》之意，其义有四：（一）将注释语用代入法代入文本中，以检核释语与被释语的对应及与文义的离合。（二）检核释语是否合乎引申规律。（三）检核释语是否合乎语境。（四）检核释语是否合乎情理。见洪国梁：《王引之〈经义述闻〉“增字解经”说述论》，《诗经、训诂与史学》，（台北）台湾出版社 2015 年版，第 435 页。

② 吕庙军：《周公研究》，第 89 页。

受的命令。周公以《大诰》告臣下时，成王未亲政，成王其实并未“奔走着勤勉地施行”先人所接受的天命，故由《金縢》篇及《大诰》本文看来，《大诰》诰文也只能说是周公的口气。①

由此可知，由于黄氏解《金縢》“永终是图”，先设定周公受命称王，故认为“《大诰》诰文也只能说是周公的口气”。然而，黄氏论“周公以《大诰》告臣下时，成王未亲政”，故无法“受天命”，其实是以“亲政”等于“受命”。盖彼时成王年幼，仍继祖、父所受天命为王，有何不可？其次，周公“口气”与“称王”不必一事，即使《大诰》为周公代拟，是周公口气，亦不必认为周公称王。黄氏又云：

由《召诰》末尾看来，“拜手稽首曰：予小臣，敢以王之雠民、百君子、越友民，保受王威命明德”。率领王之臣民，以保护顺受王之威命明德，这也是周公的口气。②

黄氏认为：“此拜手稽首献币与王之人应系周公。如果说是召公献币与王，那就与《召诰》上文‘锡（献）周公’相抵触了。”③ 按：就文理而言，《召诰》开头“太保乃以庶邦冢君出取币，乃复入锡周公。曰：拜手稽首，旅王若公……”，是“旅王若公”之前的“拜手稽首”；而文末之“拜手稽首”，乃是“以王之雠民、百君子、越友民”，两“拜手稽首”之意不同。④ 其次，为何“率领王之臣民，以保护顺受王之威命明德”，不是召公口气，而是周公口气？所谓周公“口气”的标准何在？由此二例，知黄氏所谓周公“口气”者，非铁证也。

除了以周公“口气”为证外，黄氏不止一次提及“会通”周诰诸篇的重要性：

对今存《尚书·金縢》《大诰》《君奭》《洛诰》等篇，我们

① 黄彰健：《释周公受命义续记》，《经学理学文存》，第32页。

② 黄彰健：《召诰解》，《经学理学文存》，第47页。

③ 黄彰健：《召诰解》，《经学理学文存》，第47页。

④ 程元敏先生已引吴澄《书纂言》言之，见程元敏：《尚书周诰十三篇义证》，（台北）台湾万卷楼图书股份有限公司2017年版，第515页。

不可孤立地予以解释，我们应会通为说。[①]

> 《金縢》篇系后世史官追记，其可信程度自然不能与《大诰》相比。但《金縢》篇所记周公祝文，及周公所说，“予小子新命于三王，惟永终是图”，则应确有所本。我已利用《金縢》篇将《今文尚书》与周公有关诸篇，融贯解释，并将周公受命的心意说出。[②]

黄氏据《金縢》会通《大诰》等篇，其例已见上节讨论。黄氏会通法的胜处，在于将周诰诸篇进行排比，建构起西周初年的历史。然而，黄氏此法，却是以非西周初年史料的《金縢》作为立论基础，而以西周初年史料的《大诰》《召诰》等篇作为辅证，其史料的选用，颇有买椟还珠之嫌。[③] 昔傅斯年强调“直接材料”[④]，陈寅恪亦言历史语言的研究“第一步工作在搜求材料，而第一等之原料为最要”[⑤]，皆强调第一手材料的重要。黄氏虽用《大诰》《召诰》等，此是第一等材料，但立论却以第二等材料《金縢》为前提。且史料的解释与选择，又多采用有利于己之说，如《多士》《多方》之次序，或认为《多方》应列于《多士》之前，如刘起釪说：“自宋儒迄清儒多指出《多方》言‘王来自奄’，《多士》言‘昔朕来自奄’，《多方》在《多士》前甚明，是合于历史先后顺序的”[⑥]，“《多方》篇是成王在位之三年……所作的一篇诰辞”[⑦]。屈万里亦指出

① 黄彰健：《释周公受命义》，《经学理学文存》，第12页。

② 黄彰健：《召诰解》，《经学理学文存》，第68页。

③ 按：黄氏于1997年出版之《周公孔子研究》自序云：“《尚书·大诰序》说：‘周公相成王，将黜殷，作《大诰》’，我们需了解，《书序》只是战国时人的经说，我们仍应分辨原料次料，应根据《书经·康诰》经文：‘王若曰：孟侯，朕其弟，小子封’，此王呼小子封为弟，故知此王为周公，而后融会《金縢》《大诰》《酒诰》‘王若曰’之王为周公，而非周成王。”黄氏在此之说是以《康诰》为立论基础，“会通”《周书》各篇，于之前所采之逻辑方法不同。然而《康诰》之“王”若如宋人言是“武王”，则黄氏之立论皆无法成立。

④ 傅斯年：《历史语言研究所工作之旨趣》，《傅斯年全集》第4册，第1301页。

⑤ 转引自王泛森：《什么可以成为历史证据》，《近代中国的史家与史学》，复旦大学出版社2010年版，第116页。

⑥ 顾颉刚、刘起釪：《尚书校释译论》第3册，第1511页。

⑦ 顾颉刚、刘起釪：《尚书校释译论》第4册，第1609页。

《多方》作于成王三年五月，《多士》作于成王七年三月。然而黄氏为了证明周公下令的称谓变化，谓“王若曰”是周公称王下令之用语（《大诰》《康诰》《酒诰》），而“周公若曰”（《君奭》）或“周公曰：王若曰”（《多方》）是周公还政成王后之用语，[①] 遂采杨筠如之说，谓：“《多方》篇作于周公归政后，成王五年五月”。[②] 其实，若承认“王若曰”之“王”不是周公，则《多方》一篇作于周公归政之前，言“周公曰：王若曰”实无不可。又如《召诰》一篇，无论定为成王五年（如刘起釪），或成王七年（如杨筠如、屈万里）所作，皆在周公返政前，然黄氏却言：“《召诰》应撰写于周公归政以后，故用《召诰》只能证明周公在归政以后称公，不能用以证明周公在摄政时一定称公。”[③] 其目的，无非为了说明《召诰》是周公还政之后对成王说的诰辞，并批评程元敏先生说：

> 程元敏君为了要证明周公在摄政时称公，遂说：成王其时尚未居洛邑，此“宅新邑”系“将居洛邑”，故据此而释“今我初服”为“成王将亲政”。程君忽略了“旅王若公”之时，其时成王已住在新邑（洛邑），而周公召之（升按：此“之”应为衍文）公营洛均系受成王之命，而这些事均在成王在丰邑祭告文王庙之后。对《召诰》经文，我们应根据其上下文，仔细玩味，不可曲解经文争胜。[④]

黄氏直指程元敏先生“曲解经文”。今观《召诰》记营洛经过甚详，召公先至洛邑，而后周公、成王后至，但黄氏指出程先生言“成王其时尚未居洛邑”是错的，而言“其时成王已住在新邑（洛邑）”。今检程先生之说：“‘知今我初服，（今）宅新邑。’时尚未居新邑，而云然者，

---

① 黄彰健：《释周公受命义》，《经学理学文存》，第22页。

② 黄彰健：《释周公受命义续记》，《经学理学文存》，第38页。

③ 黄彰健：《释周公受命义续记》，《经学理学文存》，第31页。

④ 黄彰健：《召诰解》，《经学理学文存》，第54—55页。

‘今’，谓‘即将’。”[①] 程先生之意，是成王亲政之后将居洛邑，因为此时洛邑尚未完成。“王乃初服”“今我初服，宅新邑”之“乃”“今”有“即”之意，[②] 意即成王还未亲政，所谓“宅新邑”当联结“今我初服”串讲。又据《洛诰》可知，成王希望周公留洛邑，而成王则回镐京。程先生云：“史官记营洛经过，召公告成王之语，周公与成王问答，及成王在洛命周公留洛等事，作《召诰》《洛诰》。”[③] 知程先生并未忽略彼时成王已至洛邑，是黄氏曲解了程先生之意。由《洛诰》末句“在十有二月，惟周公诞保文武受命，惟七年”，知七年十二月周公还政成王，下一年成王亲政。若《召诰》时成王已亲政，为何不于《召诰》中言“惟周公诞保文武受命”以明周公还政，而以“王乃初服”“今我初服”轻轻带过？且若如黄氏之说周公已居洛邑，则《洛诰》中周公与成王相互讨论，成王命周公留守洛邑，其义断不可解。然而，深信会通“周诰”诸篇的黄氏却说：“我对《书经·金縢》篇周公受命，‘惟永终是图’的解释，由《书经》本文看来，是绝对正确的。由‘周公受命，永终是图’这一观点出发，来解释《大诰》《康诰》《君奭》《召诰》《洛诰》诸篇，均左右逢源。”[④] 黄氏虽自言“左右逢源”，然而却易流于一种自圆其说式的“推想”，在材料的解读、方法的合理性上，均值得检讨。

（二）分别材料之方法与诠释问题

前文引黄氏批评程元敏先生“不分别原料次料，所相信数据有互相抵触而不知”，又批评叶达雄先生“未分别原料次料”。观叶氏言成王“毅然决然的命令周公为统率，率军攻打武庚，自己另率一军征伐管蔡”，[⑤]

---

① 程元敏：《周公旦未尝称王考（上）》，《尚书周诰十三篇义证》，第 150 页。

② 说见徐仁甫：《广释词》卷 5、卷 6，中华书局 2014 年版，第 149、237 页。又程元敏《周公旦未尝称王考（上）》亦从《尚书》本经证明“今”有“即将”之意。

③ 程元敏：《周公旦未尝称王考（上）》，《尚书周诰十三篇义证》，第 147—148 页。

④ 黄彰健：《四论周公受命摄政称王问题》，《大陆杂志》第 54 卷第 3 期，第 118 页。

⑤ 叶达雄：《西周文武成康时代的文治与武功》，《台湾大学历史学系学报》第 3 期，第 33 页。

黄氏引《金縢》《书序》批评叶氏“断章取义”[1]，颇是；然而，黄氏并未明言程先生何处资料相抵触。今观黄氏云：

> 《洛诰》说：“汝受命笃弼”，恐不能据此以证成王于武王崩后，在周公摄政第一年时已即王位。《春秋经》：“隐公元年春王正月。”《左传》说：“不书即位，摄也。”《公羊传》亦说：“凡隐之立，为桓公立也。”鲁隐公在摄位时即称公，而鲁桓公之即位，则在隐公遇弑以后。[2]

《洛诰》说“汝（周公）受先王遗命坚定不移辅佐（成王）”句，无以证明成王于武王崩后即称王。黄氏以《春秋》隐公为例，谓隐公摄位称公，与周公摄政称王一样，进而云：“周公之立，是为成王而立。(与鲁隐公之为桓公立一样)。”[3] 黄氏此论，显然是针对程元敏先生《周公旦未尝称王考》一文而发，观程先生引郑玄《发墨守》云：“（鲁）隐（公）为摄位，周公为摄政；虽俱相幼君，摄政与摄位异也。”意谓区别摄政与摄位甚严，不可取隐公与周公相提并论。然黄氏云：

> 郑玄注经，糅杂今古文经师所说，有时毫无定见。如注《大诰》“王若曰”说：“王，周公也。周公居摄，命大事则权称王。”此亦与他（郑玄）对《大诰》《康诰》“王若曰”的注解抵触。如周公系摄政，而非摄位，摄政与摄位如有异，则他就不应称王。[4]

按：黄氏称郑玄对周公称王之说“毫无定见”，其实尚可商榷。观《左传》明言“公摄位”“不书即位，摄也”，显然隐公未曾“即位”，此

① 黄彰健：《四论周公受命摄政称王问题》，《大陆杂志》第54卷第3期，第114页。
② 黄彰健：《召诰解》，《经学理学文存》，第55页。
③ 黄彰健：《召诰解》，《经学理学文存》，第55页。
④ 黄彰健：《召诰解》，《经学理学文存》，第65页。

从隐公未有即位之礼可知。[①] 郑玄之意，是鲁隐公只是“摄位”，而未真的“即位”；而周公是“摄政”，故而“称王”。鲁隐公“摄位”，若能够比附周公“摄政”，则此必须承认周公并未“践阼”，如此则与黄氏“周公受命践阼称王”的论点不合。[②] 可见，黄氏在对材料的判别上，未对隐公事迹深入了解，是不明材料的本质，对于郑玄的批评实未达一间。程元敏先生于《周公旦未尝称王考》一文指出王莽首先污蔑周公称王，谓王莽改《史记》文，窜入“常称王命”，而郑玄此注则甘为王莽作伪证。[③] 黄氏对此，并无辩驳，因此针对程元敏先生“不分别原料次料，所相信数据有互相抵触而不知”的批评，也未见中肯。

又程先生引《逸周书·成开解》：“成王元年，大开告用。周公曰：余夙夜之勤，今商孽竞时逋播以辅”，并云：“此篇记将伐武庚，当周公摄政之初，分称‘周公’‘成王’，明成王已即位为王。”[④] 黄氏对此批评云：

> 此“成王元年”，宋本作成王九年。其作成王元年，系清儒依孔晁注校改。此“成王元年”如指周公摄政元年，则《逸周书》所记与《金縢》《大诰》《康诰》《酒诰》抵触。如谓此“成王元年”指周公归政后次年，则所谓“商孽”，应指商奄，亦不能指武庚。[⑤]

按：黄氏所谓“作成王元年，系清儒依孔晁注校改”者，乃卢文弨所改。卢文弨云：“篇中云‘今商孽竞时逋播’，则在未东征之前，旧作‘九年’，非也。”[⑥] 知卢氏改为“元年”之根据，是因为“今商孽竞时逋

① 此点，杨朝明指出：“终隐公之世，他始终不行即位之礼，而且父改葬不临；母没不赴；卫侯来会葬时不见；己母死只称‘君氏卒’，不用夫人之礼，而桓公母仲子死则用夫人之礼。”隐公如此，可见是摄立而不以国君自居。见氏著：《周公事迹研究》，中州古籍出版社2002年版，第62页。

② 黄氏于《释周公受命义》云：“周公受命践阼摄政”，可见认为周公践阼摄政称王。

③ 程元敏：《周公旦未尝称王考（上）》，《尚书周诰十三篇义证》，第134—135页。

④ 程元敏：《周公旦未尝称王考（上）》，《尚书周诰十三篇义证》，第138页。

⑤ 黄彰健：《召诰解》，《经学理学文存》，第66页。

⑥ 黄怀信等：《逸周书汇校集注》卷5，上海古籍出版社2007年版，第496页。

播”一句，与《大诰》“于伐殷逋播臣”相合，而《大诰》是周公摄政元年“救乱”之作。黄氏此言作“元年”则《逸周书》与“《金縢》《大诰》《康诰》《酒诰》抵触”者，乃因认定《大诰》《康诰》《酒诰》之“王若曰”之“王”为周公，如果《逸周书》此处真的是作“元年”，则黄氏“周公称王”之说就无法成立，故不惜以“抵触”来否定作“元年”之可能。其实，不能一味相信宋本早已是版本学之常识，[①] 若作“成王九年”，则“今商孽竞时逋播”之“今”实难以解释，不如“元年”之通达，是知黄氏欲借版本以难程先生，未必通也。

黄氏不仅非难今人对于材料去取不当，对清人判别材料方面亦有批评。观“王若曰”一词，黄氏对于清人判断今古文说的看法有所评论：

> 卫宏、贾逵、马融均治《古文尚书》。卫宏、贾逵释《酒诰》“成王若曰”的成字为“成就人之道”，其用意即在不释为周成王，以便将这一王字讲为周公。……他们想将《酒诰》的“王曰”改为“周公曰”，即可能沿袭王莽，而前引王莽所上奏及《莽诰》即可能出自刘歆等人手笔。将《大诰》《康诰》《酒诰》《梓材》的“王若曰”“王曰”的王字讲为周公，这应该是汉代古文学派对《尚书》的注解的一个共同点。而孙星衍《尚书今古文注疏》、陈乔枞《今文尚书经说考》、王先谦《尚书孔传参正》竟将王莽的见解认为系汉代今文经说。他们未将两汉经师对《尚书》“王若曰”的解说，哪些是今文经说，哪些是古文经说，分别清楚。[②]

检卫宏、贾逵释《酒诰》“成王若曰”云“戒成康叔以慎酒，成就人之道也，故曰成”[③]，并未说“周公戒成康叔”，不知黄氏所谓卫、贾意在“将这一王字讲为周公”的推测何来？若因成王是晚辈，不应直称其叔

① 如陆贻典即云：“古今书籍，宋板不必尽是，时板不必尽非。”见王欣夫述，徐鹏整理：《文献学讲义 · 宋版有不可尽信》，上海古籍出版社2016年版，第183页。

② 黄彰健：《释周公受命义》，《经学理学文存》，第16页。

③ （唐）孔颖达等：《尚书正义》卷14，第205页。

名，然程元敏先生早已指出古人不以称名为嫌。[①] 又孔颖达《正义》曰：“马、郑、王本以文涉三家而有‘成’字，郑玄云‘成王所言，成道之王’，三家云‘王年长骨节成立’。”[②] 合上卫、贾之说，不论今古文经师对“成”字的说解对错与否，显见今文、古文本《尚书》皆作“成王若曰”，郑玄也说《酒诰》此王为成王，足见黄氏之说乃一己之见，难以成立。又黄氏《论汉代古文尚书经说谓周公摄政称王，并论此一经说始于刘歆》一文，更直云郑说是古文经说：

> 郑玄释《大诰》“王若曰”之王为周公。《汉书·王莽传》说周公成周道，故知郑玄释《酒诰》“成王若曰”之王为“成道之王”，此王亦指周公，与欧阳、大小夏侯三家之释此“王”为“周成王”不同。三家之说系今文经说，故知郑玄此说为古文经说。[③]

黄氏无视郑玄对《酒诰》“王若曰”的解释是云“成王所言”，而径说“此王亦指周公”，此是臆测之辞。既然卫、贾、郑对《酒诰》“王若曰”的解释非指“周公”，则黄氏谓古文家说“王”为“周公”，并无明证。其次，黄氏谓孙星衍、陈乔枞、王先谦将郑玄、王莽之说归为今文说，非，应是古文说。黄氏认为今文三家解《酒诰》“王若曰”是“成王”，与郑玄“王，周公也”（《大诰》郑《注》）相违，是郑玄之说为古文家说；而郑说又与《莽诰》相合，故《莽诰》亦当为古文说。然夷考其实，一者郑玄对《酒诰》《大诰》“王若曰”的解释前后不同，难以判断何者为今文说，何者或古文说。二者孙、陈、王之所以将《莽诰》视为今文说，因《莽诰》成于西汉末，实为西汉之本，正如江声云：“王莽虽篡汉之贼，其所儗者，乃西汉时之《尚书》伏、孔二家之旧文也。”[④]

---

① 如成王呼周公曰“公”、周公呼召公曰“奭”、召公称周公为“旦”，见程元敏：《周公旦未尝称王考（下）》，《尚书周诰十三篇义证》，第186页。

② （唐）孔颖达等：《尚书正义》卷14，第206页。

③ 黄彰健：《论汉代古文尚书经说谓周公摄政称王，并论此一经说始于刘歆》，《经今古文学问题新论》，第10页。

④ （清）江声：《尚书集注音疏》卷6，《清经解》本，凤凰出版社2005年版，第3065页。

西汉为今文学流行时代，故以为《莽诰》之说为今文。不惟如此，诸家殆见《莽诰》“惟居摄二年十月甲子，摄皇帝若曰”与《尚书大传》“周公身居位，听天下为政”相近，故以为“居摄”与“居位”同（如王先谦、皮锡瑞）；又以《尚书大传》明言“周公摄政”，遂认为《莽诰》是今文说。其实，检视相关文献，除郑玄外，皆未有古文说明言“周公称王”者，郑玄亦有可能是沿《莽诰》立说（黄氏亦承认）。[1] 既然郑玄对“王若曰”的说法不一致，又其他古文经师如贾、卫皆谓《酒诰》之王是成王，实不必固执郑说一定是古文说。而《莽诰》之说，无论出于何人手笔，亦不必为汉古文家说，极有可能是王莽为篡汉而借周公立说。由以上分析，黄氏不仅不顾汉代今文家释“王若曰”为成王，亦不顾卫、贾等古文家也释《酒诰》“王若曰”为成王。黄氏仅据郑玄释“王若曰”为周公，进而将《莽诰》之说归为汉古文经说，可见黄氏对材料的判别与诠释有待商榷。

五、结语

古史茫昧，尤其《尚书》一经公认特别难解。昔陈寅恪曾言上古史研究易流于“画人画鬼，见仁见智”，[2] 虽然今日地下材料、出土文献逐渐增多，为后代研究提供丰富的材料，然而在许多问题的解释上还是相当困难。综合上文所论，可知黄彰健先生对周公研究最重要之立论点，是《金縢》“永终是图”的解释，将此句解释成周公受三王之命，摄政称王。此种基于文本进而“推想”的方法，并非不可行，但黄氏之说在文理上多有扞格难通之处，且因执着于《金縢》的诠释，对于会通其他篇如《大诰》《君奭》《召诰》等，其说难以征信。其次，黄氏对于古人、今人在材料的使用上，多有批评，如批评清人对今古文分判之错误、程元敏先

---

① 黄氏云：“（郑玄）对《大诰》‘王若曰’的解释则依从王莽。”见黄彰健：《释周公受命义》，《经学理学文存》，第16页。

② 王锺翰：《陈寅恪先生杂忆》，《纪念陈寅恪教授国际学术讨论会文集》，中山大学出版社1989年版，第52页。

生对于材料互相抵触等问题。然而，仔细考察黄氏批评所用的方法与诠释，亦有未达，知“推想”在诠释历史上之限度，应当还是建立在完整的证据上。

周公称王问题与否，从古迄今不断有学者讨论，可见是上古史、经学史的重大问题。本文评论黄彰健先生的周公研究，并非是为了批评而批评，而是有感于前辈立说，不仅努力爬梳材料，更为后来者提供周公称王问题的思考与诠释。在观念与方法上，不但有值得后人重新思考之处，而且可以作为学术研究的新方向。笔者敬佩黄氏为建构周公受命称王所做出的努力，然秉持着学术研究乃天下之公器、真理愈辩愈明之认识，透过黄氏诸文之讨论，不仅希望后人对周公称不称王的问题有更深认识，而且希望启迪后人注重学术研究的方法与论证。

潘重规先生的《诗经》学

林叶连*

一、前言

潘重规先生，字石禅，安徽婺源人，本名潘崇奎，为黄季刚先生于南京“中央大学”时期的学生。后由季刚先生携往会见章太炎先生，于是章先生给他取新名重规，期望他有如唐朝史官《北齐书》作者李百药一样出色，因李百药字重规。毕业后，潘重规先生与季刚先生大女念容结婚。曾任湖北高中教师、南京“中央大学”中文系助教。抗战军兴，流离入蜀，改任东北大学副教授①，四川大学教授、系主任。抗战胜利后，任教上海暨南大学、安庆安徽大学。随国民党迁居台湾，任教于台湾师范学院（即今台湾师范大学）。也曾赴新加坡，任教南洋大学。其后前往香港，担任香港中文大学新亚书院教授、文学院院长，1973 年秋，任巴黎第七大学客座教授。次年返台，任台湾中国文化大学中文研究所教授、所长，文学院院长，及台湾东吴大学研究教授。

潘重规先生曾荣获法国法兰西学术院汉学茹莲奖，被法国科学院敦煌学研究会聘为名誉会员。1992 年由敦煌研究院院长段文杰先生颁赠该院荣誉院士。2000 年，又获敦煌文物保护研究贡献奖。先生学术之宏伟，精深博大，为举世所景仰。

潘先生平日授课，主要有：敦煌学、《诗经》学、《文心雕龙》《红楼

---

* 林叶连，台湾云林科技大学汉学所教授。

① 抗战期间，东北大学内迁到四川省三台县办学。抗战胜利后，东北大学迁回沈阳。

梦》《论语》《孟子》等，皆有独到的见解。本篇所论，为其《诗经》学方面的主张和成就。

二、继承黄季刚先生的路线

就读南京“中央大学”，潘重规先生的《诗经》学是由黄季刚先生所传授。从《黄侃日记》中，可知季刚先生讲授《诗经》是依据传统的解释，反对某些清儒废《诗序》的主张。例如1927年11月9日季刚先生任教于东北大学，《黄侃日记》写道：“讲《诗大序》。”[①] 11月14日写道：“讲《毛诗》，以牟廷相[②]《诗切》中诸妄说录示学生，俾知今日新学小生率肊说经之不足为奇，衹足为戒。”（《黄侃日记》，第275页，下同）

1928年正月，季刚先生离开东北大学，赴南京，就“中央大学”之聘。潘重规先生此时即为中文系学生[③]。季刚先生除了以传统《毛诗注疏》作为授课内容之外，私下还勤于校勘工作，《日记》的记载如下：

> 1928年4月28日，“以考证校《毛诗音义》上讫。”（第298页）
>
> 1928年4月29日，“校《毛诗音义》至下晡。”（第299页）
>
> 1928年4月30日，“以校勘记与《释文》对看，讫《节南山》之什。”（第300页）
>
> 1928年5月1日，“以校勘记与卢本《毛诗音义》对看，讫。复以朱笔作志于所摘传笺字左，俾不与经相溷。”（第302页）
>
> 1928年5月2日，“竟日以《诗经》传笺宋巾箱本与《毛诗音义》对看，分标经、传、笺。至夜半始讫。”（第303页）

---

① 黄侃：《黄侃日记》，江苏教育出版社2001年版，第274页。

② 牟庭，原名牟廷相。

③ 1928年5月10日《黄侃日记》：“校中送试卷来，潘崇奎甚可成就。”（第309页）。按：潘重规先生本名潘崇奎，后来由章太炎先生改名重规。

1928年5月16日，“八时余，容自沪还，带来江西本阮刻十三经（价四十八元）。”（第315页）

季刚先生在大学讲授《诗大序》，潘重规先生迁台后，主持台湾中国文化大学中文系所期间，全校《大学中文选》一定会选录《诗大序》，认为是千古难得的大文章。在“中研所”讲授《诗经》，也是以维护和发扬传统为己任，对于宋朝朱子废《诗序》的主张予以批判和否认。

1932年6月11日，《黄侃日记》写道：“竟日读《宋书·谢灵运传》，最有趣。”（第800页）这当中实在大有玄机。潘重规先生来台讲授《诗大序》时，必将《宋书·谢灵运传》文末的“论曰”作为研究特殊章法的对象，比照《诗大序》而加以论述，潘先生说：

“关雎，后妃之德也”，只这一句谈到《关雎篇》的本身，其下“风之始也，所以风天下而正夫妇也，……”绕一个大圈，到末尾才又拉回《关雎篇》的本身：“是以《关雎》乐得淑女以配君子，忧在进贤，不淫其色，哀窈窕，思贤才，而无伤善之心焉，是《关雎》之义也。”从一篇小诗而漫谈到整部《诗经》的问题；这种情形，和《宋书·谢灵运传》类似。它虽然是谢灵运的传，“论”的部分，应该是批评谢灵运本身，但作者并不如此，而是大论其他内容；真正谈到谢灵运本身的，只有“爰逮宋氏，颜谢腾声，灵运之兴会标举”“潘、陆、谢、颜，去之弥远”，寥寥几字而已。因为《宋书》没有文苑传，而谢灵运“文章之美，江左莫逮”（本传），所以沈约在此总论文学，发表自己在文学方面的新发现，所谓“自骚人以来，此秘未睹”，他对此一发现十分自负。①

此足以澄清近人对于《诗大序》“离题拼凑、漫无章法”等恶评，还《诗大序》一个应有的公道。沈约《宋书·谢灵运传》的“论曰”内容自

① 潘重规先生于1988年讲授，引自拙著《中国历代诗经学》，（台北）台湾学生书局1993年版，第281页。

有其缘由和道理，《诗大序》亦何尝不如此？

2006年，台湾师大六十周年校庆，校方开辟的“大师谈师大”节目中，陈新雄教授因为自己在台湾师大五十年，所以在台师大教育大楼201演讲厅发表一场名为《台湾师大50年——我从事国学研究之缘起经过与成效》的专题演讲。陈教授为追念师恩，特追忆台湾师大名师二十三人，撰七言绝句九十二首。兹录其中写潘重规先生四首之二如下：

先生硕学自宏才，学继章黄大道恢。说字谈经如指掌，春风座上笑颜开。

《论语》当年亲受业，可怜一载即分携。归来讲学华冈上，诗传文心花满蹊。①

诗中所记，是指潘重规教授在台湾师大曾教导学生陈新雄，一年后即转往香港执教。后来陈新雄教授担任台湾中国文化大学中文系主任，潘先生从香港返台，执教于华冈（台湾中国文化大学），陈主任总算能重温学生时的美梦，屡屡坐在台下和中文系学生一起聆听潘先生授课；所领受的，正是章黄国学，特感欣幸。

三、维护与发扬正宗传统

自从1919年五四运动以来，疑古风气极盛，某些学者主张应毁弃中国传统文化，甚至全盘西化。处在逆流之中，当时的传统国学研究者无不倍感艰辛。潘重规先生主张读经，尤其是《四书》和《诗经》，前者是他任教于台湾师大时，在礼堂上对外讲授的课目，后者是他在“中研所”必开的课程。他说：

研究国学，其途径应取建设而不尚破坏。以国人治国学，尤应寄以爱护之深情。其精者昌明之，阙者辨别之，不得以抨击古

① 2014年11月12日，全球读经教育交流网（http://bbs.gsr.org.tw/cgi-bin/leobbs.cgi）发布。

人为能事也。盖冲车巨舰，所以卫国土；学术文化，所以延国脉，故治国学者实负国防之最高责任。近人每谓中国古籍多为伪作，大施破坏，甚者直欲拉杂摧烧之然后快，此实国学当前之一大危机。群经中不为世人所疑而尚目之为真者，厥为《诗经》。今姑言其真者，然后以之衡量群经诸子，然非即以他经子之为伪也。①

经学起源于先秦，《庄子·天运》："丘治《诗》《书》《易》《礼》《乐》《春秋》六经。"汉朝有今、古文经之争，古文经学注重名物训诂，侧重于考据工作；今文经学阐发微言大义，偏重于章句论难。魏晋南北朝时期，加入佛教元素，影响了儒家的义疏之学。唐朝为了结束南北朝以来文字书写的紊乱现象，颜师古的五经正字在统一字形方面做出贡献。孔颖达等所撰正义之学，则承袭汉、魏、晋、南北朝、隋以来的经说，为儒典做了详细而系统化的解释。

潘重规先生对于南北朝时期的经学著作曾加以比较和钻研，他说：

据《北史》（《儒林传序》）、《隋书》（《经籍志》）、《释文》之言，知两汉经学行于北朝，魏晋经学盛于南朝。大抵北朝崇旧，笃守师说；南朝趋新，颇矜博采。北学以郑玄为宗师，南学采王、杜之新变。②

《隋书·儒林传序》极推崇刘焯与刘炫：

二刘拔萃出类，学通南北，博极今古，后生钻仰，莫之能测。所制诸经义疏，搢绅咸师宗之。

传后"史臣曰"对二刘推崇备至，论刘焯"数百年以来，斯人而已"，刘炫为"并道亚生知"。③

---

① 拙著《中国历代诗经学·潘序》。

② 潘重规：《五经正义探源》，《华冈学报》第1期，第13页。

③ （唐）魏征：《隋书》卷75，中华书局1973年版，第1707、1726、1727页。《礼记·中庸》："或生而知之，或学而知之，或困而知之，及其知之，一也。"

二刘学通南北，其《尚书经疏》《毛诗经疏》是唐修《尚书正义》《毛诗正义》所据的蓝本。刘炫《春秋左传经疏》为唐修《春秋正义》所据的蓝本。刘炫《孝经述议》可供辑佚校勘研究之取资。这是二刘对经学的四大贡献①。在南北朝的众儒当中，潘重规先生颇推崇二刘：

> 间尝反复遗疏，深觉刘君忠于学术之心，实足卓绝千古。左氏文十三年“其处者为刘氏”疏云：“讨寻上下，其文不类，深疑此句或非本旨。盖以为汉室初兴，损弃古学，左氏不显于世，先儒无以自申，刘氏从秦从魏，其源本出刘累，插注此辞，将以媚于世。”又襄二十四年“在周为唐杜氏”疏云：“炫于‘处秦为刘’，谓非丘明之笔，‘豕韦唐杜’，不信元恺之言。己之远祖，数自讥讦，或闻此义，必将见嗤；但传言于人，惧误后学，意之所见，不敢有隐，唯贤者裁之。”检此两疏，互相证明，知皆光伯之笔。观其识解之卓，用心之公，虽与日月争光可也。旧说尘埋，古人之精意郁而不宣者何限，温故知新，旧疏之考求其又曷可缓乎?②

《左传·文公十三年》“其处者为刘氏”一语，刘炫以为此非丘明之笔，认为是汉兴之后，媚世者所掺入。《左传·襄公二十四年》“在周为唐杜氏”下，刘炫亦指杜预之注有误，此种不愿以讹传讹，具有学术公心之精神值得推崇。

从《黄侃日记》中，可知季刚先生令门人潘重规检核唐文宗时期所刊立的“开成石经”，磨炼他扎稳根基的工作③。至于儒家经典的讲授，则以孔颖达等所著正义本为宗，导入一条经学的康庄大道。来台执教后，潘重规先生曾撰文推崇唐人义疏的价值：

> 余尝以为六朝义疏之学，百川并流，而以唐人正义为壑谷。

---

① 参见陈金木：《刘焯刘炫之经学》，博士学位论文，台湾政治大学，1989 年，第 1516—1521 页。

② 潘重规：《尚书旧疏新考》，《学术季刊》第 4 卷第 3 期，1956 年 3 月，第 1 页。

③ 黄侃：《黄侃日记》，江苏教育出版社 2001 年版，第 574—576 页。

> 盖六朝义疏之制，实汉学之津梁；而唐人经疏，又六朝经说之总汇。唐疏之底蕴明，而后六朝之经说出。①

《十三经注疏附校勘记》，是清代经学大师阮元校勘《十三经注疏》，并在嘉庆二十年，由江西南昌府学所开雕梓行。台北市中山南路的台湾图书馆珍藏其善本，此外，台湾艺文印书馆也出版发行，这是广受学界推崇的《十三经注疏》本。② 潘先生讲《诗经》，必定以台湾艺文印书馆的《毛诗注疏》为课本，并且规定学生必须各自断句完毕，接受检查和签名。书中的体例、章法或精彩处、特别处，皆于课堂上仔细分析与传授，学子莫不称幸。

四、有关《诗经》作品的时间、价值及属性

关于《诗经》所收作品的年代，自古相传认为起于商朝，但刘大杰《中国文学发展史》主张起自周初，并且认为《商颂》晚于《周颂》：

> 关于《商颂》的时代问题，……照《毛诗序》的意见，《商颂》是周代乐官保管的殷商乐章。……在《国语·鲁语》和《史记·宋世家》中，或是暗示，或是说明，都以《商颂》为宋诗。近代魏源、王国维诸人，更从地名、国名以及文句的形态方面研究，论证了《商颂》是宋人的作品。……因为它们产生的时代，比起《周颂》来要晚很多，文字技巧受了风、雅的影响，较之《周颂》，自然是较为进步了。③

刘大杰认为周、鲁、商三颂中的《商颂》其实是《宋颂》，也就是周公册封商朝后代微子启所建立宋国时期的作品。刘大杰主张《商颂》晚

---

① 潘重规：《五经正义探源》，《华冈学报》第1期，第22页。

② 台湾图书馆藏本与艺文印书馆影印本通常被误以为是相同的本子，实则不然；台湾图书馆藏本还是最佳版本，艺文版是后刻本。参见拙著：《诗经正义江西南昌府学雕本及断句本试阅一卷》，2014年，发表于第十一届《诗经》国际学术研讨会（河北石家庄）。

③ 刘大杰：《中国文学发展史》，（台北）华正书局1984年版，第39页。

于周武王建立周王朝的时日，因此，《诗经》所收作品的年代，就成为上起西周初年，下至春秋中叶，连绵五六百年间的作品。但潘重规先生说：

考《诗经》时代，师说虽有参差，大约可断为商初迄春秋之作品。①

其实潘先生所言，不仅为自古流传的说法，同时也是可以得到证明的。近人张松如先生在《商颂研究》一书中，针对"《商颂》实为《宋颂》"的主张提出八大反驳：

1. 驳孔子删诗，避定公名讳，改《宋颂》为《商颂》说。

2. 驳《商颂》为美襄公说。

3. 驳《商颂》为正考父所作说。

4. 驳正考父校商之名颂于太师为效（献）商之名颂于周太师说。

5. 驳景山在宋境，因证《商颂》为《宋颂》说。

6. 驳殷墟卜辞所记祭祀与文物制度于《商颂》中无一可寻，因证《商颂》非商诗说。

7. 驳《周颂》词简而章短,《商颂》词繁而篇长，因谓《商颂》为宋人所作说。

8. 驳《商颂》中称至上神为天，因证《商颂》非商诗而为宋诗说。②

张松如教授明确表示，《商颂》就是商朝的诗篇。因此，《诗经》所收作品的年代，应是上起殷商，下迄春秋中叶。中国《诗经》学会曾特地将张教授这一研究成果刊载于《会讯》，广发给会员们。由此可证明潘重规先生坚持传统说法，并且反对刘大杰等人的新说，可谓明智的抉择。

《诗经》的篇章搜集和编著成册，是作为朝廷推展政教的教材，流行

① 拙著《中国历代诗经学·潘序》。

② 张松如、夏传才：《商颂研究·思无邪斋诗经论稿》，南开大学出版社 1995 年版，第 55—99 页。

在士大夫以上的阶层，这本书肯定比孔子还要早。孔子在小时候就读到《诗经》，长大后，开科设教，开创“有教无类”的教学原则，从此，《诗经》始传播到下层社会。潘重规先生论及《诗经》教材，说：

> 看了季札观乐歌诗，内容次序几乎全与今本相同。惟《豳风》今本在风诗最后，歌诗在秦之前。可见三百篇规模先具，孔子不过稍加整理。所以《周礼·春官·大师》：“教六诗，曰风，曰赋，曰比，曰兴，曰雅，曰颂”，《郑注》引郑司农云：“古而自有风雅颂之名，故延陵季子观乐于鲁时，孔子尚幼，未定诗书，而曰为之歌邶鄘卫，曰：是其卫风乎？又为之歌小雅大雅，又为之歌颂。《论语》曰：吾自卫返鲁，然后乐正，雅颂各得其所；时礼乐自诸侯出，颇有谬乱不正，孔子正之。”可见诗三百篇是周代旧日施教的课本，孔子仍然采用，不过稍加整理的工作而已。①

论及《诗经》的价值，潘重规先生说：

> 至于《诗经》在学术上之重要，其详有可得略说者：（一）《诗经》为最古韵文之结集，后来骚赋诗词之属莫不溯源于此，允推为文学之祖。（二）《诗经》之文字训诂与小学之关系綦大，清儒讲古韵得有系统者正赖此书。（三）《诗经》本身即为经学，孟子谓：“《诗》亡然后《春秋》作。”《诗》之美刺即《春秋》之褒贬也。《春秋》主尊华攘夷，《诗序》亦谓：《小雅》尽废，则四夷交侵；由此足见我种性一贯之精神，亦万古不变之常道也。其他古代事制思想赖以考见者难以枚举。尤有进者，道德修身之事，不独尚理智，而亦重感情。诗人自抒其感，复能感人，读者因诗触发，其所感者在隐微，非庄言法语之责人以必从，而人不能不为之动，故其于文也郅美，而于化为捷。焦循《诗补疏·序》曰：“夫诗，温柔敦厚者也，不质直言之，而比兴言之；

① 潘重规：《孔门诗教初讲》，《孔孟月刊》第25卷第12期，1987年8月，第16页。

不言理而言情，不务胜而务感人。故曰：兴于诗，立于礼。”此《诗》可为修身进德之大用，而与群经特异之处也。[①]

《诗经》是中国最古老的韵文总集，其“文学之祖”的称呼，实有莫可与京的地位。文字、声韵、训诂之学为国学的重要根基工程，经过《尔雅》《说文》《释名》《玉篇》《经典释文》《广韵》……直到清儒的著作，这套学问更为具体和系统化；今人追溯这套学术理论的源头，若无《诗经》这份珍贵的材料资源，其能否圆满毕竟其功，或许还在未定之日。

《诗经》是一门经学，此言得到孟子的间接认同，因为孟子说：“《诗》亡然后《春秋》作。”《春秋》被提升为经学，而不被视为一般的史书，《孟子·离娄篇》说晋史名《乘》，楚史名《梼杌》，鲁史名《春秋》，其实则一，都是以文记事的史册。但孔子所作的《春秋》，除以文记事之外，特别的是借事明义。孟子曾引孔子的一句话：“其义则丘窃取之矣。”由于《春秋》特重于义，所以不能算是史书，而是经书。[②] 孔子所创建的儒家，标举一套格、致、诚、正、修、齐、治、平之道。《春秋》所持的义理，目的是要发挥教化功能，其效果可如《史记·太史公自序》所说的：“拨乱世，反之正。”所以《孟子·滕文公篇》才会说：“世衰道微，邪说暴行有作。臣弑其君者有之，子弑其父者有之。孔子惧，作《春秋》。”又说：“孔子成《春秋》，而乱臣贼子惧。”《史记·孔子世家》因此说：“孔子在位听讼，文辞有可与人共者，弗独有也。至于为《春秋》，笔则笔，削则削，子夏之徒不能赞一辞。弟子受《春秋》，孔子曰：后世知丘者以《春秋》，而罪丘者亦以《春秋》。”[③]

东汉郑玄首先说《诗序》的作者是子夏[④]，司马迁《史记》说：“孔子以《诗》《书》《礼》《乐》教，弟子盖三千焉，身通六艺者七十有二

① 拙著《中国历代诗经学·潘序》。

② 参见徐醒民：《读易简说·儒学简说》，团结出版社 2013 年版。

③ （汉）司马迁：《史记》（新校本）册 3，（台北）鼎文书局 1978 年版，第 1944 页。

④ 《诗经·小雅·常棣》孔疏引郑玄《郑志》云：“此序子夏所为，亲受圣人。”三国吴陆玑《毛诗草木鸟兽虫鱼疏》及昭明太子皆同此说。《昭明文选·卷四十五》即收有题为“卜子夏《毛诗序》”一文。

人。”孔子当日只能口传，子夏将上课所听闻的《诗经》篇旨写成《诗序》[①]，故在孔门四科当中，文学一科的代表是游、夏。子夏《小雅·六月·序》：“《六月》，宣王北伐也。《鹿鸣》废，则和乐缺矣……《湛露》废，则万国离矣。《彤弓》废，则诸夏衰矣。《菁菁者莪》废，则无礼仪矣。《小雅》尽废，则四夷交侵，中国微矣。”所以潘先生才会说：“《诗》之美刺，即《春秋》之褒贬也。”此强调《诗经》与《春秋》有其重大的教化使命；并认为《诗经》所标举的大义，与《春秋》主“尊华攘夷”有其一贯的精神，故能至今维持华夏、汉民族、汉语、汉字的命脉，光耀着自身所创发起来的一套文明。

此外，道德修身的事情，不光是尚理智，同时也讲究感情。诗人将自己内心的感受抒发出来，足以触发读者的心灵，达到感人的效果，那种感发，看似隐微，却实然存在，并非使用庄言法语去责人以必从，而能透过至美的作品撼动人心，迅速地发挥感染教化的作用，这是《诗经》虽然居于经学的地位，却能兼顾文艺美学的一大特色。关于这点，潘重规先生曾有具体的说明：

> 虞舜时代已任命夔做主持教育的官吏，而施教的对象是胄子；施教的工具，便是尽善尽美的诗歌与音乐。这种教育的制度与精神，一直贯注到周代。我们看《周礼·春官》所属有关诗教的官员，有大司乐、乐师、大胥、小胥、大师、小师、瞽蒙、典同、磬师、钟师、笙师、镈师、韎师、籥师、籥章、田祖、鞮鞻氏、典庸器、司干等，每一官职，都订明了职掌事项。……周代的教师制度正是唐虞以来的延伸。……施教的宗旨，特别重视德行和艺术。[②]

① 孔子口传《诗经》之学，其弟子在课余才利用难得的竹简记载下来，子夏所记特能抓准主旨，是为日后的《毛诗序》。孔子其他弟子容或有所记载，但难免在本义、引申义之间失其精准，此为汉朝齐、鲁、韩、毛四家诗的《序》互有差异的原因。王礼卿先生于是有《四家诗恉会归》一书以申明之。

② 潘重规：《孔门诗教初讲》，《孔孟月刊》第25卷第12期，1987年8月，第14页。

“施教的宗旨，特别重视德行和艺术。”这里所言的“德行”，就是《诗经》的经学功能，所言的“艺术”，就是美学的特色。

五、有关读《诗》的方法

关于研读《诗经》的方法，潘重规先生做了以下说明：

> 欲得《诗经》之奥义，谨标二语，以明要术。首定一尊，次除二弊。所谓定一尊者，《诗》之注释，家数繁多，存序废序，异说蠭起。今谓学者所宜谨守者，首推子夏之《序》、毛公之《传》，后之阐明诗义者，皆当以此为折衷，此不易之理也。①

潘重规先生尊《序》的主张与宋朝朱子以降倡言废《序》的学者实有霄壤之别。宋朝朱子因受郑樵“《诗序》为村野妄人所作”的影响，又误读范晔《后汉书》，以为《诗序》乃东汉卫宏所作，殊不知范晔《后汉书》所谓“卫宏作毛诗序”，是抄自陆玑《毛诗草木鸟兽虫鱼疏》，而陆氏在前头已明明白白写出卜商（子夏）写了《诗序》。可见朱子废《序》的理由仍然有所不足。废《序》派的学者在诗篇的文艺美学方面尽管做出不小的成绩，但关于诗篇的主旨，往往造成百人百说、随心臆测等弊端。潘先生力挽狂澜，终于见到成果，近年来《诗序》已逐渐恢复其应有的地位，许多学者都赞同《诗序》是极为珍贵的文献资料，解《诗》不可没有《诗序》。

至于为整部《诗经》做了字词义的注解，则以《毛传》最为古老，也最重要。潘重规先生认为毛公是秦、汉之间的学者：

> 鲁、齐、韩、毛之传；三家之学以鲁为最先，而毛更出其前。陆玑《毛诗草木鸟兽虫鱼疏》谓毛公为孙卿弟子，李斯为相，荀卿犹存（见桓宽《盐铁论》）；鲁申公受《诗》于浮丘伯，浮丘伯亦孙卿弟子（见《盐铁论》）；是毛公乃秦、汉间

① 拙著《中国历代诗经学·潘序》。

人，释经之作更无先于《毛传》者矣。①

杜其容教授将《毛传》内容仔细考证后，得到以下结论：

> 《毛传》引书，既及汉初之作；其言事，又涉秦汉之制。据是二证，则《毛传》成书，其不得早于秦末汉初，夫复何疑？此言其上至也。《毛传》既引古逸之学（指《仲梁子》《孟仲子》等为《汉志》所未著录之专书），其学说既不见载于《汉书·艺文志》，亦即刘向所未见；刘向校书，始于汉成帝河平三年乙未，则是《毛传》成书，必不至迟于是年；此言其下至也。②

又说：

> 刘向……至校书之岁，年已五十有四。向等校书，除据中秘之本外，复广搜私家藏本，倘《孟仲子》《仲梁子》等逸说，刘向曾于未校书以前，知有其书，亦必设法求得，以入于录；观乎朝廷命陈农求天下之书，则其事可见也。以此言之，是此类逸书，即刘向幼时，亦未尝知见。……《毛诗》出于河间献王之说，证以《毛传》引书之实际情形，其情势恰合。知汉儒旧说，固信而有征也。（同前）

杜其容教授认为《毛传》写定的时间约在秦末到西汉刘向校书之间，而且以秦、汉之际的可能性较高；《毛诗》出于河间献王，也是经得起印证的说法。

潘重规先生认为除了应该将《诗序》《毛传》“定一尊”之外，还提出“除二弊”：

> 所谓除二弊者，一曰除文字之弊。诗传世绵远，古今之异，俨若南北之殊。盖语言文字，非一成不变之物，乃随时代地域而变迁者也。殊方之语，赖译人而通；绝代之言，恃传注而解。不

① 拙著《中国历代诗经学·潘序》。

② 杜其容：《诗毛氏传引书考》，《学术季刊》第4卷第2期，第10页。

遵古传而解经，犹不谙蜀语而自以吴音解之，其谬岂可胜道。故不明古义而辄以今义解诗，此之谓文字之弊。如《小雅·斯干》："哙哙其正，哕哕其冥，君子攸宁。"《传》云："正，长也。冥，幼也。"《笺》云："正，昼也。冥，夜也。"后人以此解为迂，而实非迂。盖古人辨别事物，概念满胡，长者居先，幼者居后，昼先夜后，遂目昼夜为长幼；此犹《尔雅》郭注谓妯娌相呼先后，今川俗呼日为大太阳，月为二太阳，亦其比矣。《大戴礼·诰志篇》："虞史伯夷曰：'明，孟也；幽，幼也。'"盖孟即长之意，以明为长，以幽为幼，足证斯义之不谬矣。观上举例，知古诗文义，今人视之似极无理者，若能达古人辞言之情，则疑滞涣然冰释矣！能不以今义害古义，而又洞晓属文体例，斯之谓能除文字之弊。

二曰除事制之弊。古人风俗习惯、道德标准，多异于今，则所言所事相同，而古人之意有不同于今人者矣。不明古之事制，则于古人之言不能无蔽，此之谓事制之蔽。《凯风》之诗，《序》以为虽有七子之母犹不能安其室。旧说皆以为不安于室，母欲再嫁。后人每执孟子"《凯风》，亲之过小者也"一言，以为再嫁大恶，孟子何得过小称之。又汉明帝《与东平王书》有"以慰凯风寒泉之思"之语，何以毫无忌讳羞道之意，此由不达古俗初不以再嫁为悖礼也。案，出母有服，著于礼经（《丧服》：出妻之子为母期）；鳏寡娩合，司于周官（《地官·媒氏》：司男女之无夫家者而会之）。此礼制之见诸经典者。即在两汉之世，再嫁之举，虽帝王家不以为讳。汉武推恩于异父所生，光武为其寡姊湖阳公主择婿，此往事之昭炜在人耳目者，足以见古代不耻再嫁；古之礼教，非《儒林外史》所讥之礼教也。能探明古代事制以究诗义，斯之谓能除事制之弊。循此渐进，庶几足以大明经义矣。①

① 拙著《中国历代诗经学·潘序》。

简而言之，若要训解《诗经》，文字的训义和古今事制的差异，都是必须注意和讲究的。这种情况类似《孟子·万章下》所言："颂其诗，读其书，不知其人可乎？是以论其世也。"也就是解释《诗经》，读者应该站回周朝的时空，了解古人的文字训诂、时代背景、思想观念、行事制度，抱持这样的要领以研治《诗经》，才不致执今虑古，或迂古就今，以致造成曲解。如或不然，甚至于孟子"《凯风》，亲之过小者也"一语，都要遭受后代无知的学者所抨击了。

六、澄清《诗序》相关问题

（一）不必区分大、小序

陆德明《经典释文》引旧说："'《关雎》，后妃之德也'，至'用之邦国焉'，名《关雎·序》，谓之《小序》；自'风，风也'讫末，名为《大序》。"宋朝朱子《诗序辨说》则以"诗者，志之所之也"至"是谓四始，诗之至也"为《大序》，其余为《小序》。朱子的意见，《大序》是通论全部诗篇，《小序》则分论各篇。但所谓《大序》《小序》的名称，其实只是六朝经生的说法，汉朝之前未见如此区分。潘重规先生说：

> 六朝人沈重、刘炫之流，自有大、小序之说，而实于古无征，故陆德明正之曰："今谓此序止是《关雎》之序，无大小之异。"孔颖达辨之尤为明审，其《毛诗·关雎》正义曰："诸序皆一篇之义，但诗理深广，此为篇端，故以诗之大纲，并举于此。"陆、孔之论，最达古人属文之体，故不以六朝分析大小为然。①

六朝经生以及宋朝朱子将《关雎序》分成《大序》和《小序》，朱子的分法比六朝经生的分法较能得到后人的遵从。朱子所言《大序》，是与

① 潘重规：《诗序明辨》，《学术季刊》第4卷第4期，第20页。

整部《诗经》相关，《小序》则仅与《关雎》的内容相关。但唐朝陆德明和孔颖达都反对将《关雎序》区分为大、小两序，认为那只是一篇《关雎序》，除了解释《关雎》一诗的篇旨，还因为它在整本《诗经》的开头，所以附带将涉及诗的起源、作用、分类……加以论述；后人不必因此而将它拆成大、小两篇来看待。潘重规先生赞同此说，认为称该篇为《关雎序》即可，不会产生任何误解。

（二）《诗序》必非东汉卫宏所作

有关《诗序》的作者是谁的问题，自来众说纷纭，举例如下：

1. 子夏所作：郑玄、王肃、陆玑的主张。[①]

2. 大序是子夏作，小序是子夏、毛公合作：沈重的主张。[②]

3. 子夏所创，毛公及卫敬仲又加润益：《隋书·经籍志》的主张。[③]

4. 众篇之小序，子夏惟裁初句耳，至“也”字而止，以下皆大毛公自以诗中之意而系其辞也：成伯玙的主张。[④]

5. 非子夏所作：韩愈、欧阳修的主张。[⑤]

6. 诗人所自作：王安石的主张。[⑥]

7. 大序是孔子所作，小序是国史所为：二程的主张。[⑦]

---

① 《诗·常棣·疏》引《郑志》：“此《序》子夏所为，亲受圣人。”王肃《家语》注：“子夏所序诗，即今《毛诗序》也。”陆玑《毛诗草木鸟兽虫鱼疏》：“孔子删诗，授卜商，商为之序。”

② （唐）陆德明：《经典释文·卷五·毛诗音义上》，“之德也”下引，（台北）汉京文化事业出版公司1980年版，第54页。

③ （唐）魏征：《隋书·经籍志》册2，（台北）鼎文书局1990年版，第918页。

④ （唐）成伯玙：《毛诗指说·小序辨》：“子夏惟裁初句耳，至‘也’字而止。‘《覃葛》，后妃之本也。’‘《鸿雁》，美宣王也。’如此之类是也。以下皆大毛公自以诗中之意而系其辞也。”

⑤ （唐）韩愈：《诗之序议》：“子夏不序诗。”（宋）欧阳修《诗本义·序问》：“诗之序，非子夏之作。”

⑥ （清）朱彝尊：《经义考》卷99，《景印文渊阁四库全书》册678，（台北）台湾商务印书馆1983年版，第304页。

⑦ （宋）程颢、程颐：《二程遗书》，《景印文渊阁四库全书》册698，（台北）台湾商务印书馆1983年版。

8. 诗之小序反复繁重，类非一人之辞，疑为毛公之学，卫宏所集录：苏辙的主张。[①]

9. 诗序首二句是孔子所题，其下乃毛公发明之：王得臣的主张。[②]

10. 毛传初行，尚未有序，其后门人互相传授，各记其师说：曹粹中的主张。[③]

11. 开头两语是古序，不可废；二语之外，为卫宏所续申：程大昌的主张。[④]

12. 实出于汉之诸儒：章如愚的主张。[⑤]

13. 村野妄人所作：郑樵的主张。[⑥]

14. 卫宏所作：朱子的主张。[⑦]

自欧阳修首开宋朝议《序》的风气，又经历代推衍，《诗经》学不得不一改旧观。宋王柏说："愚不敢观《序》，止熟读正文。"[⑧] 所作《诗疑》二卷，极斥《诗序》。

程元敏先生说：

《诗序》自欧公疑之，王雪山去之，朱紫阳辨之，明、清诸

---

① （宋）苏辙：《诗集传》。

② （清）朱彝尊：《经义考》卷99，《景印文渊阁四库全书》册678，（台北）台湾商务印书馆1983年版，第305页。

③ （清）朱彝尊：《经义考》卷99，《景印文渊阁四库全书》册678，（台北）台湾商务印书馆1983年版，第306页。

④ （宋）程大昌：《考古编》卷2《诗论十》，《丛书集成新编》册11，（台北）新文丰出版公司1986年版，第539页。

⑤ 王允莉《诗序之时代与作者》一文引《山堂考索》，载《孔孟月刊》第22卷第3期。又参见（清）朱彝尊：《经义考》卷99，第22—27页。《景印文渊阁四库全书》册678，（台北）台湾商务印书馆1983年版，第315页。

⑥ （宋）黎靖德编：《朱子语类》卷80，（台北）文津出版社1986年版，册6，《诗一·纲领》，引（宋）郑渔仲《诗辨妄》。

⑦ （宋）朱熹《诗序辨说》："《诗序》之作，说者不同，皆无明文可考，惟《后汉书·儒林传》以为卫宏作《毛诗序》，今传于世，则《序》乃宏作明矣。"见《丛书集成新编》册55，（台北）新文丰出版公司1986年版，第344页。

⑧ （宋）王柏：《书疑·多士多方疑》卷7，（台北）艺文印书馆1967年版，第3页。

> 子争之；其间，宋李樗、黄櫄称首句为上序，余为下序；云下序本于上序。明朱朝瑛仅取首句，其下称衍序。清吴汝纶称首一语为古序，余为续序；续序，卫宏搀入。计由十二世纪晚叶朱子《诗集传》成，至十八世纪后期崔述《读风偶识》著，六百年间，赖诸家力揭序短，序几为诗绝去，遁不为世知。[①]

清朝科举考试以朱子《诗集传》为命题依据，以致清人偶见《诗序》，却以为奇货秘笈[②]。直到康、雍、乾时期，考据学家努力考证之后，才还给《诗序》一个正面而合理的评价。

总之，自从民国初年以来，《诗序》的地位和价值可说并未受到应有的关注。海峡两岸的学者，大多受到朱子《诗集传》的影响，以致不假思索地尊崇它、信任它，于是《诗序》不仅再度没落，同时蒙受不少抨击。

潘重规先生自述从小在安徽婺源，即由家长带往朱子祠祭拜，但长大后，发现朱子废《诗序》的主张实际上是误导《诗经》学达八百年之久。于是，花了许多心力以纠正其谬。他在论文中写道：

> 今为订之曰：今《诗序》必非卫宏作也。何以明之？《后汉书·儒林传》曰："卫宏，字敬仲，东海人也。少与河南郑兴俱好古学。初，九江谢曼卿善《毛诗》，乃为其训。宏从曼卿受学，因作《毛诗序》，善得风雅之旨，于今传于世。……中兴后，郑众、贾逵传《毛诗》，后马融作《毛诗传》，郑玄作《毛诗笺》。"据此传所云，则卫宏之序尚行于蔚宗（范晔）之世，则贾、马、二郑宁有不见之理！既见之矣，乌得削敬仲（卫宏）之名，易西河（子夏）之号？虽浅学所易辨，而谓康成颠倒至此耶？假令康成有意作伪，同辈后生固当起而攻之矣，此一事也。又案《后汉

---

① 程元敏：《两宋之反对诗序运动及其影响》，《中山学术文化集刊》第2集，1968年，第14页（总632页）。

② （清）崔述《读风偶识》："余见世人读诗，……偶见卫宏诗序，辄据以为奇货秘笈。"（卷一，第4页，《自序》）

书·郑玄传》论曰:“自秦焚六经,圣文埃灭。汉兴,诸儒颇修艺文,及东京学者亦各名家,而守文之徒,滞固所禀,异端纷纭,互相诡激,遂令经有数家,家有数说,章句多者,或乃百余万言;学徒劳而少功,后生疑而莫正。郑玄囊括大典,网罗众家,删裁繁芜,刊改漏失,自是学者略知所归。王父豫章君每考先儒经训而长于玄,常以为仲尼之门不能过也。及传授生徒,并专以郑氏家法云。”据此论,知范氏世崇郑学,其于康成之说,钻研自必精详。假令同代之著述(指卫宏《诗序》),遽指为子夏之遗言,颟顸至此,何以说经!乃谓每考先儒经训而长于玄耶?此二事也。王肃之徒,日攻郑学,蹈瑕伺隙,无微不至。假令康成有此巨谬,一腐儒攻之,如摧枯拉朽耳,又何劳子雍辈之攻坚也!此三事也。以此数事衡之,知今之《诗序》,断非卫宏所作明矣。《后汉书》称卫宏作《毛诗序》,盖偶与今序同名;犹之称马融为《毛诗传》,亦与今常言《毛诗传》相溷。当时,书并行世,不虞混淆。及卫宏所作《诗序》后亡,朱子乃拾其言为攻《序》之利器,其亦未之深察也。……郑玄曰:“此《序》子夏所为,亲受圣人。”(《诗·常棣·疏》引《郑志》)王肃曰:“子夏所序诗,即今《毛诗序》也。”(《家语》注)重规按,上来诸家之议,惟子夏序诗为汉儒相承之旧说;盖子夏亲受于孔子而笔之于篇,而孔子则得之于国史之传,故能不失作诗之本意也。①

首先,潘先生从《后汉书·儒林传》“于今传于世”一句话看出问题。因为这几个字代表南北朝的范晔能在当时看到卫宏所撰的《诗序》还流传于世间。既然自从东汉卫宏写定《诗序》之后,一路流传下来,给学术界都看到了,东汉的贾、马、二郑也一定会看到,奇怪的是:郑玄为何还是在《郑志》中说:“此《序》子夏所为,亲受圣人”?如果同时

① 潘重规:《诗序明辨》,《学术季刊》第4卷第4期。

代的卫宏所作《诗序》，被郑玄说成是春秋时的子夏所作，东汉时候的同辈后生都会起而抨击郑玄，可是从未发生这样的事，可见郑玄没有说错，这是第一个理由。范晔《后汉书》对于郑玄推崇备至，写道："及东京学者亦各名家，而守文之徒，滞固所禀，异端纷纭，互相诡激，遂令经有数家，家有数说，章句多者，或乃百余万言；学徒劳而少功，后生疑而莫正。郑玄囊括大典，网罗众家，删裁繁芜，刊改漏失，自是学者略知所归。王父豫章君每考先儒经训而长于玄，常以为仲尼之门不能过也。"如果连东汉同时的学者卫宏所作《诗序》，郑玄都误指为春秋时子夏所为，这么没知识的话，怎么配称为当时最伟大的经学大师？这是第二个理由。王肃是晋王司马昭的岳父，显赫无比，对于郑玄崇高的学术地位一心想要"取而代之"，甚至曾不择手段，制造《孔子家语》等伪证，借以攻击郑玄学说。这样一个无所不用其极想要打倒郑玄的人，为何在《诗序》的作者上面，却与郑玄一致，都说是子夏所作？可见郑玄并没有说错，这是理由三。所以，黄彰健先生才会推断：《后汉书·儒林传》所言"卫宏因作《毛诗序》"，顶多只能视为卫宏在其自己的著作《毛诗卫氏传》的开头写了一篇自序，名为《毛诗序》，与今传三百十一篇《毛诗序》名同而实异。①

（三）《诗序》是"知人论世"的珍贵资料

从早年担任四川大学教授开始，直到来台继续执教，数十年之中，潘重规先生总是为了坚持《诗序》的珍贵价值而受到质疑、或冷落，那是一段不算短的抗颜奋斗的艰辛岁月。尤其自从五四运动之后，许多学者普遍废弃《诗序》，异说纷纭，令人无所适从。今日《诗序》普遍再度受到学界的肯定，潘先生实在功不可没。

《诗序》是古人渊源有自的解《诗》资料，有时它的说法在《诗》的字面上看不出相关性，却自有其成立的背景与道理。朱子直据《诗》的字面来解释，看似很容易合乎宋朝人对于《诗》的体认，其实是迁古就

---

① 黄彰健：《经今古文学问题新论》，第 312 页，《台湾"中研院"史语所专刊》第 79 期。

今。以《邶风·柏舟》为例，《诗序》：“《柏舟》，言仁而不遇也。卫顷公之时，仁人不遇，小人在侧。”的确，《诗》的字句中没有明白透露这些讯息。朱子直据字面，其说解遂与《诗序》大不相同。潘重规先生说：

> 朱子受今文家（指刘向《列女传》）影响，说它是妇人所作，而且辞气卑顺柔弱。试就诗文内容加以检核，朱子所言，并不确当。“微我无酒，以遨以游”，是男子的口吻，不是妇人的辞气。《柏舟篇》与屈原《离骚》合观，其感情非常类似；当中都有称赞自己的语句，《柏舟篇》说：“我心匪石，不可转也；我心匪席，不可卷也。威仪棣棣，不可选也。”《离骚》写道：“纷吾既有此内美兮，又重之以修能”，一般人不敢这么写，因怕别人说他太骄傲；而这两位作者，为了愠于群小，为了报效国家，几乎到了忘我的境界，才敢这么写。而刘向上封事，写道：“小人成群，诚足愠也。”可见刘向或不以为《邶风·柏舟》是妇人所作。①

潘先生更断言《诗经》在周朝有其教化使命，是周朝统治者倡导教化的教材。在册简如此缺乏的时空下，那些无关美、刺和教化的诗篇，应该就没有机会流传下来。既是被留在《诗经》之中，必然有其诗教意义存在，也必须有《诗序》为它们解说，诗教才得以明朗，且传之久远：

> 夷考其实，《诗序》出于子夏，乃汉儒相传之旧说。朱子据《后汉书·儒林传》，指为卫宏所作，乃朱子之误解。至于朱子讥《诗序》“篇篇要作美刺说”，亦未明古诗之情状。盖歌谣吟咏，虽本于自然，而采诗入乐之旨，必取有关政治得失之作。良以三百篇皆具有政治性、教育性之诗篇。上古纵多自抒性情之诗歌，苟无关于政治教化得失者，固无暇掇取，以播之乐章，用之乡人邦国也。古者简册写录艰难，其有吟咏性情之什，要不过任其口语流传，自生自灭；虽欲著录，而工具不易得也。试观汉世，

① 1986年潘重规先生课堂讲授，笔者所记录。

扬、马之徒，作赋摛文，犹须上书县官，请给笔札，其情可知已。即就古代歌谣载于典籍者而论，亦皆义含美刺，如《左传》所录之郑舆人诵、宋城者讴之类是已。①

又说：

考攻《序》之最力者，首推宋朱子；朱子谓“今但信诗，不必信序”。其言至足动人，后人受其影响亦最大。夫序有如题目，今舍题而空论其诗，焉能得其真意？……诗义隐微，《黍离》一诗，据《序》乃知为闵宗周也，大夫行役至于宗周，过故宫室宗庙，尽为禾黍，闵周室之倾覆，彷徨不忍去而作。苟去其序，竟不知其何所指，家自驰说，人各有心，果将何所底止乎？所以尊《序》《传》者，即以其去古较近，其义近真也。②

又说：

宋儒程颐有云：“学诗而不求序，犹欲入室而不由户也。”清陈奂《诗毛氏传疏·序》曰：“读诗不读序，无本之教也。”……毛公传子夏《序》，故其言有本；今文家不见《序》，故立说纷纭，……欲明诗之意旨，必以《序》为主。假令无《序》，谁能摸索诗意于千载之下？虽唐人诗，苟失其题，亦难知本意之所在。如朱庆余《近试上张水部》云：“洞房昨夜停红烛，待晓堂前拜舅姑。妆罢低声问夫婿，画眉深浅入时无？”如就诗观之，明明为闺意新婚之辞。但作者题为“近试上张水部”，张水部为张籍，作者应试进士前，献诗考官；唐人有此风气，号为温卷，作者托辞新妇，……决非咏新婚之作。……如谓后世考试制度，防制考生甚严，不应有上试官之作，斥为题误，或如朱子所云“今但信诗，不必信序”，宁得谓此诗为新婚之咏？……马端临《文献通考·辨诗序》曰：“风之为体，比兴之辞多于叙述，风

① 潘重规：《朱子诗序旧说叙录》，《新亚书院学术年刊》第9期，第1页。

② 拙著《中国历代诗经学·潘序》。

谕之意浮于指斥。盖有反复咏叹，而无一言叙作者之意者，而序者乃一言以蔽之曰，为某事也。苟非其传授之有源，探索之无外，则孰能臆料当时旨意之所归以示千载乎？”①

潘先生从许多角度证明《诗序》不可或缺，也反复申说朱子之误，即是要将《诗经》学回复到宋朝之前的传统面貌，使古人一脉相承的《诗经》之学重见天日。

七、对“兴”义的解释

风、雅、颂、赋、比、兴称为诗之“六义”。兴义流传自周朝，到了民国时期仍然让学者们看法纷纭，充斥异说，例如：隐喻、联想、衬韵、触情、起头……等说法纷呈，令读者无所适从。潘重规先生的看法如下：

读诗的人，是从《诗经》全部篇什分析得到三种写作艺术：一是赋，如《豳风·七月》：“七月流火，九月授衣”，是据事直书，平铺直叙；这种方法，就叫做赋。二是比，如《卫风·硕人》：“手如柔荑，肤如凝脂”，柔荑比手，凝脂比肤，用物相比；这种修辞的方法，就叫做比。三是兴，如《豳风·鸱鸮》，周公以鸟子比管蔡，以鸟巢比周室，以兴起爱护周室之志，这种修辞的方法，就叫做兴。……诗人遭遇特殊的时事，怀着坚强意志，郁结满腔感愤，非要吐露发抒不可，但是眼前环境，不容许他明白说出来；在这样不许说而非说不可的情况下，迫使诗人创造出一种表现情感意志的方法，他将他的情志，寄托在事物身上，……解经家说的“比显而兴隐”，即是说，诗人所兴起的事情，是隐藏在诗词中；修辞家说兴是隐喻，即是说，诗人的情事是用暗示的方法使人明白。……因此《诗序》说：“上以风化下，下以风刺上，主文而谲谏，言之者无罪，闻之者足以戒。”

① 潘重规：《诗经研究略论》，《孔孟月刊》第19卷第11期，第9页。

郑玄以“譬喻不斥言”解释“风化”“风刺”，可见兴是写诗抒情的最高艺术。①

以《豳风·鸱鸮》为例，周公辅佐周成王，但成王年幼，必须由周公代理摄政，而周公的弟弟们，如管叔、蔡叔、霍叔等，在商朝后代武庚的怂恿之下，流言周公篡位，于是纷起作乱。② 周公不得不东征平乱。这时期，周公正如《豳风·狼跋》所写：“狼跋其胡，载疐其尾。”落得内外不是人的窘境。在内，成王对他有怀疑③，对外，有众多叛军作乱。周公因此写了《鸱鸮》一诗，说恶鸟鸱鸮“既取我子，无毁我室”。这里的以鸱鸮恶鸟隐喻武庚等恶人，鸟巢是隐喻周王室；既谴责武庚害死了我无知的弟弟管叔，也希望他不要再捣毁我的鸟巢。这样的隐喻笔法，是“所言在此，所指在彼”。潘先生称它是写诗抒情的最高艺术。三国时期，曹植用此笔法写《七步诗》，唐朝朱庆余《近试上张水部》表面上是咏新婚，其实是温卷风气下，考生于考前探问是否能在考场顺利胜出；这与《豳风·鸱鸮》同属于隐喻的笔法，所言在此，所指在彼，亦即“六义”中的兴义。

八、敦煌学中的《诗经》研究

潘重规先生是黄季刚先生在南京“中央大学”时期的学生，《黄侃日记》中关于师生两人相处传道、授业、解惑以及捧经问道的记载甚多。潘先生毕业后，随即成了季刚先生的女婿。潘先生接触敦煌学，实深受季刚先生的影响。《黄侃日记》记载季刚先生接触敦煌学的记录如下：

（一）初记敦煌学数据

1922 年 8 月 5 日，“抄录《东方杂志》所刊载王静庵（国维）之

① 潘重规：《诗经兴义的新观察》，《孔孟月刊》第 22 卷第 12 期（1984 年 8 月）。

② 武庚，《史记》中又称作禄父，是商纣王的儿子，商代灭亡后，受封于殷地。周武王死后，武庚联合周朝宗室“三监”，反抗周公，是为三监之乱。

③ 《尚书·金滕篇》有相关事件的记载。

《敦煌发现唐朝之通俗诗及通俗小说》”。(第194—198页)

(二) 资料搜集或流通

1. 1928年12月17日，“周君来钞书，以《国学丛刊》中敦煌出佚籍属其钞”。(第404页)

2. 1930年3月26日，“属石禅寄银（十四元一角）买内藤还历《‘支那’学论丛》，以其中有铃木氏《敦煌本文心雕龙校勘记》也”。(第622页)

3. 1930年4月9日，“石禅买得新出敦煌本《净名经集解关中疏》一部二册”。(第627页)

4. 1932年5月29日，“骆鸿凯自燕赍来徐鸿宝所赠敦煌出刊本韵书残纸影片十六张”。(第797页)

5. 1932年6月29日，“见颖民与田书，言敦煌韵书有二本”。(第805页)

6. 1934年3月6日，“借离明敦煌本《文心雕龙》影片廿二纸”。(第963页)

7. 1934年3月8日，“假资出游，过‘中研院’之门，买《敦煌掇琐》《敦煌劫余录》”。(第964页)

(三) 与敦煌学学者结识

1. 1930年3月15日，“大雨中以马车偕石禅、焯、田，赴长洲何魁垣寓居。……魁垣今日所延之宾为法人马古烈（有号曰宣波）。马为伯希和弟子，年甫二十七，能通数国文字，于吾国学亦多有研讨，又前未至此土而汉语娴熟，亦难得也。予约以明日往访彼于‘中央饭店’，并约礼拜三游栖霞”。(第617页)

2. 1932年11月24日，“午，赴罗志希之招，与法人伯希和同食，座有蔡孑民，与伯君谈，甚畅。其人能华语，敦煌壁中书，即彼与英人斯坦因共辇取以去者。食后，乘罗车还，酣卧至暮起，进餐”。(第838页)

（四）作为文献考证之资

1. 1928年12月26日，“上太炎师书，谈《高宗肜日》‘祀无丰于昵’，敦煌本、日写本‘丰’作‘豊’，可见此字虽伪孔亦作‘豊’而读为‘礼’也”。（第407页）

2. 1931年1月29日，“检所载敦煌本及日本旧写本《古文尚书》。其书首载胡钉铰一序，可厌。书中时时序时事，又艳诗连篇，亦可厌”。（第674页）

王国维在《东方杂志》介绍新发现的敦煌通俗小说，引起季刚先生的注意，立刻将相关数据抄录下来。之后，季刚先生随时关心和掌握有关敦煌学的讯息，主要是购买和抄录。此外，他有机会在国内结识法国伯希和及其弟子马古烈，言谈之中获益匪浅。季刚先生与太炎先生以书信讨论古代经典的考证时，也会适时运用敦煌学资料以为佐证。

季刚先生五十岁辞世，潘重规先生继承其志业，时常亲赴英、法、俄国等地抄录敦煌卷子，其投入敦煌学研究的时间和心力，较之季刚先生，可谓数倍。例如《文心雕龙》为季刚先生的专研课目之一，1919年执教于北京大学，即编写《文心雕龙札记》，为授课之用。后期的《文心雕龙》之学，季刚先生加入敦煌学以及日本铃木氏的校勘记。潘重规先生在台湾讲授《文心雕龙》，同时努力搜集、研究敦煌学资料，《唐写文心雕龙残本合校》于1970年问世，由香港新亚研究所出版，为学界做出重要的贡献。潘先生晚年有诗写道：“微茫孔思与周情，入海遗编照眼明。锡我头衔新署印，敦煌石窟写经生。”（见附录图1）后来，潘先生荣获国内外颁授大奖，可谓实至名归。

《诗经》学方面，潘重规先生能善加利用敦煌数据，为学界做出不小的贡献（见附录图2、图3），例如：

（一）今存敦煌《毛诗音》残卷中，潘重规先生取伦敦藏斯2729号，与列宁格勒藏1517号相校，适相吻合，证明原是同一卷分裂为二，却又流落在不同的国家。潘先生尝取《释文》与此《周南音》一百三十五字互校，且推及全卷一千一百余字，其结论是：“比较观之，知此卷为刘炫一家之音，而《释文》则陆德明集众家音义之作，二者系统不同，而体制亦显然异趣。”详细情形，见于潘先生所撰《巴黎伦敦所藏敦煌诗经卷子题记》《伦敦藏斯二七二九号及列宁格勒藏一五一七号敦煌卷子毛诗音残卷缀合写定题记》两篇论文。

（二）唐太宗贞观四年（公元630年），诏颜师古考订五经文字，七年，颁其书于天下，命学者习此，是为新定五经。其实，诸经“定本”的称号，始于六朝，并非创自唐代。颜师古的新定五经虽为“唐五经定本”的创始，但并非“五经定本”的创始。王重民先生《敦煌古籍叙录》曾以“定本章句在篇后”，而谓英伦所藏斯789、斯3330、斯6346号三残卷，题为“毛诗定本”[①]。潘重规先生则据伯2669号的《大雅》、伯269号的《国风》、斯6346号的《毛诗·大雅》残卷，得知六朝唐人《毛诗》卷子，章句有的在经文前，有的在经文后，纷见错出，并非如王重民先生所说“定本章句在篇后”。潘先生又说：

> 齐隋以前，六朝人已多定本，……倘据《正义》所云“定本”以当颜籀之书，其去真实至远。[②]

指出《孔疏》所言“定本”，也许是六朝的本子，不见得必然是颜师古的“唐定本”，给予读者重要的讯息和提醒。

（三）正确判读敦煌写卷，或标记年份，或缀合残卷

1. 斯0498，《毛诗正义》残卷，此《大雅·民劳篇》《正义》，三七行，凡“民”字皆作“人”，潘重规先生说：“此残卷盖唐写《毛诗正义》之仅存者。”

2. 斯2729，《毛诗音》残卷，从《周南·关雎》起，至《唐风·蟋蟀》止。存一六九行，或说存一二九行。[③] 世字、民字不讳。潘重规先生

---

① 王重民：《敦煌古籍叙录》，（台北）木铎出版社1981年版，第44页。

② 潘重规：《巴黎伦敦所藏敦煌诗经卷子题记》，《新亚书院学术年刊》第11期，1969年9月。

③ 王利器：《跋敦煌唐写本刘炫毛诗述议》，《文献》第17期，1985年。

认为是刘炫所作，并谓可与列宁格勒1517号缀合。

3. 伯3383，《毛诗音》残卷，从《大雅·文王之什·旱麓》起，至《荡之什·召旻》止。存九六行。潘重规先生以为是徐邈之后、《经典释文》之前，专家之旧音。

4. 列宁格勒1517，《毛诗音》残卷，存一七行。潘重规先生谓此卷可与斯2729号卷子末九行缀合。①

（四）评估敦煌《诗经》卷子的价值

潘重规先生曾撰文评介敦煌《诗经》卷子之价值②，兹简要叙述如下：

1. 可觇六朝、隋、唐《诗经》学之风气

据《北史·儒林传序》《隋志》《经典释文·叙录》，知六朝隋唐《诗经》学，呈现《毛传》《郑笺》大一统之局面；今巴黎、伦敦、列宁格勒《诗经》卷子皆可印证此说，因以上残卷无一非《毛诗诂训传》，即使是白文，亦皆标题“郑氏笺”。至于前述第二九敦煌北魏写本《毛诗》残叶，虽苏莹辉先生指为王肃本子，但《经典释文·叙录》谓王肃“述毛非郑”，可见敦煌《诗经》卷子均符合《北史·儒林传序》“《诗》则并主于毛公”之现象；齐、鲁、韩诗，或佚或隐，乏人问津。

2. 可觇六朝隋唐传本之旧式

（1）置《序》于每篇经文之前

《诗经》之《南陔》《白华》《华黍》“有其义而亡其辞”，依《郑笺》之说，此一现象乃是由于《诗序》原本合编，与诗分立，故得以保存；至毛公为《诂训传》，方置《诗序》于各诗之前。今所见敦煌《诗经》卷子，序文与经文每篇皆相连属，承《诂训传》之旧式。

（2）章句或在篇前，或在篇后

---

① 潘重规：《伦敦藏斯二七二九号暨列宁格勒藏一五一七号敦煌卷子毛诗音残卷缀合写定题记》，《新亚学报》第9卷第2期，1970年9月，第1—47页。

② 潘重规：《敦煌诗经卷子研究论文集序》及《巴黎伦敦所藏敦煌诗经卷子题记》两文，前文载于《华学月刊》第52期，1976年4月，第1—3页。后文载于《新亚书院学术年刊》第11期，1969年9月，第259—290页。

段玉裁《毛诗诂训传定本小笺》据孔颖达所言“定本章句在篇后”，因而认为孔氏正义本之章句置于篇前。王重民先生于《敦煌古籍叙录》卷一著录英伦所藏斯789、斯3330、斯6346号残卷时，依“定本章句在篇后”之主张，题为“毛诗定本”，实有未当。已见前述。

(3) 五经正义原本与经注别行

五经正义，自唐迄宋，皆与经注别行，斯498号《毛诗·大雅·民劳篇》正义残卷，即其旧式。

(4) 诗音位置不一

敦煌《诗经》卷子之诗音，以别行者居多，如斯2729号《毛诗音》、伯3383号《毛诗音》是也。亦有书于卷背者，如斯10号、伯2669号是也。亦有书于字侧者，如斯5705号《周颂》残卷是也。注音于字侧，最便诵读；此盖宋人注疏本与《释文》合刻之先河。

(5)《毛诗诂训传》分为二十卷

段玉裁《毛诗诂训传定本小笺》题辞受《汉志》“《毛诗》经三十九卷，《毛诗诂训传》三十卷”之影响，遂因《周南·关雎故训传第一》至《那故训传第三十》之旧，定为三十卷，以复《汉志》。罗振玉以为段氏如此分卷，未必遂合《汉志》。依潘重规先生之考证，《诂训传》之约为二十卷，当始于后汉马融，而为郑玄、王肃所承用[①]；今敦煌《诗经诂训传》皆分为二十卷，可资佐证；益知段氏分卷之不妥。

3. 可觇六朝隋唐人抄写字体之情况

由《颜氏家训·杂艺篇》、张守节《史记正义·论字例》，可知六朝以来写本，讹字纷飞。观现存敦煌卷子，及潘重规先生主编之《敦煌俗字谱》[②]，可见当时之俗字讹文，变体简写，盈目满纸，与颜、张所言若合符节。唐代字样学实非无端而起，学者之于字体流变之缘由，至此了然于心。

---

① 潘重规：《巴黎伦敦所藏敦煌诗经卷子题记》，伯2529号题记。

② 潘重规：《敦煌俗字谱》，（台北）石门图书公司1978年版。金荣华：《敦煌俗字索引》，（台北）石门图书公司1980年版。

九、结论

（一）学有渊源，传承正统国学

潘重规先生为章黄之学的重要传人。章黄之学极具特色的成就是小学（文字、声韵、训诂之学），主要以《说文》《尔雅》《诗经》等古籍为研究文字形、音、义的重要资料，本根巩固之后，枝叶理络皆不难掌握；并且时时搜集甲骨、金文等出土资料，以为研究的佐证。

除了注重小学之外，潘先生秉承黄季刚先生的经学路线，在大学讲授《诗经》课程时，以嘉庆二十年江西南昌府学开雕的《毛诗注疏》为教本。将其中《诗序》《毛传》《郑笺》《孔疏》《经典释文》及阮元《校勘记》等体例做透彻的解析，可谓正统经学的传承和发扬者。

（二）有关读《诗》的方法

关于研读《诗经》的方法，潘重规先生做了具体陈述：

> 谨标二语，以明要术。首定一尊，次除二弊。所谓定一尊者，《诗》之注释，家数繁多，存序废序，异说蠭起。今谓学者所宜谨守者，首推子夏之《序》、毛公之《传》，后之阐明《诗》义者，皆当以此为折衷，此不易之理也。所谓除二弊者，一曰除文字之弊。二曰除事制之弊。①

《诗序》是解释《诗经》诗旨的重要文献资料，东汉郑玄说它是孔子的弟子子夏所作。今人读《论语》，皆知子夏是孔门四科当中文学类的代表人物之一，有《诗序》之作，并不令人讶异。《毛传》是历代训诂《诗经》文句的最佳文献，其地位无可与匹。潘先生主张《诗序》和《毛传》结合，既能知诗篇的主旨，亦能得到文意的确解，故应定于一尊。至其

① 拙著《中国历代诗经学·潘序》。

“一曰除文字之弊，二曰除事制之弊”，正符合孟子所谓“知人论世”的读《诗》法，只有站回周朝的时空背景，以古还古，才能正确理解《诗经》的原意，不致执今虑古，或迁古就今。

（三）坚持求真的精神，不随俗是非

历代古人都认为《诗经》作品以《商颂》为最早，但清朝灭亡后，疑古风气盛行，例如刘大杰主张《诗经》所收作品是：“上起西周初年，下至春秋中叶。”而潘重规先生仍旧主张《诗经》是上起殷商，下至春秋中叶，也就是以《商颂》为最古老。后来，张松如教授仔细考证之后，果然证实《商颂》的确是殷商时期的作品，此即证明潘先生所持观点正确可信。

宋朝朱子误解范晔《后汉书》，于是主张《诗序》是东汉卫宏所作，并倡言“废《诗序》”，朱子的著作被后世选为科举考试的用书，影响后世《诗经》学甚巨。虽然清朝陈启源、胡承珙、马瑞辰、陈奂等《诗经》学四大家都已证明朱子废《序》不妥，但清朝灭亡后，国人经历“废除传统文化运动”以及多年抗日战争，海峡两岸执教于大学的教授们大多承其说，《诗序》遭到许多学者的鄙夷和抛弃，于是朱子学说又盛行数十年。潘重规先生始终坚持读《诗经》不可没有《诗序》，赞同东汉郑玄说《诗序》是“子夏所为，亲受圣人”。又说：“朱子误导《诗经》学八百年。”这种不随俗是非、实事求是的精神及其真知灼见，果成其“大儒”的美名。

清朝灭亡后，有关《诗经》兴义的定义，有所谓：起头、衬韵、联想、隐喻……，众说纷纭，让读者眼花缭乱，莫知所从。在众多定义和诠释中，潘重规先生选择隐喻之说，认为诗人遭遇特殊的时事，怀着坚强意志，郁结满腔感愤，非要吐露发抒不可，但是眼前环境，不容许他明白说出来；在这样不许说而非说不可的情况下，迫使诗人创造出一种表现情感意志的方法，他将他的情志寄托在事物身上，所言在此，所指在彼。此即解经家说的“比显而兴隐”。潘先生对于兴的定义和解释，可使《毛传》

《郑笺》《孔疏》大致上获得通解，古人一贯相传的解释彼此矛盾不大。但后世不少学者反对此“隐喻说”，于是纷纷指责毛、郑、孔的说诗有“穿凿附会”之嫌。今人若用心思考汉孔安国以“引譬连类”来解释《论语》的“可以兴”，即可知潘先生的解释应相去不远。

（四）肯定《诗经》学的各个方面

《诗经》内容的古老、优美、丰富，由周朝史官编辑成册之后，肩负教化社会风俗的使命，被提升到“经”的地位，成为最宝贵的文化遗产之一。潘重规先生说：“孟子谓：‘《诗》亡然后《春秋》作’，《诗》之美刺即《春秋》之褒贬也。《春秋》主尊华攘夷，《诗序》亦谓：《小雅》尽废，则四夷交侵；由此足见我种性一贯之精神，亦万古不变之常道也。”[①] 此外，《诗经》又有文学、史学、文字、音韵、训诂……等无数的研究价值。这些方面，潘重规教授都能兼容并蓄，投入大量的心力加以研究。

（五）开拓学术研究新路线

除了传统的学术数据之外，潘重规先生在跟随黄季刚先生的时期，就已结识法国伯希和及其弟子马古烈等敦煌学者，有“近水楼台”之利。季刚先生在与太炎先生以书信讨论古代经典的考证时，也会适时运用敦煌学资料以为佐证，这是潘先生为《诗经》学研究开拓崭新路线的契机。

季刚先生五十岁辞世，潘重规先生继承其志业，时常亲赴英、法、俄国等地的博物馆或图书馆抄录、研究敦煌卷子，投入其毕生最大的心力。因此，在《诗经》学方面，潘重规先生能善加利用敦煌数据，缀合残卷、论断写卷年份、校勘写卷文字、评估敦煌卷子的价值，并且精确地评估南北朝“义疏”之学对唐朝《孔疏》的影响，同时也在六朝俗文字转化为唐朝“正字”的过程上做出明确的认知和解释，为学界做出卓著的贡献。

---

① 拙著《中国历代诗经学·潘序》。

附　录

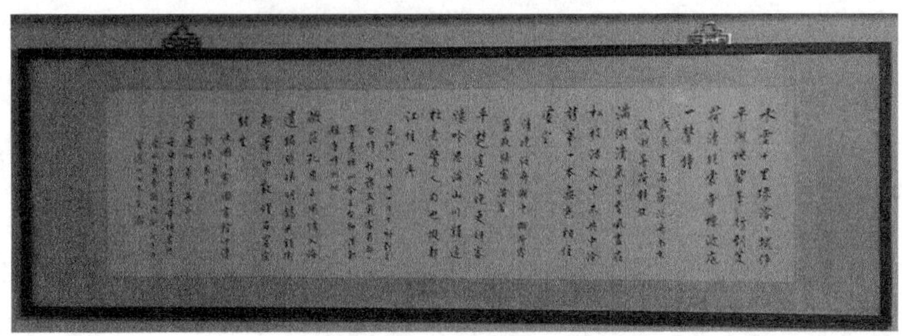

图1　潘重规先生墨宝，最后一首自署："敦煌石窟写经生"

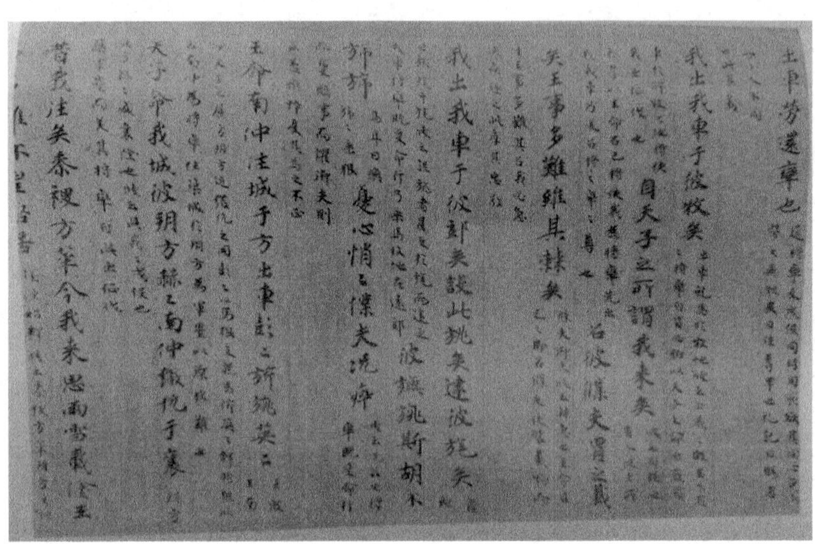

图2　敦煌《诗经》写卷之抽样照片

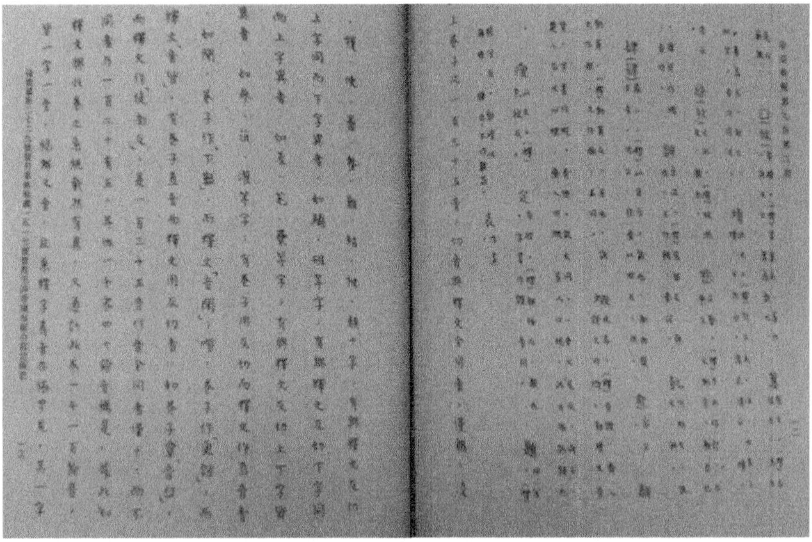

图 3 潘重规先生研究敦煌《诗经》写卷，发表相关论文照片

附：本文 2018 年 6 月刊登于《汉学研究集刊》第 28 期。

陈伯元先生的《诗经》古音学说

李添富*

一、前言

本师古虔陈伯元先生在《诗经》研究方面的论著甚丰，其中较为人所熟知的，大抵有：

1. 高本汉之诗经韵读及其拟音
2. 从诗经的合韵现象看诸家拟音的得失
3. 古音学与诗经
4. 诗经的忧患意识进一解
5. 从燕燕诗看诗序之价值
6. 毛诗韵谱、通韵谱、合韵谱
7. 诗序存废议
8. 孔子与诗经
9. 删诗问题之探讨
10. 比兴之别

其中《高本汉之诗经韵读及其拟音》《从诗经的合韵现象看诸家拟音的得失》《毛诗韵谱·通韵谱·合韵谱》比较倾向于声韵学研究范畴；《古音学与诗经》虽然从声韵学角度出发，却比较偏重于运用音韵知识进行篇章结构与句读问题的探讨，其他几篇谈的则是经义的问题。

---

* 李添富，台湾辅仁大学中文系教授。

《高本汉之诗经韵读及其拟音》《从诗经的合韵现象看诸家拟音的得失》两篇，固然讨论的基础都是陈伯元先生的古音学说，但重点却比较倾向于探讨前辈学者的理论，因此，不能具体而微地呈现陈先生的《诗经》古音学说，是以能够完整呈现陈先生《诗经》古音学说的，就只剩下《毛诗韵谱·通韵谱·合韵谱》一篇。本文谨就《毛诗韵谱·通韵谱·合韵谱》所呈现论述之。

《毛诗韵谱·通韵谱·合韵谱》云：

> 上古音分部，若据谐声系统应为三十二部；但《诗经》韵脚盍与怗、谈与添四部入声字少，分别不显，故只得三十部。今厘分为三十部韵谱，将诗韵中同部韵脚汇聚一部，并于各章韵脚下注明篇章；凡阴阳入相承之韵部相押者定为通韵谱；非相承之韵部彼此押韵者，今定名为合韵谱。

历来学者之论《诗经》押韵，有本韵、通韵、转韵、借韵、合韵诸说，所谓本韵，盖指韵字古音同在一部，未有借谐情形者，譬如《周南·关雎·首章》以“鸠、洲、逑”为韵，古韵同在二十一幽部①。所谓通韵，指韵字分属二部，而二部之韵尾无别，特其主要元音密近者也②，如《卫风·硕人·二章》以“倩（真）、盼（谆）”为韵。所谓转韵，指主要元音相同，韵尾属于阴阳入对转者也，如《郑风·女曰鸡鸣·三章》以“来（之）、赠（蒸）”为韵。所谓借韵，专指江有诰所言，韵字所属韵部相去较远，不易说之以音理，但确有相押韵例者也，如《鄘风·蝃蝀·二章》以“雨（鱼）、母（之）”为韵。凡非本部为韵者，概谓之合韵。

然则可知，本师陈先生之“韵谱”，传统所谓“本韵”者也；“通韵谱”，学者所谓之“转韵”者也；至于“合韵谱”，学者所谓“通韵”“借韵”者也。

余杭章君成均图以为正声有五，近转、旁转、次旁转、对转、旁对

---

① 本文古韵分部及名称，除因特别需求标注某位学者之古韵部目者外，一以本师陈先生考定之三十二部为基准。

② 古人并无主要元音、韵尾之名，此就学者构拟之现代音读暨名称以为论述者也。

转，其中近转约略与陈先生之韵谱相当，对转与通韵谱等同，旁转、次旁转、旁对转则属于合韵谱之范畴。传统押韵观念，以主要元音与韵尾全同为条件，间有学者主张为拖腔故，韵尾相同即可相谐[①]。然则，除同部为韵当最为顺当之外，邻近韵部之相押，究以韵尾相同、主要元音密近之旁转为优，抑或当以主要元音相同、韵尾阴阳入相配之对转关系较胜，则有仁智之见。今考孔广森《诗声类》尝云：

> 分阴分阳，九部之大纲；转阳转阴，五方之殊音。

又云：

> 入声者，阴阳互转之枢纽，而古今变迁之原委也，举之哈一部而言，之之上为止，止之去为志，志音稍短则为职，由职而转则为证、为整、为蒸矣；哈之上为海，海之去为代，代音稍短则为德，由德而转则为嶝、为等、为登矣。推之他部，耕与佳相配、阳与鱼相配、东与侯相配、冬与幽相配、侵与宵相配、真与脂相配、元与歌相配，其间七音递转，莫不如是。

就孔广森所言以推，所谓阴声、阳声、入声者，但以韵尾留音长短而变转者也，然则阴阳入声相配之音读关系，当较韵尾相同而主要元音互异者为近。换言之，就音读之切近关系而言，对转应较旁转为优。故陈先生以阴阳入之相配之对转为通韵，以旁转等为合韵也。

二、古韵三十二部之音读构拟

陈伯元先生《古音学发微》综合前贤诸说，以为古韵分为三十二部，既审之于音而当别，考之于古亦有征焉，并为分析研究之需，研拟古韵三十二部之音读为：

---

① 吉林省社会科学院宁继福先生、南开大学向光忠先生2001年于成功大学演讲时，曾提出为拖腔故只须韵尾相同即可谐韵之观点。

	阴声韵部			入声韵部			阳声韵部		
1	1	歌	a	2	月	at	3	元	an
2	4	脂	æ	5	质	æt	6	真	æn
3	7	微	ɛ	8	没	ɛt	9	谆	ɛn
4	10	支	ɐ	11	锡	ɐk	12	耕	ɐŋ
5	13	鱼	ɑ	14	铎	ɑk	15	阳	ɑŋ
6	16	侯	ɔ	17	屋	ɔk	18	东	ɔŋ
7	19	宵	ɑu	20	药	ɑuk		○	
8	21	幽	o	22	觉	ok	23	冬	oŋ
9	24	之	ə	25	职	ək	26	蒸	əŋ
10				27	缉	əp	28	侵	əm
11				29	帖	ɐp	30	添	ɐm
12				31	盍	ɑp	32	谈	ɑm

大抵而言，主要元音计有：〔a〕、〔æ〕、〔ɛ〕、〔ɑ〕、〔ɔ〕、〔ɑu〕、〔o〕、〔ɐ〕、〔ə〕九个，阳声韵部韵尾为〔m〕、〔n〕、〔ŋ〕三个，入声韵部韵尾为〔p〕、〔t〕、〔k〕三个，阴声韵部则开尾。

先生于1983年撰著《古音学与诗经》时，每感于原有韵部音读稍嫌琐细，于是依据《诗经》押韵情形，并参酌古籍经典与前辈学者研议所得，重新构拟古韵三十二部之音读为：

	阴声韵部			入声韵部			阳声韵部		
1	1	歌	ai	2	月	at	3	元	an
2	4	脂	ɐi	5	质	ɐt	6	真	ɐn
3	7	微	əi	8	没	ət	9	谆	ən
4	10	支	ɐ	11	锡	ɐk	12	耕	ɐŋ

续表

	阴声韵部			入声韵部			阳声韵部		
5	13	鱼	a	14	铎	ak	15	阳	aŋ
6	16	侯	au	17	屋	auk	18	东	auŋ
7	19	宵	ɐu	20	药	ɐuk		○	
8	21	幽	əu	22	觉	əuk	23	冬	əuŋ
9	24	之	ə	25	职	ək	26	蒸	əŋ
10				27	缉	əp	28	侵	əm
11				29	帖	ɐp	30	添	ɐm
12				31	盍	ap	32	谈	am

主要元音简化为：〔a〕、〔ɐ〕、〔ə〕三个，阳声韵部韵尾为〔m〕、〔n〕、〔ŋ〕、〔uŋ〕[①]四个，入声韵部韵尾为〔p〕、〔t〕、〔k〕、〔uk〕四个，阴声韵部则〔i〕、〔u〕或开尾三组。

为验证陈先生新定三十二部音读，后学曾据以撰成《诗经例外押韵现象之分析》，以为新定三十二部之音读，更能释解例外押韵之音读关系。陈先生闻知后，虽则嘉许，却以“尚不觉今是而昨非”作结。其后陈先生再三研拟，终于确认三十二部之新定音读。又其后，陈先生重新检视《诗经》韵脚，撰成《毛诗韵谱·通韵谱·合韵谱》，有关《诗经》押韵现象之厘析，虽无重大变革，却有小幅修订，去除少许可能因偶合而造成错误系联之韵字，陈先生之《诗经》韵例也因而建构完成。方今陈先生虽已远离，“不觉今是而昨非”之语却长留于耳际，于是复取先生新订韵例，再次检视新旧三十二部音读于《诗经》用韵现象上之呈现。

① 阳声东、冬，以及入声屋、觉、药诸韵之主要元音与韵尾之说解纷纭，后学于1977年撰写硕士学位论文《晚唐律体诗用韵通转之研究》时，提出实际语言中应有圆唇性质之舌根鼻音，颇得先生嘉许。后来先生新构古韵音读时，兼采前辈学者理论，定以为圆唇性质之舌根鼻音。

三、《诗经》通韵现象之音读分析

凡相承韵部而彼此押韵者，谓之通韵。谨谱列《诗经》中所有通韵韵例，并依通韵之音理逐一检视新旧二系音读。为便于识别，凡本部外通韵字以□表示之。

第一部歌部：〔ai〕（原拟〔a〕）
《广韵》歌哿个、戈果过、麻马祃、支纸寘。
歌元通韵：〔ai〕——〔an〕（原拟〔a〕——〔an〕）

差原麻娑《陈风·东门之枌·二章》

翰宪难那《小雅·桑扈·三章》

阿难何《小雅·隰桑·首章》

按：就陈伯元先生新拟音读而言，歌、元二部区别在于韵尾〔i〕——〔n〕之互异；就早期构拟之音读而言，二部之区别则在于韵尾之有无。就音理而言，新拟之音读较胜。

第二部月部：〔at〕（原拟〔at〕）
《广韵》祭、泰、夬、废、怪、月、曷、末、辖、黠、薛。
月元通韵：〔at〕——〔an〕（原拟〔at〕——〔an〕）

艾涣难《周颂·访落》

按：陈伯元先生所拟新旧音读无别，因此未有优劣之分。

第四部脂部：〔ɐi〕（原拟〔æ〕）
《广韵》脂旨至、齐荠霁、皆（骇）（怪）、纸。
脂真通韵：〔ɐi〕——〔ɐn〕（原拟〔æ〕——〔æn〕）

尘疷《小雅·无将大车·首章》

按：就陈伯元先生新拟音读而言，脂、真二部区别在于韵尾〔i〕——〔n〕之互异；就早期构拟之音读而言，二部之区别则在于韵尾之有无。就音理而言，新拟之音读较胜。

脂质通韵：〔ɐi〕——〔ɐt〕（原拟〔æ〕——〔æt〕）

纰四畀《鄘风·干旄·首章》

济閟《鄘风·载驰·三章》

礼至《小雅·宾之初筵·二章》

按：就陈伯元先生新拟音读而言，脂、质二部区别在于韵尾〔i〕——〔t〕之互异；就早期构拟之音读而言，二部之区别则在于韵尾之有无。就音理而言，新拟之音读较胜。

第五部质部：〔ɐt〕（原拟〔æt〕）

《广韵》至、霁、怪、质、栉、屑、薛、职。

质真通韵：〔ɐt〕——〔ɐn〕（原拟〔æt〕——〔æn〕）

替引《大雅·召旻·五章》

按：新旧音读结构形式相同，但以主要元音位置前后稍异，因此未有优劣之分。

第七部微部：〔əi〕（原拟〔ε〕）

《广韵》脂旨至、微尾未、皆骇怪、灰贿队、咍（海）（代）、（支）纸（寘）、（戈）果（过）。

微谆通韵：〔əi〕——〔ən〕（原拟〔ε〕——〔εn〕）

敦遗摧《邶风·北门·三章》

焞雷威《小雅·采芑·四章》

按：就陈伯元先生新拟音读而言，脂、真二部区别在于韵尾〔i〕——〔n〕之互异；就早期构拟之音读而言，二部之区别则在于韵尾之有无。就音理而言，新拟之音读较胜。

第八部没部：〔ət〕（原拟〔ɛt〕）
《广韵》至、未、霁、队、代、术、物、没。
没谆通韵：〔ət〕——〔ən〕（原拟〔ɛt〕——〔ɛn〕）

萃讯《陈风·墓门·二章》

退遂瘁讯退《小雅·雨无正·四章》

按：新旧音读结构形式相同，但以主要元音位置前后稍异，因此未有优劣问题。

第十部支部：〔ɐ〕（原拟〔ɐ〕）
《广韵》支纸寘、齐荠霁、佳蟹卦。
支锡通韵：〔ɐ〕——〔ɐk〕（原拟〔ɐ〕——〔ɐk〕）

提辟揥刺《魏风·葛屦·二章》

易知祇《小雅·何人斯·六章》

解易辟《大雅·韩奕·首章》

辟绩辟解《商颂·殷武·二章》

按：陈伯元先生所拟新旧音读无别，因此未有优劣之分。

第十三部鱼部：〔a〕（原拟〔ɑ〕）
《广韵》鱼语御、虞麌遇、模姥暮、麻马祃。
鱼铎通韵：〔a〕——〔ak〕（原拟〔ɑ〕——〔ɑk〕）

茹据愬怒《邶风·柏舟·二章》

射御《郑风·大叔于田·二章》

路祛恶故《郑风·遵大路·二章》

洳莫度度路《魏风·汾沮洳·首章》

莫除居瞿《唐风·蟋蟀·首章》

夜居《唐风·葛生·四章》

茹获《小雅·六月·四章》

除莫庶暇顾怒《小雅·小明·二章》

誉射《小雅·车舝·二章》

椐柘路固《大雅·皇矣·二章》

吁路《大雅·生民·四章》

席御酢斝《大雅·行苇·二章》

呼夜《大雅·荡·五章》

度虞《大雅·抑·五章》

去故莫虞怒《大雅·云汉·六章》

若赋《大雅·烝民·二章》

恶斁夜誉《周颂·振鹭》

伯旅《周颂·载芟》

按：新旧音读结构形式相同，但以主要元音位置前后稍异，就与舌根韵尾-k结合而言，原拟音读反较新构为优。

第十六部侯部：〔au〕（原拟〔ɔ〕）

《广韵》侯厚候、虞麌遇。

侯屋通韵：〔au〕——〔auk〕（原拟〔ɔ〕——〔ɔk〕）

驱续毂馵玉屋曲《秦风·小戎·首章》

奏禄《小雅·楚茨·六章》

裕愈《小雅·角弓·三章》

木附属《小雅·角弓·六章》

毂垢《大雅·桑柔·十二章》。

按：新旧音读并皆增加根韵尾-k，但以主要元音形式与位置前后稍异，就与舌根韵尾-k结合而言，原拟音读反较新构为优。所以然者，新构音读主要元音简化作-a-，舌位反而相去较远故也。

侯东通韵：〔au〕——〔auŋ〕（原拟〔ɔ〕——〔ɔŋ〕）

后巩后《大雅·瞻卬·七章》

按：新旧音读并皆增加根韵尾-ŋ，但以主要元音形式与位置前后稍异，就与舌根韵尾-k结合而言，原拟音读反较新构为优。所以然者，新构音读主要元音简化作-a-，舌位反而相去较远故也。

第十九部宵部：〔ɐu〕（原拟〔ɑu〕）

《广韵》萧筱啸、宵小笑、肴巧效、豪晧号。

宵药通韵：〔ɐu〕——〔ɐuk〕（原拟〔ɑu〕——〔ɑuk〕）

（宵部外通韵之字规识其下）

芼乐《周南·关雎·五章》

暴笑敖悼《邶风·终风·首章》

劳朝暴笑悼《卫风·氓·五章》

膏曜悼《桧风·羔裘·三章》

沼乐照虐《小雅·正月·十一章》

盗暴《小雅·巧言·三章》

藐教虐耄《大雅·抑·十一章》

到乐《大雅·韩奕·五章》

藻跷跷昭笑教《鲁颂·泮水·二章》

按：新旧音读结构形式相同，但以主要元音位置前后稍异，就与舌根韵尾-k结合而言，原拟音读反较新构为优。

第二十一部幽部：〔əu〕（原拟〔o〕）

《广韵》脂旨、萧筱啸、宵小笑、肴巧效、豪皓号、尤有宥、侯厚候、幽黝幼。

幽觉通韵：〔əu〕——〔əuk〕（原拟〔o〕——〔ok〕）

修啸啸淑《王风·中谷有蓷·二章》

罦造忧觉《王风·兔爰·二章》

轴陶抽好《郑风·清人·三章》

皓绣鹄忧《唐风·扬之水·二章》

祝究《大雅·荡·三章》

收笃《周颂·维天之命》

按：新旧音读结构形式相同，但以主要元音形式位置前后稍异，就与舌根韵尾-k结合而言，原拟音读反较新构单纯易解。

第二十四部之部：〔ə〕（原拟〔ə〕）

《广韵》脂旨、之止志、皆骇怪、灰贿队、咍海代、尤有宥、侯厚候、轸。

之职通韵：〔ə〕——〔ək〕（原拟〔ə〕——〔ək〕）

异贻《邶风·静女·三章》

背痗《卫风·伯兮·四章》

牧来载棘《小雅·出车·首章》

止止试《小雅·采芑·三章》

辐载意《小雅·正月·十章》

载息《小雅·大东·三章》

来服裘试《小雅·大东·四章》

克富又《小雅·小宛·二章》

棘稷翼亿食祀侑福《小雅·楚茨·首章》

戒事耜亩《小雅·大田·首章》

识又《小雅·宾之初筵·五章》

食诲载《小雅·绵蛮·首章》

食诲载《小雅·绵蛮·二章》

食诲载《小雅·绵蛮·三章》

直载翼《大雅·绵·五章》

载备祀福《大雅·旱麓·四章》

亟来囿伏《大雅·灵台·首章》

字翼《大雅·生民·三章》

子德《大雅·假乐·首章》

式止晦《大雅·荡·五章》

事式《大雅·崧高·二章》

塞来《大雅·常武·六章》

富忌《大雅·瞻印·五章》

富时疚兹《大雅·召旻·五章》

鲔鲤祀福《周颂·潜》

按：陈伯元先生所拟新旧音读无别，因此未有优劣之分。

之蒸通韵：〔ə〕——〔əŋ〕（原拟〔ə〕——〔əŋ〕）

来赠《郑风·女曰鸡鸣·三章》

按：陈伯元先生所拟新旧音读无别，因此未有优劣之分。

第三十一部盍部：〔ap〕（原拟〔ɑp〕）

《广韵》盍、狎、叶、业、乏。

盍谈通韵：〔ap〕——〔am〕（原拟〔ɑp〕——〔ɑm〕）

玷业贬《大雅·召旻·三章》

按：新旧音读结构形式相同，但以主要元音位置前后稍异，就与双唇韵尾-m结合而言，新拟音读较原拟合理。

依据上项分析，陈伯元先生新旧三十二部之音读在《诗经》通韵例上之呈现，大抵为：

新拟音读优于原拟音读者：四组通韵情形。

原拟音读优于新拟音读者：五组通韵情形。

新旧音读未有优劣情形者：七组通韵情形。

四、《诗经》合韵现象之音读分析

凡非相承之韵部而彼此押韵者，谓之合韵。谨谱列《诗经》中所有合韵韵例，并依合韵之音理逐一检视新旧二系音读。为便于识别，凡本部外合韵字以□表示之。

第一部歌部：〔ai〕（原拟〔a〕）

《广韵》歌哿个、戈果过、麻马祃、支纸寘。

歌脂合韵：〔ai〕——〔ɐi〕（原拟〔a〕——〔æ〕）

祁河宜何《商颂·玄鸟》

按：王了一先生亦以为此歌脂合韵。就伯元师新拟音读而言，歌、脂二部区别在于主要元音〔a〕——〔ɐ〕之互异；就早期构拟之音读而言，二部之区别则在于〔a〕——〔æ〕不同。相较之下，原拟音读说解较合音理。

歌锡合韵：〔ai〕——〔ɐk〕（原拟〔a〕——〔ɐk〕）

地裼瓦仪议罹《小雅·斯干·九章》

按：王了一先生以为裼字非韵，然则此章为歌部自韵；唯依首章韵例而言，裼字宜当入韵。就伯元师新拟音读而言，歌、锡二部韵尾不同，主要元音亦异；就早期构拟之音读而言，二部韵尾有无不同，主要元音亦异。

相较之下，新拟音读反因韵尾部位不同，更难于说解。

第二部月部：〔at〕（原拟〔at〕）

《广韵》祭、泰、夬、废、怪、月、曷、末、辖、黠、薛。

月质合韵：〔at〕——〔ɐt〕（原拟〔at〕——〔æt〕）

葛节日《邶风·旄丘·首章》

结厉灭威《小雅·正月·八章》

灭戾勩《小雅·雨无正·二章》

翳栵《大雅·皇矣·二章》

惠厉瘵疾届《大雅·瞻卬·首章》

按：王了一先生亦以为此月质合韵。就伯元师新拟音读而言，月、质二部韵尾相同，区别在于主要元音〔a〕——〔ɐ〕之互异；就早期构拟的音读言，二部之区别则在于〔a〕——〔æ〕不同。相较之下，原拟音读说解反而较合音理。

月没合韵：〔at〕——〔ət〕（原拟〔at〕——〔ɛt〕）

旆|瘁|《大雅·出车·二章》

旆|穟|《大雅·生民·四章》

按：王了一先生亦以为此月物合韵。就伯元师新拟音读而言，月、没二部韵尾相同，区别在于主要元音〔a〕——〔ə〕之互异；就早期构拟之音读言，二部之区别则在于〔a〕——〔ɛ〕不同。相较之下，原拟音读说解反而较合音理。

第三部元部：〔an〕（原拟〔an〕）

《广韵》元阮愿、寒旱翰、桓缓换、删（潸）谏、山产裥、仙狝线、先铣霰。

脂元合韵：〔ɐ〕——〔ɐi〕——〔an〕（原拟〔ɐ〕——〔æ〕——〔an〕）

|泚|、|弥|鲜《邶风·新台·首章》①

按：就伯元师新拟音读而言，支、脂二部主要元音相同，特韵尾有无互异而已，故多有通合情形；脂、元二部之主要元音密近，韵尾位置亦甚相近，故有合韵情形；就早期构拟的音读而言，支、脂二部主要元音密近，故可通合；脂、支与元部之主要元音密近，特韵尾之有无不同而已。相较之下，就音理而言，原拟音读之说解，未必不如新订。

元质合韵：〔an〕——〔ɐt〕（原拟〔an〕——〔æt〕）

筵|秩|《小雅·宾之初筵·首章》

① 伯元师、王了一先生均作泚弥鲜，元脂合韵，今依《古音研究》正。

按：王了一先生以为首二句无韵，故秩字不入韵。就句法形式近同的第三章而言，首二句亦无韵，然则秩字或以不入韵为是。就伯元师新拟音读而言，元、质二部韵尾部位相同，阳入不同耳，主要元音〔a〕——〔ɐ〕之互异；就早期构拟之音读而言，二部之区别，仍然在于主要元音的〔a〕——〔æ〕不同。相较之下，就音理而言，原拟音读说解反而较合音理。

元真合韵：〔an〕——〔ɐn〕（原拟〔an〕——〔æn〕）

民嫄《大雅·生民·首章》

按：王了一先生亦以为此真元合韵。就伯元师新拟音读而言，真、元二部韵尾相同，区别在于主要元音〔a〕——〔ɐ〕之互异；就早期构拟之音读而言，二部之区别亦在主要元音的〔a〕——〔æ〕不同。相较之下，原拟音读说解反而较合音理。

元微合韵：〔an〕——〔əi〕（原拟〔an〕——〔ε〕）

山归《豳风·东山·首章》

山归《豳风·东山·二章》

山归《豳风·东山·三章》

山归《豳风·东山·四章》

嵬萎怨《小雅·谷风·三章》

按：《豳风·东山》四章，王了一先生以为四章遥韵，故而未有合韵情形；《小雅·谷风》则亦以为元、微合韵，并注云："微元合韵是旁对转。"[①] 就伯元师新拟音读而言，元、微二部主要元音虽则〔a〕——〔ə〕互异，韵尾部位则相同，特阴阳不同耳，就早期构拟之音读而言，二部之区别，不只主要元音的〔a〕——〔ε〕互异，韵尾有无亦不相同。相较之下，就音理而言，原拟音读之说解，似乎不如新订。

① 王力：《诗经韵读》，中国人民大学出版社2005年版，第274页。

元谆合韵：〔 an 〕——〔 ən 〕（原拟〔 an 〕——〔 ɛn 〕）

群錞苑《秦风·小戎·三章》

熯愆孙《小雅·楚茨·四章》

按：王了一先生亦以为元文合韵。就伯元师新拟音读而言，元、谆二部韵尾相同，主要元音〔 a 〕——〔 ə 〕之互异耳；就早期构拟的音读而言，二部之区别，仍然在于主要元音的〔 a 〕——〔 ɛ 〕不同。相较之下，就音理而言，原拟音读之说解，未必不如新订。

元阳合韵：〔 an 〕——〔 aŋ 〕（原拟〔 an 〕——〔 ɑŋ 〕）

言行《大雅·抑·九章》

按：王了一先生亦以为元阳合韵。就伯元师新拟音读而言，元、阳二部主要元音相同，韵尾〔 n 〕——〔 ŋ 〕互异；就早期构拟之音读而言，二部之区别，则除韵尾〔 n 〕——〔 ŋ 〕互异之外，主要元音更以〔 a 〕——〔 ɑ 〕不同。相较之下，就音理而言，原拟音读之说解，确实不如新订。

元东合韵：〔 an 〕——〔 auŋ 〕（原拟〔 an 〕——〔 ɔŋ 〕）

筵恭《小雅·宾之初筵·三章》

按：王了一先生以为一、四叶韵，二句不入韵，故未有合韵现象。唯如此判定，则其句法形式虽与首章近似，用韵情形却迥异，颇有疑义。就伯元师新拟音读而言，元、东二部韵尾虽然相去较远，主要元音却相同，两部合韵，尚可说之以音理；就早期构拟的音读而言，二部之区别，不论主要元音或者韵尾，相去均远。故就音理而言，新订之音读，当较原拟之音读略胜一筹。

第四部脂部：〔 ɐi 〕（原拟〔 æ 〕）

《广韵》脂旨至、齐荠霁、皆（骇）（怪）、纸。

脂微合韵：〔ɐi〕——〔əi〕（原拟〔æ〕——〔ɛ〕）

枚饥《周南·汝濆·首章》

尾毁毁迩《周南·汝坟·三章》

祁归《召南·采蘩·三章》

薇悲夷《召南·草虫·三章》

喈霏归《邶风·北门·二章》

炜美《邶风·静女·二章》

凄晞湄跻坻《秦风·蒹葭·二章》

尾几《豳风·狼跋·首章》

騑迟归悲《小雅·四牡·首章》

韡弟《小雅·常棣·首章》

迟萋喈祁归夷《小雅·出车·六章》

萋悲萋悲归《小雅·杕杜·二章》

泥弟弟岂《小雅·蓼萧·三章》

飞跻《小雅·斯干·三章》

师氏维毗迷师《小雅·节南山·三章》

哀违依底《小雅·小旻·二章》。

凄腓归《小雅·四月·二章》

薇桋哀《小雅·四月·八章》

喈湝悲回《小雅·鼓钟·二章》

尸归迟弟私《小雅·楚茨·五章》

穉火《小雅·大田·二章》

惟脂《大雅·生民·七章》

苇履体泥《大雅·行苇·首章》

依济几依《大雅·公刘·四章》

懠毗迷尸屎葵资师《大雅·板·五章》

郿归《大雅·崧高·六章》

骙喈齐归《大雅·烝民·八章》

追绥威夷《周颂·有客》

枚回依迟《鲁颂·閟宫·首章》

违齐迟跻迟祗围《商颂·长发·三章》

按：王了一先生亦以为脂微合韵。就伯元师新拟音读而言，脂、微二部韵尾相同，主要元音〔ɐ〕——〔ə〕之互异耳；就早期构拟的音读而言，二部之区别，在于主要元音的〔ɐ〕——〔ɛ〕不同。就音理而言，新订之音读，似较原拟之音读略胜一筹。

脂质微合韵：〔ɐi〕——〔ɐt〕——〔æi〕（原拟〔æ〕——〔æt〕——〔ɛ〕）

惠戾届阕夷违《小雅·节南山·五章》

维葵腓戾《小雅·采菽·五章》

按：《采菽·五章》王了一先生亦以为脂微质合韵。《节南山·五章》则以惠戾届阕四字质部自韵，夷微二字脂微合韵。就伯元师新拟音读而言，脂、质二部阴入相承，主要元音无别，韵尾〔i〕——〔t〕不同而已；脂、微二部则韵尾相同，主要元音〔ɐ〕——〔ə〕之互异耳；就早期构拟之音读而言，脂、质二部阴入相承，亦属主要元音无别，韵尾〔i〕——〔t〕不同之例；脂、微二部之区别，则在于主要元音的〔ɐ〕——〔ɛ〕之不同。就音理而言，新订之音读，似较原拟之音读略胜一筹。

脂没合韵：〔 ɐi 〕——〔 ət 〕（原拟〔 æ 〕——〔 ɛt 〕）

模拟《大雅·皇矣·四章》

按：王了一先生亦以为脂物合韵。就伯元师新拟音读而言，脂、没二部韵尾位置相同，主要元音〔 ɐ 〕——〔 ə 〕互异；就早期构拟之音读而言，二部之区别，不仅主要元音〔 ɐ 〕——〔 ɛ 〕互异，韵尾之有无亦复不同。故就音理而言，新订之音读，似较原拟之音读略胜一筹。

脂谆合韵：〔 ɐi 〕——〔 ən 〕（原拟〔 æ 〕——〔 ɛn 〕）

偕近迩《小雅·杕杜·四章》

按：王了一先生以为近字不入韵，未有合韵情形。唯依全诗体例，各句皆入韵，仅此一句不入韵，甚为奇特，故伯元师近字入韵，形成脂、谆合韵。就伯元师新拟音读而言，脂、谆二部韵尾部位相同，主要元音〔 ɐ 〕——〔 ə 〕互异；就早期构拟之音读而言，二部之区别，除主要元音〔 æ 〕——〔 ɛ 〕不同外，韵尾之有无亦异，故就音理而言，新订之音读，似较原拟之音读略胜一筹。

脂支合韵：〔 ɐi 〕——〔 ɐ 〕（原拟〔 æ 〕——〔 ɐ 〕）

佽柴《小雅·车攻·四章》

按：王了一先生亦以为脂支合韵。就伯元师新拟音读而言，脂、支二部，主要元音全同，特韵尾有无之互异；就早期构拟音读而言，二部之区别，则在于主要元音〔 æ 〕——〔 ɐ 〕不同。就音理而言，原拟音读之说解，未必不如新订。

第五部质部：〔 ɐt 〕（原拟〔 æt 〕）

《广韵》至、霁、怪、质、栉、屑、薛、职。

质没合韵：〔 ɐt 〕——〔 ət 〕（原拟〔 æt 〕——〔 ɛt 〕）

肄[塈]《邶风·谷风·六章》

穗[醉]《王风·黍离·二章》

[季寐]弃《魏风·陟岵·二章》

嘒淠届[寐]《小雅·小弁·四章》

[茀仡]肆[忽拂]《大雅·皇矣·八章》

按：王了一先生亦以为质物合韵。就伯元师新拟音读而言，质、没二部韵尾相同，主要元音〔ɐ〕——〔ə〕之互异耳；就早期构拟音读而言，二部之区别，仍然在于主要元音的〔æ〕——〔ɛ〕不同。就音理而言，原拟音读之说解，未必不如新订。

质锡合韵：〔ɐt〕——〔ɐk〕（原拟〔æt〕——〔ɐk〕）

幭[厄]《大雅·韩奕·二章》

按：王了一先生以为幭本作幦，与厄为锡部自韵，未有合韵情形。[①]就伯元师新拟音读而言，质、锡二部韵尾〔t〕——〔k〕互异，主要元音则同作〔ɐ〕；就早期构拟音读而言，二部之区别，除韵尾〔t〕——〔k〕互异外，主要元音更以〔æ〕——〔ɐ〕为别，故就音理而言，新订之音读，似较原拟之音读略胜一筹。

质职合韵：〔ɐt〕——〔ək〕（原拟〔æt〕——〔ək〕）

[淢]匹《大雅·文王有声·三章》

按：王了一先生淢字据《韩诗》改作洫，则为质部自韵，未有合韵情形。就伯元师新拟音读而言，质、职二部韵尾〔t〕——〔k〕互异，主要元音〔ɐ〕——〔ə〕有别；就早期构拟音读而言，二部之区别，除

① 王力《诗经韵读》云："幦、今本作幭，现在从他作幦。参看段玉裁《六书音韵表》十六部注。"按段氏十六部注云："幭本音在弟十五部。《诗·韩奕》合韵轭字，从他经作幦，则在本韵。考'车覆笭'，《既夕礼》《玉篇》《少仪》《公羊传》《说文》皆谓之幦。《毛诗》幭厄二字皆属假借，厄即轭，毛传：'厄，乌噣也。'今讹为乌蠋。"

韵尾〔t〕——〔k〕互异外，主要元音亦以〔æ〕——〔ə〕为别。唯就音理而言，新订之音读，似较原拟之音读略胜一筹。

第六部真部：〔ɐn〕（原拟〔æn〕）

《广韵》真轸震、谆准稕、臻、先铣霰、仙狝线、庚梗映、清静劲、青迥径。

真谆合韵：〔ɐn〕——〔ən〕（原拟〔æn〕——〔ɛn〕）

倩[盼]《卫风·硕人·二章》

邻[云殷]《小雅·正月·十二章》

[壸]胤《大雅·既醉·六章》①

命[纯]《周颂·维天之命》

按：王了一先生亦以为真谆合韵。就伯元师新拟音读而言，真、谆二部韵尾相同，主要元音〔ɐ〕——〔ə〕之互异耳；就早期构拟音读而言，二部之区别，仍然在于主要元音的〔æ〕——〔ɛ〕不同。就音理而言，原拟音读之说解，未必不如新订。

真谆耕合韵：〔ɐn〕——〔ən〕——〔ɐŋ〕（原拟〔æn〕——〔ɛn〕——〔ɐŋ〕）

人[训]、[刑]《周颂·烈文》

按：王了一先生亦以为真文耕合韵。就伯元师新拟音读而言，真、谆二部韵尾相同，主要元音〔ɐ〕——〔ə〕之互异，真、耕二部则主要元音相同，韵尾〔n〕——〔ŋ〕互异；就早期构拟音读而言，真、谆二部之区别，仍然在于主要元音的〔æ〕——〔ɛ〕不同，耕部与真、谆二部则不仅韵尾不同，主要原音亦异，故就音理而言，新订之音读，似较原拟

① 王了一先生《诗经韵读》注云："江有诰避清雍正讳，改'韵'为'允'，以'壸、允'为韵，入文部；段玉裁以'壸、年、胤'为韵，入真部。今依段玉裁，为'壸'字归入文部，作真文合韵。"

之音读略胜一筹。

真阳合韵：〔 ɐn 〕——〔 aŋ 〕（原拟〔 æn 〕——〔 ɑŋ 〕）

冈 薪《小雅·车舝·四章》

按：王了一先生亦以为真阳合韵。就伯元师新拟音读而言，真、阳二部韵尾〔 n 〕——〔 ŋ 〕不同，主要元音〔 ɐ 〕——〔 a 〕互异，相去稍远；就早期构拟的音读而言，二部韵尾〔 n 〕——〔 ŋ 〕不同，主要元音〔 æ 〕——〔 ɑ 〕互异，相去仍远。唯就音理而言，新订音读之主要元音稍近，较原拟之音读略胜一筹。

真冬合韵：〔 ɐn 〕——〔 əuŋ 〕（原拟〔 æn 〕——〔 oŋ 〕）

躬 天《大雅·文王·七章》

按：王了一先生躬字属侵韵，故以为真侵合韵。就伯元师新拟音读而言，真、冬二部韵尾〔 n 〕——〔 uŋ 〕不同，主要元音〔 ɐ 〕——〔 ə 〕互异，相去稍远；就早期构拟音读而言，二部韵尾〔 n 〕——〔 ŋ 〕不同，主要元音〔 æ 〕——〔 o 〕互异，相去仍远。唯就音理而言，新订音读之主要元音稍近，较原拟之音读略胜一筹。

第七部微部：〔 əi 〕（原拟〔 ɛ 〕）

《广韵》脂旨至、微尾未、皆骇怪、灰贿队、咍（海）（代）、（支）纸（寘）、（戈）果（过）。

无合韵例。

第八部没部：〔 ət 〕（原拟〔 ɛt 〕）

《广韵》至、未、霁、队、代、术、物、没。

无合韵例。

第九部谆部：〔 ən 〕（原拟〔 ɛn 〕）

《广韵》微、荠、贿；真轸震；谆准稕；臻；文吻问；欣隐焮；魂混慁；山；先铣霰；仙。

无通韵、合韵例。

第十部支部：〔ɐ〕（原拟〔ɐ〕）

《广韵》支纸寘、齐荠霁、佳蟹卦。

无合韵例。

第十一部锡部：〔ɐk〕（原拟〔ɐk〕）

《广韵》麦、昔、锡、霁。

锡屋合韵：〔ɐk〕——〔auk〕（原拟〔ɐk〕——〔ɔk〕）

局 蹐脊蜴《小雅·正月·六章》

按：王了一先生亦以为锡屋合韵。就伯元师新拟音读而言，锡、屋二部韵尾〔k〕——〔uk〕圆展有别，主要元音〔ɐ〕——〔a〕不同；就早期构拟音读而言，二部韵尾无别，主要元音的〔ɐ〕——〔ɔ〕不同。就音理而言，原拟音读之说解，未必不如新订。

锡药合韵：〔ɐk〕——〔ɐuk〕（原拟〔ɐk〕——〔ɑuk〕）

翟 髢揥晢帝《鄘风·君子偕老·二章》

按：王了一先生翟字属锡韵，故为锡部自韵。伯元先生则以为当入药部。[1] 就伯元师新拟音读而言，锡、药二部主要元音相同，韵尾〔k〕——

① 陈伯元《毛诗韵谱·通韵谱·合韵谱》云："按王力《诗经韵读》以翟、髢二字均入锡部。翟字当为药部字，《邶风·简兮·二章》以钥翟爵韵，《桧风·羔裘·三章》以膏曜悼韵，《大雅·灵台·二章》以濯翯跃韵，《大雅·桑柔·五章》以削爵濯溺韵，皆药部自韵，或宵药通韵，翟非锡部字明矣。《经典释文·毛诗音义上》：'狄、本亦作翟，王后第一服曰褕狄。'翟有作狄之本，王力以为锡部，或据狄字入韵。段玉裁《六书音韵表·诗经韵分十七部表》第十六部本音下云：'髢、本作鬄，易声在此部，《君子偕老》一见。'按也声本在歌部，易声在锡部，毛诗作髢，三家作鬄，王先谦《诗三家义集疏》云：《说文》鬄下云：'髲也。'髢下云：鬄或作髢。释文：'髲，被也。发少者得以被助其发也。'"

〔uk〕之异耳；就早期构拟的音读而言，二部韵尾相同，主要元音〔ɐ〕——〔ɑu〕互异，相去较远。故就音理而言，新订音读，较原拟之音读略胜一筹。

第十二部耕部：〔ɐŋ〕（原拟〔ɐŋ〕）

《广韵》庚梗映、耕耿诤、清静劲、青迥径。

无通韵、合韵例。

第十三部鱼部：〔a〕（原拟〔ɑ〕）

《广韵》鱼语御、虞麌遇、模姥暮、麻马祃。

鱼侯合韵：〔a〕——〔au〕（原拟〔ɑ〕——〔ɔ〕）

祃附侮《大雅·皇矣·八章》

按：王了一先生以为祃字不入韵，附、侮鱼部自韵。依各章韵例，祃字似以入韵为是，故伯元师定为鱼侯合韵。就伯元师新拟音读而言，鱼、侯二部主要元音相同，特韵尾之有无互异；就早期构拟音读而言，二部俱无韵尾，但主要元音〔ɑ〕——〔ɔ〕之异。就音理而言，原拟音读之说解，未必不如新订。

鱼幽宵合韵：〔a〕——〔ɐu〕——〔əu〕（原拟〔ɑ〕——〔o〕——〔ɑu〕）

庙、保、瑕《大雅·思齐·三章》

按：王了一先生以为瑕字不与庙、保为韵，应并入下一章，无韵，故为幽、宵合韵。伯元师则以为瑕字与上文庙、保鱼幽宵合韵。就伯元师新拟音读而言，幽、宵韵尾相同，主要元音〔ɐ〕——〔ə〕密近，鱼部与幽、宵则相去较远；就早期构拟音读而言，鱼、幽二部主要元音密近，鱼、宵二部则主要元音相同，特韵尾有无互异耳。就音理而言，原拟音读之说解，未必不如新订。①

鱼之合韵：〔a〕——〔ə〕（原拟〔ɑ〕——〔ə〕）

雨母《鄘风·蝃蝀·二章》

者谋虎《小雅·巷伯·六章》

膴饴谋龟时兹《大雅·绵·三章》

按：王了一先生亦以为鱼之合韵。就伯元师新拟音读而言，鱼、之二部俱无韵尾，主要元音〔a〕——〔ə〕之异耳；就早期构拟音读而言，二部之区别，仍然在于主要元音的〔ɑ〕——〔ə〕不同。就音理而言，原拟音读之说解，未必不如新订。②

第十四部铎部：〔ak〕（原拟〔ɑk〕）

《广韵》御、祃、药、铎、陌、麦、昔。

铎盍合韵：〔ak〕——〔ap〕（原拟〔ɑk〕——〔ɑp〕）

业作《大雅·常武·三章》

按：王了一先生亦以为铎盍合韵。就伯元师新拟音读而言，铎、盍二部主要元音相同，韵尾则〔k〕——〔p〕不同；就早期构拟音读而言，二部之区别，仍然在韵尾之不同。就音理而言，原拟音读之说解，未必不如新订。

第十五部阳部：〔aŋ〕（原拟〔ɑŋ〕）

《广韵》阳养漾、唐荡宕、庚梗映。

阳东合韵：〔aŋ〕——〔auŋ〕（原拟〔ɑŋ〕——〔ɔŋ〕）

公疆邦功皇忘《周颂·烈文》

---

① 就韵部之远近与音读之切近关系而言，此或当从王了一先生之认定。

② 王了一先生《诗经韵读》注云：“段玉裁说：此古合韵也。金文也有鱼、之合韵。大约较古时代，之读〔ə〕，故与鱼部〔ɑ〕为邻韵。”

按：王了一先生虽以为忘字无韵，仍属阳东合韵。就伯元师新拟音读而言，阳、东二部主要元音相同，韵尾则但〔ŋ〕——〔uŋ〕圆展不同；就早期构拟音读而言，二部韵尾无别，主要元音则〔ɑ〕——〔ɔ〕不同。就音理而言，新订音读，似较原拟之音读略胜一筹。

阳谈合韵：〔aŋ〕——〔am〕（原拟〔ɑŋ〕——〔ɑm〕）

瞻相臧肠狂《大雅·桑柔·七章》

监严滥遑《商颂·殷武·四章》

按：王了一先生亦以为阳谈合韵。就伯元师新拟音读而言，阳、谈二部主要元音相同，韵尾则但〔ŋ〕——〔m〕不同；就早期构拟音读而言，二部主要元音亦同，仍以韵尾〔ŋ〕——〔m〕为别。就音理而言，新旧音读相去皆远，原拟音读之说解，未必不如新订。

第十六部侯部：〔au〕（原拟〔ɔ〕）

《广韵》侯厚候、虞麌遇。

侯幽合韵：〔au〕——〔əu〕（原拟〔ɔ〕——〔o〕）

櫄趣《大雅·棫朴·首章》

揄蹂叟浮《大雅·生民·七章》

按：王了一先生亦以为侯幽合韵。就伯元师新拟音读而言，侯、幽二部韵尾相同，特主要元音〔a〕——〔ə〕之互异；就早期构拟音读而言，二部俱无韵尾，主要元音则〔ɔ〕——〔o〕密近。就音理而言，新旧音读皆甚相近，原拟音读之说解，未必不如新订。

侯冬合韵：〔au〕——〔əuŋ〕（原拟〔ɔ〕——〔oŋ〕）

务戎《小雅·常棣·四章》

按：王了一先生戎字入侵韵，故为幽侵合韵。就伯元师新拟音读而言，侯、冬二部主要元音〔a〕——〔ə〕不同，韵尾则虽〔u〕——〔uŋ〕

互异，但部位相同；就早期构拟音读而言，二部韵尾不同，主要元音亦以〔ɔ〕——〔oŋ〕互异。就音理而言，原拟音读之说解，未必不如新订。

第十七部屋部：〔auk〕（原拟〔ɔk〕）
《广韵》屋、烛、觉。
屋幽合韵：〔auk〕——〔əu〕（原拟〔ɔk〕——〔o〕）

欲孝《大雅·文王有声·三章》

按：王了一先生欲字依《乐记》作犹，幽部自韵。就伯元师新拟音读而言，屋、幽二部韵尾阴入不同，主要元音〔a〕——〔ə〕互异；就早期构拟音读而言，二部韵尾亦以阴入互异，主要元音〔ɔ〕——〔o〕不同。就音理而言，原拟音读之说解，未必不如新订。

屋觉合韵：〔auk〕——〔əuk〕（原拟〔ɔk〕——〔ok〕）

绿匊局沐《小雅·采绿·首章》

按：王了一先生亦以为屋觉合韵。就伯元师新拟音读而言，屋、觉二部韵尾相同，但主要元音〔a〕——〔ə〕之互异；就早期构拟音读而言，二部韵尾亦同，主要元音只以〔ɔ〕——〔o〕互异。就音理而言，原拟音读之说解，未必不如新订。

第十八部东部：〔auŋ〕（原拟〔ɔŋ〕）
《广韵》东董送、钟肿用、江讲绛。
东幽合韵：〔auŋ〕——〔əu〕（原拟〔ɔŋ〕——〔o〕）

调同《小雅·车攻·四章》①

按：王了一先生亦以为东幽合韵。就伯元师新拟音读而言，东、幽二

① 王了一先生谓调 dyu 读如 diong，与同协。并注云：“段玉裁说：‘调字本音在三部（幽部），读如稠，《车攻》以韵同字，屈原《离骚》以韵同字，东方《朔七谏》以韵同字，皆读如重。此合韵也。’”

部韵尾阳阴不同，主要元音〔a〕——〔ə〕互异；就早期构拟音读而言，二部韵尾亦以阳阴互异，主要元音〔ɔ〕——〔o〕不同。就音理而言，原拟音读之说解，未必不如新订。

东冬合韵：〔auŋ〕——〔əuŋ〕（原拟〔ɔŋ〕——〔oŋ〕）

戎东同《邶风·旄丘·三章》

浓忡雝同《小雅·蓼萧·四章》

按：王了一先生《旄丘·三章》首句“蒙戎”作“龙茸”，则是东部自韵；《小雅·蓼萧·四章》则为换韵，两两为韵而不出其类，故而未有合韵情形。就伯元师新拟音读而言，东、冬二部韵尾相同，主要元音〔a〕——〔ə〕互异；就早期构拟音读而言，二部韵尾相同，亦以主要元音〔ɔ〕——〔o〕互异为别；故就音理而言，原拟音读之说解，未必不如新订。

第十九部宵部：〔ɐu〕（原拟〔ɑu〕）
《广韵》萧筱啸、宵小笑、肴巧效、豪晧号。
宵幽合韵：〔ɐu〕——〔əu〕（原拟〔ɑu〕——〔o〕）

陶翿敖《王风·君子阳阳·二章》

滔儦敖《齐风·载驱·四章》

皎僚纠悄《陈风·月出·首章》

葽蜩《豳风·七月·四章》

谯翛翘摇哓《豳风·鸱鸮·四章》

酒殽《小雅·正月·十二章》

休逑怓忧休《大雅·民劳·二章》

酒绍《大雅·抑·三章》

纠赵蓼朽茂《周颂·良耜》

按：王了一先生亦以为宵幽合韵。就伯元师新拟音读而言，宵、幽二部韵尾相同，主要元音〔ɐ〕——〔ə〕之异；就早期构拟音读而言，二部韵尾有无不同，主要元音复又〔ɑ〕——〔o〕不一。就音理而言，新订音读，似较原拟之音读略胜一筹。

宵之合韵：〔ɐu〕——〔ə〕（原拟〔ɑu〕——〔ə〕）

呶僛邮《小雅·宾之初筵·四章》

按：王了一先生以为本章第二句“载号载呶”，号、呶为宵部自韵，僛、邮之部自韵，未有合韵情形。就伯元师新拟音读而言，宵、之二部韵尾不同，主要元音〔ɐ〕——〔ə〕互异；就早期构拟音读而言，二部韵尾依然不同，亦以主要元音〔ɑ〕——〔ə〕互异为别。就音理而言，原拟音读之说解，未必不如新订。

宵侵合韵：〔ɐu〕——〔əm〕（原拟〔ɑu〕——〔əm〕）

照僚绍惨《陈风·月出·三章》

按：王了一先生据《五经文字》改惨为懆，则为宵部自韵。[①] 就伯元师新拟音读而言，宵、侵二部韵尾〔u〕——〔m〕不同，主要元音〔ɐ〕——〔ə〕互异；就早期构拟音读而言，二部韵尾依然〔u〕——〔m〕不同，主要元音则以〔ɑ〕——〔ə〕互异。就音理而言，原拟音读之说解，未必不如新订。

第二十部药部：〔ɐuk〕（原拟〔ɑuk〕）

《广韵》觉、药、铎、锡、效。

无通韵、合韵例。

① 王力《诗经韵读》云：“懆，今《诗经》作惨，当从《五经文字》作懆。”

第二十一部幽部：〔əu〕（原拟〔o〕）

《广韵》脂旨、萧筱啸、宵小笑、肴巧效、豪皓号、尤有宥、侯厚候、幽黝幼。

幽之合韵：〔əu〕——〔ə〕（原拟〔o〕——〔ə〕）

造[士]《大雅·思齐·四章》

[有]收《大雅·瞻卬·二章》

茂[止]《大雅·召旻·四章》

[止]考《周颂·访落》

[紑]俅[基牛鼒]觩柔休《周颂·丝衣》

按：王了一先生亦以为幽之合韵。就伯元师新拟音读而言，幽、之二部主要元音相同，特韵尾有无不同；就早期构拟音读而言，二部皆无韵尾，主要元音则〔o〕——〔ə〕互异。就音理而言，原拟音读之说解，未必不如新订。

幽职合韵：〔əu〕——〔ək〕（原拟〔o〕——〔ək〕）

好[食]《唐风·有杕之杜·首章》

好[食]《唐风·有杕之杜·二章》

按：王了一先生以为两章皆以好、食本部遥韵，故而未有合韵现象。就伯元师新拟音读而言，幽、职二部主要元音相同，韵尾部位相同而阴入有别；就早期构拟音读而言，二部韵尾有无不同，主要元音复又〔o〕——〔ə〕不一。就音理而言，新订音读，似较原拟之音读略胜一筹。

幽缉合韵：〔əu〕——〔əp〕（原拟〔o〕——〔əp〕）

犹[集]咎道《小雅·小旻·三章》

按：王了一先生以为集当作就，幽觉通用。就伯元师新拟音读而言，幽、缉二部主要元音相同，韵尾部位不同而且阴入有别；就早期构拟音读而言，二部韵尾有无不同，主要元音复又〔 o 〕——〔 ə 〕不一。就音理而言，新订音读，似较原拟之音读略胜一筹。

第二十二部觉部：〔 əuk 〕（原拟〔 ok 〕）
《广韵》屋、沃、觉、锡、啸、宥、号。
觉职合韵：〔 əuk 〕——〔 ək 〕（原拟〔 ok 〕——〔 ək 〕）

穋麦《豳风·七月·七章》

备戒告《小雅·楚茨·五章》

夙育稷《大雅·生民·首章》

告则《大雅·抑·二章》

按：王了一先生亦以为觉职合韵。就伯元师新拟音读而言，觉、职二部主要元音相同，但韵尾之圆展为别耳；就早期构拟音读而言，二部之区别则在韵尾相同，主要元音〔 ə 〕——〔 o 〕之互异。唯就音理而言，新订音读，似较原拟之音读略胜一筹。

第二十三部冬部：〔 əuŋ 〕（原拟〔 oŋ 〕）
《广韵》东送、冬宋、江讲绛。
冬蒸合韵：〔 əuŋ 〕——〔 əŋ 〕（原拟〔 oŋ 〕——〔 əŋ 〕）

中弘躬《大雅·召旻·六章》

按：王了一先生中、躬属侵部，故以为侵蒸合韵。就伯元师新拟音读而言，冬、蒸二部主要元音相同，但韵尾〔 uŋ 〕——〔 ŋ 〕圆展为别耳；就早期构拟音读而言，二部韵尾相同，区别在于主要元音〔 o 〕——〔 ə 〕之互异。就音理而言，新订音读，似较原拟之音读略胜一筹。

冬侵合韵：〔 əuŋ 〕——〔 əm 〕（原拟〔 oŋ 〕——〔 əm 〕）

中骖《秦风·小戎·二章》

冲[阴]《豳风·七月·八章》

[饮]宗《大雅·公刘·四章》

[谌]终《大雅·荡·首章》

[甚]虫宫宗[临]躬《大雅·云汉·二章》

按：王了一先生中、冲、宗、终、虫、宫、宗、躬诸字皆属侵部，故以为侵部自韵，未有合韵情形。就伯元师新拟音读而言，冬、侵二部主要元音相同，但韵尾之不同；就早期构拟音读而言，二部之不仅韵尾〔ŋ〕——〔m〕不同，主要元音亦以〔o〕——〔ə〕互异。故就音理而言，新订音读，似较原拟之音读略胜一筹。

第二十四部之部：〔ə〕（原拟〔ə〕）

《广韵》脂旨、之止志、皆骇怪、灰贿队、咍海代、尤有宥、侯厚候、轸。

无合韵例。

第二十五部职部：〔ək〕（原拟〔ək〕）

《广韵》志、怪、队、宥、屋、麦、昔、职、德。

职缉合韵：〔ək〕——〔əp〕（原拟〔ək〕——〔əp〕）

饬服炽[急]国《小雅·六月·首章》

式[入]德《大雅·思齐·四章》

按：王了一先生亦以为职缉合韵。就伯元师新拟音读而言，职、缉二部主要元音相同，韵尾〔k〕——〔p〕互异；早期构拟音读与新拟音读相同。故就音理而言，二读未有优劣短长之分。

第二十六部蒸部：〔əŋ〕（原拟〔əŋ〕）

《广韵》蒸拯证、登等嶝、东、送。

蒸侵合韵：〔əŋ〕——〔əm〕（原拟〔əŋ〕——〔əm〕）

膺弓滕兴音《秦风·小戎·三章》

簟寝兴梦《小雅·斯干·六章》

林兴心《大雅·大明·七章》

林林冰《大雅·生民·三章》

登升歆今《大雅·生民·八章》

梦惨《大雅·抑·十一章》

乘滕弓綅增膺惩承《鲁颂·閟宫·四章》

按：王了一先生《斯干·六章》簟、寝二字侵部自韵，兴、梦二字蒸部自韵；《抑·十一章》兴字不入韵，惨字从《五经文字》作懆，与下文宵药合韵。就伯元师新拟音读而言，蒸、侵二部主要元音相同，但韵尾〔ŋ〕——〔m〕之不同；早期构拟音读与新拟音读相同。故就音理而言，二读未有优劣短长之分。

第二十七部缉部：〔əp〕（原拟〔əp〕）

《广韵》缉、合、洽。

缉盍合韵：〔əp〕——〔ɐp〕——〔ap〕（原拟〔əp〕——〔ɐp〕——〔ɑp〕）

业捷及《大雅·烝民·七章》

按：王了一先生怗盍不分部，故以为缉盍合韵。就伯元师新拟音读而言，缉、怗、盍三部韵尾皆同作〔p〕，特主要元音〔ə〕——〔ɐ〕——〔a〕之互异；就早期构拟音读而言，三部韵尾亦皆同作〔p〕，特主要元音〔ə〕——〔ɐ〕——〔ɑ〕之不同。故就音理而言，原拟音读之说解，未必不如新订。

第二十八部侵部：〔 əm 〕（原拟〔 əm 〕）

《广韵》侵寝沁、谈、盐、覃、东、忝。

侵谈合韵：〔 əm 〕——〔 ɐm 〕——〔 am 〕（原拟〔 əm 〕——〔 ɐm 〕——〔 ɑm 〕）

　　菡俨枕《陈风·泽陂·三章》

按：王了一先生添谈不分部，故以为谈侵合韵。就伯元师新拟音读而言，侵、添、谈三部韵尾皆同作〔 m 〕，特主要元音〔 ə 〕——〔 ɐ 〕——〔 a 〕之互异；就早期构拟音读而言，三部韵尾亦皆同作〔 m 〕,特主要元音〔 ə 〕——〔 ɐ 〕——〔 ɑ 〕之不同。故就音理而言，原拟音读之说解，未必不如新订。

第二十九部怗部：〔 ɐp 〕（原拟〔 ɐp 〕）

《广韵》叶。

怗盍合韵：〔 ɐp 〕——〔 ap 〕（原拟〔 ɐp 〕——〔 ɑp 〕）

　　叶韘韘甲《卫风·芄兰·三章》

　　业捷《小雅·采薇·四章》

　　叶业《商颂·长发·七章》

按：王了一先生怗盍不分部，故以为盍部自韵。就伯元师新拟音读而言，怗、盍二部韵尾皆作〔 p 〕，特主要元音〔 ɐ 〕——〔 a 〕之互异；就早期构拟音读而言，二部韵尾亦皆同作〔 p 〕，特主要元音〔 ɐ 〕——〔 ɑ 〕之不同。故就音理而言，原拟音读之说解，未必不如新订[①]。

第三十部添部：〔 ɐm 〕（原拟〔 ɐm 〕）

《广韵》覃感、咸、琰、忝。

---

① 伯元师《毛诗韵谱·通韵谱·合韵谱》云："《诗经》韵脚于谈添、盍怗之分不很明显，因为入韵字少故也。"

添盍合韵：〔 ɐm 〕——〔 ap 〕（原拟〔 ɐm 〕——〔 ɑp 〕）

玷业贬《大雅·召旻·三章》

按：王了一先生怗盍不分部，故以为添盍通韵。就伯元师新拟音读而言，添、盍二部韵尾〔 m 〕——〔 p 〕部位相同，主要元音〔 ɐ 〕——〔 a 〕互异；就早期构拟音读而言，二部韵尾亦〔 m 〕——〔 p 〕部位相同，主要元音则〔 ɐ 〕——〔 ɑ 〕为别。就音理而言，原拟音读之说解，未必不如新订。

第三十一部盍部：〔 ap 〕（原拟〔 ɑp 〕）
《广韵》狎、业。
未见任何韵例。

第三十二部谈部：〔 am 〕
《广韵》谈敢、衔槛、盐、赚、俨。
无合韵例。

依据上项分析，陈伯元先生新旧三十二部之音读在《诗经》合韵例上之呈现，大抵为：

新拟音读优于原拟音读者：二十组合韵情形。

原拟音读优于新拟音读者：六组合韵情形。

新旧音读未有优劣之纷者：二十六组合韵情形①。

五、结语

合并陈伯元先生通韵、合韵新旧音读之比较，可以得出其优劣得失情形为：

① 含新旧音读无别者 2 组。

新拟音读优于原拟音读者：二十四组合用情形。

原拟音读优于新拟音读者：一十一组合用情形。

新旧音读未有优劣之分者：三十三组合韵情形。

可知新拟音读虽然在音理说解上，优于原拟音读，但其未必优于原拟音读者，为数亦伙，甚且尚有原拟音读优于新定之例。是以陈先生有“尚不觉今是而昨非”之语。唯就整体现象而言，虽有少许韵例容有可以再行检讨之余地，新拟音读之优于原先构拟，则为不争之事实。

总体而言，陈伯元先生的《诗经》古音学说，主要还是在于《诗经》用韵现象以及所定古韵三十二部对应关系之探讨。从所考定《诗经》韵谱之通、合关系，与其古韵三十二部交互验证，可以得知陈先生古韵三十二部之考定，信而有征，亦可借以得知陈先生《诗经》韵谱之可信。

附　录

2007年，台湾辅仁大学中国文学系召开第六届先秦两汉国际学术研讨会，后学深知郑张尚芳先生之《诗经》古音学说甚为奇特，与陈先生差异甚大，故特邀请郑张先生与会发表论文，请陈伯元先生担任特约讨论，并给予两位先生加倍以上之讨论时间。两位先生之精彩对答，在场学者均表佩服。陈伯元先生之讲评，也正是陈先生最后一次有关《诗经》古音学说之论述，谨引录陈先生原稿如下：

郑张尚芳《〈诗经〉的古音学价值》述评

台湾师范大学名誉教授　陈新雄

我们要了解郑张尚芳先生《〈诗经〉的古音学价值》一文的观点是否正确，首先应该了解郑张先生的古音系统。

先看郑张先生的六元音系统与古韵五十八部。

郑张先生的古音系统不但与传统的清儒及章黄学派不大一样，就是与董同龢、王力、李方桂先生的古音系统也大不相同。郑张先生把上古音的元音系统定为六元音系统，把上古韵部定作五十八部。

下面是郑张尚芳先生的六元音系统与古韵五十八韵配当表。

		i	ɯ	u	o	a	e
A 收喉	-o	脂（豕）	之	幽（流）	侯	鱼	支
	-g	质（节）	职	觉	屋	铎	锡
	-ŋ	真（黾）	蒸	终	东	阳	耕
B 收唇	-w	幽（叫）	幽（攸）	= u	宵（夭）	宵（高）	宵
	-wg	觉（吊）	觉（肃）	= ug	药（沃）	药（乐）	药（的）
	-b	缉（执）	缉（涩）	缉（纳）	盍（乏）	盍	盍（夹）
	-m	侵（天）	侵（音）	侵（枕）	谈（凡）	谈	谈（兼）
C 收舌	-l/-i	脂	微（衣）	微（畏）	歌（戈）	歌	歌（地）
	-d	质	物（迄）	物（术）	月（脱）	月（曷）	月（灭）
	-n	真	文（欣）	文（谆）	元（算）	元（寒）	元（仙）

郑张先生五十八部当中，歌月元有三套、宵药有三套、盍谈也有三套，而且主要元音有 o、a、e 三种的不同，因此同属元部的“辗转反侧”一句，前面三个都是元部字，郑张却拟成 ten、don、ban 三种不同的元音，我们要问，既然元音不同，为何还要叫成同样的韵部名称？就以元部为例吧！这三部在《诗经》押韵上分别的界线在哪里？

1985 年，我的学生余乃永的《上古音系研究》根据白一平（Baxter）的说法主张宵、药二部再析为豪、沃与宵、卓四部。我曾经写过一篇《宵药二部尚能细分吗》（1999 年）的文章加以驳斥，以为无论从谐声或《诗经》的押韵来看，都无可再分。前几年郑张的高足潘悟云先生到台湾师大演讲，我曾问他宵、药分为三部的根据何在？潘悟云说，他也没有根据。我想正好请教潘的老师郑张先生，也许可给我们答案吧！自李方桂先生《上古音》发表后，一个韵部只有一主要元音，不敢说已成定论，但的确是研究古音学者大家一致遵循的原则，今郑张不同元音也叫同一韵部名称，想必有特殊的理由，我们愿闻其详。

中国入声向来都以为是收清塞音的-p、-t、-k的韵尾，而今郑张改作浊塞音-b、-d、-g的韵尾，根据的都是同语族语，如藏语等。但汉语确实有着清塞音韵尾，如闽、粤方言就是，虽然说汉语也有浊辅音韵尾如所举丁邦新（1979年）闽南话合音例“出去”ts'ut k'i⇨ts'uli“入去”dzip k'i⇨dzibi，这只是夹于元音之间被同化而已，不像清塞音韵尾那样成系统。不知为何郑张先生要舍汉语的近，而取藏语等的远?

此外，郑张先生的幽觉、缉侵也各分成三套，尤其奇怪的是幽、觉与终配的那套主要元音是-ə，韵尾为收喉的-o、-g与-ú，其余两套，一套主要元音是ə，韵尾是收唇的-ə与-g，另一套主要元音是ɡ，韵尾亦为收唇的-ə与-g。缉侵三套虽然韵尾都是收唇的-ə与-əg，但主要元音也有-ə、ɡ、ə三种的不同。像幽觉终与其他的两套幽觉，主要元音既不相同，韵尾也不一样，还能认为是同一个韵部吗？这跟我们一般研究声韵学的人的想法，可以说是大异其趣！脂质真有两套，主要元音虽然都是ə，但韵尾却有收喉的-o、-g、ú与收舌的-l/-i、-ù、-ə的不同。微物文也有两套，韵尾虽然都是收舌，但主要元音却有ɡ与ə的不同。这样复杂的拟音，不要说是初学，甚至于研究声韵学多年的人，也被搞得如堕入五里雾中了。以此去检验《诗经》的韵语，不但不能证明什么，却反而弄得更不清楚了。

下面就从郑张先生本篇有关《〈诗经〉的古音学价值》一文请教。

郑张先生本篇论文共分三部分论述:

一、《诗经》的音节。

二、前冠音的表现。

三、连读音变。

现在我们就从这三方面来向郑张先生求教。

一、《诗经》的音节

首先从《诗经》音节方面来看，郑张先生认为不管多少复辅音，只要音节内一个主要元音，就只有一个音节锋（响度锋），只能自算一个音节。用了许多少数民族语言的例子。我很抱歉，我不懂少数民族的语言，不知他们确实的读法，但英文里像Scandinavia（斯堪的纳维亚）的s，在汉语的译文中，用斯［sɿ］去译音。［sɿ］这个音不能说不是一个音节吧！

因此郑张先生的《诗经》音，在我们看起来，好像是少数民族语，不是汉民族语。至于把雎鸠的鸠说成鸽子，由鸷鸟（猛禽）说成和平鸽，恐怕也并不太合《诗经》本文的解释，因为鸽子成群结队，而鱼鹰是两两厮守的。所以用少数民族语来解释上古的经典，实际上有很大的距离，一不小心，可能就会失去经典的原意，个人认为应该要特别谨慎。

二、前冠音的表现

这一节里，郑张先生引了《郑风·女曰鸡鸣》“琴瑟在御”，阜阳汉简作“在蘇”。按“蘇”从穌声即从鱼［nga］得声，当读［s-ngaa］，［御nga］借用蘇字以代，自当来自前冠式 s-nga。

二十年前我也同郑张先生持同一看法，见文幸福《阜阳汉简〈诗经〉研究》（1986 年）一文。

阜阳汉简

后来参加《异体字字典》编撰，接触更多的文字，我才发现我原来的想法很有问题。当我看到《说文解字》卷五“竹”：“篽、禁苑也。从竹、御声。《春秋传》曰：‘泽之自篽。’魰，篽或作魰，从又、从鱼。”我开始怀疑阜阳汉简的“蘇”字，可能为魰字之讹字。

說文解字 段注本

䉈 禁苑也宣帝紀詔池籞未御幸者假與貧民蘇林曰折竹以繩綿連禁籞使人不得往來律名爲籞應劭曰籞者禁苑也按蘇應說與許合元帝紀詔罷籞池田假與貧民西京賦云洪池清籞清籞猶漢書云嚴籞也晉灼釋嚴籞爲射苑故引許籞字之解謂嚴與籞同可以謝射亦迂曲矣 从竹御聲魚舉切五部 春秋傳曰澤之自䉈自當作舟昭二十年左傳曰澤之萑蒲舟鮫守之鮫當是䱍誤許所據竟作舟䉈耳魯語有舟虞同也

𩵹 䉈或作䱍从又从魚从又者取扞衛之意

說文解字 大徐本

䉈 禁苑也从竹御聲春秋傳曰澤之目䉈魚舉切 𩵹 䉈或从又魚聲

《说文解字》卷五“竹”

再读到《集韵·上声·八语》：“䉈、籞、𩵹、䉈、䱍。”《说文》：“禁苑也。引《春秋传》‘泽之自䉈’。或作籞、𩵹、䉈、䱍。”更益自信，蘇为䱍之笔误，根本与蘇字无关。

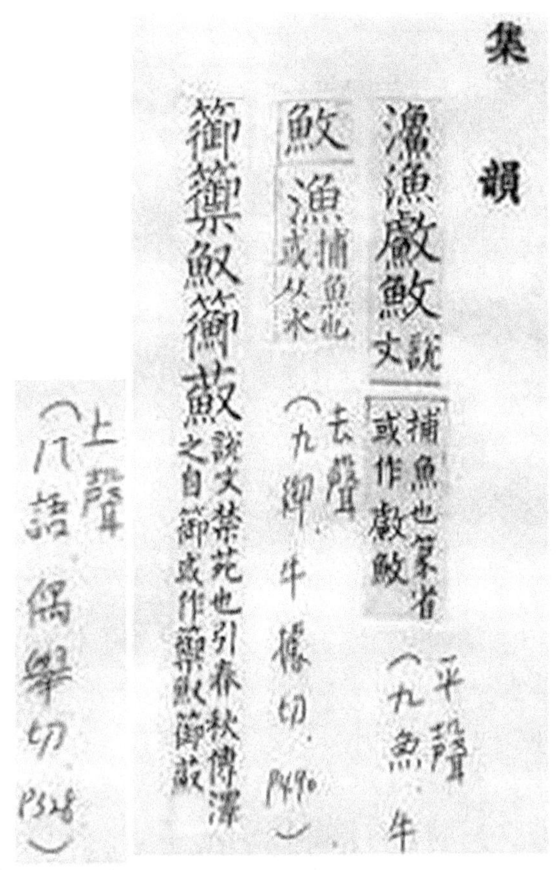
集韻

瀺漁䰻魰 說文捕魚也篆省或作䰻魰 （平聲九魚 牛

魰 漁 捕魚也或从米 去聲 （九御 牛據切 P490）

篽𥰭魰篽䰻 說文禁苑也引春秋傳澤之自篽或作𥰭魰篽䰻 上聲 （八語 偶舉切 P328）

《集韵·上声·八语》

则由此所推论出来的前冠音，原是莫须有。所以研读古籍，除了要通声韵学外，恐怕也要参考文字学，声韵文字训诂三者合一，才不会有太多错误出现。

三、连读音变

郑张先生说：如“言告师氏”“言秣其马”的言，《毛传》皆释为我也。此亦见《尔雅·释诂》，后人多疑而不从，常解为乃。俞敏《诗“薄言”解平议》始解为“我焉”ngal-jan 合音，但古文中“我焉”罕用。

观今闽南语三身代词的“guan、lin、in”来自“我侬、汝侬、伊侬”

合音，其n尾来自“侬”nang音的缩减，因此也有可能“言”［ngan］是“我乃”［ngal-nyy］的合音，其-n尾为“乃”的缩减。“我乃”连用较多，如《左传·昭公十二年》“我乃知之矣。”《书》即有“我乃”连用7例。大家知道，只有经常连用才能合音。

“我乃”合音为言质疑

《书·盘庚》：“我乃劓，殄灭之，无遗育。”

《金縢》：“我乃屏璧与珪。”

《洛诰》：“我乃卜涧水东，瀍水西。”

《多士》：“我乃明致天罚。”

《多方》：“我降尔命，我乃其大罚殛之。”

《尚书》虽“我乃”连言，但“我”是“我”，“乃”是“乃”，并不像闽南语的我侬、你侬、伊侬合音为guan、lin、in，因为闽南语我侬就是guan。而《尚书》的“我乃”并不是“言”。

王引之《经传释词》说，乃与则同义，故《书·盘庚》：“我乃劓，殄灭之，无遗育。”《左传·哀公十一年》作“则劓殄无遗育”。尤可证“乃”是“乃”，与“我”无关。然则说“言”是“我乃”的合音实属牵强。

合音质疑

且合音的下一字，只取声母辅音，尤属史无前例。不论郑张所举的“之乎”或“之于”合为“诸”，或俞敏的“我焉”合为“言”，都是取合音下字的韵母，没有只取下字的前缀辅音（initial consonant）作为合音的。以上都是我读过郑张先生此篇论后，一些不很清楚的问题，特提出来向郑张先生请教。

【附记】本文的投影片原始档曾寄丁邦新兄指正，邦新兄于2008年1月1日复函云：

伯元吾兄：

用PowerPoint果然看得很清楚。你对郑张的批评我差不多完全同意，关于“禦”“蘇”两字的讨论，尤其精彩，只有关于s也代表音节的说法有点保留。

我对郑张的六元音系统根本不同意，1994 年写“汉语上古音的元音问题”时就曾加以批评，同一韵部里拟测三个元音尤不可信！这跟你的看法完全一样。拙文原发表于《中国境内语言暨语言学》第二辑《历史语言学》，又收入我在商务出版的论文集，请指教！

专此即请

年安　弟邦新拜上

战后台湾“《诗经》学天文研究”探讨（1949—2015）

蓝丽春*

一、前言

《诗经》时代之社会，人们与大自然的关系十分密切，诗人常藉物兴发以抒写其情志，是以题材丰富、意象纷呈，如天文、气象、草木、鸟兽、虫鱼……等俯拾皆是，天文意象即是《诗经》内容中重要的方面。先民体察日月星辰等天体运行的理则，熟习天文星象嬗变的种种现象，及其对庄稼与生活的影响力，这些对天文星象之认知与感应，自然地成为吟咏的素材，是以相关语句少则一二句，多则十余句的反映在各诗篇中。孔子称学《诗》可“多识草木鸟兽之名”，其后《诗经》学遂有“名物解”一派，今称为“《诗经》的博物学”①，以《诗经》中的天文意象作为研究主题者亦属于此类。

《诗经》中保存了丰富的天文相关史料，顾炎武《日知录·天文》谓云：

> 夏、商、周三代以上，人人皆知天文。七月流火，农夫之辞也；三星在户，妇人之语也；月离于毕，戍卒之作也；龙尾伏辰，

* 蓝丽春，台湾嘉南药理大学儒学研究所副教授。

① 胡朴安《诗经学》一书中即列有“《诗经》之博物学”一章，（台北）台湾商务印书馆1988年版。

儿童之谣也。后代文人学士，有问之而茫然不知者。①

顾氏所举例之“七月流火”“三星在户”“月离于毕”即皆出自《诗经》。典籍中有关上古天文的文献，首推《尚书·尧典》与《夏小正》，但二者的成书时代仍有些争议，无争议之典籍，以《诗经》为最古，蔡懋棠《〈诗经〉上的“星”》谓云：

在《诗经》上出现的星名是参、毕、昴、定、织女、牵牛、箕、火、斗及启明和长庚各星，不过在《书经·尧典》已有关于昴、火的记载，“鸟”和“虚”便是。而关于鞠、参、昴、织女、大火等诸星的记载，在《夏小正》即有。可是除了上述两书，有关天文的书籍，应该推《诗经》为最古的文献。②

《诗经》中有许多篇章涉及天文星象，现今我们所熟知的牵牛星、织女星、北斗星等，早在二三千年前就已是先民吟咏的素材，其名称仍沿用至今。这些有关天文的材料，诚具有不可忽略的价值性，庄雅州《论〈诗经〉天文意象的多元价值》一文即认为：

这些借由天文所建构的心灵图像，在当时只是诗人用来抒情写志的素材而已。但在二三千年后的今日看来，它们除了具有高度的文学价值外，在科技史、年代学、社会学、神话学、思想史等方面，也都大有探讨的空间，这是我们在研究《诗经》时不可忽略的。……

尤其是在今日读来，更可发现它们确实具有多元的价值，不啻是章学诚“六经皆史”说的最佳脚注。③

由此可知，《诗经》中的天文史料具有文学性、科技史、年代学、社会学、

---

① （清）顾炎武著，陈垣校注：《日知录校注》卷30，安徽大学出版社2007年版，第1695页。

② 蔡懋棠：《〈诗经〉上的“星”》，《大陆杂志》第21卷第8期，1960年10月，第22页。

③ 相关论述，详见庄雅州：《论〈诗经〉天文意象的多元价值》，载中国《诗经》学会编：《第五届〈诗经〉国际学术研讨会论文集》，学苑出版社2002年版，第555、565页。

神话学、思想史等方面的多元价值，诚值得吾人关注。

自1949年迄今，已历经七十余年，关于战后台湾《诗经》学研究的成果与发展情况，前贤已有不少论述，如林庆彰《台湾近四十年〈诗经〉学研究概况》①、杨晋龙《台湾近五十年〈诗经〉学研究概述一九四九—— 一九九八》②、林伟雄《近四十年（一九六九——二〇〇七）台湾〈诗经〉学博硕士学位论文研究概述》③、李名媛《台湾地区1999至2012〈诗经〉学研究探论》④、夏传才《现代〈诗经〉学展望》与《21世纪〈诗经〉学展望》等⑤，这些以宏观视野对台湾《诗经》学作总体性、回顾性研究的论著，为学界提供颇多参考与帮助。

本文《战后台湾“〈诗经〉学天文研究”探讨（1949—2015）》，在上述学者的基础上，另采用微观的观点、聚焦于其中某一特定主题，亦即探讨战后台湾《诗经》学天文相关议题的研究概况。首先界定“天文”一词之意涵以为判别的标准，从而确认《诗经》中相符合的诗句与篇章，据此选取相关研究成果，进行评介与分析。本文探讨的时间范围设定为1949年至2015年之间，研究对象为“台湾《诗经》学天文研究”，具体是指在此期间在中国台湾发表的《诗经》学天文相关论文。在资料方面，除过去已收集的论文外，并参考上述学者的著述以及运用网络资源，如台湾图书馆查询系统、博硕士学位论文信息网以及各大学图书馆、中国期刊网、华艺在线图书馆等的检索系统，以充实信息。

① 林庆彰：《台湾近四十年〈诗经〉学研究概况》，《文学遗产》1994年第4期。

② 杨晋龙：《台湾近五十年〈诗经〉学研究概述一九四九—— 一九九八》，《汉学研究通讯》第20卷第3期（2001年8月）。此文后来改写成为《〈诗经〉学研究概述》，载林庆彰主编：《五十年来的经学研究》，（台北）台湾学生书局2003年版。

③ 林伟雄：《近四十年（一九六九——二〇〇七）台湾〈诗经〉学博硕士学位论文研究概述》，《孔孟月刊》第49卷第1、2期（2010年10月）。

④ 李名媛：《台湾地区1999至2012〈诗经〉学研究探论》，硕士学位论文，（彰化）彰化师大台湾文学研究所，2014年。

⑤ 夏传才：《现代〈诗经〉学展望》，《中国文哲现代通讯》第6卷第4期。《21世纪〈诗经〉学展望》，《淮阴师范学院学报》（哲学社会科学版）2002年第2期。

二、“天文”界定

（一）古代的“天文”意涵

为探讨《诗经》学天文研究，首先须对“天文”一词的来源与意涵作出界定。“天文”一词，英译为“Astronomy”，是一门观测与研究宇宙间天体的科学，不论中外，其历史皆十分悠久，可溯源至数千年之前，在人类早期文明中占有重要的地位。现代的“天文”意义是指探索各种天体和宇宙的本质及其运行机制，例如：包括卫星、行星、恒星、星云、银河系等天体的分布、运动、位置、结构、起源、演化等，以及一些在地球大气层外的现象，像是超新星、伽马射线暴和宇宙微波背景辐射等的天体物理学。

中国古代，天文的概念则较为广泛，除了涵盖上述属于科学观察的部分外，还包括了星占学理、天官体系、天人相应和天人合一思想等等。文献中最早出现“天文”一词者为《易经》，《诗经》中许多篇章出现“天”字，但并未见“天文”二字，《易经》与《诗经》或具相同的时代背景，故以《易经》之“天文”内涵作为界定《诗经》相关诗句之依据，以下即就《易经》中有关“天文”及其释义与演绎先作一探讨。

《易经》中出现“天文”者共有二处，兹载录如下：

> ䷕贲，亨。小利有攸往。
>
> 彖曰：贲，亨，柔来而文刚，故亨。分刚上而文柔，故小利有攸往，天文也。文明以止，人文也。观乎天文，以察时变；观乎人文，以化成天下。（《易·贲·彖辞》）①
>
> 仰以观于天文，俯以察于地理，是故知幽明之故。（《易·系辞上》）②

① （魏）王弼、韩康伯注，（唐）孔颖达等正义：《周易正义》，《十三经注疏》本，（台北）艺文印书馆1982年版，第62页。

② （魏）王弼、韩康伯注，（唐）孔颖达等正义：《周易正义》，《十三经注疏》本，（台北）艺文印书馆1982年版，第147页。

《易·系辞》中另有二处单举一“天”字，但其意如同“天文”者，如下：

古者包牺氏之王天下也，仰则观象于天，俯则观法于地，观鸟兽之文与地之宜。近取诸身，远取诸物，于是始作八卦，以通神明之德，以类事物之情。(《易·系辞下》)

天地变化，圣人效之。天垂象，见吉凶，圣人象之。河出图，洛出书，圣人则之。易有四象，所以示也。系辞焉，所以告也；定之以吉凶，所以断也。(《易·系辞上》)①

《易经·贲卦》谓：“贲，亨。小利有攸往。”贲卦离下艮上，象征修饰、文明。文饰能美化事物，在朴实的本质上衬加文饰可致亨通，故断云“小利有攸往”，亦即前往对小事有利。《贲卦·彖辞》为阐释卦辞、卦义，更对举“天文”“人文”，此即“天文也。文明以止，人文也。观乎天文，以察时变；观乎人文，以化成天下”，用以说明“贲”的积极意义。此即“天”一词最古之出处。王弼注、孔颖达疏解此文云：

刚柔交错而成文焉，天之文也。止物不以威武而以文明，人之文也。观天之文，则时变可知也；观人之文，则化成可为也。(王弼注)

言圣人当观视天文，刚柔交错，相饰成文，以察四时变化。(孔颖达疏)②

据王注、孔疏，解“天文也”时，在此句前加上“刚柔交错”四字，能让文意更完整通畅。是以傅隶朴《周易理解》认为此句“天文也”三字之上应该有“柔刚相交”四字，即完整的句子应为：“柔刚相交，天文也。”以对应其下的“文明以止，人文也。”但“柔刚相交”四字已见上文，故从而

① (魏)王弼、韩康伯注，(唐)孔颖达等正义：《周易正义》，《十三经注疏》本，(台北)艺文印书馆1982年版，第157页。

② (魏)王弼、韩康伯注，(唐)孔颖达等正义：《周易正义》，《十三经注疏》本，(台北)艺文印书馆1982年版，第62页。

省略。①

《易经》认为万事万物的起源、发展、变化，都是阴与阳、亦即柔与刚此二元因素造成，阴爻即柔爻，阳爻即刚爻。就此观点而言，天空中两个最显著的天体太阳和月亮，也是一阳一阴，其他各星辰亦各分阴、阳，是以天空中所呈现的日月星辰之排列与运行，皆是阴阳交错杂陈的反映，以卦爻符号来表示，即是刚爻柔爻的变化与移易，于是形成了“天之文理”，故云“刚柔交错，天文也”。先民观测天象，掌握到天体运行的法则，发现透过天文可以体察时节的变化、确定时间的规律与秩序，而气候物候、周遭环境也随之而有相应的转变，是以可根据天象变化来安排生产和生活，此即《尚书·尧典》所云之“观象授时”②。因此，观天文最初的动机是为了实用、“察时变”最终目的在于成就人文秩序，则天文能为人文垂训，人文社会据其范式以统理天下，此即“观乎天文，以察时变”的主要意义。

《易·贲·彖辞》以天文、人文对举；《系辞传上》云“仰以观于天文，俯以察于地理，是故知幽明之故”，则以天文、地理对举；“地理”系指地形、地貌而言，③ 天覆地载乃人类生存之所在，是以《易经》称天、地、人为三才。④ 此处谓古人借由仰观天文和俯察地理，因而得知“幽明之故”，亦即理解宇宙自然现象的奥秘。其下的“古者包牺氏之王天下也”云云，则是具体的记叙包牺氏透过观测天文、俯察大地和观察一切物类，习得生存所需的知识和技能，因而制作出八卦，用以会通神明的奥妙、比拟万物的实况，提高了人类认识天地和开发世界的能力。

以上所举三则《易经》中的“天文”“天”，意指天象，其义同于现代

① 傅隶朴：《周易理解》，（台北）台湾商务印书馆 1994 年版，第 190 页。

② 《尚书·虞书·尧典》云：“乃命羲和，钦若昊天，历象日月星辰，敬授人时。”（汉）孔安国传，（唐）孔颖达等正义：《尚书正义》，《十三经注疏》本，（台北）艺文印书馆 1982 年版，第 21 页。

③ （唐）孔颖达疏云：“天有悬象而成文章，故称文也。地有山川原隰，各有条理，故称理也。”

④ 《易经》六十四卦，每卦卦象皆六爻，即蕴含天、地、人三才之道。《易·系辞下》云：“《易》之为书也，广大悉备。有天道焉，有人道焉，有地道焉。兼三才而两之，故六。六者非它也，三才之道也。”（魏）王弼、韩康伯注，（唐）孔颖达等正义：《周易正义》，第 175 页。

“天文”意义中属于科学观察与探索的部分。而第四则“天垂象，见吉凶，圣人象之”中的“天”，明显地体现出“人格天”的意志，性质与前三则中“自然义”的“天”不同，“人格天”相当于原始信仰中的“神”，是人世间最高主宰，能施行赏罚，一切自然现象如日晕月食、雷殛电闪等皆是其意志的展现，其主要的作用在于决定政权之兴废，是人间权力的来源。此句意谓当朝政失中时，上天垂示天象，显现吉凶之兆，圣人观察到此奇异天象，乃分判施政得失，上达于天子，并劝谏其纠正。天象所示大多为凶象，吉兆较少，此盖因天子系代天行事，符合天意为正常现象，无须多示吉兆，当违反天意时上天才会垂象示警，此亦先民敬天畏天、天人相应、天人合一等神秘思维的源头所在。既然要从天象中“见吉凶”，所以星占学，亦即根据天象异变来预测世事吉凶祸福的一种方术，遂成为观测天文预测吉凶的重要学问。

《易经》原是上古卜筮之术，早在上古时代，天文与星占已密不可分，甚至可说，古代天文学就是星占学，天文研究是为了替人类、替政治服务，司马迁即身兼天文学家及占星家，① 他将天上的星空视为人间社会的缩影，是以将记载天文星象的篇章命名为《天官书》，在其论赞部分，企图根据星象变化来归纳人事治乱的规律，《史记·天官书》总结了汉以前的天文与星占，为现存最古描述星官体系结构的重要文献。天文关联着国家社稷与君王的休戚祸福，此思维一直延续在历代史书诸《天文志》中，② 正如班固《汉书·艺文志·数术略》天文类序所云：

> 天文者，序二十八宿，步五星日月，以纪吉凶之象，圣王所以参政也。③

---

① 庄雅州云：“天文学在古代，原本是为占星术服务，从先秦以至明代，伟大的天文学家往往身兼占星家，著名的天文学著作往往也是占星学的要籍，司马迁的《天官书》自然也不例外。”见庄雅州：《科学与迷信之际——史记天官书今探》，《台湾中正大学中文学术年刊》第6期，2004年12月，第2页。另，冯时云：“天文学从一开始其实只是作为星占术而为人类服务。”见冯时著，丁原植主编：《出土古代天文学文献研究》，（台北）台湾书房出版有限公司2008年版，第7页。

② 江晓原云：“历代官史中诸《天文志》，皆为典型的星占学文献。”见江晓原：《天学真原》，（台北）洪叶文化事业有限公司1995年版，第3页。

③ （汉）班固撰，（唐）颜师古注：《汉书》，鼎文书局1979年版，第1765页。

天文的作用在于“纪吉凶之象”，以便为圣王施政提供指引，则对于“二十八宿”“五星日月”等天体运动变化的观测与记录，只是为了达成让圣王“参政”的手段；这种天文星占学，已内化成文化底蕴，成为两千年来中华文化中的传统印象。

综上可知，古代“天文”一词的意涵，有符合现代自然科学定义的部分，即观测日月星辰等天象，属于星象学的领域。更多部分为根据天象以占卜人事吉凶祸福，属于星占学的范围。至于风雨雷电等地球大气层内所发生的现象，亦即属于今日气象学之部分，上举原典中并未论及，是以不包含在“天文”的范围内。又《史记》除《天官书》外另撰有《历书》，后代史书循其模式，于《天文志》外另篇撰写《律历志》，是以历法相关议题也不包含在“天文”的范围内。

（二）《诗经》天文相关篇章

依据前述对“天文”意涵所作之界定，论及《诗经》天文相关篇章如宋代学者王应麟在其《六经天文编·诗》中共列举出：“三五参昴”（小星）、“定之方中”（定之方中）、“三星在天”（绸缪）、“七月流火”（七月）、“十月之交”（十月之交）、“大东众星”（大东）、“云汉”（云汉）等七篇。[①] 清人洪亮吉《毛诗天文考》是一本研究《诗经》天文现象的专书，其讨论之天象除王应麟《六经天文编》中的部分外，还加上“既伯既祷”（吉日）、“成是南箕”（巷伯）、“月离于毕”（渐渐之石）、“三星在留”（苕之华）等共十一篇。[②] 学者蔡懋棠《〈诗经〉上的“星”》一文除论及前述篇章外，又加上“明星有烂”（女曰鸡鸣），[③] 则共为十二篇。上举可知，前贤所提出的天文内容，为日、月、行星及恒星等天体，包含了星象与星占之范畴。

1997年林柏宏《〈诗经〉天文意象初探》一文将天文意象区分为七类：

---

① （宋）王应麟：《六经天文编》，《王应麟著作集成》，中华书局2012年版，第153—168页。

② （清）洪亮吉：《毛诗天文考》，道光三十年张氏崇素堂刻本，《续修四库全书·经部·诗类》第65册。

③ 蔡懋棠：《〈诗经〉上的“星”》，第25页。

星占类、历令类、时律类、运则类、天体类、天象类、气象类，并制表筛选分析，汇整出天文意象相关诗篇计有二十篇，[①] 成为甚佳之基本资料。2000 年卢昭蓉在《论〈小雅·大东〉篇中牵牛、织女二星的思想意涵》中之附表，即依据林著微调，[②] 对于《诗经》天文篇的研究也有锦上添花之效。以下即依据前述天文界定及前贤搜集资料的基础上，列出《诗经》有关天文诗句计二十四篇，摘录如下：

1. 嘒彼小星，三五在东。
   嘒彼小星，维参与昴。《召南·小星》
2. 日居月诸，胡迭而微？《邶风·柏舟》
3. 日居月诸，照临下土。
   日居月诸，下土是冒。《邶风·日月》
4. 雝雝鸣雁，旭日始旦。《邶风·匏有苦叶》
5. 日之方中，在前上处。《邶风·简兮》
6. 定之方中，作于楚宫。
   命彼官人，星言夙驾。《鄘风·定之方中》
7. 充耳琇莹，会弁如星。《卫风·淇奥》
8. 鸡栖于埘，日之夕矣。
   鸡栖于桀，日之夕矣。《王风·君子于役》
9. 子兴视夜，明星有烂。《郑风·女曰鸡鸣》
10. 匪东方则明，月出之光。《齐风·鸡鸣》
11. 东方之日兮，……
    东方之月兮，……《齐风·东方之日》
12. 绸缪束薪，三星在天。
    绸缪束刍，三星在隅。

① 林柏宏：《〈诗经〉天文意象初探》，《台湾辅大中研所学刊》第 7 期，1997 年 7 月，第 20—29 页。有关“星占类、历令类、时律类、运则类、天体类、天象类、气象类”的定义，参见第 18 页。

② 卢昭蓉：《论〈小雅·大东〉篇中牵牛、织女二星的思想意涵》，《台湾中正高中学报》第 8 期，2008 年 10 月，第 47—50 页。

绸缪束楚，三星在户。《唐风·绸缪》

13. 昏以为期，明星煌煌。

昏以为期，明星晢晢。《陈风·东门之杨》

14. 月出皎兮，佼人僚兮。

月出皓兮，佼人懰兮。

月出照兮，佼人燎兮。《陈风·月出》

15. 七月流火，九月授衣。《豳风·七月》

16. 如月之恒，如日之升，如南山之寿。《小雅·天保》

17. 吉日维戊，既伯既祷。

吉日庚午，既差我马。《小雅·吉日》

18. 十月之交，朔月辛卯，日有食之。

彼月而微，此日而微。

日月告凶，不用其行。《小雅·十月之交》

19. 哆兮哆兮，成是南箕。《小雅·巷伯》

20. 天有汉，监亦有光。跂彼织女，终日七襄。虽则七襄，不成报章。睆彼牵牛，不以服箱。东有启明，西有长庚。有捄天毕，载施之行。维南有箕，不可以簸扬。维北有斗，不可以挹酒浆。维南有箕，载翕其舌，维北有斗，西柄之揭。《小雅·大东》

21. 月离于毕，俾滂沱矣。《小雅·渐渐之石》

22. 牂羊坟首，三星在罶。《小雅·苕之华》

23. 倬彼云汉，为章于天。《大雅·棫朴》

24. 倬彼云汉，昭回于天。

瞻仰昊天，有嘒其星。《大雅·云汉》

以上共计二十四篇《诗经》天文相关诗篇,[①] 符合前项“古代的天文意涵”中所述,其相关之天文意涵系指星象与星占而言。

三、战后台湾《诗经》学天文研究概况

战后台湾《诗经》学天文研究,搜集到的相关研究成果有期刊论文20篇、学位论文2篇,共22篇。为探讨此研究文献,本文依照作者发表时间先后,评介作者在相关议题方面的研究范围与研究对象,为明确呈现其研究属性类别,兹沿用杨晋龙《台湾近五十年〈诗经〉学研究概述一九四九—— 一九九八》一文“结论”中之研究归类,即“传统经学的研究”“基本问题的研究”“文学的研究”“历史的研究”“语言文字学的研究”“文献学的研究”等,[②] 以便于说明。

(一) 期刊论文

1. 1960年/蔡懋棠:《〈诗经〉上的“星”》——文学的研究兼历史的研究

(1) 论及篇章共十篇:《小星》《绸缪》《苕之华》《渐渐之石》《七月》《大东》《女曰鸡鸣》《巷伯》《定之方中》《吉日》。

(2) 讨论之星象有:心宿三星(大火星)、参、昴、毕、织女、牵牛、南箕、北斗、启明(长庚)、营室、房宿等,认为以上各星皆属于廿八宿,则廿八宿在当时已制定。解说星象时佐以星象图,并与西方星座相比对,

---

① 新加坡学者郑衍通在《〈诗经〉中的天文诗》一文中,认为《小雅·渐渐之石》:“有豕白蹢,烝涉波矣。”指参宿与银河而言。又认为《小雅·菀柳》:“有鸟高飞,亦傅于天。”即南方朱雀中的鸟宿,则此二篇亦属于天文诗。见《南洋大学学报》第3期,1969年,第33页。另,陈遵妫认为《大雅·灵台》“经始灵台”,为古代之天文台,见陈遵妫《中国天文学史·天文测算编》第六册,(台北)明文书局股份有限公司1990年版,第1671页。又孟庆如《〈诗经〉与天文学》说亦同,见《北华大学学报(社会科学版)》第2卷第1期,2001年3月,第40页。上述诗句因字义解说不同,内容各异,如屈万里《诗经诠释》、王静芝《诗经通释》即不从星象方面解说,学者可酌参。是否可归入天文诗?有待进一步研究。又,林柏宏《〈诗经〉天文意象初探》谓具有“泛天文”字汇之诗篇,共有五十多首,林柏宏:《〈诗经〉天文意象初探》,第17页。可参酌。

② 杨晋龙:《台湾近五十年〈诗经〉学研究概述一九四九—— 一九九八》,第45页。

具有科学精神。

附 1964 年/［日］饭岛忠夫著、周富美译：《〈书经〉〈诗经〉的天文历法》，《孔孟学报》第七期，文末有屈万里的附记——基本问题的研究

（1）《十月之交》是记载日食与干支的最古文献，故为历代天文学者与《诗经》学者关注的议题。本篇系据诗中“十月之交，朔日辛卯，日有食之，亦孔之丑”的日食与干支记录来考证作诗的年代。

（2）作者为日本人，文末有屈万里的附记，云：

> 用诗书中所载的天象，来推断《尚书》和《诗经》中若干篇著成的时代，本来是一个很科学的方法。但因为观测的地点、观测的时刻、古今星名的异同，……种种问题，以致推算结果，差异很大。……近年来学者很少讨论这一类的问题，这篇译文发表以后，也许可以引起学者们的兴趣，作更进一步的研究，而得到比较合理的结论。屈万里附记。①

可见早在 1964 年，屈万里即已认为用天文星象来考证年代，是很科学的方法，认为这篇译文发表以后，也许可以引起学者们的兴趣，但在当时未引起重视。

2. 1972 年/许倬云：《两周的天文、物理与工艺》——历史的研究

（1）论及《诗经》之篇章有六：《七月》《定之方中》《苕之华》《小星》《渐渐之石》《大东》。

（2）认为廿八宿见于《诗经》者为：大火星即包括心、房、氐，定包括室与壁，以及昴、参、毕、箕、北斗等。

3. 1972 年/刘明仪：《星的连系——对〈诗经通释〉质疑》——文学的研究兼历史的研究

（1）有关《诗经》的作者，自 20 世纪 60 年代起，台湾师大教授李辰冬提出《诗经》为尹吉甫一人所作，打破二千余年来有关《诗经》作者的

① ［日］饭岛忠夫：《〈书经〉〈诗经〉的天文历法》，周富美译，《孔孟学报》第七期，1964 年 4 月，第 197 页。

成说，当时曾引起学术界强烈反响。本篇对李辰冬归纳诗中的同一字、同一成语、同一地名等所谓的科学统计方法有所质疑，乃串联《东门之杨》《野有蔓草》《绸缪》《小星》等四篇，解析“维参与昴”“三星在天”等与星有关之诗句以证明李说有讹，有关参宿、商宿等天文知识方面，还专函去请教天文台。

(2) 讨论之星象有：启明（长庚）、参、商（心宿三星）。

4. 1973年/赵制阳：《星的补述——对〈诗经通释〉的讨论》——文学的研究

(1) 质疑李辰冬将《周颂·清庙》中的“清庙”解释为“营室”星，主张应释为祭祀文王的颂诗，《清庙》并非祭星诗。论及之篇章有：《清庙》《定之方中》。

(2) 提及之星象：昴、毕、南斗、牵牛。

5. 1974年/王保德：《〈诗经·十月之交〉日食年代考》上、下——基本问题的研究

(1) 依据《十月之交》中的“十月之交，朔日辛卯，日有食之，亦孔之丑”考证作诗时代，提出“十月”是指周正、殷正、还是夏正等历法上的计算方法，期能解决西周年代等问题。

(2) 提及之天象：日食、月食。

6. 1979年/江宁：《〈诗经〉欣赏举例——绸缪》——文学的研究

(1) 讨论之篇章：《绸缪》。“三星在天”中的“三星”，多数人承《毛传》“参宿”之说，但作者认为“三”为“多”意，亦即指群星而言，并无特指，是以“三星在天”意为：天上群星灿烂。作者发表多篇的《〈诗经〉欣赏举例》，体例皆为首先提示主旨、分章解释、白话翻译，其后为欣赏与研究，尤着力于诗篇的文艺赏析。风格近似糜文开、裴普贤合撰的《〈诗经〉欣赏与研究》。①

(2) 提及之星象：参宿。

① 参见糜文开、裴普贤：《〈诗经〉欣赏与研究·绸缪》，（台北）三民书局1964年版，第260—263页。

7. 1983 年/江宁：《〈诗经〉欣赏举例——小星》——文学的研究

（1）讨论之篇章：《小星》。

（2）提及之星象：参、昴，谓二者皆是西方七宿中的星宿，属冬季之星象。

8. 1984 年/江宁：《〈诗经〉欣赏举例——女曰鸡鸣》——文学的研究

（1）讨论之篇章：《女曰鸡鸣》。

（2）提及之星象：谓“明星有烂”中的明星，为先日而出的启明星。

9. 1996 年/江宁：《〈诗经〉欣赏举例——大东》——文学的研究

（1）讨论之篇章：《大东》，侧重于讲解诗意，不在天文知识，是以有关天文部分如银河、织女星等，仅作文字解释，例如启明与长庚，虽有提及二者实为同一颗星，但并未点出即是八大行星中之金星。

（2）提及之天象：银河、织女、牵牛、启明与长庚（实是一星）、毕、箕、北斗。

10. 1997 年/林柏宏：《〈诗经〉天文意象初探》——文学的研究兼历史的研究

（1）逐一筛选具有天文意象的诗句，以现代天文知识为基础，颇具科学性。所汇整的表格，条理分明，甚有参考价值。文中共论及二十首诗篇并加以分类：

星占类：《定之方中》《十月之交》《渐渐之石》《吉日》。

历令类：《七月》。

时律类：《鸡鸣》《女曰鸡鸣》《简兮》《君子于役》《匏有苦叶》。

运则类：《绸缪》《东方之日》《日月》《柏舟》。

天体类：《月出》《东门之杨》《小星》《大东》。

天象类：《云汉》《棫朴》。

（2）论及之天象有：明星即启明与长庚，定、火、参即三星，昴、伯、毕、箕、斗、织女、牵牛、天汉等。另列有气象类十五篇，但不列入讨论，仅为参考。①

① 林柏宏：《〈诗经〉天文意象初探》，第 19 页。

11. 1998年/江宁:《〈诗经〉欣赏——渐渐之石》——文学的研究

(1) 讨论之篇章:《渐渐之石》。

(2) 提及之星象:毕。

12. 1999年/何志鹏:《〈诗经〉中的日月星辰研究》——文学的研究兼历史的研究

(1) 本篇兼从科学与文学两种角度来考察《诗经》中的日月星辰,附有多份星图与影像图片以增进文章的清晰度,例如"《大东》诸星及天河相关位置图",如下图一,[①] 可惜皆未标示出处。论及篇章共有十篇:《渐渐之石》《十月之交》《柏舟》《大东》《巷伯》《小星》《七月》《定之方中》《绸缪》《苕之华》。

(2) 论及天象计有:毕、心宿(房、心、尾)、日月食、火、箕、牛、女、定(危、室、壁、奎)、昴、参、启明(长庚)、北斗等。

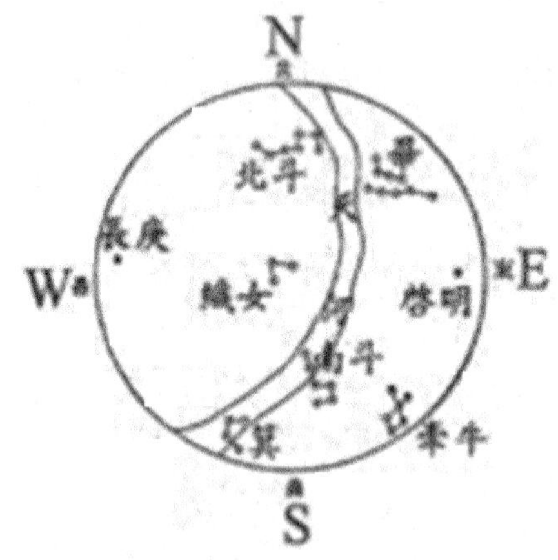

图一 《大东》诸星及天河相关位置图

13. 2001年/庄雅州:《论〈诗经〉天文意象的多元价值》——基本问题的研究兼历史的研究

(1) 本篇分别从科技史、年代学、社会学、神话学、思想史、文学性

① 何志鹏:《〈诗经〉中的日月星辰研究》,《翠岗学报》第2期,1999年6月,第14页。

等角度论述《诗经》天文意象的多元价值，甚具代表性。提及之诗篇共有二十一篇：《小星》《柏舟》《日月》《匏有苦叶》《淇奥》《定之方中》《君子于役》《绸缪》《女曰鸡鸣》《东门之杨》《月出》《七月》《天保》《吉日》《巷伯》《十月之交》《大东》《渐渐之石》《苕之华》《棫朴》《云汉》。

（2）论及之天象星象计有：启明（长庚）、心宿三星、柳宿五星、参、昴、毕、营室、房宿、箕宿、织女、牵牛、北斗、日食、月食等。

（3）另，作者除本篇外，尚有多篇古代天文相关著作如：《〈吕氏春秋〉中之天文》《古书中的北斗七星》《〈左传〉天文史料分析》《〈左传〉占星术析论》《科学与迷信之际——〈史记·天官书〉今探》《〈说文解字〉中的天文史料析论》等，研究成果丰硕。庄雅州自1985年完成《〈夏小正〉析论》后，即深入于中国古代天文学的研究，30年来秉持着“以典籍中的天文研究发扬传统科技文化”的信念，[①] 不仅开创出经学天文研究的独特治学路径，也为知识的科际整合提供可能的示范。林庆彰《台湾近四十年〈诗经〉学研究概况》曾谓各大学中文系所教授是推动《诗经》研究的最大动力之一，并列举出近四十年对《诗经》学贡献良多的八所大学师资，庄雅州即是其中之一，[②] 由此可见其在经学天文研究上之贡献。

14. 2004年/金利湜：《〈诗经·小雅·大东〉之分析》——文学的研究

（1）讨论之篇章：《大东》。

（2）重点在文学欣赏，对诗中的织女、牵牛、天毕、箕、北斗等并未作星象讨论。

15. 2005年/彭喜豪：《测日、观斗定之方中之堪舆立向考源》——历史的研究

（1）本篇重点在堪舆理气，论述测量日影与北斗星斗转星移的天象规律，考察翔实，论及之篇章：《定之方中》《公刘》。

（2）论及天象：日、北斗。

---

① 引自郑月梅：《以典籍中的天文研究发扬传统科技文化——庄雅州教授的治学特色及其研究成果》，《“国文”天地》第23卷第5期，2007年10月，第96页。

② 林庆彰：《台湾近四十年〈诗经〉学研究概况》，第120页。

16. 2007年/廖藤叶：《天文视域下的牛、女传说》——历史的研究

（1）从《大东》篇中的银河、织女、牛郎谈起，兼及后代诗词中的典故以及西方星座神话“天琴座”的故事，并以天文距离检视牛、女在七夕相会的可能性。

（2）论及之天象：银河、织女、牛郎、日、月、金、木、水、火、土、廿八宿等。

17. 2008年/卢昭蓉：《论〈小雅·大东〉篇中牵牛、织女二星的思想意涵》——历史的研究

（1）从古代天文学如三垣、四象、廿八宿等谈起，聚焦于《大东》中的牵牛、织女星。

（2）论及之天象：银河、织女、牛郎、日、月、廿八宿等。

18. 2011年/贾承恩：《〈诗经·十月之交〉中的人物问题》——基本问题的研究

（1）根据《十月之交》中所述的灾异现象，考察成诗时代及诗中主刺之人。

（2）提及之天象：日食、月食。

19. 2011年/刘国平：《文学思路的回归——为〈齐风·鸡鸣〉进一解》——文学的研究

（1）讨论之篇章：《鸡鸣》。“鸡既鸣矣，朝既盈矣”中的“朝”，传统多诠释为“上朝”，作者则提出可解释为“朝市”，亦即“市场”之意。

（2）作文学性诠释，对有关天文的诗句“匪东方则明，月出之光”并未作星象讨论。

20. 2014年/蓝丽春：《〈诗经·豳风〉“七月流火”中的天文星象解析》——历史的研究

（1）讨论之篇章：《七月》。针对首句“七月流火”中的“火”亦即“大火星”作古今中西的对照说明。

（2）论及之天象：大火星、参宿、北极星。大火星为心宿之主星，亦是《尧典》“四仲中星”中确立“日永”之星，现今西洋星座则称之为天

蝎座α星。

（二）学位论文

1. 1995年/周玉琴：《〈诗经〉天文地理意象研究》，台湾中山大学硕士学位论文

（1）所指的天文包括星象与气象，论文重点在阐发《诗经》的艺术技巧，与天文相关的在第二章“日月星辰等”。此章旨在诠释诗篇的文学性以及天文意象对后代诗歌的影响，而非星象探讨。对相关日月星辰等，以文献记载带过，参考书目中无天文类的著作与期刊。提及之篇章：《匏有苦叶》《简兮伯兮》《君子于役》《大车》《柏舟》《女曰鸡鸣》《绸缪》《小星》《苕之华》《大东》《巷伯》《云汉》等。

（2）提及之天象：日、月、日食、月食、定星、毕星、参、昴。

2. 2009年/吴佳鸿：《〈诗经〉与天文研究》，高雄师范大学硕士学位论文

（1）借由现代天文学讨论《诗经》中的相关篇章，从文学角度分析天文意象，以促进对诗意的理解。研究范围包括星象与气象。参考书目中天文类的著作与期刊以大陆学者居多，台湾学者甚少，此亦反映出大陆学者十分看重此主题。又，此论文的电子文件全文点阅次数计65次，当能反映出读者对此主题的兴趣。论及之篇章：《日月》《柏舟》《匏有苦叶》《简兮》《伯兮》《大车》《君子于役》《柏舟》《女曰鸡鸣》《东门之杨》《绸缪》《小星》《定之方中》《七月》《苕之华》《大东》《巷伯》《渐渐之石》《吉日》《十月之交》《云汉》《棫朴》《灵台》等。

（2）讨论之天象计有：日食、月食、四象、廿八宿、房宿、心宿、南箕、斗宿、室宿、壁宿、昴宿、参宿、毕宿、银河、金星、牵牛、织女、灵台（天文台）。

根据以上评介，兹以十年为一期，将上述论文的分布情形表列如下表一：

表一 战后台湾《诗经》学天文研究发表分布表

年 份	期刊论文	学位论文	总 计	备 注
1952—1961	1		1	
1962—1971	0		0	《〈书经〉〈诗经〉的天文历法》文后有屈万里之附记
1972—1981	5		5	
1982—1991	2		2	
1992—2001	5	1	6	
2002—2011	6	1	7	
2012—2015年8月	1		1	
总计	20	2	22	

由上表可知，近二十年，亦即1992—2011年间研究数量较多，合计占总数的一半。

另有三个现象值得注意：其一，1964年，由日本人饭岛忠夫著、周富美所译的《〈书经〉〈诗经〉的天文历法》，作者为日本人，未予统计，但值得重视的是文末有屈万里的附记，认为用天文星象来考证年代，是很科学的方法，不过在当时未引起重视。其二，刘明仪（亦即“江宁”），在1972年至1998年间共发表六篇《诗经》天文相关篇章之论文，约占总篇数22篇的四分之一，是以杨晋龙《台湾近五十年〈诗经〉学研究概述一九四九—— 一九九八》赞云：“刘明仪女士为一高中老师，自1978年到1998年间以‘江宁’之名发表近180篇之译文，并结集有两本书，至今犹在继续发表，如此专注的精神，值得钦佩。”① 但其六篇论文中仅一篇与天文有关，其余五篇属“文学的研究”，以赏析诗意为主。其三，大陆学者亦重视此天文类主题，由1998年吴佳鸿硕士学位论文《〈诗经〉与天文研究》的参考书目中，可知天文类的论著以大陆学者居多。

① 杨晋龙：《台湾近五十年〈诗经〉学研究概述一九四九—— 一九九八》，第36页。

四、研究成果与分析

依据上述“战后台湾《诗经》学天文研究概况”，汇总归纳如下表二，析论如下：

（一）归为“文学的研究”者计 9 篇，其研究主题多着重在诗旨或诗意，对星象并不着力，其中以《〈诗经〉天文地理意象研究》为题目的硕士学位论文，对所论日月星辰等星象，仅简略载录，未作深入探讨。

表二　战后台湾《诗经》学天文研究概况分析表

排序	时间	作者	篇名	属性归类	研究主题	讨论之篇章	讨论之星象
1*	1960	蔡懋棠	《〈诗经〉上的“星”》	文学的研究兼历史的研究	星象	大东、小星、绸缪、七月、定之方中、渐渐之石、苕之华、女曰鸡鸣、巷伯、吉日	参、毕、昴、心宿三星（大火星）、北斗、织女、牵牛、营室、南箕、启明（长庚）、房宿等
	1964	饭岛忠夫	《〈书经〉〈诗经〉的天文历法》	基本问题的研究	年代	十月之交（文末有屈万里的附记：以天象考证年代有其科学性）	日食、月食
2*	1972	许倬云	《两周的天文、物理与工艺》	历史的研究	星象	大东、小星、七月、定之方中、渐渐之石、苕之华	参、毕、昴、大火星即包括心、房、氐，北斗、定包括室与壁，以及箕等
3*	1972	刘明仪	《星的连系——对〈诗经通释〉质疑》	文学的研究兼历史的研究	诗意星象	小星、绸缪、东门之杨、野有蔓草	参、商（心宿三星）、启明（长庚）
4	1973	赵制阳	《星的补述——对〈诗经通释〉的讨论》	文学的研究	诗旨	清庙	毕、昴、牵牛、营室、南斗
5	1974	王保德	《〈诗经·十月之交〉日食年代考》	基本问题的研究	年代	十月之交	日食、月食

续表

排序	时间	作者	篇名	属性归类	研究主题	讨论之篇章	讨论之星象
6	1979	江宁	《〈诗经〉欣赏举例——绸缪》	文学的研究	诗意	绸缪	参宿
7	1983	江宁	《〈诗经〉欣赏举例——小星》	文学的研究	诗意	小星	参、昴
8	1984	江宁	《〈诗经〉欣赏举例——女曰鸡鸣》	文学的研究	诗意	女曰鸡鸣	启明星
9	1996	江宁	《〈诗经〉欣赏举例——大东》	文学的研究	诗意	大东	毕、北斗、织女、牵牛、启明与长庚、箕、银河
10*	1997	林柏宏	《〈诗经〉天文意象初探》	文学的研究兼历史的研究	星象	大东、小星、绸缪、七月、定之方中、渐渐之石、十月之交、女曰鸡鸣、柏舟、吉日、东门之杨、云汉、棫朴、匏有苦叶、简兮、君子于役、东方之日、日月、月出、鸡鸣	参即三星、毕、昴、火、斗、织女、牵牛、明星即启明与长庚、定、伯、箕、天汉等
11	1998	江宁	《〈诗经〉欣赏举例——渐渐之石》	文学的研究	诗意	渐渐之石	毕
12*	1999	何志鹏	《〈诗经〉中的日月星辰研究》	文学的研究兼历史的研究	星象	大东、小星、绸缪、七月、定之方中、渐渐之石、十月之交、苕之华、柏舟、巷伯	参、毕、昴、心宿（房、心、尾）、日月食、北斗、牛、女、箕、定（危、室、壁、奎）、启明（长庚）
13*	2001	庄雅州	《论〈诗经〉天文意象的多元价值》	基本问题的研究兼历史的研究	星象	大东、小星、绸缪、七月、定之方中、渐渐之石、十月之交、苕之华、女曰鸡鸣、柏舟、巷伯、吉日、东门之杨、棫朴、云汉、匏有苦叶、日月、月出、淇奥、君子于役、天保	参、毕、昴、心宿三星、北斗、织女、牵牛、启明（长庚）、柳宿五星、营室、房宿、箕宿、日食、月食等

续表

排序	时间	作者	篇名	属性归类	研究主题	讨论之篇章	讨论之星象
14	2004	金利湜	《〈诗经·小雅·大东〉之分析》	文学的研究	诗意	大东	天毕、北斗、织女、牵牛、箕等
15*	2005	彭喜豪	《测日、观斗定之方中之堪舆立向考源》	历史的研究	堪舆理气星象	定之方中、公刘	日、北斗
16*	2007	廖藤叶	《天文视域下的牛、女传说》	历史的研究	星象传说	大东	织女、牛郎、银河
17*	2008	卢昭蓉	《论〈小雅·大东〉篇中牵牛、织女二星的思想意涵》	历史的研究	诗意星象	大东	织女、牛郎、银河
18	2011	贾承恩	《〈诗经·十月之交〉中的人物问题》	基本问题的研究	年代	十月之交	日食、月食
19	2011	刘国平	《文学思路的回归——为〈齐风·鸡鸣〉进一解》	文学的研究	诗旨	鸡鸣	月
20*	2014	蓝丽春	《〈诗经·豳风〉“七月流火”中的天文星象解析》	历史的研究	星象	七月	参宿、大火星
21	1995	周玉琴	《〈诗经〉天文地理意象研究》	文学的研究	诗意	大东、小星、绸缪、苕之华、女曰鸡鸣、柏舟、巷伯、云汉、匏有苦叶、简兮、伯兮、君子于役、大车	参、毕星、昴、定星、日、月、日食、月食
22*	2009	吴佳鸿	《〈诗经〉与天文研究》	文学的研究兼历史的研究	诗意星象	大东、小星、绸缪、七月、定之方中、渐渐之石、十月之交、苕之华、女曰鸡鸣、柏舟、巷伯、吉日、东门之杨、云汉、棫朴、匏有苦叶、简兮、日月、君子于役、大车、灵台	参宿、毕宿、昴宿、心宿、牵牛、织女、日食、月食、四象、廿八宿、房宿、南箕、斗宿、室宿、壁宿、银河、金星、灵台（天文台）

（二）“基本问题的研究”有2篇（不含日人著作），其中一篇是针对《十月之交》中的日月食及干支纪日进行年代学的考证，另一篇则以人物为主作年代考证。

（三）属于“历史的研究”及“文学的研究兼历史的研究”“基本问题的研究兼历史的研究”者共有11篇，其中《测日、观斗定之方中之堪舆立向考源》虽以探讨堪舆理气为主，但文中有一部分对观斗以建时辨位的陈述颇为翔实，另十篇的研究主题以天文星象为主，其中蔡懋棠《〈诗经〉上的“星”》、许倬云《两周的天文、物理与工艺》、刘明仪《星的连系——对〈诗经通释〉质疑》、林柏宏《〈诗经〉天文意象初探》、何志鹏《〈诗经〉中的日月星辰研究》、庄雅州《论〈诗经〉天文意象的多元价值》、吴佳鸿《〈诗经〉与天文研究》等7篇，为对《诗经》星象作综合性的论述。彭喜豪《测日、观斗定之方中之堪舆立向考源》、廖藤叶《天文视域下的牛、女传说》、卢昭蓉《论〈小雅·大东〉篇中牵牛、织女二星的思想意涵》、蓝丽春《〈诗经·豳风〉“七月流火”中的天文星象解析》等四篇则是对单一星象作个别性研究。这11篇论文，亦即上表中有“*”记号者，是对《诗经》学天文研究此一主题较有贡献者。

（四）出现的篇章中，论及最多者为《大东》，统计共有11次。而《野有蔓草》《清庙》《公刘》《灵台》等四篇则不属于本文所认定之天文诗篇。如下表三：

表三　《诗经》天文诗篇研究次数统计表

诗篇	次数	备注
《大东》	11	
《小星》	9	
《绸缪》	8	
《七月》《渐渐之石》《定之方中》《十月之交》	7	
《苕之华》《女曰鸡鸣》	6	
《柏舟》《巷伯》	5	
《东门之杨》《吉日》《云汉》《棫朴》	4	
《匏有苦叶》《简兮》《君子于役》《东方之日》《日月》《月出》《淇奥》《鸡鸣》《天保》* 《野有蔓草》* 《清庙》* 《公刘》* 《灵台》	3次及以下	有“*”记号者，为不属于本文所认定之天文诗篇

《大东》是《诗经》天文相关诗篇中描绘天象最丰富的一篇，共七章，每章八句，诗篇后半部的五、六、七章以天文星象入诗，借以怨刺人事。提及的星象有：银河、织女、牵牛、启明与长庚、毕宿、箕宿、斗宿等，若无基本天文学知识，诚难以透彻理解诗中星象所寓寄之意涵，学者陈子展《诗经直解》即谓云：“自此章（五章）以下，全作问头语，……盖先有《诗》人之小《天问》而后有《骚》人之大《天问》乎？”[①] 在台湾最早出版且具代表性的《诗经》注释著作，如屈万里《诗经释义》，注释简捷扼要，但对于注解《大东》众星，仍附星图以说明，所附之“大东星象图”如下图二。[②] 又如糜文开、裴普贤《〈诗经〉欣赏与研究》解析《大东》篇，亦附“大东星象图”，云：“三百篇以平实见称，而《大东》独以丰富的想象，创瑰奇之格局，实为后世浪漫派诗歌的先声。孔子说学诗可以兴、观、群、怨，多识草木鸟兽之名。我们读《大东》篇，更可引起学星象的兴趣。特附‘大东星象’图于下。”[③]

由此可见，《大东》星象确实是《诗经》学天文研究中极重要的部分，所以成为学者讨论最多的篇章。而论及次数较少的《匏有苦叶》《简兮》《君子于役》《东方之日》《日月》《月出》《淇奥》《鸡鸣》《天保》等统计为3次以下的诗篇，是因为诗本身天文相关语句较少，或举日、月等大家较习以为常的天体之缘故。

（五）论及的星象中，出现最多者为参宿与毕宿，统计共有11次；其次为北斗、牵牛、织女，计有10次；其余星象出现次数详如下表四：

---

① 陈子展：《诗经直解》，复旦大学出版社1983年版，第725、727页。

② 林庆彰云：“最早出版，且较具代表性的著作，是屈万里的《诗经释义》，（台北）台湾中华文化出版事业委员会1952年版，……屈先生于1979年过世后，《全集》编委会将他在该书所作的眉批加入三百余条，重新编排，改名为《〈诗经〉诠释》，（台北）联经出版公司1983年版。”林庆彰：《台湾近四十年〈诗经〉学研究概况》，第120—121页。笔者根据的版本即是《〈诗经〉诠释》，所附的“大东星象图”在第640页。

③ 糜文开、裴普贤：《〈诗经〉欣赏与研究》，第367页。又，林庆彰云：“糜文开、裴普贤两教授合著的《〈诗经〉欣赏与研究》，（台北）三民书局1964年版，四大册，绵亘二十年才全部完成，是《诗经》注释书分量最多者。”林庆彰：《台湾近四十年〈诗经〉学研究概况》，第121页。

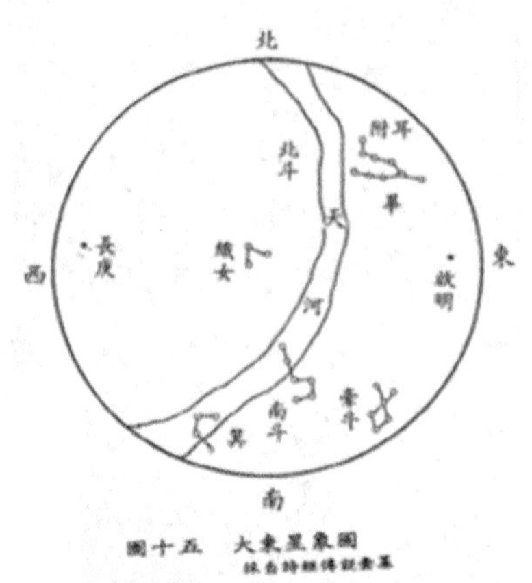

图二 屈万里《〈诗经〉诠释》“大东星象图”

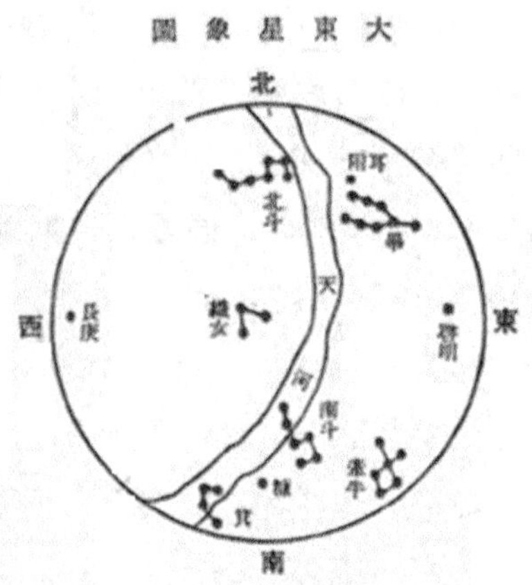

图三 糜文开、裴普贤《〈诗经〉欣赏与研究》“大东星象图”

表四 天文星象研究次数统计表

星象	次数
参宿、毕宿	11
北斗、牵牛、织女	10
昴宿	9
心宿即大火星、启明即长庚、定星即营室、箕宿	8
日食、月食	7
天汉、银河	5
房宿、斗宿（南斗）	4

探讨研究参宿、毕宿、北斗、牵牛、织女等星宿较多之主要原因为：

1. 易于观测。全天空亮于1.5等的恒星共有21颗，参宿七排名第7、毕宿五排名第13、牵牛（即天鹰座α）排名第12、织女排名第5，[①] 这些恒星闪闪发亮，颇易于观测。

2. 在传统天文学中具有重要地位。参宿与毕宿是中国传统天文学四象

① 详见苏宜：《宇宙掠影——天文学概要》，（高雄）丽文文化事业股份有限公司2007年版，第307页。

廿八宿中建构西宫白虎形象的主宿，如附图四，参宿古来即被先民视为授时星象；而古人认为毕宿是雨星，向来也很重视毕宿。位居天北极天区的北斗七星虽皆由 2、3 等星组成，但因状似大勺，环绕北极星规律运行，终年不隐，在黄河流域的夜空中十分醒目，早在远古时代就已是最重要的斗建授时星象。距今六千多年前的濮阳西水坡仰韶文化聚落遗址，所出土的龙虎蚌塑星象图，即包含了中宫北斗和左青龙（心宿）、右白虎（参宿）两象，① 此亦为四象廿八宿的基本雏形。

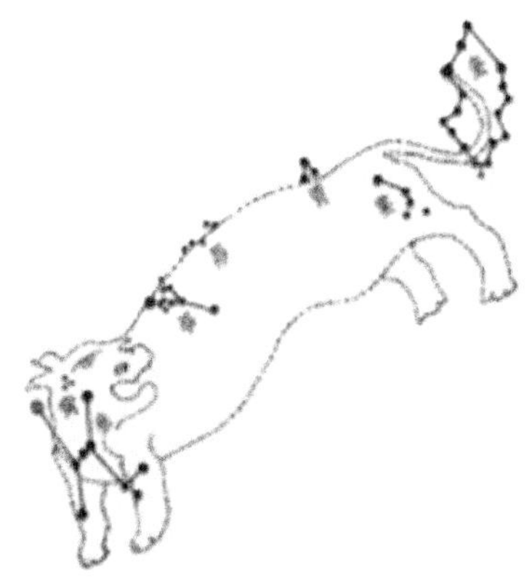

图四 民国初年“中央观象台”台长高鲁所设计的白虎星宿图②

3. 坊间故事流传影响。牵牛、织女星讨论的次数亦多，此盖因牛郎、织女的故事深入民心，在坊间广为流传的缘故。

五、结语

综上所述，战后台湾《诗经》学天文研究，搜集到的相关研究成果有

---

① 1987 年 6 月，河南濮阳西水坡仰韶文化聚落遗址的一座古墓出土了龙虎蚌塑星象图，是迄今所见最古老的星象图，时代为六千多年以前。详见《河南濮阳西水坡遗迹发掘简报》，《文物》1988 年第 3 期。此系参考冯时《天文学史话》，（台北）台湾出版社 2005 年版，第 53—54 页。

② 陈遵妫云：“高鲁著《星象统笺》中画有四象图。”详见《中国天文学史》，（台北）明文书局股份有限公司 1985 年版，第 2 册，第 26—27 页。高鲁其人事迹，参见陈遵妫《中国天文学史》第 6 册，《天文测算编》，第 1872 页。

期刊论文 20 篇、学位论文 2 篇，共 22 篇。研究的《诗经》篇章中，包含《大东》《小星》《绸缪》《七月》《渐渐之石》《定之方中》《十月之交》《苕之华》《女曰鸡鸣》《柏舟》《巷伯》《东门之杨》《吉日》《云汉》《棫朴》《匏有苦叶》《简兮》《君子于役》《东方之日》《日月》《月出》《淇奥》《鸡鸣》《天保》等篇章。论及的星象中，包含了参宿、毕宿、北斗、牵牛、织女、昴宿、心宿、启明、定星、箕宿、日食、月食、天汉、银河、房宿、斗宿等星宿及天象。

研究范围包含了“文学的研究”“基本问题的研究”“历史的研究”“文学的研究兼历史的研究”“基本问题的研究兼历史的研究”等五类，其中后三类的研究者，有对《诗经》星象作综合性论述的，有对单一星象作个别性研究的，涉及的诗篇总计有 11 篇，对《诗经》学天文研究这一主题有较大贡献。

除此 11 篇诗之外，尚有部分诗篇较少被研究，如《匏有苦叶》《简兮》《君子于役》《东方之日》《日月》《月出》《淇奥》《鸡鸣》《天保》等，其或因诗篇本身有关天文的语句较少，或举日、月等大家较习以为常的天体，难以落笔，仍有待于后来学者更进一步的探讨。诚如庄雅州《论〈诗经〉天文意象的多元价值》中指出，《诗经》中的天文史料在文学性、科技史、年代学、社会学、神话学、思想史等方面还颇有探讨的空间，“如欲求其详尽深入，可能还有待于专家学者的努力”①。

“替旧典籍注入新生命”，是学术界重要的理念与努力的目标，《诗经》学天文研究属跨学科的研究，盼相关领域者共同合作，为《诗经》的研究注入新生命。

---

① 庄雅州：《论〈诗经〉天文意象的多元价值》，第 565 页。

周何先生的“三礼”学研究

林素英[*]

一、前言：先生“三礼”学研究的文化视野

周何先生于1932年出生于江苏镇江，虽天资聪颖，然其求学阶段正逢日本发动侵华战争时，又值第二次世界大战，因而求学过程颇有周折。在漫天烽火、迁徙不定的情况下，先生于1948年经香港辗转来台，入高中，1949年完成高中学业。其后，于1951年考入台湾师范学院（台湾师范大学前身），1955年毕业；1959年再入台湾师范大学中国文学研究所硕士班，1961年以《说文读若通叚考》取得硕士学位；并于同年入博士班就读，1967年以《〈春秋〉吉礼考辨》取得文学博士学位，因表现突出，留校任教。

先生针对学界过去研究的得失，于《汉学研究的前瞻》中，曾发出以下令人深省的检讨：

> 有关现代文学、文学批评与理论，及近世思想等方面尤其受人瞩目，虽为发展之趋势，然而就整体汉学而言，代表主流思想的经学与诸子如果枯萎，则重要的导向可能会因而失控。
>
> 研究方法上，过去偏向资料整理，已臻完善，然而过去的资料搜集极为耗时耗力，进一步的深入研究便自然阙无。平面的知识汇整仍是知识，没有经过思辨过程，都不能算进入研究领域。

* 林素英，台湾师范大学中文系教授。

价值评准的观念没有建立，成就终究是有限的。

再者，学术研究是力求精密，但也不是供少数人高冠危坐、恣意讲论之余，敷衍了事。若把体验的理论、存养的工夫、学问的价值，限制在极少数具有慧根的人才懂接受，不须引发广泛的共鸣或影响，这样的态度也是值得反省和检讨的。①

资料搜集及整理固然是进行研究不可或缺的工作，尤其在电脑资讯未开发之年代，更需要大批人力来处理数千年古老的古籍资料，因此几十年来偏向于资料的搜集及整理，也算是学术研究的重要方面。然而人的时间与精力毕竟有限，倘若不能再行发挥思辨能力而深入研究，且尝试建立价值判断的基准，终归只是进行一些类似电脑操作的检索资料工作而已，当资讯检索系统一旦完成，烦琐的工作完全可以被机器取代。20世纪70年代因集成电路引入，因而大大降低电脑成本，至1982年，微电脑开始普及。在当时电脑资讯处理才刚刚普及的年代，先生已预言学术研究必须在研究方法上讲求翻新，足见先生对于学术研究的前瞻性。先生虽然呼吁必须透过思辨而深入研究，然而更强调，所谓深入研究，并非仅供特定小众谈论辩驳之资，而与绝大多数人毫不相干，毕竟仅可束之高阁的昂贵装饰品，并无益于社会生活质量及人民道德水平的提升。先生强调真正的学术研究价值，必须是能把研究所得的理论与存养的工夫影响社会，使其引发大众广泛的共鸣，才算是发挥学问之价值。换言之，先生强调的是学问应该有其经世致用的力量，且高度认同以“明道致用”为目标，庶几能达致“学问为济世之本”的目的。

由于古代的礼学其实是包罗甚广的社会学，故强调与社会脉动相结合，不应遗世而独立，脱离人群、违背人情。有鉴于此，先生于《古礼今谈》之《自序》中表达他讲授《礼记》的重要态度如下：

---

① 周何：《汉学研究的前瞻》，《光华杂志》第13卷第12期，1988年12月，第58—59页。另外，先生在《汉学研究的方向和方法》，《幼狮学志》第13卷第2期，1976年11月，第56—69页，也指出汉学研究的方向有：学术思想的探讨、历史资料的汇集、文学理论的建立、实物资料的研究、工具书籍的编制、专著论文的简介。研究方法则有：搜集整理、辨析判断、阐述发挥、调查统计等。其所思所见，均可供社会大众参考。

> 我在台湾师大开始讲授《礼记》，同时也教训诂学。不过我在《礼记》的课堂上特别说明，尽量少用文字训诂的方式来讲解《礼记》，因为《礼记》本身就是《礼经》的疏解，文字浅显，字面的意思容易懂，重要的是在礼意的说明比较有深度。如《冠义》《昏义》《祭义》《乡饮酒义》等篇，主旨都是在阐述各种礼仪节目的设计原意，以及内涵教化精神的发挥。舍此精华部分不讲，不仅是一种浪费，而且也觉得对真正精彩的固有文化没有尽到传递的责任。……我所讲的虽然都是千百年前的旧观念，但毕竟是前人智慧和经验的累积，终究具有正确导向的参考价值。①

先生对于学术研究之目标，与其讲授《礼记》的态度是两相吻合的，着重在阐述古代各种礼仪节目的设计原意，并要求深入礼意之内涵，而期许其发挥教化人心、引导人生正向发展之作用。先生深知“弘道在人”的道理，因此当他在1996年中风而移居高雄养病期间，虽行动稍有不便，仍应高雄师范大学之邀继续讲学。个中原因，无不希望能传授学子更多有关古圣先贤的生命智慧，庶几可以挽救世风衰颓、伦理道德日渐消亡的现况，并开发传统文化中的积极价值。

综合言之，先生在撰写硕士学位论文《说文读若通叚考》、博士学位论文《〈春秋〉吉礼考辨》之后，隐然已视推展礼学为挽沉沦、振人心的重要法门。当其开始讲授《礼记》时，已深切体悟“三礼”学之研究，并不仅仅在于从事专门的纯学术论述，也非仅仅为少数人“高冠危坐、恣意讲论”而服务，而是将其放在全中国总体文化视野的高度上，以讲求其“经世致用”之价值，故而其日后之礼学著作多朝普及化方向发展，并不斤斤计较于一字一义如何凿深求奇。先生将强调是非、区分等差之“礼”，对比西方文化最重要之宗教与法律，且认为中国人的礼，既没有宗教戒律之严苛，更不像法律条文之刻板，而是因其涵盖深广，以致对于秩序之建立与道德之提升，都具有积极的教化功能。只可惜古礼湮远难闻其详，再加上西风

① 周何：《古礼今谈》，（台北）万卷楼图书有限公司1992年版，第4—5页。

东渐，古代礼仪订定之原意早已不为现代人所理解，因而先生特别注重礼意的重现与阐发。

能理解先生对于“三礼”学研究的基本立场，始能正视其对“三礼”学研究所倾注的心力，且客观评价其研究成就。本文在确立先生对礼学的态度后，对先生的“三礼”学研究作一总体鸟瞰，指出先生礼学研究方法的突破及特色，并尝试提出先生对“三礼”学研究的期许，希望后来者依循先生的脚步，为传统的礼学文化略尽心力。

二、先生“三礼”学研究法的突破

先生的《〈春秋〉吉礼考辨》，是先生突破数十年来汉学研究窠臼之开始，也是先生树立新模式以从事“三礼”学研究的成功实例。该论文在研究法上有以下几点突破：

（一）注重思考辨证以求结论充实

综观1980年代以前之硕博士学位论文，绝大多数都是古籍注疏的补注或校订，撰写时则以罗列历来各家说法为主，然后再加上“某某是也”之“按语”的模式。少数研究者会在“某某是也”之后，加上几句简短的说明，补充说明其何以“是也”，然而大多数则付之阙如。此数十年来学术研究的定式，即是上述先生于《汉学研究的前瞻》所提出检讨与反省的主因。

先生自1951年考入台湾师范学院，前后历经大学四年、硕士两年、博士六年之学术训练，于1967年荣获文学博士学位。在大学毕业与就读硕士学位期间，有短暂而又多样的工作经验与社会体验，这些都有助于先生养成勤于思辨、缜密分析问题的习惯。因而其博士学位论文《〈春秋〉吉礼考辨》与当时传统学位论文有极大的不同。先生之博士学位论文，不再停留在罗列数据后加注“某某是也”之“定式”，而是先行挖掘经籍中存在之问题，再进行反复思考辨证，比较各种文献数据以及历代学者相关研究的利弊得失，从而解决问题。先生之博士学位论文，并非传统式的平面疏证，而是革新汉学研究法的实践成果。以下列出该论文的章节安排，可略知其撰写模式不同于以往的学位论文：

第一章 总论

第二章 郊礼

第一节 前论

一、圜丘、祈谷二郊各别

二、郊之祀帝与配稷

1. 天帝观念与天神系统

2. 二郊配稷之义有殊

第二节 《春秋》经传郊礼

一、鲁郊祈谷得自特赐

二、鲁之郊期

1. 启蛰而郊，郊而后耕

2. 祈谷郊用辛日

3. 九月用郊

4. 十月有事

三、卜郊

1. 卜以择日

2. 前期卜日及再卜

3. 三卜、四卜、五卜

四、郊牲

1. 牛牲之别

2. 牲之系养与改卜

3. 免牲免牛与不郊

第三章 望礼

第一节 前论

一、望有常祀、特祀

二、天子四望，望祀四方山川

透过上述章节目次的编排，可见先生选题，乃先确立各类具有争议的礼学问题，再确定论述的范围。先生选择《春秋》经传所见、攸关吉礼之事者，且以“三传”之解经说礼有是非异同、纷争构讼者为限，以免论述大而无当之嫌。其次，确定论文撰写以问题为导向，抽丝剥茧，层层深入，从根源处解决问题，最终建立《春秋》吉礼之确论，解决今古文家之悬疑，并匡正郑玄议礼之疏失。先生为文之动机与目的都非常明确，因而论文撰写纲举目张、层次井然，而非平面式的资料铺排堆积。全文非仅示范如何深入讨论问题，也是先生在《汉学研究的前瞻》中检讨与反省以往研究的实际范例，是先生切身的深刻体悟，并非徒知批评别人而不知反省自己的空论与泛说。

（二）多方整合资料以求论证完备

俞樾、章太炎、黄季刚、高明一脉相承的学者，无不兼擅文学、小学与经学。先生天资聪颖，又从博学鸿儒修习各种典籍：从高先生习诗、习词、《周易》与《毛诗》，从林尹、许世瑛、鲁实先等先生习文字声韵之学，从程发轫先生习《春秋》，从屈万里先生习《尚书》，从孔德成先生习“三礼”，含英咀华，悠悠数岁而卓然有成。有此因缘，先生遂能兼擅文学、小学与经学，且出类拔萃，即使求之当世硕彦亦不可多得。

先生之博士学位论文《〈春秋〉吉礼考辨》乃上秉师命以《春秋》为题而成之。先生于《总论》开端即引用《左传》所载：礼者，乃天之经、地之义、民之行也，同时又有政之舆与国之干之说，[①] 认为“自有天地，立我烝民，聚族而居，初建邦国，必有其道，此即所谓礼也”。可见自有生民以来，礼已不可或缺，只是时代湮远，难以征实。迨及周代，“庶业竞萌，人事渐繁，因业立制，以事建礼，损益夏殷，踵事增华，于是经纬天地，宰制万物，无一非礼，而礼之规模始大备”。然陵迟至于东周，王官失守，礼章佚荡，而王礼之存，独以鲁为多，更以所谓《春秋》者，即鲁史也，

① 其详见（晋）杜预注，（唐）孔颖达等正义：《春秋左传正义》，载《十三经注疏［附（清）阮元〈校勘记〉］》，（台北）艺文印书馆1985年版，第887、593、222、682页。

故而欲明周礼，不能不取道《春秋》。[①] 是知先生以《〈春秋〉吉礼考辨》为题，虽秉承师命研究《春秋》，然实际上，乃以探究周礼为宗，而《春秋》则为论证周礼之是非曲直的主要征实资料。由于《春秋》文辞简约，以属辞比事为宗，且春秋时代湮远，若无“三传”纪事之助，后人也难以知其事理之究竟。故先生之论题，虽与《春秋》经密切相关，实则包含“三传”。但《〈春秋〉吉礼考辨》旨在探究春秋史事中的吉礼问题，礼义实为全篇论文之指归，故而又须讨论相关礼制之考订、礼事之执行以及礼仪之意义。且吉礼乃“五礼”中首重者，[②] 故须遍考“三礼”之书。因此，《〈春秋〉吉礼考辨》虽可被归入“春秋”类论文，更应划归为“三礼”类论文。换言之，仅从先生博士学位论文之篇题，可见其选题深具综合性、突破性，乃兼“三传”与“三礼”而多方面讨论，并非仅是两类文献的简单对比。

《〈春秋〉吉礼考辨》既属于综合性论题，则全篇的研究进路与研究方法亦突破既有之窠臼，而采取广泛的方式进行，先生自言：

> 既知其问题之所在，即历检群经，广涉诸子，旁搜周书诰命，兼采鼎彝铭文，而更远绍殷人卜辞，探其渊源，博参后世众议，观其流变，然后悬衡以度轻重，陈绳而审曲直，务求昭辨古礼，申证经义，定业断疑而后已。然后以礼为纲，以事为目，分节序列，按题讨论。顾有事属礼制之原委，非《春秋》经传所能范围，而必先加考辨者，特辟“前论”以明之。如论鲁郊常期，须知鲁行祈谷之郊，是必先辨圜丘、祈谷之不同；郊祭有二，事属礼制，既不见于《春秋》经传，是须有前论以处之也。[③]

先生历检群经、周书诰命、鼎彝铭文以及殷人卜辞等，从文化源远流长之

---

① 详见周何：《〈春秋〉吉礼考辨》，（台北）嘉新水泥公司文化基金会 1970 年版，第 1 页。

② 《礼记·祭统》云：“凡治人之道，莫急于礼。礼有五经，莫重于祭。”见于（汉）郑玄注，（唐）孔颖达等正义：《礼记正义》，载《十三经注疏［附（清）阮元〈校勘记〉］》，（台北）艺文印书馆 1985 年版，第 830 页。

③ 周何：《〈春秋〉吉礼考辨》，第 4 页。

视角多方探求当时文化样貌，尽量还原当时可能之状态。其广涉诸子与博参后世诸说，对于辨明古礼经义具有重要价值。凡此均可见先生对于礼学研究方法的视野相当宽广。凡有可取，皆不拘定格，而态度则是谨严密察，审慎权衡其中的是非曲直。至于全文主轴，从先生“以礼为纲，以事为目，分节序列，按题讨论”之说，是先生以礼为全文纲领，文中所呈现的事例，实为透显礼的重要性而设，因此可以断言先生博士学位论文的核心其实在礼，春秋史事则为论礼的材料来源。由于礼的范围广大，因而首先选取“五礼”中的吉礼为对象，又以吉礼包罗也广，于是再限缩范围，仅以“三传”解经说礼有是非异同、纷争构讼者为限。先生之论述，旨在凸显提出问题、分析问题、解决问题之研究方法，避免博士卖驴，虽数万言而不及“驴”字的冗赘现象。

综观先生对博士学位论文的处理情形，乃先确立礼是天经地义之根本，非仅民伦彝德之准据。礼又是推动政务之车舆，更是策划国是之骨干。因为三代古礼为礼制之源头，地位特别重要，然因时代湮远，以致争议特多，无法令后人知其详而明其义。虽然明其原委确实不易，但若能以谨严之态度克服万难，则对于展现古老礼制的价值，将特别有意义。此即先生认为应“先立其大”的问题意识，[①] 只是必须投注极大心力。其次，先生再根据礼的观念及其问题意识，划定合适的研究范围，选择适当的研究方法，以期达成预定的研究目标。先生关于《春秋》吉礼的研究实践，也成为日后撰写《汉学研究的方向和方法》的重要基础。从中可见先生要摆脱传统注疏模式，而改以解决礼学争议问题的研究方式。

为推进汉学研究建立重要方向，并如何使用新的研究法。换言之，先生“三礼”研究方法之突破，将引领“三礼”学研究，乃至于使范围更宽广的汉学研究步入新的格局。

---

① 周何：《汉学研究的方向和方法》，《幼狮学志》第13卷第2期，1976年11月，第56—57页，指出从事任何学术研究，都应考虑三个问题：研究什么？如何研究？为何研究？而“为何研究”即是“先立其大”的问题，足以影响研究价值之高低。

三、从“六经以礼为宗”的角度论先生“三礼”学研究特色

由于《〈春秋〉吉礼考辨》的具体内容，另有学长季旭升教授专文评介，本文对此不再重复，而改从“六经以礼为宗”的角度，尝试讨论先生“三礼”学的研究特色。

（一）《春秋》亦“以礼为宗”

考“三礼”文献，《礼记·经解》借由孔子之口而论“六经”之特质，并论述人君应深入“六经”内涵以教化万民，而终归于“安上治民，莫善于礼”之言。礼之外，其他五经则共同促进讲礼社会之达成。[①] 盖以礼具有明人伦、厚风俗、禁暴乱、平秩序之功，故而透过朝觐、聘问、丧祭、乡饮、婚姻之礼的践行，对于个人之修身、齐家、治国、平天下都有重要的指导作用。礼足以止邪于未形，而使人在隐微之间向善远罪，故知《礼》于“六经”尤为重要。由于礼最注重实地践行之特质，因而《礼》并非仅仅止于静态的书本典籍，而更具其“礼用”的特性。《汉书·礼乐志》论云：

> 六经之道同归，而礼、乐之用为急。治身者斯须忘礼，则暴嫚入之矣；为国者一朝失礼，则荒乱及之矣。人函天地阴阳之气，有喜怒哀乐之情。天禀其性而不能节也，圣人能为之节而不能绝也，故象天地而制礼乐，所以通神明，立人伦，正情性，节万事者也。[②]

---

① 其详见林素英：《“以礼为宗”的〈经解〉思想分析——以传世文献及战国简文相验证》，载杨朝明主编：《孔子学刊》第三辑，上海古籍出版社2012年版，第138—157页，打破传统对《经解》的分章方式，且以“此之谓也”为区分章节之标志，选择“以礼为宗”为核心，对该篇进行思想分析。载氏著：《〈礼记〉之先秦儒学思想：〈经解〉连续八篇结合相关传世与出土文献之研究》，（台北）台湾师范大学出版中心2017年版，第29—56页。

② （汉）班固：《汉书·礼乐志》，中华书局1962年版，第1027页。

虽然班固兼礼、乐而言之，从古代礼、乐相须而行以共同成就制度的事实而发，实则“通神明，立人伦，正情性，节万事”之主轴，仍在于礼，而以乐配之。又曹元弼于《礼经学》中有极详尽之说法：

> 六经同归，其指在礼。《易》之象，《书》之政，皆礼也。《诗》之美刺，《春秋》之褒贬，于礼得失之迹也。《周官》，礼之纲领，而《礼记》则其义疏也。……故《易》之言曰：“圣人有以见天下之动，而观其会通，以行其典礼。”《书》之言曰：“天叙有典，天秩有礼。”《诗序》之言曰：“发乎情，止乎礼义。”《春秋》宪章文物，约以周礼，（贾、服、颖说）所讥所善，按礼以正之。（《郑志》）……《周礼》《仪礼》发源是一，（《仪礼疏》）《礼记》则七十子之徒共撰所闻，或录旧礼之义，或录变礼所由。（《礼记正义》）盖圣人之道，一礼而已。三代之学，皆所以明人伦。六艺殊科，礼为之体。故郑君以礼注《易》《书》《诗》，伏生以礼说《书》，毛公以礼说《诗》，左氏以礼说《春秋》，《公羊》《穀梁》亦皆言礼，而班氏《白虎通义》之论礼，郑君、孔氏、贾氏之注礼、疏礼，又皆以群经转相证明。礼之义诚深矣！尽六经之文，无一不与相表里。①

《乐》的文本最早散亡，后世学者多怀疑《乐》是否存在。例如邵懿辰《礼经通论·论〈乐〉本无经》即倡议：“《乐》之原在《诗》三百篇之中，《乐》之用在《礼》十七篇之中，六经无《乐》，《乐》亡，非经亡也。”②虽然《乐》是否无经的问题尚待商榷，然而邵氏之说的确可以深深凸显古代《诗》与礼乐融为一体之事实。迨至周室中衰，被视为与礼乐高度相关的各层级乐官，往往最能体会此危机感，于是携带乐谱、乐器等出逃者甚

① 曹元弼：《礼经学》卷4《会通礼经》，北京大学出版社2012年版，第234页。

② （清）邵懿辰：《礼经通论·论〈乐〉本无经》，载（清）王先谦编：《重编本皇清经解续编》第9册，（台北）汉京文化事业公司1990年版，第6044页。

众，导致《乐》无不散亡。[①] 此一现象证诸汉初“五经博士”，已无“《乐经》博士”，可见其散亡已久。不过，《乐》虽散亡，但后代行礼仍须配乐，或可说明礼乐早已密合无间。因此曹氏所谓“六经同归，其指在礼”之“礼”，也不必定指十七篇之《仪礼》，而是兼含“三礼”这一综合概念，并且蕴涵着礼乐相须而行的事实。透过曹氏以上论述，可知“礼”这一复合概念，不仅为“六经”所同归，同时也是“六艺”之“体”，[②] 故而举凡注“五经”之历代鸿儒，都以“礼”转相证明经义，以至于“六经”虽互为表里，实以礼为宗也。

章学诚《文史通义》言：“六经皆史也。古人不著书，古人未尝离事而言理，六经皆先王之政典也。”[③] 此所谓政典，即政教典章之内容。政教典章之内容，又必须以礼典所载为重要依据，可见礼典乃治国平天下之最终根据。有关经、史与礼三者之间的关系，钱穆有简明扼要的表述：

> 盖礼有先例之礼，有成文之礼。先例之礼，本于历史，《春秋》《世》《语》《故志》《训典》之类是也。成文之礼，本乎制度，《礼》、令之类是也。而后王朝之制度法令，亦即先王前朝之先例旧实也。盖昔人尊古笃旧，成法遗制世守勿替，即谓之“礼”，舍礼外无法令，舍礼外无历史。“史”“礼”“法”三者，古人则一视之也。[④]

钱穆以为古人视“史”“礼”“法”三者为一，主要基于经史原本不分的事实。若再推究其中内容，则历朝历代之制度法令等礼典纪实，即构成各代历史文化的主体内容，故而“礼”是中国历史文化的核心，礼事与礼

---

① 《论语·微子》云：“大师挚适齐，亚饭干适楚，三饭缭适蔡，四饭缺适秦。鼓方叔入于河，播鼗武入于汉，少师阳、击磬襄入于海。”见（三国魏）何晏集解，（宋）邢昺疏：《论语注疏》，载《十三经注疏［附（清）阮元〈校勘记〉］》，（台北）艺文印书馆 1985 年版，第 167 页。

② 有关“六经”与“六艺”之关系，详见林素英：《从“礼乐”的分合与特性论〈性自命出〉“道”四术或三术的迷思——兼论相关学者的研究方法》，《文与哲》第 25 期，2014 年 12 月，第 193—216 页。载氏著：《〈礼记〉之先秦儒学思想：〈经解〉连续八篇结合相关传世与出土文献之研究》，第 213—248 页。

③ （清）章学诚撰，叶瑛校注：《文史通义·易教上》，中华书局 1994 年版，第 1 页。

④ 钱穆：《国学概论》，（台北）联经出版事业公司 1998 年版，第 24 页。

典即成为寄寓各代历史文化精神之所在。

春秋时礼坏乐崩，孟子谓之“世衰道微，邪说暴行有作。臣弑其君者有之，子弑其父者有之”，于是孔子惧而作《春秋》，卒使乱臣贼子惧。①《春秋》原本属于编年史类，其后孔子据鲁史而笔削，以寄托微言大义，故而已非单纯的编年史，而是蕴藏深厚含义的“经”，具有指导世人建立正确生命价值观之作用。倘若再追究孔子作《春秋》的目的，曹元弼则有精要之说：

> 孔子体天地好生之仁，忧来世无穷之祸，制作《春秋》以明礼教，拨乱反正，首诛乱贼，乱贼惧而后天下知有君父。君者，臣之天；父者，子之天。礼之大本也！人非天不生。有君父，则有三纲五伦，有忠孝仁义，有恩理政教，有秩叙、节文、度数，尊尊亲亲，合敬同爱，毕智协力以相生、相养、相保，人事浃，王道备，而礼之大用行矣。……故凡变礼乱常之事，必谨书之，严辨之，以塞逆源，明顺道，以扼杀机，保生理。故《春秋》者，礼之大宗也。……民之所由生，礼为大，《春秋》作而礼达于万世矣。三传说经，皆言礼，《左氏传》可以见礼教隆污之杀。《公羊》《穀梁》，则孔子秉礼作经之精义存。②

透过曹氏所说，经、史与礼三者之间的关系历历在目，且其中精义之在礼，昭然若揭。因为礼之大本在于圆满人伦日用之关系，由和谐之亲族关系，推而至于建设美好的社会人伦，再进而至于国治、天下平的更祥和群体。尤进者，乃与天地鬼神缔造和谐之关系。由于《春秋》简约，读者无以观其中复杂情事，因而有赖于透过《左氏传》之纪实，俾使后世借以明当时史事之原委；或者借由《公羊》《穀梁》对特定事件的评论与解析，而理解其中精义。虽然三传的最终宏旨殊途同归，但是撰作者的书写方式与学术视角各有不同，因而三传对事件的评论也有差别，故而必须通考三

① 《孟子·滕文公下》，载（汉）赵岐注，（宋）孙奭疏：《孟子注疏》，载《十三经注疏［附（清）阮元〈校勘记〉］》，（台北）艺文印书馆1985年版，第117—118页。

② 曹元弼：《礼经学》卷4，第250页。

传所论之异同，庶几可以探寻礼义之真谛。

先生有鉴于“《春秋》三传”互有长短，师徒之授受又各有不同，解经叙事、托事言义者又各擅其胜，致使读者难以遽断其轩轾。然而“据史征实，就事论礼，则宜至当无二，真实唯一，于是三传之间，遂有是非，不可不辨”。故而先生虽以历史分期之“春秋”为篇题，实则兼采三传材料以为讨论对象。至于论礼部分，虽已将讨论范围限缩在“吉礼”中，但现今所传“三礼”，因大抵作于战国时期，乃至有成书于汉代者，故而在记录前代行事之余，亦不免杂有“托事生义之虚辞”。因而先生乃自明其选题宗旨如下：

> 三传有是非，三礼有虚实，汉儒之议有得失，注疏论著有纯驳。今既欲治《春秋》之礼，自宜博综以尽其说，辨证以求其真，从而钩沈古礼，昭揭经义。斯即所谓“决嫌疑、别同异、明是非”（《礼记·曲礼上》），亦礼之要义也。①

先生自明其为文宗旨，在于昭揭礼之要义，则《〈春秋〉吉礼考辨》之讨论主轴在于“礼”，则彰显无疑。

（二）“以事见礼”为说礼之本色

由于“礼”所包含之范围极为宽广，先生《〈春秋〉吉礼考辨》所讨论的范围，只限在《春秋》经传中所见有关吉礼者，其他凶、宾、军及嘉礼部分，则略焉。先生早在博士学位论文“总论”中自言“至于尽五礼之全，则当寄望于来日矣”。先生稍后的研究，即展现此学术研究的规划，例如以下诸篇：

> 1.《父卒为继母嫁从为之服报议》，台湾师范大学《中国学术年刊》第1期，1965年12月。
>
> 2.《论〈春秋〉立武宫》，《屈万里先生七秩荣庆论文集》，（台北）联经出版公司1967年版。

① 周何：《〈春秋〉吉礼考辨·总论》，第3—4页。

3.《〈春秋〉亲迎礼辨》，《庆祝瑞安林景伊先生六秩诞辰论文集》，（台北）台湾政治大学中文研究所，1958年12月。

4.《〈春秋〉归宁礼辨》，台湾政治大学《中华学苑》第5期，1959年1月。

5.《〈春秋〉媵礼考辨》，《汉学论文集》，（台北）惊声文物供应社1959年版。

6.《〈春秋〉昏礼余论》，台湾师范大学《“国文”学报》第2期，1962年6月。

7.《〈左传〉先配而后祖辨》，《潘重规教授七十诞辰论文集》，1977年3月。

8.《〈左传〉鄫季姬来宁质疑》，台湾师范大学《“国文”学报》第6期，1966年6月。

9.《〈春秋〉燕礼考辨》，台湾师范大学《“国文”学报》第1期，1961年6月。

10.《〈公羊〉摘例》，《静宜文理学报》第5期，1971年6月。

11.《〈穀梁〉讳例释义》，《教学与研究》第11期，1978年6月。

12.《〈穀梁传〉之仁义观》，《孔子诞辰2540周年纪念与学术研讨会论文集》，上海三联书店1981年版。

13.《〈春秋〉三传尊桓论》，《编译馆馆刊》第27卷第2期，1987年12月。

上述13篇单篇论文，第1篇材料不直接来自《春秋》经传之内容，而是讨论《仪礼·丧服》中服丧之问题，不过也属于“以事说礼”之类。其余各篇，都是借由《春秋》经传所载之史事，而讨论相关的礼制。前9篇明显与“五礼”有关，可据《周礼·春官·大宗伯》所载之顺序加以区分：

第1篇属于“凶礼”。先生认为古老之丧服制度，透过五等轻重有别之丧服，再加上丧期久暂不同之考量，更透过丧服变除、配戴饰物之加减与丧期丧服升降等细微变化，凸显传统文化中对于亲亲之情与尊尊之义的情感平衡，表现为有别于西方文化的精致细密的伦理文化特色。尤其针对人世中遭遇的特殊状况，制定出合乎人情义理之服丧条例，以供实际运用。《父卒为继母嫁从为之服报议》所讨论之内容，即属于此。假设有人遭遇父卒，然因家中并无期功之近亲，致使继母不得已携己再嫁，乃是人世间可能发生的特殊状况，因而当此人遭遇继母卒之时，该如何为继母服丧以尽人子情义，就有必要合理规划服丧条例。诸如此类复杂人事问题的解析，最能呈现丧服文化中如何细腻处理人情义理的问题。先生有鉴于丧服文化在传统文化中的特殊重要地位，特别嘱咐笔者应有系统研究丧服制度，遂有《丧服制度的文化意义——以〈仪礼·丧服〉为讨论中心》之撰作，其后接续又有《从郭店简探究其伦常观念——以服丧思想为讨论基点》,[①] 稍慰先生无暇处理丧服制度之遗憾。

第2篇与“军礼”相关（也与“吉礼”之庙制相关)。《论〈春秋〉立武宫》，以《左传》成公六年二月，记载季文子以鞌之功而立武宫一事。三传对此事件，或云“非礼”，或云“不宜立”，均示贬义。然而记载此事的内容则颇有出入，故而先生为文以辨明该事件之原委。此事虽不直接关系该次战争（战事在成公二年)，不过却与战争有关。先生以为当时鲁国在齐、晋与楚之强邻环伺下，动辄得咎，故而不至于引战功以自多，更不至于不合情理地在战后四年而“立武宫”。先生推论鲁之所以“立武宫”者，盖因鲁之先公中，能以武功见称者，唯有武公而已，因此季文子乃复立武宫，企图发扬军威，以求自强自救之意。虽然与战事有关之论文仅此一篇，却足见先生对此关乎国家兵戎大事的重视。

第3—9篇属于“嘉礼”。由于嘉礼与一般士庶的日常生活关系最为密切，因而先生的讨论也最多。其中6篇与婚礼有关，或许与婚礼乃“礼之

---

① 林素英：《丧服制度的文化意义——以〈仪礼·丧服〉为讨论中心》，（台北）文津出版社2000年版。林素英：《从郭店简探究其伦常观念——以服丧思想为讨论基点》，（台北）万卷楼图书公司2003年版。前者主从丧服制度之正例与变例，以探求其文化意义，后者则主从丧服制度之补充条例，以凸显丧服文化中极为细密精致的伦常观念。整合二书所论，将可见古代丧服制度对于建构温馨祥和之人伦社会的整体构想。

本”① 的神圣特质有关。举凡婚礼之亲迎、归宁、媵礼与“公子如齐纳币”“反马”等属于春秋时期有关婚礼的一般问题，都有讨论；另外，还针对特定对象的特殊问题，如郑公子忽“先配而后祖”“鄫季姬来宁”等进行论辩。由于古代极注重饮食文化，因而先生撰《〈春秋〉燕礼考辨》，对宴飨食的饮食专礼亦有评论。

第10—13篇属于“《春秋》三传”之相关讨论。前两篇《〈公羊〉摘例》《〈穀梁〉讳例释义》，明显从《公羊》《穀梁》的书法特色建立起论礼之条例，俾便于读者按图索骥，能快速理解两部经典的内容与意义。后两篇《〈穀梁传〉之仁义观》与《〈春秋〉三传尊桓论》，则与《礼记》诸多篇章的讨论主题有关。总此4篇，都显现辨明事例之目的，乃在于回归礼义的最终原理。详言之，先生透过《穀梁传》中的大小事例而凸显“贵义不贵惠”“人不胜道”“不以亲亲害尊尊”的“仁义观”，而这些观念实与礼制中的宗法制度息息相关，也因宗法制度而衍生出严格区分嫡庶、辨内外、别亲疏、识大体的人文思想。至于《〈春秋〉三传尊桓论》，则是整合《春秋》三传，分别就讳例、会盟例，以及尊天子、统诸侯、言王者事、鲁以为内等例统合观之，而对《孟子·梁惠王上》所言“仲尼之徒无道桓、文之事者，是以后世无传焉，臣未之闻也”进行反驳。其实先生对三传尊桓之现象，可与《论语》孔子称赞管仲“如其仁！如其仁”相印证，又《论语》载孔子言“微管仲，吾其被发左衽矣”，② 乃颂扬齐桓能“尊王攘夷”，其一匡天下者，实与贤相共成之。至于孔子虽也曾曰：“管仲之器小哉!”③ 状似贬抑管仲，然而其深层原因，则又未尝不是叹息以管仲之才，竟然未能辅佐齐桓入于王道，未免为一大遗憾!

---

① 《礼记·昏义》：“昏礼者，礼之本也。”

② 《论语·宪问》：子路曰：“桓公杀公子纠，召忽死之，管仲不死。”曰：“未仁乎?”子曰：“桓公九合诸侯，不以兵车，管仲之力也。如其仁！如其仁!”子贡曰：“管仲非仁者与？桓公杀公子纠，不能死，又相之。”子曰：“管仲相桓公，霸诸侯，一匡天下，民到于今受其赐。微管仲，吾其被发左衽矣。岂若匹夫匹妇之为谅也，自经于沟渎，而莫之知也。”

③ 《论语·八佾》：子曰：“管仲之器小哉!”或曰：“管仲俭乎?”曰：“管氏有三归，官事不摄，焉得俭?”“然则管仲知礼乎?”曰：“邦君树塞门，管氏亦树塞门；邦君为两君之好，有反坫，管氏亦有反坫。管氏而知礼，孰不知礼?”

综观先生对于各篇“以事见礼”之说，可见先生具备于细微处发现问题的敏锐观察力，不盲从孟子“仲尼之徒无道桓文之事”之论。先生不局限于《春秋》三传的特定立场，故能以经证传，或以传证传，乃至于与其他经传互证以求事理之明，因而能独发创见，言他人所未曾言。

（三）特重《礼记》以阐发“三礼”精义

先生博士学位论文主要结合《春秋》经传以明辨春秋吉礼，此后先生更融合“三礼”之内容而灵活运用。虽然“三礼”的礼典内容彼此密切相关，然而也各有区别，唯有深明其义，方能运用自如。曹元弼即从经礼与曲礼的角度，扼要论述礼典之大义：

> 古者，凡治天下之事通谓之礼，故曰：为国以礼。（《春秋左氏传》）自吉、凶、宾、军、嘉而外，凡刑法政俗一切得失，皆断之曰“礼”，曰“非礼”。二戴《礼记》于治天下之事无不备。然则礼者，王治之通名。析言则宗伯所掌谓之礼，统言则六典皆谓之礼，故《周官》称《周礼》。……《周礼》《仪礼》一从一横，交相为用，如丝之有经纬，故曰经曲。知《周》为经，《仪》为曲者，《周礼》，天子所秉以治天下；《仪礼》，则达乎诸侯大夫及士庶人。……《周礼》，官所守之法；《仪礼》，法所分之事。……故孔子曰：“经礼三百，犹可能也。威仪三千，难能也。”此《仪礼》之所以为曲。曲者，以言乎纬之尽善也。《周礼》《仪礼》相经纬如此！圣人之制礼也，经与曲相辅而行，《周礼》为礼之纲领，《仪礼》为礼之条目也。学者之治礼也，经与曲相证而明。①

综观曹氏之意，借由经纬纵横交织以成丝之义，透过《周礼》为经礼、《仪礼》为曲礼的纵横交错，以论述“礼”之综合概念：圣人制礼，乃先以《周礼》《仪礼》经曲相辅而成整体之“礼”，礼具有平治天下之特质；其次，以学者治礼，亦当透过经曲相证之途径，俾能具备以“礼”平治天下

---

① 曹元弼：《礼经学》卷5《解纷·经礼曲礼说》，第265—266页。

之能力。可惜的是曹氏对二戴《礼记》之说法，仅有“于治天下之事无不备”一语，或者因其囿于《周礼》《仪礼》正好可与经礼、曲礼对举，遂专从此点大肆阐发，而忽略《礼记》原本附于《仪礼》也，终不免有些缺憾。

其实曹氏有关经礼、曲礼之说，乃上承郑玄“经礼，谓《周礼》也。《周礼》六篇，其官有三百六十。曲，犹事也，事礼，谓今《礼》也，《礼》篇多亡，本数未闻，其中事仪三千”之说，并接续孔颖达“《周礼》为本，则圣人体之；《仪礼》为末，贤人履之”之论，[①] 再整合贾公彦之说：

> 《周礼》言周不言仪，《仪礼》言仪不言周。既同是周公摄政六年所制，题号不同者，《周礼》取别夏、殷，故言周；《仪礼》不言周者，欲见兼有异代之法，……故不言周。又《周礼》是统心，《仪礼》是履践，外内相因，首尾是一，故《周礼》已言周，《仪礼》不须言周，周可知矣；且《仪礼》亦名《曲礼》，故《礼器》云“经礼三百，曲礼三千”。郑注云“曲，犹事也”。……言曲者，见行事有屈曲，故有二名也。[②]

综理郑玄、孔颖达及贾公彦三家之说，可知其皆以《周礼》为“三礼”的核心，《仪礼》则仅为未尽全貌的佚存事仪，因而孔子有“难能”之叹。至于《礼记》，原本附于《仪礼》之后，是知其性质较近于《仪礼》，因而多以记录旧礼之义或变礼所由。更以七十子之徒共录所闻礼义，且同归于治理天下之大道，因而虽为传记性质，实则具有沟通经礼与曲礼的作用，是理解“三礼”的枢纽。由于《礼记》的性质特殊，于是在“三礼”中的地位日渐攀升，至唐代而取得“三礼”代表权，而御赐编纂《礼记正义》，成为极重要的《五经正义》之一，其中缘由值得学者仔细玩味。

曹元弼虽然能将二戴《礼记》说礼之内容区分为礼类、学类、政类三种，且提出“学所以明礼，政所以行礼”，可谓有功于《礼记》者。曹氏又

---

① 分别参见《礼记・礼器》，第459页，郑玄于“经礼三百，曲礼三千，其致一也”下之注释。第11页，孔颖达于《礼记正义》的《礼记》书题下所作之疏解。

② （唐）贾公彦：《仪礼注疏》，载《十三经注疏［附（清）阮元〈校勘记〉］》，（台北）艺文印书馆1985年版，第2—3页，《仪礼》书题下。

提出“冠、昏、丧、祭、聘、觐、射、乡，人伦所由定，克己复礼，为国以礼，皆不外于此”，又总括云“三代之学，皆所以明人伦，圣人之道，一礼而已”，都可算是颇有所见。或许过于推崇《仪礼》，曹氏不同意焦里堂之说，遂辩驳如下：

> 焦里堂谓“《周礼》《仪礼》，一时之书；《礼记》，万世之书”。不知“礼之所尊，尊其义”，《礼记》之义，皆依经为说，即仪法、度数以考谊理之存。神而明之，则忠孝仁义之心油然而生，而万事之根本立，虽历万变而不离其宗。《礼记》所说，盖示人以读经之法，而鼓动其兴艺乐学之心，岂可反弃经任传、遗本宗末哉?①

汉初因王朝始进入一统，王纲未备，故独尊《仪礼》有其时代需要。《礼记》原本附在《仪礼》之后，后来因“记文”日渐增多，而有脱离《仪礼》自行发展之必要。戴德、戴圣叔侄则因教学《仪礼》所需，遂各自选择相关之“记文”以为补充教材，致有二戴《礼记》之编撰，故二戴《礼记》的成书年代自然在后。若从先后而言，可谓《仪礼》为经为本，《礼记》则为传为末，固不宜“弃经任传、遗本宗末”。然而懂礼之人，自知“礼之所尊，尊其义”的重要性，而能揭发此重要义理者，正出自《礼记·郊特牲》。《郊特牲》紧接“礼之所尊，尊其义”之后，又言“失其义，陈其数，祝史之事也。故其数可陈也，其义难知也。知其义而敬守之，天子之所以治天下也”。② 明确表明若能深知礼义，且努力敬守、实践之，则可以外发为平治天下的大用，达到以礼经世的致用目的。由此可知若无《礼记》以阐明礼义，则无以彰显《仪礼》的精神与意义，充其量，仅能如

---

① 此处引文及曹氏有关《礼记》之说法，皆见于曹元弼《礼经学》卷4《会通·礼记》，第242—243页，然标点已有稍许调整，读者可自行参照。

② 《礼记·郊特牲》，第504页。

《左传》所载“是仪也，不可谓礼”也。[①] 故《礼记》的重要地位不言而喻。焦里堂“一时与万世”之对比说法，正是立足于“礼仪度数与礼义贯通”相互依存却又有轻重之别的特质而言。《礼经》又云：“五帝殊时，不相沿乐；三王异世，不相袭礼。”“夫礼，先王以承天之道，以治人之情。故失之者死，得之者生。……是故夫礼，必本于天，殽于地，列于鬼神，达于丧祭、射御、冠昏、朝聘。故圣人以礼示之，故天下国家可得而正也。”[②] 皆是阐发《周礼》《仪礼》礼仪度数意义之所在。倘若《礼记》未曾提出精辟之礼义以串联《周礼》与《仪礼》，则《周礼》与《仪礼》的确只能存于过去之“一时”，而无法传诸“万世”之久远。故知焦里堂说的精义在此，绝非“弃经任传、遗本宗末”的表象而已。

先生研究“三礼”，尤其注重“礼之所尊，尊其义”。此在先生课堂上讲授《礼记》时已有清晰展现，而且从先生《〈春秋〉吉礼考辨》以及诸多“以事见礼”的说礼篇章中，都以彰显礼义为最后宗旨。先生为达到既定目标，付出相当大的心力以阐述礼的内涵及其影响，更从传统文化所强调的家族观念中，再现礼的现代价值，以期能发挥礼的千秋万世功能。迨及接受报纸邀约开辟“古礼今谈”专栏，乃至结集出版《古礼今谈》，都可说明先生对于推动“礼的现代化”的用心与努力。继《古礼今谈》之后，虽然1996年因中风而行动稍有不便，但仍陆续在《“国文”天地》上刊登有关“说礼”短文，并于1998年结集出版《说礼》，同样展现先生对于淑世理想所抱持的努力。

---

① 《左传·昭公五年》云：公如晋，自郊劳至于赠贿，无失礼。晋侯谓女叔齐曰：“鲁侯不亦善于礼乎？”对曰：“鲁侯焉知礼？”公曰：“何为？”“自郊劳至于赠贿，礼无违者，何故不知？”对曰：“是仪也，不可谓礼。礼所以守其国，行其政令，无失其民者也。今政令在家，不能取也；有子家羁，弗能用也；奸大国之盟，陵虐小国，利人之难，不知其私。公室四分，民食于他，思莫在公，不图其终。为国君，难将及身，不恤其所，礼之本末，将于此乎在？而屑屑焉习仪以亟。言善于礼，不亦远乎！”

② 此两则资料分别出自《礼记》《乐记》，第670页；《礼运》，第414页。

四、结论：先生期许“三礼”学之研究能多阐发礼义

先生在《说礼》出版之后，直至2003年辞世之前，仍然致力于从事“古礼今谈”的工作，为“礼的现代阐义”持续努力。观以下短文，已隐约可见先生对《礼记》各篇进行现代阐义的深长心意：

《各种典礼的节目表——〈仪礼〉》，《“国文”天地》第14卷第8期，1999年1月。

《孔子心事大公开：〈春秋〉三传——〈穀梁传〉》，《“国文”天地》第14卷第9期，1999年2月。

《〈曾子大孝〉（大戴礼记）篇阐义》，《“国文”天地》第14卷第12期，1999年5月。

《〈礼运〉篇大同小康章阐义》，《“国文”天地》第15卷第1期，1999年6月。

《〈礼记·儒行〉阐义》，《“国文”天地》第15卷第2期，1999年7月。

《〈礼记·坊记〉阐义》，《“国文”天地》第15卷第3期，1999年8月。

《〈礼记·祭义〉篇阐义》，《“国文”天地》第15卷第7期，1999年12月。

《孔子之谈鬼神》，《“国文”天地》第15卷第8期，2000年1月。

《〈礼记·三年问〉篇阐义》，《“国文”天地》第15卷第12期，2000年5月。

《〈礼记·少仪〉篇阐义》，《“国文”天地》第16卷第2期，2000年7月。

《〈礼记·文王世子〉阐义》，《“国文”天地》第16卷第3

期，2000年8月。

《〈礼记·仲尼燕居〉阐义》，《“国文”天地》第16卷第10期，2001年3月。

《〈礼记·昏义〉篇阐义》，《孔孟月刊》第40卷第3期，2001年11月。

《〈礼记·礼器〉篇阐义》，《编译馆馆刊》第30卷第1—2期，2001年12月。

透过先生晚年仍持续对《礼记》重要篇章进行阐义的工作，可见先生将“三礼”学研究的重心放在《礼记》上，乃是不容怀疑之事。因为唯有理解《礼记》在“三礼”中的枢纽地位，方能贯通“三礼”之精义，而使礼的精神传诸久远。先生有意先对《礼记》各篇进行阐义，接下来，则或将各篇作更有系统的组织与整理，使其礼义全貌更完整清晰。可惜天不假年，先生之未竟工作，将等待更多有志于优秀传统文化的发扬者继续努力。毕竟社会生活质量与人文素养的提升，需要更多的人投注更多心力。唯有愈来愈多的人认同礼具有提升生活质量与人文素养的作用，且愿意努力践行之，人类社会才有望迈向更文明和谐有序的理想之境。

台湾地区《仪礼》馈食礼研究的再检讨

郑宪仁*

一、前言

“馈食礼”在五礼分类上属吉礼，相关经文在《仪礼》中有三篇，占了很大的比重，这三篇是《特牲馈食礼》《少牢馈食礼》和《有司彻》。郑玄《注》云：“祭祀自孰始，曰馈食。馈食者，食道也。”① 周代祭祀祖祢有祼、荐血腥（献）、荐熟馈食，因《仪礼》三篇所记主人为诸侯之卿大夫和士，祭由荐熟食始，故为馈食礼。

《少牢馈食礼》属诸侯之卿大夫岁时祭于宗庙之礼。今传世《仪礼》本，在第十六篇，因简册繁重，自傧尸之礼仪以下分为《有司彻》，排次为第十七篇。郑玄《三礼目录》云：“诸侯之卿大夫，祭其祖祢于庙之礼。羊豕曰少牢。《少牢》于五礼属吉礼。《大戴》第八，《小戴》第十一，《别录》第十六。”②《有司彻》，“《少牢》之下篇也。大夫既祭，傧尸于堂之礼。祭毕礼尸于室中，天子诸侯之祭，明日而绎。《有司彻》于五礼属吉礼。《大戴》第九，《小戴》第十二，《别录》《少牢》下篇第十七。”（卷49，第1页）

---

* 郑宪仁，台湾台南大学中文学系教授。

① （汉）郑玄注，（唐）贾公彦疏：《仪礼注疏》卷44，（台北）艺文印书馆1955年版，景印嘉庆二十年江西南昌府学刊本，第1页。本文凡引《仪礼》经文与注疏皆出于此本，后文引用时不再出注，仅于引文后加括号以标明卷页。

② 贾公彦《仪礼疏》引郑玄《三礼目录》文。《仪礼注疏》卷47，（台北）艺文印书馆1955年版，景印嘉庆二十年江西南昌府学刊本，第1页。本文凡引《三礼目录》皆出于此本，后文引用时不再出注，仅于引文后加括号以标明卷页。

今传世《仪礼》本，《特牲馈食礼》为第十五篇，属诸侯之士岁时祭于宗庙之礼。《三礼目录》云：“特牲馈食之礼，谓诸侯之士，以岁时祭其祖祢之礼。于五礼属吉礼。《大戴》第七，《小戴》第十三，《别录》第十五。”（卷44，第1页）较《少牢馈食礼》无傧尸之礼仪，故本篇篇幅较短。

台湾学界对“馈食礼”的相关研究，大致可分为两大类，一是专对《仪礼》馈食礼三篇、祭礼的讨论，另一是就周代祭礼，兼及《礼记》《周礼》等方面的讨论。本文以第一类为研究范围。整理相关著作，得黄启方先生的《〈仪礼·特牲馈食礼〉仪节研究》①、吴达芸先生的《〈仪礼〉特牲少牢有司彻祭品研究》②、钟柏生先生的《〈仪礼·有司彻〉仪节研究》③、彭妙卿先生的《〈仪礼·少牢馈食礼〉仪节研究》④、韩碧琴先生的《〈仪礼〉祭礼之服饰比较研究》⑤、《〈仪礼〉所见士、大夫祭礼之人物比较研究》⑥、《〈仪礼·少牢馈食礼〉〈特牲馈食礼〉仪节之比较研究》⑦、《〈仪礼〉所见士、大夫祭礼之礼器比较研究》⑧、《〈仪礼·有司彻〉〈特牲馈食礼〉仪节之比较研究》⑨ 等。凡专书二本、学位论文一本、期刊论文六篇。由于目前未有针对台湾地区《仪礼》馈食礼的研究成果进行探究的专文，本文将分“仪节”“人物服饰”“礼器祭品”三个方面，来进行讨论。《特

① 黄启方：《〈仪礼·特牲馈食礼〉仪节研究》，（台北）台湾中华书局1971年版。

② 吴达芸：《〈仪礼〉特牲少牢有司彻祭品研究》，（台北）台湾中华书局1973年版。

③ 钟柏生：《〈仪礼·有司彻〉仪节研究》，《花莲师专学报》第7期（1975年），第161—180页。

④ 彭妙卿：《〈仪礼·少牢馈食礼〉仪节研究》，硕士学位论文，（台北）台湾中国文化大学中国文学研究所，1980年。

⑤ 韩碧琴：《〈仪礼〉祭礼之服饰比较研究》，《中兴大学台中夜间部学报》第2期（1996年），第1—34页。

⑥ 韩碧琴：《〈仪礼〉所见士、大夫祭礼之人物比较研究》，《兴大中文学报》第10期（1997年），第125—144页。

⑦ 韩碧琴：《〈仪礼·少牢馈食礼〉〈特牲馈食礼〉仪节之比较研究》，《中兴大学台中夜间部学报》第3期（1997年），第1—50页。

⑧ 韩碧琴：《〈仪礼〉所见士、大夫祭礼之礼器比较研究》，《兴大中文学报》第11期（1998年），第17—59页。

⑨ 韩碧琴：《〈仪礼·有司彻〉〈特牲馈食礼〉仪节之比较研究》，《中兴大学文史学报》第28期（1998年），第27—66页。

牲馈食礼》《少牢馈食礼》之礼器、服饰与主人身份有关，其与礼之人尚有兄弟、宾、祝、佐食等，此等不影响礼器等级，但服饰则有别，故将人物和服饰合为一节，礼器和所盛之祭品合为一节，于此说明之。

二、馈食礼“仪节”的讨论

分节是清儒所列举读《仪礼》的方法之一，陈澧《东塾读书记》云：

> 《仪礼》难读，昔人读之之法，略有数端：一曰分节，二曰绘图，三曰释例。今人生古人后，得其法以读之，通此经不难矣。①

上揭三法之一的分节，乃在经文中，依礼仪性质，分成若干节，以为经文内容之纲目，便于研读《仪礼》各篇，而本文所称之仪节则兼分节和各节行仪之内涵而言，故仪节可涵盖分节。对于《仪礼》各篇经文的分节，可追溯于魏晋南北朝时的义疏之学，更早的郑玄《仪礼注》或于注解经文时，有说明某段文字性质之语，启发了后来《仪礼》经文的分节，目前可见最早提及分节的是贾公彦《仪礼疏》，但属于训诂方式，并非针对全书做一致性的体例，其后朱熹于《仪礼经传通解》中开始以仪节离析经文，并于各分节后题云“右某事”作为标目，以仪节、分节为编排方式的体例自此成为后来《仪礼》注疏类著作常见的格式。

以仪节为研究主题，在台湾已有不少著作，除了《丧服》外，或有专书、学位论文、期刊论文发表，是《仪礼》研究的一项特色。台湾礼学界对“仪节”的研究风气起自1965年东亚学术计划委员会李济先生倡导以复原实验的方法研究《仪礼》，由台静农先生召集、孔德成先生指导的“仪节复原小组”，研究报告出版了《〈仪礼〉复原研究丛刊》，此丛刊中，以

---

① （清）陈澧：《东塾读书记》，（香港）三联书店有限公司1998年版，杨志刚编校本，第138页。另皮锡瑞也有相关的说法：“读《仪礼》有三法，一曰分节，二曰释例，三曰绘图，得此三法，则不复苦其难。”（清）皮锡瑞：《经学通论》卷3，（台北）河洛图书出版社1974年版，第32页。

“仪节”为名的书有张光裕先生的《〈仪礼·士昏礼〉〈士相见之礼〉仪节研究》[①]、黄启方先生的《〈仪礼·特牲馈食礼〉仪节研究》、吴宏一先生的《〈乡饮酒礼〉仪节简释》[②]、施隆民先生的《〈乡射礼〉仪节简释》[③] 等。其中与《仪礼》馈食礼相关的即是《〈仪礼·特牲馈食礼〉仪节研究》和吴达芸先生的《〈仪礼〉特牲少牢有司彻祭品研究》两书，后者将于本文第四节讨论。另外，钟柏生先生的《〈仪礼·有司彻〉仪节研究》也属于东亚学术计划《仪礼》复原研究报告。[④]

此后以“仪节”为题，属于《仪礼》馈食礼范畴的，尚有彭妙卿先生的《〈仪礼·少牢馈食礼〉仪节研究》，也属于这类研究课题的成果。1997年又有韩碧琴先生以仪节比较方式发表的《〈仪礼·少牢馈食礼〉〈特牲馈食礼〉仪节之比较研究》《〈仪礼·有司彻〉〈特牲馈食礼〉仪节之比较研究》。

《〈仪礼·特牲馈食礼〉仪节研究》一书将《仪礼·特牲馈食礼》分为二十个仪节，仪节之划分和标目全依张尔岐《仪礼郑注句读》[⑤]，但其中“长兄弟加爵、众宾长加爵”合为一个仪节，与张书不同，盖因经文较短之故。此书于《前言》，则将仪节分为“祭前的准备工作”和“祭祀之日”，其说法引用如下：

> 有筮祭日、筮尸、宿尸、宿宾及视濯视牲。至祭祀之日，先则预陈祭祀所须用之事物，安排执事人等之位次，而后举行祭礼。祭礼计分阴厌、尸九饭、主人初献、主妇亚献、宾三献、献宾与兄弟、长兄弟与众宾长加爵、嗣举奠献尸、旅酬、佐食献尸、尸出归尸俎彻庶羞、嗣子长兄弟、阳厌诸节。

---

① 张光裕：《〈仪礼·士昏礼〉〈士相见之礼〉仪节研究》，（台北）台湾中华书局1971年版。另张先生有受奖助的《〈仪礼·士虞礼〉仪节研究》，1969年。

② 吴宏一：《〈乡饮酒礼〉仪节简释》，（台北）台湾中华书局1973年版。

③ 施隆民：《〈乡射礼〉仪节简释》，（台北）台湾中华书局1973年版。

④ 钟柏生：《〈仪礼·有司彻〉仪节研究》，《前言》，第161页。

⑤ （清）张尔岐：《仪礼郑注句读》，（台北）学海出版社1981年版。本文凡引《仪礼郑注句读》皆出于此本，后文引用时不再出注，仅于引文后加括号以标明卷页。

是二十仪节可分成“祭前的准备工作”和“祭祀之日”两类，较复杂之仪节又有细目分焉，如“主人初献”仪节又于经文处加注分段：“以下挼祭”“以下尸醋（礼书或作酢，下同）主人”“以下主人献祝”“以下主人献佐食”，是一仪节中五分之；又于“主妇亚献”仪节中，加注分段云“以下尸酢主妇”“以下挼祭”“主妇献祝”“以下主妇献佐食”“以上主妇亚献之礼成”，亦是一仪节中五分之；“宾三献”仪节加注分段云“以下主妇致爵主人”“以下主妇自醋”“以下主人致爵于主妇”“以下主人自醋”“以下献祝及佐食”“以下致爵主人主妇及自酢”“以上宾三献之礼成”，是七分之；“献宾与兄弟”有“下献众宾”“以下酬宾及兄弟”，是三分之。这些加注之语，有提示仪节内容及分段的作用，是仪节之下的再分层级，全书层次清楚是一优点。

全书为《特牲馈食礼》之注解，目的在“于祭礼进行时之诸色人等之动作进退，物品之陈设位次，务求得一确切可行之解说，以为日后复原之准备”（《前言》），或以《仪礼》各篇相验证，或据其他经书为佐证，或援引前人注解，或引证铜器铭文与出土汉简，每有按语以呈现研讨之功。其中较前人突出之处为引证铜器铭文与出土汉简等新材料，如“将祭筮日”节之经文“子姓兄弟”处，其云：

> 案子姓为主人子侄之辈，命镈：“保（吾）子姓。”是也。①

又如“视濯视牲”节之经文“设洗于阼阶东南，壶禁在东序，豆笾铏在东房南上，几席两敦在西堂”处，引《特牲馈食礼·记》“壶棜禁馔于东序，南顺，覆两壶焉，盖在南，明日卒奠”，并有考证之语云：

> 考武威简本此《记》之“奠”字作“尊”（按简本凡奠皆作），“卒尊”者，以玄酒注于酒尊也。下文：“尊于户东，玄酒在西。”尊为动词（《仪礼》皆如此），所尊者，此壶亦《记》中之“两壶”也。明旦将奠时，将玄酒注于酒壶中，故言卒尊也。陈时

① 黄启方：《〈仪礼·特牲馈食礼〉仪节研究》，第2页。本文凡引《〈仪礼·特牲馈食礼〉仪节研究》皆出于此本，后文引用时不再出注，仅于引文后加括号以标明页数。

用盖，卒尊，则易以幂，即位而又彻之。敖、张以不知奠为“尊”字之讹，故有误说。（第9页）

尊和奠字因字形相近而讹，卒奠之意于《记》该处难以通读，故注疏家乃有各种设想之说，以求通读，而终不能得其正解，此书引1959年7月甘肃武威县西汉墓出土的《武威仪礼简》为证据，更正为卒尊，便可通读经记。

由于本书有“为复原准备”之目的，故于细节处皆能留意，以求仪节能实际进行，对于方位更有补充经文、郑《注》未载者，如“将祭筮日”节之经文“若不吉，则筮远日，如初仪，宗人告事毕”处，其云：

宗人之位，本篇视濯视牲章（门外位）云：“宗人、祝立于宾西北，东面，北上。”（按此处言宾，即上文之“有司群执事”也）宗人当为有司，《士冠礼》《注》：“宗人，有司主礼者。”其位即有司群执事之位。其告事毕时之位，据以下视濯章：“东北面告濯具。”（第4页）

由前后仪节推“宗人告事”之方位，颇似以例解经之法。又如“筮尸”一节经文“宗人摈辞如初……祝许诺，致命”处，其云：

宗人与祝摈辞释命之面位，《注》云：“始宗人祝北面，至于传命，皆西面受命，东面释之。”按始时主人与子姓兄弟立于尸外门外北面，则完（宗字之误）人祝从之，亦北面可知。《注》又云：“主人辟，皆东面北上。”则宗人祝亦东面矣。又宗人之摈，应在主人之左，如上“宰自主人之左赞命”，祝应由东面位听命，而后东面致命于尸。主人及子姓兄弟莅于尸外门外北面时，宗人与祝亦北面，其部位当在主人之左，次于子姓兄弟，及主人与子姓兄弟变位，宗人祝亦应变位，至传命之时，则宗人摈主人，祝侑尸，亦各掌其职也。（第6页）

对于宗人和祝行礼之方位变化，俱能依行进之过程而交代清楚，对于理解《少牢馈食礼》之进行很有帮助。

此书并有三幅礼图，其中以订正张惠言《仪礼图》而重绘之图最为重要（附图一），在“尸入九饭”仪节中（第 28 页）。此订正图较黄以周《礼书通故》“尸入九饭”图（附图二）① 室中所设部分更有长处，俎的陈设以《礼书通故》之图较为精细，而庶羞四豆与觯的陈设名目，则以《〈仪礼·特牲馈食礼〉仪节研究》较为明白。此书未将《少牢馈食礼·记》的文字全部编入各仪节中，唯多数于注解中提及，并有相关考证和讨论。

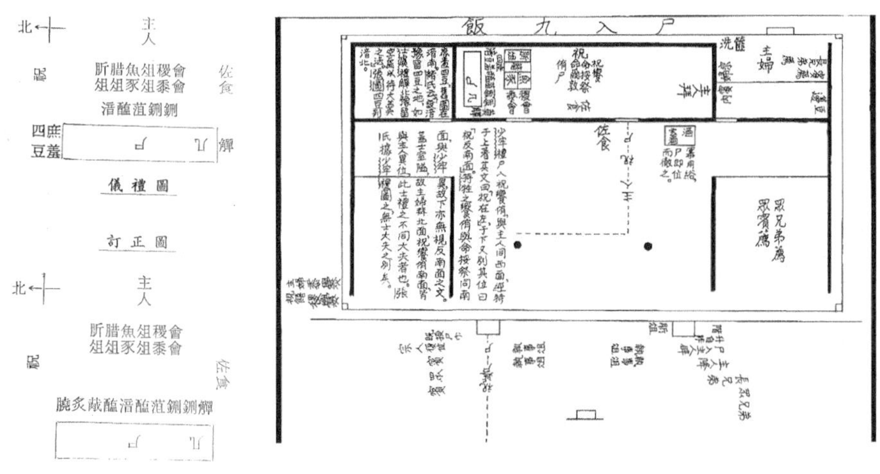

附图一　　附图二

钟柏生先生的《〈仪礼·有司彻〉仪节研究》和彭妙卿先生的《〈仪礼·少牢馈食礼〉仪节研究》二文皆以《〈仪礼·特牲馈食礼〉仪节研究》为体例，对于人物行礼方位、动作，器物放置之地点、仪节进行之程序等，均是说明的重点。

《〈仪礼·有司彻〉仪节研究》一文分为五章，各章再细分，以天干为次，大抵依《仪礼郑注句读》，此文至“主人献尸”仪节。② 比对此文和《仪礼郑注句读》书中《有司彻》之分节和各仪节经文起讫文字，均相同，

① （清）黄以周：《礼书通故》册 5，卷 48，中华书局 2007 年版，王文锦点校本，第 2230 页。

② 《〈仪礼·有司彻〉仪节研究》之《前言》云有照片，于刊登之文亦未见之，是全文未能刊登，尽至第五仪节“主人献尸”而止。《句读》之《有司彻》共分四十三仪节，惜此文只登载五仪节。

是知此文原于“主人献尸”节中再分出八段，分别为：甲、授几；乙、献爵；丙、主妇荐豆笾；丁、司马载羊俎；戊、宾长设羊俎；己、次宾进匕湆；庚、司马羞肉湆；辛、次宾羞燔。此即《句读》所谓“八细节”（卷17，第3页）。而排版时，第163页“乃升。司马朼羊，亦司马载，载右体：肩、臂、肫、骼、臑、正脊一、脡脊一、横脊一、短胁一、正胁一、代胁一、肠一、胃一、祭肺一，载于一俎”前夺细节标题“丁、司马载羊俎”。在注解和仪节方面，此文多据《仪礼》各篇经文与记文为主，兼及历代注疏之意见，全文最精彩处在第175—176页讨论“鱼俎载法”。文中并附两张礼图，皆与陈设器物有关。

《〈仪礼·少牢馈食礼〉仪节研究》依张尔岐《仪礼郑注句读》，分《少牢馈食礼》为二十二小节。一、筮日（《句读》作筮祭日，卷16，第2页）；二、筮尸宿尸宿诸官；三、为祭期；四、祭日视杀视濯；五、羹定实鼎馔器；六、将祭即位设几加勺载俎；七、阴厌；八、迎尸入妥尸；九、尸十一饭是谓正祭；十、主献尸（《句读》作主人献尸，卷16，第11页）；十一、尸酢主人命祝致嘏；十二、主人献祝；十三、主人献两佐食、初献礼竟；十四、主妇献尸；十五、尸酢主妇；十六、主妇献祝；十七、主妇献两佐食、亚献礼竟；十八、宾长献尸；十九、尸醋宾长；二十、宾长献祝、终献礼竟；二十一、祭毕尸出庙；二十二、馂。其《摘要》云：

> 每节之下依传统注疏体方式，首出经文与注文，案语则先作综合叙述，冀求对本节文字先有整体之了解，其后则为经注之考释，皆条分缕举，务求明实而后已。凡有所阐发者，亦皆以明礼义为宗，《礼记·郊特牲》云：“礼之所尊，尊其义也。失其义，陈其数，祝史之事也。”此篇之作，亦有意从礼数中求明礼义也，故或兼取《周礼》《礼记》诸经及先圣硕儒之言礼者以证之，俾明其立礼之由，而后始得于仪节之间融会贯通。《特牲》《少牢》同属祭礼，故间有综合比较之处，或举此以证彼，或征彼以合此。凡经文所及之器服、宫室等，除随文解之外，间采新近出土数据，以备参考。末附仪节图，按文索图，其行止趋向无不憭然矣。夫

> 礼图之作，两汉以来不下数十种，其著者如聂崇义、杨复、张惠言、黄以周等之作，然亦各有疏误，互见长短，今参合诸图间附己见，并著其仪节于图旁，更赋以编号，以便检阅。①

上揭三文，仪节皆依《仪礼郑注句读》，并无讨论仪节分节和标目的问题，其研究内涵皆着重于诠释经文与论辩旧说歧异，最大的贡献在通读经文与提出新说的部分。

韩碧琴先生《〈仪礼·少牢馈食礼〉〈特牲馈食礼〉仪节之比较研究》《〈仪礼·有司彻〉〈特牲馈食礼〉仪节之比较研究》两文之仪节标目皆依胡培翚《仪礼正义》所定者，由仪节比较为方法，探讨大夫与士之馈食礼的差异，其重心在仪节内涵，对于标目或有言及，但非所重。《少牢馈食礼》与《特牲馈食礼》两篇之异，于其《摘要》举其大者云：

> 士、大夫以阶级不同，故仪节亦随之而异。大夫飨尸以十一饭，士飨尸以九饭；士无傧尸之事，故备笾燔以盈其礼，大夫别行傧尸之礼，故正祭杀也；隆杀之仪，盖视阶级而行之。②

《〈仪礼·少牢馈食礼〉〈特牲馈食礼〉仪节之比较研究》全文考证详细，巨细靡遗。对于两礼（大夫之《少牢》与士之《特牲》）有异者必述其所异与所以异，诸如：《少牢》筮日必用丁、己而《特牲》不诹日（第4页）。《少牢》主人玄冠、玄端、素裳、素带、素韠，《特牲》主人玄冠、缁衣、缁带，裳随其位（第5页）。士但宿宾一人，众宾不宿，大夫则统宿诸官，仪益多也，唯大夫尊，宿尸而已，其为宾及执事者，使人宿之，士则亲自宿宾。大夫筮吉又遂肃尸，重尸也，既肃尸，乃肃诸官与执事，皆由祝为摈者，《特牲》则由宗人摈辞祝致命，无宿诸官之事，盖与大夫礼异耳

① “台湾博硕士学位论文知识加值系统”以《〈仪礼·少牢馈食礼〉仪节研究》检索，检索日期为2016年6月5日，网址 http://ndltd. ncl. edu. tw/cgi-bin/gs32/gsweb. cgi/ccd = VoP_jd/record? r1 = 1&h1 = 0。

② 韩碧琴：《〈仪礼·少牢馈食礼〉〈特牲馈食礼〉仪节之比较研究》，第1页。后文凡引用《〈仪礼·少牢馈食礼〉〈特牲馈食礼〉仪节之比较研究》不再出注，仅于引文后加括号以标明页数。

（第9页）。《少牢》为期，主人不自定，由宗人定之，《特牲》则宗人请期，主人告以羹饪，与大夫礼异耳（第12页）。士于祭前一日之夕视牲与视濯，祭日夙兴视侧杀，大夫则视杀、视濯同日（第13页）。士陈鼎于门外，北面，当门；大夫陈鼎于门东（第14页）。《特牲》三鼎为豕、鱼、腊，《少牢》五鼎为羊、豕、鱼、腊、肤（第14页）。大夫之牲为羊豕，分由司马刲羊，司士击豕，士则雍正击豕（第14页）。《少牢》雍人掌割亨之事，爨名雍爨，廪爨（廪人掌之，第21页）在雍爨北，是庙门外；士则雍正掌割亨者，爨名牲爨，宗妇饎爨在庙门内西壁（第15页）。《少牢》改馔豆笾于房中，南面；士礼不改而实于其处；是大夫位尊礼盛而威仪多也，士卑礼杀而威仪略也（第18页）。大夫由司宫设筵，祝设几，士则由祝筵几，盖大夫威仪多，官多，故使两官以供其事；士卑，故设席、设几皆由祝为之（第19—20页）。士亲举鼎、亲匕，大夫不亲举鼎、不亲匕（第20页）。凡牲，一为特，二为牢，《特牲》肵俎但有豕心舌，心立舌缩不立；《少牢》肵俎则羊、豕心舌俱有，心立舌横不立（第20页）。《少牢》羊、豕皆十一体，羊俎有肠三、胃三，豕俎无肠胃；《特牲》止载豕，九体，无肠胃（第21页）。阴厌时，均由祝先入，盖接神宜在前也；士礼则主人先升后入，大夫礼祝先升（第23页）。《特牲》主妇荐两豆（葵菹、蜗醢），设两敦；《少牢》主妇亲设四豆（葵菹、蠃醢，益以朝事二豆：韭菹、醓醢），主妇亲设四金敦，宗妇赞三敦（第24页）。士礼阴厌时已设铏，大夫阴厌时不设铏，两铏至尸入饭时，始设于韭菹之南（第24页）。大夫礼祝辞"敢用柔毛刚鬣"，士礼祝辞"敢用刚鬣"（第24页）。士礼奉盘一人，执匜淳沃一人，执巾一人，合宗人授巾，共四人；《少牢》一宗人奉盘，一宗人奉匜水，一宗人奉箪巾，即授巾，共三人，大夫位尊官备，故皆以宗人为之（第25页）。《特牲》有祝飨之礼，《少牢》无祝飨之礼，盖大夫近君，嫌与君同，士贱，不嫌与君同（第25页）。《少牢》尸祭稷切肺，不及祭酒，《特牲》祭黍稷刌肺及祭酒（第27页）。大夫五俎有肤，肤特于北，故肵在肤北也，士礼三俎无肤，故肵在腊北也（第27页）。《少牢》祭铏在祭离肺正脊之后，《特牲》祭铏在祭离肺正脊之前，二礼先后次序有异（第27

页)。士祭尸，九饭：尸始三饭前，初举肺脊；又三饭前，再举胁与腊、鱼；终三饭前，三举骼与腊、鱼；终三饭后，四举肩与腊、鱼；唯士礼较略，仅一牲一豕，故始举豕之脊，终举豕之肩也。大夫祭尸十一饭：尸始三饭前，初举牢肺正脊；四饭前，再举胁；五饭前，三举鱼；六饭前，四举腊；七饭前五举牢骼；八饭前不举；终三饭前，六举牢肩；始举羊、豕之脊，终举羊、豕之肩也。士祭九饭，故四举；大夫祭十一饭，故六举。《特牲》腊、鱼皆三举，二者同举；《少牢》有二特羊、豕，故于腊、鱼，略之而一举，先举鱼，后举腊，别举鱼、腊。士祭，尸三饭即侑，祝、主人共侑；大夫祭，尸七饭始侑，祝、主人更侑，皆隆杀之义也（第27—28页)。《少牢》酳尸用爵，《特牲》酳尸用角（第29页)。《特牲》由尸亲嘏，《少牢》由祝传尸嘏，盖大夫威仪多，士礼质朴耳（第30页)。大夫位尊，仪节盛，故祝俎以四物共一俎；士卑礼杀，祝俎唯一俎而已，无鱼、腊（第33页)。士之佐食有离肺，是下尸（尸俎有离肺、祭肺)；大夫之佐食俎无离肺，远下尸也（尸俎有离肺、祭肺)。大夫献两佐食，士仅献一佐食，是大夫礼盛，威仪多，士礼杀，威仪略也（第33页，“主妇亚献”时亦然，第36页)。“主妇献尸”节，大夫之妻不北面者，近君，须辟也；士妻卑，不嫌与夫人同，故北面拜。大夫之妻礼仪盛，拜而后献者，当侠拜；士妻仪简，故不侠拜也。士妻献尸用内篚之爵，而更洗之；大夫妻则于室中堂上，由有司取爵于下，由妇赞者传致（第34页，“主妇献祝”节之取爵更洗之亦同此，第36页)。《特牲》宗妇执两笾，户外坐；《少牢》主妇与赞者，授受于室中；大夫与士相异耳（第34页)。“尸酢主妇”仪，大夫妻受祭，祭之，士妻不西面祭于室，而适房南面，不亲祭，但抚祭而已；盖大夫妻位尊仪节益多，士妻位卑仪简也（第35页)。《特牲》主妇献，以笾燔从，而《少牢》无之，盖上大夫祭毕将傧尸，故正祭之礼杀也（第36页)。“宾长献尸”仪，上大夫有傧尸之礼，故夫妇不致爵，爵亦不止；士卑，故主人主妇交致爵也（第37页)。《特牲》“宾三献”仪，献祝与佐食，《少牢》“宾长献祝终献礼竟”仪，献祝不献佐食（第37页)。士牲体少，故再献、三献，各以从荐为仪。《少牢》二牲，故三献无荐（第38页)。

《特牲》尸出则佐食彻尸俎于庙门外，有司受归之。《少牢》则彻于堂下，不出门，为将傧尸也。大夫四人馂（两佐食与两宾长）较士礼二人馂（嗣子及长兄弟二人）为惠大也（第40页）。《少牢》餈者非主人亲昵，故不戒也。《特牲》餈者乃主人亲昵，故戒也。大夫餈者贱，不拜受爵，士礼拜受爵，以餈者为嗣子与长兄弟也（第40页）。

并有表以比较两篇礼经文献不同之处，极为用心。又观此文，于《少牢》"祭日视杀视濯"节，《特牲》标目为"视濯视牲"，能陈其原因为大夫视杀和视濯在祭日举行，而士在前一日视濯和视牲，祭日视杀，因此仪节标目不同。并举姜兆锡之说以明此乃"士卑，于君无嫌，得与君同两日。大夫近君有嫌，则避君而不得两日"之礼义（第13页），对于仪节标目不同，能阐明其所以异。

其可留意者，本文对于贾公彦《仪礼疏》申郑《注》而并失《注》意，多有提出，如贾说"大夫散斋九日，致斋一日"（第10页）、以《少牢》尸不送而有士卑大夫尊之说（第11页），其他举各家之说并评点优劣，或兼采两存，甚是精彩。

《〈仪礼·有司彻〉〈特牲馈食礼〉仪节之比较研究》乃接续《〈仪礼·少牢馈食礼〉〈特牲馈食礼〉仪节之比较研究》而作，体例、讨论方式相同，能清楚阐明二篇礼经文献异同，由于本文已对《〈仪礼·少牢馈食礼〉〈特牲馈食礼〉仪节之比较研究》有所介绍和评论，故于《〈仪礼·有司彻〉〈特牲馈食礼〉仪节之比较研究》仅引其《摘要》之言如下：

> 大夫、士以阶级不同，故仪节亦随之而异。士无傧尸于堂之事，故备边燔以盈其礼，于室中成礼；大夫别行傧尸之礼，无正祭时之祝与佐食，而设侑以辅尸。《有司彻》不傧尸者，视《特牲》士礼为隆，较《少牢》傧尸为杀。是隆杀之仪，盖视阶级而定。①

仪节之探讨可包含文注解、阐明仪节内容、说明分节缘由与标名，本

① 韩碧琴：《〈仪礼·有司彻〉〈特牲馈食礼〉仪节之比较研究》，第27页。

节所讨论各家，重点皆在通读经文，考评异说，近于“集解”“新诠”“正义”的性质，此固为仪节研究之要项，然于仪节之分节和标目亦不应忽视，上揭各家或依张尔岐《仪礼郑注句读》，或依胡培翚《仪礼正义》之分节和标目，较少讨论分节与标目的基准，唯韩碧琴先生之文以仪节比较为重点，较能看出礼学家对不同经文篇章之仪节标目的歧异，这方面也还可再讨论。

三、馈食礼“人物服饰”的讨论

以《仪礼》馈食礼的人物和服饰为题的学术著作不多，研究《仪礼》的服饰者，大多以全书为讨论，若以馈食礼为范畴，目前台湾地区的学术著作仅见韩碧琴先生的《〈仪礼〉祭礼之服饰比较研究》①，此外以祭礼人物为题的讨论，也仅有韩碧琴先生的《〈仪礼〉所见士、大夫祭礼之人物比较研究》②。

《〈仪礼〉祭礼之服饰比较研究》一文重点在六类人物的服饰，即士为主人、士妻、士礼与祭人员（宾与兄弟、尸、祝、佐食、宗妇）、大夫为主人、大夫妻、大夫祭礼与祭人员。此文整理各类文献，得出之看法为：士为主人者于筮日、筮尸、宿宾、视杀、正祭皆用玄端，即玄冠、缁衣（玄衣）、裳（上士玄裳、中士黄裳、下士杂裳）、缁带、爵韠、黑屦（第3—6页）；大夫为主人者筮日、筮尸、请祭期、视杀视濯、正祭，皆着朝服，即玄冠、缁衣、素裳、素带、素韠、白屦（第7—8页）。士妻（主妇）者纚、象笄、宵衣（玄衣以绡为领），大夫妻（主妇）者被锡（髲鬄）、宵衣侈袂（第9—10页）。《特牲》与祭之子姓兄弟与宾于筮日、筮尸、宿宾着玄端，即玄冠、缁衣、裳（上士玄裳、中士黄裳、下士杂裳）、缁带、爵韠、黑屦，于正祭时着朝服（摄盛），即玄冠、缁衣、素裳、缁带、缁韠、白屦；尸、祝、佐食皆着玄端，即玄冠、缁衣、裳（上士玄裳、中士黄裳、下士

① 韩碧琴：《〈仪礼〉祭礼之服饰比较研究》，第1—34页。后文凡引用《〈仪礼〉祭礼之服饰比较研究》不再出注，仅于引文后加括号以标明页数。

② 韩碧琴：《〈仪礼〉所见士、大夫祭礼之人物比较研究》，第125—144页。后文凡引用《〈仪礼〉所见士、大夫祭礼之人物比较研究》不再出注，仅于引文后加括号以标明页数。

杂裳)、缁带、爵韠、黑屦；宗妇着纚、象笄、宵衣。《少牢》与祭人员着朝服，即玄冠、缁衣、素裳、素带、素韠、白屦；主妇赞者一人被锡、宵衣侈袂，其余主妇赞者皆纚、象笄、宵衣（第11—14页）。

其结论云：

> 大夫祭用朝服，士祭用玄端者，大夫尊而士卑也。大夫之妻，被锡，衣侈袂；主妇赞者一人亦被锡，衣侈袂，其余如士之妻，纚、笄、宵衣。士之妻纚、笄，宵衣。妇人助祭者与士妻同服；大夫妻尊也。大夫位高，助祭者与尸、祝、佐食者俱服朝服，不摄盛，嫌偪也；士之助祭者，亦用朝服者，盖缘孝子欲得嘉宾尊客以事祖祢之故，且摄盛也。综言之，大夫官高仪盛，故主人、主妇与助祭人员所着之服饰，均较士礼为隆；是服饰能彰显阶级地位之不同，服之为仪，深矣。(第14页)

阐明士和大夫及主妇和助祭者之服饰由其身份尊卑而有对应关系，并由摄盛、嫌偪以说明礼意，广举出土木俑、衣屦、假发、骨笄等，研究者之用心亦由此可知。

唯于该文“表一”大夫栏之衣虽云玄端可也，若云朝服更好，① 履之列称“白履、黑履”，不若履字皆更为屦字，盖《仪礼》称屦，而履字多用为动作，“表三”亦然。又士之朝服和大夫应有不同，大夫礼之与祭人员或为士，所服是否仍是“素带”，不可不辨。

《〈仪礼〉所见士、大夫祭礼之人物比较研究》以《少牢馈食礼》与祭人员依职官有宰、宗人、史、卦者、祝、小祝、司马、司士及其赞者、雍正、雍人、雍府、廪人、司宫、宰夫及其赞者，《特牲馈食礼》则有宰、宗人、筮人、卦者、祝、雍正。由于士位卑，且多以私臣、子弟为与祭者，故其祭礼所与之职官略少，此文在比较后得出看法如下：

> 士之私臣，以其子弟与府史之属为之，盖士卑臣少，或不必

① 或称玄衣、缁衣。玄端与朝服虽常混称，玄端若就其意为上衣，朝服上衣亦玄衣，故无不同，唯裳有别。玄端亦可视为服制之名，则玄端之称已含裳，玄端之裳以玄色为正。

有专官，临事设之，且有公有司前来助之；大夫家臣虽多，然位高仪隆，具官非礼，故职职相兼，异于士礼也。(《摘要》，第125页)

此文提出相关看法，如：大夫位高，嫌与君同，故其家臣称曰私人；士卑，不嫌与君同，故其家臣曰私臣也。公有司者，盖士之僚友，与士同臣于公，命于君者也（第128页）。士之私臣，以其子弟与府史之属为之；若宗人、祝、雍正之属，或不必有专官，临事设之，以供其职。大夫家臣虽多，具官非礼，故大夫摄官，若司马刲羊，兼羊人之职；司士击豕，兼司空之职；雍人陈鼎，兼甸人之职；廪人摡甑与敦，兼饎人之职；司宫兼掌祭器；职职相兼，异于士礼也（第141页）。

此文多用《周礼》与胡匡衷《仪礼释官》之说，而《仪礼》之职官是否与《周礼》相等，在职事和爵等都是否相称，皆应斟酌，《少牢馈食礼》中职官是否均是士，又士有三等，其如何？《特牲馈食礼》之人物之府史其事与爵又如何？对于服饰亦有相关，其课题难度甚高。

四、馈食礼“礼器祭品”的讨论

礼器和祭品的讨论，在礼学界是重要的课题，也有不少相关论著刊行。祭品的讨论包含食物释名、烹调、切割、装盛、摆放方法等，其实在以“仪节”为题的论文中，若注重仪节内涵之训诂者，大多会涉及祭品以何种器物盛放、如何装盛（载盛）、如何摆放（荐设）。专以《仪礼》馈食礼而作的，独推吴达芸先生的《〈仪礼〉特牲少牢有司彻祭品研究》[①]，此书为《〈仪礼〉复原研究丛书》之一；针对《仪礼》馈食礼的礼器研究，以韩碧琴先生的《〈仪礼〉所见士、大夫祭礼之礼器比较研究》[②] 最为重要。

① 吴达芸：《〈仪礼〉特牲少牢有司彻祭品研究》，（台北）台湾中华书局1973年版。本文凡引《〈仪礼〉特牲少牢有司彻祭品研究》皆出于此本，后文引用时不再出注，仅于引文后加括号以标明页数。

② 韩碧琴：《〈仪礼〉所见士、大夫祭礼之礼器比较研究》，《兴大中文学报》第11期（1998年），第17—59页。

《〈仪礼〉特牲少牢有司彻祭品研究》一书中所称的祭品，是指《特牲馈食礼》和《少牢馈食礼（含有司彻）》“用到的而陈列在席前的食物”，并先将祭品分成用俎盛的、用豆盛的、用笾盛的、用铏盛的、用敦盛的五大类，排除酒器。再依祭品次序仔细地考释和讨论，并且以礼图形式做复原，此书所绘礼图在《仪礼》学的研究上弥足珍贵。多数礼学注解对于祭器的陈放仅以文字叙述，详其所详，略其所略，对于牲体的盛载和摆放方式的说明仍不够精细，例如腊载于俎，而肩上腹下，俎载时是首在左或首在右，进首或进末，横于俎或缩于俎等，经文若载之，则明了无疑，但若经文陈述简略，则只能依郑玄《注》，或于他篇、他书中找寻答案，《〈仪礼〉特牲少牢有司彻祭品研究》在这方面说明详细，对研读《仪礼》者提供很大的帮助。

然而此书或有可再讨论之处，如《少牢馈食礼》用俎盛者有“豕匕湆”“羊匕湆”“羊肉湆”“豕肉湆”，并加按语云“凡湆先用铏盛”（第2页）其说湆用铏盛甚是，而匕湆则盛于匕（疏匕）再将匕置诸俎上，故云用俎盛之。虽然合于实情，而其实亦盛于匕，应当注明。此书既用《仪礼郑注句读》之说，知匕湆仅有汁无肉，肉湆乃“肉之从湆中出者，实无汁也”（第18页），俎为案面，无立唇，湆为汁，不能直接置诸俎上，故湆多盛于铏或登（豆之属）。匕湆则是盛于匕，再置诸俎上。此由《有司彻》经文自可明之：

> 羊肉湆：臑折、正脊一、正胁一、肠一、胃一、哜肺一，载于南俎。（卷49，第8页）
>
> 羊肉湆：臂一、脊一、胁一、肠一、胃一、哜肺一，载于一俎。（卷49，第9页）
>
> 雍人授次宾疏匕与俎。受于鼎西，左手执俎左廉，缩之，却右手执匕枋，缩于俎上，以东面受于羊鼎之西。司马在羊鼎之东，二手执桃匕枋以挹湆，注于疏匕，若是者三。……次宾缩执匕俎以升，若是以授尸。尸却手受匕枋，坐祭，哜之，兴，覆手以授宾。宾亦覆手以受，缩匕于俎上以降。（卷49，第12页）

尸坐，左执爵，祭糗修，同祭于豆祭，以羊铏之柶挹羊铏，遂以挹豕铏，祭于豆祭，祭酒。次宾羞豕匕湆，如羊匕湆之礼。(卷49，第17页)

故应可知肉湆实为湆中之肉，盛于俎固宜，而匕湆则是盛于匕，匕再由俎盛之，其按语似可增之为“凡湆先用铏盛，后用匕盛置诸俎”。

蠃为蜗类，古人将螺蜗混称，此书考证为螺蛳，可备一说，但云“查古书中，并没有确称动物名‘嬴’的”（第10页），则是不能辨“蠃”“嬴”之疏失，自第8—10页多将蠃误作嬴，故于古书中查不到嬴为动物，因为嬴本来就不是动物，若能精确知字形为蠃，则字书便可见，《说文解字》“蠃：蜾蠃也。从虫𣎆声。一曰虒蝓。”“蜗：蜗蠃也。从虫呙声。”(卷14，虫部)，又《尔雅》“蚹蠃，螔蝓。蠃小者，蜬。”于古书中亦多可见，《周易·说卦》“为乾，为鳖，为蟹，为蠃，为蚌，为龟。”《周礼·天官·鳖人》“掌取互物。以时簎鱼、鳖、龟、蜃，凡狸物。春献鳖、蜃，秋献龟、鱼。祭祀，共蠯、蠃、蚳，以授醢人。掌凡邦之簎事”。《韩非子·外储说右上》“泽之鱼盐龟鳖蠃蚌不加贵于海”。《史记·货殖列传》“或火耕而水耨，果隋蠃蛤，不待贾而足”，均是。

此书礼图裨益礼学界甚多，第22、26、38—40、42、50—54、56、58—62页等均有一至二幅礼图，对于祭品如何置诸俎，有实像呈现，清晰明了，尤其以鱼俎讨论最为精当。唯有两图可再商讨，第42页有心置俎图和舌置俎图（附图三），心与舌同放于肵俎，似可将两图合并为一，较合于经之所载。第56页有“嗣子、长兄弟”图（附图四），其中佐食授举用方框画之而斜陈，似可改进。

《〈仪礼〉所见士、大夫祭礼之礼器比较研究》以田野考古资料和文献相辅，对于饪食器：鼎（含镬、铏）、簋（含敦）、豆（含登）、笾、俎、匕（含柶）、毕、甗、甑、会；酒器：爵、觚、觯、角、散（斝）、禁等均有讨论，并归纳器用制度、阐述礼意，其要者如：大夫之镬有四、士之镬有三（第19页）、大夫与士之加豆皆为四（第25页）、《特牲》主妇亚献，豆笾皆有，《少牢》主妇献尸，无笾豆，推其因为《特牲》室中成礼，无傧

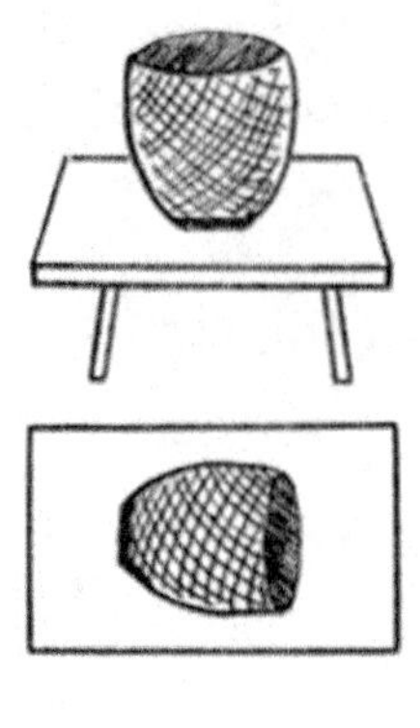

附图三

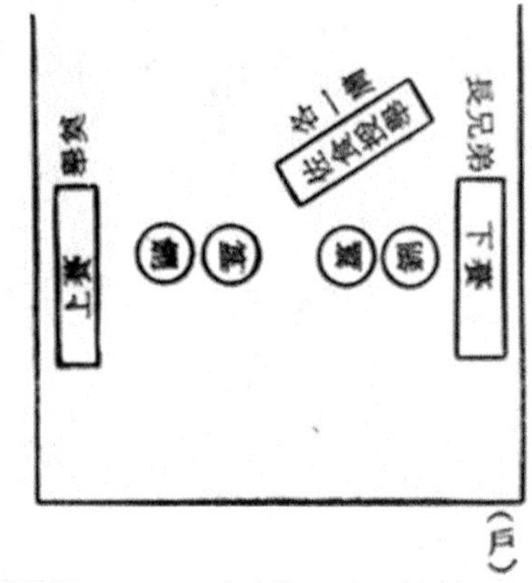

附图四

尸于堂之事，故正祭备笾燔；《少牢》别行傧尸之礼，故正祭之礼杀也（第26页）。肵俎为主人所以敬尸之俎，非正俎，不在数，则大夫五俎，士三俎，《有司彻》傧尸之礼有四俎，不合“鼎俎奇”之说（第27页）。匕为共名，实有匕、柶、疏匕、挑匕之分（第28页）。《少牢》正祭，是大夫五匕，《有司彻》傧尸之礼，杀于正祭，止三匕，《特牲》则士用三匕，杀于大夫礼也（第28页）。匕有饭匕（黍稷匕）、牲匕（牲体匕）、桃匕、疏匕四种，饭匕为较小之匕；牲匕、桃匕、疏匕均属大匕，为祭祀或宴享时，由鼎镬中出肉于俎之用，故大多制成尖勺状，以便于匕肉。进食之柶，用以扱羹、扱醴，为一内凹之匕，利用挹取也（第30页）。士、大夫宾主之献酢皆用爵，酬旅、酬无算爵亦皆用觯。《特牲》主人初献尸、尸酢主人、主人献祝、佐食皆用角。士礼，初献尸、辟大夫不用爵，而用角，以角用功少，象父子之道质也。士礼，佐食献尸用散；大夫礼，佐食献尸用爵；分用散、爵者，盖贵者献以爵，贱者献以散也（第34页）。依礼，大夫用棜（即斯禁），士用禁，大夫、士祭礼均用斯禁（第37页）。并得出大夫和士于馈尸之食所用礼器与数量为：

大夫馈尸之食所用礼器为：五镬、五鼎、四敦、二铏、四豆（盛菹醢者）、四瓦豆（盛醓醢者）、五俎、五匕（牲匕）、二柶、爵、觯、斯禁；士馈尸之食所用礼器为：三镬、三鼎、二敦、二笾、四豆（盛菹醢者）、四瓦豆（盛膮、炙、胾、醢者）、三俎、一毕、三匕（牲匕）、二爵、二觚、四觯、一角、一散、斯禁（第21页）。

上揭诸说，足见此文之用功，所归纳之器物制度和阐明礼意，有益礼学甚多。唯今日吾人可再补充者，如：出土器物中被前人称觯者，出土器铭已载其名称为端、鍴、雚（鑵），其容量与礼书之觯而礼家说者不同。[①]似将《仪礼》之散（斝）与《周礼・司尊彝》之斝彝视为同物。

祭品于《仪礼》是不易研究的专题，其牲体部位、载俎方式、陈设方位等，有一疏误，则不能得古人祭礼之详情与礼意；礼器虽为礼学之专题，但可独立为名物之学，又与考古学、古文字学相关，研究不易。《〈仪礼〉特牲少牢有司彻祭品研究》与《〈仪礼〉所见士、大夫祭礼之礼器比较研究》二文于祭品和祭器均有深入考辨，阐述礼意，诚大有助于《仪礼》之学。

五、结语

前人称《仪礼》难读，本文所讨论之专书二本、学位论文一本、期刊论文六篇，正是台湾地区学者对《仪礼》馈食礼的研究成果，每项著作均考辨详明，引证坚实，说理清晰，对于“仪节”“人物服饰”“礼器祭品”各方面的研究，卓然可观，其中韩碧琴先生于仪节、人物、服饰、礼器，皆有令人佩服的著作发表，是最为精于《仪礼》馈食礼之学者。

在《仪礼》馈食礼的研究上，今之学界仍可再投注心力的尚有礼图和礼意两个部分，至于仪节方面，分节与标目之理，仍有再精进、承续上揭学者的努力，及其论著可资研读，应当很快能看到相关研究的新成果。

---

① 参见郑宪仁：《对五种（饮）酒器名称的学术史回顾与讨论》，收录于刘昭明主编：《2014年第三届台湾南区大学中文系联合学术会议会后论文集》，（高雄）台湾中山大学中国文学系、宋代文学史料研究室、清代学术研究中心2014年版，第36页。

王梦鸥先生《礼记》研究述论

高大威*

一、先生治礼的开端

王梦鸥先生（1907—2002）治学之堂庑甚广①，其研究经学、探讨文学，皆卓然成家。大致言之，《礼记》研究是其前半学术生涯所倾力的主要对象，后半则转向文学——包括古典范畴的《文心雕龙》专题、唐人小说、诗歌、文学史、文学批评史，以及现代范畴的文学理论等。这些，不仅是其个人的研究专题，亦是其教学授课的内容。然而，先生的文学研究常为一般学人所熟悉并经常提及，其《礼记》研究则罕见学界讨论。实则先生对于《礼记》研究亦贡献良多。昔周何教授曾于“三礼”研究课堂中，谓台湾攻治《礼记》有成者，厥有二人，而先生居一②，其为专家所推崇，有如是者。

先生幼时的两位老师陈衍（石遗，1856—1937）和何振岱（梅生，1867—1952）是著名诗人，先生曾表示何、陈二师对他在作诗方面产生了

---

* 高大威，台湾暨南大学中国文学系教授。

① 先生1907年旧历6月3日生于福建长乐，2002年9月22日逝世于台湾台北。本文中，“先生”皆用为王梦鸥先生之专称。

② 周何推崇的另一位是其业师高明教授，此为笔者三十年前就读台湾政治大学中文研究所时所亲闻，亦可参见亚菁：《整理古籍的一盏明灯——谈王梦鸥教授校释〈礼记〉的工作》，《东方杂志》复刊第22卷，第11期，1988年11月，第71页。若取读周何所撰《六十年来之礼学》中之“礼记类”论述，亦可窥高、王二先生《礼记》研究的突出表现。载程发轫主编：《六十年来之国学》第1册经学之部，（台北）正中书局1972年版，第378—386页。

“深远的影响”[①]。先生从教会学校毕业后进入法政专科就读——这段时期于经学并未见其师承，似亦无家学渊源。其后，赴日本早稻田大学留学，除绘画、雕塑、戏剧创作外，接触的日本汉学家有平冈武夫、花房英树等，后与青木正儿、吉川幸次郎、小川环树、池田末利、内山知也亦有来往[②]。

花房英树、青木正儿、吉川幸次郎、小川环树、内山知也等皆研究中国古典文学，或唐诗，或唐代小说，或戏曲。至于和礼学有关者，一是研究《仪礼》的池田末利，其研究曾为先生所参资，如先生《礼记校证》于校理《郊特牲》时，即据池田末利《祖先祭祀仪礼》为说[③]。另一是平冈武夫，他除了唐代研究外，亦曾任东方文化研究所（今之京都大学人文科学研究所）经学室主任，著有《经书的传统》《经书的成立》等，先生说：“平冈武夫从事唐代研究，对于我日后的唐代小说研究影响很大。”此未及其经学研究而突出唐代小说，先生也特别提及日本学者编制索引的基础工夫[④]。今所见资料，虽未见先生论及日本学者对其经学研究之影响，而其间声息相通、往来切磋自必有之。先生于1966年出版的《邹衍遗说考》，其《自序》之末除了特别提及受到国内陈槃、屈万里撰籍之启示，亦向日本的平冈武夫、池田末利以及致力神话研究的御手洗胜致谢，谓之“或供给资料或加是正”[⑤]。另于《小戴礼记考源》中引用大庭修有关流沙坠简之研究、武内义雄之《儒教史》[⑥]。在《〈礼记·月令〉斠理》文末所列参考书目，有桥本增吉所撰《〈礼记·月令〉之历法思想》（《东洋学报》二九、三四）、杖下隆之所撰《〈礼记·月令〉一考察》（《东洋大学纪要》八）[⑦]。

---

① 林明德专访：《自强不息的君子——王梦鸥先生》，《汉学研究通讯》第1卷第3期，1982年7月，第298页。

② 林明德专访：《自强不息的君子——王梦鸥先生》，《汉学研究通讯》第1卷第3期，1982年7月，第298页。

③ 王梦鸥：《礼记校证》，（台北）艺文印书馆1976年版，第172页。

④ 林明德专访：《自强不息的君子——王梦鸥先生》，《汉学研究通讯》第1卷第3期，第298页。

⑤ 王梦鸥：《邹衍遗说考》，（台北）台湾商务印书馆1966年版，第2页。

⑥ 分别见王梦鸥：《小戴礼记考源》，《台湾政治大学学报》第3期，1961年5月，第101、124—125页。

⑦ 见王梦鸥：《〈礼记·月令〉斠理》，《礼记校证》，第525页。

于《邹衍遗说考》《古明堂图考》曾分别引用三上顺之《明堂结构考》(《广岛大学哲学》第13辑)[①]。于《〈礼记·月令〉校后读记》则征引新城新藏《“支那”上代历法》(《东洋天文学史》)、饭岛忠夫(《“支那”历法起源考》)、能田忠亮(《〈礼记·月令〉天文考》)之说[②]。于《中国古代家族之形成及其流变》曾引山田统《〈左传〉所见宗周制度》[③]。又《读“简”志疑琐缀》一文曾引证日比野丈夫《汉简所见地名考》(《东洋史研究》十二——十三号),同文“斥胡仓代田仓”项之附记曰:“属稿已毕,复得读森鹿三先生所著《关于第二亭食簿》一文(原载京都《东方学报》第二九册)。”[④] 这些皆属研究文献之参考范围,其中是否有亲与切磋者,不得而知。综合上述,于治学观念、方法与某些专业课题,日本学者对先生之礼学研究确有程度不等之影响。

依先生自道,“对礼学的涉猎是因为到厦大教书”[⑤]。先生至厦门大学教书的准确年份,说法分歧,尉天骢的《他影响了那么多人——纪念王梦鸥教授》说是1936年[⑥],林明德的专访以及《文论说部居泰山——王梦鸥教授》,说是1940年[⑦]。实则既后于1936年,也早于1940年。先生曾表示:“有一位我的小学同学叫萨本栋,他原来在清华大学任教,抗战开始,陈嘉

① 分见王梦鸥:《邹衍遗说考》,第93—94页;王梦鸥:《古明堂图考》,载李曰刚等:《三礼研究论集》(封面与书背名称作此,书名页与版权页则作《三礼论文集》),(台北)黎明文化事业股份有限公司1981年版,第295页。

② 王梦鸥:《〈礼记·月令〉校读后记》,载李曰刚等:《三礼研究论集》,第264页。

③ 王梦鸥:《中国古代家族之形成及其流变》,《台湾政治大学学报》第5期(1962年5月),第9页。

④ 王梦鸥:《读“简”志疑琐缀》,《台湾政治大学学报》第13期,1966年5月,第2、10页。

⑤ 考按先生在厦门大学指导的毕业论文,仅见1945年有先生指导的《自由与节制》,毕业生为第二十一届的张正方,论文馆藏于厦门大学,参见 http://210.34.4.13:8080/biye/list.asp?publishdate=1945&PageNo=18,检索日期:2018/7/17。

⑥ 尉天骢:《他影响了那么多人——纪念王梦鸥教授》,载氏著:《回首我们的时代》,(台北)INK印刻文学生活杂志出版有限公司2011年版,第122页。另,《王梦鸥教授传略》亦言先生“1936年进入厦门大学中国学系任教”,此文原名《王梦鸥教授事略》,亦由尉天骢执笔,故二文皆以1936年为先生到厦大履职之年。

⑦ 林明德专访:《自强不息的君子——王梦鸥先生》,《汉学研究通讯》第1卷第3期,见《汉学研究通讯》,第297页。林明德:《文论说部居泰山——王梦鸥教授》,(台北)文史哲出版社1999年版,第311页。

庚将厦门大学献给国家，民国教育部门即聘请萨先生去接收。当时，我偕妻子回湖南老家，在中学教书，后来撤退到湘西。因接获萨先生的电报，邀至厦大教书，从此，才转入学术研究的领域，这个因缘和影响是相当大的，那是1939年的事。”① 又，先生在厦门大学的同事郑朝宗回忆：“我初次看见梦鸥是在1939年春天，那时我在长汀厦门大学教书，不久他也来了。”② 郑启五的《王梦鸥与话剧〈燕市风沙录〉》一文认为先生在厦门大学教书的时间应是1939年至1945年间，该文说1937年厦门大学由私立改为公立，7月6日萨本栋衔民国教育部门之命担任首任校长，隔日就是七七事变。③ 七七事变发生于1937年，则萨本栋延聘先生至厦门大学必晚于此。④ 此外，1939年5月21日、6月1日、6月11日，先生的剧本——国防三幕剧《生命之花》，曾在《唯力》第二卷的第三、四、五期连载，文末记有“一九三九年五月十三日脱稿于长汀厦大教职员宿舍”，而该刊第二卷第三期的《编后》云：“本期《生命之花》作者王梦鸥先生系本校新聘中国文学系讲师，并兼任厦大剧团导演……”⑤ 参见据以上资料，先生于1939年在厦门大学履职，可以确定，而其究心礼学，即起于此一阶段。不过，其接触礼学，应更早于此，先生说：“我在研究文学之前都特别读三礼，那时都是旧脑筋，到了日本接受西洋文化才有所改变。”⑥ 先生年轻时曾两次赴日，一是从法政专科毕业后，于1931年九一八事变前在日本学了一年日

① 林明德专访：《自强不息的君子——王梦鸥先生》，《汉学研究通讯》第1卷第3期，见《汉学研究通讯》，第298页。先生至厦门大学任教之同时，并兼任校长秘书的工作。

② 郑朝宗：《怀王梦鸥先生》，载《海滨感旧集》增订本，厦门大学出版社2014年版，第25页。

③ 参见郑启五：《王梦鸥与话剧〈燕市风沙录〉》，《厦门文学》2008年5月，第1页。郑启五目前是厦门大学教授，其父郑道传（1919—2002）与其母陈兆璋（1923—2010）是厦门大学于1938至1946年迁至长汀时期的流亡学生，后皆返校任教，郑道传爱好文学，遂与先生成为忘年之交。

④ 先生在厦门大学开始任教时间确为1939年，终迄时间则犹待考榷，郑启五谓在1945年，而《王梦鸥教授及其中国古典小说研究》一文载，其任职于1946年，该文见台湾静宜文理学院中国古典小说研究中心：《中国古典小说研究专集1》，（台北）联经出版事业公司1979年版，第276页，该文未详撰人，仅署“编辑室”。

⑤ 此据朱双一：《王梦鸥与迁汀时期厦大的抗战剧运》，《文讯月刊》第83卷第121期，1995年11月，第6—7页。

⑥ 林明德：《文论说部居泰山——王梦鸥教授》，第316页。

语，另一次则是1932年，此次去了静嘉堂文库及尊经阁，并与平冈武夫结交。由此逆推，1932年之前，先生已曾研读三礼，后赴日而获启发，直至1939年到厦门大学开设“礼记”课程，从而正式展开礼学研究。不过，先生对《礼记》若不具相当兴趣和专业水准，不可能径于大学开课。1932至1939年之间，他对《礼记》应已关注，开课后于此则更加专注。与先生同时任教于厦门大学的郑朝宗曾回忆：

> 那时第二次世界大战已近尾声，纳粹匪军败如山倒，东方的日寇也正在垂死挣扎，眼看抗战胜利的日子快要来临了。他忽发奇想（按：此指先生），要为中兴的国家制礼作乐，因此工作之余便关起门来攻读《礼记》《乐记》以及《王忠悫公遗书》中的有关文章。每回我去看他，总见他聚精会神地用朱笔点读这些著作，心中暗笑他的迂，但也不免对他存着敬意，因为他确实是热爱祖国的。①

郑朝宗所述之事，应值1943至1945年之间。这段话出自亲近友侪之侧记，很可补白先生早年研治《礼记》的心曲。此前，一般对先生埋首《礼记》的理解，或是认为出以教师本分而认真备课，或是纯粹为学术而学术。然按郑的追忆，彼时，先生实怀有传统读书人对社会、文化之关切，处于社会动荡、价值混乱之时，欲从传统中寻找文化出路，重建价值体系的心态。

在郑朝宗的眼中②，先生闭门以朱笔点读《礼记》等书，乃是为“中兴的国家制礼作乐”。今以“制礼作乐”的旧义去解读，先生所思所行自显迂阔，郑语不无揶揄，“制礼作乐”可直接扣连周公所为，等而下之，则联想及叔孙通之定汉朝仪。在此十多年前，先生赴东瀛，治学观念受到日本学者启发，面对的虽是古代经籍，其思考却非“旧脑筋”（此借先生之自陈）。1939年至1949年来台之前，先生不仅创作、刊行了剧本《生命之花》《燕

① 郑朝宗：《怀王梦鸥先生》，载《海滨感旧集》增订本，第25页。

② 郑朝宗，福建福州人，1936年毕业于清华大学外文系，长期任教厦门大学，1949年曾赴英国剑桥大学留学。

市风沙录》，也撰有传记《文天祥》。任职厦门大学期间，并积极推动抗日剧运动，在当时历史背景下，先生这些作品，与国家民族的命运关系极深，自可理解。前溯抗战初期，1938 年 3 月 23 日出版的《唯力》第 2 期，刊布了先生的两首旧体诗，皆写于长汀，一是《龙岩道中》：

> 书生岂有汗马功，破车冲晓乱山中。牵情蕉滴兼程雨，聒梦松涛万壑风。
>
> 渐上层峦如绕塔，更穿云雾似骑龙。驽骀不厌崎岖苦，家国深仇志在胸。

另一首是《龙山北极楼所见》：

> 溪桥罨画古汀洲，劫后风光半是愁。民共鸡豚栖破屋，仙犹香火踞高楼。
>
> 山经百战头全秃，水绕千湾势渐收。形胜纵观增感慨，谁于灰烬展长筹?①

“书生岂有汗马功”“家国深仇志在胸”“劫后风光半是愁”“谁于灰烬展长筹”等皆是读书人忧国忧民之写照。对从事文学创作和学术研究的先生而言，正透过著述以求家国生存及文化赓续。故在《燕市风沙录》《文天祥》正式印行的前一年，先生出版了专著《大小戴礼记选注》（1944 年，重庆正中书局出版）。先生从抗战爆发至浮海来台之前，在礼和文化方面发表多篇文章，或刊载于《文化先锋》，或刊载于《东方杂志》，如《原礼》《礼与大一》《释“敬”——为心理建设进一解》《礼教与社会生活》等。这些均属感时忧国之作。先生一则从事剧本编导，一则进行学术研究，两者并非各自孤立的活动，乃缘于知识阶层对群体生存和价值追求的深层关怀。先生当时年三十许，充满理想与热情，无论戏剧编导或学术研究、文化评论，其与淑世理想自难完全切割。然而，现实的变迁使得理想总难实

① 二诗见于朱双一：《王梦鸥与厦大抗战剧运》，《台声杂志》1996 年 7 月，第 26 页，又见于《王梦鸥与迁汀时期厦大的抗战剧运》第 83 卷第 121 期，第 5—6 页。

现，先生所写的诗有“摩胸一是凭心史，放眼全非火罪言”之句[①]，“心史”“罪言”分别援用南宋郑思肖和唐代杜牧的典故，内心之孤寂沉痛可见一斑。

先生身上固然有着传统“士”的风范，研究礼学则并非存着复古的想法，1946年在《面子问题试论》一文里，先生写道：

> 最讲究礼仪的儒家流传下的两部面子经，一曰《周礼》，一曰《仪礼》……自古以来，人与人之间所常争的，多是那些属于个人的体面。孔子说：“以吾从大夫之后，不可徒行。”这分明是争架子争排场也就是争面子的表示。夫以孔子之至圣，尚且如是，则中才以下更可知了。若使古礼仪，就是我们的老面子，则面子之构成及其演变经过，都可由古人的论著中，得其梗概了。我们说，面子是由精神和物质两要素构成的一种社会价值。古人的看法，也是如此。《礼运》篇中说：“礼之行，在于货力，辞让，冠昏丧祭射御朝聘……”其中“射御”，有人说是“射乡”之讹，射是射礼，乡是乡饮酒之礼。因为御礼未见于经传的。其实，这些都是面子之事的项目，项目可多可少，忽有忽无，本不一定的。比如“古者不葬其亲”，似乎丧礼在某时期是没有的。再如今有“同居”而不结婚者，又似乎将来会没有婚礼这个项目了。但后来新兴的，如剪彩通车、掷瓶下水……一大堆文明礼，都是于今有之，于古则无的。[②]

先生深明礼因时而变迁——“项目可多可少，忽有忽无，本不一定的”，其所重视者毋宁在礼制、礼文之中深蕴的“礼义”。1969年4月，先生在为《礼记今注今译》写的叙中表示，他在前代学者的基础上，整理了字词与章节窜乱的《礼记》，唯于文末写道：“至于如何使得此书更其系统

① 诗见郑朝宗：《怀王梦鸥先生》所引，第26页。

② 王梦鸥：《面子问题试论》，《东方杂志》第42卷第5期，1946年3月，第20页。类似的见解，并可见于其先此发表的《闲话旧“面子”》，《南潮》第1卷第3期，1944年12月，第44页。

化，而赋以现代的意义，则有待海内外贤达的指教。”[①] 此殆非随口谦辞，从其对“赋以现代的意义”的关切，尤见修古更新之意致。1944 年，先生发表《释“敬”——为心理建设进一解》，于文中说道：

倡敬让为国，而竟流于整个虚伪，宜乎孔子不欲知之矣。然而吾人甚虑此种不为孔子所欲知之虚伪敬让精神，正是今日吾辈所得于祖先之精神遗产。

虽然，凡百主张，其末流之敝，亦势所不免，吾人虽不以此讥评“敬让为国”之得失。但吾人今日方处于末流，岂可自安于不可免之势而坐待灭亡乎?

为今之计，救虚伪莫如“诚”，救自卑消沉之心理莫如使之奋。鼓之舞之，宁使举国之人皆若狂，而毋任其畏首畏尾，见难而怯退也。

将激发热烈兀奋情绪之作用，寓于各种生活行为方式之中，使国人措手足于热烈兀奋之新空气新环境内。凡有碍热情奋发之任何破旧威仪礼数，皆弃毋取。循是而行，数十年之后，万有一收其效者乎？非所逆睹已。[②]

由此观之，郑朝宗“制礼作乐”的形容，乃先生究心于传统精神之现代化，为家国、文化的未来寻觅出路。从传统中汲取礼义，重建文化价值与秩序，当时知识界有类似观念者，不乏其人；先生曾游学扶桑，亲见日本在快速现代化的同时，保存传统亦颇力，新与旧、固有与外来，齐蓄并存。先生或否受其启发，已不可征，而先生治礼之初，其心寄淑世则无可疑。

---

① 王梦鸥：《礼记今注今译》，（台北）台湾商务印书馆股份有限公司 1970 年版，第 7 页。

② 王梦鸥：《释“敬”——为心理建设进一解》，《东方杂志》第 40 卷第 2 期，1944 年 1 月，第 16 页。

二、先生于《礼记》之相关著述

1949年，先生迁台，持续发表研究心得。“台湾政大中文系系图资料库”载：

> 王梦鸥老师在台湾的第一篇《礼记》著作为1961年发表的《小戴礼记探原》，而早在1941—1943年王梦鸥老师在客居重庆期间，就已发表过关于理学的论著《原礼》，至此以后王老师三十多年的岁月都致力于研究《礼记》。六十岁（大约于1968年）以后，王梦鸥老师的研究重心才开始转至文学理论与批评。①

按《原礼》一文，1942年11月发表在《文化先锋》第1卷第12期，1941—1943年“客居重庆”，指先生到重庆的“政治学校”担任副教授。1943年，先生复返厦门大学任教授职。又，文中的《小戴礼记探原》，应作《小戴礼记考源》，1961年5月刊于《台湾政治大学学报》第3期，但似乎并非先生“在台湾的第一篇《礼记》著作”，因同年亦见先生自刊的《〈礼记〉要篇斠订》，而早此一年，先生有《〈礼记〉研究：儒家礼论之思想体系》，因属“台科会”研究奖助论文而未得见，内容待考，1961年发表的《〈礼记〉思想体系试探》疑或其改作。

至于先生六十岁（大约于1968年）以后研究重心转向之说，所称时间与实际情况亦相龃龉，1968至1976年间，先生发表相关论文不少（详见下表）②，且具普及性质而影响甚广的两册《〈礼记〉今注今译》，亦于1970年正式问世，言先生研究重心转向之时间，宜更向后推移。

---

① 语中“理学”当为“礼学”之误，详见 https://sites. google. com/site/chineselibnccu/wang-meng-ou，检索日期：2018年2月8日。又，该网站之信息颇多错误，如谓先生：“为厦门大学中文系、日本早稻田大学文学科研究所毕业。”实则先生并非厦门大学毕业生，赴早稻田大学亦不曾取得学位。

② 专书《〈礼记〉校证》在1976年12月由艺文印书馆出版，唯1963年即署以“花南书屋”自印面世（凡四册），当时，先生所居木栅台湾政治大学教师宿舍名“化南新村”，疑“花”即“化”之谐音。

先生致力于礼学逾三十年，铢积寸累，于历史、思想、文献诸领域皆有建树。为便窥其全豹，兹就可检得的相关论著，不论属于学术研究抑或一般散论，亦不别其为专文或专书，依据刊时列表如下①：

	时间	题名	刊名/出版者	卷期	附注
1	1941.9	乐教思想与戏剧运动	文艺月刊	第11卷第9期	
2	1942.1	先秦崇拜天鬼之伦理观（下）	时代精神	第5卷第4期	此应有（上）而未得见，犹待续考
3	1942.11	原礼	文化先锋	第1卷第12期	
4	1943.5	礼与大一	文化先锋	第2卷第7期	
5	1944.1	释“敬”——为心理建设进一解	东方杂志	第40卷第2期	
6	1944.3	礼教与社会生活	文化先锋	第3卷第10期	
7	1944.4	大小戴礼记选注	正中书局	专书。1946年沪一版，1959年台一版，1966年台二版，1971年台三版	
8	1944	中国乐艺之消沉	东方杂志	第40卷第7期	
9	1944	郑声新按	文艺先锋	第4卷第40期	
10	1944.12	闲话旧“面子”	南潮	第1卷第3期	
11	1946.3	面子问题试论	东方杂志	第42卷第5期	
12	1947.3	原士与儒	文化先锋	第6卷第19期	
13	1947.5	关于“原士与儒”一文答问	文化先锋	第6卷第23期	
14	1948.6	六艺与儒学	文化先锋	第8卷第12期	
15	1960	《礼记》研究：儒家礼论之思想体系	“台科会”研究奖助论文		

① 此依据笔者“台科会”专题研究计划“王梦鸥先生著述及传记资料考辑Ⅰ”（NSC93-2411-H-260-008）、“王梦鸥先生著述及传记资料考辑Ⅱ”（NSC94-2411-H-260-003），并有增补，表中“时间”一栏指著作正式发表时间，其中，有年、月、日俱全者，有存年、月者，有仅知其年者，皆依所据信息标系。表中，《乐教思想与戏剧运动》《释“敬”——为心理建设进一解》《闲话旧“面子”》等，皆属杂文性质，并非学术研究专著，亦厕列其中，乃因文中颇见对儒家思想与经义之发明，再者，此类文章甚有助理解先生早年对经义之见解。

续表

	时间	题名	刊名/出版者	卷期	附注
16	1961	《礼记》要篇斠订	专书。自印，藏于台湾政治大学总图书馆		
17	1961.4	汉学与孔子思想之联系问题	孔孟学报	第1期	
18	1961.5	小戴礼记考源	台湾政治大学学报	第3期	
19	1961.12	《礼记》思想体系试探	台湾政治大学学报	第4期	又选录于1961年汉苑出版社之《中国文学研究》
20	1962.5	中国古代家族之形成及其流变	台湾政治大学学报	第5期	
21	1962.9	乐记考	孔孟学报	第4期	
22	1962.12	释“用”——从卜中、卫宏说	大陆杂志	第25卷第12期	
23	1963	礼记校证	花南书屋	专书，凡四册。自印，侯志汉手抄；1976年12月艺文印书馆出版	
24	1963.12	礼运考——礼运礼器郊特牲校读志疑	台湾政治大学学报	第8期	
25	1965.4	《礼记·王制》篇校记	孔孟学报	第9期	又见于《台湾政治大学学报》第9期
26	1965.5	曲礼校释	台湾政治大学学报	第11期	
27	1966.4	古明堂图考	孔孟学报	第11期	1981年又收录于黎明文化事业股份有限公司之《三礼研究论集》
28	1967.5	郑注《礼记》旧本考	幼狮学志	第6卷第1期	

续表

时间	题名	刊名/出版者	卷期	附注	
29	1967.9	《礼记·月令》校读后记	孔孟学报	第14期	1981年又收录于黎明文化事业股份有限公司之《三礼研究论集》
30	1968.3	西汉“今文”实况蠡测	中山学术文化集刊	第1期	
31	1968.7	礼记选注	正中书局	专书；1999年1月15日正中书局再版，2000年第5次印行	
32	1969.7	郑注引述别本《礼记》考释	台湾商务印书馆	专书	
33	1970.1	礼记今注今译	台湾商务印书馆	专书。全二册，1984年1月修订版第1次印刷，2002年5月第8次印刷。1987年10月天津古籍出版社印行	
34	1970.5	读《月令》	台湾政治大学学报	第21期	
35	1971.4—1971.7	《月令》探源	图书季刊	第1卷第4期—第2卷第1期	
36	1971.5	《月令》之五行数与十干支日解	文史学报（中兴大学）	第1期	
37	1971.12	《礼记·月令》斠理	学术论文集刊	第1期	
38	1972.6	《礼记》与郑玄	台湾月刊	第4卷第8期	1973年又收录于台湾月刊社之《名著与名人》
39	1974.9	礼器郊特牲篇书后	孔孟学报	第28期	1981年又收录于黎明文化事业股份有限公司之《三礼研究论集》
40	1983.6.29	人生境界的升华——谈“经书”	联合报	1984年又收录于联合报社出版之《大书坊》	

据上表，内容明显聚焦于《礼记》的诸种问题，其中不乏非学术的杂文散论，觇其内容，皆与传统礼乐思想有关。

先生攻治《礼记》，与其在大学开设专业课程有关。依其自述，此始于厦门大学教书时期，后赴重庆"政治学校"以及台湾政治大学任教，仍讲授"礼记"课程不辍。到了台湾政治大学，先生"才真正开始对《礼记》作考订的工作"①。由于《礼记》一书牵涉多端，错杂旁午，而先生治学深浚密析，往往为解决《礼记》中的问题而煞费工夫，更辅以近世出土的汉简进行校勘，尉天骢回忆，说：

> 为了汉代的一点小事，涉及居延汉简，觉得劳榦先生的著作中有些疑问，居然就花了一年时间往来木栅、南港之间，剪剪贴贴，作了一部《汉简文字类编》。②

《汉简文字类编》的序末标有时间，为公元1966年，而艺文印书馆正式印行则推迟至1974年10月，该书即先生研治《礼记》之副产品，1966年，先生并发表《读"简"志疑琐缀》③，亦同类之产物。不仅如此，先生的研究并延伸至邹衍以及阴阳五行之说，先生自陈：

> 为了考订《月令》，而对邹衍的阴阳五行，也下了一番功夫去研究。④

关于《月令》，先生先后发表《〈礼记·月令〉校读后记》《读〈月令〉》《〈月令〉探源》《〈月令〉之五行数与十干支日解》《〈礼记·月令〉斠理》。1976年，《礼记校证》由艺文印书馆印行时，除了《〈礼记·月令〉

① 林明德专访：《自强不息的君子——王梦鸥先生》，《汉学研究通讯》第1卷第3期，见《汉学研究通讯》，第298页。

② 尉天骢：《他影响了那么多人——纪念王梦鸥教授》，载氏著：《回首我们的时代》，第128页。关于利用取汉简以校勘《礼记》一事，先生自己也曾谈及，参见林明德专访，见《汉学研究通讯》，第298页。

③ 王梦鸥：《读"简"志疑琐缀》，第1—15页。

④ 林明德专访：《自强不息的君子——王梦鸥先生》，《汉学研究通讯》第1卷第3期，见《汉学研究通讯》，第298页。

校读后记》，余皆编于书末“别辑”之中①。至于邹衍、阴阳五行的研究，则有以下三文：

《邹衍生卒年世商榷》，《台湾政治大学学报》，第9期（1964年5月）。

《邹衍遗说考》，（台北）台湾商务印书馆1966年版。

《阴阳五行家与星历及占筮》，《台湾“中研院”历史语言研究所集刊》，第43本第33分（1971年11月）。

对此，尉天骢说：

> 一九六一年前后，他钻研《礼记》，有一处需要了解邹衍，于是便集中几个月的时间，日夜不停地专注于邹衍的研究，一点不肯放松，而且为了这个研究，还特别与日本汉学家平冈武夫、花房英树多次书信讨论，最后写成《邹衍遗说考》，使得日本汉学家惊异佩服不止。②

值得注意的是：先生在发表有关《月令》、邹衍、阴阳五行的系列论文前，早已关注相关议题而提出深入独到之见解，1961年12月，其《〈礼记〉思想体系试探》一文刊于《台湾政治大学学报》，其中以颇多篇幅分析《礼记》潜藏的邹衍思想③。此是由微观而宏观，将零星所见整合为对学术史脉络之理解，而非止于对《礼记》此书一鳞半爪之认识。同一时期，先生撰写了两篇战国名家的论文，一是《战国——名辩的温床》，另一是《战国时代的名家》④，相对于礼学或《礼记》，这纯属学术思想史的独立探讨，唯先生对问题甚少孤立看待，总将之纳入更大的历史视野中去思考。

在纯粹的学术论著之外，先生曾编注教本，1944年4月，刊行《大小

---

① 见王梦鸥：《礼记校证》，第451—618页。

② 尉天骢：《他影响了那么多人——纪念王梦鸥教授》，载氏著：《回首我们的时代》，第128页。

③ 王梦鸥：《〈礼记〉思想体系试探》，《台湾政治大学学报》第4期，1961年12月，第21—64页。又，先生认为《礼记·礼运》的思想似是“荀子学派和邹衍学派的调和”，并怀疑其写于西汉，古文学渐渐兴起而替代了今文学，乃出现这样“不相干的调和论”，亦可见掌握邹衍之学对理解《礼记》的重要，详见王梦鸥：《礼记今注今译》，第361页。

④ 王梦鸥：《战国——名辩的温床》，中兴大学《文史学报》第2期，1972年5月，第1—6页；王梦鸥：《战国时代的名家》，《史语所集刊》第44卷第3期，1972年10月，第499—540页。

戴礼记选注》，1946年有沪版，1959、1966、1971年则又有台版，出版者正中书局将之列为“国学专书选读第一集第四种”。1968年7月，台湾正中书局另出版《礼记选注》，后多次再版。《大小戴礼记选注》与《礼记选注》因同为正中书局印行，版式相近，易令人误认为同一本书，如王国良即以《礼记选注》为《大小戴礼记选注》的“重印”“改题”[①]，实则《大小戴礼记选注》从两戴记中共选出了30篇——《大戴礼记》5篇，《小戴礼记》25篇；其篇目为：

《大学》（小戴记第四十二）
《学记》（小戴记第十八）
《中庸》（小戴记第三十一）
《立事》（大戴记第四十九）
《制言》（大戴记第五十四）
《儒行》（小戴记第四十一）
《表记》（小戴记第三十二）
《缁衣》（小戴记第三十三）
《坊记》（小戴记第三十）
《仲尼燕居》（小戴记第二十八）
《子张问入官》（大戴记第六十五）
《哀公问于孔子》（大戴记第四十一）
《经解》（小戴记第二十六）
《礼察》（大戴记第四十六）
《礼运》（小戴记第九）
《礼器》（小戴记第十）
《冠义》（小戴记第四十三）
《昏义》（小戴记第四十四）
《三年问》（小戴记第三十八）

① 参见王国良：《王梦鸥先生之唐代文学研究成果管窥》，载黄兆强主编：《二十世纪人文大师的风范与思想——后半叶》，（台北）台湾学生书局有限公司2007年版，第403页。

《问丧》（小戴记第三十五）

《祭义》（小戴记第二十四）

《祭统》（小戴记第二十五）

《檀弓上》（小戴记第三）

《檀弓下》（小戴记第四）

《内则》（小戴记第十二）

《少仪》（小戴记第十七）

《曲礼上》（小戴记第一）

《曲礼下》（小戴记第二）

《王制》（小戴记第五）

《乐记》（小戴记第十九）

先生编注之《礼记选注》，“礼记”指《小戴礼记》，故删去原隶《大戴礼记》的五篇，其中《哀公问于孔子》与《小戴礼记》的《哀公问》内容本同，因此《礼记选注》仍见其文，唯采自《小戴礼记》而已。此外，原《大小戴礼记选注》里从《小戴礼记》选出的《大学》《中庸》，在《礼记选注》一书中被删除，总计《礼记选注》所选篇数凡二十四，于篇次改动颇大，全按郑玄注本之顺序。不仅如此，《礼记选注》的《叙略》与《大小戴礼记选注》的《导言》亦完全不同，不独内容重写，之前古朴之文言亦以清晰之语体替代。至于同篇的注解文字，《礼记选注》大致依循《大小戴礼记选注》之旧，两相对照，语气词、标点、部分叙述皆见调整，此情形逐页可见，可知即使二书内容之取自同篇，亦经先生全面修订。坊间《礼记选注》有一特殊现象：在《叙略》之末，先生写道：“为着尊敬先民思想生活的记录，仍以那四十九篇本文，全刊于后，作为下编；冀使有兴趣的读者能依参考书目，进行全书的索解。”[①] 然而，该书虽附有“参考书目表”，却无上、下编之分，更不见先生所称“以那四十九篇本文，全刊于后”之迹，疑稿本所附本文，已经被出版者删落。

---

① 王梦鸥：《礼记选注》，（台北）正中书局 1968 年版，第 9 页。

除前述两种《礼记》选注之外，先生晚出的上、下两册《礼记今注今译》更耗功夫，也更便初学。该书属“经部今注今译”系列，由王云五选定，后扩大为“古籍今注今译”，台湾“中华文化复兴运动推行委员会”赞助推动，该会与“编译馆”共同主编，委由台湾商务印书馆发行。1969年9月25日，王云五在《编纂古籍今注今译序》里说：

> 本馆所任之古籍今注今译十有二种，经慎选专家约定从事，阅时最久者将及二年，较短者不下一年，则以属稿诸君，无不敬恭将事，以《礼记》一书言，竟超过倍数以上。[①]

《礼记》白文计有九万九千余字，逐字逐句而为今注今译，所耗精力可以想见。经部所收——《诗经》《尚书》《周易》《周礼》《礼记》《春秋左氏传》《大学》《中庸》《论语》《孟子》；其中，屈万里的《尚书今注今译》以及先生的《礼记今注今译》两部，虽属普及性质，而谨严扎实，最见功力[②]。此工作之难处在于必须依原文逐一语译，无可跳脱、回避，即令遇有字词难解或众说纷纭之处，仍须在文本脉络下寻求有据之解释。所谓“今注今译”，须兼顾“深入”与“浅出”，在“学术要求”与“普及功能”之间，如何拿捏得宜，对从事者殊为一大考验。在着手《礼记今注今译》时，先生所面临的困难，首先是古、今字词之含义时见出入，进而牵动整体语义，学者间相异乃至相反的解释颇多，取舍之际，良费踌躇。其次，清代学者对《礼记》之补正，成果庞大，难以充分罗列；至于上古某些特殊仪式、器物、建筑、名词等，有的须借表演或绘图或长篇解释者，仅用白话，往往缺乏意思相当的词汇以资翻译。在本文含义方面，历来常有诸多不同解释，却不容混说，从事“今译”则必须通句语译。对此诸困难，先生之解决方法是：

---

① 王云五之语见于王梦鸥：《礼记今注今译》上册，书前第4页。

② 台湾商务印书馆“今注今译”系列原系面对一般对古籍有兴趣的读者，降至今日，正式的硕士、博士学位论文亦每见取用，乃至专业文史学者亦有以之为据者，如王家俭（台湾师范大学历史研究所退休教授）撰《清礼学的复兴与经世礼学思想的流变》，其《礼记》之所本即先生之《礼记今注今译》（天津古籍出版社1987年版），该文刊于《汉学研究》第24卷第1期，2006年6月，第269—596页。

> 倘求其不陷于偏执，就只好把不同的解释列于“今注”项下，而“今译”仅能就其中之一面翻译。①

此外，单靠白话而难以传达原意的部分，先生之做法是：

> 尽量列载参考书籍，把权威的著作、演礼图、近代人所作名物图考等等，作为附录，以备有兴趣作进一步研究此书的读者参考之用。②

此是客观困境下最妥当的设想，如《王制》中“虞庠在国之西郊”，“西郊”一词颇有争议，有主张是“四郊”之误者，顾广圻即是，而与主张作“西郊”的段玉裁颇有争论，一字之差而引起当时学界关注③。先生《礼记今注今译》，其“今译”作“虞庠在国之西郊。”而“今注”则云：“西郊，孙志祖说：当是‘四郊’，西字有误。”④ 这是在“今译”中“就其中之一面翻译”，“四郊”云云则是“把不同的解释列于‘今注’项下”，亦即译取一说，而注存异说。

周何所撰《六十年来之礼学》，于“礼记类”中，按时间序次，评述了19本相关著作，对《礼记》的“今注”甚为肯定，原对“今译”则颇有顾虑，周何说：

> 《小戴礼记》传自西汉，昔贤为之注疏解说者，不胜缕举，解说纷歧，各善其是，乃有孔颖达备为之正义，奉敕官修，行之天下，然后众议稍平；然而唐以前之解说，无论是非，大多湮没；存者不绝如缕，亦赖缀辑得之。且精义常新，学有家法；古今解

---

① 王梦鸥：《礼记今注今译》上册，书前第6页。

② 王梦鸥：《礼记今注今译》上册，书前第6页。

③ 此可参段玉裁的多封论学书信，详《与顾千里书》《答顾千里书》及《与顾千里书论学制备忘之记》等系列书信，以及《与黄绍武书》等三通，《与诸同志书论校书之难》。而顾广圻的信则附见段文之后，皆见于（清）段玉裁：《经韵楼集》，上海古籍出版社2008年版，第295—337页。

④ 王梦鸥：《礼记今注今译》上册，第245页；至于先生谓“四郊”为“孙志祖说”而不称“段玉裁说”，应是此说首发于孙，段玉裁《与顾千里书》起首及云：“孙颐谷志祖据《北史·刘芳传》证《王制》‘虞庠在国之西郊’，‘西’当作‘四’，尊校以为不然。”见《经韵楼集》，第295页。

经，虽多见歧异，然而未始而非弘扬璀璨之光景，亦未必即可据其异同而论定其是非焉。昔孔子修《春秋》，今传三传；汉立五经博士，《书》有欧阳、夏侯，《易》则施、孟、梁丘，义虽相反，犹并置之。故刘歆云“与其过而废之，宁过而立之”，其义是也。今既侈言复兴文化，今注则可，至于今译必致万流归宗，定于一义而后可，其功不过犹唐之义疏，昔义疏行而唐以前诸说废，今则今译行而古说绝矣。摧残斯文，莫此为甚，宁为文化之福，窃甚惑焉。惟王师梦鸥此书，今注则尽览众美，群贤毕至，今译则理气俱畅，了无挂碍，故不容疵议者也。①

其原本的顾虑乃针对古籍“今注今译”系列而来，“今译行而古说绝”“摧残斯文，莫此为甚”等重话是担忧“今译”所产生的杀伤力。不过，《礼记今注今译》于“今译”时，遇有歧说，固然不得已而必须择一为说，同时将相异解释列于“今注”，则是较为周延的济救方式，如此安排可避免一义定而诸说废。周何原所萦怀疑虑者，顿然冰释，更化为推崇。由此可知先生编撰文化普及读物，其考虑之周详细密，犹如专业的学术研究。

20世纪40至70年代，先生在礼学方面投注颇多时间与精力，既有纯粹学术研究的，也有编注、译注普及读本的，还有属于文化与社会评论的，其交集在于礼学，而落实于《礼记》。

三、先生选治《礼记》的原因及对儒家的认知

《周礼》《仪礼》《礼记》构成“三礼”，先生曾说：

过去研究三礼的确是中国文化的基础，现代所讲的新文学骨子基础就在此。②

① 周何：《六十年来之礼学》，载程发轫主编：《六十年来之国学》第1册经学之部，第386页。又，此段引文原无书名号，为统一本文体例，今皆补上。

② 参见林明德：《国学大师王梦鸥教授专访》，《明道文艺》第270期，1998年9月，第17页。

先生是从历史文化的观点肯定三礼，而先生研究礼学孜孜数十寒暑，何以独专于《礼记》？其在《大小戴礼记选注》的“导言”中透露：

> 大、小戴《礼记》材料来源，虽不可以一语决疑，然而为传礼而采摭众说，则固毫无疑义者也。儒家学说，自先秦迄汉，书多散佚。《汉志》所载儒家著述，自《晏子》以下，凡五十三种，都八百三十六篇，及今存者又不过十中一二。吾人欲以此断简零篇进窥周秦儒说之源流，殊苦文献不足。幸而儒说精华寄托于礼。若取其记礼之文以观儒说之实，宜若可以补足此缺憾矣。然《汉志》礼略所载，除《仪礼》《周官》而外，其为说明礼学旨趣者，大抵无复存留。今二戴之书，是否即为当时亡佚之《礼记》，虽不可知，但其为解释礼文意义之作，甚为显然。故二戴《礼记》，可谓儒家礼说之仅存者，借此仅存之礼说以补儒说散亡之缺憾，虽不餍足，然亦犹胜于无也。①

此处强调古代文献不足，以致不能透彻理解儒家学说之源流，但礼中寄有儒说之精华，是以“解释礼文意义”“说明礼学旨趣”的《礼记》，适可略补缺憾。关于《周官》《仪礼》，先生在1961年所发表的《小戴礼记考源》，并有申说：

> 《周官》《仪礼》但记条文；而此等条文，或缘饰旧俗，或率逞臆造，自始即失其为实生活轨范的意义（按：“实生活”前疑脱现字）。去古益远，此等不切实用之繁文缛节，或以为“渎乱不验之书”（贾公彦《周礼废兴序》引武帝语），或以为“难读而无用之文”（韩愈《读仪礼》语）；故自宋以下，官学事师，虽仍不废经学；然而《三礼》之传，反以《小戴礼记》独居五经之一。②

观此，可知先生之抑《周官》《仪礼》，缘于二书失其现实生活的轨范意义。观先生早年杂文——《闲话旧“面子”》，文中将“礼”解为“国

---

① 王梦鸥：《大小戴礼记选注》，（台北）正中书局1971年版，第16页。

② 王梦鸥：《小戴礼记考源》，第87页。

家的面子”，“仪”解为“个人的面子”，又谓：“属于个人的礼，却只剩高堂生一个老头儿给藏下一部残破的面子经，彼此相传着，都忘了它是否合‘时’。”①

相对而言，传世的《礼记》虽凌乱驳杂，其“礼说”性质却弥足珍贵。先生重视《礼记》此一性质，也受到清代学者江声、孙星衍一段故事之启发，先生说：

> 以吾人今日所见，所谓《礼经》者何？使无《礼记》为之申明意义，则《礼经》者，直为古代丧祭社交仪式之一纸礼单而已。昔者江艮庭之殁，诏其子以告友人孙渊如曰：“吾父死无他言，疑《仪礼》《周官》之委曲繁重不可行于今也。”而孙则应之曰：“礼意之会通在《礼记》。”学者如江艮庭者，盖有心人也，生虽不敢疑《经》，而死犹不忘质于良友。然而，学者如孙氏者，亦可谓明而又融者也。②

江声临终之际，质疑《仪礼》《周礼》中古仪、古制的时代功用。孙星衍对二经因“委曲繁重”致“不可行于今”，固无异议，但他端出了解方——“礼意之会通在《礼记》”。这段故事，先生不仅在《大小戴礼记选注》中引述，二十四年后，先生为《礼记选注》卷首撰写《叙略》时，再度引及③。先生后来撰写《礼记今注今译》，“叙”亦以间接引述的方式说：“在清代经学复兴期间，就有学者直认：《仪礼》《周礼》二书已不能复行于后世，但那两部书的‘会通’，则在于《礼记》。质言之，《礼记》不但是打通《仪礼》《周礼》二书之内蕴的钥匙，同时亦是孔子以后发展至于西汉时代，许多孔门后学所共同宣说儒家思想的一部丛书。”④ 对江、孙之故事，述引再三，其旨为先生所重，自不待言。

可注意的是：江、孙二人都是乾嘉时期治经有成的大家，致力深并且

① 王梦鸥：《闲话旧“面子”》，《南潮》第1卷第3期，1944年12月，第44、47页。

② 王梦鸥：《大小戴礼记选注》，（台北）正中书局1971年版，第17—18页。

③ 王梦鸥：《礼记选注》，第3页。

④ 王梦鸥：《礼记今注今译》上册，书前第2页。

贡献大的是在《尚书》，不在三礼。梁启超甚至把江的《尚书集注音疏》、孙的《尚书今古文注疏》两部书和段玉裁的《古文尚书撰异》、王鸣盛的《尚书后案》并举为清儒《书经》新疏之代表①。然而，让江声临终系挂的疑虑，以及孙星衍的深刻回应，却在三礼。江声死前犹叮嘱儿子向老友孙星衍传达《仪礼》《周礼》有关时代功用的疑问——“不可行于今也”，耿耿于怀，似隐之良久。江声之治学，亟重客观，实事求是，唯其心底于古代经书犹存切于时用之想。此适说明，学者知性的思虑与情意的关切，有时仿若泾、渭，分明而并存。换言之，从事考证、训诂者，固为求真，却不摒绝用世之义。江声如此，孙星衍亦然。两者间的差异在于：江之焦点在礼的仪文制度，孙则主眼于礼义之本质。先生以明融称孙氏，屡引“礼意之会通在《礼记》”之语，其关切者，显在礼义。亦缘此，先生极重视记述礼义的《礼记》，而就其不同面向投注甚大心力。

按孙星衍与江声之子江镠间的对话，《清史稿》未载，乃见于孙星衍所撰《江声传》②。此段故事，钱基博亦甚重视，其《经学通志》引述更详——孙星衍于“礼意之会通在《礼记》”语后，又对江声之子说：“不曰：‘君子行礼不求俗’；又曰：‘礼从宜，使从俗’乎？居丧衣衰麻，不食肉饮酒；而公门则脱齐衰；大夫父友食之，则饮酒食肉；惜不能以此告之矣！”（按：孙此段回应引用《礼记·曲礼》之文字，于“君子行礼不求俗”脱一“变”字，应作“君子行礼不求变俗”。）钱基博深致感叹，写道：

> 旨哉！然则筦礼学之枢纽者，《礼记》也。倘籀礼义，必明《礼记》。惜无人更为之疏以有光于前人者！③

---

① 参见梁启超：《清代学术概论》，（台北）台湾商务印书馆股份有限公司 1994 年版，第 81 页；《尚书今古文注疏》，该书作《尚书古今文注疏》。

② （清）孙星衍：《江声传》，载《孙渊如先生全集》，收录于《清代诗文集汇编》第 436 册，上海古籍出版社 2011 年版，第 250 页。

③ 钱基博：《经学通志》，中华书局 1936 年版，第 168 页。又，高明于《礼记概说》中亦尝引此为说，可略窥学者对此故事背后意义之重视。该文收录于其《高明文辑》，（台北）黎明文化事业股份有限公司 1978 年版，第 272 页。

先生是否受到钱基博此说之感发[1]，无由确知，但先生所校证、批注《礼记》，则暗合钱基博“为之疏以有光于前人者”一语。

《礼记》可打通《仪礼》《周礼》二书之内蕴，孙星衍谓之“会通”，钱基博喻之“枢纽”，先生比以“机枢”“钥匙”。此一思考脉络中有两层含义：一、《仪礼》《周礼》二书所载制度、仪节，因时代不断变迁，渐渐不为后世沿用，典籍本身也愈加难解，《礼记》则有助后人对“礼”的把握。二、《礼记》在“三礼”中，是相对后起的“解义”之书，其作用并非只在协助后人对《仪礼》《周礼》文献层次的理解，还在于会通所指而为“礼义”。1944年，先生之《大小戴礼记选注》付梓，其《导言》云：

> 《礼经》其数，《礼记》详其义；数有时尽而义则无穷。五常三王不同礼者，不同其数也，然而礼意则与人类社会生活相终始。使孔子于礼，但能详陈其数而不知其义，则由古代一祝使而已。焉足以称万世师表，而能为儒家创说，凌百氏而御万世哉。《礼记》筦礼学之机枢，后人因义起礼，循是之由。故《礼记》者发明宗义，其价值远轶于《礼经》。[2]

语中非仅视《礼记》为“三礼”中价值最高者，从“数有时尽而义则无穷”之说，亦可知先生此所谓“义”，指涉义理而言，义理不因世异时迁而无穷。

又，先生所谓“使孔子于礼，但能详陈其数而不知其义，则由古代一祝使而已”，并非信口腾言。1937年的《六艺与儒学》谓：

> 孔子生于衰周，与时儒为同类。然而孔子出乎其类拔乎其萃。若谓当时俗儒所执之礼为“礼数”，则子所难言者，当别称之为“礼义”。因古礼而赋以新义，当为孔子之创举。……子贡云孔子学无常师，而《论语》记“孔子式负版者”，“入大庙每事问”，

① 笔者认为先生的观念很可能本于钱基博之引述，不仅理路一致，措词亦见相近之处，如：钱于《经学通志》谓：“筦礼学之枢纽者，《礼记》也。”而先生言“《礼记》筦礼学之机枢”，见其《大小戴礼记选注》，第18页。

② 王梦鸥：《大小戴礼记选注》，（台北）正中书局1971年版，第18页。

又孔子言三人行必有我师云云。凡此记载，不仅可见孔子留心体察，与夫治学之勤；抑亦可知其礼义之学，师承所自。

又说：

孟子称孔子为集大成者。所谓集大成，即荟萃先哲人对于古礼之观感，而予以整理，为有系统之一家言也。于是，孔氏之祝，不仅独擅助丧相礼之术，优为祝史之事；且能援据六艺，敷陈义理，而成一专门之学矣。孔子以下□学分歧（按：原件漫漶，疑缺字为“儒”），不仅于六艺之学各有专精，而礼之数与义，亦有不能互通者。长乎礼数者，则仍祝史之旧贯；其在朝者，遂成博士之学。[①]

检《礼记·郊特牲》载云：“礼之所尊，尊其义也。失其义，陈其数，祝史之事也。故其数可陈也，其义难知也；知其义而敬守之，天子所以治天下也。”[②] 此即先生言之所本，并可知其颇严“数”“义”之别。

先生在1968年出版《礼记选注》，其《叙略》曰：

《礼记》不是记录礼文末节之书，而是讨论那些礼文末节在生活行为上的理由及其价值。尽管生活行为的方式随时代而嬗易，但使那方式所以形成，必定自有其理由……据儒家一贯之说，以仁义为其最大理由来选择适合于此理由的生活行为方式，教人身体力行，以达成化民成俗的目的。虽然他们生存的时代，现在看来已甚古老；因而他们所能选择的，现在看来亦是很古老的礼俗；但是《礼记》既非古旧礼俗的记录，而为推究事理的著作；只要生民未绝，事理固在，而此书便亦有其存在的价值了。[③]

文中说明《礼记》所载，指向礼文背后之所以然及其价值，性质非属“记录”，乃在“推究事理”。先生文中所说“只要生民未绝，事理固在，而

① 王梦鸥：《六艺与儒学》，刊于《文化先锋》第8卷第12期，1948年6月，第10页。
② 《礼记注疏》（《十三经注疏》阮元校勘本），（台北）艺文印书馆1997年版，第504页。
③ 王梦鸥：《礼记选注》，第3—4页。

此书便亦有其存在的价值了"，与传统命义固无二致。又，先生指出仁义是"礼义"的宗旨；然而，仁义是抽象之物，对此，先生进而阐曰：

他们立论的基础（按："他们"，指儒家而言），既在于仁义，而目标又系于以"礼"化民成俗，这已是十足的儒家学说了。倘用现代的目光加以衡量：还可说此书并不因其跻到经典的地位而显得重要（按："此书"，指《礼记》，下同）；而是因其可借以考察先儒如何结构理想，发展理论；又如何将其理论化为现实的生活行为的企图。……使人可从而知儒者之不欲徒托空言而必见诸行事的热情，可从而知那抽象的仁义如何能变作人们日常的语默动定，由而形成一种和谐的社会、幸福的生活。……礼，便是此书所提出教育人们生活的形式，而记，则说明仁义就是那形式的内容。①

先生认为借由《礼记》，可了解仁义如何化为人们的行为准则，并可得知其如何缔造和谐社会与幸福生活。"礼，便是此书所提出教育人们生活的形式，而记，则说明仁义就是那形式的内容。"此言正是对《礼记》所作的释名。1970年，《礼记今注今译》面世，其中说：

儒家之所以为"儒家"，为后代执政者所尊重，即在于他们不但有淑世拯人的抱负，同时还想拿出一套可以实行的具体办法。……最要紧的，乃在他们欲借助于那些礼俗仪文以达成淑世拯人的理想。他们早就说过礼俗仪文可以随时变革，唯独不可变的，就是他们要用和平的教育的方法，造就每个人健全的心理和合理的行为。这样地，由扩充小我而为大我，由个人至于整个人类。这是他们的理想，亦即他们所称为"义"者。他们说"礼也者，义之实也，协诸义而协，则礼虽先王所未之有，可以义起也。"这不是说得十分明白了吗？"礼"是指那些礼俗仪文，而

① 王梦鸥：《礼记选注》，第4—5页。

“义”则是他们的理想。[①]

可以改变而且必然因时而变者是礼俗仪文，不变者则是古代儒家寓于其中之人道理想。先生长期爬梳“本文断烂、章节错乱、字词讹脱”的《礼记》[②]，根本目的即在于明了文本下所潜蕴的“礼义”，期以因经明道、缘变索常。先生早年于《乐教思想与戏剧运动》文中说：“这许多刻板的繁文缛节，现在虽有扬弃的必要，但我们要知道，那种仪式或者不合时宜，但其创立仪式的本意，则是不可磨灭的。”[③] 此亦正是区别因时变迁的“礼数”与不可磨灭的“礼义”。肯定“变”，是先生现代的一面；其对“常”的体认，则透露了先生传统的另一面。

在思想观念上，先生一向予人新派之印象，其任教大学时，台湾的中文系普遍不重视现代文学的理论与创作，先生则异于是，不但鼓励年轻人从事，并于台湾文艺协会“文艺创作研习部小说组”讲授小说创作，作家王鼎钧即其学员[④]，在当时的中文学界，可谓另类。此外，先生和其婿许国恒曾译出韦勒克（RenéWellek）与华伦（Austin Warren）的《文学论》，而先生所撰的《文学概论》亦穿梭于现代西方理论中。在学生眼中，先生学殖深厚，乃博通文学的现代学者，与传统保守的夫子风格颇不相类，平居言说文艺、生活者多，论及儒家、经学、传统文化的话题则少。不过，进入先生礼学研究的世界，可发现从年轻到耄耋，先生对儒家一向抱持正面态度，肯定孔子、经书、经学于人文化成之意义。

1983 年 6 月，先生的《人生境界的升华——谈“经书”》刊载于《联合报》，文章起首从读完黄彰健篇幅浩大的《经今古文学问题新论》说起，叙述历代读经、解经之难，而后提及经书之性质与意义，先生说：

---

① 王梦鸥：《礼记今注今译》上册，第 2 页；又按，其中“礼也者，义之实也，协诸义而协”的引文，出自《礼记 · 礼运》。

② 先生此形容，见王梦鸥：《礼记今注今译》上册，第 7 页。

③ 王梦鸥：《乐教思想与戏剧运动》，《文艺月刊》第 11 卷第 9 期，1941 年 9 月，第 13 页。

④ 王鼎钧回忆：“正式上课以后，发现台湾政大教授王梦鸥也是重要人物，他的学术声望高，张道藩特别请他出山，补李赵二人之不足。他住在木栅，来往奔波，‘基本训练’循循善诱，‘分组指导’因材施教，那正是我最渴求的课程。”李，指李辰冬；赵，指赵友培。参见王鼎钧：《文学江湖》，（台北）尔雅出版社有限公司 2009 年版，第 74 页。

> 本来文字是记录生活经验的，经书即以“文字”传世，应属于先民实际生活经验的记录。这记录因为经过贤哲们的选择编纂，使之成为有益于人类生存的金言宝训。虽然他们所采用的说话方式不一……但究其宗旨无非是从亘古以来生活经验中提示做“人”的原则，要使圆颅方趾的人类从其“所以异于禽兽者几希”处跳出，升华其生活境界，完成一个“人”字。这向上一路的升华，由己达而达人，成己而成人，做到“燃烧自己照亮别人”，真正达成以服务为目的之人生。这主要的指向，在人类进化过程，其中贤愚淆杂、良莠不齐的现实面，当然显有迂回曲折，甚至窒碍难通的现象，然而为求生命之持续共存，舍去这指向则将回返弱肉强食的禽兽世界了。①

这隐隐然为《礼记·曲礼上》一段说法作注解——“鹦鹉能言，不离飞鸟；猩猩能言，不离禽兽。今人而无礼，虽能言，不亦禽兽之心乎？夫唯禽兽无礼，故父子聚麀。是故圣人作，为礼以教人。使人以有礼，知自别于禽兽。”② 先生又说：

> 五经垂训，以燃烧自己照亮别人为其基本法则，所谓克己复礼，含义并不难明。为着充实别人而充实自己，在实践中，与剥损别人以肥壮自己者，其道相反而区别则又甚微，所以“经”意谆谆，必须晓之以吉凶，说之以利弊，示之以典范，证之以示例；读者通“词”达“意”，自能通贯其旨趣。③

不烦引录，乃缘此是先生对经与经学最后形诸文字的创见，时年七十有六。该文是应报刊邀稿而作，对象是一般读者而非文史学者，也因此，先生环绕于“经”的观点表达得更加淋漓。文中清楚揭示先生肯定传统经学、儒家所持之根本理由——“从亘古以来生活经验中提示做‘人’的原

① 王梦鸥：《人生境界的升华——谈“经书”》，原文刊于《联合报》（1983年6月29日），文字略见失校，今引自收录该文的《大书坊》，（台北）联合报社1984年版，第24—25页。

② 《礼记注疏》，第15页。

③ 王梦鸥：《人生境界的升华——谈“经书”》，《大书坊》，第24—25页。

则，要使圆颅方趾的人类从其‘所以异于禽兽者几希’处跳出，升华其生活境界，完成一个‘人’字。”先生重视礼学、为《礼记》付出可观的心力，正是此一设想下之具体实践。若扩而以整体角度观先生毕生之学术，礼学与文学正如双璧，看似决不相侔，而皆可视为一种广义的美感价值——于人际关系，持守“人的原则”，此是礼学之要终；于文艺作品，提升“语言的质量”，这是文学之归趣①。对先生而言，两者之间似有遥旨相契者在。

四、先生的《礼记》研究

先生博学洽闻，思考周密，研究时，每每索其究竟而唯证据是崇，思想之探讨，章句之订正，文字之考権，文义之训解，相互勾连。三礼中，先生独重《礼记》，而其涉及儒学、经学之议题，亦据此展开。兹透过先生的重要著述，以阐述其治礼之进路与发明如下：

（一）《小戴礼记考源》与《礼记校证》

《小戴礼记考源》刊于1961年，《礼记校证》花南书屋手抄本印于1963年，皆探讨《礼记》源流及其背景问题——此是先生来台初期最关注而着力最深的课题，两文互见详略，宜比而读之。

先生《小戴礼记考源》谓：

> 清代考证之学，盛极一时，学者从其细节之检讨，时或触及全书之回穴；但以权威思想，久锢人心，既震于“经典”之名，虽有真知灼见、发覆决疑之语，犹未遑董理成书，予后人以考信之参验。不佞接触此记，亦颇有年，每对其零乱的章句，想见其杂驳的面目；不仅其言非一家之言，即其文亦非小戴之旧，与其

① 先生有关文学与提升语言质量之论，参见林明德：《文论说部居泰山——王梦鸥教授》，第122—123页。

称之为《小戴记》，不如名之曰“郑氏学”。[①]

因此，先生考证前代遗文与新出材料，就个中重要问题试予一一还原，今循先生《小戴礼记考源》之说，撮述如下：一、《小戴礼记》之名始见于桥仁《礼记章句》，而后者必有异于当时学官所传《小戴礼记》，故当时以“桥君学”称之。二、小戴之学与庆普之学于东汉互见消长，东汉末年，庆氏之学失传而小戴之学日显，然学官所传《礼记》已是“小戴其名而曹氏其实”（按：曹氏指号称学传庆氏之学的曹充、曹褒父子）。三、由“熹平石经”知自西汉乃至东汉之末，学官所传《仪礼》皆今文，而卢植当时称之为《礼记》，卢自道“曾受古学”，其所为，似欲引古绳今。四、刘向《别录》，本无戴圣所传《礼记》，其后所出现者“殆出于东汉以来顶名‘小戴’博士所杂采刘向《别录》中所有的说礼杂记，以补戴圣残书”，而郑玄寓目，以其篇名似皆与刘向《别录》所言契合，信其真而独取小戴之书。五、王先谦《汉书补注》据宋祁所见版本，说《汉书》“后仓曲台九篇”，“曲台”后有“至”字，其时，文字已由隶化楷，先生参考汉简文字，疑“至”字乃“四十”之误。易言之，《汉书》所载原文应为“后仓曲台四十九篇”，如此，既可解释何以“九篇”而能容纳数万言，复可说明何以东汉诸儒传《礼》而求合四十九篇之数。六、今本《小戴礼记》乃“杂采秦汉以来言礼事之杂传记厕列于戴圣传授《仪礼》的章句中，故戴圣原有之《礼记》实仅占此《礼记》中若干分之一”；而后仓、戴圣一脉相承之《礼记》，先生乃就现存之四十六篇逐一考求。七、后仓师承孟卿及夏侯阴阳学说，其礼说之涉阴阳无疑，而稽其所承学统，则《礼运》《礼器》《郊特牲》三篇，皆似后仓曲台记之残篇；因残缺之礼文不周日用，渐为后出之古逸礼与古文记所替窜，原本面目遂失。八、汉成帝阳朔二年，因古逸书纷出而下诏撤废今文家学所守藩篱，学官博士必须兼通今、古文，先生因疑后氏、戴氏所传礼说自此开始衰竭，而大、小戴亦自此歧趋。九、郑注本各篇之来源盖有三端——“其一为后仓、戴圣师徒传授而来之残篇断

① 王梦鸥：《小戴礼记考源》，第87页。

简；其二则为成哀以下博士经生所抄录古传记之零篇；其三则又为东汉博士经生敷衍上述诸传记之杂文。”此三者复各经颠倒错乱，以他籍所引“礼记”比勘，遂致郑玄注本讹讹错综，既非完篇，又非善本。

《小戴礼记考源》为单篇专论，计六十一页，篇幅已多，而《礼记校证》则为卷帙更繁之专书，考析益密，此乃先生投注极大心力而在长期规划下逐步完成者，该书《总叙》云：

> 夫以记为经，已乖名实；复以读者愈多，而《礼记》之疑窦遂亦增孳。大抵唐宋学者，多在章句间弥缝阙失，至于此书来源及作者问题，尚少申论。明清学者，或薄宋儒、或尊汉学，时从细节检核，偶亦触发是书回穴。迄至近世，中外学人，凡欲窥探中国古代文化思想者，往往藉手于是，因而抉疑发覆，其所得盖又突过前人。不佞暇时稽古，尝从其字句之斠订、章节之揣摩，得略知其言既非一家之言，其文亦非小戴之旧。不特戴《记》已无完书，即郑《注》亦经窜乱。①

先生此书中，尤关注《礼记》的“来源及作者问题”，相关之考证基础则由“字句之斠订”“章节之揣摩”累积而来，进以言今传《礼记》并非戴圣原记旧观，即郑玄所注，间亦杂乱。先生之书标以“校证”二字，实指涉两个方面：文献学与学术史。前者主要透过版本校勘确定经典原文，后者则藉历史考证以追原实况。针对《礼记校证》之构成，周何曾清楚评述：

> 总叙颇论《礼记》成书之来源，每篇篇首复有前记，以讨论各篇有关之问题。所论多新义，颇出前人范畴，足称一家之言。资料之搜集至详，辨析运用尤富启迪作用。其下则为章句之校订。其校订所取之来源，或取现存各种版本互校，以见传本文字之有异同；或据秦、汉古籍寻其源本，或据隋、唐类书考其引述，以互勘其章句之得失；更依历代注疏训解之作，并晚清学者之专著

---

① 王梦鸥：《礼记校证》，第1页。

论述，检其疑义所在，从而审订章句或文字之舛误。按向来有关《礼记》校证文字，大抵零星散见于别集散章，兹编则集其大成，更寻新证，断以己意，洵足称备矣。①

经书文字与章句之正误，直接决定理解是对是错；而推原各篇章的来源及其作者，则牵动学者对古代学术史的客观认知。先生措手之处，可谓研治礼学者无可规避的基本课题，亟关宏旨，而历来与此相关的材料与讨论，既繁且杂，先生遂在既往分歧缠绕的文献与论述中，一一比勘考榷，有述有作。由于古来众说相抵者甚多，牵涉之细节亦复不少，因此，先生之研索，断以直接证据而确凿不易者有之，追踵客观线索以逆推其理者，亦往往得见。

《礼记校证》一书，其《总叙》与各篇《前记》内容乃是先生究心所在，牵涉的问题千丝万缕，而先生条析笼贯，辨订是非，其于增进学者对《礼记》各篇之了解以及对礼学背景之认知，钩稽梳理之功，不可或掩。今就先生《礼记校证》厘清的背景问题②，撮其结论如下：

○《仪礼》中有关诸侯卿大夫之制，与高堂生旧传的“士”礼无关。

○东汉郑玄所注三礼流行后，“十七篇”既已别称《仪礼》，“四十九篇”遂成为《礼记》之专名。

○四十九篇之《礼记》辑成于东汉，并晚于班固之后。

○后仓之礼说（按：“后仓”于古籍又作“后苍”，本文统用前者），与谶记同科。

○戴圣之今文学统乃兼取古文，此或创自桥仁，而所作《礼记章句》或系“以古记缘饰戴氏之礼经”，内容与今传《礼记》迥异。自桥仁以下，小戴之学为迎合时尚，今古文业已杂揉。

○现存四十九篇，其成篇状况各自不同：“有摭拾旧记而为篇者”，“有出于递相祖述者”，“有一事两记，或则措辞互异，或竟持论径庭者”。

① 周何：《六十年来之礼学》，载程发轫主编：《六十年来之国学》第1册经学之部，第383页。

② 据王梦鸥：《礼记校证》之《总叙》，第2—11页。

○今四十九篇《礼记》既非一家之言，亦非删取于《古记》；乃是杂辑《汉志》所列《古礼记》之零篇断简，而兼存西汉博士经生所作章句（含后仓之记、小戴之记、桥氏之记）。缘此，东汉章句之学衰微而学者失其家法之后，马融、卢植、郑玄仍追认“四十九篇”为“小戴之学”。

○后仓说礼于曲台殿，二戴等众弟子各有所记，戴德所记八十五篇，戴圣则依大衍之数五十，而其用四十九之义，整齐之而得四十九。此最契后仓立说精髓，戴圣所记，欲借此义以敷陈《礼记》之用，遂得以继为大儒，而“四十九篇”乃与“小戴”之名相连不分。成、哀之后，学风丕变，小戴学残文缺，后之四十九篇则是附益的文字，真属戴圣之篇章者，可能仅《礼运》《郊特牲》篇中的部分内容。

○大、小戴之异学，在于所传的《仪礼》十七篇（即“后仓所增广而流传于今之《仪礼》十七篇”），歧为两家，唯其叙次不同。自余取名《礼记》者，当为东汉二戴博士杂辑之古记。

以上仅仅就先生《礼记校证》之《总叙》，捃列结论大要，其间多环环相扣，先生之辨究皆佐以客观证据，层层清廓，推证甚繁，可径覆按。本文仅述《礼记》之来源及作者问题，至于各篇，因牵涉细节极多，是不赘论。《礼记校证》中，部分问题曾为前代学者论及，然先生重加核析商榷，补以新证，更以谨严之工夫，将个别现象统理缀合，学者所称“集其大成，更寻新证，断以己意”，洵为的评。

（二）《郑注引述别本〈礼记〉考释》

后世学者欲研究四十九篇《礼记》，势必通过郑玄注本。先生对郑注本有完整研究，1967 年于《幼狮学志》发表《郑注〈礼记〉旧本考》，后完成《郑注引述别本〈礼记〉考释》专书，于 1969 年梓行。1972 年《台湾月刊》又刊出先生的《〈礼记〉与郑玄》，因刊物非属学术性质，故先生以白话论述，内容皆本于此前之探讨。至于《郑注〈礼记〉旧本考》一文与《郑注引述别本〈礼记〉考释》中有若干相同讨论，唯前者主从《礼记》传本的大脉络解析诸般现象，后者不仅于此，更参照前代学者之研究，就郑注逐项考辨，并加以归类，书末则附以“郑注字误之字表”“郑注声误之字表”“郑注乱简脱字衍文坏字表”“《礼记》四十九篇错误表”，最为详备。

唯旧传版本原不只郑玄注本，卢植、王肃、孙炎均有注本，并有师说，从陆德明《经典释文》、孔颖达《礼记正义》等所引述者窥之，诸本于隋、唐、五代时仍见，后于北宋南渡之际散亡。先生说：

> 在东汉之末，郑注所据用的《礼记》本子之外，即已有很多不同的本子。今日倘欲求真，则不能不探溯到郑注本同时并存的那些《礼记》本子的情形。①

探溯的线索即在郑玄注中频见的“或为某”，陆德明、孔颖达乃至清代的陈寿祺与陈乔枞父子、俞樾等均认为称为“或”者，指他本《礼记》，因此，从“或为”中可得见郑注本外之《礼记》本文。先生由此切入而追索《礼记》别本，《郑注引述别本〈礼记〉考释》即其具体成果，其《叙略》云：

> 今兹考释，仅以陈氏的《郑读考》与俞氏的《异文笺》，作为重要资料，旁参以周汉古籍唐宋类书，并引用近时出土的汉简及敦煌写本文字，将陈俞二氏的作业加以比较、折衷、更正，以及补缺、拾遗，然后依其性质分类。②

先生分析、归纳郑玄注所征别本异文，去其重复，共得一百九十五条，其分类大略如下：

> （1）以别本之文字为正者四十七。

① 王梦鸥：《郑注引述别本〈礼记〉考释》，（台北）台湾商务印书馆股份有限公司1969年版，第3页。

② 又，先生知叶德辉撰有《〈礼记〉郑注正字考》，然仅著录于《续修四库全书提要》，故未能参据。王梦鸥：《郑注引述别本〈礼记〉考释》，第10页。又，先生此书参考敦煌写本文字者仅一见，于“精或为清”（《缁衣》“精之略而行之”注。）项，先生曰：“《唐诗纪事》卅五引刘义逢卢同诗：‘怀土眼精穿’，敦煌写本《目连变》‘铜箭旁飞射眼精’，皆以精为睛，或本以清为睛，盖亦此例。”见该书第56页。

（2）以别本之字义为长者九。

（3）属于同音通用者六十二。

（4）属于异字同义者三十二。

（5）属于同字异体者十五。

（6）属于古今文不同者十。

（7）他本自误者十二。

（8）疑郑注所引他本而后人转抄有误者八。[①]

先生据此统计其结果：（1）与（2）两项乃他本优于郑注本，共五十六例；（3）至（6）皆通用字，他本与郑注本无分轩轾，共一百一十九例；（7）为郑注本优于他本者，十二例；（8）若郑注有转抄之误，则（8）项当并入前两项中。

总括而言，就两本之优者统计，他本与郑注本为五十六比十二，此或可推知他本优于郑玄所据用之旧本。然而，他本误字，郑玄实无一一揭出之必要，因此实际错误状况未可以（7）项所列为准。唯由郑注“或为”可证知其所据之旧本错误者，以其明指为字误、声误以及“当为”者，可信其所据旧本实非善本——先生所谓“以郑氏注语看来，即已显得错误百出”[②]。明代郝敬曾云：

> 此四十九篇，大都先贤传闻，后儒补缉，非尽先圣之旧，而郑康成信以为仲尼手泽，遇文义难通，则称竹简脱烂，颠倒其序；根据无实，则推夏殷异世，遁逃其说；节目不合，则游移于大夫士庶之间，左右两可；解释不得，则托为殊方语音，变换其文。牵强穿凿，殊乖本初。盖郑以记为经，既不敢矫记之非，世儒又以郑为知礼，不敢议郑之失。千余年来，所以卒贸贸然耳。[③]

---

① 王梦鸥：《郑注引述别本〈礼记〉考释》，第10—11页。

② 分见王梦鸥：《郑注引述别本〈礼记〉考释》，第11及5页。

③ （明）郝敬：《〈礼记〉通解》（明万历四十三年至四十七年郝千秋郝千石刻郝氏九经解本），收于《四库全书存目丛书》，（台南）庄严文化事业有限公司1997年版，第642、643页。又以先生《小戴礼记考源》所引此段文字对勘，其字句颇见参差，其所据待考。

郝批郑注，《四库全书总目提要》抨斥甚厉，谓：

敬乃恃其聪明，不量力而与之角（按：谓与郑玄角力），其动辄自败，固亦宜矣。[①]

清代考证风兴，学者宗郑，乃称“汉学”[②]，郝敬发论激越，却非妄訾，其不见容于《四库》馆臣，可以想见。先生着手斠考《礼记》郑玄注本，抽丝剥茧，实事求是，曾分别于二文中称郝敬之说“语虽过激，但亦近实”[③]“虽评弹过实，要亦非诬”[④]，一脱权威桎梏而断以客观证据，此是先生治学一贯态度，于经学研究亦莫不然。

先生作《郑注引述别本〈礼记〉考释》，用意非在贬抑郑学，其意义，总括有三：一、可借此知郑注本与他本之实际状况——郑注本与诸别本，从文字观之，颇为错乱，皆非善本。二、完整理解郑玄注语包括的要项以及郑注之功能[⑤]。三、先生在陈寿祺父子以及俞樾的基础上，续以深掘，佐以近世出土之居延汉简，一一定其文字之是非，以辅助对《礼记》本文之训解。

（三）《汉简文字类编》

先生重视原典文字，钻研《礼记》郑注，遂扩及郑注本中所可推考之别本。《礼记》各本文字乖异，不少缘于传抄之讹者，如果不经考定，依据

---

① （清）永瑢、纪昀等：《四库全书总目提要》，武英殿本；（台北）台湾商务印书馆股份有限公司1983年版，第1册经部，第490—491页。

② 先生曾谓：“到了前清时代，研究汉学的风气弥漫了整个学术界；认真地讲，所谓汉学，大半就是郑玄曾经下过功夫的学问。”参见王梦鸥：《〈礼记〉与郑玄》，《台湾月刊》第4卷第8期，1972年6月，第127页。

③ 王梦鸥：《小戴礼记考源》，第147页。

④ 王梦鸥：《礼记校证》，第65页。

⑤ 据先生归纳，郑注所记述之要项凡十五：解释字义者、讲解名物者、引述典故者、并传歧说者、订正讹字者、说明音读者、区别俗书者、纠弹讹谬者、兼存古今文者、记异体文者、指示乱简者、指明脱字者、指示衍字者、指示坏字者、兼存别本文字者。此据先生之《郑注〈礼记〉旧本考》，《幼狮学志》第6卷第1期，1967年5月，第4—5页。相类的表述，并见于其《〈礼记〉与郑玄》，第128页；此文并揭郑注之功能：“一、协助本文说明礼的意义；二、协助读者了解本文的字形字义字音；三、又谨慎的保存别本《礼记》的不同文字，以供后人参考。”同前页。

讹字以阐其义理，或将差之毫厘而谬以千里。因此，先生既从纸本传世文献出发，厘定《礼记》原文，又辅以近世出土汉简，以探《礼记》载字之真相。本文第二节曾引述尉天骢的回忆“先生对劳榦之说有不同见解，而以一年时间作成《汉简文字类编》”。劳榦长期研究汉简，单篇论文不计，仅专书即有：

○《晒蓝本汉简释文》，手稿（1936年）。

○《居延汉简考释（释文）》，“中研院”历史语言研究所专刊之21，1943年。

○《居延汉简考释（考证）》，“中研院”历史语言研究所专刊之21，1944年。

○《居延汉简考释附敦煌汉简校文》，居延汉简考释简号索引，商务印书馆1949年版。

○《居延汉简（图版之部）》，台湾“中研院”历史语言研究所专刊之21，1957年初版，1977年再版。

○《居延汉简（考释之部）附考证》，台湾“中研院”历史语言研究所专刊之40，1960年初版，1986年再版。

○《汉晋西陲木简新考》，台湾“中研院”历史语言研究所，1985年。①

先生赴台湾“中研院”处理汉简问题时，以上诸书中，仅《汉晋西陲木简新考》尚未问世。引导先生进入汉简文字领域者，乃是劳榦对汉简之考释，先生《读“简”志疑琐缀》一文，针对劳氏考释而发者颇多②。《汉简文字类编》于“释文”后云：“以上释文，流沙坠简部分，悉据王国维释文及劳榦校释。居延汉简部分，据劳榦释文及作者补校。”③ 先生于劳榦居延汉简之释文，因见解不尽相同，遂重加校订。

① 据台湾“中研院”历史语言研究所网站（https：//www2. ihp. sinica. edu. tw/staffProfile. php?TM=3&M=4&uid=124；检索日期：2018年2月8日）。

② 王梦鸥：《读“简”志疑琐缀》，第2、6、9、11、12、13页，可径参阅。

③ 王梦鸥：《汉简文字类编》，（台北）艺文印书馆1974年版，第21页。

《汉简文字类编》与《读“简”志疑琐缀》二者皆先生探讨《礼记》时所衍生之作品。先生说：

> 历代字体之更易，关系书籍价值之有无。先秦著述一变而为汉之今文。汉之今文又迭经抄胥辗转传录，其中，有意无意而造成之伪体讹书，可谓无代无之。

又说：

> 昔段玉裁有言：“小学必兼考汉隶，以为古文籀书之佐证。”……盖今日所见载籍，其最古者，亦莫不经汉人之手。故汉世隶书之变化，实为载籍文字根源。清人校书恒取证于汉碑文字，所见卓矣。然而碑碣之文，究非日用之常体；且后世所得见之断碣残碑，率皆东汉遗物；故前贤用力虽勤，实犹未见及西汉人书体之全貌。进乎此者，其唯近世迭次发见之流沙遗简乎?①

出土汉简乃日用常体，又属西汉之物，此更胜于汉碑文字。“实为载籍文字根源”一语，更指明汉隶之变化对考订古籍的意义。先生用汉隶比勘《礼记》郑注本与诸别本文字，即此一观点之体现。出土汉简固多断烂讹略，先生认为仍具诸多特色及优点，先生说：

> 一则墨汁淋漓，迥非摹拓之碑文可比；二则率意而书，绝无铺张作态之弊；三则日常书牍，多出于抄胥之手；四则隶变真草，形体毕具；五则西汉遗物特多，足补汉碑之缺。总此五端，则真迹固胜于拓本，一也；恒裁常体乃可觇当时书法，二也；抄胥手笔为载籍所从来之书体，三也；字体多歧，可资比较，四也；所属之时代悠长，又足见其嬗变之迹，五也；尤以武昭宣元之简策，乃所谓“今文学”奠立时代之物，不仅可借以观西汉今文学之实况，亦且可用以斠理汉人传录群书文字之是非。②

---

① 以上两段引文咸出自王梦鸥：《汉简文字类编》，第5、6页。

② 王梦鸥：《汉简文字类编》，第8页。

“五端”之外，还可以“借以观西汉今文学之实况”“用以斠理汉人传录群书文字之是非”，正是汉简对于探讨经学之价值所在，亦是先生着手汉简编纂之缘起。为先生所取用的汉简图版有：敦煌汉简、居延汉简、武威汉简，其所收古简总数近一万三千，属两汉者逾万。先生筛其完整者，逐一临摹，剔其重复，若结体相异者则分别部居，如此而完成《汉简文字类编》，亦先生重视基础工夫之写照。此外，先生并就汉简文字之书体反映的现象，归纳为八：“依篆改体”“依篆增减”“省变异体”“符号之字”“结体不定”“改易假借”“假音异体”“混同字体”①。御繁理纷，钩稽轮廓。

《礼记校证》手抄本完成于1963年；《汉简文字类编》则于1966年杀青（艺文印书馆至1974年始印行），同年，先生亦发表《读“简”志疑琐缀》。《礼记校证》虽早出，却已然参佐了汉简文字，凡五见：

〇卷五《礼器》

先生云：“证以武威甲本《少牢》第八简，‘羹定’二字书为‘羹奠’，盖以‘奠’代‘定’字。”（第168页）

〇卷十《乐记》

先生云：“证以‘汉简’文字，在隶变为楷过程，时人书体苟简随便，故其中‘异体’，未必皆是‘古文’。”（第276页）

〇卷十四《祭义》

先生云：“齐之日……汉简‘者’字多作‘旮’形（居延汉简二八页一〇·三九；又一〇·三一），被误为‘之日’二字，最为可能。”（第345页）

〇别辑（《〈礼记·月令〉斠理》）

先生云：“‘茔丘陇’……盖本亦作‘营’，故无烦曲说。证以《居延汉简》二一〇、三五，王莽始建国二年（西纪十年）十一月丙子诏书，亦正如此（劳氏《考证》有说）。”（第509页）

〇别辑（《〈礼记·月令〉斠理》）

先生云：“饎字见于《仪礼》（《特牲馈食》）……惟《武威汉简》甲

① 王梦鸥：《汉简文字类编》，第10—36页。

本《特牲馈食》有做‘饱’者。”（第 513 页）

晚于《礼记校证》之《郑注引述别本〈礼记〉考释》，1967 年出版，其中亦时见引证汉简之例，如：

○“迁或为还”（《曲礼》上：跪而迁履。）

先生云：“陈氏引《少仪》篇之‘还履’，以足证今本‘迁’字之误。汉人书迁、还字形甚相似，如居延汉简三三页二〇·六号；一〇六页六二·五六号等字，尤为显例。”（第 2 页）

○“忧或为疾”（《曲礼》下：某有负薪之忧，注。）

先生云：“居延汉简四九五·四号书疾如疚，故亦或认疚为疾也。”（第 2 页）

○“说者以匹为鹜”（《曲礼》下：庶人之挚匹，注。）

先生云：“稽察汉简，匹疋正三字甚相近似，此文殊不若或本作鹜之易晓。”（第 3 页）

○“入或为人”（《表记》：大言入则望大利，小言入则望小利，注。）

先生云：“汉简书人、入二字甚易混。居延简 13.4 书入为人，武威仪礼残简，人字亦皆作此形。”（第 21 页）

○“奠或为荐”（《郊特牲》：故祭奠然后焫萧合膻芗，注。）

先生云：“奠字为郑字之古文。魏三体石经，犹书郑为奠。而武威汉简，《少牢》及《特牲馈食礼》，又常书奠为郑，奠与郑声同在十一部。”（第 41 页）

○“筴或为蓍”（《曲礼》：龟为卜筴为筮，注。）

先生云：“《说文》无筴字。汉简书从竹之字多从艸。”（第 62 页）

○“衽或作漆或作髹”（《檀弓》上：衽每束一，注。）

先生云：“居延汉简七、三号尚有‘参棲’之文，是汉世犹用束棺。”（第 64 页）

○“待或为侍”（《杂记》上：君薨、大子号称子待犹君也，注。）

先生云：“待、侍二字，音义皆不同。然而古书常互误，盖汉人书体或从浅易，往字可书为任（居延汉简简图三九一页 273.3），征或书为徵（居

延汉简简图三六一页 157.3），微字或为儆（武威王杖简）是其例。”（第 79 页）

○“使或为史”（《杂记》上：客始自下由路西，注。）

先生云：“汉人草书使、史二字，实难分晓，其史字多书作丈（见居延汉简二五五·二七、二六·一、一四二·三四）。其书史字（见居延汉简二〇三·二、一四二·三五、一八八·二一、三三二·五）其间差别甚微。”（第 91 页）

○“黝垩或为要期”（《丧大记》：既祥黝垩，注。）

先生云：“疑或本原文当作‘要垩’。黝声转为要；而亚字汉人书写与‘其’字形近。居延简其或作亓（127.27）；而武威简甲本丧服，期字多书为朞。汉简恶字，或书为（武威乙服 37）惡或书为（居延，16·1）恶。”（第 91—92 页）

○“见或为败邑或为予”（《缁衣》：惟尹躬天见于西邑夏，注。）

先生云：“汉简书邑字为⻏（居延简 512.24），书予字为⻏，故邑字下半稍有缺烂，则与予相同矣。”（第 97—98 页）

○“察或为杀”（《乡饮酒义》：愁之以时察，注。）

先生云：“流沙坠简小学类书杀字为殺，居延汉简（495-LLA）又书为殺，字形与榖字相近故也。”（第 98—99 页）

以上，以汉简文字参证者，在考释总数一九五则中，计十二见。先生研究汉简文字，目的不在文字学本身，而资以推考《礼记》各传本异文之所以然，从而定其是非。先生受访时曾说：“做学问常常有陷阱，研究这条路有许多学者本来目标很大，比方说他认为我这个学问应该从文字着手，我就研究文字学，结果一辈子掉在文字学的陷阱里面。到了死以后，他生平的成就大概在文字学范畴，出了几本有关文字学的著作，其他都来不及做，跟真正的这方面专家，人家早就已经做了，根本不能比，这不就白白浪费时间？……乾嘉时代就是最好的例子，为什么乾嘉时代研究文字、声韵的那么多，就是掉入陷阱里面去，他真正的目标却不在这里。”① 读此，可知先生何以有《汉简文字类编》与《读“简”志疑琐缀》之作，而不见其他文字学相关论著。先生处理汉简文字，目的是参佐第一手材料用以考订《礼记》文字，并了解汉代经学今、古文实况；其间，本与末、体与用，关系了然。

（四）《〈礼记〉思想体系试探》与《汉学与孔子思想之联系问题》

孙星衍“礼意之会通在《礼记》”之说深为先生认同，鉴于郑玄注本“错误百出”②，先生考订相关传本、章句、文字，爬罗剔抉，大费周章。先生表示：

> 郑氏旧本，错误既多，而独能流传久远者，当因郑注之简赅得体。③

又云：

> 今此郑注《礼记》，以其版本的价值言之，殊未见善，但因其为前世仅存之儒说一总汇，吉光片羽皆足以考见周、秦、汉五百余年间儒家思想演进之痕迹，而此思想体系又为二千年来知识分子之思想中心，故较其他不纯说礼之书，遂自有其不磨的价值在。④

先生言“儒家思想演进之痕迹”，正意味其非仅着重《礼记》的文献意义，更欲理清文献头绪而纳入学术思想史之视域。先生言“此思想体系又为二千年来知识分子之思想中心”，则又关涉于历史文化层次。1961 年，先

---

① 参见林明德：《文论说部居泰山——王梦鸥教授》，第 318—319 页。并参见林明德：《国学大师王梦鸥教授专访》，第 25—26 页。

② 援用先生语，见其《郑注引述别本〈礼记〉考释》，第 5 页；先生屡以“错误百出”言郑注《礼记》，同一措词，并见于其《郑注〈礼记〉旧本考》，《幼狮学志》第 6 卷第 1 期，1967 年 5 月，第 14—15 页。

③ 王梦鸥：《郑注引述别本〈礼记〉考释》，第 9 页。

④ 王梦鸥：《〈礼记〉思想体系试探》，第 21 页。

生发表《〈礼记〉思想体系试探》一文，即在揭明蕴藏于《礼记》书中的思想构成，该文透过梳理《礼记》的零乱篇章，以判明其中不同的思想脉络，进而追溯各篇的思想背景，期以了解历代说解之是非曲直。

《〈礼记〉思想体系试探》借先秦儒家齐学、鲁学以考察《礼记》背后的思想脉络，进而发现实为邹衍与荀卿两学派之纠杂，先生说：

> 唯此四十六篇所各从属的思想体系，与其谓有“今文学”“古文学”之差别，毋宁谓之有“齐学”与“鲁学”之异同。倘更按其实：与其谓有齐、鲁学之异同，不如径称之为邹衍学派与荀卿学派的纠杂。①

《〈礼记〉思想体系试探》刊于1961年2月，同年4月，先生发表《汉学与孔子思想之联系问题》，讨论核心亦是邹衍学派与荀卿学派，二文宜并读。《汉学与孔子思想之联系问题》文中，先生说：

> 荀卿“嫉浊世之营巫祝，信禨祥”，故起而破除迷信，而济以现实的礼义行为。邹衍则以巫祝禨祥的观念，既已久锢人心。与其仅凭仁义之空谈，不如“载其禨祥制度”，“最先合然后引之大道”的言论。②

此是言荀卿、邹衍择术的差异，至于两派对汉代学术的影响，先生说：

> 礼本鲁学，纯属人事，后仓复从而推及于天，与是古代记载人事之书而为先秦儒者所取以为行为规范者，皆染以观念论之色彩。其书为“经”，其说为“学”；此种“经学”，质言之，实为西汉经师假手邹衍之绪论以解释荀卿之实学。……西汉末年，古文学之渐兴，并不代表荀卿思想之复活，而为鲁学之再度染色，使武昭时代博士经生未及注意之先秦儒说，亦参与齐学体系，而扩大五经之“齐学化”。……邹氏思想既通乎两汉经学，倘以西汉

---

① 王梦鸥：《〈礼记〉思想体系试探》，第21页。

② 王梦鸥：《汉学与孔子思想之联系问题》，《孔孟学报》第1期，1961年4月，第62页。

为齐学推衍鲁学的时代，则东汉当为古文经学推衍齐学的时代。①

学界探讨两汉经学史今、古文学问题者，不乏其人，然讨源发覆而鞭辟入里者，殊为罕见。先生之《〈礼记〉思想体系试探》与此同一观念，而考论加详，文中指出齐、鲁异学肇乎先秦儒说之歧趋，至汉世已汇合于《礼记》四十六篇。孔子之前的生活经验表现为“格言古训”，孔子后而衍以诸氏之儒，寖成有系统而与现实脱节之观念论。其中，邹衍变“善恶”观念为“吉凶”观念，并以阴阳五行配搭五常、五性，虽有荀卿矫之，至汉代则为董仲舒所两取，后又发展为“经”“纬”两个系统。《礼记》四十六篇即其中之选。

至于齐、鲁两派之异向，此依《〈礼记〉思想体系试探》撮举其要：齐学重吉凶休咎，富浪漫想象，其礼说以天子之礼为要归，视天子为天命与民命交接之枢纽，并假借阴阳五行之循环律，亟言天人相对应之准则。既强调举事顺天时，则谓天子举事，必居“明堂”，明堂原本可能是古庙，邹衍则变之为天子所居，更益以《月令》之设计。鲁学，则重是非善恶，循现实推理，其论说近于民本思想，措意之处在于仁义，而非阴阳。孔子之道以“仁”为核心，而后学发明，各有专诣，或主于孝，或主于诚，或重敬让，或偏勇毅，而共成孔子理想之整体，后儒拟以之构成风俗习惯，此即所谓“礼”。鲁学据仁义以说礼，又以荀子之绪论为中心，其礼说，可谓“礼义之学”，而迥异于齐之“天人之学”。若观以冠礼、昏礼、射礼、丧礼、祭礼，则见齐学以阴阳为解而信天帝，鲁学以人文为念而言人祖。

以上，乃论齐、鲁之“学”，本与齐、鲁之“经”为二事，然而汉儒缘经文而作“传”“故”，两者因而杂糅于先秦文献，也因如此，致使齐、鲁思想体系杂错于《礼记》各篇，而非见于某某分篇。明乎此，复参读先生《礼记校证》各篇所析，即可清晰掌握《礼记》中齐、鲁异学之痕迹。综言之，先生《〈礼记〉思想体系试探》一文，实具章学诚所谓“辨章学术，考镜源流”之致，其意义非止于文献层次，已深涉先秦两汉学术思想之流变。

---

① 王梦鸥：《汉学与孔子思想之联系问题》，第66—67页。

（五）其他

先生尚有两方面的学术著作与治礼相关：一是涉阴阳五行者，有1965年发表的《邹衍生卒年世商榷》、1966年出版的《邹衍遗说考》以及1971年刊载的《阴阳五行家与星历及占筮》；另一是与古代宗法制度有关者，仅一篇，即1962年发表的《中国古代家族之形成及其流变》。[①]

阴阳五行及邹衍之说对研究《礼记》之所以关系密切，是因为《礼记》一书掺杂颇多阴阳五行的思想，此亦与先秦齐学和鲁学、汉代今文和古文学派之长期发展有关；厘清阴阳五行的历史脉络，对掌握《礼记》一书乃至汉代经学史皆有直接帮助。先生的《邹衍生卒年世商榷》《邹衍遗说考》着眼于阴阳家的核心人物邹衍及其思想流变。《阴阳五行家与星历及占筮》则完整考述历史上盛于一时而迅速没落，且遗文缺载的阴阳家。其处理的问题有八："阴阳家的名称及其来历""古星历之说的衍变""战国时代的占验""正统的阴阳五行家及其论著""五行作用之定律化""阴阳五行与占筮""小终始说的因革""从幼宫时令到明堂月令"。先生以四十余页的集刊篇幅，钩稽史料，辨证其事，将围绕阴阳五行的重要问题逐一究明，而为治阴阳五行思想者所必读。透过先生的相关研究，对《礼运》《月令》内容可获得更深入的理解[②]。

在宗法制度方面，先生的《中国古代家族之形成及其流变》亦是独具慧眼的力作，该文纲要为："导论""血统亲属之发展""政治性与宗教性的宗族""宗法结构之形式与内容""服制、姓氏与族属关系""家族制度中之单家族"。先生的研究取径可析为二：一是稽考文献记载；二是就古代家族、宗法之说，对照历史事实，辨明其发展与限制。

《中国古代家族之形成及其流变》论述的重点约有以下数端[③]：一、文献所载之大家族制，理论每多于事实，"与其谓中国尝有代表性的大家族制

① 各文刊行信息可见于第二节所列，兹不赘。

② 先生对《月令》有多篇研究，其详可参见本文第二节。

③ 本段所叙所引，不分赘出处，皆参见王梦鸥：《中国古代家族之形成及其流变》，《台湾政治大学学报》第5期，1962年5月，第1—39页，可径参之。

的事实，不如谓中国尝有代表性的大家族制的理想”，而自宗法理论推衍，血族制一旦中断，宗统即有名无实。二、先生以王国维的探讨为基础，进而谓周代封建制度乃宗法与婚媾制度并行，前者施于同姓，后者施于异姓，用意是“以同姓的亲属星罗棋布于天下；其非同姓之族属，则用婚姻关系维持之，使母系的血缘意识加入于父系的血缘意识中，于是，亲属的结构亦因而扩大”，扩大的原因，一是基于“以少御众之政治作用”，一是因其具有“广土众民之经济基础”。三、东周之人见族属制度的崩溃趋势，遂提出修身齐家治国平天下之说，冀使涣散的人心团结一体，以救分崩局面并塞止祸乱之源，先生说：“于是，补缀历史之缺文，加以想象的润色，条贯为宗周一代族属理论，与旧礼俗相辅而行；使‘丧’‘祭’之礼含有严重宗法意味。观其制订居丧之服，无异于代表亲属关系之表志；而祭庙之仪，又等于尊祖收族之演习。故其理论，或据事实，或徇想象，流传于大家族崩毁之后。”四、考其原初，亲尊一体，所谓“尊”者即所谓“亲”者，然而随宗枝之推移，而亲尊义别，由周至汉，原始氏族的血族制已完全变形，儒家仍梦想其理想状态，因此“以义断恩”的观念（谓以理性支配情谊，《礼记·丧服四制》语），使无血缘意识关系的百姓能“资于事父以事君”，此已属观念论之推理，宗法衰亡而亲尊之制的意义亦因而改变。五、宗法制度的理论往往因现实发展而难以维系——或因世子宗子绝嗣，或因其被放逐、篡位，或因土地日蹙而弃国转徙。六、宗法原是亲属组织系统，而用于政治性的亲属，则意义已由亲亲转为尊尊；尊尊之制适用于大宗以上（由卿大夫以上而至天子），此是“由宗族的结构形式”，亲亲之制则适用于卿大夫以下，乃是“‘亲’‘尊’二义交织的家族的结构形式”。七、庙制与服数交相为用，而有宗法理论体系，但按以春秋史实，已不相契，无法执以窥见宗法之真相。

《礼记》中的儒家理想、制度，其与宗法制度关系密切，据先生此文，既可知其所以然，亦可得知其在理念与实际间之差距。以《礼记》个别篇章言，《中国古代家族之形成及其流变》与《大传》《丧服》《丧服小记》《丧服四制》《曾子问》《三年问》《祭法》《祭义》《祭统》《郊特牲》《内则》《王制》《中庸》《表记》《礼运》等皆有关，宜并览参读。

总之，先生连点成线、系线成面，使原本分置错杂之知识，密织成一网状结构。先生于传统经学，研究焦点为《礼记》，而能游刃于文字、校勘、训诂、考证、思想之间，逢山凿隧，临水架桥，实源于深厚之学术根底，加以覃思博综，遂能致分进合击之效。此类似“图层式”（layering）的处理方式，呈现了多层次、较为完整而最近真实的知识图像。

五、余论：朴学精神与现代语境中的经学研究

钱大昕云：“通儒之学，必自实事求是始。”① 由前述，可知先生研治礼学，对历史、文献、原典章句及异文，用力既勤且深；其讲重客观证据而实事求是，显存清代乾嘉学术之遗风。先生于此，前无具体师承，宜为其个人于治学生涯摸索而得。梁启超《清代学术概论》曾谓，清代学术新思潮的根本方法在于“实事求是”“无征不信”，并称清代学术史对思想界之影响，一言以蔽之，乃在于“以复古为解放”，而其所以能够奏效，则“科学的研究精神实启之”。梁氏在“清学之蜕分期”一节中说：“绩溪诸胡之后有胡适者，亦用清儒方法治学，有正统派遗风。”② 胡适则表示：“科学的方法，说来其实很简单，只不过‘尊重事实，尊重证据’。在应用上，科学的方法只不过‘大胆的假设，小心的求证’。”③ 又曾谓：“‘但宜推求，勿为株守’八个字是清学的真精神。”④ 若细读先生有关礼学之学术著作，无论零什、专书，一皆反映胡适所谓“大胆的假设，小心的求证”“但宜推求，勿为株守”。胡适提到：

① （清）钱大昕：《卢氏群书拾补序》，载《潜研堂集》，上海古籍出版社1989年版，第421页。

② 梁启超：《清代学术概论》，第9—13页。

③ 胡适：《治学的方法与材料》，《胡适文存》第3集第2卷，载《胡适作品集11·治学的方法与材料》，（台北）远流出版事业股份有限公司1986年版，第144页；又，“大胆的假设，小心的求证”之语亦见于《清代学者的治学方法》，《胡适文存》第1集第2卷，载《胡适作品集4·问题与主义》，第182页。

④ 胡适：《清代学者的治学方法》，第185页。

> 中国的学术，只有清代的“朴学”确有“科学”的精神。“朴学”一个名词包括甚广，大要可分四部分：
>
> 一、文字学（Philology）包括字音的变迁、文字的假借通转，等等。
>
> 二、训诂学 训诂学是用科学的方法、物观的证据，来解释古书文字的意义。
>
> 三、校勘学（Textual Criticism）校勘学是用科学的方法来校正古书文字的错误。
>
> 四、考订学（Higher Criticism）考订学是考订古书的真伪、古书的著者，及一切关于著者的问题的学问。①

胡适所拈四项，于先生的《礼记校证》等论著中皆可见充分运用。不过，先生扎根于此而不囿于此，阅其所抉先秦两汉之学派脉络即可得知。自乾嘉时期乃至民国时代之学术走向，经学与史学的关系较过往更紧密，柳诒征说：

> 世尊乾嘉诸儒者，以其以汉儒之家法治经学也。然吾谓乾嘉诸儒所独到者，实非经学而为考史之学。考史之学，不独赵翼《二十二史札记》、王鸣盛《十七史商榷》或章学诚《文史通义》之类，为有益于史学也。诸儒治经，实皆考史；或辑一代之学说（如惠栋《易汉学》之类），或明一师之家法（如张惠言《周易虞氏义》之类），于精义亦未有大发明，特区分畛域，可以使学者知此时代、此经师之学若此耳。②

此说甚谛，唯柳氏既言所列乾嘉诸儒如惠栋、张惠言等“于精义亦未有大发明”，则就柳氏之认知，经学似未必等同史学，亦未必即可完全纳入史学范畴，然而经学或经书之“精义”，其属性为何？其与史学之精义或同

---

① 胡适：《清代学者的治学方法》，第163—164页。

② 柳诒征：《中国文化史》下册，（台北）正中书局1971年版，第119页。张舜徽尝谓之：“斯论甚通，可谓达其本矣。今人治古史者，自不可不参考及此。”张氏之说，参见其《爱晚庐随笔》，载《张舜徽集》，华中师范大学出版社2005年版，第199—200页。

或别，柳氏并未明确论述。周予同则不然，1936 年，周氏发表《治经与治史》一文，提出“中国经学研究的现阶段，是在用正确的史学来统一经学”，主张“以治史的方法来治经”，并认为章学诚的“六经皆史”之说犹不足，应替之以“六经皆史料”，他又标举所谓的“超经学的经学学家”——意指“不是汉学家，也不是宋学家；不是经今文学派，也不是经古文学派，他们懂得旧有一切经学学派而能跳出旧有一切经学派的经典研究者”[①]；主张“超经学的研究”——意谓“超汉宋学，超今古文之经学的研究”[②]。周氏期待中国现代学者能以新姿态登场——“以‘史’的观点来治‘经’，以社会科学的见地，发掘经典里的埋沉的材料”[③]。

“超经学的经学学家”“超经学的研究”之论，已将“经学家”与“经学学家”明显区划，“超”字具有超越传统畛域之意[④]。换言之，以史料视经，则历史或社会科学等非经学的研究者均可研究“经”，这将意味着“传统经学”之终结，而彻底转型为现代学术研究。周予同为皮锡瑞《经学历史》注释，而在该书《序言》中批评皮氏：“究竟只是一个经学家而不是史学家。因为他不是史学家，所以史料的搜集不完备，史料的排比不妥善，而且每每不能客观地记述事实，而好加以主观的论议……。诚然，就经学

① 周予同：《治经与治史》，载朱维铮编：《周予同经学史论著选集》增订本，上海人民出版社 1996 年版，第 623 页。

② 周予同：《怎样研究经学》，载朱维铮编：《周予同经学史论著选集》，第 633 页。

③ 周予同：《怎样研究经学》，第 635 页。

④ 此须另加补明，周予同在《“经”“经学”、经学史——中国经学史论之一》中又说其与中国哲学史的研究、中国思想史的研究、中国文化史的研究皆有密切的联系，却不同于哲学史、思想史、文化史的研究，也绝不能为哲学史、思想史、文化史所概括，原因是：“它有着特定的科学研究内容，是一门独立的学科。”又说：“‘经学史’之所以能成为一门独立的学科，就是由于它具有本门学科的特殊性。”语出周予同：《“经”“经学”、经学史——中国经学史论之一》，见朱维铮编：《周予同经学史论著选集》，第 657—658 页。其说既强调“经学史”的概念，实已置于历史研究之范畴，然又强调独立于哲学史、思想史、文化史之外，更论其“所以能成为一门独立的学科”之因，在于“它有着特定的科学研究内容”“它具有本门学科的特殊性”，此论证殊窒碍难通，乃逻辑之所谓“丐题”（begging the question）。然而，《“经”“经学”、经学史——中国经学史论之一》是否真属周予同所认定之观点，尚有疑义，该文与另六篇收于《周予同经学史论著选集》之文，初发表时皆与汤志钧共同署名，参见该书于第 649 页所下“编者注”，另详编者朱维铮于该书所撰增订版前言，载《周予同经学史论著选集》，第 7—9 页。

说，他是没有失掉立足点；但是，就史学说，他这书就不免有点宣传的嫌疑了。”[①] 这段后面并列举了几个应纠正实例，显然，依周予同之见，“经学家”与“史学家”之间最大的分野就在研究上的主观或客观。傅斯年的见解与周予同仿佛，他在《历史语言研究所工作之旨趣》明言“近代的历史学只是史料学”，强调“科学的研究”，又特别揭示：“把传统的或自造的‘仁义礼智’和其他主观，同历史学和语言学混在一气的人，绝对不是我们的同志。”[②] 傅氏此文犹如现代文史研究的宣言，是否允当，学者间容或有不同看法，唯其强调“科学的研究”、不混同“传统的或自造的‘仁义礼智’和其他主观”，则为现代学者所普遍接受。持此以观先生之礼学撰著，先生凡论及“仁义礼智”，皆置于历史语境及客观思辨中阐释，无涉其个人主观信仰。至于价值判断，或见于普及性质的书序、导言，如《大小戴〈礼记〉选注》之《导言》，《礼记选注》之《叙略》，《〈礼记〉今注今译》之《叙》等；或见于非学术性质的杂文，如先生早年的《面子问题试论》，至晚年的《人生境界的升华——谈“经书”》，而所论仍谨守分寸。清代以来，学术研究亟重客观，对此，先生颇为肯定，他说：“清代可说是汉学复兴的时代，那时虽以汉学为中心，透过比较科学的方法研究，较前代进步得多。”[③] 先生的《礼记》研究正是此种治学方法的体现。

先生于学术，刻意避免个人主观的价值诠释，此种“克己求是”的态度亦可见诸朋辈，陈槃即其典例。陈鸿森于《师门识略——盘庵先生侧记》忆昔获荐任职台湾“中研院”史语所，曾往赴拜谒恩师，并请教为学之方，席间，“师曰：‘入本所，傅孟真先生所撰《历史语言研究所工作之旨趣》一文当熟读而深味之。’”[④] 辅以陈槃之专著，如《左氏春秋义例辨》《春秋大事表列国爵姓及存灭表撰异》《不见于春秋大事表之春秋方国稿》等，

① （清）皮锡瑞著，周予同注释：《经学历史·周氏序言》，商务印书馆1934年版，第16—17页。

② 此引三语，分见傅斯年：《历史语言研究所工作之旨趣》，《傅斯年全集》第3卷，湖南教育出版社2003年版，第3、5、12页。

③ 林明德：《文论说部居泰山——王梦鸥教授》，（台北）文史哲出版社1999年版，第311页。

④ 陈鸿森：《师门识略盘庵先生侧记》，载陈槃：《陈槃著作集：涧庄文录》下册，上海世纪出版股份有限公司、上海古籍出版社2010年版，第939页所附。

皆考史之研究，不掺丝毫主观。揆以清代考证学派人物，虽多致力书册、实物之稽榷考订，而非积极开展义理诠释，此并不意味着研究者与研究对象仅仅存具冰冷的知识关系，实际上，乃是节制自身带有主观色彩的价值想象，避免学术研究流于无节制的自由心证。先生之立场亦甚昭然，其编成《〈礼记〉选注》后，说：

> 如此节编，在尊经时代，必为经学家们所切齿。目前虽已时过境迁，学者们从历史的、哲学的、文学的种种角度衡量经书，它只是幸存的古史材料。但为着尊敬先民思想生活的记录，仍以那四十九篇本文，全刊于后。①

今非"尊经时代"，经书亦"只是幸存的古史材料"，此与周予同、傅斯年所言以及陈槃所呈现之精神并无二致。至于先生治史的能力，乃受专业历史学者之肯定，例言之，先生《阴阳五行家与星历及占筮》一文，乃经陈槃、沈刚伯审查通过，而收为台湾"中研院"史语所《中国上古史待定稿》第五本第十三章②。引文中，"为着尊敬先民思想生活的记录，仍以那四十九篇本文，全刊于后"云云，则是对一般读者传达对传统文化的敬意。

综言之，现代以来，众多学者以史料观点对待经书，先生审此学术趋势，其治礼取向正自相同。经不独尊，经是史料，子亦史料，胡适与章太炎曾有一学术公案，源于胡适《中国哲学史大纲》论《墨经》"辩，争彼也"，以"驳"义训"彼"字——胡适认为"彼"乃"佊"之误，"佊"则与"驳"义通。章行严认为胡的说法武断而不可从，因此于《新闻报》发表《墨学谈》，其兄章太炎阅而然之，致信其弟，说：

> 至适之以争彼为争佊，徒成辞费，此未知说诸子之法与说经有异（《说文》诐字本训辩论。假令以训诂说经，则云辩争诐也，

① 王梦鸥：《〈礼记〉选注》，第9页。

② 参见王梦鸥：《阴阳五行家与星历及占筮》，《台湾"中研院"历史语言研究所集刊》第43本第33分，1971年11月，第527页之"附识"。

自可成义。然《墨经》非《尔雅》之流专明训诂者比。以此为说，乃成骈语尔），盖所失非独武断而已。（按：以下所引章、胡文字同出于《胡适文存》第二集第一卷所载，不一一复赘出处。）①

胡适遂致函章行严，说：

先生论"墨辩""辩，争彼也"一条，谓我武断，我不愿置辩，我觉得太炎先生信中有一句话，却使我不能不辩。

太炎先生说我"未知说诸子之法与说经有异"，我是浅学的人，实在不知说诸子之法与说经有何异点。我只晓得经与子同为古书，治之之法只有一途，即是用校勘学与训诂学的方法，以求本子的订正与古义的考定。此意在高邮王氏父子及俞曲园、孙仲容诸老辈的书中，都很明白。试问《读书杂志》与《经义述闻》，《群经平议》与《诸子平议》，在治学方法上，有什么不同？

先生倘看见太炎先生，千万代为一问：究竟说诸子之法，与说经有什么不同？这一点是治学方法上的根本问题，故不敢轻易放过。尊文所论诸事，较之此点，都成琐屑细节了。

"究竟说诸子之法，与说经有什么不同？"胡适追根究底，所质切中要害。研究对象之本质左右研究方法，对胡适而言，经与诸子之书率属古籍，"说诸子"与"说经"，其法无异。章太炎稍后复信其弟，表示：

按校勘训诂，以治经治诸子，特最初门径然也。经多陈事实；诸子多明义理（此就大略言之，经中《周易》亦明义理，诸子中管、荀亦陈事实，然诸子专言事实，不及义理者绝少）。治此二部书者，自校勘训诂而后，即不得不各有所主。此其术有不得同者。故贾、马不能理诸子，而郭象、张湛不能治经。若王、俞两先生，则暂为初步而已耳。

---

① 章太炎至其弟行严之信，见胡适：《胡适文存》第2集第1卷收录之《梁任公〈墨经校释〉序》所后附，此据《胡适作品集7·最低限度的国学书目》，（台北）远流出版事业股份有限公司1986年版，第193—203页。

经多陈事实，其文时有重赘；传记申经，则其类尤众，说者亦就为重赘可也。诸子多明义理，有时下义简贵，或不可增损一字；而“墨辩”由精审，则不得更有重赘之语。假令毛郑说经云“辩，争彼也”，则可；墨家为辩云“辩，争彼也”，则不可。今本实未重赘，而解者乃改为重赘之语，安乎不安乎？

胡适得悉章氏昆仲后续之讨论状况，并见到章太炎第二封书信，遂再度致函章行严，胡适说：

太炎先生论治经与治子之别，谓经多陈事实，而诸子多明义理，这不是绝对的区别。太炎先生自注中亦以明之。其实经中明义理者，何止《周易》一部？而诸子所明义理，亦何一非史家所谓事实？盖某一学派持何种义理，此正是一种极重要的事实。

至于治古书之法，无论治经治子，要皆当以校勘训诂之法为初步。校勘已审，然后本子可读；本子可读，然后训诂可明；训诂明，然后义理可定。但做校勘训诂的工夫，而不求义理学说之贯通，此太炎先生所以讥王、俞先生“暂为初步而已”。然义理不根据于校勘训诂，亦正宋明治经之儒所以见讥于清代经师。两者之失正同。而严格言之，则欲求训诂之惬意，必先有一点义理上的了解，否则一字或训数义，将何所择耶？（例如“小取篇”：“也者，同也”“也者，异也”二语，诸家皆不知也者之也当读他。王闿运虽校为他，而亦不能言其理也。）故凡“暂为初步而已”者，其人必皆略其第二部的程度，然后可为初步而有成。今之谈墨学者，大抵皆菲薄初步而不为。以是言之，王、俞诸先生之暂为初步，其谨慎真不可及了。

胡、章之见解，相同者在：无论治经或治诸子，校勘、训诂皆其最初门径；再者，校勘、训诂之于义理为两截工夫，二人所见亦同——唯“暂为初步”云云，章以为不足而胡认为可取。

胡适不同意章氏“经多陈事实；诸子多明义理”之分，章太炎于判断中虽安一“多”字，就理论理，无论为多为寡，以“事实”“义理”区判二者，究欠周延而无关经、子之本质。胡、章之辩至此似乎告歇，而章太炎十余年后仍未忘怀，1936年，其《蓟汉闲话》发表于《制言》半月刊，云：

> 曩胡适之与家行严争解《墨经》，未有所决，余尝晓之曰：“昔人治诸子多在治经后，盖训故事实，待之证明，不欲以空言臆决也。今人于文字音义多未昭晳，独喜治诸子为名高，宜其多不安稳矣。”时有难者曰：“郭象岂通经、明小学者？而注《庄子》，后来莫及，公何未之思耶？”余曰：“郭氏专意玄言，自有传授，则不藉通经、明小学而得之。然大体虽得，义训犹不免粗疏。”今之治诸子者，本非专门，乃是从旁窥伺，如王石臞与曲园先生皆是。然则微旨固难审知，而知者特文句耳。非得其训故，稽其事实，何由说之？①

此殆章氏“晚年定论”，试分析其论如下：一、“曩胡适之与家行严争解《墨经》，未有所决，余尝晓之曰……”云云，似视己为旁观之仲裁者，实则胡适之异议正针对章太炎而发。唯于本文，此实无关宏旨。二、章所谓“盖训故事实，待之证明，不欲以空言臆决也”，此正是胡适强调治经与治诸子的共同之处，至于文字音义未昭晳而治诸子多不安稳的说法，两家见解无别。三、章所谓郭象注《庄》“大体虽得，义训犹不免粗疏”，此呼应其前所称郭象“不能治经”之说，而“大体”则指向“义理”，“义训”则关涉“事实”。依章氏之意，郭象义训之不免粗疏，适因彼“不藉通经、明小学而得之”，易言之，治诸子亦当解决居于“事实”层次的文本问题，此又同于胡适之见解。四、章称王念孙、俞樾治诸子而“知者特文句耳”，此与章所云“若王、俞两先生，则暂为初步而已耳”，意思一贯，然胡适认为训诂明而后义理可定、义理须根据于校勘训诂，王、俞所致力者在校勘、

① 章太炎：《蓟汉闲话》，《制言》第13期（1936年），第2—3页。按，胡适与章太炎之歧见发生于1923年11月间，章之书信并刊于《华国月刊》，由此时到《制言》刊出《蓟汉闲话》，已历十三年。

训诂层次，无须责其必擅义理，学者于“得其训故”，“稽其事实”可兼及，亦不妨择一独往，唯专治义理者，其立说之根本亦不当悖于训诂。至于治经、治诸子，皆有“后训诂”之事。阮元云：“古今义理之学，必自训诂始。”① 此近于胡适所称“训诂明，然后义理可定”，皆将训诂、义理划为治学之二阶，各有专门路数，通人固可冶之于一炉，而专家亦可分工，非必两兼。

章、胡之辩，可资以厘清现代学术语境中，所谓“治经”与“治诸子”，对象有异而方法无别。

回观先生治礼诸文，有专于训诂者，如《郑注引述别本〈礼记〉考释》；有超越训诂者，如《〈礼记〉思想体系试探》。至若先生之《邹衍遗说考》《阴阳五行家与星历及占筮》，其研究态度与方法，与《礼记校证》亦无分别，皆根于事实、无悖训诂，并明以义理。

本文析述先生之学术研究，并已附带厘清治“经”、治“史”、治“子”之异同。然则治“经”与治文学间之关系如何？② 礼学之外，文学探讨亦先生平生用力之领域，先生在《文心雕龙》、唐人小说、诗格，乃至文学理论领域，均见专文。先生曾言：

> 我就是用研究经书的方法来研究文学、研究小说。中文系经学的训练对文学的研究是有帮助的，像考证一样可以用在文学作品上。③

“用研究经书的方法来研究文学、研究小说”，而先生语中“经学的训练”，其例指向“考证”，按其研究成果，不仅相应于胡适所言考订学，亦

---

① （清）阮元：《冯柳东三家诗异文疏证序》，载《揅经室续集》卷1，严一萍选辑《百部丛书集成》之四四《文选楼丛书》三，（台北）艺文印书馆1967年版，第53页。

② 此言“治文学”而不称“治集”，乃鉴于传统“集”之概念固然主涉“文学”范畴，诗文、诗文评等皆含括其中，然今所谓“小说”则归于四部分类中之“子”部，此为古今所异。换言之，先生研究中，诗与诗格、《文心雕龙》等，于古代隶于“集”部，而唐人小说，今属文学，而古代系之“子”部。为免混淆，本文统以“治文学”为说。

③ 参见黄奕珍、丁肇琴：《王梦鸥先生的唐诗及唐人小说研究》，《中国唐代学会会刊》第7期，1996年11月，第20页。

包括文字学、训诂学、校勘学，检以《唐人小说校释》以及《文心雕龙》相关研究，至为明晰。如《唐人小说校释》，先生于该书《前言》云：

> 兹编试就《太平广记》选取其篇幅稍广、叙事较具规模之篇章，充为《唐人小说选》，并广为检对异本以校订字句之疑讹。有关唐人习用字词或与后世不尽相同者，以及藻饰词面而缩造典语故实者，亦复引据原书为之解释。至于每篇之来历及其作者身世，凡有助于作品之理解，并为叙录以附于每篇之后。篇章排列，则依作者年代先后为次第，如或有意观摩，亦可从其叙笔与文思，推见唐人小说之流衍，及其踵事增华之概况。①

有关史实考订，可见书中各篇之“叙录”；而有关校勘、文字、训诂者，则详于篇后“附注”之中；此即先生借治经以治文学之著例。段玉裁说：“不先正注、疏、释文之底本，则多诬古人，不断其立说之是非，则多误今人。”又说：“凡校经者，贵求其是而已。”② 按诸先生《礼记校证》与《唐人小说校释》等，适所以体现段说，唯不限于经书而已。至于先生实事求是态度体现于《文心雕龙》研究中，其实例可参见《王梦鸥先生〈文心雕龙〉讲记》一书③，兹不赘述。

以上所析，并非意谓治经、治史、治诸子乃至治文学，全然化约为一，但不可否认，就文史研究而言，历史考证、版本校勘、字句梳理等，乃是众科之交集、义理之基础。《论语》载孔子“绘事后素”之言④，朴学所勤者正如其“素”，而义理发明则与“绘事”仿佛。先生之治礼，一如其治文学然，虽不囿于考证，而其学之可信，无疑归本于考证之稳固。先生受访时曾说：“我觉得一个做学问的人，要讲话的时候一定要有根据，不能乱说，要对自己说的话负责任，所以像我，就是对文学理论而言，仔细地去

① 王梦鸥：《唐人小说校释》上册，（台北）正中书局1983年版，第3页。

② （清）段玉裁：《与诸同志论校书之难》，载《经韵楼集》，第336—337页。

③ 高大威编注：《王梦鸥先生〈文心雕龙〉讲记》，（台北）秀威信息科技股份有限公司2009年版，第26—27、89、134—137页。

④ 语见《论语注疏》，《十三经注疏》阮元校勘本，（台北）艺文印书馆1997年版，第27页。

求证，不能知其一而不知其二，必须全面地引证才行。”[①]由观念而实践，此是先生一贯之所在。

先生并非传统经学家，作为现代经学研究者，其治礼，非因信宣理，乃考而后信。先生的《礼记》研究，爰如车行健所指出：“并非拘守于传统经学的藩篱”，其“典籍研究的意味重，经学研究的意味少”。[②] 先生已将传统经学研究转置于现代语境，思辨与考证并行，从容揽辔，驾驭四部。

先生治礼的成果历历，学者或因以解惑，或有所兴发，其沾溉后学，有功学林，自毋庸辞费。唯可异者，其任上庠教席逾半世纪，而所指导的硕、博士学位论文，竟无一承其礼学或经学专业[③]。推测其故，盖先生之学术兴趣于礼学外，文学研究亦其所深好，而先生任教台湾政治大学时，中文系所同辈以经学授业者有熊公哲、高明教授，开课与指导研究生两事本相牵动，以系所整体生态而论，自宜求其均衡。先生或缘此而止步于经学，其经学相关著作中，最后出版者为1976年印行的《礼记校证》，唯此书早已于1963年署“花南书屋”自印面世，则压卷之作应是1974年9月发表于《孔孟学报》28期的《〈礼器〉〈郊特牲〉篇书后》。此后，先生之学术撰述概集中于古典文学。1979年，先生荣退，此后多年，每学期仅兼一至两门文学课程。虽然，经学议题仍为其所措意，如1982年，台湾“中研院”黄彰健《经今古文学问题新论》巨册专著甫出版，先生即取以览读，赞誉有加[④]，其与个别学者之经学讨论，间亦有之[⑤]。然于经学旧业已不复耕耨，所幸者，先生著作俱在，后学用为规模，资以隐括，庶几可稍补其憾云。

---

① 马鸣浩：《一字一句下功夫——严谨治学的王梦鸥教授》，《台湾日报》（1990年5月3日），第17版。

② 车行健：《〈三礼〉研究》，载林庆彰主编：《五十年来的经学研究》，（台北）台湾学生书局2003年版，第176页；引文中宜加说明者：所谓“典籍研究的意味重”，则并不等同拘守典籍本身，先生治学最明显之特质在于由典籍进入，透过文本而勾连密察，进以重现与该课题有关之历史发展脉络。

③ 此可参见本书后所附“王梦鸥先生历年指导学位论文一览表”。

④ 先生于《联合报》副刊邀稿之杂文《人生境界的升华——谈“经书”》中，曾语及此，详见《大书坊》，第21页。

⑤ 2002年10月19日，先生告别式上，黄彰健院士曾述其事，谓每当研究初成，即往诣以请先生教正。

综论先生研究《礼记》之成果，其荦荦大端，可总括为六：

一、校订《礼记》文字章句与部分名物。

二、考证《礼记》各篇之传承脉络。

三、辨明《礼记》与先秦荀卿学派、邹衍学派之纠葛。

四、追原《礼记》与汉代经学今、古文学派之关系。

五、比勘《礼记》郑玄注本及其所引别本之异同，进以钩稽汉代《礼记》各传本之状况。

六、注译《礼记》以利经典普及与流传。

此外，先生如何将经学研究纳入现代语境，以及先生以实证为本的学术取径，乃至对学术课题分进合击的探索方式，凡此，对后学者深具启迪作用。

《〈礼记正义〉引书考》析述及其对文献研究之价值

黄智明*

一、前言

张舜徽论校书的依据，有所谓内证与外证。内证亦称本证，从本书的文字、训诂、语法，以及前后文气、全书义例等方面找寻线索，发现问题，订正讹误。外证亦称旁证，凡属本书以外的一切实物或记载，直接、间接可以订正本书谬误，补缀本书遗佚的材料，都是外证。其中古代类书和旧注，由于编纂和撰述时代较早，和古书的原来面目比较接近，成为旧写本或旧刻本以外，重要的校书材料。①

唐以前古注，如刘宋裴松之的《三国志注》、裴骃的《史记集解》、南朝梁刘孝标的《世说新语注》、北魏郦道元的《水经注》，采辑群书，引证浩博，为世所重。《四库全书总目》评《三国志注》说：

> 宋元嘉中，裴松之受诏为注，所注杂引诸书，亦时下己意。综其大致，约有六端：一曰引诸家之论以辨是非，一曰参诸书之说以核讹异，一曰传所有之事详其委曲，一曰传所无之事补其阙佚，一曰传所有之人详其生平，一曰传所无之人附以同类。……网罗繁富，凡六朝旧籍今所不传者，尚一一见其崖略，又多首尾完具，……故考证之家，取材不竭，转相引据者，反多于陈寿本

---

* 黄智明，台湾元智大学中国语文学系助理教授。

① 张舜徽：《中国古代史籍校读法》，（台北）台湾学生书局1989年版，第122—127页。

书焉。①

可谓推崇备至。清代考据之学兴盛，基于校勘辑佚古籍的需要，对于古注、类书的引用书目，往往多所留意。如赵翼《廿二史札记》卷六录有裴松之《三国志注》所引书五十余种，汪师韩《文选理学权舆》编有《注引群书目录》二卷，金武祥有《后汉书李贤注引书目》《续汉志刘昭注引书目》，叶德辉有《世说新语注引用书目》，沈家本有《三国志注所引书目》《世说注所引书目》《续汉书志注所引书目》《李善文选注所引书目》。

清代以降，引书索引的编纂，益加受到重视。根据潘树广《古籍索引概论》统计②，截至1985年以前，近六十年间出版的引书索引，多达27种。自2011年起，李文涛陆续在《中国索引》发表《经部古籍索引综录》《古籍索引要目增补》等论文十余篇③，整理出2010年以前出版的各种古籍索引书目，包括索引名、编者名、丛书名、出版社、出版时间、影印情况、底本选择、版本来源、册数信息、文献总页数、索引简况、内容编排顺序、内容说明、版本来源考辨、图书馆收藏情况，尽可能给予详细的记录。其嘉惠士林，功莫大焉。

从李氏的文章当中可以发现，重要的引用书目大多不止一家一人进行

---

① （清）纪昀等：《四库全书总目》，中华书局1965年版，第403页。

② 潘树广：《古籍索引概论》，书目文献出版社1985年版。

③ 李氏论文系在潘树广《古籍索引要目》基础上增补而成，发表于《中国索引》总计15篇，如下：(1)《〈古籍索引要目〉增补（一）》，《中国索引》2009年第4期，第33—38页；(2)《〈古籍索引要目〉增补：史部（一）》，《中国索引》2010年第4期，第32—37页；(3)《〈古籍索引要目〉增补：史部（二）》，《中国索引》2011年第1期，第46—53页；(4)《〈古籍索引要目〉增补：史部（三）》，《中国索引》2011年第2期，第27—34页；(5)《经部古籍索引综录（一）》，《中国索引》2011年第3期，第40—44页；(6)《经部古籍索引综录（二）》，《中国索引》2012年第1期，第35—46页；(7)《〈古籍索引要目〉增补：史部（四）》，《中国索引》2012年第2期，第43—52页；(8)《〈古籍索引要目〉增补：史部（五）》，《中国索引》2012年第3期，第37—45页；(9)《〈古籍索引要目〉增补：史部（六）》，《中国索引》2012年第4期，第55—61页；(10)《〈说文通训定声〉索引举例》，《中国索引》2013年第1期，第15—24页；(11)《〈古籍索引要目〉增补：史部（七）》，《中国索引》2013年第3期，第30—38页；(12)《〈古籍索引要目〉增补：子部（一）》，《中国索引》2013年第4期，第51—57页；(13)《〈古籍索引要目〉增补：子部（二）》，《中国索引》2014年第1期，第45—58页；(14)《〈古籍索引要目〉增补：子部（三）》，《中国索引》2014年第4期，第49—62页；(15)《〈古籍索引要目〉增补：子部（四）》，《中国索引》2015年第3期，第30—44页。

编辑，而各家编辑体例不一，得到的结果也就大相径庭。如考证裴松之《三国志注》引书，和根据裴注引书编辑索引者，达十九家之多，而各家著录裴注引书数量，却有 140 余种至 255 种不等。[①] 显示古籍引书索引的编纂，仍存在许多的体例和技术性问题有待克服。朱迎平《古籍引书索引的功用和编纂》一文便曾指出：

> 从今天利用这些索引的角度来看，还存在不少缺憾。首先，一些重要古注和类书的引书索引尚有待补编。其次，……一些重要古籍都有了经过精校的善本，根据这些新本为底本编制的引书索引尚为数不多，影响了索引作用的发挥。第三，一些索引已近于绝版，日本学者编纂的索引国内很少流传，这两类引书索引很难为一般读者所利用。第四，引得编纂处的十四种引书索引，均按“中国字度撷法”排列，查检颇有不便之处。[②]

引用书目的编纂，既以“提供读者了解该书所参考的其他数据，借以考见古籍亡佚的情形，进而可供辑佚古籍，并和现在通行的版本互相比勘，以资求证”[③] 为目的，则评判引用书目优劣的标准，应该回归到文献学的角度，检视该书体例是否完善，解题能否详述所引书目之源流、流传、存佚、见于各家著录之情况，兼考文字异同，而非在意查检是否简便。

有鉴于此，本文拟以叶程义《〈礼记正义〉引书考》为考察对象，一则彰显引书索引在垂湮没之绝学、正流传典籍之谬误、辨历代文献之真伪、明学术传授之流派等方面之价值，另一方面则希望借此探讨目录、索引、辑佚等古籍整理体式间的联结性，以作为研究索引学、辑佚学之基石。

---

① 伍野春：《裴松之三国志注引书辨析》，《东方论坛》2005 年第 2 期，第 97—102 页。

② 朱迎平：《古籍引书索引的功用和编纂》，《古籍整理研究学刊》1993 年第 6 期，第 48—49 页转 23 页。

③ 引自台湾教育研究院：《双语词汇、学术名词暨辞书信息网》，见网址 http：//terms. naer. edu. tw/detail/1683470/？ index = 7。

二、《〈礼记正义〉引书考》之体例与特点

古籍索引，可以分为：以一书为对象所编制的索引，和汇聚多种图书而编制的索引。前者如《水经注引得》[①]、《艺文类聚引书索引》[②]、《仪礼引得附郑注及贾疏引书引得》[③]，后者如《十三经经名篇名引用书名索引》[④]、《史记三家注引书索引》[⑤]。刘兆佑先生指出，编制索引，需要具备目录学知识。在择定何书为编制索引之对象前，必先了解何书为学者所最常用，何书内容最有价值，以何种版本为编制索引之依据。[⑥]

以《礼记》索引为例：唐太宗贞观初年，为求经说统一，以为士子传习及科举考试之标准，先后诏命中书侍郎颜师古考定五经文字，国子祭酒孔颖达并诸儒撰定五经义疏。《五经正义》之修撰，经始于太宗贞观十二年（638年），至高宗永徽四年（653年）颁行天下，前后共历时十六年。

前贤对《五经正义》褒贬不一，潘重规《五经正义探源》以为："六朝义疏之学，百川并流，而以唐人《正义》为豁谷。盖六朝义疏之制，实汉学之津梁，而唐人经疏，又六朝经说之总汇。唐疏之底蕴明，而后六朝之经说出。"[⑦] 而刘师培《国学发微》则认为："自有《正义》，而后六朝之经义失传。且不惟六朝之说废，即古说之存六朝旧疏者，亦随之而竟泯。"[⑧] 其中，对于《礼记正义》七十卷，大抵认为"孔氏《正义》，以《礼记》为善，广征博引，义理详备"[⑨]，如《四库全书总目》评价此书说："其书务伸郑

① 洪业等编纂：《水经注引得》，哈佛燕京学社引得编纂处引得丛刊17号1934年版。

② ［日］中津滨涉编：《艺文类聚引书索引》，（京都）中文出版社1974年版。

③ 洪业等编纂：《仪礼引得附郑注及贾疏引书引得》，哈佛燕京学社引得编纂处引得丛刊6号1932年版。

④ ［日］矢岛玄亮：《十三经经名篇名引用书名索引》（自刊本），1955年。

⑤ 段书安编：《史记三家注引书索引》，中华书局1982年版。

⑥ 刘兆佑：《中国目录学》，（台北）五南图书出版公司2002年版，第456—461页。

⑦ 潘重规：《五经正义探源》，《华冈学报》第1期，1965年6月，第13—22页。

⑧ 刘师培：《国学发微》，载《刘申叔先生遗书》，（台北）大新书局影印宁南武氏排印本1965年版，第36—37页。

⑨ 叶程义：《〈礼记正义〉引书考》，（台北）义声出版社1981年版，第2页。

《注》，未免有附会之处，然采摭旧文，词富理博，说礼之家，钻研莫尽，譬诸依山铸铜，煮海为盐。”① 清陈澧《东塾读书记》则从疏体之特质，盛赞《礼记疏》能贯串三礼、诸经，“元元本本，殚见洽闻，非后儒所能及”②。

《礼记正义》引用书目，旧有1937年哈佛燕京学社引得编纂处编《〈礼记注疏〉引书引得》，后有1981年台北义声出版社出版叶程义《〈礼记正义〉引书考》。《〈礼记注疏〉引书引得》以1926年上海锦章书局影印的阮刻本《十三经注疏》为底本，锦章书局影印时进行缩拼，页次与底本不同，与其他版本都不一致，且当今锦章书局本几乎绝迹，因此《〈礼记注疏〉引书引得》便失去了实用价值。③

《〈礼记正义〉引书考》所据底本为艺文印书馆影印之阮刻《十三经注疏》本，并以其他各本为辅。全书计分十四章：首章绪论，历数《正义》作者孔颖达之生平学术、《正义》引书之种类、《正义》引书之方式、《正义》引书之作用、《正义》引书之价值。第二章以下，详列《正义》引“礼类”书考、引“易类”书考、引“书类”书考、引“诗类”书考、引“春秋类”书考、引“孝经类”书考、引“论语类”书考、引“经解类”书考、引“谶纬类”书考、引“小学类”书考、引“史类”书考、引“子类”书考、引“集类”书考。据统计，《礼记正义》引《礼》书者凡四十七部，引《易》书者凡八部，引《尚书》者凡十部，引《诗》书者凡十五部，引《春秋》书者凡二十三部，引《孝经》书者凡二部，引《论语》书者凡四部，引经解书者凡六部，引谶纬书者凡十二部，引小学书者凡十三部，引史书者凡十八部，引子书者凡三十五部，引集类书者凡三部。总计一百九十六部。以类别论，遍及经史子集四部，今存群经注疏之引书，无有胜于是书者。其中亡佚不存者，计有：

（一）郑大夫《周礼解诂》、郑司农《周礼解诂》、马融《周

① （清）纪昀等编：《四库全书总目》卷21，《经部·礼类三》，（台北）艺文印书馆1974年版，第3页。

② （清）陈澧：《东塾读书记》卷9，（台北）世界书局1936年版，第19页。

③ 参见乔秀岩：《北京读经说记》，（台北）万卷楼图书公司2013年版，第110页。

官传》、干宝《周官礼注》、杜子春《周礼注》《古周礼说》《子夏丧服传》、马融《丧服纪注》、袁准《丧服纪注》、戴德《丧服变除》、杜预《丧服要集议》、贺循《丧服要纪》、郑玄《丧服变除》、庾蔚之《丧服要纪注》、蔡谟《丧服谱》、戴德《大戴礼说》《今戴礼说》、马融《礼记注》、卢植《礼记注》、王肃《礼记注》、孙炎《礼记注》、蔡邕《月令章句》、蔡邕《月令问答》、蔡邕《明堂月令论》、射慈《礼记音义隐》、何胤《礼记隐义》、贺玚《礼记新义疏》、庾蔚之《礼记略解》、皇侃《礼记义疏》、沈重《礼记义疏》、熊安生《礼记义疏》、刘芳《礼记义证》、郑玄《三礼目录》、崔灵恩《三礼义宗》、戴圣《石渠礼论》、任预《礼论条牒》、范宣子《礼论》、淳于登《明堂月令说》、郑玄和阮谌《三礼图》、郑玄《鲁礼禘祫志》（以上“礼类”）。

（二）孟喜《周易章句》、京房《周易章句》、马融《周易注》、王肃《周易注》、郭琦《周易注》、侍其容《易说》（以上“易类”）。

（三）刘向《尚书洪范五行传论》、亡名氏《书传略说》、贾逵《古尚书说》、欧阳生《尚书章句》、大夏侯《尚书章句》、小夏侯《尚书章句》（以上“书类”）。

（四）申培公《鲁诗故》、辕固生《齐诗传》、匡衡《齐诗说》、韩婴《韩诗内传》、韩婴《韩诗说》、孙毓《毛诗异同评》、亡名氏《毛诗说》（以上“诗类”）。

（五）贾逵《春秋左氏传解诂》、服虔《春秋左氏传解谊》、郑众《春秋牒例章句》、何休《春秋左氏膏肓》、陈钦《春秋左氏传》、亡名氏《春秋左氏说》、何休《春秋公羊墨守》、董仲舒《春秋公羊说》、尹更始《春秋穀梁传章句》、何休《春秋穀梁废疾》、贾逵《国语注》、马融《春秋三传异同说》（以上“春秋类”）。

（六）郑玄《论语注》（以上“论语类”）。

（七）许慎《五经异义》、郑玄《驳五经异义》、郑康成《六艺论》、王肃《圣证论》（以上“经解类”）。

（八）《河图》《河图括地象》《河图帝览嬉》《尚书纬》《尚书中候》《诗纬》《礼纬》《乐纬》《春秋纬》《孝经纬》《论语谶》（以上“谶纬类”）。

（九）李巡《尔雅注》、孙炎《尔雅注》、舍人《尔雅注》、某氏《尔雅注》、李斯《仓颉篇》、吕忱《字林》（以上“小学类”）。

（十）孟康《汉书音义》、臣瓒《汉书注》、皇甫谧《帝王世纪》、束皙《汲冢书钞》、谯周《古史考》、应劭《汉官仪》、董巴《舆服志》《世本》、刘向《七略》《别录》、魏文帝《说诸方物》（以上“史书类”）。

（十一）桓子《新论》、袁子《正论》、王劭《读书记》《邹子》《汉律》《尸子》、张衡《混天仪》、姚信《昕天论》、虞喜《安天论》、刘歆《三统历》、何承天《宋元嘉历》（以上“子书类”）。

以上佚书一百一十六部，占《礼记正义》引书几达三分之二，又对照简博贤《今存南北朝经学遗籍考》①、《今存三国两晋经学遗籍考》② 考得之遗籍，亦大半见于《礼记正义》所征引，可以觇知其保存前代遗籍之价值。

《〈礼记正义〉引书考》既以逐条辑录《礼记正义》所引诸书为主，因此在引文编排和发明《正义》引书作用的诠释上，做了以下的调整设计：

一、所辑各条，依循《礼记》篇目次第，顺序排比。其下复加注卷页之数，以便查考，并明辑录之依据。③

如《曲礼下》“祭四方”，郑《注》曰：“《诗》云：来方禋祀。”《正义》曰：“引《诗》之‘来方禋祀’者，是《小雅·大田》之诗，以刺幽王无道，追论成王之时，太平时和年丰，至秋报祭，招来四方之神，禋絜

① 简博贤：《今存南北朝经学遗籍考》，（台北）黎明文化事业公司 1975 年版。

② 简博贤：《今存三国两晋经学遗籍考》，（台北）三民书局 1986 年版。

③ 叶程义：《〈礼记正义〉引书考》，第 10 页。

祭祀。"[①]《〈礼记正义〉引书考》除摘引郑《注》《正义》本文外，并加注"五—一八—九七"，表示该文见于艺文印书馆影印之阮刻《十三经注疏》本卷5，第18页（总97页），以便读者复核。

二、逐条复加按语，以明征引之旨。[②]

《〈礼记正义〉引书考》逐条申述《正义》引书之意蕴与作用，包括推阐经注之本义，补充与修正经注之未备。[③] 略举数例如下：

（一）引书以申经义

1.《王制》"诸侯之下士，视上农夫，禄足以代其耕也"

《正义》曰："庶人在官者，虽食八人以下，不得代耕，故《载师》有官田，谓庶人在官之田，大夫以下，位卑禄少，故大小国不殊。卿与君，禄重位尊，故禄随国之大小为节。按《周礼》天子卿大夫士与诸侯之臣执挚同，则禄亦同也。"

叶氏按云：孔《疏》引以申经义也。[④]

2.《月令》"日夜分"

《正义》曰："马融云：昼有五十刻，夜有五十刻，据日出日入为限。"

叶氏按云：孔《疏》引以申经义也。[⑤]

（二）引书以申郑注

1.《王制》"反释奠于学"

郑《注》曰："释菜奠币，礼先师也。"

《正义》曰："按《大胥》职云：春入学舍采合舞。"

叶氏按云：孔《疏》引以申郑注也。[⑥]

2.《曲礼下》"天子当宁而立，诸公东面，诸侯西面，曰朝"

郑《注》曰："朝者，位于内朝而序进。"

---

① 叶程义：《〈礼记正义〉引书考》，第617页。

② 叶程义：《〈礼记正义〉引书考》，第10页。

③ 叶程义：《〈礼记正义〉引书考·〈正义〉引书之作用》，第6页。

④ 叶程义：《〈礼记正义〉引书考》，第25页。

⑤ 叶程义：《〈礼记正义〉引书考》，第311页。

⑥ 叶程义：《〈礼记正义〉引书考》，第28页。

《正义》曰："《觐礼》又有负斧依及侯氏入庙门告听事。郑《注》云：告王以国所用为罪之事。《大行人》云：庙中将币三享，故也。"

叶氏按云：孔《疏》引以申郑注也。[①]

（三）引书以证郑注

1.《檀弓下》"周人作会而民始疑"

郑《注》曰："会，谓盟也。"

《正义》曰："《司盟》云：邦国有疑，则盟诅之，故以会为盟也。"

叶氏按云：孔《疏》引以证郑注也。[②]

2.《祭义》"是故朝廷同爵则尚齿"

郑《注》曰："凡朝位立于庭。"

《正义》曰："案燕礼大射：君与卿大夫皆立，卿大夫立于庭，君立于阼阶上是也。"

叶氏按云：孔《疏》引以证郑注也。[③]

（四）引书以补郑注

1.《曲礼下》"岁凶，年谷不登"

郑《注》曰："登，成也。"

《正义》曰："郑注《太史》职云：中数曰岁，朔数曰年。"

叶氏按云：孔《疏》引以补郑注经，明岁、年之义也。[④]

2.《曲礼下》"稷曰明粢"

《正义》曰："郑注《甸师》云：粢，稷也。"

叶氏按云：孔《疏》引以补郑注经。[⑤]

（五）引书以补苴经义

1.《曲礼上》"父之雠，弗与共戴天"

郑《注》曰："父者子之天，杀己之天，与共戴天，非孝子也。"

---

① 叶程义：《〈礼记正义〉引书考》，第 96 页。

② 叶程义：《〈礼记正义〉引书考》，第 23 页。

③ 叶程义：《〈礼记正义〉引书考》，第 214 页。

④ 叶程义：《〈礼记正义〉引书考》，第 95 页。

⑤ 叶程义：《〈礼记正义〉引书考》，第 97 页。

《正义》曰："《调人》云：父之雠，辟诸海外，则得与共戴天。"

叶氏按云：孔《疏》引以说明孝子虽欲往杀，力所不能，故得与共戴天。①

2.《月令》"天子居大庙大室"

郑《注》曰："大庙大室，中央室也。"

《正义》曰："按《考工记》云：周人明堂，东西九筵，南北七筵，凡室二筵。"

叶氏按云：孔《疏》引以明此五室并无二筵，无大小也。今中央室称大者，以中央是土室，土室为五行之主，尊之，故称大也。②

（六）引书以存异说

1.《王制》"天子七庙，三昭三穆，与大祖之庙而七"

郑《注》曰："此周制。七者，大祖及文王、武王之祧，与亲庙四。大祖，后稷。"

《正义》曰："按周礼，惟存后稷之庙不毁。"

叶氏按云：孔《疏》谓此是不合郑说，引之以存异说。③

2.《月令》"以迎春于东郊"

郑《注》曰："迎春，祭苍帝灵威仰于东郊之兆也。"

《正义》曰："按贾、马、蔡邕皆为迎春祭大皞及句芒。"

叶氏按云：孔《疏》引以存异说也。④

3.《郊特牲》"祭帝弗用也"

《正义》曰："贾逵、马融、王肃之等，以五帝非天，唯用《家语》之文，谓大皞、炎帝、黄帝五人之帝属，其义非也。"

叶氏按云：孔《疏》以帝为天，故云其义非也。引之者，所以存异说也。⑤

---

① 叶程义：《〈礼记正义〉引书考》，第15页。

② 叶程义：《〈礼记正义〉引书考》，第40页。

③ 叶程义：《〈礼记正义〉引书考》，第29页。

④ 叶程义：《〈礼记正义〉引书考》，第311页。

⑤ 叶程义：《〈礼记正义〉引书考》，第312页。

张宝三《五经正义研究》，阐发《五经正义》之体式与内涵特性、《五经正义》论考之内容、《五经正义》对注文之补充与修正、《五经正义》之校勘、《五经正义》之字义训诂、《五经正义》之修辞观，最为详析。① 不过《五经正义研究》涵盖范围甚宽，若能与叶氏《〈礼记正义〉引书考》合观，对于经、注、疏之论述异同，当可更为明了。

三、按所引书名汇辑，各自成书，分类编目，归入各类。其分类标准，以两《唐书》之《经籍志》《艺文志》为准，并参考他志，以补其未备者。②

四、各书之作者生平著述，书之篇卷、存佚、真伪、得失、源流等，分别绍介，以明其原委。③

《〈礼记正义〉引书考》在各类书考之下，依次胪列引用书目之作者、篇卷、辑本，最后钞录《正义》援引该书之文字。此一方式，大抵承袭清代辑佚著作。兹以射慈《礼记音义隐》为例说明《〈礼记正义〉引书考》之体例：

三二、射慈《礼记音义隐》

(一)《礼记音义隐》之作者

射慈，字孝宗，彭城人。吴中书侍郎，因谏孙奋，奋杀之。撰有《丧服变除图》五卷、《礼记音》一卷（《释文·叙录》《吴志》《经义考》引《册府元龟》）。射慈，亦作谢慈、谢兹、谢氏、射氏，名虽数异，盖皆一人也。《礼记音》，一作《礼记音义隐》，简称《音义隐》，或称《义隐》，亦皆一书也。

(二)《礼记音义隐》作者之异说

宋王应麟《困学纪闻》云：“《曲礼》《礼器》《内则疏》引《隐义》云，按《隋志》:《礼记音义隐》一卷，射氏撰。”阎若璩云：“今本作谢。《礼器疏》无引《隐义》之文，《隐义》即何胤《礼记隐义》，非射慈《礼记音义隐》，王氏偶误也。”王谟《汉魏

① 张宝三：《五经正义研究》，华东师范大学出版社 2010 年版。

② 叶程义：《〈礼记正义〉引书考》，第 10 页。

③ 叶程义：《〈礼记正义〉引书考》，第 10 页。

遗书钞》《礼记音义隐》辑本序云："《经典叙录》《礼记音》十五家，内有射慈《礼记音》，无'义隐'字。《隋志》有谢氏《礼记音义隐》一卷，又有射慈《音》一卷，则谢氏与射慈当为二人，其为《礼记音》与《音义隐》亦当为二书也。《经义考》竟作射慈《音义隐》，今从之。"王氏不仅以一书为二书，亦以一人为二人也。

（三）《礼记音义隐》之篇卷

《隋志》著录《礼记音义隐》一卷，谢氏撰。又著录《礼记音》二卷，宋中散大夫徐爰撰。梁有郑玄、王肃、射慈、射贞、孙毓、缪炳《音》各一卷，亡。又著录《礼记音义隐》七卷，不著姓名。《旧唐志》著录《礼记音》二卷，谢慈撰。《新唐志》著录射慈《小戴礼记音》二卷。《经典释文》著录有射慈《礼记音》，未言卷数。《宋志》未见著录，盖已亡矣。

（四）《礼记音义隐》之辑本

马国翰《玉函山房辑佚书》辑录《礼记音义隐》一卷，谢氏撰，其序云："谢氏不详何人，《隋志》两载此书，一题一卷，谢氏撰，一题七卷，不著姓名。意谢氏所著本一卷，后又广而补之，故有七卷也。《唐志》不著录，而别有射慈《小戴礼记音》二卷。考《吴志·孙休传》有谢慈，《孙登传》作射慈（案《孙奋传》作谢慈），'射'即'谢'字之改，见《广韵》四十祃射字注。《隋志》此书一卷者，在蔡邕《月令章句》之下，七卷者，在孙炎注之上。邕后汉人，炎魏人，疑此射氏，即吴谢慈也。"其说是也。马氏又云："《唐志》复有射慈《音》二卷者，则唐时射《音》尚在，故《正义》及引之。然引称谢兹，谢兹即谢慈。其所说下室之馈，音兼乎义，此又谢氏即谢慈之一证也。意者《唐志》二卷之首，即《隋志》七卷之《音义隐》，《唐志》标题书目多与《隋志》不合，幸存射慈之名，犹可寻绎而参考之也。今其书佚，从《释文》《正义》所引，辑约八节，谢慈一节，亦并采入，仍依

《隋志》题谢氏者，缺疑也。”

（五）《正义》引《礼记音义隐》考

今考《礼记正义》引射慈《礼记音义隐》者凡七条，其所引如下：

《曲礼上》“客不虚口”

郑注曰：虚口，谓酳也。漱口也，以酒曰酳，以水曰漱。

正义曰：《音义隐》云：“饭毕荡口也。”（二—二—四）

案马国翰《玉函山房辑佚书》云：“注：虚口谓酳也。酳，饭毕荡口也。”马氏注疏连引，并误“口”为“曰”。《黄氏逸书考》未见辑录。孔疏引以证郑注也。①

以上为《〈礼记正义〉引书考》考订各书之凡例。此外，为因应各书流传或史传著录情况的不同，则分别加以评介或辨证。前者如郑玄《驳五经异义》，在“驳五经异义之作者”“驳五经异义篇卷之亡佚”之后，“正义引驳五经异义考”之前，特别增入“驳五经异义之评介”，引《四库全书总目》以说明之。② 后者如孙炎《尔雅注》，因史传著录有两孙炎，一为魏孙炎，一为五代孙炎，为避免混淆，于是在“尔雅注作者”之后，“尔雅注之篇卷”之前，增入“注尔雅之两孙炎”一文，以为说明。③

三、《〈礼记正义〉引书考》对文献研究之价值

历来谈论古注、类书的功用，大多着眼于考察文献流传，辑录文献佚文，校勘古籍佚文。④ 刘兆佑先生则认为注释工作在文献的整理过程中可以发挥的功用，至少包括：留存佚书，可为辑佚之资；汇聚各家说解，方便取资；多采异本，留存异文；留存古代名物制度；留存语言演变的数据；

① 叶程义：《〈礼记正义〉引书考》，第341—342页。

② 叶程义：《〈礼记正义〉引书考》，第920页。

③ 叶程义：《〈礼记正义〉引书考》，第1032页。

④ 朱迎平：《古籍引书索引的功用和编纂》，《古籍整理研究学刊》1993年第6期，第48—49页。

留存非图书数据。[①]

叶氏在《〈礼记正义〉引书考》首章第六节，叙述《正义》引书之价值有：垂湮没无传之绝学，正流传典籍之谬误，辨历代文献之真伪，明礼学传授之流派。[②] 观其各书前解题之考辨，确实能够反映唐以前学术流派，存历代典籍之绝续。

除了明确指出《正义》引书之价值与作用外，因《正义》保存前代佚籍甚多，是以《〈礼记正义〉引书考》在迻录《正义》引文之时，也往往与清代辑佚著作如马国翰《玉函山房辑佚书》、黄奭《黄氏逸书考》所辑录的佚文相互比观。如郑众《周礼解诂》，隋、唐不著录，亡佚已久。马国翰《玉函山房辑佚书》辑录有《周礼郑司农解诂》六卷，《礼记正义》引郑司农《周礼解诂》凡33条，叶氏《〈礼记正义〉引书考》取以和马国翰辑本逐一比勘，并详注其异同。

1.《曲礼下》“童子委挚而退”

郑《注》曰：“不与成人为礼也。”

《正义》曰：“《司士》云：掌摈士者，膳其挚。郑司农云：王食其所执羔雁之挚。”

叶氏按云：马国翰《玉函山房辑佚书》谓“膳其挚者，王食其所执羔雁之挚”。孔《疏》引以证其凡用牲为挚，主人皆食之义也。[③]

2.《王制》“三公一命卷”

郑《注》曰：“虞夏之制，天子服有日月星辰。《周礼》曰：诸公之服，自衮冕而下，如王之服。”

《正义》曰：“《司服》云：王祀昊天上帝，则服大裘。郑司农云：大裘，羔裘也。”

叶氏按云：马国翰《玉函山房辑佚书》与此同。孔《疏》引以申郑

① 刘兆佑：《文献学》，（台北）三民书局2007年版，第271—284页。

② 叶程义：《〈礼记正义〉引书考》，第6—10页。

③ 叶程义：《〈礼记正义〉引书考》，第83页。

注也。[①]

3.《月令》“蝼蝈鸣”

郑《注》曰：“蝼蝈，蛙也。”

《正义》曰：“按《周礼·蝈氏》，郑司农注云：蝈，虾蟇。玄谓：蝈，今御所食蛙也。”

叶氏按云：马国翰《玉函山房辑佚书》未录此条。孔《疏》引以证郑注也。[②]

4.《月令》“以习五戎”

郑《注》曰：“五戎，谓五兵，弓矢、殳、矛、戈、戟也。”

《正义》曰：“按《周礼·司兵》，掌五兵。郑司农注云：五兵者，戈殳载首矛夷矛。”

叶氏按云：马国翰《玉函山房辑佚书》文与此异，“载首”作“戟酋”。孔《疏》引以明五兵也。[③]

5.《郊特牲》“大罗氏，天子掌鸟兽者也”

《正义》曰：“《周礼·罗氏》，掌罗乌鸟，蜡则作罗襦。郑司农云：襦，细密之罗也。”

叶氏按云：马国翰《玉函山房辑佚书》“蜡则作罗襦”条录：“蜡谓十二月大祭万物也。《郊特牲》曰：天子大蜡，谓岁十二月合聚万物而索飨之。襦，细密之罗。襦读为繻，有衣袽之繻。”孔《疏》引以明经义也。[④]

又如卢植《礼记注》二十卷，《宋志》已无著录，盖已亡矣。马国翰《玉函山房辑佚书》辑录《礼记卢氏注》一卷，王谟《汉魏遗书钞》、黄奭《黄氏逸书考》亦有辑本。《礼记正义》引卢氏《礼记注》凡37条，叶氏《〈礼记正义〉引书考》取以和马国翰、黄奭辑本逐一比勘，并详注其异同。

1.《曲礼上》“毋固获”

郑《注》曰：“为其不廉也。欲专之曰固，争取曰获。”

① 叶程义：《〈礼记正义〉引书考》，第84页。
② 叶程义：《〈礼记正义〉引书考》，第85页。
③ 叶程义：《〈礼记正义〉引书考》，第85页。
④ 叶程义：《〈礼记正义〉引书考》，第86页。

《正义》曰："卢植云：因获取之，为其不廉也。"

叶氏按云：马国翰《玉函山房辑佚书》《黄氏逸书考》辑录文并与此同。孔《疏》引以证郑注也。①

2.《曲礼上》"水潦降，不献鱼鳖"

郑《注》曰："不饶多也。"

《正义》曰："今谓水潦降者，天降下水潦，鱼鳖难得，故注云不饶多也。卢植、庾蔚之等，并以为然。"

叶氏按云：马国翰《玉函山房辑佚书》《黄氏逸书考》均辑录：天降下水潦，鱼鳖难得。孔《疏》引以证郑注也。②

3.《王制》"天子七庙"

郑《注》曰："此周制。七者，大祖及文王、武王之祧，与亲庙四。大祖，后稷。"

《正义》曰："汉侍中卢植说云：二祧谓文武。《曾子问》：当七庙，无虚主。《礼器》：天子七庙，堂九尺。《王制》：七庙。卢植云：皆据周言也。"

叶氏按云：马国翰《玉函山房辑佚书》未见著录，《黄氏逸书考》辑录文与此同。孔《疏》引以证郑注也。③

由上述诸例可以看出，叶氏《〈礼记正义〉引书考》在比较《礼记正义》引文与《玉函山房辑佚书》《黄氏逸书考》所辑录之佚文后，察知彼此之间存有不少相异之处。这些相异之处，大致可以分为以下几种情形：

（一）抄录时涉上下文造成的讹误

《曲礼下》"天子之六工，曰土工、金工、石工、木工、兽工、草工，典制六材"

《正义》曰："干宝云：凡言司者，总其领也。凡言师者，训其徒也。凡言职者，主其业也。凡言衡者，平其政也。凡言掌者，主其事也。凡言

① 叶程义：《〈礼记正义〉引书考》，第314页。
② 叶程义：《〈礼记正义〉引书考》，第314页。
③ 叶程义：《〈礼记正义〉引书考》，第315页。

氏者，世其官也。凡言人者，终其身也。不氏不入，权其材也。通权其材者，既云不世，又不终身，随其材而权暂用也。”

叶氏按云：马国翰《玉函山房辑佚书》文与此同，《黄氏逸书考》以“凡言人者，终其身也”作“终其官也”，“身”误为“官”，疑涉上文“世其官也”之误。①

（二）误将疏文当成是引用的书文

1.《曲礼上》“国君不乘奇车”

郑《注》曰：“出入必正也。奇车，猎衣之属。”

《正义》曰：“卢氏云：不如御者之车也。”

叶氏按云：马国翰《玉函山房辑佚书》作“不如法者之车也”，“御”误为“法”。《黄氏逸书考》作“奇车，不如御者之车也”，“奇车”二字为《正义》文。②

2.《王制》“执左道以乱政，杀”

郑《注》曰：“左道，若巫蛊及俗禁。”

《正义》曰：“卢云：左道，谓邪道。”

叶氏按云：马国翰《玉函山房辑佚书》辑录至“不正道为左”，疑“地道尊右”以下皆《正义》文，故略而不录。《黄氏逸书考》所辑与此同是也。孔《疏》引以释“左道”之义也。③

（三）引文出处不一，造成的异文

1.《曲礼下》“童子委挚而退”

郑《注》曰：“不与成人为礼也。”

《正义》曰：“《司士》云：掌摈士者，膳其挚。郑司农云：王食其所执羔雁之挚。”

叶氏按云：马国翰《玉函山房辑佚书》谓“膳其挚者，王食其所执羔雁之挚”。孔《疏》引以证其凡用牲为挚，主人皆食之义也。④

---

① 叶程义：《〈礼记正义〉引书考》，第148页。

② 叶程义：《〈礼记正义〉引书考》，第314页。

③ 叶程义：《〈礼记正义〉引书考》，第316页。

④ 叶程义：《〈礼记正义〉引书考》，第86页。

《周礼·夏官·司士》“掌摈士者，膳其挚”，《注》引郑司农云：“膳其挚者，王食其所执羔雁之挚”①，马国翰《玉函山房辑佚书》盖辑录此文。

2.《郊特牲》“大罗氏，天子掌鸟兽者也”

《正义》曰：“《周礼·罗氏》，掌罗乌鸟，蜡则作罗襦。郑司农云：襦，细密之罗也。”

叶氏按云：马国翰《玉函山房辑佚书》“蜡则作罗襦”条录：“蜡谓十二月大祭万物也。《郊特牲》曰：天子大蜡，谓岁十二月合聚万物而索飨之。襦，细密之罗。襦读为繻有衣袽之繻。”孔《疏》引以明经义也。②

《周礼·夏官·罗氏》“蜡，则作罗襦”，《注》引郑司农云：“蜡，谓十二月大祭万物也。《郊特牲》曰：天子大蜡，谓岁十二月合聚万物而索飨之。襦，细密之罗。襦读为繻有衣袽之繻”③，马国翰《玉函山房辑佚书》盖辑录此文。

3.《礼运》“蒉桴而土鼓”

郑《注》曰：“土鼓，筑土为鼓。”

《正义》曰：“杜注《周礼·籥章》云：以瓦为匡，不须筑土。或以为桴，则搏拊也。谓抟土为搏拊，以手击之而为乐。”

叶氏按云：马国翰《玉函山房辑佚书》文与此略异，谓“土鼓以瓦为匡，以革为两面，可击也”。孔《疏》引以明经义也。④

《周礼·春官·籥章》“掌土鼓豳籥”，郑玄《注》引杜子春云：“土鼓以瓦为匡，以革为两面，可击也。”⑤ 马国翰《玉函山房辑佚书》盖辑录此文。

4.《月令》“乃择元辰”

郑《注》：“元辰，盖郊后吉亥也。”

---

① （汉）郑玄注，（唐）贾公彦疏，赵伯雄整理：《周礼注疏》卷31，北京大学出版社1999年版，第817页。

② 叶程义：《〈礼记正义〉引书考》，第86页。

③ （汉）郑玄注，（唐）贾公彦疏，赵伯雄整理：《周礼注疏》卷30，第812页。

④ 叶程义：《〈礼记正义〉引书考》，第149页。

⑤ （汉）郑玄注，（唐）贾公彦疏，赵伯雄整理：《周礼注疏》卷24，第630页。

《正义》曰："卢植、蔡邕并云：郊天是阳，故用日。耕藉是阴，故用辰。元者，善也。郊虽用日，亦有辰，但日为吉，主耕之用。辰亦有日，但辰为主。"

叶氏按云：马国翰《玉函山房辑佚书》"郊虽用日"以下未辑录。《黄氏逸书考》云："元，善也。日甲至癸也，辰子至亥也。郊天阳也，故以日。藉地阴也，故以辰。"其文略异。"郊虽用日"与下文同。①

马国翰"郊虽用日"以下未辑录，盖因"郊虽用日"以下为正义文。而《黄氏逸书考》引文差异甚大，是因为黄奭此文，乃据《册府元龟》卷576引录。

由以上数例可以看出，古注、类书虽有助于校勘辑佚，但文献当中彼此相异之处，仍然需要经过缜密的考证，方能正确解答。而借由《〈礼记正义〉引书考》与清代辑佚成果的相互比对，或许能够推衍出考辨佚文真伪、核校佚文异同、推断佚文归属、编排佚文次第的条理准则。

虽然叶氏《〈礼记正义〉引书考》中，并未对诸家辑本佚文抵牾之处，特别加以考证，但是在首章第四节"《正义》引书之方式"中指出："《正义》引书方式颇不一致，引书态度亦若有欠谨严"②，并详细分析《正义》引书之方式约有下列几种：

（一）书名篇名并引者

如《正义》引《周礼·司马职》云"大兽公之，小禽私之"，《周礼》书名也，《司马职》篇名也。

（二）引书名不引篇名者

如《正义》引《周礼》云"一献三酬，当一豆"，引《周礼》一书之文，未言出于何篇。

（三）引篇名不引书名者

如《正义》引《调人》云"父之雠，辟诸海外，则得与共戴天"，《调人》为《周礼》之篇名。

---

① 叶程义：《〈礼记正义〉引书考》，第316页。

② 叶程义：《〈礼记正义〉引书考》，第4页。

（四）节引书名者

如《正义》引《音义隐》云“天子曰不豫，诸侯曰不兹，大夫曰犬马，士曰负薪”，此为射慈《礼记音义隐》之文，不仅未引作者人名，书名亦节略“礼记”二字。

（五）作者书名并引者

如《正义》引吕谌《字林》云“碈，美石，以其石之美者，故云似玉也”，“吕谌”人名也，“字林”书名也。

（六）引作者姓名不引书名者

如《正义》引马融云“昼有五十刻，夜有五十刻，据日出日入为限”，此为马融《礼记注》之文，而省略书名。

（七）引作者姓氏不引书名者

如《正义》引王云“足相接也”，此为王肃《礼记注》之文，而省略人名、书名。

（八）引作者字者

如《正义》引马季长注《丧服》云“此为五世之適父，乃为之斩也”，此亦马融《礼记注》之文，季长为马融之字。

（九）引作者号者

如《正义》引何东山云“天子千人，诸侯五百人，大夫三百人，士五十人，赢数外也”，此为何胤《礼记隐义》之文，东山为何胤之号。

（十）作者书名并略者

如《正义》引曾子儿啼，妻云“吾当与汝杀彘，儿闻辄止”，此为《韩非子·说林》之文，既未引书名，又未引作者名。

（十一）本文注文并引者

如《正义》引《犬人》云“伏瘗亦如之，注云：伏谓伏犬于軷上”，上为本文，下为注文。

（十二）引注文不引本文者

如《正义》引郑注《宗伯》云“社之主，盖用石”，此仅引郑注文，而省略宗伯本文。

（十三）引录原文者

如《正义》引《说卦》云“立天之道，曰阴与阳，立地之道，曰柔与刚，立人之道，曰仁与义”，此为《易经》原文。

（十四）节引文句者

如《正义》引《韩非子·说难》云“阳收其身而实疏之，阴用其言而显弃之”，此节略《韩非子·说难》原文。

（十五）节引大义

如《正义》引《孟子》云“舜不告而娶”，此节引《孟子·万章上》文。

引书方式不一致，其实为古书之通病，正由于古人引书没有一套严谨的规范，以致后来学者对利用类书、古注从事校勘辑佚，产生不小的怀疑。如姚永概《书〈经义述闻〉〈读书杂志〉后》云：

> 高邮王氏父子以小学名于乾隆、嘉庆之际，海内推为硕儒。余尝读其《经义述闻》《读书杂志》二书，能抉发千载之滞郁，使读古书者变绌曲为大通，豁然若疾病之释体，洵乎弗可及也。然非生当太平极盛之时，父子继业居高明之地，而竭毕生精神不能若是之宏且当。顾余犹有疑事三焉：王氏著书之例，采唐人说寥寥矣，宋以后则绝不之及，然其说“无祗悔”之“祗”训“多”，先庚后庚，先甲后甲，谓古人吉事喜用庚甲日干，则《朱子语类》皆已详言之，他与项安世、吴澄辈，亦时有相犯者，贬而绝之，顾不能不雷同于其说，抑又何也？其可疑者一也。古者讹脱至不可读，好古者搜采他本或类书、注语之引及者雠校而增订之，于是书诚有功矣。若其书本自可通，虽他书所引间有异同，安知误不在彼，能定其孰为是非哉？王氏信本书之文不及其信《太平御览》《初学记》《白帖》《孔帖》《北堂书钞》之深，斯乃好异之弊，其可疑者二也。古人属辞，意偶而辞不必偶，往往有一字而偶二三字者，王氏每以句法参差不齐为疑，据类书以改古本，不知类书多唐以后人，其时排偶之文务尚工整，故其援引随手更乙

使之比和。况古人引书，但取大义，文句之多寡，字体之同异，绝不计焉。从王氏之说是反以今律古，失之远矣。此可疑者三也。余非好毁先儒也，大抵其书可取者七而待定者三焉，读焉者慎之而已。①

上述误将疏文当成是引用的书文、引文出处不一造成的异文，很大的原因就是在于“引书方式不一致，引书态度欠谨严”。况且仅《礼记正义》一书，引书方式便已如此混乱，想要在浩瀚的书海中拼凑出古书的原本面貌，洵非易事。这是《〈礼记正义〉引书考》对于文献整理工作者的另一重要启发。

四、结语

《〈礼记正义〉引书考》成书于王谟《汉魏遗书钞》、马国翰《玉函山房辑佚书》、黄奭《黄氏逸书考》之后，受益于前贤之沾溉甚多，是以相较哈佛燕京学社《〈礼记注疏〉引书引得》，其价值与贡献不可同日而语。

一如前引清代著名学者朱彝尊、汪师韩、赵翼、叶德辉、金武祥，皆有引用书目之作，而论及体例之完备，仍首推沈家本《古书目四种》。王重民《书〈古书目四种〉后》云：

清儒著述，辑佚之功，几居其半，每于古书之有注者，辑其引用书目，一以示征引之繁富，一以补艺文之缺漏。……观诸家所作，于征引每书之下，不著出地，不加考按。叶德辉虽有考按，亦语焉不详。沈氏此作，于每书之下，必考其作者，征其存亡，又著其首见于某篇之注。所谓后来居上者，殆如是夫！唯一书之征引，少者一二见，多者数十见，若能一一著出，不但为辑佚者

---

① （清）姚永概：《书〈经义述闻〉〈读书杂志〉后》，《慎宜轩文集》卷1，《清代诗文集汇编》第791册，影印民国排印本，上海古籍出版社2010年版，第331页。

所取资，抑亦校勘者之所视以为利器也。①

蔡奉文《沈家本与〈古书目四种〉》一文也盛赞说：

> 沈家本的《古书目四种》，堪称引用书目的成熟之作，可谓异军突起，后来居上，这与沈家本本人留心文献、擅长文献目录学有关。沈家本在考中进士以前读了很多书，写有《借书记》一编，成于同治四年（1865 年），是他这以前几年里所读书的提要。《诸史琐言》也是他的读史札记。沈氏晚年还编印了《枕碧楼丛书》十二种，皆旧抄罕见本。沈家本把引用书目系统化、专门化，体例也更加完善。每种书均著出首见某篇，兼具索引之功用。《古书目四种》采用互见法，互为引证，互相发明。已见于前编的，此编省略，特简明扼要节省篇幅。解题各述其源流、流传、存佚，见于各家著录情况，兼考订文字异同。《古书目四种》共著录唐前古书 2716 目，中多佚书，可以说是一部唐前古文献目录或佚书目录提要，是了解唐前古文献的源流、流传的重要参考书。②

《礼记正义》引书颇多，自经注疏合并刊行以后，往往有注文疏文难以区别的情况。况且《正义》所引之书，散见其他载籍者亦甚多，异同之处时有所见。因此必须具备深厚的目录学知识，才得以胜任古籍引用书目的考证工作。作为导夫先路的前驱者，《〈礼记正义〉引书考》确实立下成功的典范。

---

① 王重民：《书〈古书目四种〉后》，《冷庐文薮》，上海古籍出版社 1992 年版，第 402—403 页。

② 蔡奉文：《沈家本与〈古书目四种〉》，《古籍整理研究学刊》1991 年第 6 期，第 36 页。

程发轫《春秋要领》发微

——以属辞比事之《春秋》教为例

张高评*

一、概说程发轫先生之学术

业师程旨云先生（1894—1975），讳发轫，湖北大冶东乡人。1949 年，应台湾师范学院刘真院长之聘，任中文系教授兼总务主任；迨师院改制为台湾师范大学，又礼聘为中文系主任及台湾师大夜间部主任。对于校地拓展、夜间学制转型，贡献良多。尤其掌理中文系，扩增班级，增聘名师，提升学术水准，推广系务领域，更是不遗余力。①

先生肄业于武昌高等师范学校国文系，后并入史地部就读。师从知名地理学家姚明辉教授，学尽得所传。其后来台，专擅于地理沿革，著作斐然，名师出高徒，固相得益彰也。著有《春秋左氏传地名图考》②、《战国策地名考释》③，多获学术奖励，皆有可观。

于经学，先生精通《春秋》左氏之学，兼及历法推算。著有《春秋历说》④，曾以授时历补法，推算至圣先师孔子诞辰，定为阳历 9 月 28 日，以更正往昔夏历折换阳历之误差。经专家认同，遂定是日为教师节。1972 年

---

* 张高评，台湾成功大学中文系教授。

① 本文所言程先生之生平事略，多参考李鎏所撰《墓表》，详刘正浩《程师旨云先生的生平与学术贡献》，《汉学研究之回顾与前瞻国际学术研讨会论文集》，第 37 页。

② 程发轫：《春秋左氏传地名图考》，（台北）广文书局 1967 年版。

③ 程发轫：《战国策地名图考》，后改为《战国策地名考释》，（台北）编译馆 2000 年版。

④ 程发轫：《春秋历说》为稿本，1999 年 8 月，授权台湾学生书局出版，迄今未见印行。

笔者大三之《左传》课上下学期各3学分，即由旨云师亲授历法推算，刘正浩师教授《左传》课文。程师又著有《春秋要领》[①]、《春秋人谱》[②] 等书，提示研治《春秋》学之涯略，指引深入探索《春秋》学之途径与法门，沾溉后学既深且广。《春秋要领》一书，通论《春秋》及《三传》，而述《左传》最为详备。论《春秋》以阐明经文之褒贬大义及春秋之时势为主。于《三传》，以较论成书先后及短长为主。有关《左传》之源流、经传之条例、叙事之详尽、善于礼、长于诗、好为预言、天灾人祸、经传比事等课题，皆有考证。又著《春秋人谱》，表列各国王公氏族、名臣烈女2785人之姓名系统，补正五代冯继先《春秋名号归一图》，分析春秋人名，颇便考证。就战后台湾经学研究的学区分布、学风形成而言，程先生之引领、推动、作育、栽成，促使台湾师大中文系蔚为古文经学重镇之一，先发倡始，功不唐捐。[③]

就《春秋要领》而言，第三十五题，为《〈史记〉述〈左传〉考》，门弟子刘正浩先生据以撰成硕士学位论文；第三十四题，为《周季诸子述〈左传〉考》，刘正浩先生得其指引，参考刘师培之论说，已撰成职称升等著作；[④] 又触类而长，完成《两汉诸子述〈左传〉考》[⑤]。虽曰善继善述，而发踪指点之功自不可没。考察台湾师大博士、硕士学位论文指导名录，研究《春秋》《左传》，列入程先生门墙者，除刘正浩外，尚有陈新雄《春秋异文考》、林耀曾《春秋古经洪诂补正》、宋鼎宗《春秋左氏传宾礼嘉礼考》硕士学位论文，以及周何《〈春秋〉吉礼考辨》博士学位论文。其后诸君教授《春秋》经传，或南或北，开枝散叶，各立门户，厥初程师之发踪指示，居功甚伟。其后，笔者以《左传》为博士学位论文研究课题，虽无缘再亲炙教诲，然得《春秋要领》之指引提示，常有触发激荡之效用。[⑥] 回

---

① 程发轫：《春秋要领》，（台北）三民书局1989年版。

② 程发轫：《春秋人谱》，（台北）台湾商务印书馆1990年版。

③ 张高评：《台湾近五十年来〈春秋〉经传研究综述》，《汉学研究通讯》第23卷第3期（总91期），2004年8月，第2页。

④ 刘正浩：《周季诸子述〈左传〉考》，（台北）台湾商务印书馆1966年版。

⑤ 刘正浩：《两汉诸子述〈左传〉考》，（台北）台湾商务印书馆1969年版。

⑥ 张高评：《左传之文学研究》，博士学位论文，（台北）台湾师范大学中文研究所，1981年。

首来时路，程师、刘师启我童蒙，开我智慧之恩，永志难忘。

程师著作如此丰富，有如上述。若就经学而言，《春秋要领》堪称代表作。其书版权页题为“编著”，确实有编有著。其编者，虽荟萃诸家，取其优长，然文献取舍之际，不能无优劣高下之价值取向，当不止于爱憎予夺而已。故胪列素材虽曰述，顾未尝没有选择之判断。何况《春秋要领》中，备列众说之后，往往出以案断，甚至条分缕析，多所阐释发明。只不过行文体式采用夹叙夹议，心得创见与文献引述交错，既不便凸显，所以容易失焦。由此观之，《春秋要领》之编著体例，很接近南宋初年胡仔编著《苕溪渔隐丛话》一百卷。胡仔之书，除搜罗北宋以来诗学文献，繁称博引，以类相从外，又有“苕溪渔隐曰”649则，分明出自作者之论说，最可窥见“夫子自道”的理路。[①] 两相比较，《春秋要领》之编著体例近似之，有述，亦有作；又往往且述且作，以述为作。《春秋要领》有述而不作者，但考察文献引述之经今古文，著作选录之精粗多寡，论点取材之详略偏全，以及课题研讨之重点亮点，即可窥其以述为作之学术取向。

《三传》解经，有古文、今文之分：《左传》为古文经学，《公羊传》《穀梁传》为今文经学。今文古文，说解不同，纷争不断。程师《春秋要领》，共列三十七个题纲，就征引文献而言，大抵古文经学、今文经学兼容并采，如叙述“宋元明之《春秋》学”“近儒之《春秋》学”，称引梁启超《春秋指要》、胡适《春秋正名的方法》可知。而较偏重于《左传》古文经说：书中称引杜注孔疏，阐释刘、颖《左氏条例》、杜预《春秋释例》，称引章太炎《春秋左传读叙录》、刘师培《读左札记》中《周季诸子述〈左传〉考》《〈史记〉述〈左传〉考》，论述尊王攘夷，多称引《左传》，从而可知。诠释《春秋》经说，援引刘知几《史通》、赵汸《春秋师说》、程端学《春秋本义》、顾炎武《日知录》、毛奇龄《春秋属辞比事记》《春秋简书刊误》、万斯大《读春秋随笔》、顾栋高《春秋大事表》，多能折衷经义，得其精华，有助《春秋》学之理解与阐发。

---

① 张高评：《苕溪渔隐丛话与宋代诗学典范》第七章《苕溪渔隐论宋诗宋调之形成》，（台北）新文丰出版公司2012年版，第274—275页。

程师《春秋要领》，发凡起例，提示学者以津梁；撮举提示，未暇阐发者多。其中论述《左传》诸课题，最见独到之心得。如题二十七，"《左传》参考群书记事特详"；题三十，"《左传》善于礼"；题三十一，"《左传》长于诗"；题三十二，"《左传》之民主思想"；题三十三，"左氏好为预言"；题三十四，"周季诸子述《左传》考"；题三十五，"《史记》述《左传》考"等等，要皆沉潜《左传》，深造有得之言。虽大辂椎轮，规模粗具，然金针度人，功在接引。要之《春秋要领》之提纲指引，可以统括为三大类别：其一，孔子作《春秋》与《春秋》书法，约十五则。其二，《春秋》三传之得失及《公羊》《穀梁》释经之特色，约六则。其三，《左传》历史叙事及其学术价值，约十六则，与《春秋》经之课题相颉颃。由此观之，程先生《春秋》学用心之主轴，在《春秋》经与《左氏传》，亦从此可见。

程师之《左传》学，已提示若干进一步研究之矩矱，可以顺指而得月。有关《春秋》之书法及其微言大义，存在"暗而不明，郁而不发"之境界。故本文拟聚焦于《春秋》学，尤其是《春秋》诠释法，以为发扬。于是选择两大层面，以阐述程师之《春秋》学。其一，其事、其文、其义与孔子作《春秋》；其二，属辞比事与《春秋》书法。一言以蔽之，曰属辞比事之《春秋》教而已。四十年前，程师《春秋要领》纲举目张，提示研究《春秋》诸多法门。近三年来，笔者研究重点，自《春秋》书法之研究，回归作《春秋》、读《春秋》、治《春秋》之探讨。已先后发表16篇论文，稍有心得。今引述《春秋要领》之说，就探索所及，拾遗补阙，希望对师说稍作发明。犹元人赵汸，薪传其师黄泽之《春秋》学，而著《春秋师说》《春秋属辞》者然。虽不能至，然心向往之。

二、其事、其文、其义与孔子作《春秋》

春秋，本列国史书之通称。《墨子·明鬼》有《周春秋》《宋春秋》《齐春秋》《燕春秋》《百国春秋》之目，《鲁春秋》特其中之一而已。《鲁春秋》，又称《鲁史记》《鲁史策书》《不修春秋》。为孔子作《春秋》时，参考取材之底本。故《春秋》一名而含三意，除史书通称外，有所谓鲁史之《春秋》，以及孔子之《春秋》（夫子之《春秋》、圣人之《春秋》）者。鲁史《春秋》，始于伯禽建国，终于鲁国灭亡，前后约800年。孔子《春秋》，起于鲁隐公元年，终于鲁哀公十四年，前后共242年。① 程师《春秋要领》说"孔子因鲁史作《春秋》"，援引《春秋左氏传》《孟子》、杜预《春秋序》之说，而论之曰：

> 盖诸侯之国，各有史记，或名为乘（取善恶无不载之义），或名为梼杌（取记恶兴善之义），而以春秋之名最著。……因周礼尽在鲁，故史法最备。仲尼从而修之，言高而志远，辞约而义微，惩恶而劝善，太史公所谓"为天下制仪法，垂六艺之统记"是也。（第2页）

古代中国，有源远流长之史官传统。朝廷固有史官，即诸侯国亦皆有其史官，并有其史书。其职责要求"君举必书，书法不隐"。② 唯列国史书取名可以不同：晋国史书名为"乘"，取其"善恶无不载"之义；楚国史书取名"梼杌"，本指恶木，取其"记恶兴善"之义。以"春秋"之名最为普遍通行，唐孔颖达《春秋左传正义》所谓"名虽举春秋二字，其时包含冬夏四时之义。……春秋之书，无物不包，无事不记，与四时义同，故谓此书为春秋"③。程先生据《左传》昭公二年载"韩宣子适鲁，观书于太史氏"，参考《孟子·离娄下》述孔子作《春秋》，以及杜预《春秋经传集解·序》所云"仲尼因鲁史策书成文"，"以成一经之通体"，④ 遂谓"因周礼

---

① （元）赵汸：《春秋师说》卷上："二百四十二年者，夫子之《春秋》。自伯禽至鲁灭，史官所书者，《鲁春秋》也。"《通志堂经解》本，（台北）大通书局1970年版，第4、9页，总第14919、14922页。

② 王国维：《观堂集林·释史》卷6，中华书局1959年版，第263—274页。（汉）许慎著，（清）段玉裁注：《说文解字注》，释"史"："君举必书，良史书法不隐。"参考（清）章学诚：《书教上》，叶瑛校注，《文史通义校注》卷1，中华书局1985年版，第30—32页。

③ （周）左丘明著，（晋）杜预注，（唐）孔颖达疏：《春秋序》，《春秋左传注疏》卷1，（台北）艺文印书馆1955年版，《十三经注疏》本，第7页，总9页。

④ （周）左丘明著，（晋）杜预注，（唐）孔颖达疏：《春秋序》，《春秋左传注疏》卷1，（台北）艺文印书馆1955年版，《十三经注疏》本，第7页，总9页。

在鲁，故史法最备。仲尼从而修之”云云，以此作为孔子因鲁史作《春秋》之论证，有理有据，是亦持平之论。

《春秋》有二名：或称鲁史之《春秋》，或指孔子之《春秋》。既有鲁史之《春秋》矣，何以又有孔子之《春秋》？二者有何异同？《孟子》一书，两言“孔子作《春秋》”。《春秋》赏善伐恶，本为天子之事，孔子一介匹夫，并非史官，何以欲“作”《春秋》？将以何明？程先生所言“仲尼从而修之，言高而志远，辞约而义微，惩恶而劝善”云云，孔子所以作《春秋》，其中之微言与大义，已有所勾勒。《孟子·离娄下》述孔子作《春秋》，言简意赅，提示后世作《春秋》、读《春秋》、治《春秋》若干法门：

> 王者之迹熄而诗亡，诗亡然后《春秋》作。晋之乘、楚之梼杌、鲁之春秋，一也。其事则齐桓、晋文；其文，则史。孔子曰：“其义则丘窃取之矣。”①

其事、其文、其义，为孔子修作《春秋》之三大元素。孔子笔削鲁史记，以成“一家言”之《春秋》，写作经营之道，令事、文、义三者之间，互发其蕴，互显其指。世所谓微言与大义，即其外在体现。程先生所谓“言高”“辞约”，即《春秋》“其文，则史”之属；所谓“志远”“义微”“惩恶而劝善”，即“丘窃取之”之“义”。至于“其事”，涉及史事之笔削取舍，史事之比次、编比、建构，程师于“孔子作《春秋》”处未有着墨。然于“《春秋》之属辞比事”节，仿沈棐、王樵之作，而辑为《春秋》比事十一类，六十余例。由此观之，“辞不属不明，事不比不章”②，属辞比事所以为“《春秋》教”，程师已见诸行文，固了然于胸，无可疑者。

《春秋要领》题六“《春秋》之书例”，引述唐刘知几《史通·六家》称：“仲尼之修《春秋》也，乃观周礼之旧法，遵鲁史之遗文，据行事、修人道，就败以明罚，因兴以立功，假日月而定历数，藉朝聘而正礼乐。微

---

① （战国）孟轲著，（清）焦循撰，沈文倬点校：《孟子正义》卷 16，中华书局 1987 年版，第 572—574 页。

② （清）孔广森：《孔检讨公羊通义》卷 691《春秋公羊经传通义叙》，（台北）复兴书局 1961 年、1972 年版，《皇清经解》本，第 7 页，总 9293 页。

婉其说，志晦其文，为不刊之言，著将来之法。故能弥历千载，而其书独行。”[①] 刘知几论孔子修《春秋》，所谓“观周礼之旧法，遵鲁史之遗文”，周礼、鲁史、旧法、遗文云云，论点显然传承杜预《春秋序》，文或参错，而意无不同。《春秋》之作，参考鲁史策书文献，借镜古春秋记事成法，定历数、正礼乐，就败明罚，因兴立功，为孔子著述之旨趣，《孟子》所云“丘窃取之”之义，即此。遵遗文、据行事，即《礼记·经解》编纂比次史事之原则；而“微婉其说，志晦其文”，说本《左传》成公十四年“君子曰”：“微而显，志而晦，婉而成章，尽而不污。”[②] 所谓《春秋》五例之四用，微婉志晦，乃约文属辞之功。《史记·司马相如列传》太史公曰：“《春秋》推见至隐”，指此。[③] 唯“尽而不污”之修辞法，“据事直书，是非自见”，亦《春秋》属辞书法之一大特色。《朱子语类》载朱熹之言所谓：“孔子但据直书，而善恶自见”；“圣人据鲁史以书其事，使人自观之以为鉴戒尔。”[④] 可见直书与曲笔，表达方式虽然有别，然同为《春秋》属辞书法之一环。钱锺书宣称：“《春秋》之书法，实即文章之修辞。”[⑤] 因为《春秋》之约文属辞，可以即辞以见孔子作《春秋》之指义。就修辞学探究《春秋》书法，自是诠释解读《春秋》之一法。

孔子《春秋》，何以发始于鲁隐公？自北宋初孙复《春秋尊王发微》、王晳《春秋皇纲论》，至南宋初胡安国《春秋传》、陈傅良《春秋后传》、南宋末家铉翁《春秋集传详说》、赵鹏飞《春秋经筌》，多有论述阐说。其

---

① （唐）刘知几著，（清）浦起龙释：《史通通释·六家》卷1，（台北）里仁书局1980年版，第7页。

② （周）左丘明著，（晋）杜预注，（唐）孔颖达疏：《春秋左传注疏》卷27，成公十四年，《侨如以夫人妇至自齐》“君子曰”，第19页，总465页。

③ （汉）司马迁著，［日］川龟太郎考证：《史记会注考证·司马相如列传》卷117“太史公曰”，（台北）万卷楼图书公司1993年版，第104页，总1264页。

④ （宋）黎靖德编，王星贤点校：《朱子语类》卷83，中华书局1986年版，第2145、2146页。

⑤ 钱锺书：《管锥编》册3《全上古三代秦汉三国六朝文·三一“全后汉文卷一”》，（台北）书林出版公司1990年版，第967页。参见张高评：《比事属辞与古文义法——方苞“经术兼文章”考论》附录二《〈春秋〉书法与修辞学——钱锺书之修辞观》，（台北）新文丰出版公司2016年版，第507—554页。

中，尤以胡安国《春秋传》论之最详切明白。[①]《春秋要领》征引清初顾炎武《日知录》云：

> 春秋不始于隐公，……盖必起自伯禽之封，以洎于中世。……自隐公以下，世道衰微，史失其官，于是孔子惧而修之。自惠公以上之文无所改焉，所谓述而不作者也。自隐公以下，则孔子以己意修之，所谓作《春秋》也。[②]

有鲁史之《春秋》、有孔子之《春秋》。鲁史《春秋》所载前后800余年；孔子《春秋》，则起于隐公元年，终于哀公十四年，凡242年。此元赵汸《春秋师说》之论，[③] 而顾炎武《日知录》采之，以见《春秋》托始于隐之义。程师《春秋要领》按语则云：

> 《春秋》既为鲁史记之名，鲁史当起自伯禽，不始于隐公。《史通》所谓"《春秋》之作，始自姬旦，成于仲尼"是也。至孔子修《春秋》始于隐公者，盖是时周室已东，不仅史失其官，雅颂不作，殆有继诗亡而后，"吾其为东周"之意欤？（第3页）

鲁史《春秋》，始于周公旦；圣人《春秋》，成于孔仲尼；此《史通·申左》之论。[④] 程先生追本溯源，直指《史通·申左》，为赵汸《春秋师说》、顾炎武《日知录》二分鲁史《春秋》、孔子《春秋》寻得渊源。顾炎武以为孔子于鲁史《春秋》，鲁惠公以上之文因袭未改；隐公以下，"孔子以己意修之"。鲁惠以上，"述而不作"；鲁隐以下，以己意修作，《孟子》所谓"作《春秋》"，盖指此。至于孔子作《春秋》，不在前，不在后，为何托始于隐公？盖自周平王东迁洛阳，王官失其职守，"王者之迹熄而诗

---

① （宋）胡安国：《春秋胡氏传·隐公上》，《四部丛刊》初编本卷1，（台北）台湾商务印书馆1979年版，第1页，总6页。

② （清）顾炎武著，（清）黄汝成集释，栾保群、吕宗力校点：《日知录集释》卷4，上海古籍出版社2006年版，第179页。

③ 张高评：《春秋书法与左传学史》，《黄泽论〈春秋〉书法——〈春秋师说〉初探》，（台北）五南图书公司2002年版，第159—166页。

④ （唐）刘知几著，（清）浦起龙释：《史通通释·申左》卷14，第418页。

亡”，列国之事迹不可得而见。于是，有所谓“诗亡而后《春秋》作”，鲁隐公适当其时。程先生《春秋要领》题三“诗亡然后《春秋》作”，称：“《春秋》起鲁隐，叙东周之霸业，由帝而王而霸，亦顺其自然之趋势而述作之”（第4页），可作佐证。

孔子与《春秋》之关系，孟轲称“作《春秋》”，司马迁称“次《春秋》”，杜预称“修《春秋》”，其实一也。董仲舒、司马迁、刘知几、张载、程颐、胡安国、黄泽、程端学、赵汸、顾炎武诸家，多以为《春秋》经孔子改作。程先生《春秋要领》题五，引述万斯大《学春秋随笔》，论之极详明：

> 孟子言之矣，《春秋》之文则史也，其义则孔子取之。诸史无义，而《春秋》有义也。义有变有因。《不修春秋》曰：“雨星不及地，尺而复。”君子修之曰：“星霣如雨。”诸侯之策曰：“孙林父、宁殖出其君。”《春秋》书之曰：“卫侯衎出奔。”此以变为义也。晋史书曰：“赵盾弑其君。”《春秋》亦曰：“赵盾弑其君。”齐史书曰：“崔杼弑其君。”《春秋》亦曰：“崔杼弑其君。”此以因为义者也。因与变相参，斯有美必著，无恶不显。三纲以明，人道斯立。《春秋》之义，遂与天地同功。[①]

清万斯大《学春秋随笔》，折衷杜预、刘知几、黄泽、赵汸、顾炎武诸家之说，以为孔子于《春秋》，有述而不作者，谓之因；有己意修之者，谓之变。孟子谓之“作《春秋》”，杜预指为“修《春秋》”，即是孔子以己意修之，最富于别识心裁，成一家之言者。《春秋序》所谓“诸称书、不书、先书、故书、不言、不称、书曰之类。皆所以起新旧，发大义，谓之变例”。此所谓“变例”，殆指《春秋序》所云“其教之所存，文之所害，则刊而正之，以示劝戒”，亦有因旧以为新者，《春秋序》所云：“亦有史所

① （清）万斯大：《学春秋随笔》，《皇清经解》本，（台北）大通书局1961年、1972年版，第14页，总767页。

不书，即以为义者。"[①] 由此观之，万斯大称"以变为义"者，即杜预起新发义之七例；杜预因旧为新者，相当于万氏"以因为义"。万斯大之说，盖集杜预以下论述之大者。诚如所言，"因与变相参"，而笔削大义，《春秋》书法可以得其筌蹄。不过，以因为义，或以变为义，只就属辞一端论《春秋》而已，《孟子》所谓"其文则史"。诸家之说，只在强调孔子作《春秋》，有修有正，如史文之纂修然。钱穆《中国史学名著·春秋》于此，有较明确之指陈：

> 孔子对《春秋》旧文必有修正无疑。但所修者主要是其辞，非其事。由事来定辞，由辞来见事，辞与事本该合一不可分。所以说："属辞比事，《春秋》教也。"[②]

钱穆论孔子作，以为"必有修正"旧文。而所谓"修正"，主要在修正"其辞"（其文），并非改造"其事"。东晋徐邈《春秋穀梁传注义》述孔子作《春秋》，于文献足征处"因而修之"。其所以修之之道，则是恪守"事仍本史，而辞有损益"之大原则。[③] 国史不容窜改变更，故曰"事仍本史"。文辞可以表述史事，史事但可笔削，不容更改。史事之采录既定，于是以史事为坐标，进而决定文辞之修饰。《左传》示直书、曲笔之法，《公羊传》《春秋繁露》特重《春秋》之属辞，[④] 唐啖赵学派《春秋集传纂例》、元赵汸《春秋属辞》、清毛奇龄《春秋传》、民国刘异《孟子春秋说微》，皆凸显属辞于书法之地位。黄庆萱《修辞学》，以所谓"表意方法之调整""优美形式之设计"论说修辞学，十分切合《春秋》书法，即修辞学之称说。

事、文、义三元素，犹建构孔子《春秋》之点、线、面。阐释孔子《春秋》，或以创作论，或以阅读论，或以批评论，或以诠释学，皆当运用

---

① （周）左丘明著，（晋）杜预注，（唐）孔颖达疏：《春秋左传注疏·春秋序》卷1，第11—12页，总10页。

② 钱穆：《中国史学名著·春秋》，（台北）三民书局1973年、2001年版，第21页。

③ （清）马国翰：《玉函山房辑佚书》，经编·春秋类，（晋）徐邈：《春秋穀梁传注义》，广陵书社2004年版，第1408页。

④ 余治平：《董子春秋义法辞考论》，丙卷"春秋属辞比事与董仲舒之辞法研究"，上海书店2013年版，第232—357页。

系统思维，全方位、水平式，综观通览，不可单一、局部、偏执、线性看待《春秋》。[①] 无论参互比事、约文属辞、笔削去取，要皆以《春秋》之指义为依归，为脉络。方苞说义法之本末先后，有所谓“义以为经，而法纬之”[②]，诚见道之言。诸家为方便称说，或止举比事，或止说属辞，或只谈笔削，或只重原始要终、疏通知远，其实四者何尝可以须臾分离？如程旨云师《春秋要领》题六“春秋之书例”、题七“刘、颖左氏条例”、题八“杜预春秋释例”，此所谓书例、条例、释例，要皆合“义”与“法”而为之。而所谓“例”，盖比较、归纳、统计《春秋》“其事”“其文”之共相，进而类推出“其义”之大凡来。由于统计有疏密，推衍有精粗，不易自圆其说，故朱熹等学者多质疑不信。祛疑昭信之道，当在持“属辞比事”之法一一考索推求，就其事、其文与其义作参伍交互之检验。如此，或可以避免穿凿附会之失。

《春秋要领》题十，为“《春秋》之褒贬”；题十一，为“《春秋》之尊王攘夷”；题十八，为“《公羊传》之指要”；题十九，为“《公》《穀》之正名”，皆涉及《春秋》指义之解读与诠释。褒贬劝惩，为《春秋》“何以书”之“义”，乃孔子作《春秋》之别识心裁。《春秋》所以成为一家之言的历史哲学，即在其经世之指义。《春秋要领》所云“遏人欲于横流，存天理于既灭，褒善贬恶，垂法后世”（第16页），此即《春秋》之义，必借褒贬而体现者。汉董仲舒《春秋繁露·俞序》称孔子作《春秋》：“吾因其行事，而加乎王心焉。以为见之空言，不如行事博深切明。”司马迁《史记·

① 所谓系统思维，指系统可分解为要素，要素结集起来构成系统。系统与要素、整体与局部的关系，是系统方法的基本点。中国科技思维注重综合，着重从整体上掌握事物，强调事物的结构和功能。参见刘长林：《中国系统思维》第五编《生态农学·四、古代科技系统思维例举·从雕版到活字》，中国社会科学出版社1997年版，第565页。又，田丰颐之序《论中国文化的创新之路》，第7—8页。按：属辞比事之《春秋》教，借比事、属辞之要素而取义，着重系统与要素、整体与局部之关系，即是系统思维之实例。

② （清）方苞：《方望溪先生全集》卷2《望溪先生文集·又书〈货殖传〉后》，（台北）台湾商务印书馆1979年版，《四部丛刊》本，第20页，总40页。

太史公自序》引述孔子之言："我欲载之空言，不如见之于行事之深切著明也。"[①] 孔子作《春秋》之指义，在遏人欲，存天理，褒善贬恶，此所谓"王心""空言"；若见之于行事，则是借春秋史事以显现，犹立象见意，即器求道，借形传神者然。故宋胡安国《春秋传·序》曰："空言独能载其理，行事然后见其用。是故假鲁史以寓王法，拨乱世反之正。……有德者必褒，而善自此可劝；有罪者必贬，而恶自此可惩。"[②] 朱熹谓《春秋》之义，"都不说破"；"以形而下者，说上那形而上者去"。于是比次史事以见褒贬劝惩指义，成为《春秋》书法之一。[③]《春秋要领》征引《朱子语类》云："孔子作《春秋》，据他事实写在那里，教人见得当时事是如此，……观之以为鉴戒。"朱熹所谓"但据直书，而善恶自著"。[④] 书中呼应吕大圭、郑樵、顾栋高之言，以为《春秋》直书其事，褒贬自在其中，不可泥于一字一词以说褒贬。故按语称："《春秋》之事迹，经传据实书之，就事之是非得失，以意逆志，而求褒贬善恶，是为得之。"（第16页）凡所论断，多与董仲舒、司马迁、胡安国、朱熹诸儒之见符合。

尊王攘夷，为孔子《春秋》体现之大义之一。《左传》《公羊传》《穀梁传》解释《春秋》经，故《春秋要领》论说《春秋》大义，多举《三传》例证以明之。如说尊王攘夷，题十一多举《左传》事证，凡十余例。夷考其实，《三传》中长于阐发大义者，莫如《公羊传》，多以义理解经，与《左传》以历史叙事释经者显然不同。历史叙事结合其事与其文，以体现《春秋》之大义，所谓"见之行事，深切著明"。而以义理解经，多空言载理，揭示书法义例。《公羊》学前贤于尊王攘夷，多所论述，如陈柱《公

---

① （汉）董仲舒著，（清）苏舆注：《春秋繁露义证·俞序》卷6，（台北）河洛图书出版社1975年版，第6页，总111页。［日］泷川龟太郎考证：《史记会注考证·太史公自序》卷130，第21页，总1370页。

② （宋）胡安国：《春秋传序》，《春秋胡氏传》卷首，1页。

③ 张高评：《〈春秋〉书法与"义"在言外——比事见义与〈春秋〉学史研究》，《文与哲》第25期（2014年12月），第77—130页。

④ （宋）黎靖德编：《朱子语类》卷83《春秋·纲领》，第2145、2146页。

羊家哲学》中《尊王说》《攘夷说》;[①] 杨树达《春秋大义述》中《攘夷第二》《尊尊第二十》;[②] 段熙仲《春秋公羊学讲疏》中《远近》《异内外》诸节,[③] 要皆可以弥补阙漏，有所广益。就笔者所见，尊王攘夷之《春秋》大义，两宋儒士发挥最多。自孙复《春秋尊王发微》以下，北宋《春秋》诠释学主讲“尊王”，兼及“攘夷”。南宋《春秋》学自胡安国《春秋传》以下，多尚谈“攘夷”，而略及“尊王”，此其大较也。要之，无论主尊王，或重攘夷，《春秋》宋学大多凭其事、据其文，以阐释《春秋》“推见至隐”之大义。

《公羊传》阐释《春秋》，大义微言往往而有。梁启超从其师康有为学《春秋》，曾述《春秋指要》，实为《公羊》学之大义。程师《春秋要领》择其重要者，摘录其中八条，以见《公羊春秋》之大义：第一，张三世；第二，以元统天，以正正君；第三，重人；第四，无义战；第五，讥世卿；第六，贵让；第七，恶谖（诈伪）；第八，重志。此就《公羊传》所体现而言之，实则《三传》所见有异有同，会通综观可也。如以“重志”而言，共为《三传》所关注，指行为之动机，所谓诛心之论。《春秋繁露·玉杯》所谓“《春秋》之论事，莫重于志”；《精华》篇“《春秋》之听狱也，必本其事而原其志”，所谓原心定罪，论心定罪，多就原始动机作为论断，以之决狱，以之褒贬进退。杨树达《春秋大义述·重意第十五》，阐发极详明，可参考借镜。[④]

《春秋》为孔子之著作，《论语》为圣人心法之体现，故《春秋》之大义，往往与《论语》相表里。[⑤]《论语》载子路问孔子：“卫君待子而为政，

---

① 陈柱：《公羊家哲学》，《尊王说》，（台北）台湾中华书局1980年版，第9—12页；《攘夷说》，第41—46页。

② 杨树达：《春秋大义述》，《攘夷第二》，上海古籍出版社2007年版，第8—27页；《尊尊第二十》，第167—187页。

③ 段熙仲：《春秋公羊学讲疏》，第三编第五章《远近》，南京师范大学出版社2002年版，第192—201页；第五编第七章《异内外》，第504—533页。

④ 杨树达：《春秋大义述·重意第十五》，第130—140页。

⑤ （清）姜炳璋：《读左补义》卷首《纲领下·表里论语》，影印同文堂藏版本，（台北）文海出版社1968年版，第7—8页，总104—106页。

子将奚先?”孔子答以“必也正名乎?”《庄子·天下》篇论先秦学术，有“《春秋》以道名分”之说，正名定分，乃《春秋》之大义，亦由此可见。① 《胡适文存》载有《春秋正名的方法》一文，以为可分三层说：第一，正名字；第二，定名分；第三，寓褒贬。《春秋》的三种方法，都是孔子实行“正名”“正辞”的方法，对中国学术思想，影响深远，尤其在《春秋》诠释学方面。《春秋要领》载录其全文，可见程师推重之一斑。胡适于“寓褒贬”之法强调：“《春秋》的方法，最重要的，在于把褒贬的判断寄托在记事之中。”笔者以为，此即《左传》成公十四年言“尽而不污”，杜预《春秋序》称“直书其事，具文见意”，朱熹所云“但据直书，而善恶自著”。顾炎武《日知录》所谓“古人作史，有不待论断，而于序事之中即见其指者”，简言之，即“于序事中寓论断”之法。②

顾氏之说，虽本指称《史记》，而《春秋》《左传》之叙事艺术，亦皆具有。胡适列举《春秋》书弑君之义例八，以为“都寓有‘记者’褒贬的判断”，此乃“于序事中寓论断”之法，实即参伍比次之功，所谓因比事而见义者。胡适所述《春秋》弑君八例，无论称臣弑君，或称人、称国弑君，于《春秋》皆属外辞称弑之书法。据事直书，而褒贬之价值判断自在其中。③ 所以然者，关涉书或不书、称或不称之属辞问题。故看似叙事，其实亦牵连修辞手法。故曰：其事、其文、其义三位一体，诠释解读时，当交互参透。

三、属辞比事与《春秋》书法

《春秋要领》之编写，想当初或许为便于称说提示，乃条陈分列若干课题，看似各自独立。仔细推敲归纳，发现有许多课题彼此相通相关，可以

① 刘正浩：《左海钩沈·孔子“正名”考》，(台北)东大图书公司1997年版，第69—88页。

② (清)顾炎武著，(清)黄汝成集释，栾保群、吕宗力校点：《日知录集释》卷26《〈史记〉于序事中寓论断》，第1429页。

③ 张高评：《从属辞比事论〈公羊传〉弑君之书法——〈春秋〉书法之修辞观》，《东华汉学》第18期，2013年12月，第162—174页。

进行系统化论述。如“孔子因鲁史作《春秋》”“诗亡然后《春秋》作”“诗与《春秋》相表里”“《春秋》之事、文、义”“《春秋》之书例”“《春秋》之属辞比事”“《春秋》之褒贬”“《公羊传》之指要”“《公》《穀》之正名”“三国南北朝隋唐之《春秋》学”“宋元明之《春秋》学”“近儒之《春秋》学”“《春秋》经传比事”诸题，多攸关《春秋》之诠释课题。考察诸题之核心论述，属辞比事之《春秋》教，为其中最显著重要者。尝试阐说如下：

（一）属辞比事与《春秋》诠释学

《春秋》书法，或称《春秋》笔法，语源首见于《左传》宣公二年，晋史董狐书“赵盾弑其君”，孔子对董狐之评价：

> 乙丑，赵穿杀灵公于桃园，宣子未出山而复。太史书曰：“赵盾弑其君”，以示于朝。宣子曰：“不然！”对曰：“子为正卿，亡不越竟，反不讨贼，非子而谁？”宣子曰：“呜呼！《诗》曰‘我之怀矣，自诒伊戚。’”孔子曰：“董狐，古之良史也，书法不隐。赵宣子，古之良大夫也。惜也，越竟乃免。”①

此所谓书法，指董狐记录弑君事件，笔法切合实际，不隐瞒真相。不畏强权，如实不欺，故孔子称为“良史”。孔子既称扬董狐之书法不隐，故于《春秋》书晋事，亦因袭其文，而书“赵盾弑其君”，是所谓同文见义。据《左传》叙事，手弑晋灵公者为赵盾之侄儿赵穿，似乎无干于赵盾。何以董狐直书赵盾，而孔子推崇董狐“书法不隐”，堪称“古之良史”？此涉及《春秋》书法外辞直书之问题。历代《春秋》学者于此争论激烈。要之，问题关键在赵盾“讨不讨贼”，不在“越不越境”。② 身为正卿，自当讨伐弑君之奸贼；今既不讨贼，又“未出山而复”，董狐所谓“亡不越竟”，宁

① （晋）杜预注，（唐）孔颖达疏：《春秋左传注疏》卷21，第11—12页，总365页。

② 《春秋》非手弑而书弑者五，参见张高评：《〈春秋〉曲笔直书与〈左传〉属辞比事——以〈春秋〉书薨、不手弑而书弑为例》，《高雄师大“国文”学报》第19期，2014年1月，第53—65页。

非有所期待？明指弑君之贼为赵盾，这是何等严厉之指控？何况，书写“赵盾弑其君”，且“以示于朝”？赵盾授意赵穿，唆使行凶，犹高贵乡公之弑，“抽戈者成济，唱谋者贾充，而当国者司马昭”，[①] 故《三国志》诛心论断，微指司马昭弑君。[②] 同理，董狐书法，《春秋》大义，亦以盾为首恶，故直书弑君。简言之，此皆关涉所谓“《春秋》书法”之课题。如书“赵盾弑其君”五字，此“直书其事，善恶自见”之法。《左传》叙事，前书“晋灵公不君”，中叙“赵穿弑灵公”，接叙赵盾“亡不越竟，反不讨贼”，尤妙在曲终奏雅，卒章显志，载“宣子使赵穿逆公子黑臀于周而立之”。读《春秋》、治《春秋》，若运以“属辞比事”之《春秋》教，原始要终、张本继末以推求之，则其中之微辞隐义可以破解得出。

属辞比事四字，首见于《礼记·经解》，作为《春秋》教化之方法与成效，当是儒门相传研治《春秋》之捷术。试将“属辞比事，《春秋》教也”，与《孟子》所云“孔子作《春秋》”较论，可以彼此发明，相得益彰。孟子所称“其事、其文”，相当《礼记》之比事与属辞；所不同者，孟子称说《春秋》成书之元素，《礼记》进一步指陈《春秋》编修之方法。《经解》原文，但言其然，未明其所以然；而《离娄下》提示“义”字，作为孔子作《春秋》“窃取之”之旨趣。合二说而观之，知凭“比事”，据“属辞”，可以推求《春秋》之指义。儒学之经典诠释法，由汉唐之训诂考据，转为宋代创造诠释，以己意解经，于是考索《春秋》之义，多格以属辞比事。至赵汸《春秋属辞》，始高揭“属辞比事”之大纛，作为学《春秋》、治《春秋》之津梁。如云：

> 以今观之，二百四十二年简重如山，亦必属辞比事而后可施笔削。所以学《春秋》者，若非属辞比事，亦不能达笔削之权。[③]
>
> 今汸所纂述，却只是属辞比事法，其间异同详略，触类贯通，

---

① （宋）胡安国：《春秋胡氏传》卷16，第5页，总75页。

② （晋）陈寿著，（宋）裴松之注，卢弼集解：《三国志集解》，《魏书·高贵乡公髦》卷4，（台北）艺文印书馆1958年版，第55—60页，总181—183页。

③ （元）赵汸：《东山存稿》卷3《春秋纂述大义——答宋景濂王子充》，（台北）台湾商务印书馆1983年版，《景印文渊阁四库全书》本，册1221，第369页。

自成义例，与先儒所纂所释者殊不同。[①]

元赵汸著有《春秋师说》三卷、《春秋属辞》十五卷、《春秋集传》十五卷、《春秋左氏传补注》十卷、《春秋金锁匙》一卷，可谓《春秋》学大家。赵氏以史解经，得苏辙启益；经学之理学化，受胡安国、朱熹之影响。宣称所纂述诸《春秋》论著，“与先儒所纂所述释者殊不同”；考其方法，“却只是属辞比事之法”。由此观之，“属辞比事”四字，堪称作《春秋》、读《春秋》之门径，更是研治《春秋》之锁匙与津梁。

“《春秋》之属辞比事”，程师《春秋要领》为第九课题。笔者以为，当与第五题“《春秋》之事、文、义”，第三题“诗亡然后《春秋》作”、第四题“诗与《春秋》相表里”对照通观，要皆可以呼应“孔子因鲁史作《春秋》”之意，而诸题益可相得益彰。就《诗》与《春秋》之关系而言，《礼记·经解》称：“温柔敦厚，《诗》教也”，诗主美刺，史尚褒贬，其理相通。《春秋要领》称：“降至春秋之世，人心漓薄，世变日亟，美刺不足以动人，风教不足以化俗，故直书其事，而以褒贬示之，以明惩恶劝善之意，以惧乱臣贼子之心，此《春秋》‘属辞比事之教’，所以继诗教而起”，以为此乃“‘诗亡然后《春秋》作’之又一义也”。(第4页）按：《春秋》书法分为直书与曲笔二端，除直书其事外，尚有微婉显晦之曲笔。人之常情，“宁为兰摧玉折，不作瓦砾长存”者寡；而“宁顺从以保吉，不违忤以受害”者众。《史通·曲笔》云：“略外别内，掩恶扬善，《春秋》之义也”，“史事有事涉君亲，必言多隐讳。虽直道不足，而名教存焉。”[②] 故《春秋》书法，据实直书之外，曲笔见义者尤多。程师所谓“因物而兴感，主文而谲谏”之《诗》教，经唐代陈子昂、杜甫、白居易发展为比兴寄托之诗学，[③] 至清代章学诚《文史通义·史德》，乃合《诗》教与《春秋》教

---

① （元）赵汸：《东山存稿》卷3《与朱枫林先生允升学正书》，册1221，第42页，总237页。

② （唐）刘知几著，（清）浦起龙释：《史通通释·直书》卷7，第192—193页；《曲笔》，第196页。

③ 陈伯海：《唐诗学引论》，《正本篇·唐诗的风骨和兴寄》，东方出版中心1988年、1996年版，第11—14页。

而一之，称“必通六义比兴之旨，而后可以讲春王正月之书”①。《春秋要领》四，引述宋王应麟《困学纪闻》：“《诗》与《春秋》相表里，《诗》之所刺，《春秋》之所贬也。”② 以比兴寄托之《诗》教，转化为属辞比事之“比兴之旨”，宋代《春秋》学，尤其胡安国《春秋传》多优为之，故曰“《诗》与《春秋》相表里”。

自汉董仲舒《春秋繁露·玉杯》以下，千余年来学者于“属辞比事”之解读，针对性诠释虽不多，然《春秋》学家皆知而行之。③ 至清代注重训诂考据，《春秋》学家如毛奇龄、姜炳璋、张应昌、钟文烝，④ 礼学家如王夫之、孙希旦；史学家如章学诚诸家之论著，乃纷纷训解界定，意蕴乃愈

---

① （清）章学诚：《文史通义·史德》内篇五，第149—150页。

② （宋）王应麟：《困学纪闻》卷6，上海古籍出版社1992年版，《四库笔记小说丛书》，文渊阁《四库全书》本，册854，第1页，总257页。

③ 张高评：《比事属辞与古文义法——方苞“经术兼文章”考论》第二章“比事属辞与《春秋》宋学诠释法”，（台北）新文丰出版公司2015年版，第41—46页。

④ （清）毛奇龄：《春秋属辞比事记》卷1，（台北）复兴书局1961年、1972年版，《皇清经解》本，《经解》曰：“属辞比事，《春秋》教也。”夫辞何以属？谓夫史之散漶者，宜合属也。事何以比？谓夫史官所载之事畔乱参错，而当为之比以类也。……昔者孟子解《春秋》，曰其事，则事当比也；曰其文，则其辞当属合也。……向非属辞，亦安知其文之联属如是也。……而于以比事，则事之相似者，而褒讥功罪见焉；即不相似者，而褒讥功罪亦无往不见焉。以礼为志，而其事其文以次比属，而其义即行乎礼与事与文之中。第7957页。（清）姜炳璋：《读左补义》，（台北）文海出版社1968年版，影印同文堂藏版本，卷首《纲领下》：《经解》曰：“属辞比事，《春秋》教也。”属辞者，聚合其上文下文之辞；比事者，连比其相类相反之事。……《左氏》本此义以作传，如……《经》之属辞比事显然可见者，《传》每舍其大而论其细，如……若一传之中，彼此相形而得失见；一人之事，前后相絜而是非昭。第106—107页。（清）张应昌：《春秋属辞辨例编》，上海古籍出版社2002年版，《续修四库全书》影印同治十二年江苏书局刻本，《进表》：《记》曰：“属辞比事，《春秋》教也”，圣经书法在联属其辞，排比其事，而义自见。故先儒沈棐《春秋比事》、赵汸《春秋属辞》、毛奇龄《春秋属辞比事记》等书，皆以属比明笔削之义。卷首，第1页。（清）钟文烝著，骈宇骞等点校：《春秋穀梁经传补注》，（台北）台湾中华书局1996年版，卷首《论经》：《礼记·经解》述孔子之言曰：“其为人也，属辞比事，《春秋》教也。”属者，属合之。比者，比次之。《春秋》之义，是是非非，皆于其属合、比次、异同、详略之闲见之，是其本教也。第10页。

辨愈明。①

属辞比事，何以堪作为解读《春秋》之书法？盖孔子《春秋》，以编年叙事，相关事迹不连贯；加以《春秋》不乏褒讳挹损之文辞，不可以书见，往往“推见至隐”。于是乎读者解经，采宏观视野，运用系统思维，将辞文之散漶横梗者，统合而连属之；载事之参伍悬远者，比次而类及之，如此可以考索《春秋》之微辞隐义。探寻属辞比事之《春秋》教，发现其事、其文、其义之间，存在某种对应或互文关系，潜藏某种脉络或系统之联系。研治《春秋》者，或连属上下前后之文辞，或模拟、对比、比兴相近相反之史事，或者合数十年积渐之时势而通观考索之。于是属辞比事之《春秋》教，从孔子作《春秋》之创作论，衍化为阅读论、批评论、诠释法。依此近路，则可以求得《春秋》“都不说破”之“言外之义”。②

换言之，或约文属辞，或参互比事，或探究终始、疏通知远，多可以求得《春秋》之义。其法皆先作比较、统计，之后再进行归纳、类推。汉唐以来之《三传》注疏，即用此种方法，弥缝之、补足之、扩充之，以探求《春秋》书法。③ 历代儒者治经，或主汉唐注疏，或宗宋儒创意解读，或兼长二者。就《春秋》研究史而言，宋儒对《春秋》书法义例之推求，表现在书法与史法之对立与统一，影响元明清《春秋》宋学之论述。④ 属辞比

① （清）王夫之《船山全书·礼记章句》：“属辞，连属字句以成文，谓善为辞命也。比事，比合事之初终彼此，以谋其得失也。”岳麓书社1996年版，第1172页。（汉）戴圣，（清）孙希旦《礼记集解》卷48《经解第二十六》：孔子曰：“入其国，其教可知也：其为人也，……属辞比事，《春秋》教也。……《春秋》之失乱。……属辞比事而不乱，则深于《春秋》者也。”（《礼记·经解第二十六》）按：清姜炳璋《读左补义·纲领下》：“属辞者，聚合其上文下文之辞；比事者，连比其相类相反之事。”（台北）文史哲出版社1990年版，第1254页。（清）章学诚：《章氏遗书》，卷29《外集二·论文示贻选》：古文辞盖难言矣。古人谓之属辞，不曰古文辞也。《记》曰：“比事属辞，《春秋》教也。”夫比，则取其事之类也。属，则取其言之接续也。纪述文字取法《春秋》，比属之旨，自宜遵律。显而言之，昌黎所谓文从字顺是也，（台北）汉声出版社1973年影印民国十一年吴兴刘氏嘉业堂刊本，第75页，总752页。

② 张高评：《比事属辞与方苞论古文义法：以〈文集〉之读史、序跋为核心》，香港中文大学《中国文化研究所学报》第60期，2015年1月，第228页。

③ 赵友林：《〈春秋〉三传“注疏”中的属辞比事考》，载北京大学《儒藏》编纂与研究中心编：《儒家典籍与思想研究》第3辑，2011年4月，第87—101页。

④ 赵友林：《〈春秋〉三传书法义例研究》，第五章“三传及注疏之书法义例对后世《春秋》学的影响”，人民出版社2010年版，第244—295页。

事之《春秋》教，作为破解《春秋》微辞隐义密码之利器，两宋《春秋》学自孙复《春秋尊王发微》，中经胡安国《春秋传》，终至赵鹏飞《春秋经筌》、家铉翁《春秋集传详说》等十二家，元吴澄、赵汸、汪克宽等五家，传承宋学，又有所发明，亦多知运用以为诠释《春秋》书法义例之津筏或法门。[①]《春秋》宋学持“属辞比事”之法，以解读《春秋》之书法义例，明代石光霁、湛若水、熊过、姜宝、高攀龙五家；清代《春秋》宋学，则有毛奇龄《春秋传》、万斯大《学春秋随笔》、康熙帝《日讲春秋解义》、惠士奇《春秋说》、顾栋高《春秋大事年表》、张自超《春秋宗朱辨义》、方苞《春秋通论》《春秋直解》，庄存与《春秋正辞》、孔广森《公羊通义》、姜炳璋《读左补义》、章学诚《文史通义》、钟文烝《春秋穀梁经传补注》、皮锡瑞《经学通论》、廖平《公羊何氏解诂三十论》等共二十余家，诠释《春秋》书法义例，亦持属辞比事之法，凸显笔削去取，以见孔子《春秋》取义之所由来。[②] 由此观之，结合《孟子·离娄下》《礼记·经解》有关《春秋》创作论之缘起，“属辞比事”之《春秋》教，真可作为推求《春秋》微辞隐义之锁匙与津梁。《春秋要领》题二十六，为“《左传》之传授”（第43—47页）。以下分列三个课题，勾勒历代《春秋》学家及其论著，示学子以津梁，与《左传》之传授无关，应独立为三个课题。近年来笔者所研讨，多有关宋、元、明、清《春秋》学之概览，不揣谫陋，或可提供“宋元明之《春秋》学”及“近儒之《春秋》学”两大课题之入门，姑作续貂附骥之用。

《朱子语类》记载朱熹《春秋》观，一则曰“《春秋》以形而下者，说上那形而上者去”；再则曰“《春秋》之书，圣人且据实而书之，盖有言外之意”；三则曰“只是《春秋》却精细，也都不说破，教后人自将义理去折

---

① 张高评：《比属观义与宋元〈春秋〉诠释学》，载上海交通大学《经学文献研究集刊》第15辑（2016年）。程旨云师《春秋要领》第26题《左传之传授》，有简介“宋元明之《春秋》学”，稍示崖略，第48—49页。

② 张高评：《比事属辞与明清〈春秋〉诠释学》，投稿审理中。程旨云师《春秋要领·左传之传授》一题，亦有“近儒之《春秋》学”简述，略示门径，第49—50页。

衷”。[①] 笔者近来发表若干有关属辞比事之《春秋》诠释法论文，知朱熹之说，深切著明，能言人所未言。依《孟子》之见，孔子作《春秋》，统合其事、其文、其义三者而一之。其事、其文，即《礼记·经解》之比事与属辞，为朱熹所谓“形而下者”。亦即清方苞《书〈货殖传〉后》阐说“义法”，所谓“言有序”之“法”。至于孔子作《春秋》“窃取”之“义”，缘何得出？《孟子》《礼记》未尝明言，朱熹乃提示“《春秋》以形而下者，说上那形而上者去”。“形而下者”，若指比事与属辞之“法”；则“形而上者”，自然指称“义”。即器可以求道，因法亦可以得义，“如何书”可以体现出“何以书”。方苞义法说称“义以为经，而法纬之”，未下笔先有意，犹“画竹先成竹在胸”：义先法后，乘筏可以登岸，顺指可以得月。《春秋》之微辞隐义，读者难明，以必须即器以求道，因法以得义之故。朱熹称《春秋》“都不说破”“盖有言外之意”，《春秋》索隐求索不得，职此之故。《文心雕龙·宗经》云“《春秋》则观辞立晓，而访义方隐”[②]，《春秋》指义之难明，亦由此可见一斑。

（二）属辞比事与以经解经、无传而著

汉董仲舒《春秋繁露》谓：《春秋》记天下之得失，而见所以然之故。甚幽而明，无传而著；[③] 唐啖、赵学派亦宣称：《春秋》三传无助于解经，可以束诸高阁；独抱遗经，亦可探究《经》义之本末终始。[④] 胡安国《春秋

---

① （宋）黎靖德编：《朱子语类》，第5册，卷67《易三·纲领下》，第1673页；第6册，卷83《春秋·纲领》，第2149—2152页。

② （南朝梁）刘勰著，王更生注释：《文心雕龙读本·宗经第三》，（台北）文史哲出版社1985年版，第34页。

③ （汉）董仲舒著，（清）苏舆注：《春秋繁露义证·竹林第三》卷2，第8页，总39页。（清）陈澧《东塾读书记》，明指董仲舒此说，直接影响中唐经学风气之转变。（清）陈澧：《东塾读书记》卷10《春秋三传》，载徐德明、吴平主编：《清代学术笔记丛刊》，第53册，学苑出版社2005年版，第25页，总87页。

④ （唐）韩愈著，钱仲联集释：《韩昌黎诗系年集释》卷7《赠卢仝》诗：“《春秋》三传束高阁，独抱遗经究终始。”《韩昌黎集》，（台北）河洛图书出版社1975年版，第341—342页。按：卢仝著有《春秋摘微》四卷，盖啖助、赵匡新《春秋》学派中人，故韩愈有此寄诗。

传·序》，则提出《春秋》乃“史外传心”之要典。① 要解决“无传而著”“独抱遗经”“史外传心”诸课题，殊途同归之关键，当在属辞比事《春秋》教的诠释解读上。

笔者近年来的研究方向，特别关注宋元以降之《春秋》诠释学，系列探讨发现，以属辞比事考求《春秋》之书法义例，大抵有三大法门：其一，据比次史事以见义；② 其二，因联属辞文而显义；③ 其三，缘疏通知远、探究终始而示义。④ 而三大法门之因缘，总归笔削去取之别识心裁。⑤ 换言之，历代学者诠释《春秋》，或据比事，或因属辞，或究终始，或假笔削，或执其一端，或兼采并用，皆得以破译“都不说破”之“言外之义”。此以经解经之法，元代虞集所谓“求圣人之意于圣人手笔之书”⑥，可以“独抱遗经”，可以“无传而著”。宋儒之主弃传从经，或信经疑传者，多参酌上述法门，以论书法，以说义例。由于有门可入，有法可循，庶几可免穿凿乱谈，自由心证。

1. 比次史事

《史记·太史公自序》称引孔子作《春秋》，曰：“我欲载之空言，不如见诸行事之深切著明。”宋胡安国《春秋传》阐释之，以为“空言独能载其

① （宋）胡安国：《春秋胡氏传》卷1，第8页，总10页。卷4，第5—6页，总20—21页。

② 张高评：《〈春秋〉书法与“义”在言外——比事见义与〈春秋〉学史研究》，《文与哲》第25期，2014年12月，第77—130页。

③ 张高评：《因文取义与〈春秋〉笔削——方苞义法“言有序”之修辞诠释》，台南大学《人文与社会研究学报》第48卷第2期，2014年10月，第1—32页。张高评：《即辞观义与方苞〈春秋直解〉——〈春秋〉书法之修辞诠释》，高雄师大《经学研究集刊》第16期，2014年5月，第1—34页。张高评：《文章修辞与〈春秋〉书法——中唐以前〈春秋〉诠释法之一》，上海交通大学经学文献研究中心、清华大学经学研究中心举办“第六届中国经学国际学术研讨会”（2015年9月），第1—19页。

④ 张高评：《比事属辞与方苞之〈春秋〉学“无传而著”法门之三》，《兴大中文学报》第37期（2015年6月），第1—42页。张高评：《从属辞比事论〈公羊传〉弑君之书法——〈春秋〉书法之修辞观》，《东华汉学》第18期，2013年12月，第135—188页。

⑤ 张高评：《笔削显义与胡安国〈春秋〉诠释学——〈春秋〉宋学诠释方法之一》，京都大学大学院文学研究科“经学史研究的回顾与展望——林庆彰先生荣退纪念”国际学术研讨会，第1—31页。

⑥ （元）汪克宽：《春秋胡传附录纂疏》卷首《虞集原序》，《景印文渊阁四库全书》本，册165，（台北）台湾商务印书馆1983年版，第2页，总3页。

理，行事然后见其事”。胡安国《春秋传》注重史事之编比，从苏辙《春秋集解》据事从史以解经中受到启发，而影响及于黄泽、赵汸之《春秋》学。程旨云师《春秋要领》题五“《春秋》之事、文、义”，摘录元赵汸《春秋师说》，强调“说《春秋》者，当求事情。事情不得，而能说《春秋》者，未之闻也”。举文公十八年《春秋》书事为例：

> 如文公十八年“二月丁丑，公薨于台下”，“秋，公子遂、叔孙得臣如齐”。两卿如齐，虽桓公伯诸侯之时，鲁亦未尝如此。原其事情，虽为贺惠公立，谢齐会葬；然亦是为立宣公之地。自二卿如齐，至明年六月，齐人取济西田，凡十三事，而八事皆为齐。“十月，子卒”，“夫人姜氏归于齐”，宣公即位，皆公子遂为之也。一岁之间，书鲁卿聘齐者六，此果为何哉？如此推寻，则知是公子遂杀適立庶，急欲求齐以之定公位，故冒丧娶齐女，弃济西田。此所谓事情，此所谓以经证经，亦复以传证经。①
>
> 学《春秋》，以考据《左传》国史事实为主，然后可求书法。能考据事实而不得书法者，亦尚有之；未有不考据事实，而能得书法者也。②

孔子于鲁史记或笔或削，以见褒贬之指义。由于指义存乎史事之中，故赵汸《春秋师说》主张“《春秋》当详考事实，以求圣人笔削之旨”。此盖比次史事以见指义书法之运用。③ 清人之论“比事”书法，一则曰：“比合事之初终彼此，以谋其得失”；二则曰：“史官所载之事畔乱参错，而当为之比以类也”；三则曰：“夫比，则取其事之类也”；四则曰：“比事者，连比其相类相反之事”。④ 《春秋》为编年记事，相关史事往往“畔乱参

① （元）赵汸：《春秋师说》卷下《论学春秋之要》，第2页。

② （元）赵汸：《春秋师说》卷下《论学春秋之要》，第4页。

③ 参见张高评：《〈春秋〉书法与〈左传〉学史·黄泽论〈春秋〉书法——〈春秋师说〉初探》，（台北）五南图书公司2002年版，第166—172页。

④ （清）王夫之：《船山全书·礼记章句》，第1172页。（清）毛奇龄：《春秋属辞比事记》，第7957页。（清）章学诚：《章氏遗书》，第75页，总752页。（清）姜炳璋：《读左补义》，第106—107页。

错”，故研治《春秋》，当连比相类相反史事，会通史事之初终彼此，以推寻其中之虚实与因果。《春秋》之表达方式，既然多“推见至隐”，故赵汸称“说《春秋》者，当求事情”。如此，方能考索真相。赵汸之师黄泽研治《春秋》，发现自文公十八年二月，至明年（宣公元年）六月，《春秋》记事十有三，“八事皆齐”。常事不书，反常违礼乃书，此《春秋》书事之原则。记齐事如此，可见非比寻常。黄泽发现：自去年（文公十八年）秋，《春秋》书“公子遂、叔孙得臣如齐”；冬，“季孙行父如齐”。宣公元年，《春秋》书“公即位”后，接叙“公子遂如齐逆女”“三月，遂以夫人妇姜至自齐”“夏，季孙行父如齐”“公子遂如齐”，而终以“齐人取济西田”，一岁之中，书鲁卿络绎聘齐者六，此必有所为而为。汉董仲舒《春秋繁露·祭义》引孔子曰：“书之重，辞之复，呜呼，不可不察也。其中必有大美恶焉!”[①] 经由联类比次，终始会通，反复推寻，于是乃知事实真相是：“公子遂杀適立庶，急欲求齐之定公位，故冒丧娶齐女，弃济西田。”事实真相，《春秋》书法多讳言讳书，“推见至隐”，“都不说破”。《春秋师说》借史事之编比措置，于是求得言外之“义”。程师按语称：“读《春秋》者，当综合前后事情以求之，则本末因果了然矣!”（第6页）发挥系统思维，整体观照，可以考求书法。无论以经证经，或以传证经，持比事亦可以见义。清方苞《春秋直解·自序》云:“经文参互，笔削之精义每出于其间。”[②] 此之谓也，程师固知而明之。《春秋要领》题九，为“《春秋》之属辞比事”，援引清毛奇龄《春秋属辞比事记·序》，以为“深得《春秋》之教，而为学者所易解”，皆有助于书法之解读。

《春秋要领》课题三十七，为“《春秋》经传比事”，盖师法晋杜预《春秋释例》、宋沈棐《春秋比事》、明王樵《春秋辑传》而有所作。就朝聘、会盟、战伐诸大端，编辑而成。宋陈亮为沈棐之《春秋》学论著作序，其说有助“比事见义”书法之理解：

---

① （汉）董仲舒著，（清）苏舆注:《祭义第七十六》，《春秋繁露义证》卷16，第16页，总311页。

② （清）方苞:《春秋直解》卷首《序》，上海古籍出版社2002年版，《续修四库全书》本，第2页。

> 圣人之志，寓于属辞比事之间，而读书者每患其难通。其善读则曰：“以《传》考《经》之事迹，以《经》考《传》之真伪。”如此，则《经》果不可以无《传》矣。……余尝欲即经以类次其事之始末，考其事以论其时，庶几抱遗经以见圣人之志。……客有遗余以《春秋总论》者，……即经类事以见其始末，使圣人之志可以舍《传》而独考，此其为志亦大矣。……因为易其名，曰《春秋比事》。①

借由属辞比事，可以推求孔圣人作《春秋》之志，此《春秋》学者之常谈，唯知易行难，读《春秋》、治《春秋》者患之。程颐曾示儒者治经之方法，谓“以《传》考《经》之事迹，以《经》考《传》之真伪”，② 经传转相发明，见证“《经》果不可以无《传》”，自有益于《春秋》学之阐扬。元赵汸《春秋师说》，除主张以经证经外，亦不废以传证经。前此两宋之际，刘敞治《春秋》，虽批评三传，然不尽废三传；程颐、叶梦得，则信经不信传；孙觉《春秋经解》于三传，“取其是而舍其非”；苏辙、吕祖谦、家铉翁解经，多主《左传》；胡安国或以经治经，或以传证经，双管齐下。不惑传注，以经解经者，则孙复《春秋尊王发微》、赵鹏飞《春秋经筌》。③如何独抱遗经，不流于穿凿妄谈？陈亮《序》文所云：“即经类事，以见其始末。”如此，独抱遗经，亦足以见圣人之心志。详言之，以经治经方法之一，为“即经以类次其事之始末，考其事以论其时”。如此，或可以舍弃三传，而独考孔子作《春秋》之指义。比次史事，可以考求《春秋》之指义，除沈棐、王樵外，清代毛奇龄《春秋属辞比事记·序》，《春秋要领》征引之，以说“辞何以属”“事何以比”？而毛氏《春秋传》，于比事见义之说，尤多发明，如：

---

① （宋）陈亮：《春秋比事》，（台北）台湾商务印书馆1983年版，《景印文渊阁四库全书》本，册153，第8页。

② （宋）程颢、程颐著，王孝鱼点校：《二程集》，《程氏遗书》，中华书局1981年版，第266页。

③ 赵伯雄：《春秋学史》第六、七章《宋元明〈春秋〉学》（上、下），山东教育出版社2004年版，第435—559页。

《春秋》须详审《经》文，备究其事之始末，并当时行事之首从、主辅，而后可断以义。否则，鲜有不误者。[①]

详审《经》文，备究始末；参考行事之首从、主辅，或以类比，或以对照，元赵汸《春秋属辞》，即据此推求《春秋》笔削，以及书法之微言大义。

2. 联属辞文

晚清《公羊》学盛行，以微言大义说《春秋》，影响后人对书法之理解，以为止于义理之阐发。其实，书法之“法”，包含属辞与比事二者，涉及“如何书”。读《春秋》，盖由法而知义，了解比事属辞之“法”，然后微言奥旨之“义”，方能表出。《公羊传》及董仲舒《春秋繁露》，都十分重视“属辞”之功夫。有所谓异同之辞、远近之辞、进退之辞、详略之辞。[②] 司马迁《史记·十二诸侯年表序》称孔子次《春秋》，“约其辞文”；《儒林列传》谓孔子作《春秋》，“其辞微而指博”。《十二诸侯年表序》称《春秋》“为有所刺讥褒讳挹损之文辞，不可以书见”；《司马相如列传》则谓：“《春秋》推见至隐。”由此观之，《春秋》之制作，辞文之约饬修饰不容忽视。《左传》成公十四年“君子曰”述《春秋》五例：“微而显，志而晦，婉而成书，尽而不污，惩恶而劝善。”皆为“如何书”之法；无论曲笔或直书，皆关乎修辞。《公羊传》庄公七年，孔子笔削鲁史策书之情形，曾举例说明，而《春秋要领》载录之：

（夏四月辛卯夜，恒星不见。夜中，星霣如雨。……）《不修春秋》曰：“雨星不及地尺而复。”君子修之曰：“星霣如雨。”[③]

《不修春秋》，为未经孔子笔削之鲁史策书原本。孔子修《春秋》，只是修饰其辞文，并未改造其史事。徐邈《穀梁传》之注义称：孔子因鲁史策

① （清）毛奇龄：《春秋毛氏传》卷8，（台北）复兴书局1961年、1972年版，《皇清经解》本，第24页。

② 段熙仲：《春秋公羊学讲疏》第三编，第15—22页。

③ （汉）何休解诂，（唐）徐彦疏：《春秋公羊传注疏》卷6，（台北）艺文印书馆1955年影印清阮元《十三经注疏》本，第19—20页，总81页。

书而修《春秋》："事仍本史，而辞有损益。所以成详略之例，起褒贬之意。"所谓"辞有损益"，为作《春秋》之基本原则。可见，约文属辞之道，为《春秋》书法主轴之一，亦可以想见。如所举《公羊传》之例，由原有之八个字，修饰简约为四个字，表现为纯粹之修辞工夫，无关于详略、褒贬。至于僖公二十八年践土之会，晋伯实召周天子，而《春秋》书"天王狩于河阳"。盖"以臣召君，不可以训"，[①] 攸关君臣尊卑、政治之伦理教化，故"辞有损益"也。此杜预《春秋序》所谓"其教之所存，文之所害，则刊而正之，以示劝戒"，修辞于《春秋》书法之重要，不言可喻。程师按语云："孔子修《春秋》，是就鲁史记加以笔削，寓入微言大义，故曰'其义则丘窃取之矣。'"就《春秋》书法而言，可谓得其真解。

以《孟子》述孔子作《春秋》观之，"其事"，为类比、对比其史事，往往以类编比次史事见其指义，已详于前。"其文"，则由事来定辞，再因事而属辞，复缘事而约其辞文，即辞可以观义，凭借辞文可以考索指义。于是后人读《春秋》，但见"所具者事也，所凭者文也"，而义即寓存乎其中。[②] 章学诚《文史通义》称：

> 夫子因鲁史而作《春秋》，孟子曰："其事，齐桓、晋文；其文，则史；孔子自谓窃取其义焉耳。"载笔之士，有志《春秋》之业，固将惟义之求。其事与文，所以藉为存义之资也。[③]

孔子作《春秋》，其忧时经世之志，推见至隐，都不说破，"丘窃取之"之义难明。后世读《春秋》、治《春秋》，遂赖史"所具之事、所凭之文"探幽抉微，以考索《春秋》之微辞隐义。章学诚称"载笔之士，有志《春秋》之业，固将惟义之求"，一语道尽千古以来《春秋》诠释学之核心与亮点。"其事与文，所以藉为存义之资也"，提示推求《春秋》指义之方向与

① （晋）杜预注，（唐）孔颖达疏：《春秋左传注疏》卷16《僖公二十八年》，《春秋》书"天王狩于河阳"，《左传》载："是会也，晋侯召王，以诸侯见，且使王狩。仲尼曰：'以臣召君，不可以训。'故书曰'天王狩于河阳'，言非其地也。"第30页，总276页。

② （清）章学诚：《文史通义·史德》内篇五，第147页。

③ （清）章学诚：《文史通义·言公上》内篇四，第107页。

纲领，值得借镜参考。

《礼记·经解》云：“属辞比事，《春秋》教也。”就推求《春秋》指义而言，属辞与比事可以合观。故宋张洽、清毛奇龄、方苞、章学诚、张应昌、钟文烝说《春秋》，皆合称“比属”，或宣言“比属观义”。然为说解阐述方便，分别为二，亦无不可。宋元明清儒者之说经，多有分道扬镳解读者。即中唐啖、赵学派《春秋集传纂例》，论《春秋》缀叙之意有十，其中如省辞、变文、著非、示讳、损益等，要皆辞文之修饰。[①] 元赵汸《春秋属辞》称“笔削之例有三：曰不书、变文、特笔”[②]，要皆《春秋》之修辞法。清毛奇龄说《春秋》，“以礼为志，而其事、其文，以次比属，而其义即行乎礼与事与文之中”。[③] 程师《春秋要领》征引之，以说“春秋之属辞比事”（第13—14页），可见《春秋》书法不能自外于修辞。近人刘异《孟子春秋说微》，揭示“因文取义”之例十，如同文、异文、详文、略文、讳文、错文、重文、微文、去文、阙文见义云云，[④] 尽心于辞文之商榷调适，无异修辞手法之经营。至于钱锺书《管锥编》，特提“《春秋》之书法，实即文章之修辞”，“昔人所谓《春秋》书法，正即修辞学之朔”，“《公羊》《穀梁》两传，阐明《春秋》美刺微词，实吾国修辞最古之发凡起例”，亦就《春秋》之属辞而言之。[⑤] 由此观之，约文属辞自是《春秋》书法之一。学界不妨借镜修辞学、章法学，以学科整合方法重探《春秋》书法。

3. 疏通知远

唐刘知几《史通·叙事》谓：“昔圣人之述作也，上自《尧典》，下终获麟，是谓属辞比事之言，疏通知远之旨。”[⑥] 不知有心还是无意，将《尚

① （唐）陆淳：《春秋啖赵集传纂例》卷1，（台北）大通书局1970年版，第7页，总2361页。

② （元）赵汸：《春秋属辞·假笔削以行权第三》卷8，第1页，总14801页。

③ （清）毛奇龄：《春秋毛氏传》首卷，“三曰文例”，第10页，总7673页。（清）毛奇龄：《春秋属辞比事记》卷1，第7957页。

④ 刘异：《孟子〈春秋〉说微》，武汉大学《文哲季刊》第4卷第3期，1935年6月，第509—547页。

⑤ 参见张高评：《比事属辞与古文义法——方苞“经术兼文章”考论》附录二《〈春秋〉书法与修辞学——钱锺书之修辞观》，第507—554页。

⑥ （唐）刘知几著，（清）浦起龙释：《史通通释·叙事》卷6，第165页。

书》“疏通知远”与《春秋》“属辞比事”相提并论，交叉论证。清章学诚《文史通义·书教》称“《书》亡而入于《春秋》”，“《尚书》无定法，而《春秋》有成例，故《书》之支裔折入《春秋》”，“纪传原本《春秋》，《春秋》原合《尚书》”云云。[①] 由此可推，《礼记·经解》所谓“疏通知远”之《书》教，亦可旁通折入“属辞比事”之《春秋》教，尤其在整体掌握系统思维方面。

据《史记·十二诸侯年表序》，鲁君子左丘明“因孔子史记，具论其语，成《左氏春秋》”[②]。汉桓谭《新论》遂称：“左氏经之与传，犹衣之表里，相持而成。有经而无传，使圣人闭门思之，十年不能知也。”[③]《左传》以历史叙事解释孔子《春秋》经，二书共为表里，《春秋要领》题二十，有所标榜强调。其引述毛奇龄《春秋简书刊误》，以《左传》为策书，《春秋》为简书；孔子笔削，只袭鲁国简书。又征引杜预《春秋序》，则提示属辞比事探究终始之法以诠释《春秋》《左传》：

> 《传》或先经以始事，或后经以终义，或依经以辩理，或错经以合异，随义而发。将令学者原始要终，寻其枝叶，究其所穷。优而柔之，使自求之；餍而饫之，使自趋之，……然后为得也。[④]

《左传》以历史叙事解释《春秋》经，所谓先经、后经、依经、错经诸法，即是属辞比事之《春秋》教，探究终始、疏通知远之道。所谓“寻其枝叶，究其所穷”，即是原始要终、张本继末之考索指义方法。清刘熙载《艺概·经义概》引此，称“余谓经义用此法操之，便得其要”[⑤]。以此解读《春秋》，亦往往“涣然冰释，怡然理顺”。

---

① （清）章学诚：《文史通义·书教》。

② （汉）司马迁著，[日] 泷川龟太郎考证：《十二诸侯年表·序》，《史记会注考证》卷14，第7页，总235页。

③ （宋）李昉等主纂：《太平御览》卷610《学部四·春秋》，中华书局1960年、1992年版，册3，第7页，总2746页。

④ （周）左丘明著，（晋）杜预注，（唐）孔颖达疏：《春秋左传注疏》卷1《春秋序》，第11—12页，总11页。

⑤ （清）刘熙载著，徐中玉、萧华荣校点：《刘熙载论艺六种》，《艺概》卷6《经义概》，巴蜀书社1990年版，第164页。

程师旨云《春秋要领》题九，为“《春秋》之属辞比事”，首先征引元程端学《春秋本义》中《通论》，所谓“大属辞比事”“小属辞比事”。此盖化用《尚书》“疏通知远”之教，作为“属辞比事”之《春秋》教。《春秋本义·通论》云：

自《春秋》之始至中，中至终，而总论之，正所谓属辞比事者也。大凡《春秋》一事为事者常少，一事而前后相联者常多。其事自微而至著，自轻而自重，始之不慎，至卒之不可救者，往往皆是。①

传称属辞比事者，《春秋》之大法。……夫《春秋》有大属辞比事，有小属辞比事。其大者，合二百四十二年之事而比观之，……其小者，合数十年之事而比观之。②

履霜而觉坚冰将至，一叶落而知天下将秋。有渐无顿，乃历史发展之通则。故程端学《春秋本义》称：“《春秋》有一事见一义者，不必兼首尾。其余，有首必有尾，有尾必有首，所谓属辞比事者也。”③ 程端学理解之属辞比事，与《礼记·经解》所示“疏通知远”之《书》教相当；与古春秋记事成法“爰始要终，本末悉昭”，④ 着重系统掌握，亦若合符节。程端学以为《春秋》有大属辞比事，盖“合二百四十二年之事而比观之”；有小属辞比事，乃“合数十年之事而比观之”。换言之，推寻《春秋》之微言大义，必通全《经》二百四十二年、一万六千五百字而观之，“或自《春秋》之始至中”，或“中至终而总论之”，此正所谓属辞比事。程端学以通览比观说属辞比事，影响清代张自超、方苞、顾栋高诸家之《春秋》学论述。

张自超著《春秋宗朱辨义》十二卷，“凡所辨论，必反复前后所书，比事以求其可通”；此与“疏通知远”之《书教》何异？如论鲁十二公之婚

---

① （元）程端学：《春秋本义·通论》，（台北）台湾商务印书馆1983年版，《景印文渊阁四库全书》本，册160，第34页。

② （元）程端学：《春秋本义·通论》，册160，第34页。

③ （元）程端学：《春秋本义》卷4，第91页。

④ 刘师培：《刘申叔先生遗书》第3册，《左盦集》卷2《古春秋记事成法考》，（台北）华世出版社1975年版，第1445页。

娶，或娶齐女，或不娶齐女。发现桓公、庄公、僖公、文公、宣公、成公，皆娶齐女，而《春秋》皆书逆、书至；而襄公、昭公、定公、哀公之夫人，皆非齐女。《春秋》则“逆与至皆不书，而从略”。此通《春秋》十二公而论之，而见或书或不书、或笔或削、或详或略之书法，于是推知“详于书齐女者，圣人恶鲁之娶齐女也”；张自超断定“齐女善淫，又好杀”，故孔子之予夺褒贬如是。[①] 方苞著有《春秋通论》四卷，提出“按全《经》之辞而比其事”，作为经典诠释之方法，所谓“《春秋》之义，则隐寓于文之所不载，非通全《经》而论之，末由得其闲也”。又著《春秋直解》十二卷，《自序》称：“经文参互，笔削之精义美出于其间。”[②]《四库全书总目》评价方苞治《春秋》，“按其所属之辞，核以所比之事”[③]，亦从系统思维着眼，贯通全《经》而观察之。其实，无异于“疏通知远”之《书》教。以疏通知远之《书》教，诠释“属辞比事”之《春秋》教，莫详于顾栋高之《春秋大事表》：

> 昌黎《寄卢仝》诗云：“《春秋》《三传》束高阁，独抱遗《经》究终始。”“究终始”三字最妙。此即比事属辞之法。治《春秋》，自宜以《经》作主，但不可于《三传》外另造出《传》来。[④]

顾栋高以“究终始”三字，解读“比事属辞之法”，堪称一针见血之论。顾氏主张以经解经，中唐啖、赵学派之探究终始，可作通经之利器。盖掌握《春秋》，不假外求，但就经文参互通观，不必求助于《三传》，即可破译《春秋》之微辞隐义。此即程端学、张自超、方苞以经治经，不假

---

① （清）张自超：《春秋宗朱辨义》卷8，（台北）台湾商务印书馆1983年版，《景印文渊阁四库全书》本，册178，第34页，总188页。

② （清）方苞：《春秋通论》卷4《通例》，（台北）台湾商务印书馆1983年版，《景印文渊阁四库全书》本，第17页，总346页；第19页，总347页。（清）方苞：《春秋直解》卷首《自序》，总3页。

③ （清）纪昀等主纂：《四库全书总目》卷29《经部·春秋类四》，（台北）艺文印书馆1974年版，第23页，总603页。

④ （清）顾栋高著，吴树平等点校：《春秋大事表·读春秋偶笔》，中华书局1993年版，第47页。

《三传》，亦可以“无传而著”之法。顾栋高《春秋大事表·读春秋随笔》，举例论说，详明关切：

> 《春秋》有只一书以见义者，如子同生、肆大眚、郑弃其师、成宋乱、宋灾故、王室乱，终《春秋》不再见。此圣人之特笔，不必属辞比事而可知也。有屡书、再书、不一书以见义者，如桓五年……至庄四年……首尾十七年，书纪凡十四事，著齐首灭国，而纪委曲图存终不得免，悯纪之亡而伤齐之暴也。桓三年，……至冬，……一年之中连书六事，皆为昏文姜。庄二十二年，……至二十四年，……三年之中连书十四事，皆为昏哀姜。志闺门之祸，谨履霜之渐，诏天下后世以闲有家之道也。自桓十八年……至庄元年……两年之中连书九事，志鲁桓之见称杀于齐，而鲁吞声饮恨为可怜而可痛也。自庄二年，……至庄八年，……七年之中连书凡十七事，志齐襄之淫欲，夫人之无耻，而鲁庄之忘父事仇，纵母淫奔，更会搜会伐以取媚，至元凶就殛而后已，为悖天而逆理也。自庄九年，……自十三年，……五年之中连书凡十一事，志庄公之忘父仇而欲定仇国，纳子纠，又见杀，与齐为难，至桓公定伯而后已也。自僖十七年……至二十七年，……首尾十一年，连书三十四事，志宋襄嗣伯无功，荆楚暴横莫制，诸夏澜倒，汲汲有左衽之忧，而晋文之出为刻不可缓也。此须合数十年之通，观其积渐之时势，真如枯旱之望雨，圣人之意自晓然明白于字句之外。而岂一字两字，称人称爵为褒贬哉！①

《春秋》有屡书、再书、不一书者，董仲舒《春秋繁露·祭义》所谓“书之重，辞之复，呜呼，不可不察也。其中必有大美恶焉。”《春秋》凡一万六千五百余言，载二百四十二年事，每年平均才得六十四字，每月均分不多于六个字。省字约文如此，故知重复处必是《春秋》书法所在。考求其中之大义微言，必须“合数十年之通，观其积渐之时势”，比其事而属其

① （清）顾栋高著，吴树平等点校：《春秋大事表》，第30—31页。

辞，探究本末，考索终始，然后“圣人之意”可以“晓然明白于字句之外”。如顾栋高所举例，“首尾十七年，书纪凡十四事”；一年之中，昏文姜“连书六事”；三年之中，昏哀姜“连书十四事”；《春秋》之义，在“志闺门之祸，谨履霜之渐，诏天下后世以闲有家之道也”。其他，或两年之中连书九事，或七年之中连书凡十七事，或五年之中连书十一事，或十一年之中连书三十四事，隐指鲁国之痛恨、齐襄之淫欲、文姜之无耻、庄公之悖天逆理，以及“宋襄嗣伯无功，荆楚暴横莫制”，诸夏既已澜倒，于是期待晋文之创伯等等，其义多见于言外。此就鲁、齐、宋、晋诸国情势之消长盈虚而言之，发挥属辞比事也。若探讨弑君事件之来龙去脉，运以属辞比事之法，就其远近前后而考察之，方知“弑君有渐”，“灭国亦有渐”：

> 看《春秋》眼光须极远，近者十年、数十年，远者通二百四十二年。……隐四年，书翚帅师，而十一年有钟巫之祸。宣二年，书公子归生帅师，而四年有解鼋之祸。宣元年，书赵盾帅师、赵穿帅师，而二年有桃园之祸。成六年、八年、九年，连书晋栾书帅师，而十八年有匠丽之祸，此起伏之在十年以内者。盖弑君有渐，其大要在执兵权，不至弑君不止。灭国亦有渐，其大患在数侵伐，不至灭国不止。圣人灼见诸国之形势，乱贼诸人之心事，而次第据实摹写之，故曰：《春秋》成而乱臣贼子惧。①

看《春秋》，眼光须极远，“近者十年、数十年”，此小属辞比事；“远者，通二百四十二年”，此大属辞比事。属辞比事无论小大，要皆关注“爰始要终”“张本继末”，作系统之观照，自渐而顿之追踪考察。顾栋高发现：执兵权与弑君间，虽时有迟速，要皆存在必然的联系。灭国与“数侵伐”之间，亦存在顿与渐之因果辩证，皆非一朝一夕之故。《论语·季氏》载孔子言：“天下有道，则礼乐征伐自天子出；天下无道，则礼乐征伐自诸侯出。……天下有道，则政不在大夫。”②《春秋》载事，由天子陵夷而诸侯，

① （清）顾栋高著，吴树平等点校：《春秋大事表·读春秋偶笔》，第33—34页。

② （宋）朱熹：《四书章句集注》，《季氏第十六》，《论语集注》卷8，中华书局1983年、2012年版，第172页。

而大夫，由帝而王而霸，与《论语》所言相表里，属辞比事可以知其所由来。

《春秋要领》题十八，为“《公羊传》之指要”。于征引梁启超《春秋指要》后，程师引述董仲舒《春秋繁露·十指》作结，且提示“《春秋》有十指，前三指最为握要”，《春秋繁露》云：

> 举事变，见有重焉，一指也。见事变之所至者，一指也。因其所以至者而治之，一指也。……举事变见有重焉，则百姓安矣；见事变之所至者，则得失审矣；因其所以至而治之，则事之本正矣。①

程师按语云：“事变之所至，是结果；所以至者，是原因；既知原因，想方法对治他，以求免于结恶果，便是作《春秋》的本意。”（第31页）从发现事件重大，到看清事态发展结果，到推寻事出有因，最终提出解决方法。这归功于原始要终、张本继末的属辞比事《春秋》教之作用。换言之，亦是探究终始、疏通知远《书》教之体现。章学诚《文史通义·浙东学术》引夫子曰：“‘我欲托之空言，不如见诸行事之深切著明也。’此《春秋》之所以经世也。”② 其此之谓乎！

四、结语

程旨云先生治学，从史地学入，娴熟历法推算。盈科后进，沉潜有得，乃有《春秋左氏传地名图考》《春秋要领》《春秋人谱》诸论著。执教上庠二十余年，以《春秋》经传课诸生，引领推动古文经学之探讨，作育栽成无数。四十年来，台湾师大中文系蔚为台湾《春秋》《左传》研究重镇之一，先生倡始启迪之功，值得大书特书。

《春秋要领》共罗列三十七个论题，原为课堂之讲义或提纲。故援引诸

① （汉）董仲舒著，（清）苏舆注：《春秋繁露义证》卷5，第9—10页，总101—102页。
② （清）章学诚：《文史通义》内篇二，第53页。

家学说之余，申说己意亦所在多有。换言之，《春秋要领》或以述为作，或有述有作，或时出案断，示初学以门径，启来者以津梁。就内容指向而言，大抵可分三大领域：其一，《春秋》之修作及其义例；其二，《春秋》三传之得失，及《公》《穀》之科旨要义；其三，《左传》之历史叙事，及其学术价值。就课题之数量而言，《左传》与《春秋》较丰富，《公羊传》《穀梁传》偏少。程先生研治《春秋》，偏重古文经传，亦由此可见。《春秋要领》既为讲授《左传》之教材，故于《左传》学术提示独详，如善于礼、长于诗、好为预言、富于民主思想，周季诸子与《史记》述《左传》诸题，条举事例，微示涯略，已具体而微勾勒，如握左券，可以格物穷理矣。

孔子作《春秋》，参考鲁史策书，笔则笔，削则削，游夏之徒不能赞一辞。《文心雕龙·宗经》谓“《春秋》则观辞立晓，而访义方隐”，《朱子语类》载朱熹称《春秋》“都不说破”“盖有言外之义”。如何解读《春秋》之微辞隐义？成为历代《春秋》学者之共同志业。《春秋要领》揭示十余个条目课题，援引《春秋》学相关论著，孔子作《春秋》之微辞隐义已呼之欲出。然“暗而不明，郁而不发”者仍不少，有待进一步发扬。笔者选择两大层面，以阐述程先生之《春秋》学：

首先，其事、其文、其义与孔子作《春秋》。有鲁史之《春秋》，有孔子之《春秋》；孔子《春秋》有义，鲁史《春秋》无义。所谓义，即著述之指趣意图。《公羊传》强调“何以书”，《左传》关注微婉显晦之“如何书”。《孟子·离娄下》述孔子作《春秋》，提示其事、其文、其义为建构《春秋》之三元素：凭借其事、其文“如何书”之“法”，可以体现“何以书”之“义”。就“如何书”之“法”而言，涉及其事与其文两大领域。史事之笔削去取，辞文之损益修饰，为历史编纂学之主轴，晋徐邈提出“事仍本史，而辞有损益”，成为孔子作《春秋》之基本原则。钱穆亦以为：“孔子对《春秋》旧文必有修正无疑。但所修者主要是其辞，非其事。”史事不容改造，但可笔削；辞文由于损益，遂见指义。如褒贬、予夺、诛心、正名、尊王、攘夷诸微言大义，或缘笔削，或假辞文，多可以体现孔子作《春秋》之别识心裁，一家之言。

属辞比事与《春秋》书法，为本文后半研究之重点，更是全文论述的核心。所谓书法，原指史家书写事件之笔法，故《春秋》书法又称《春秋》笔法。《礼记·经解》所云“属辞比事，《春秋》教也”，乃作《春秋》、读《春秋》、治《春秋》之策略与要领，为《春秋》书法之关键。不但《三传》注疏采用属辞比事法，以之弥缝、补足、扩充《春秋》书法，宋元以降之《春秋》经典解读，亦多选用属辞比事作为创意诠释之锁匙。《孟子》所谓其事、其文，《礼记》称为属辞比事。善用属辞比事，可以推求《春秋》之义；犹据事、凭文，可以体现孔子“窃取之”之义。事、文、义三位一体，属辞、比事、指义亦体用不二。孔子作《春秋》，盖先有义，笔削损益方有主脑，此清方苞论义法，所谓“义以为经，而法纬之”。

比事之功，属辞之方，皆所以体现《春秋》之隐微之义。朱熹称“《春秋》以形而下者，说上那形而上者去”，法以义起，法随义变，善用属辞比事之法，真可以推求《春秋》之微辞隐义。其法门有三：其一，据比事；其二，因属辞；其三，合属辞比事而一之，皆可以即器求道，顺指得月。详言之，比次史事，可以见义；联属辞文，可以显义；探究终始、疏通知远，更可以求得孔子作《春秋》之微辞隐义。或执其一端，或兼采并用，皆足以破译“都不说破”之“言外之义”。董仲舒所云“无传而著”，啖赵学派所谓“独抱遗经”，《春秋》宋学所言“弃传从经”、以经治经；是否可行可信，持此可以检验其是非虚实。

阮芝生先生的《春秋》学

林义正*

一、前言

先师爱新觉罗毓鋆（1906—2011）曾言，当初程发轫先生主编《六十年来之国学》（1972年）时，就是找不到懂《公羊》学的专家。如果不健忘，晚清时，康有为先生集《公羊》学之大成，本着经世致用精神，在光绪皇帝旨意下，推动维新变法，不幸失败。民国肇造，遂行西学体制，二千多年来的经学传承一夕崩塌，竟落至此。后来，经人探访，终于嘱托正在台湾大学历史系就读博士班的阮芝生先生来写。原来阮先生早年承毓老师面谕研读《公羊》①，并曾以《从〈公羊〉学论〈春秋〉的性质》（1968年）完成硕士学位论文，之后，考上博士班专研《史记》，最后以《司马迁的史学方法与历史思想》（1973年）取得历史学博士学位，旋即任教台湾大学历史系。先生专研《春秋》与《史记》，不慕新潮，深造自得。其硕士学位论文一出，随即收入《台湾大学文史丛刊》之二十八（1969年8月）刊行，反思当代经学史，益觉此书对当代《春秋》学的复苏有指标性的意义，就以笔者来说，《从〈公羊〉学论〈春秋〉的王道思想》的硕士学位论文

---

* 林义正，台湾大学哲学系教授。

① 程发轫主编：《六十年来之国学（一）》，（台北）编译馆1972年台初版，第413页。曾表明："王国维于一九二三年前后也曾治《公羊》，论三统三世，并且'详于义例、故训、名物、历数'。吾师安仁居士毓鋆先生，少从长素及任公受《公羊》，并亲闻静安先生讲说，沉潜其中数十年，创见发明甚多，而犹不欲轻以文字示人，笔者前奉毓师谕研读《公羊》，不过数年，而即妄有论述，多见其不自量，但区区之心，不过是勉继绝学，勿使中断而已。"

也正是顺着这一方向前进的。

本文首先略述阮先生学行，次论其《春秋》学要旨，综括其撰述立场、著作取材、《春秋》之志、《春秋》之义、《春秋》之例、《春秋》之法六项，最后略评其《春秋》学的时代意义。

二、学行略述

阮芝生先生，别号资甡。1943 年 5 月 1 日出生于福建，不久来台就学，1959 年台中二中毕业，随即考上台湾大学历史系，蒙黄大炯学长引介，受教于毓鋆先生，面谕研究《公羊》。后考入硕士班，于 1968 年 6 月，以《从〈公羊〉学论〈春秋〉的性质》论文获颁硕士学位，复继续攻读博士班。在博士班就学期间，一度前往日本京都大学进修，在 1971 年 5 月受嘱撰写《六十年来之〈公羊〉学》一文，从文中，得知先生对《公羊》学的研究充满热诚与冀望。他曾说：

> 大凡一种学术，遭受批判与攻击，并不值得深虑，而勿宁可说是一种正常现象。因为在经过批判的考验后，还能站得住，才是真正的有所树立。……今后《公羊》学的研究，必要做到以下两点，才能进行。一、去除偏激态度。……二、破弃门户成见。……因此，今日我们当更冷静、更清楚地来认识今古文的问题。但所谓破弃门户成见者，并非是对今文、古文，师法、家法，齐学、鲁学等问题，一概置之不理，变得无知无识；而是要深入进去认识清楚之后，再出来客观地谈论问题。是不再受这些问题的蒙蔽欺骗，而还给它们本来的面目和地位，这样才能正当地对待它们。

他说如果能做到以上两点，往下还可做两件大事：首先，整理资料，可编二书，1.《公羊》丛书，结集二千年来有关《公羊》的著作或研究资料，汇编成一套丛书。2.《公羊》广疏，继陈立之后，加以续编或重新编一套《春秋》新疏。其次，研究思想，可分三方面，1. 历史研究，将各时代

《公羊》家的学说各自还原，并解开其时代问题与个人背景。2. 经学研究，《公羊》家有许多，但孔子只有一个，从《公羊》学来研究，明其本义，不涉支流。3. 创造的研究，孔子乃圣之时者，其作《春秋》，为万世立法，今既已明本义，当本其损益之道，重新为此一新世纪之人类立大法，为此一新时代之文化奠规模。鉴于此两项繁重工作，绝非一人之力所能完成，遂有成立一个共同研究会之必要。① 返台后，于1973年6月提交博士学位论文——《司马迁的史学方法与历史思想》，获文学博士学位，旋即该年8月，受聘台湾大学历史系副教授，1981年8月荣升教授，1984—1985年期间，任日本京都大学文学部东洋哲学科招聘教授。先生历年来在台湾大学历史系所讲授"中国上古史""史记""孔子""历史与人物"及其他专题讨论、研究等课程。期间陆续修改博士学位论文各章节发表于《台大历史学报》《台大文史哲学报》《中国书目季刊》《大陆杂志》《史学评论》等著名学术刊物，之后亦新著多篇，以《伯夷列传发微》《货殖与礼义——〈史记·货殖列传〉析论》《滑稽与六艺——〈史记·滑稽列传〉析论》《〈史记·河渠书〉析论》《三司马与汉武帝封禅》《论〈史记〉中的孔子与〈春秋〉》《论禅让与让国——历史与认知的再考察》《论吴太伯与季札让国——〈再论禅让与让国〉之贰》备受学界瞩目，可惜的是，缴交"台科会"计划的报告《〈史记〉十表新编》《〈史记〉十表史文出处》尚待刊行。最关键的转折点在2001年，先生在"纪念钱穆先生逝世十周年国际学术研讨会"发表《司马迁之心——〈报任少卿书〉析论》后，即自动提前退休，改聘为兼任教授，不必授课。

先生一生的学术研究专精于《公羊春秋》及《史记》，前者属经学，后

① 程发轫主编：《六十年来之国学（一）》，（台北）编译馆1972年台初版，第421—423页。

者属史学，并指导过硕士学位论文六篇、博士学位论文四篇[①]，贡献史学界殊多。本论文专论其《春秋》学，亦即其经学专著《从〈公羊〉学论〈春秋〉的性质》一书，而不涉及其他。

三、《春秋》学要旨

有关先生的《春秋》学著作，仅见《从〈公羊〉学论〈春秋〉的性质》一书，至于其他有关《史记》的研究论文，其中有一篇《论〈史记〉中的孔子与〈春秋〉》一文跟前书有密切关系，可以这么说，先生对《春秋》性质的认定，除诉诸《公羊传》本文外，大体本诸司马迁对《春秋》的看法。根据其晚期的言论：

> 史公明白记述孔子作《春秋》，作《春秋》不是为修史，而是“以制义法”“当一王之法”；从作《春秋》的背景、动机、目的、方法、特色，可以推断《春秋》一书的性质——《春秋》是孔子明志、传道、立法之书，似史而实为经；《春秋》借事明义、假以示法，而义在口受。《公》《穀》传义，《左氏》传事，《史记》之于三传实为“义主《公羊》，事采《左氏》”，故《史记》所言与所欲继之《春秋》应为《公羊春秋》，这是确乎无疑的。[②]

---

① 依统计有博士学位论文 4 篇、硕士学位论文 6 篇，如下：1. 吕世浩：《从〈史记〉到〈汉书〉——转折过程与历史意义》（台湾大学历史系博士，2007 年）2. 王仁祥：《人伦鉴识起源的学术史考察（魏晋以前）》（台湾大学历史系博士，2004 年）3. 李建民：《死生之域——周秦汉脉学之源流》（台湾大学历史系博士，1998 年）4. 吕世浩：《从五体末篇看〈史记〉的特质——以〈平准〉〈三王〉〈今上〉三篇为主》（台湾大学历史系硕士，1997 年）5. 邱永春：《儒术的衰微与儒家角色的转变——先秦到两汉的儒学发展》（台湾大学历史系硕士，1997 年）6. 阎鸿中：《周秦汉时代家族伦理之变迁》（与管东贵教授联合指导，台湾大学历史系博士，1996 年）7. 詹缘端：《先秦的君王与君王论》（台湾大学历史系硕士，1996 年）8. 王仁祥：《先秦两汉的隐逸——从政治史与思想史角度考察》（台湾大学历史系硕士，1993 年）9. 李训详：《先秦的兵家》（台湾大学历史系硕士，1989 年）10. 李建民：《古代散乐析论——游艺活动与社会生活之研究》（台湾大学历史系硕士，1989 年）。

② 阮芝生：《论〈史记〉中的孔子与〈春秋〉》，《台大历史学报》第 23 期，1999 年 6 月，第 40—41 页。

今本其所著，摘述其要如下：

（一）撰述立场

先生根据《史记·孔子世家》《公羊疏》引《闵因叙》《孝经·钩命决》《韩非子·外储说右上》《吕氏春秋·察传篇》《礼记·檀弓》《后汉书·徐防传》诸史料，认为《公羊传》传授虽有可疑，子夏传经当可信。戴宏《序》所言公羊五世传说，虽大可疑，但《公羊》传授之前有师承，如传文中屡引子沈子曰、子公羊子曰、子司马子曰、子女子曰、子北宫子曰、鲁子曰、高子曰等，当可信据。汉初，《春秋》经传合言，至董仲舒始称《春秋传》，而刘歆《七略》改称《公羊传》。对比经传的结果，认为《左传》有续经及续传，而《公》《穀》则无，《左传》与《春秋》经内容彼此不对应，其记事虽详，但不传口义；而《公》《穀》依经起问，师弟相受，且引《左传》以解《春秋》者，始自刘歆也。其次，《公》《穀》虽传口义，但《穀梁》存大义，不传微言，而《公羊》则兼而有之，故在论述上偶引《穀梁》作为旁证而已。经学于汉，分今古学派，《左氏》为古学，《公羊》为今学，至两宋乃有宋学派，其说《春秋》多主折中，各有去取，或执传疑经，或弃传从经，乃至以臆说经，不如汉学各守专门，故不取。其依皮锡瑞之说《春秋》，有正传、别传之分，《公羊》多言灾异属别传，是糅合他家而有，非《春秋》本有，故其说但取先师说经之正者，不取阴阳灾变、谶纬图书之传。如实而言，同说《公羊》者，自董仲舒、何休以至廖平、康有为，其说不免有异，但较之《左》《穀》，则同固多于异，其皆以《春秋》为孔子作，均举三世义为宏纲也。先生谓先儒说经固有异同得失，皆有特殊背景与原因，学者勿以纬说之多妖妄，遂疑《公羊》。因此，他特别宣称：

> 故本文之论，着重于从《公羊》学论，但明其正学，不论其曲失流变。若欲论其曲失流变，则亦有困难：一者限于本文篇幅，不能详论；二者，《公羊》之学本诸师传口授，其中固不免有后师以意增附别开意境者，但大体要为有所授受，故不能必据见诸某

时某人之文字者，遂定为某时某人之说，此其不同于一般之历史考证，而为学者所宜究者也。以故本文但从学论，凡先儒所传口义，及后儒钻研说经之有合者，皆加采录，固不烦列举各家之说，一一考其异同，辨其变，此非止力有不逮，亦且势有所不能也。至于妄呈一愚之得，擅加别取之意，则亦自知己之有罪焉。

由此，当可知其著作本不论《春秋》学之“史”——曲失流变，但论《公羊春秋》之“学”——义法，特别重视口传之微言大义。

（二）著述取材

先生论著述取材有四，兹录之，如下：

公羊乃专门之学，其研习自有方法程序，须循序渐进，得其门而入，方能见宗庙之美、百官之富。孔子《春秋》之学本始于师传口授（《大易》亦然），其后师师相传，代代讲说，故欲求其学修其业者，必如章实斋所谓“必从其人而后受，苟非其人即已无所受也，此不可易之师也”。虽业师所言未必皆真，然依经讲诵，执疑问难，亦可见其传授之有自也。此其一。

言《公羊》自以《公羊传》说经为主，然《公羊》晚著竹帛，未能尽发先师所传口义，故当于传《春秋》之董仲舒、何休及刘向之遗说中求之。熊十力曾谓“使两汉无董、何，《公羊》之学遂绝，而《春秋》一经之本意，终不得明于后世矣”。此其二。

《公羊》所言之《春秋》乃孔子之学，然孔子之学固不仅在于《春秋》，董、何之前传孔子《春秋》之学者，亦非仅止于公羊氏（假使有之），故于五经之中，犹须参证他经，于五经之外，犹须旁考《论语》《孟》《荀》，以及《大学》《中庸》《王制》《礼运》《史记》《汉书》等篇章。此其三。

《春秋》之学自始传至今日，已历二千余年，其间师儒辈出，不乏其人。虽其学或明或晦，或盛或衰，然犹能一线相传，历久不断，至清而有以《公羊春秋》为主之今文学复兴。历代说《春秋》之书多矣，虽多有不传，而在留于今者犹有可观，其中固有妖妄之言、偏邪之见，然其长短得失可得而言，要在学者善于合采其长，不在互难其短耳。此其四。

先生取材标准，特重专门与口授，对宋儒之说《春秋》以其非正法，故多不取；于清儒专说《公羊春秋》者多录之。谓陈立《公羊义疏》守疏不破注之例，引申何休注义，无所背叛，所征引者，自董仲舒、司马迁以上网罗殆尽，清儒自孔广森、庄存与以下，悉加采择，且断制精严，为今研《公羊》学者所必读。对康有为先生之创发，宜去其武断，而多加采择；文中推许皮锡瑞之《经学通论》最纯实平正，为言《公羊春秋》者所宜宗。依笔者统计，对清末以降诸论著之采择，以皮锡瑞、熊十力次数最多，各占21次，康有为、陈柱各占11次，据此当可知其取材之宗主矣。

很可惜，在新校订本中，不知为何独缺以下一段，今特拈出，其云："治经者当合群儒考之，而以一家为主。本文以《公羊》学为主，而上探下考，旁求其说，非张大门户之见也。盖治《春秋》必有从入之途，故衷考其实，以《公羊》家为主，而《春秋》之义，不尽存于《公羊》，故不敢张此一门排斥他家，惟其间别择去取，不免有师心自用者，斯亦难免于识者之讥矣。"① 补列于此，以见其意。

（三）《春秋》之志

《春秋》之志作为先生此书第二章，内分四小节，首述《春秋》之学，次论《春秋》是否为孔子作，接着论孔子为何作《春秋》，最后论《春秋》当以三世义为宏纲。依笔者理解，先生此节核心在论述孔子作《春秋》的目的。这里预设着孔子作《春秋》，而所作《春秋》不是为了修史，而是为了提供拨乱反正的治世大法，进而究明其大法以三世义为宏纲。此先破解孔子作《春秋》不是事实之说不成立，然后正面举出自《孟子》以来孔子作《春秋》九证，证明孔子作《春秋》之说是师儒相传，皆无异说，且举

① 以上引文依序，具见该书第14、20—21、29页。

出孔子修《春秋》之文体异于旧史十一证，其言可信。虽有人谓此与孔子自言“述而不作，信而好古”相悖，故进而解明“作”之一字含两义，或训为“始”，或训为“为”，引刘师培解说，因前人之意而为亦谓之“作”，此“作”实即寓“创”于“因”，其例亦同孔子“作”《系辞》，故说孔子“作《春秋》”“为《春秋》”“修《春秋》”，稽考其实，无大差别，皆是采旧辞，另赋新义。说“述而不作”，乃圣人之谦辞，后世谓史公作《史记》，亦可知孔子之作《春秋》也。然孔子为何作《春秋》？当求诸孔子之时代、际遇与抱负。今从先生所引《孟子》及《史记》之文略引数条，可见其意：

> 王者之迹熄而《诗》亡，《诗》亡然后《春秋》作。晋之《乘》、楚之《梼杌》、鲁之《春秋》，一也。其事则齐桓、晋文，其文则史。孔子曰：“其义则丘窃取之矣。”（《孟子·离娄下》）
>
> 世衰道微，邪说暴行有作。臣弑其君者有之，子弑其父者有之。孔子惧，作《春秋》。《春秋》，天子之事也。是故孔子曰：“知我者，其惟《春秋》乎！罪我者，其惟《春秋》乎！”（《孟子·滕文公下》）
>
> 上大夫壶遂曰：“昔孔子何为而作《春秋》哉？”太史公曰：“余闻董生曰：‘周道衰废，孔子为鲁司寇，诸侯害之，大夫壅之。孔子知言之不用，道之不行也，是非二百四十二年之中，以为天下仪表，贬天子，退诸侯，讨大夫，以达王事而已矣。’子曰：‘我欲载之空言，不如见之于行事之深切著明也。’夫《春秋》，上明三王之道，下辨人事之纪，别嫌疑，明是非，定犹豫，善善恶恶，贤贤贱不肖，存亡国，继绝世，补敝起废，王道之大者也。……”壶遂曰：“孔子之时，上无明君，下不得任用，故作《春秋》，垂空文以断礼义，当一王之法。”（《史记·太史公自序》）
>
> 子曰：“弗乎弗乎，君子病没世而名不称焉。吾道不行矣，吾何以自见于后世哉？”乃因史记作《春秋》。（《史记·孔子世家》）

先生所引，即要表明孔子作《春秋》之目的在“立一王之法”，即孟子所言“《春秋》，天子之事也”。进而说：“所谓天子之事，王事、王法、王道，皆是一义。”他认为孔子作《春秋》，立一王之法，以俟后圣，其书必意蕴丰富。司马迁曾说“文成数万，其旨数千”，今见所传《春秋》之义仅得数百，未有数千，盖口义失传必多，《公羊》家旧传有五始、三科、九旨、七等、六辅、二类、七缺之义，其说出于《春秋说》及何休《文谥例》，俱见徐彦《公羊疏》所引，然其思想往上追溯，当更有所本，盖为先儒口义流传与研究之所得也。其采皮锡瑞说存三统、张三世之义，非灼知《春秋》是孔子作，必不信张三世之义，则《春秋》书法详略远近皆不得其解。又引熊十力所言三科九旨之义，本师说口传，“本孔子微言所存，当以三世义为宏纲，余义随世分疏之，则圣人制万世法之密意，可得而窥矣”。所以以三世义为宏纲者，并非因张三世之义明见于《公羊传》，实因三世通贯《春秋》全书，为《春秋》之立法用意所在。通三统不过为张三世起头，有通三统之义，方能有《春秋》新王之继起。然《春秋》三世之治道，与一王之治法，俱不见也，此则须于三世义中求之。①

（四）《春秋》之义

先生之论《春秋》之义，分上、下两篇，实全书中分量较多者。上篇主要说明《春秋》固有义，而且微。其义兼微言与大义两者。分此两者，乃始自古文家刘歆《让大常博士书》之言：“夫子没而微言绝，七十子丧而大义乖。”据此反而证明《春秋》义有赖师说口传的事实。刘歆所谓“微言、大义”，也绝非《左传》五十凡例，若是凡例，岂有乖绝的可能？这正道出《公》《穀》口传《春秋》义的真相。先生引用皮锡瑞所说：“所谓大义者，诛讨乱贼以戒后世是也。所谓微言者，改制立法以致太平是也。”又据熊十力所言：“大义者，如于当时行事，一裁之以礼义，家铉翁谓之因事垂法是也……微言者，即夫子所以制万世法而不便于时主者也。如《公羊》之三科九旨，多属微言。”而说熊氏所言大同于皮氏且较精，于当时行事一

① 以上引文依序，见该书第59—61、67、72、76—77页。

裁之以礼义，即所以诛讨乱贼以戒后世也。制万世法而不便于时主者，即改立法制以致太平也。他更据太史公所谓“《春秋》者，礼义之大宗也”，以微言指礼，大义指义。此处所言之礼，乃礼之“义”，非指礼之“数”，“礼也者，理也”。因有此理，故制为此礼，既有此礼，则便有合于此礼与不合于此礼之行为；合者谓之义，所谓义者宜也，行而宜之之谓义；不合者则为不义。义与不义，皆以其行事之合与不合礼裁断之。故义据见于行事者言，礼据以裁断此行事之理言，有上下层次之别。于当时行事，一裁之以礼义（礼之义），谓之大义，故大义即义。制万世法以致太平者，谓之微言，故微言即礼（礼之义，非礼之数）。此据“礼义”以别微言大义，其说颇新颖。又云《春秋》有微言大义，分而言之是二词，合而言之是一物，均来自孔子之口授，而征诸古籍者五。其口授有客观原因：一者，孔子时未有纸墨，专恃刻简，传写不便，务求其简，《春秋》义既如此复杂，若全写出，反而不便传授，故一切意义以字句之体例表示之。一者，《春秋》义繁富闳深，且多非常可怪之论，学者疑惑，必口传而授，方便于问疑解明也。《春秋》义之传授非只存于口述而不立文字，故有孔子之《春秋》，其义皆寓于文之笔削与事之详略异同中，笔削之文但为记号，记号所传达之意义，端赖立此记号之人口授以明，故微言大义之传亦不能离《春秋》之文，其文之表必有其例，先生据刘异《孟子春秋说微》中因文取义十例：同文见义、异文见义、详文见义、略文见义、讳文见义、错文见义、重文见义、微文见义、去文见义、阙文见义说明之，颇为精彩。

下篇主要在阐明《春秋》如何表义的问题。先生借元儒赵汸《春秋金锁匙》发端，谓其书撮举圣人之特笔与《春秋》之大例，以事之相类者互相推勘，考究其同异而申明其正变，盖合比事属辞而一之，大旨以《春秋》之初主抑诸侯，其末主抑大夫，中间齐晋主盟则视其尊王与否而进退之，其说虽是，然实不当名。不如《繁露·楚庄王》“《春秋》之辞，多所况，是文约而法明也”之“况”字，指出一条解释门径。后汉何休屡言“托”“假”两字，《公羊传》本身亦数言“托始”，《公羊》学家却少用“比”“况”，而常以“借事明义”“假事托义”“假事张义”“假以张义”“托文见义”“因事托义”“假以立义”“假以见义”“因文见义”“因事见义”“变文托义”“本事示法”“取以立法”“取足张法”“假事示法”说之，谓《春秋》是“张义之书”“明义之书”。《春秋》借鲁史以明三世致治之义，昭定哀之世诚乱也，而《春秋》托示太平，隐公非真能让国也，而《春秋》借示让国之义等等，不一而足。最妙者，《春秋》假事托义，其事虽一，但往往所托非一，故有一经包数义，一言管数旨者。今摘一例以明之：

> 如《春秋》于隐公首书“元年，春，王正月”，《传》云：“元年者何？君之始年也。”《解诂》云：“变一为元，元者，气也。无形以起，有形以分，造起天地，天地之始也。故上无所系，而使春系之也。”以元统春，犹《易·文言》“大哉乾元，乃统天”之意也。故变一为元为第一义。《解诂》云：“惟王者然后改元立号。”孔子以天下皆宜定于一，故属万物为天元，亦属亿兆于人元，王者，往也，天下所归往，为天下所归往者，乃可改元立号以统天下，此第二义也。《解诂》云：“《春秋》托新王受命于鲁。”以《春秋》当新王，以鲁隐公为始受命王，此第三义也。《解诂》云：“明王者当继天奉元，养成万物。”由此言之，不能继天奉元、养成万物不得为王，此第四义也。《传》曰：“王者孰谓？谓文王也。”《解诂》云：“文王，周始受命之王，天之所命，故上系天端，方陈受命，制正月，故假以为王法。不言谥者，法其生，不法其死，与后王共之，人道之始也。”王法，人道也。此第五义也。《传》曰：“何言乎王正月？大一统也。”《解诂》曰：“王者始受命改制，布政施教于天下，自公侯至于庶人，自山川至于草木昆虫，莫不一一系于正月，故云政教之始。”又曰：“一国之始政，莫大于正始。故《春秋》以元之气正天之端，以天之端正王之政，以王之政正诸侯之即位，以诸侯之即位正竟内之治。诸侯不上奉王之政，则不得即位，故先言‘正月’而后言‘即位’。政不由王出，则不得为政，故先言‘王’而后言‘正月’也。王者不承天以制号令则无法，故先言‘春’而后言‘王’。天不深正其

元，则不能成其化，故先言‘元’而后言‘春’。五者同日并见，相须成体，乃天人之大本，万物之所系，不可不察也。”变一月为正月，此第六义也。《传》曰：“公何以不言即位？成公意也。”隐公有让国之意，故托隐公以明让国之意，此第七义也。

其次，明《春秋》假事托义，故以一经之中所托之义不一，亦有兼存正反二义者，盖义各有主，理可相兼。《春秋》之义，有常有变，故有经权之说。非独《春秋》如此，通观《易》《礼》，莫不如此。《公羊》家言《春秋》贵知权，然其行权非随意，亦有若干限制。先生特别提出五项要点：1. 春秋于处变之时贵行权，然处常时重守经，甚至行权时亦存守经之意。2.《春秋》论事以动机论，权贵发乎恻隐之心。3. 遭难设权，应变行权，然非遭难应变即许为知权行权，应权适权而“中”权者始得许之。《公羊传》云：“权者，反于经然后有善者也。”故反于经而无善者不得谓之知权也。4. 权虽似反经，亦必在可以然之域，不在不可以然之域，故公子目夷设权救君，《公羊》家予之，逢丑父设权生君，《公羊》家耻之，何故？即在可与不可之域而行权也。5. 常者，道之正；变者，道之中。从经常到权变，其中攸关时、义也。经与权，常与变，二者相反，其义不同，《春秋》兼而有之，以应万世之变，与时偕行，此《春秋》之所以无通义也。兹举《公羊》同表革命与尊王两义，以畅发其义之相反相成也。[①] 他说：

《公羊》家之说《春秋》，畅发革命之义，以《春秋》当新王，托隐公以为受命王；《传》言拨乱反正，莫近诸《春秋》，制《春秋》之义以俟后圣，此皆显见革命之义，与《易·革·彖》“天地革而四时成，汤武革命，顺乎天而应乎人。革之时义大矣哉！”以及孟子“闻诛一夫纣矣，未闻弑君也”相衔。然《公羊》家之说《春秋》，又大发尊王之义，《春秋》大一统，尊王即所以达此大一统之目的者也。天子至尊无所屈，记崩不记葬，必其时

① 以上摘述及引文，依序，见该书第 83、95—97、99—100、105、108—118、127—128、138—149 页。

> 也；王人虽微，序于诸侯之上，所以先王命也；天子使来聘，则喜而书之，所以尊王命也；从天子征伐，则书而美之，所以奖从正也；有尊王之心者，则隐其恶而讳之，所以劝为善也；有匡周室、忧中国之心者，则讳其灭以劝之，所以勉其有德也；有明王法、忧中国之心者，则信盟以美之，所以褒有功也。反是，若与尊王之义相戾者，则恶之。然则《公羊》家既倡革命，又言尊王，岂不相反矛盾乎？曰非也，革命者一时之权，尊王者长久之经。王者以德服人，为天下所归往，故王者有可尊之道而后尊，若无可尊之道则是独夫，衡以王义，则独夫已，非王矣，故又贵乎革命。否则，但许尊王，不得革命，则暴君肆虐于上，生民遭其荼毒，而臣民犹效愚忠乎？此与《公羊》家天之立君以为民之旨相反，必不可也。

《春秋》乃借事明义之书，凡执事以求义，不知《春秋》无达辞，不知三世异辞，而其义相反相成者，实难通《春秋》之义。

（五）《春秋》之例

《春秋》之修辞是否无例？先生接受皮锡瑞之说《春秋》，谓本无例者，非独不明《春秋》之义，亦不知著书作文之体例，三传皆言例，亦各有得失，然不能谓之无例。单就《公羊传》就有“臣子一例”，胡毋生有《条例》，何休有《文谥例》，崔子方有《春秋本例》，赵汸有《春秋属辞》，刘逢禄有《公羊何氏释例》，先生综合之，谓例含二种，一为正例，一为变例。正例者亦称凡例、通例、常例、恒例，即经文依常规书写，所谓事同而辞同者；而变例者，即不按常规书写，所谓事同而辞异者，乃因以起义，假以立法也。《春秋》正变例以日、月、时为明显，正例日则变例时，正例时则变例日，而月在时、日之间。此外，尚言以无达例济之，何者？《春秋》有义有例，例从义生，有义而后有例；前论《春秋》之义有经义，有权义，又有所谓无通义，则因义而起之之例，亦必随之。他说《公》《穀》皆言例，但后人多不信，朱子亦疑之，朱子三传弟子吕大奎著《春秋五论》

谓“观《春秋》必先破以日月为例之说”。清儒姚际恒著《春秋无例详考》，今人戴君仁先生著《春秋辨例》谓以日月为例是诬妄。但先生认为《公》《穀》皆言日月例，后儒过于虚张条例，虽有可疑，然二传显发斯例，必有所授。或谓《春秋》大义只是道名分、明是非、善善恶恶、尊王攘夷、礼义之大宗几点而已，果如是，则孔子何不直书其义而作此貌似断烂朝报之《春秋》哉？他举鲁史十二公之立、书法不一为说，必有义在：

隐元年春王正月

桓元年春王正月公即位

庄元年春王正月

闵元年春王正月

僖元年春王正月

文元年春王正月公即位

宣元年春王正月公即位

成元年春王正月公即位

襄元年春王正月公即位

昭元年春王正月公即位

定元年春王（夏六月）戊辰公即位

哀元年春王正月公即位

十二公之立，书法不一。隐公不书即位，成隐公让国之意以崇让示法。《春秋》有一怪事，凡鲁国篡弑之祸，皆不直书，即如隐公被弑，《经》书“公薨”而已，未曰弑也。然《春秋》“君弑，贼不讨，不书葬”（隐十一年《传》），隐公不书葬，是被弑而贼未讨；又《春秋》“继弑君，不言即位”（桓元年《传》），桓公继弑君本不该即位，而自行即位，是弑君之贼即桓公也。桓公书即位以如其意也，其意欲篡国即位也。桓公亦被弑，君弑，子不言即位，故庄公亦不书即位。庄公亦被弑，继弑君不言即位，故闵公亦不书即位。闵公亦被弑，故僖公亦不书即位，然僖公非子也，乃闵公庶兄，所以亦同子者，《传》云：“臣子一例也。”定

> 元年唯书“春，王”，并正月亦无，最怪。《传》云：“定何以无正月？正月者，正即位也。定无正月者，即位后也。即位何以后？昭公在外，得入不得入未可知也。曷为未可知？在季氏也。定、哀多微辞，主人习其读而问其传，则未知己之有罪焉尔。”是无正月者，微辞也。《解诂》云：“今无正月者，昭公出奔，国当绝。定公不得继体奉正，故讳为微辞，使若即位在正月后，故不书正月。”或以为书“戊辰公即位”者，定公实于是时即位。然则其余十一公皆适于正月即位乎？且书“（夏六月）戊辰公即位”，是即位以前当昭公，元年不属定公，何以书“定元年”乎？然则一年有二君乎？且嗣君逾年即位，此何以不于次年书“定元年，春，王正月，公即位”乎？是必不如此说也。文、宣、成、昭、哀六公皆书公即位，此正例也，余实皆于变异见义。

可见解《春秋》不得无例，诚如凌曙所谓：“《易》《礼》《春秋》，皆以例言者也。其中有正例，有变例，且有变例中之正例，有正例中之变例，更有变例中之变例，参伍错综，非比而同之不能知也。”① 然例从义生，义有经权，正变之例亦当随之矣。

（六）《春秋》之法

先生谓褒贬是《春秋》之法，多见于《春秋》之例，然《春秋》之法非只是褒贬，盖包三世之治法而言，褒贬乃所以示此治法之手段，非目的也。《春秋》之有褒贬，《繁露》《史记》《公羊传》均有明征。《繁露·王道》云：“孔子明得失，差贵贱，反王道之本。讥天王以致太平。刺恶讥微，不遗小大，善无细而不举，恶无细而不去，进善诛恶，绝诸本而已矣。”此云刺恶讥微，进善诛恶，是《春秋》有褒贬也。《史记·孔子世家》云：“因史记作《春秋》，上至隐公，下讫哀公十四年，十二公。据鲁，亲周，故殷，运之三代。约其文辞而指博。故吴楚之君自称王，而《春秋》

① 以上摘述及引文，依序，见该书第150、154、158、160、165、167—168、162页。

贬之曰‘子’；践土之会实召周天子，而《春秋》讳之曰‘天王狩于河阳’，推此类以绳当世。贬损之义，后有王者举而开之。《春秋》之义行，则天下乱臣贼子惧焉。”是《春秋》有贬损讳之辞也。隐公元年《经》书：“三月，公及邾娄仪父盟于眜。”《传》云：“仪父者何？邾娄之君也。何以名？字也。曷为称字？褒之也。曷为褒之？为其与公盟也。与公盟者众矣，曷为独褒乎此？因其可褒而褒之。此其为可褒奈何？渐进也。”此援名例，因其可褒而褒之。隐公三年《经》书：“夏，四月，辛卯，尹氏卒。”《传》云：“尹氏者何？天子之大夫也。其称尹氏何？贬。曷为贬？讥世卿。世卿，非礼也。”僖公元年《经》书：“十有二月，丁巳，夫人氏之丧至自齐。”《传》云：“夫人何以不称姜氏？贬。曷为贬？与弑公也。然则曷为不于弑焉贬？贬必于其重者，莫重乎其丧至也。”桓公六年《经》书：“蔡人杀陈佗。”《传》云：“陈佗者何？陈君也。陈君则曷谓之陈佗？绝也。曷为绝之？贱也。其贱奈何？外淫也。恶乎淫？淫乎蔡，蔡人杀之。”是《春秋》有诛贬绝之法。《春秋》称天王者二十五，称王者六，称天子者一；天王者正称，王者号也，凡称王皆有所刺讥；天子者爵称。以此示褒贬进退，其辞有深重，义有深浅也。《春秋》虽有褒贬，然非褒贬之书，其人与事俱已逝，褒贬之何用？亦非作史评，乃假褒贬以示法，垂教于万世，故孔子之作《春秋》乃为后世立王法也。①

四、阮先生《春秋》学的时代意义

先生在《六十年来之〈公羊〉学》一文中，提到当时《公羊》学所面临的困境，他说六十年来，《穀梁》学者、古文家或一般学者对《公羊》的批评和攻击，几乎是“体无完肤”。民初以来古史辨派的学者，如钱玄同就曾以《春秋》为五经中“最不成东西”的东西，以“三统”乃妖魔鬼怪之谈；顾颉刚认为《公羊》学者穿凿附会，深文周纳，多迷信神话，孔子若制礼便是僭公窃王章。今时陈槃庵撰《春秋公羊传辨义》讥公羊为口授杂

① 以上摘述及引文，依序，见该书第172—180、184页。

学，《公羊传》乃后师比附，作者不一，皆掩陋不学，望文生义，不甚读书，率意妄造。戴君仁著《春秋辨例》深辟三传之时月日例、名例等，而且《公羊》学家所说又不见一致，显出穷途之象。[1] 先生或承毓师命研读《公羊春秋》，不免有捍卫之志，如何休撰《公羊墨守》、王树荣撰《续公羊墨守》，援依皮锡瑞、康有为、熊十力之说，踵陈柱《公羊家哲学》之后而作，其硕士学位论文已提出重振《公羊》学的蓝图，重申《春秋》是经非史，企图建立纯正的《公羊》学体系。笔者初步感受其不凡的时代意义。

其次，笔者认为先生透过自《繁露》以来有关《公羊春秋》学的著作，从关键词着手，归纳十一目，以搭建其体系，并有明确的概念架构。其十一目为：《春秋》之志、《春秋》之道、《春秋》之旨、《春秋》之法、《春秋》之制、《春秋》之义、《春秋》之例、《春秋》之事、《春秋》之文、《春秋》之辞、《春秋》之教。他进一步说：

> 此十一目所言者实是一事，但从言异路，有层次之不同耳。孔子因有《春秋》之志而作《春秋》，故先有《春秋》之志而后有其余十目。《春秋》志在拨乱反正，必有其道，此所以有《春秋》之道，《春秋》之道犹三王之道，此通万世而不变者。《春秋》之法本诸《春秋》之道而立，三王有三王之法，《春秋》当新王，故《春秋》之法继三王之法而立，此《春秋》一王之法，得与时推移，可变者也。《春秋》之制本诸《春秋》之法而制，乃就制度而言，此《春秋》一王之制，得因时制宜，亦可变者也。《春秋》之义本《春秋》之道、遵《春秋》之法而立，义必见于事，《春秋》借事明义，故所重在义不在事。例因义起，故有《春秋》之义，然后有《春秋》之例，义有常变，故例亦有常变。然则，《春秋》之旨何异于《春秋》之义？《春秋》之旨亦犹《春秋》之义也，然较《春秋》之义高一层次。《春秋》之义指单一之义而言，如贵信贱诈是也，《春秋》之旨则是总括数义而言。《春秋》借事

[1] 程发轫主编：《六十年来之国学（一）》，第419页。

> 明义，事必因文而见，故有《春秋》之文与《春秋》之辞。成句为文，单词词组者为辞，故文可包辞，辞不可包文。《春秋》之教者，孔子本《春秋》之道，立《春秋》之法制，发为《春秋》之义以教人者也。学者明此十一目之义，而能温故知新，时措咸宜者，谓之《春秋》之学。

先生在其书的结论中说，有关《春秋》之志、义、例、法已分别专章论述，其余之道、旨、事、文、辞、制、教等，虽亦散见各章，然未及专章详论，唯有俟诸异日。其再三说：孔子之作《春秋》，既在立一王之法以拨乱反正，故《春秋》为万世作经，为后人立法，是垂教之书，非记事之书，其主言三世进化之理，三世之治道与治法当为《春秋》学之重心，是孔子终生之志所在。最后说“本文之作，但为《春秋》学之导引而已”。据此，笔者认为先生在传统资源概念中已完成阶段性的任务，提供了后学从事《公羊》学的蓝图，不再对《公羊》学是否能成为一门客观的学问而感到迷惑。

末了，笔者也不能不说，阮先生的这本著作，乃集前人著作之精语，进行会通，建立体系，值得肯定。但也有读者用当今学术极严格的高标准来批评他，说此书“因袭《公羊》家旧说，没有什么新见解。就研究方法言，本文几通篇未见援引反对者之词，或与反对者商榷之词，似不足以说服有疑义者乃至于反对者”等求全责备的意见①，但衡诸五十年前的学术环境，能有以《公羊》学为干城的著作问世，就不能不先礼敬三分了。

---

① firstsaint1127 发表在痞客邦 PIXNET 留言（2009 年 1 月 29 日）《评阮芝生、吕世浩二先生之〈公羊〉学与〈史记〉学》，见 http：//firstsaint1127. pixnet. net/blog/post/408004312-%E8%A9%95%E9%98%AE%E8%8A%9D%E7%94%9F%E3%80%81%E5%91%82%E4%B8%96%E6%B5%A9%E4%BA%8C%E5%85%88%E7%94%9F%E4%B9%8B%E5%85%AC%E7%BE%8A%E5%AD%B8%E8%88%87%E3%80%8A%E5%8F%B2%E8%A8%98%E3%80%8B。

附录 赵林校订《从〈公羊〉学论〈春秋〉的性质》本勘误表

第11页	注文第3行“保佑”当作“欲”	第112页	第10—11行，“昭二十五年……哀元年”当删，续原刊本衍误
第16页	第13行，“儒宗”当作“儒者宗”	第39页	第1行，“此其一”当属上行，非独起
第30页	原末行以下全脱，当补原刊本下段文字“治经者当合群儒考之，而以一家为主。本文从《公羊》学为主，而上探下考，旁求其说，非张大门户之见也。盖治《春秋》必有从入之途，故夷考其实，以《公羊》家为主，而《春秋》之义，不尽存于《公羊》，故不敢张此一门排斥他家，惟其间别择去取，不免有师心自用者，斯亦难免于识者之讥矣”	第133页	第21、22行，“夺君等”当作“夺君尊”
		第134页	第19行“相反”当作“相妨”
		第148页	正文第6行，“托鲁公”当作“托隐公” 注文第1行，“繁露·玉英”，当作“繁露·精华”
第82页	第13行，“乱世”当作“霸世”	第152页	第10行，“古无例子”当作“古无例字”
第84页	第16行，“春秋”当作“鲁春秋”	第168页	第12行，“昭元年”当作“昭公，元年”
第100页	第3行，“批据以截”当作“指据以裁”	第169页	注文第1行，“五经”当作“五论”
第104页	注文第6行，“汉”当作“新”	第171页	第8行“遗名分”当作“道名分”

论王熙元的《穀梁》学研究

吴智雄*

一、前言

王熙元先生（1932—1996），台湾师范大学中文系教授，主要学术研究涉及文学、儒学、经学、佛学等领域，其成就有目共睹，贡献良多。其经学研究主要集中在《穀梁》学领域，是台湾学界研究《穀梁》学的重要学者，但辞世迄今已逾二十年，仍未见专文讨论其《穀梁》学研究之梗概。本文主要从“《穀梁》学著作与观念方法”“《穀梁》学主张与学术评骘”两端切入，其下再各分细项以论其《穀梁》学研究的诸多面貌，尚祈方家不吝指正。①

* 吴智雄，台湾海洋大学教育中心教授。

① 关于王熙元的生平事迹与相关纪念性文字，所在多有，本文不再详述，以省冗赘。相关文章，可径参见潘丽珠：《王熙元老师二三事》，《文讯》第 94 期（总第 132 期），1996 年 10 月，第 87—88 页；黄庆萱：《探学术智慧 窥文学精灵：王熙元教授的学术成就》，《湖南文献季刊》第 24 卷第 4 期（总第 96 期），1996 年 10 月，第 34—35 页；奚敏芳：《王熙元教授生平事略及著作目录》，《经学研究论丛》第 5 辑，1998 年 8 月，第 257—284 页。另，《“国文”天地》第 12 卷第 5 期（总第 137 期，1996 年 10 月）规划了“王熙元先生逝世纪念专辑”，内收六篇纪念文章，主要述其生平事迹，分为傅武光：《王熙元先生行状》，第 5—8 页，本文另以《王熙元先生事略》为题，署名“资料室”，刊登于《湖南文献季刊》第 24 卷第 4 期（总第 96 期），1996 年 10 月，第 32—33 页、魏子云：《悼王熙元世兄》（第 9—10 页）、许锬辉：《他是我们班上第一名——悼王熙元教授》（第 11—13 页）、陈满铭：《优游诗歌天地——悼王熙元教授》（第 14—17 页）、林玫仪：《王熙元老师的长者风范》（第 18—19 页）、林庆彰：《悼王熙元教授——兼悼李光第先生》（第 20—24 页），亦可详参。

二、《穀梁》学著作与观念方法

以下分述王熙元的《穀梁》学著作，及其《穀梁》学研究的观念与方法。前者先列著作发表的基本资料，再接以该著作的提要；后者则先论王氏治《穀梁》学的基本观念，再约举五种研究方法，以见其治学之大要。

（一）《穀梁》学著作

王熙元的《穀梁》学著作，计有专著两部、单篇论文九篇（其中有两篇未以“《穀梁》”为篇名，但内容涉及《穀梁》，仍予计入），总计11种，现依发表时间顺序罗列，并述其提要且简评于下。

1.《〈穀梁〉古佚注考》，庆祝林景伊先生六秩诞辰论文集编辑委员会编:《庆祝瑞安林景伊先生六秩诞辰论文集》，（台北）台湾政治大学中国文学研究所1969年版，第359—385页。

本文为王熙元的第一篇《穀梁》学研究论文，据本文“序例”指出：“本编为所撰《春秋穀梁学著述考》之一部，原书拟分七类：一曰注释、二曰论说、三曰条例、四曰诘难、五曰考辨、六曰音义、七曰校勘；本编即自注释类析出。”[①] 可知本文原为王氏对于历代《穀梁》学著述研究的最初成果。再据王氏另文曰：“题目既定，乃拟订初步大纲，……遂依此着手搜集有关资料，凡经籍注疏及后世解经之书，或笔记杂著之关于《穀梁》者，靡不广为搜览，而酌采其说，以备参稽；次如历代史乘记载当时《穀梁》之盛衰、师说之传授、著作之存佚等，皆一一笔录，以资考订。”[②] 可知本文亦为王氏撰写其博士学位论文《穀梁范注发微》的准备之作。本文搜集历代注释《穀梁》著作二十一部，分考其书名、卷数、撰者之时代及姓名、辑佚版本等；各书内容则别有详考，不载于本文中。本文除原单行本外，

① 王熙元:《〈穀梁〉古佚注考》，载庆祝林景伊先生六秩诞辰论文集编辑委员会编:《庆祝瑞安林景伊先生六秩诞辰论文集》，（台北）台湾政治大学中国文学研究所1969年版，第359页。

② 王熙元:《穀梁范注发微提要》，《木铎》第1期，1972年9月，第33页。

最后亦收入氏著《穀梁著述考征》之第二章“注疏之属”。

2.《穀梁范注发微》，台湾师范大学中国文学研究所博士学位论文，1972 年毕业。

本文为王熙元的代表作，其《穀梁》学研究的魁首地位，由此奠定。① 全文凡五十万余言，“自着手搜集资料，以迄全部脱稿，历时三年有余”②，计分“导论”“范注释《穀梁》经传之依据”“范注对《穀梁》经传之训诂”“范注对《穀梁》义例之发明”“范注对《穀梁》传义之驳议”“范注释《穀梁》经传之疏失”等六章。王氏自云本文具十大创获，约为衡定《穀梁》价值、考定《穀梁》作者、考订穀梁子异名、考证《穀梁》传授源流、补苴范宁行状事迹、比勘范注博取旁征兼采诸家诸书数十种、剖析范注训诂条例四十种、条析范注发明义例二十三条、检得范注驳难《穀梁》十余条、爬罗范注《穀梁》之失。③ 这些创获之功，得到学界的高度肯定，例如其业师高仲华先生云：“今观王君之书，分析注文，归纳条例，则务期精密；探讨义理，考证事实，则力求审慎；不设臆度之辞，不为凿空之论；其创获之丰、成就之富，历来治《穀梁》者似未之能踰也。”④ 今人张高评则评曰：“《穀梁范注发微》对于《穀梁》范注之依据与训诂，多所考证；尤其范注对《穀梁》义例之阐明、传义之驳议、经传之疏失，皆归纳条例，多方探论，堪称《穀梁传》及范注之功臣。”⑤ 此外，本文也影响了后辈的相关研究，如丁亚杰所指出：“本书是研究范宁《穀梁传集解》最详细深入的著作，亦为此一专题必须参考的专著，而其体例也影响吴连堂《〈春秋穀

---

① 如奚敏芳云：“王熙元教授之经学著作，最重要者为《穀梁范注发微》。……《穀梁范注发微》一书，旨在借由《穀梁传》范宁《注》，以知汉魏以迄晋代《穀梁》学之风貌与要旨。此书是当代有关《穀梁》学少数杰出著作之一，亦研究《穀梁》学者必参之书籍。”见奚敏芳：《王熙元教授生平事略及著作目录》，《经学研究论丛》第 5 辑，1998 年 8 月，第 258 页。

② 王熙元：《穀梁范注发微提要》，第 37 页。

③ 王熙元自述之十大创获，详见前注 3，第 38 页。

④ 高明：《穀梁范注发微·序》，《穀梁范注发微》，（台北）嘉新水泥公司文化基金会 1975 年版，第 2—3 页。

⑤ 张高评：《台湾〈春秋〉经传研究之师承与论著》，摘录自 http：//big. hi138. com/zhexue/guoxue/200807/85736. asp#. V-Sg4Sh95hE，查询日期：2017 年 5 月 23 日。

梁经传〉补注研究》、陈秀玲《杨士勋〈春秋穀梁传〉注疏之研究》。”[①] 本文随后于1975年由嘉新水泥公司文化基金会印行出版，迄今已历四十余年，目前仍为研究范宁《春秋穀梁传集解》的不刊之作。

3.《六十年来之〈穀梁〉学》，程发轫主编：《六十年来之国学》第1册，（台北）正中书局1972年版，第431—466页。

本文为《六十年来之国学》的系列作品之一。全文乃“就1912年以来有关《穀梁传》之著作，凡三十六种共二十六人，分别评述”[②]。第一章“导言”，乃扼要勾勒《穀梁》学的历代发展大势与列举若干重要文献。第二章“《穀梁》学著述总目”，先分“著作之部”“论文之部”两大节，前者又分注疏、考证、辩难、条例、辑佚、论说等六类作品，后者则分笺释、考证、条例、校勘、序跋、论说等六类作品。第三章“《穀梁》学名著述要”，乃就前述各类著作，总共择选出十部作品予以重点提要[③]，最后并指出王闿运、廖平、刘师培、柯劭忞等四人为1912—1972年间重要的《穀梁》学家。以此，本文可视为1912年以后的六十年《穀梁》学研究史，有助于了解该时期的《穀梁》学研究概况。

4.《〈穀梁范注发微〉提要》，《木铎》第1期，1972年9月，第32—38页。

本文计分“撰写本文之动机”“资料之搜集与整理”“撰写本文之经过”“本文内容提要”“本文之创获”等五节，全文主述《穀梁范注发微》之重点，旁及该文的研究动机、资料搜集方法与过程、撰写经过等等，最后以该文的十大创获作结。基本上，本文属介绍性质的文章，可借以初步

① 丁亚杰：《春秋经传研究》，载林庆彰主编：《五十年来的经学研究》，（台北）台湾学生书局2003年版，第217页。

② 王熙元：《六十年来之〈穀梁〉学》，载程发轫主编：《六十年来之国学》第1册，（台北）正中书局1972年版，第432页。

③ 王熙元所述要的十部著作，“注疏类”有：廖平《重订〈穀梁春秋经传〉古义疏》、柯劭忞《春秋穀梁传注》。“考证类”有：刘师培《〈穀梁〉〈荀子〉相通考》、李曰刚《〈穀梁传〉之著于竹帛及传授源流考》。“诘难类”有：廖平《起起穀梁废疾》、廖平《释范》。“辨例类”有：戴君仁《〈春秋穀梁传〉时月日例辨正》。“论说类”有：王闿运《穀梁申义》、张慰祖《穀梁大义述补阙》、陈槃《读〈穀梁〉札记》。

了解《穀梁范注发微》的内容大要、创见以及撰文的背景、过程。

5.《穀梁著述考征》，（台北）台湾广东出版社 1974 年版。

本书为王熙元继《穀梁范注发微》之后的第二部《穀梁》学专著，同时也是最后一部。据前引《〈穀梁〉古佚注考》一文的“序例”可知，本书原拟书名为《春秋穀梁学著述考》，原拟撰写“注释”“论说”“条例”“诘难”“考辨”“音义”“校勘”等七个章节；最后撰成时改为今名，且章节增加为九章，原拟“论说”“条例”“诘难”“校勘”等三章章名不变，“注释”改为“注疏”，“考辨”改为“考证”，“音义”改为“音读”，另再新增“内外”“评选”两章。据王氏于本书《自序》中所云：“曩日尝下帷发愤，撰《穀梁范注发微》一书，专研晋儒范武子之《穀梁》学，因思历代之《穀梁》著述，或湮没不存，或晦暗不彰，欲知先儒于此学之业绩，当广搜旧典，排比而考订之，以征其实，庶几《穀梁》一家之学，于学术史上盛衰演变之迹，可以一目了然，如指诸掌。”① 可知前引《〈穀梁〉古佚注考》一文，为其资料搜集整理之初步成果；本书则为王氏完成博士学位论文后，持续完成搜整工作的最终研究成果。全书内容体制，王氏已于《自序》中述其大要，曰：“自《穀梁传》以下，凡汉、魏以来之《穀梁》著述，搜得一〇七种，计三十五篇、五百二十五卷，卷数不详者有二十五种，撰人不详者有二种。其间现存而可见之书，约三十余种，泰半皆已亡佚，少数有辑佚之本，亦有未见传本，或未尝卒业者。若以种类分，则内外传各一，注疏三十七种最多，论说二十四种其次，条例八种，诘难、考证之类各有十种，音读之属七种，校勘之书三部，而评选者有六本。若以朝代分，则周一种，即《穀梁传》是也；后世著述，以清代最多，达五十种；两晋其次，计二十四种；汉儒之作，可考者九种而已；唐、宋、明三代，各有五种；清以后，仅得四部；三国时，惟有三种，南北朝最少，两

① 王熙元：《穀梁著述考征 · 自序》，（台北）台湾广东出版社 1974 年版，第 3 页。

种而已。”[①] 本书巨制鸿篇，披览广泛，穷搜冥索，其用力之勤与学术之功[②]，堪与《穀梁范注发微》抗衡，并为王氏《穀梁》学著作之双璧。

6.《范宁及其〈穀梁集解〉》，《“国文”学报》第3期，1974年6月，第1—9页。

本书是王熙元在撰成《穀梁范注发微》专著之后，对范宁及其所撰之《春秋穀梁传集解》进行重点式的精要论述，内容皆浓缩其博士学位论文而来。全文在“前言”简述两汉魏晋的《穀梁》学发展大要及《春秋》三传的优劣比较后，分成“范宁的生平与家世”“《穀梁集解》的体例及内容”等两节，两节下又各分若干小节，分述范宁的生平、家世，以及《穀梁集解》的成书经过、体例特征、内容得失等，是目前认识范宁及其《穀梁集解》的最佳入门文章，如林庆彰先生所说：“王先生是《穀梁传》的专家，曾撰有《穀梁著述考征》《穀梁范注发微》《范宁及其〈穀梁集解〉》等书和论文。我打算把王先生的《范宁及其〈穀梁集解〉》一文列入《中国经学史论文选集》上册中。征求他同意时，王先生很谦虚地说：‘这是将近二十年前的小论文，现在来看，写得并不好，你应该找更好的文章收入。如果你一定要收入，那我只好同意。’大部分的长辈，对自己的东西，很少能这样客气的。王先生的这篇论文，至今仍是范宁《穀梁传集解》的最好的入门文章。”[③] 是以本文后来也收入林庆彰所编《中国经学史论文选集》上册［（台北）文史哲出版社1992年版，第572—585页］。

7.《〈穀梁传〉传授源流考》，《孔孟学报》第28期，1974年9月，第219—236页。

本文最初见于1972年《穀梁范注发微》第一章第三节“《穀梁传》传授源流考”，其内容在略经增订后，以单篇论文再度发表于1974年出刊的

① 王熙元：《穀梁著述考征·自序》，（台北）台湾广东出版社1974年版，第3—4页。

② 如奚敏芳云：“《穀梁著述考征》一书，系载录历代经籍注疏、笔记杂著有关《穀梁》师说之传授、著作之存佚者，另兼采诸子各家、昔贤文集、晚近学者、域外学人有关《穀梁》之论述，包罗极广，用力亦深。”见奚敏芳：《王熙元教授生平事略及著作目录》，第258—259页。

③ 林庆彰：《悼王熙元教授——兼悼李光第先生》，《“国文”天地》第12卷第5期，1996年10月，第22页。

《孔孟学报》；其后，又收录于《春秋三传研究论集》中[①]。由于本文经过订补，最终定稿应以《孔孟学报》所收录的版本为准，故而序列于此。订补的版本，除前言略有增修外，于《穀梁传》的传授谱系中，仅新增晋人陈修一人，所据文献为《会稽典录》：“少为郡史，受《韩诗》《穀梁春秋》。”其余皆未有增删。全文历述先秦两汉至魏晋时期的《穀梁》学家及其传授谱系，起自子夏，终于范凯。“前言”述有本文体例曰：“自子夏始，依传授先后为序；其传授统绪之不可考者，则依时代先后为次。凡传授《穀梁》、讲论《穀梁》、通晓《穀梁》，或于《穀梁》尝有著述者，无论传世与否，皆网罗焉，盖一以见《穀梁传》传授之源流，一以见经师传习之业绩，以明《穀梁》学盛衰演变之迹。晋范宁作《穀梁集解》，其后《穀梁》之学衰矣，因断自范氏父子兄弟。”[②] 本文考镜源流，上下求索，详明传承谱系，于厘清《穀梁》学的早期传授谱系有功，并奠定了日后进一步建构历代《穀梁》学史的基础。

8.《〈春秋〉与〈春秋〉大义》，《学粹杂志》第20卷第1、2期，1978年4月，第1—5页。

本文主论《春秋》，旁及三传传文。首论《春秋》之名义，认为“春秋”之名有“得阴阳之中”“春作秋成”“错举四时之名”等三种取义之说。其次论《春秋》之成书，再论《春秋》之价值，末论《春秋》之大义。其中涉及《穀梁》者，主要有“四时具而后为年”的《春秋》编年说、夷夏内外之义、正名之义、谨始之义等等。王氏认为，“三传中《穀梁传》对《春秋》大义的阐述，成就比较多”[③]，是以文中所引述者，以《穀梁》大义者居多。

9.《〈春秋穀梁传〉述要》，高明主编：《群经述要》，（台北）黎明文化公司1979年版，第143—153页。

---

① 王熙元《〈穀梁传〉传授源流考》一文，载孔孟学会主编：《春秋三传研究论集》，（台北）黎明文化事业公司1981年版，第259—281页。

② 王熙元：《〈穀梁传〉传授源流考》，《孔孟学报》第28期，1974年9月，第219—220页。

③ 王熙元：《〈春秋〉与〈春秋〉大义》，《学粹杂志》第20卷第1、2期，1978年4月，第3页。

据《群经述要》引言指出："现在为使经学普及化，让大众对群经有一些认识，拟集合十四位文学博士，写一部《群经述要》，以贡献于社会。"① 知本文属"经普"性质的入门文章，是以用语浅显易读，全文分来源、内容、读法、价值等四方面，简要地介绍《穀梁传》；而其中所述及的《穀梁》"谨始"义，已见于前引《〈春秋〉与〈春秋〉大义》一文中。

10.《范宁年谱初稿》，《"国文"学报》第10期，1981年6月，第53—80页。

王熙元曾于《穀梁范注发微》第一章第四节中，对范宁的生平进行概要的叙述，名为"范宁生平述略"，本文即在该文的基础上，再行增订删补而来。王氏曾自云本文的撰作动机及体例，曰："爰董理旧业，以其（范宁）在生年代及年岁为纲，考其行事，分别系之，当年时事、学术动态及同时人物生卒情形，亦择要录之，以见时代大势。或引录典籍，以证吾言；或附识按语，以明出处。间有史书误记，则据实考辨，以还其真；其年代确定不易者，则稍加揣断，姑志某年，以俟再考。"② 本文发表至今已近四十年矣，仍为目前范宁生平研究最详尽的成果。

11.《三传的文学价值》，《中国文学讲话》，（台北）巨流图书公司1982年版，第113—145页。

本文虽名为《三传的文学价值》，但因三传存在着不同的基本性质：《左传》主于叙事，《公》《穀》二传则善于释义，是以全文约有九成的篇幅在论《左传》的文学价值，述《公》《穀》二传者，大约仅一成，其中与《穀梁》相关者，更不及一成。对于《穀梁》的文学价值，王氏主要从转品、改易、排比等三种修辞技巧来论述，所论以简要为主。本文后来也收入氏著《古典文学散论》［（台北）台湾学生书局1987年版］中。

综合上述，王熙元的11种《穀梁》学研究著作，以下列五种著作的五个方面为主：

A. 范宁的生平研究：即第10种《范宁年谱初稿》

① 高明：《群经述要引言》，《群经述要》，（台北）黎明文化公司1979年版，第10—11页。

② 王熙元：《范宁年谱初稿》，《"国文"学报》1981年第10期，第53页。

B.《春秋穀梁传集解》研究：即第 2 种《穀梁范注发微》

C.《穀梁传》的历代著述研究：即第 5 种《穀梁著述考征》

D.《穀梁传》的传授源流研究：即第 7 种《〈穀梁传〉传授源流考》

E.《穀梁传》的现代研究史研究：即第 3 种《六十年来之〈穀梁〉学》

除以上五种主要的著作外，其余或为重出另见，或为入门性质，或非文章重心，当可略而不论。而在上述五种主要著作中，若精而言之，A、B 两种可合为范宁及其《穀梁集解》研究，C、D、E 三种可合为《穀梁传》的历史研究。是以总而言之，王熙元《穀梁》学研究的主要成果，具体地呈现在此两大范围中。

再者，若从研究的时间分布来看。王熙元研究《穀梁》学的阶段主要介于 1969—1982 年间，尤集中于 1972 年获博士学位后的 3 年内，上述五种著作中的后四种，都发表于这个时期。而自 1981 年发表《范宁年谱初稿》后，直至 1996 年辞世，其间十五年左右的时间，未再专门针对《穀梁》学发表研究论文，殊为憾事。

王熙元辞世前的十五年，未再持续《穀梁》学的相关研究，笔者认为，可能与最初的研究动机及其个人兴趣有关。在研究动机方面，当时王氏之所以踏进《穀梁》学研究的领域，纯为对同窗诸友以一经名世之向往，如高仲华先生的序文所云：“湘乡王君熙元既入台湾师范大学中国文学研究所博士班攻读，见同窗诸友多有以一经名世者，如胡君自逢之治《易》、许君锬辉之治《书》、赖君炎元之治《诗》、李君云光之治《礼》，皆卓然有所成就，因欣然向往，欲步诸君之后尘，而求教于余。余以及门诸子尚未有治《春秋》者，乃以《春秋》属之。”① 王氏既以一经名世之向往为其研究《穀梁》学的主要动机，则其后未再有相关著作，大概亦可想见矣。而在个人兴趣方面，自始至终，古典文学领域为王氏醉心之所在，从其学生时代便开始文学创作、研究，且持续到晚年，即可知一二，如傅武光所云：“继硕士与博士论文之后，又有《穀梁著述考征》《王守仁》及《论语通释》之作，其他单篇论文尚有百余篇，大抵重心在于《楚辞》、陶诗、唐宋诗词

---

① 高明：《穀梁范注发微・序》，第 1 页。

与元曲。晚近出版之《古典文学散论》《诗词评析与教学》及《优游词曲天地》，其精华集也。”① 但即便如此，王熙元在《穀梁》学研究的开创与奠基之功，已足资后人景服。

（二）观念方法

兹以下列两端，试述王熙元关于《穀梁》学研究的基本观念与研究方法。

1. 基本观念

王熙元的《穀梁》学研究基本观念，乃来自“孔子、《春秋》《穀梁》《穀梁集解》”四者的辩证关系，而分散在不同的著作中。如王氏云：

> 孔子盖欲藉《春秋》以明义，故有知我、罪我之言；而《春秋》乃孔子晚年所成，则《春秋》一书，必寓有孔子晚年之思想，故吾人欲探究孔子之学说，舍《论语》而外，其惟《春秋》乎?②
>
> 《春秋》一书，必寓有孔子晚年之思想，故吾人欲探究孔子之学说，舍《论语》而外，其惟《春秋》乎！而三传以《穀梁》最正，然则《穀梁》者，诚乃上溯《春秋》经义及孔子思想之津梁也。③
>
> 两汉、魏、晋以来，《穀梁》古注，约二十余家，今多亡佚（详拙作《〈穀梁〉古佚注考》），惟范武子宁《集解》仅存，幸范注旁征博取，多存古义，故欲研究《穀梁》，舍范氏《集解》莫由。④

王氏于上引文字中所阐释的观念，可示之如下：

【思路】孔子思想→《春秋》寓义→《穀梁》最正→范注存古义

【研究】以范注发端→明《穀梁》之例→得《春秋》之义→获孔子

---

① 傅武光：《王熙元先生行状》，《“国文”天地》第12卷第5期，1996年10月，第7页。

② 王熙元：《穀梁范注发微提要》，第32页。

③ 王熙元：《穀梁著述考征·自序》，第2页。

④ 王熙元：《穀梁范注发微提要》，第32页。

之心

在思路方面，王熙元认为孔子的思想是逐渐递延到范宁的《穀梁集解》中；所以倒过来讲，要达到上探孔子之心的终极目的，当由范宁《穀梁集解》为发端，所谓“舍范氏《集解》莫由”即是。诚如王氏所云：

先发范注之微，以上明《穀梁》之例，得《春秋》之义，而获孔子之心焉。①

关于王氏的此种基本观念，笔者姑且名之为“四段式思考脉络”。

不过，王熙元的“四段式思考脉络”，其实是受其业师高仲华先生的观念影响而来。高先生曾云：

余以及门诸子尚未有治《春秋》者，乃以《春秋》属之（指王熙元），且告之曰：“孔子因鲁史记而作《春秋》，《左氏》传其事，《公》《穀》传其义。《左氏》文采富艳，而不免浮夸；《公羊》义旨深微，而时涉妄诞；唯《穀梁》严谨，郑康成尝许其‘善于经’。《穀梁》古注二十余家，多归亡佚；今仅存者，范宁《集解》而已。子何不因范注以窥《穀梁》，由《穀梁》而探《春秋》？于孔子之微言大义，庶几有得乎！”王君于是下帷发愤，撰《穀梁范注发微》一书。历三年，书成，凡五十万言。②

除了受其业师影响外，汉郑玄“《穀梁》善于经”之语也有关键性的影响。如王氏云：

余于三传之学，独好《穀梁》，盖以《穀梁》之文与义，皆平正纯谨，颇有儒者之风。③

《穀梁》义旨纯正，最近孔子，诚乃研究《春秋》经义及孔子思想之津梁也。④

---

① 王熙元：《穀梁范注发微提要》，第32页。

② 高明：《穀梁范注发微·序》，第1页。

③ 王熙元：《穀梁著述考征·自序》，第2页。

④ 王熙元：《六十年来之〈穀梁〉学》，载程发轫主编：《六十年来之国学》，第437页。

笔者认为，王熙元如此重视郑玄“《穀梁》善于经”之说，除了承其业师的观念而来外，郑玄身为汉末经学大师的身份，能提供绝对的合理性与权威性，并进而成为王氏据《穀梁》上探孔子思想的最佳凭据。

2. 研究方法

关于王熙元在其《穀梁》学著作中所采取的研究方法，兹约举下列数种，以知其治学之梗概。

一是“援《公羊》以推《穀梁》”。《公》《穀》二传互争大义之长短，自西汉起便不绝于世，至民国年代，仍时有所闻。然而，《公》《穀》二传果真如此水火不容？其实未必。若能平心而论，《公》《穀》二传彼此是可以互证互明的。例如考论《穀梁传》的作者时，王氏便云：“《公羊传》引公羊子言，可证必非公羊子自称，而《传》乃公羊后学著于竹帛，《四库提要》尝考之矣。今《穀梁传》引穀梁子说，亦可证必非穀梁子自称，而《传》乃穀梁后学著于竹帛者也。”① 王熙元以《公羊》非公羊子自作，类推《穀梁》亦非穀梁子自作，而与《公羊》皆同为后学所著于竹帛。同样，在文献记载中，穀梁子有赤、寘、喜、嘉、淑、俶等六名，众说纷纭，王氏考证曰：“穀梁子六名之中，俶之于淑，喜之于嘉，当系形近之误，此显属可能者。然则至少有四名之异，而先秦多人各一名，断无一人而有四名之理。……《穀梁》亦必如公羊氏之家世相传也，特此四人［指赤、喜（嘉）、寘、淑（俶）］孰先孰后，则已不可详考耳。”② 凡此，皆“援《公羊》以推《穀梁》”的方法运用。

二是“述经传以补范注”。范宁注《穀梁》，有时用语简洁，或约括其意，或省文行之，或推导传意而得，以致语意不清而不易理解，王熙元乃述经传文以补之。例如定公四年经云：“冬，十有一月庚午，蔡侯以吴子及楚人战于柏举，楚师败绩。”（传文长，不赘录）。范宁注曰：“知见伐由己，故惧而出奔。”王氏按语云：“传文述其原委，谓蔡昭公朝于楚，有美裘，囊瓦求之，昭公不与，因拘昭公于南郢，数年然后得归，归而欲伐楚，楚

① 王熙元：《穀梁范注发微》，（台北）嘉新水泥公司文化基金会1975年版，第21页。
② 王熙元：《穀梁范注发微》，（台北）嘉新水泥公司文化基金会1975年版，第41页。

人闻之怒，遂兴师伐蔡，蔡请救于吴，吴为兴师而伐楚。范解囊瓦出奔之故，据传意推知也。”① 是阐述传意以补范宁所推知的注文之意。又如昭公四年经云：“秋，七月，楚子、蔡侯、陈侯、许男、顿子、胡子、沈子、淮夷，伐吴，执齐庆封杀之。”（传文长，不赘录）。范宁注曰：“据已绝于齐。”王氏按语云：“《公羊传》曰：‘其言执齐庆封何？为齐诛也。’《左传》曰：‘执齐庆封而尽灭其族。’是庆封已绝于齐之事。”② 是引《左》《公》二传文以补范注文意。

三是“引义例以解注文”。《春秋》是否有“例”？并进而由“例”以探“义”？一直是历来《春秋》学争议的焦点。就范宁而言，《春秋》自当有“例”，而《穀梁》也循“例”以解“义”，是以范宁常以例注解经传。当范注未引“例”而直说“义”，或所引“例”未为详尽时，王熙元更援引例以解之。例如隐公二年经云：“夏，五月，莒人入向。”传曰：“入者，内弗受也。向，我邑也。”范注曰：“自鲁而言，故曰我也。”王氏按语曰：“《春秋》鲁史，纪事以鲁为主，故凡志鲁事，多直称我，如葬鲁君，乃称葬我君桓公、葬我小君文姜之类；诸侯伐鲁，则称齐人伐我、莒人伐我东鄙之类；鲁入人之邑，则称我入邴之类；其入人之国而不著我者，传从而释之，如桓二年入杞，传云：‘我入之也。’是经、传称我者，皆自鲁而言故也。此经、传通例，故范明之。”③ 此是“内外例”。又如成公五年经云：“梁山崩。”传曰：“不日，何也？”范注曰：“据僖十四年秋八月辛卯，沙鹿崩书日。”王氏按语曰：“传例凡灾异之大者书日，重其变也，今梁山崩不日，故传问之，而注明据沙鹿者，以灾事类同故也。”此是“灾异例”。再如庄公十八年经云：“秋，郑詹自齐逃来。”传曰：“逃义曰逃。”范注曰：“齐称人以执，是执有罪也。执得其罪，故曰义也。今而逃之，是逃义也。”王氏按语曰：“齐人称人以执者，此年春，齐人执郑詹是也。称人以执，是执有罪者，昭八年传云：‘称人以执大夫，执有罪也。’范据彼传例，以释

---

① 王熙元：《穀梁范注发微》，（台北）嘉新水泥公司文化基金会 1975 年版，第 458 页。
② 王熙元：《穀梁范注发微》，（台北）嘉新水泥公司文化基金会 1975 年版，第 468—469 页。
③ 王熙元：《穀梁范注发微》，（台北）嘉新水泥公司文化基金会 1975 年版，第 453 页。

此传之义。”[①] 此是“奔逃执归例”。

四是“列诸说以论断”。借重前人的研究成果，自是学术研究的必要方法，尤其是借幽微比辞、属事以寓义的《春秋》，如何探求经、传文所寓含的大义，更是历来学者努力的方向，王熙元自不例外。例如宣公八年经云：“夏，六月，公子遂如齐，至黄乃复。”传曰：“乃者，亡乎人之辞也。”范注曰：“郑嗣曰：‘大夫受命而出，虽出，以尸将事。今遂以疾而还，失礼违命，故曰亡乎人，言鲁使不得其人也。’”王氏按语曰：“郑解‘亡乎人’为不得其人，犹僖三十一年范注曰‘无贤人’，皆非传意。王引之以亡读存亡之亡，谓不在也，亡乎人者，谓不在乎人是也，说见《经义述闻》卷二十五。赵汸以为不得已曰‘乃’，李光地以为无可奈何之意，犹俗言不由人意，皆合传意，钟文烝《穀梁补注》卷十二引证颇详。”[②] 王熙元历述王引之、赵汸、李光地、钟文烝诸人之说，谓诸人之说皆合传意，以论断范宁所引郑嗣之说不合传意。

五是“列异说以存疑”。时间越是久远的学术研究，可资凭据的文献越是缺乏，如果在经过辩证而仍无法论断的情形下，列异说以存疑，不失为一种慎重的治学态度。例如《穀梁著述考征》第二章“注疏之属”中，列有《穀梁章句》一书，三十三篇，撰人不详。王熙元首引《汉书·艺文志》，谓不著撰人。其次，引王先谦《汉书补注》引沈钦韩语，谓本书撰人为尹更始。后再引姚振宗《汉书艺文志拾补》《汉书艺文志条理》《隋书经籍志考证》等书，分谓该书或疑始于江公，或出自众人，或出于蔡千秋与刘向。最后，王熙元按语曰：“《汉书·儒林传》谓尹更始‘又受《左氏传》，取其变理合者以为章句’，是否即汉志之《穀梁章句》？无确证可据。沈氏属之更始，未必然，盖尹氏章句自梁《七录》以下皆十五卷，此章句三十三篇，而《汉志》固常以篇为卷，卷数不合故也。姚氏或疑始于江公，或以为出自众人，或谓出于蔡千秋、刘向，皆揣测不定之辞。今以史文所载，语焉不详，其他典籍，亦不足考征，与其无凭而臆测，未若付诸阙疑

---

① 王熙元：《穀梁范注发微》，（台北）嘉新水泥公司文化基金会1975年版，第676页。

② 王熙元：《穀梁范注发微》，（台北）嘉新水泥公司文化基金会1975年版，第176页。

之为得也。”[1] 王氏此法，正合《穀梁》“信以传信，疑以传疑”之意。

三、《穀梁》学主张与学术评骘

（一）《穀梁》学主张

兹就学界较有争议且与《穀梁》学相关的论题，约举三点以明之。

1. 主张《穀梁》成书早于《公羊》

《公羊》《穀梁》二传的成书先后，向来皆是《春秋》学争讼的课题。学界多以《公羊》成书早于《穀梁》，如皮锡瑞曾说：“《穀梁》在《公羊》之后，研究《公羊》之说。……以《穀梁》晚出，曾见《公羊》之书，刘原父已言之，陈氏推衍尤晰，治《穀梁》者必谓《穀梁》早出，观此可以悟矣。晁说之曰：‘《穀梁》晚出于汉，因得监省《左氏》《公羊》之违畔而正之，至其精深远大者，真得子夏之所传。’范氏又因诸儒而博辨之，申《穀梁》之志也，其于是非，亦少公矣。非若征南一切申传，汲汲然不敢异同也。”[2] 即是此种主张的典型代表。

对此，王熙元则主张《穀梁》成书时代早于《公羊》，王氏云：

> 大抵《穀梁》一书，非一时一人之作，自孔子以《春秋》授子夏后，当时弟子各有所闻，辗转口传，至秦、汉之际，始由传其学者，杂取历来儒者之见解，荟萃成书，著于竹帛。……盖《公羊》已于景帝时著于竹帛，《穀梁》则秦、汉之际已成书矣。[3]

王熙元主张《穀梁传》在秦、汉之际即已著于竹帛而成书。其后，再于《六十年来之〈穀梁〉学》一文中，引程旨云之说，谓“《左传》成书先于《穀梁》，而《左氏》纪事，又为《穀梁》辑用矣”[4]。如此，可知王

① 王熙元：《穀梁范注发微》，（台北）嘉新水泥公司文化基金会 1975 年版，第 18 页。
② （清）皮锡瑞：《经学通论 · 〈春秋〉》，（台北）台湾商务印书馆 1989 年版，第 16—17 页。
③ 王熙元：《穀梁范注发微》，第 32—33 页。
④ 王熙元：《六十年来之〈穀梁〉学》，载程发轫主编：《六十年来之国学》，第 432 页。

熙元对于《春秋》三传成书先后的主张，是为《左传》最早，《穀梁》次之，《公羊》最晚。

2. 主张浮丘伯为著《穀梁》于竹帛者

关于《穀梁传》的作者，由于文献不足征，是以历来众说纷纭，皆未得一是。有谓穀梁子所作，如唐人杨士勋《穀梁传·序·疏》。有谓瑕丘江公所作，如清人姚振宗《汉书艺文志条理》。有谓晚至汉武帝时代始著于竹帛，如《四库全书总目提要》。甚而有谓为刘歆所伪造者，如崔适《春秋复始》。对此，王熙元主张著于竹帛者为浮丘伯，他说：

> 窃疑著《穀梁》于竹帛者，以浮丘伯为最近其实，何以言之？盖浮丘伯虽为传《诗》之经师，亦为荀子以后传《穀梁》之经师。且陆贾《新语》已征引《穀梁传》，而陆氏与浮丘伯同时，《新语》所言春秋时事，既皆用《穀梁》家法，则其时《穀梁》当已由浮丘伯著竹帛明矣！……日人本田成之谓《穀梁传》义曾受法家影响，因又以《穀梁》成于荀子以后，秦、汉之间，而浮丘伯正当其时。①

上述最后主张及其主要论点，虽然早见于李曰刚的著作，② 而非王氏原创观点，但在《穀梁范注发微》第一章第二节“论《穀梁传》之作者”中，王氏详列历来相关诸说，并予一一考证论断，仍有后出转精之功。

不过，王氏的上述论点，后来出现了些微的调整。他说：

> 余以为穀梁赤所作之传，原为古文，故荀卿与陆贾之著作，能称引其文也。至浮丘伯改古文为今文，正如伏胜所藏《尚书》改古文为今文，故申公所受之鲁《诗》与《穀梁》皆今文也。③

---

① 王熙元：《穀梁范注发微》，第31—32页。

② 王熙元曾说：“熙元于《穀梁》作者问题，亦尝撰文详为研讨（见拙著《穀梁范注发微》首章），所获结论，与先生（李曰刚）正同。”见注10，第453页。文中所述李曰刚的著作，详见氏著：《〈穀梁传〉之著于竹帛及传授源流考》，《台湾师大学报》第6期，1961年6月，第240—241页。

③ 王熙元：《六十年来之〈穀梁〉学》，载程发轫主编：《六十年来之国学》，第431—432页。

王熙元认为穀梁赤所作为古文《穀梁传》，后再由浮丘伯改古文为今文；也就是说，《穀梁传》有今、古文之本。此说应是为解释荀子、陆贾称引《穀梁》而发。观点虽新颖，然而不像伏生口授今文《尚书》之说有文献记载的直接证据，臆测的成分甚大。是以王先生日后在相关的著作如《〈穀梁传〉传授源流考》一文中，便未得再见此说，而仅固守《穀梁》著于竹帛者为浮丘伯的基本论点。①

3. 主张《春秋》有义例，且《春秋》之义见于变例

《春秋》是否有“例”？以及是否能依“例”探“义”？亦是历来学者争论的课题之一。对此，王熙元的主张可分为以下五个层次。

首先，王氏认为：

> 盖《春秋》义例，乃学者属比归纳而得，非孔子作《春秋》前，先定书法之例也。②

孔子非先定书法之例再作《春秋》，是王熙元主张的第一个层次。既是如此，则后世学者为何仍可透过属辞比事而得出所谓的《春秋》义例？此与孔子修《春秋》可能寓含笔削之义有关，王氏云：

> 孔子修《春秋》，虽据鲁史，于笔削取舍之间，寓以褒善忠良、贬恶乱贼之微意，当非尽出于臆测也，否则可谓“天子之事”乎？③

《春秋》既为“天子之事”，则孔子修之，必当有其褒贬取舍之义，亦必因此而有迹可循，非后世学者所纯然臆测者，此是王氏主张的第二个层次。据此，王熙元认为洪兴祖所谓“《春秋》本无例，学者因行事之迹以求例；犹天本无度，治历者因周天之数以为度”（见陈振孙《直斋书录解题》

① 王熙元说：“清儒刘逢禄、皮锡瑞等皆疑穀梁氏亦如公羊之家世相传，此说或有可信。迨及汉初浮丘伯，《穀梁》亦著于竹帛（拙著《穀梁范注发微》首章“论《穀梁传》之作者”节尝详为考定），是为《穀梁传》。”见王熙元：《〈穀梁传〉传授源流考》，第219页。

② 王熙元：《穀梁范注发微》，第494页。

③ 王熙元：《穀梁范注发微》，第588页。

引)，“其说最为明通”。[①] 所以，“先儒以例说《春秋》，非全无根据，如即位不日、来盟不日、外盟不日、卑者之盟不日等，确可谓之例”[②]。

《春秋》既有“例”，则前人所归纳的三传义例，自然未可尽废，此是王氏主张的第三个层次。他说：

> 义例者，治《春秋》之方法耳。特《左氏》为纪事之传，不当横生义例，《公》《穀》所以解经，且二家先师，去古未远，师说相承，或有所本，故未可尽废也。[③]

是以，在未可尽废的前提下，某些义例仍可取信，例如时月日例。王氏云：“通《春秋》不书日者凡八百五十四条，而系日者不过三百七十九条，尚不及不系者之半，若以不系日者全为阙文，则《春秋》阙文何致如是之多也？不真如王荆公所谓断烂朝报乎？此《公》《穀》之所以有时月日例，而先儒之所以信之者也。”[④] 又云：“以吾人观之，《春秋》时月日之所以参差者，或由旧史残阙，或由赴告不备，……阙文既不容如许之多，则日月为例说自不容抹煞也。如即位不日、来盟不日、外盟不日、卑者之盟不日之类，固旧史书法，孔子因之；至群公皆有正月，定公独无正月；群公即位皆不日，定公独书戊辰；岂非孔子特笔欤?”[⑤] 惟《春秋》之例仍不可过度深求，而生穿凿附会之弊，此是王熙元所一再强调者。如王氏云：“惟后世学者，求之过深，往往各出私意，牵引附会，或望文生义，或架空虚构，遂致支离穿凿之说纷然矣！此不可不辨者也。”[⑥] 又云：“盖《公》《穀》先师，去孔子不远，师说相承，安知不前有所本乎？其初必平合理，迨后师日以己意增之，琐碎立例，遂致牵强附会，有所不通；纯驳相溷，辨之不易。”[⑦] 皆是此意。

① 王熙元：《穀梁范注发微》，第493—494页。
② 王熙元：《六十年来之〈穀梁〉学》，载程发轫主编：《六十年来之国学》，第459页。
③ 王熙元：《穀梁范注发微》，第495页。
④ 王熙元：《穀梁范注发微》，第505页。
⑤ 王熙元：《穀梁范注发微》，第506页。
⑥ 王熙元：《穀梁范注发微》，第495页。
⑦ 王熙元：《穀梁范注发微》，第506页。

在《春秋》三传义例未可尽废但不能过度深求的前提下，以《穀梁》的义例较为平实可取，是为王氏主张的第四个层次。王氏云：

> 弟子亲闻于夫子，退而尚有“异言”，后之说《春秋》者，更无论矣！《公》《穀》先师，习闻其言，口耳相传，自不免于乖异。然《穀梁》鲁学，源出子夏，所言平实纯谨，无非常可怪之论；则《穀梁》义例，或有可取焉。①
>
> 《公》《穀》二传之例，皆二家经师相传为说。《公羊》每以名字称谓示褒贬，不免有附会之处；惟《穀梁》所说，较平实近理。②

《穀梁》义例平实近理而可取，缘鲁学纯谨的师法学风而无异义可怪之论。

《穀梁》义例既平实可取，则《春秋》之义如何得见？王熙元说：

> 事同而辞同者，所谓“正例”也；事同而辞异者，所谓“变例”也；《春秋》之义，皆于变例见之。③

《春秋》有正例、有变例，“《春秋》之义，皆于变例见之”，是为王氏主张的第五个层次。如昭公九年经云：“许迁于夷。”无传，范注曰：“以自迁为文而地者，许复见也。”王氏按语曰：“范注据僖元年、成十五年传例也。常例国亡不复见，不书地，其君贤，则变文以见义。”④ 即是以变例见义。在经过上述五个层次的推断下，王氏遂主张《春秋》有义例，而其大义乃见于变例之中。

（二）学术评骘

对于王熙元在《穀梁》学研究领域的学术评骘，可分研究贡献与未尽

① 王熙元：《穀梁范注发微》，第 494 页。
② 王熙元：《穀梁范注发微》，第 540 页。
③ 王熙元：《穀梁范注发微》，第 493 页。
④ 王熙元：《穀梁范注发微》，第 663 页。

之处两部分，以下分述之。

1. 研究贡献

王熙元的《穀梁》学研究贡献，约有以下数端：其一，考征《穀梁》学的历代著述，而具开创之功。《穀梁》学在历代的发展过程中，除了西汉宣帝时期曾盛极一时，以及清代号称复兴而多有著述之外，其他时期大都隐微不彰。文献中曾著录的历代《穀梁》学著述，又多佚失，流传至今的全本相当少见，或亡佚，或仅存残卷，增加了《穀梁》学研究的难度。是以王熙元的穷搜披览，实具张皇幽微的开创之功。

例如考《汉五家穀梁说章句》云："今此《汉五家穀梁说章句》一书，既不见于隋、唐志所载，疑系后人采得五人石渠议论之言，编辑成书，故题曰《汉五家穀梁说》。"① 又如考《薄叔玄问穀梁义》时云："依《隋志》著录之例，必先著书名，次著卷数，又次著撰人，……于著录'《薄叔玄问穀梁义》二卷'下，实脱撰人名。据杨士勋疏考之，盖范作集解，薄氏有所问驳，范随而答之，故马国翰辑本、黄逢元《补晋书艺文志》并题撰人为范宁，今从之。"② 其弟子吴连堂曾论该书之贡献云："王师熙元先生有《穀梁著述考征》一书（1974年，台湾广东出版社）于历代《穀梁》之著述，穷搜广披，整理区分，详加考订，而《穀梁》一家之学，于学术史上盛衰演变之迹，一目了然，足为治学术史者参考，尤足为专研《穀梁》学者之取资。"③ 洵为的论。

其二，勾勒《穀梁》学发展史略，而具奠基之功。《穀梁》虽并列《春秋》三传之一，然所受到的关注程度，却远不及《左》《公》二传。根据汉学研究中心网页所收录的由林庆彰先生主编的"经学研究论著目录数据库1912—1997"，输入"左传"一词可检得1357笔研究论著数据，输入"公羊"一词可检得369笔研究论著数据，输入"穀梁"一词则仅可检得147笔研究论著资料。上述《春秋》三传研究论著数量之比例，约为：《左传》

① 王熙元：《穀梁著述考征》，第75页。

② 王熙元：《穀梁著述考征》，第79页。

③ 吴连堂：《〈穀梁著述考征〉补正》，《孔孟学报》第75期，1998年3月，第45页。

72.5%、《公羊传》19.7%、《穀梁传》7.8%。《穀梁》学的论著数量连一成都不到，其研究状况之冷寂，可见一斑。

由此回头再看王熙元的《穀梁》学研究成果，便可衬托其卓著的贡献。其《穀梁著述考征》一书，自汉至清，共搜得107种著述，计35篇、525卷，其中卷数不详者有25种，撰人不详者有2种。如此鸿制，可据以知晓"二千年来《穀梁》学之发展概况，史迹斑斑，详略具在"[①]，实已建构出基本的"《穀梁》学研究文献史"。而《〈穀梁传〉传授源流考》一文，则自先秦子夏起，至晋人范泰、范雍、范凯，详考其间的《穀梁》学家及其生平与著述，已为此八、九百年间的《穀梁》学史，创下了不易之功。至于《六十年来之〈穀梁〉学》，则详明1912年以后六十年的《穀梁》学发展，亦是有功于学术。虽然时至今日，一部完整的《穀梁》学史著作仍未出现，但王氏此三种著作为此奠定了厚实的基础。

其三，考证《穀梁传》作者，而具转精之功。在王熙元之前，已有诸多关于《穀梁传》作者的考证文字，其中以李曰刚所考浮丘伯之说最具代表性[②]。虽然王氏最后的结论与李曰刚相同，但是在李氏的考证之上，王熙元另辟蹊径。先罗列历来诸说之莫衷一是，再从传文引沈子、穀梁子、尸子之说，证非穀梁子自撰；其后考证尸子籍贯、尸子书真伪，认为尸子当有二人，《穀梁》所引尸子非尸佼；最后再引近人及李曰刚的考证讨论，得出浮丘伯著《穀梁》于竹帛的结论。

自王熙元再度确定浮丘伯作《穀梁》后，后世即使有不同的主张[③]，拙

---

① 王熙元：《穀梁著述考征》，第4页。

② 李曰刚主要从《新语》引述《穀梁》的角度，来考证将《穀梁传》著于竹帛者。他说："《穀梁传》引见于古籍，未有先于《新语》者。《新语》前之《穀梁》师说，皆口耳授受，非陆贾所得闻。《新语》后之《穀梁》师弟如申公、瑕丘江公即有著述，亦非陆贾所及见。以其时考之，则《穀梁》之著于竹帛，舍浮丘伯莫属，可以断言。"见李曰刚：《〈穀梁传〉之著于竹帛及传授源流考》，第241页。

③ 例如杨德春便主张《穀梁》作者为穀梁子，详见氏著《〈春秋穀梁传〉的作者为穀梁子》，《重庆师范大学学报（哲学社会科学版）》2009年第3期，第44—47页。

意以为仍无法撼动该说[①]。由此可见，王熙元在前人研究的基础上，对《穀梁》作者的考证，实具后出转精之功。

其四，考订范宁的生平事迹，而具论断之功。历代以来注解《穀梁》最有功者，莫过于晋人范宁，王氏以范宁及其《穀梁集解》为研究对象，对范宁的生平事迹进行了搜罗整理。初步成果见于《穀梁范注发微》第一章第四节“范宁生平述略”，其后再经增补考订，以《范宁年谱初稿》之名发表。在王氏之前，“自晋以还，范君年谱，尚付阙如，实乃学术史上一憾事也”[②]。而在王氏之后，迄今亦未再见及范宁年谱的研究之作，而一以王氏所论为依归，例如王熙元考订范宁之名曰：“范宁之宁当作甯，不作寧，见《晋书》本传。盖慕甯武子之为人，故名甯，字武子也。”[③] 其考订范宁生平事迹而完成的范宁年谱，实具论断之功。

其五，专研《穀梁集解》，而具发微之功。《穀梁范注发微》一书，对《春秋穀梁传集解》进行了精致而细微的研究，全书五十万言，皇皇巨著，发凡起例，王氏自云该书具十大创获，皆信而有征。其对《穀梁集解》的全面分析与归纳，至今仍无人得出其右，诚为《穀梁》学研究之先驱。

2. 未尽之处

王熙元在《穀梁》学研究上的未尽之处，约有以下三个方面。

一是罗列诸说而未下案断，于著述体例或有不一。王熙元的《穀梁范注发微》一书，基本上是以经文、传文、范注、杨疏、历来诸家之说、王氏个人按语的顺序组成全书的架构。但书中若干处却未见王氏个人按语，例如该书第80页“隐公七年春，王三月，叔姬归于纪”条、第182页“桓公十年春，王正月，庚申，曹伯终生卒”条、第237页“隐公二年九月，纪履緰来逆女”条、第238页“庄公十三年冬，公会齐侯盟于柯”条，等

---

① 后世犹有证成王氏之说者，例如吴涛从《穀梁》的思想特色、汉初的引用、《穀梁》的引书、传文中所反映的秦代史事等层面，考得浮丘伯很有可能就是《穀梁》的作者。详见氏著《关于〈春秋穀梁传〉作者的推测》，载《“术”“学”纷争背景下的西汉〈春秋〉学：以〈穀梁传〉与〈公羊传〉的升降为例》附录一，中国社会科学出版社2011年版，第232—248页。

② 王熙元：《范宁年谱初稿》，第53页。

③ 王熙元：《范宁年谱初稿》，第54页。

等，例多不具引。这些讨论案例，或罗列注疏文，或历引古今诸说，皆未下案断语，读者不知王熙元之主张如何。若能各下或合下按语，除了有助于了解其主张外，于全书体例亦能收一致之效。

二是若干案断，犹可商榷。例如《穀梁著述考征》第31页“《春秋穀梁传注》十二卷，晋·徐邈撰”条，关于徐邈注、范宁注两注文成书先后的问题，历来有徐先于范、范先于徐两种主张。王熙元引柳兴恩《穀梁大义述》卷十四云：“序疏云：‘故吏，谓昔日君臣江、徐之属是也。’则江熙、徐干、徐邈，皆范氏故吏，与于讲席，故亦说《穀梁》，宁得以捃拾之，未必邈书定前成也。”王氏遂下按语曰：“范、徐二注成书先后，以柳氏之说较为近理。”但未进一步说明或补充柳兴恩之说为何较为近理？其实，“范宁捃拾徐邈讲席之语一说，无以驳斥徐邈可能成书于前之说；范注征引徐说的文献现象，亦无法否认范宁捃拾徐邈讲席之语的可能性。因此两说皆各自成理，故《四库全书提要》云‘未详其故’”[①]。既然两种主张皆有理，目前还无法论断，王氏亦未能提出新说，则或可循该书“凡例”第十二所谓：“凡前人于是书撰人异说纷纭者，悉载其文，并考定之，以求其真。所考皆审慎为之，若无确据，则宁阙其疑，不从臆说。”将此一学术公案暂置阙疑，姑存两说，以俟来者，或许较为审慎妥切。

三是以文献研究为主，而少意义的阐发。王熙元几部重要的《穀梁》学著作，如《穀梁范注发微》《穀梁著述考征》《〈穀梁传〉传授源流考》等，都是以文献研究为主，对于范宁的《穀梁》学思想、解经特色，以及历代《穀梁》学的讨论，乃至于《穀梁》本传的思想阐释等，都较少着墨。且其研究皆以传统笺注的方式为之，虽有补苴张皇、搜罗发微之效，但因拆成片段，难见整体的意义分析。若以前述王熙元的“四段式思维脉络”来看，在分析完范宁《穀梁集解》之后，接着应进行《穀梁》传义的阐释，然而王氏却未能持续开展，以至于《穀梁》学的研究始终停留在第一阶段，实为憾事。此外，在王熙元有生之年所指导的学位论文中，以《穀梁》学研究领域获得学

① 吴智雄：《徐邈〈穀梁〉学思想要义探赜》，《台湾政大中文学报》第20期，2013年12月，第166页。

位者仅有一名①，未能广传其《穀梁》学研究成果，亦属憾事之一。

四、结语

本文从“《穀梁》学著作与观念方法”“《穀梁》学主张与学术评骘”两端切入，讨论王熙元的《穀梁》学研究，知王熙元的全部《穀梁》学著作，有专著2部、论文9篇。王熙元的基本研究观念，是“先发范注之微，以上明《穀梁》之例，得《春秋》之义，而获孔子之心”，笔者姑且以“四段式思维脉络”名之。在此基本观念下，采取“援《公羊》以推《穀梁》”“述经传以补范注”“引义例以解注文”“列诸说以论断”“列异说以存疑”等研究方法为之。

在“《穀梁》学主张与学术评骘”方面，笔者认为王氏的学术贡献有五，一为“考征《穀梁》学的历代著述，而具开创之功”，二为“勾勒《穀梁》学发展史略，而具奠基之功”，三为“考证《穀梁》之作者，而具转精之功”，四为“考订范宁之生平事迹，而具论断之功”，五为“专研《穀梁集解》，而具发微之功”。至于其未尽之处，则有“罗列诸说而未下案断，于著述体例或有不一”“若干案断，犹可商榷”“以文献研究为主，而少内容的阐发”等。

整体而言，王熙元的《穀梁》学研究，在学术史上仍具卓越贡献，一如今人张高评评曰：“王熙元撰有《穀梁范注发微》《穀梁著述考征》《六十年来之〈穀梁〉学》诸论著，为台湾学界最有功于《穀梁》学术者。”②诚哉斯言。

附：本文2017年10月刊登于《台湾辅仁“国文”学报》第45期。

---

① 王熙元所指导的《穀梁》学研究学位论文，仅吴连堂一人以《春秋穀梁经传补注研究》为题，于1987年获台湾高雄师范大学中文研究所硕士学位。若扩大至《春秋》学领域，亦仅增简松兴一人，以《公羊传的政治思想》为题，于1979年获台湾师范大学中国文学研究所硕士学位。上引资料，详见奚敏芳：《王熙元教授生平事略及著作目录》，第279—280页。

② 张高评：《台湾〈春秋〉经传研究之师承与论著》，摘录自 http：//big. hi138. com/zhexue/guoxue/200807/85736. asp#. V-Sg4Sh95hE，查询日期：2017年5月23日。

戴君仁《春秋》学研究

——以《春秋辨例》对"时月日例"的讨论为核心

刘德明*

一、前言

戴君仁，字静山，浙江宁波人。依其门人杨承祖所撰的《戴先生事略》及阮廷瑜所撰的《戴静山先生年谱》两文所记，[①] 戴君仁生于1901年，1947年，应台湾师范学院（今台湾师范大学）之聘来台，来年则转任至台湾大学中文系。1955年，应台湾东海大学曾约农先生之聘，主持策划台湾东海大学中国文学系，而后出任系主任。1958年回任台湾大学。1963年，应聘为台湾辅仁大学在台复校首任中文系主任。1964年，仍任台湾大学教授。1973年，自台湾大学退休，应聘至台湾辅仁大学中国文学系讲座。1975年，台湾东吴大学敦聘其为研究教授。1976年，任台湾辅仁大学中文系讲座、台湾东吴大学研究教授。1978年逝世。观其任教的过程，知其对台湾中文学界有极大的贡献。而观其论著则遍及经学、子学及小学、考据，杨承祖言："先生之学，崇六经而尊孔孟，法程朱而笃践行；征实于考据，归本于义理。"综观戴君仁之著作，这个概括实深得其师为学之精要。

戴君仁对《易》《书》《春秋》三经均有专论，其自言著作的因由为：

---

* 刘德明，台湾"中大"中文系教授。

① 杨承祖：《戴先生事略》，载戴君仁：《戴静山先生全集》册一，（台北）戴静山先生遗著编辑委员会1980年版，第1—3页。阮廷瑜：《戴静山先生年谱》，载《戴静山先生全集》册三，第1—27页。本文关于戴君仁之生平、行谊多引述两文，不另注出。

一九五九年，余讲经学史于台湾大学，病古今说经之书至多，而往往反为经义之蔽。居今日欲明经学，宜损不宜益。因述为《谈易》二十篇，祛象数图书之蔽也；《阎毛古文尚书公案》十篇，祛伪赝之蔽也；《春秋辨例》十篇，祛穿凿附会之蔽也。自汉以来，五经为士子专业，人人思造作讲说以发明经义，世愈降而愈详密，于是离经之旨愈远，为经之蔽愈甚。……昔赵子钦尝怪朱子易说太略，朱子曰："譬之烛笼，添得一路骨子，则障一路光明；若能尽去其障，使其统体光明，岂不更好，盖著不得详说故也。"①

简而言之，戴君仁认为历代说经者有太多谬论，所以分别针对《易》《书》《春秋》三经在经学史上最重要的差谬见解予以澄清，认为透过去除障蔽的方式，即可还经书原来的面目。此"后记"写于1962年，在此之前，戴君仁已于1961年陆续发表《〈春秋〉时月日例辨正总论》《〈春秋〉三传名氏称谓例辨正》等文。1962年发表《〈春秋公羊传〉时月日例辨正》《〈春秋穀梁传〉时月日例辨正》《〈春秋〉在群经中的地位》。而《〈春秋左氏传〉时月日例辨正》则是在1964年4月发表，而后在同年10月，将前文结集成《春秋辨例》一书出版。本文拟针对戴君仁《春秋辨例》中关于"时月日例"的论述做一整理与反省。在此先说明两点：一、《春秋辨例》虽名"辨例"，但其主要在辨明"时月日例"及"名氏称谓例"，在此两例中，又以"时月日例"为主，故本文亦以"时月日例"作为整理及讨论的目标。二、《春秋辨例》虽兼论三传，但戴君仁认为《左传》原非释《春秋》之传，《左传》中的"例"又多是刘歆等人所添加（后详），姑且不论此说可信与否，《左传》中与时月日例相关者较少，而本文又是顺着戴君仁之意来检讨，所以后文主要以《公羊传》及《穀梁传》之说为讨论内容。

---

① 戴君仁：《春秋辨例·后记》，（台北）编译馆1964年印行，1978年再版，第151页。以下所引此书之文字，除了行文前后需要外，为免繁复，均标明于引文后。此外，原书中的标点较为简省，与现在的习惯标点有异，故笔者擅自改为现在的标点方式，以利阅读说明。

二、戴君仁有关《春秋》学的主张

清末今文学对传统典籍提出了许多怀疑，尤其是今文学家强烈质疑《左传》诠释《春秋》的正当性。而后古史辨运动兴起，更是试图完全瓦解五经与孔子间的关系。仅就《春秋》学而言，顾颉刚等人在《古史辨》中，正式提出了一个在《春秋》学史中少有人论及的问题：“《春秋》是否真是孔子所手书?”对于这个问题，持旧说者与质疑者并没能达成共识，因为双方都提不出决定性的证据。自此而后，《春秋》三传与孔子的关系，在某些学者的心目中便颇有可疑，如顾颉刚的学生陈槃即承顾氏之说：“《春秋》，鲁史也，非圣经也。”并言“盖二传（按：指《公羊传》与《穀梁传》）本杂取自战国末至秦、汉间诸家之说以成书，不出一时、一人之手”“《左氏》不传《春秋》”等。[①] 与之相反，杨树达则沿《公羊》学之说，以《孟子》“其义则丘窃取之矣”等传统旧说为本，认为《春秋》为孔子所作。杨氏“以《公羊传》义为主，而以《穀梁》义副之”[②]，撰《春秋大义述》一书，发扬“复雠”“攘夷”等大义。有趣的是，杨树达此书虽主要承《公羊传》而发，但并不排斥《左传》，甚至由“《韩非子》屡称《左氏》，为《左氏》不出汉儒之坚证。余录之，得二十余事，中有全本《左传》数条”[③]，反而认为《左传》的某些文字记录更为可信。[④]

戴君仁对于这些问题，有着十分明确的态度：他认为《春秋》为孔子所作。《公羊传》及《穀梁传》是战国末年至汉代儒者用以诠解《春秋》的书籍，《左传》原非用以解释《春秋》，是在刘歆等人的改造下，才成为我们现在所见的样子。戴氏言：

> 六经是儒家的宝典，都经过孔子之手……虽然《诗》《书》等

---

① 陈槃：《左氏春秋义例辨·纲要》（重订再版本），（台北）台湾“中研院”历史语言研究所1991年版，第11、18、103页。

② 杨树达：《春秋大义述·自序》，上海古籍出版社2007年版，第7页。

③ 杨树达：《积微翁回忆录》，上海古籍出版社2006年版，第37页。

④ 杨树达：《汉书窥管》卷3，上海古籍出版社1984年版，第214页。

> 经，都曾经圣人之手，而没有一经是他作的，只不过是编的，只是“厘正次第之”而已。孔子手著的经书，惟有《春秋》一经……是他根据鲁史，写成了《春秋》经……所以六经都是儒家的宝典，我们不容轩轻。但就孔子说，广一点就儒家说，《春秋》更比余经来得重要。(《春秋辨例》，第1—3页)

在这段文字中，戴君仁对《春秋》基本看法表达得十分明确：《春秋》虽承自旧鲁史，但却是诸经中唯一孔子所“手著”，就此而言，《春秋》更能代表孔子的思想，价值也更高。戴君仁的这一看法，无疑是非常传统的。顾颉刚等人对孔子作《春秋》的种种质疑，完全没有影响戴君仁对《春秋》一书的看法。戴氏深信孔子著《春秋》，所以连带着他也认为《春秋》中蕴含着十分重要的道理，其言：

> 《春秋》道名分，讥僭越，恶争夺，都是礼边的事；别嫌疑，明是非，善善恶恶，都是义上的事……我们既知《春秋》为明是非之书，那么，一切褒贬赏罚，都用不着说。(《春秋辨例》，第5页)

不论是引《庄子·天下篇》中“《春秋》以道名分”，或是《史记·太史公自序》的“别嫌疑，明是非，善善恶恶”，都可见戴君仁几乎完全接受传统对于《春秋》的描述，认为《春秋》确实有着“褒贬赏罚”的内容，并透过褒贬来表述其大义。但问题是，《春秋》的本文中，仅有一条条的记事内容，并没有在文字中有着明显的褒贬标志。若是如此，后代的读者，又怎能把《春秋》中的“褒贬赏罚”解读出来？从《春秋》学史上看，三传是现存最早试图解释《春秋》的著作。戴君仁对三传的来源论述甚少，其认为《公羊传》的来源是：

> 《公羊传》著竹帛，是汉景帝时公羊寿和胡毋生所为。他们可以说是《公羊传》成文字的初师，而《传》自然在他们之前。(《春秋辨例》，第11页)

《公羊传》源自先秦口传，迟至汉景帝时方才著于竹帛，所以其内容包含先秦至汉初之说，而“《穀梁》不但不在《公羊》之先，实在《公羊》之后”①，认为《穀梁传》有许多说法，是仿效《公羊传》而成。戴氏对二传的看法也与传统之说相同。至于《左传》，戴君仁则认为此书“本非《春秋》之传”②：

> 《左传》不应该称为《左传》，它是一部独立的书，不是《春秋》经的传……认为今本《左氏》书法，及比年依经，饰左、缘左、增左，都是刘歆所附益。刘逢禄的看法，是很正确的。此后复经康有为、崔适等力攻，《左氏》不为《春秋》经之传，在今日学术界，已为有识者所共信。（《春秋辨例》，第83页）

戴君仁相信清代《公羊》家的说法，认为《左传》本不为解《春秋》经的传，而为独立的典籍。现今在《左传》中的解经之语，都是刘歆等人附益而成。综合来看，戴君仁对《春秋》及三传来源的看法，几乎都是遵循传统之说。即在《左传》是否解经的问题上，认同刘逢禄、康有为等人之说，认为《左传》原不专以解《春秋》为目的。

也因为戴君仁认为《春秋》有褒贬大义，而《公羊传》《穀梁传》以解经为主，所以他在《春秋辨例》中，主要讨论《公羊传》《穀梁传》，而《左传》则是附带论及。至于为何要以“例”作为首要讨论的目标，戴氏有一精要的说明：

> 他们认为《春秋》是圣人示褒贬之书，而经中褒贬进退，都靠书法表达。书法是有例的，例有正例、变例，于变例见义，可以看出圣人褒贬进退之意。可以说，圣人因褒贬而生凡例，后人由凡例以见褒贬。单词言之叫做“例”，复词言之便叫做“义例”。（《春秋辨例》，第9页）

因为《春秋》中有“义”，但从《春秋》字面义中并不容易看出明显的“义”。之所以如此，是因为：

---

① 戴君仁：《春秋辨例》，第55页。
② 戴君仁：《春秋辨例》，第13页。

> 其义一般认为是隐微的，这在先秦已是如此……至其所以隐微之故，当由于《春秋》记当时之事，有所忌讳……既是口受其指，不可以书见，其义自不在文字上明显流露。（《春秋辨例》，第37页）

既然“义”不能透过文字明显流露出来，那么只有两种解读的可能：一是完全相信《公羊传》《穀梁传》对《春秋》的诠解，因其来源自“口受其指”。二是认为，在《春秋》经文的表面文字底下，藏有看似不明显的“规则”，透过一定的“解读”过程，便能知晓其褒贬大义。而这些“规则”，用传统的话来说即是“例”或“义例”。在《春秋》诠释史上，不同的儒者曾归纳出《春秋》种种不同的“例”，戴君仁认为：

> 用例研究《春秋》，自汉人即特别注重时月日。《春秋》经一万八千字，记时二百四十二年，虽说是“以事系日，以日系月，以月系时，以时系年”，可是时、月、日常常参差阙略，有时无月、日，或有月无日。这种情形，可以发生两种推测：一种认为经过时久，不免阙佚。另一种认为阙佚不应这样多，这种日、月不备的现象，由于孔子有意笔削，书日、月或不书日、月，显出他的褒贬之意。（《春秋辨例》，第20页）

戴君仁之所以以“时月日”例作为首要的检讨目标，主要是因为《春秋》在形式上为编年体，所以理论上应“事、日、月、时”四者兼具，但验诸《春秋》本文，却常有“有时无月、日，或有月无日”的现象。[①] 针对这种现象也有两种主张：一是孔子写定时即已如此，是孔子有意为之。二则是《春秋》在写成前及流传过程中而有阙佚文。《公羊》家显然倾向于第一种看法。所以自《公羊传》起，即有书或不书日月之例，“正例”与“变例”的概念即由此而起：

> 一种是正例，一种是变例。正例即是说按常规应该这样写；

① 事实上，今本《春秋》中还有“有日月无时”的情况，戴君仁在此并没有特别将之列举出来。关于这个问题的检讨，详见后文。

变例是不按常规写，应写的不写，或改写。孔子即在不写改写之中，表示他的褒贬之意，即我们前文所谓于变例见义。（《春秋辨例》，第20页）

所记之事应有时、月、日，三者兼具则是“正例”，如时、月、日缺一，则是“变例”。既是变例，目的是透过这变例用以表达褒贬。所以戴君仁说：

大约《公羊》先师，远在胡毋子都、董仲舒之前，就已注意到这个问题，而持后一种见解，所以传中常有“不日”云云之文。（《春秋辨例》，第20页）

戴君仁认为以例解经方式起源很早，在汉景帝的胡毋子都之前即已存在，这是“以例解经”的下限。至于上限，戴氏也有一个较模糊的推断：

例是何时讲起的呢？我想例当然不是孔子之意，这是后人研究《春秋》的一种方法，恐战国时儒家也无此陋习。一定是经书成了专业之后，一般经师要在经书上做钻研的功夫，才弄出这种花样来。（《春秋辨例》，第10页）

戴君仁认为，透过“例”以示褒贬并非孔子之意，战国时代恐无此法，应是“经书成了专业之后”才衍生出来的。汉初陆贾《新语》、贾谊《新书》与《淮南子》等书，都可以见到引述《公羊传》之说，在文、景之际的政治事件中，也可见到引援《公羊传》之说。崔适、洪业等人认为，《公羊传》在先秦时已著于竹帛，但吴涛言：“这些都是一些推测之辞，大家都提不出坚实的文献证据，都只能是推论。”[1] 故总体来说，戴氏所言的上限，最多也仅能推至战国末年。

戴君仁认为以例说经并非孔子原有之意，它是逐步发展而成的，所以在《春秋辨例》一书中，戴氏透过对“时月日例”的考察，描绘出这个过

① 吴涛：《“术”“学”纷争背景下的西汉〈春秋〉学——以〈穀梁传〉与〈公羊传〉的升降为例》，中国社会科学出版社2011年版，第39页。相关论述可见本书，第29—40页。及张端穗：《西汉〈公羊〉学研究·序言》，（台北）文津出版社有限公司2005年版，第7—18页。

程。戴氏认为：

> 大约在著竹帛时，已明白地建立了例了。胡毋生条例，虽已亡佚，而至后汉时，用例说经之风，想是愈来愈盛。（《春秋辨例》，第11页）

又言：

> 《公羊传》仅论日，关于时月，只提到一两次；《穀梁》便多了……可见是因依于《公羊》，而更加详备。《穀梁》之义，不及《公羊》多，而赖时月日以表义的，则比《公羊》多得多，可以说时月日例在《穀梁传》尤为重要。（《春秋辨例》，第59页）

就现有文献看，从《公羊》家的胡毋生即开始用时月日例来解释《春秋》，《穀梁传》因为后起，其对《春秋》的义说虽不及《公羊传》，但在时月日例上，则更繁多。[①] 戴氏认为，历史上以时月日例解《春秋》的变化是：

> 开端的自然是《公羊传》，但分量尚少，说得尚平实。《穀梁传》模仿之，说得便较繁广，不通处自然也增加。而何休之注《公羊》更压倒《穀梁》，牵强附会，无所不至，更是谬误百出。（《春秋辨例》，第68页）

戴君仁透过这样的观察与描述，表明时月日例本非孔子作《春秋》时所固有，而是一步步发展而来，日趋繁富也日趋谬误。至于《左传》中的时月日例，戴氏认为：

> 刘书所辑《左氏》的例，虽然也有多种，实则在《左氏》本文里，止有日例二事，就是日食和大夫卒……而此二事，《左传》的话，亦当是后人附益，因《左氏》根本不是《春秋》的传，今

---

① 戴君仁言：“《穀梁传》本是后成之书，而不是早成晚出之书。因为此书是仿《公羊传》而作的，其成书当在《公羊》已盛行之后。”见氏著：《论贾谊的学术并及其前后的学者》，《梅园论学集》，第257页。

> 文学家的判断很正确。既非《春秋》之传，自然不会有释经之语。因此《左传》即使有例，也是汉人所增益的。（《春秋辨例》，第84页）

戴君仁将《左传》中的例与刘师培等《左传》学者所归纳的例区分开来，认为刘师培所谓《左传》之例，并“不是《左氏》书中原有之意”，而是“汉代崇信《左氏》书的一部分《春秋》经师，他们所说的《春秋》时月日例，并不能算是左丘明在他的《春秋》传中所说的时月日例”。[①]他说：

> 《左氏》一书，若说全由刘歆所伪造，那是不可遽信的。而《左氏》书中，有刘歆窜益之语，却是可信的。……由此看来，这些关于书法的话，书不书之类，都是刘歆附益。即使不出刘歆之手，亦当是汉代经师所增，因为这是摹仿《公羊传》而成的……《左氏》根本非问答体，这些“不书”“书曰”，都是无问之答，刘氏斥其昧义甚对，决非《左氏》书中原有。（《春秋辨例》，第94页）

戴氏同意刘逢禄的看法，认为《左传》中的解经语都是刘歆等人所添加。如此一来，后世所见的时月日例，都是起源于《公羊传》，而后各自流衍，以至于异说纷纷。由此可知时月日例不出于孔子，也不足征信。除此之外，戴君仁还针对时月日例进行细部的批评。

三、戴君仁对“时月日例”的批评

戴君仁认为自《公羊传》起，诸多《春秋》学家之所以发展出以“例”解《春秋》的方法，其实都基于一个假定：

> 他们以为《春秋》是圣经，不会有阙文；既无阙文，其事相

① 戴君仁：《春秋辨例》，第93页。

同，而或日或不日，或月或不月，一定有孔子之笔削大义存焉，因此要于例中求义。殊不知在春秋时代，史法是否很完密，史料保管是否很妥当，在现代人看起来，当然是可以怀疑的。那么，旧史之有阙佚，或赴告之不完备，可能性很大。孔子据旧史修《春秋》，无月日者，不能替他添上，所以有参差不齐的情形。（《春秋辨例》，第67—68页）

司马迁云"《春秋》笔则笔，削则削，子夏之徒不能赞一辞"[①]，认为《春秋》为孔子晚年亲手所作，连其高徒子夏都无法参赞一辞，可见其下笔之严。但戴君仁不同意这样的假定，他认为孔子在修《春秋》时，一来史法未必完备，二来史料也不一定齐全。若是如此，孔子在无太多旧史可凭的情况下，对于史事本缺日月者，自然无法补上。戴氏云："桓四年、七年无秋冬，十七年无夏，冬十月朔无日，这些应当是旧史脱漏。"[②] 案《春秋》不论有事无事，每年均书"春、夏、秋、冬"四时，但在桓公四年、七年均不记"秋、冬"，桓公十七年则不记"夏"字。又《春秋》书日食，通常并录朔月日，但桓公十七年书"十月朔，日有食之"，并不记日。[③] 这些都可视为"变例"。但戴氏认为孔子作《春秋》，史料有残佚，缺书时月日者有之，并非孔子有意为之。所谓正例、变例云云，未必符合实情。

戴君仁反对时月日例的第二个理由是，以正例、变例说《春秋》者，往往在逻辑上自相矛盾。例如没有注意到其所谓的"变例"数量往往超过"正例"：

何休所定的朝聘会盟侵伐围入等的例……我想他当是根据经文而立……但既名为例，必是一般皆如此，方可称为例。所以例总应该正多变少，如记诸侯之卒例日，这是可信的。但朝聘会盟等例，是否也是正确的呢？这要看仅书时与不书时的比例数而定。

① （汉）司马迁：《史记》卷47《孔子世家》，中华书局1982年版，第1944页。

② 戴君仁：《春秋辨例》，第42页。

③ 事实上，《春秋》日食不记日尚有庄公十八年"王三月，日有食之"及僖公十五年"五月，日有食之"共三则。

> 正例能确立，才能把不这样书的算作变例；能够确定有变例，才可以进一步研究为何要有变例，是否孔子有义存乎其中。（《春秋辨例》，第43—44页）

并举例言：

> 又崔书卷四，鲁君会诸侯例凡五十三，有月者二十八，仅时者二十五，时者比月者少三条，所以崔氏改为例月。实则例时、例月两面都不能成立。由此看来，例根本就不能建立，更说不上有变例，何况变例见义？这明明是不待驳的。（《春秋辨例》，第44页）

戴君仁认为所谓“正例”“变例”的区别必须建立在“变例”之数少于“正例”的基础上，否则就无法区分何者为正、何者为变。但何休有“朝聘会盟，例皆时”的说法，徐彦承何休之说解释为：

> 其会书时者，即庄十三年“春，齐侯、宋人”以下“会于北杏”，十四年“冬，单伯会齐侯、宋公”以下“于鄄”之属是也。……其有书日月者，皆别著义，即不信者日、小信者月之属是也。①

认为《春秋》中的“正例”是诸侯相会仅书“时”，若加书日或月，则表示此会“不信”或“小信”，并举庄公十三年、十四年之例为证。但戴君仁透过宋代崔子方整理所有《春秋》中记诸侯相会的记录，认为书时及书月（实际上是书时又书月）数量仅差三条，② 所以不论是把书时或把书月当为“正例”，都不足以视另一种书记方式为“变例”。若是如此，那么基于正、变例区分的义说也就没有着落了。戴君仁指出，依照何休“《公羊》

---

① （汉）何休解诂，（唐）徐彦疏：《春秋公羊传注疏》卷2，第35页。

② 顺带一提，戴君仁虽引崔子方之说为证，但崔氏对《春秋》中书诸侯会的区分方式又与戴氏小异，崔氏有：“桓文之盟不日，桓文之会不月，盖信而安之，《春秋》变例以美二伯者如此。”认为《春秋》正例书月，但对齐桓公、晋文公会诸侯则“不月”以美之，所以崔子方统计出《春秋》53例中，正例为32，变例则为21。见（宋）崔子方：《春秋本例》卷4，《景印文渊阁四库全书》，（台北）台湾商务印书馆1983年版，第2页。

之例，大信时，小信月，不信日”的说法，庄公九年经“公与齐大夫盟于暨”书“时”，依例，则此盟为信。但何休却云：“不月者……齐迎子纠欲立之，鲁不与而与之盟，齐为是更迎小白，然后乃伐齐，欲纳子纠，不能纳，故深讳使若信者也。”① 戴君仁批评何休的说法：

> 按何氏例，君大夫盟，大信时。而此注何氏以为不月是表示信。但此事不是真信，而是讳之使若信。这样还有信不信可说吗？这完全误于“美恶不嫌同辞”一句传文……实则这种例，绝无理由，无回护之价值。（《春秋辨例》，第46页）

不论是无法明确区分“正例”及“变例”，或同一例有截然相反的说解，都说明用例解经有自相矛盾之处。

但是，并非所有的《春秋》之例都如以上两种，也有“正例”数量远超过“变例”的情况，如戴君仁也认为“诸侯之卒例日，这是可信的”。若是如此，诸侯卒不书日而书时或书月，是否就可算“变例”？如隐公三年经“八月庚辰，宋公和卒”。《穀梁传》云：“诸侯日卒，正也。”② 又僖公十四年经“蔡侯肸卒”，不书日月，《穀梁》云：“诸侯时卒，恶之也。”③ 对此，戴君仁认为：

> 《春秋》诸侯之卒，书日应是正常惯例。阙日甚或阙月，那是例外，这点我们可以承认，但无所谓褒贬。至于著之《春秋》，即见臣子之怠慢，也许会有此意。但《穀梁》作传，是否依此了解，那就成问题了。（《春秋辨例》，第75页）

也就是说，戴氏也承认《春秋》中确实存在某些常例，也存在某些变例，但不代表孔子在作《春秋》时即赋予“变例”褒贬的意义。戴君仁十

---

① （汉）何休解诂，（唐）徐彦疏：《春秋公羊传注疏》卷7，第159页。

② 《穀梁传》共有三次言“诸侯日卒，正也”。另两次为隐公八年“六月己亥，蔡侯考父卒”及庄公元年“十月乙亥，陈侯林卒”。分见：（晋）范宁集解，（唐）杨士勋疏：《春秋穀梁传注疏》，北京大学出版社2000年版，卷1，第18页；卷2，第30页及卷5，第74页。

③ （晋）范宁集解，（唐）杨士勋疏：《春秋穀梁传注疏》卷8，第151—152页。杨士勋在疏中引麋信云：“蔡侯肸父哀侯，为楚所执，肸不附中国，而常事父雠，故恶之而不书也。”发挥《穀梁传》之意。

分坚持纵使《春秋》有固定的书法，但不意味着蕴含褒贬的立场。如桓公十二年“丙戌，公会郑伯盟于武父。丙戌，卫侯晋卒”。《穀梁传》云：“再称日，决日义也。”范宁言：“明二事皆当日也。”① 即认为诸侯卒记日有褒贬之意，否则何必多费笔墨？对此，戴君仁认为：

> 况“决日义”一语，是《穀梁》的话，并非孔子的话。所以这一条无宁从杜氏《左传注》之说：“重书丙戌，非义例，因史成文也。”……原始史料如此，想是史官未加整理，仲尼也笔而未削。应削而不削，还可反证日月无关重要，非大义所寄。(《春秋辨例》，第74—75页)

戴君仁采用杜预的说法，认为这是旧鲁史之文，孔子修《春秋》，因之，“应削而不削”，并由此证日月“无关重要，非大义所寄”。

戴君仁批评以日月例说《春秋》的第三个理由是，日月时例之义或偏离孔子作《春秋》的本意。如桓公十七年经不书夏，戴氏认为：

> 何氏说：“夏者阳也，月者阴也，去夏者，明夫人不系于公也。”这明是汉代今文学家好说五行阴阳的习惯，不可以附会《春秋》经。(《春秋辨例》，第42页)

又批评何休解昭二十五年“秋，七月，上辛，大雩。季辛，又雩”，是“日为君，辰为臣，分明汉人术数荒唐之说，孔子决不会有此意，其为附会更是不辨而明”②。由此可见，戴君仁坚持《春秋》之例不含褒贬，一个重要原因在于，他要将孔子之说与汉代今文学的阴阳五行之说区分开来，认为五行阴阳并非孔子所言，更不是《春秋》之大义。又如其言何休“这种特尊君权的观念，秦汉后始发达，《春秋》经不见有责其专平之意”③，也是类似之意。此外，他一条条反驳三传学者以日月例说《春秋》，以为“大害理”“理不可通”。如何休对襄公三十年“春，王正月，楚子使薳颇来聘”

---

① （晋）范宁集解，（唐）杨士勋疏：《春秋穀梁传注疏》卷4，第60页。

② 戴君仁：《春秋辨例》，第43页。

③ 戴君仁：《春秋辨例》，第47页。

的解释为："月者，公数如晋，希见答。今见聘，故喜录之。"认为鲁襄公五次朝于晋，但晋只有两次答聘。而襄公在二十八年如楚，楚即在今年来聘，所以《春秋》书"月"来标记此事。[①] 而戴君仁则批评：

> 《春秋》大义：尊王攘夷。鲁君屡次入晋，很少见答，心中失望，遇到楚人来聘，便高兴起来，这在平凡的鲁君已不应该，孔子修《春秋》而表示喜意，这还成为孔子吗？大害理，亟须辟之。(《春秋辨例》，第 45 页)

戴君仁的批评并非由归纳《春秋》中来聘书"月"的诸多用例，进而否定何休的解释立论。他直接批评何休之说，不合《春秋》主张的"尊王攘夷"大义，因为楚为夷狄，孔子怎会因其来聘而"喜录之"？又如庄公十二年"冬，十月，宋万出奔陈"。何休说："月者，使与大国君奔同例，明强御也。"何休之意为宋万是弑君之贼，因其强暴逞势，所以比照"大国君奔皆悉书月"之例。[②] 但戴君仁则言：

> 宋万是弑君之人，而因其强御，使其身份同于大国之君，可谓无理之至！《春秋》是道名分之书，逆臣与大国之君不分……安在其为道分名也？此种例最害义理，不容不辟。(《春秋辨例》，第 53 页)

认为《春秋》为"道名分之书"，若是如此，怎么会将弑宋闵公之宋万等同于大国之君？戴君仁并不从《春秋》是否有"大国君奔皆悉书月"之例进行论证，而是从儒家伦理的观点，认为不可以将弑君者等同于君主。在这些例子中，戴氏并未对何休之"例"提出批评，而是反对何休释义，由义而连带反对其例。

戴君仁反对时月日例的最后一个理由，是认为以义例解《春秋》，将对儒学及孔子形象产生很大误解。如成公九年经"楚公子婴齐帅师伐莒，庚申，莒溃，楚人入郓"。《穀梁》云："大夫溃莒而之楚，是以叛其上为事

① （汉）何休解诂，（唐）徐彦疏：《春秋公羊传注疏》卷 21，第 537 页。

② （汉）何休解诂，（唐）徐彦疏：《春秋公羊传注疏》卷 7，第 175 页。

也。恶之，故谨而日之也。”认为《春秋》之所以书日，是因为恶莒国大夫在战败后还投向楚国。对此，戴君仁说：“《穀梁》此传义甚正，但不应该托日月以生义。”[①] 戴氏反对依时月日例为释，并不是质疑其“大义”，而是因为这种方法会产生两个问题：一是“把时月日之例，推之于一切，穿凿附会，无所不至”[②]。二是解经上会有种种匪夷所思的说法，以至于孔子或不再拥有公平正大的形象。如成公十三年“三月，公如京师”。《穀梁传》云：“公如京师不月，月，非如也。非如而曰如，不叛京师也。”范宁说：“公行出竟，有危则月，朝聘京师，理无危惧，故不月。”[③] 因鲁成公至京师朝周王，无危，理应不书月。《穀梁传》认为此年书“三月”的原因是，成公至京，本为“会晋伐秦”，而非专程朝王，所以《穀梁传》说成公是“非如而曰如”。戴君仁对《穀梁传》此说十分不满，其言：

> 这种说法，最害义理。孔子说话，老老实实，《论语》所记可见。他反对逆诈，不亿不信。公如京师，便是去朝天子。何必因他以后的动作，而认为非真朝，这真是和“圣人公平正大之心”相违。(《春秋辨例》，第 68 页)

戴君仁的批评并非针对成公至京师到底是专程或顺带，而是认为《穀梁传》创出“非如而曰如”之说，与《论语》中具有“温良恭俭让”特质的圣人形象有极大差距。自来注家往往因为要自圆其例，甚至歪曲孔子形象。戴氏言：

> 可笑刘师培氏却造为变例之说，而云：“经褒传贬，则于经例为阳褒；经贬传褒，亦于经例为阳贬。”阳者，假也，孔子会说假话，真是岂有此理！(《春秋辨例》，第 129 页)

戴氏此说，不纯是从解经方法或可信与否立论，而是触及我们透过解读经典形塑出怎样的人格典型。

---

① 戴君仁：《春秋辨例》，第 72 页。

② 戴君仁：《春秋辨例》，第 101 页。

③ (晋) 范宁集解，(唐) 杨士勋疏：《春秋穀梁传注疏》卷 14，第 263—264 页。

以上是关于戴君仁反对以时月日例解释《春秋》的各项理由，戴氏自言，这些看法并非自己所独创，而是由朱熹之说推演而来，其言：

《春秋》的所谓义例，只是汉代经师揣测孔子书法之意，并不是孔子自定的例。《朱子语类》卷八十三有一段说得很好：“……先生曰：《春秋》之有例固矣，奈何非夫子之为也。……”这段话真是明通极了。《春秋》中固有习惯的书法……这只是鲁史的习惯，孔子沿用。虽然也可算作例，但不见得有褒贬之意含于其中。后人专以义例表示褒贬，穿凿附会，不得孔子原意，也还罢了。而因附会之故，无罪找罪，无过找过，引出一种深刻的议论，这在中国过去历史上，不知冤枉了多少人？害死了多少人？（《春秋辨例》，第124页）

可见戴君仁不论从例的起源、例的性质到例的弊害种种看法，完全认同朱熹之说，只是戴氏做了更细密的工作，将三传学者对时月日例的说法，择其重要的部分，逐条予以批驳，又详加说明其害义之处。戴君仁又谓：

《朱子语类》云：“……今乃忽用此说以诛人，未几，又用此说以赏人……是乃后世弄法舞文之吏之所为也。曾谓大中至正之道而如此乎？”（卷八十三）朱子这话，可谓词严理正，真是有得于《春秋》之教者。“便辞巧说”，不可用以说《春秋》。（《春秋辨例》，第130页）

戴君仁批评以例说《春秋》，将误解孔子之意，可说源于朱熹，故其自言：“我今撰此书，说我要替孔子辩诬可，说我要表扬朱子之学也可。”[①] 在戴君仁的心中，表扬朱子之学亦即同于替孔子辩诬，因为《春秋辨例》一书，最主要的目的即在于辩破以义例解《春秋》的方法，而时月日例则是《春秋》义例起源最早、流传最广的代表。

---

① 戴君仁：《春秋辨例》，第150页。

四、由时月日例反省《春秋》的解读问题

戴君仁在《春秋辨例》一书中，因要对时月日例进行批驳，所以他先回顾时月日例的发展过程，认为时月日例虽由《公羊传》而起，但其用以说经的部分尚不多，至《穀梁传》而日渐繁复，而后何休则变本加厉，创出许多曲说。戴君仁所描绘出的这个图像十分精准，在日后的研究者中也都得到证明，如赵伯雄言：

> 《公羊传》运用“日月时例”，在实际上只限于日……并没有涉及月和时……《穀梁》不仅有多处对书日、不书日的解说，也有大量的对书月、书时的解说……古人谈到“日月时例”，往往《公》《穀》并称，甚至集矢于《公羊》，那完全是因为何休的注所发生的影响。……许多《公羊》传文中根本没有提到书日、书月或者书时的地方，何休也都用“日月时例”来解释。①

江右瑜亦言：

> 日月时例，在《公羊传》中提及的次数并不多……直至何休作注时，始大量地于日月时例上加以发挥阐扬……后世学者承袭其说……使得日月时例俨然成《公羊》学的主要特色……《穀梁传》对日月时例的运用，显然比《公羊传》全面深入许多。②

两人都得出与戴君仁相同的结论。戴君仁虽然主要针对汉代学者的时月日例提出批评，但其最终目标，则在于反对以例说经的方式：

> 时月日例，这些是最为穿凿附会的经学，极不合理。汉儒唱之，清人和之，认为非如此不能窥深察微。这实在是谬误的，远

---

① 赵伯雄：《〈春秋〉学中的“日月时例”》，载彭林主编：《中国经学》第一辑，广西师范大学出版社 2005 年版，第 210、211 页。

② 江右瑜：《〈公〉〈穀〉二家对〈春秋〉“义例”相关议题的看法》，载黄忠慎主编：《文化、经典与阅读——李威熊教授七秩华诞祝寿论文集》，（台北）秀威信息科技股份有限公司 2010 年版，第 397 页。

> 不如宋儒有眼光，能够辞而辟之。（清人自然也有不信日月例者，此不过大较言之耳。）（《春秋辨例》，第 111 页）

认为汉、清两代儒者，最常用时月日例来说《春秋》，相较而言，宋儒不用此法。自唐代啖助、陆淳云“凡用日月，史体当耳，非褒贬之”，“凡《公》《榖》日月时例，一切不取，其有义者，则时或存之，亦非例也”。[①]宋代许多说《春秋》者，如刘敞、孙觉、苏辙、朱熹、叶梦得等也都不采时月日例。[②]

从深层看，戴君仁所以要辨破时月日例，不但认为以日月例释经不可从，更进而反对以例解《春秋》的有效性。啖助等人虽不采时月日例，但并没有舍弃以他例解《春秋》之法，甚至于在三传之外，另创出许多例来。[③] 又如对宋代《春秋》学有开创性影响力的孙复，也有以例解经者。四库馆臣论其《春秋尊王发微》云：

> 上祖陆淳而下开胡安国，谓《春秋》有贬无褒，大抵以深刻为主。晁公武《读书志》载常秩之言曰：明复为《春秋》，犹商鞅之法，弃灰于道者有刑，步过六尺者有诛。盖笃论也。而宋代诸儒，喜为苛议，顾相与推之，沿波不返，遂使孔庭笔削，变为罗织之经。[④]

孙复也是以例说解《春秋》，而且还更进一步提出了“《春秋》有贬无褒”之说，认为凡是《春秋》所录，无一不是有罪之事与人。流风所及，宋代《春秋》学“喜为苛议”亦非空穴来风，《公羊传》及《榖梁传》喜

---

① （唐）陆淳：《春秋集传纂例》，《景印文渊阁四库全书》，（台北）台湾商务印书馆 1983 年版，卷 9，第 12 页，卷 1，第 17 页。又见张稳苹：《啖、赵、陆三家〈春秋〉学之治经方法析论》，载林庆彰、蒋秋华主编：《啖助新〈春秋〉学派研究论集》，（台北）台湾“中研院”中国文哲研究所 2002 年版，第 257—258 页。

② 赵伯雄：《〈春秋〉学中的“日月时例”》，第 213—217 页。

③ 戴君仁亦言：“反例的主张，在后儒亦有不同，有的完全不主张用例，有的主张推翻旧例，而另建立新例。”可见其也注意到这个现象。见氏著：《春秋辨例》，第 15 页。

④ （宋）孙复：《春秋尊王发微・提要》，《景印文渊阁四库全书》，（台北）台湾商务印书馆 1983 年版，第 1—2 页。

言的“为贤者讳”，在宋代《春秋》学中便转而成为“责备贤者”。[①] 事实上，除了戴君仁书中所提及的朱熹、黄震、黄仲炎等人外，宋儒以例解《春秋》者不在少数。但我们也不能说戴君仁思不及此，因为他曾说：

> 《四库提要》批评宋孙复《春秋尊王发微》（经部春秋类一）云：“复之论上祖陆淳，而下开胡安国，谓《春秋》有贬无褒，大抵以深刻为主……”实则深求之风，起于汉人，所以要深求者，就因为讲例。例之不能成立，理由是极简单的。因为既要称为例，必须一致。但是例外甚多，这就足见无例了。但是经师们想出变例见义的办法，以为义正要在变例处见。这样猜谜式的求义，自然不能不深，由深而刻，刻得不近情理，演出名教杀人的惨剧。孙复等人固是主犯，汉代经师，也有启导之咎。（《春秋辨例》，第124—125页）

可见戴氏亦深知宋代《春秋》学也以例解经，但追本究源，实肇始于汉代经师。我们甚至可以说，在《春秋》学史上，以例解经反而是较通行的方式。若是如此，站在解经方法学上，我们应该要问两个问题：一、就算以时月日例解《春秋》是错误的，是否可以推证出一切以例解经的方法都是错的？二、以例解经有什么理论上的优点，以至于各朝代的《春秋》学者大多采用这种解经法？

关于第一个问题，从逻辑上言，就算以时月日例解经是错的，并不能代表其他以例解经也是错的。这不但在逻辑上无法类推，事实上如啖助等人虽反对时月日例，但却归纳出各种新例。因此，除非能在根本上证明《春秋》书法并没有任何固定法式，只是随意书记，而与褒贬无任何联结，否则，要完全否认以例说《春秋》的正当性，是不可能的。因为连戴君仁也同意：

> 例在《公》《穀》二传是逐步演进的，起于《公羊》，甚于

---

① 刘德明：《程颐学脉对齐桓公的评价——以程颐、谢湜与胡安国为核心》，《成大中文学报》第56期，2017年3月，第29页。

《穀梁》，更甚于《公羊何注》。虽然讲得越来越荒谬，可是也不无根据。如即位不日、来盟不日、外盟不日、卑者之盟不日等，确可以算例。不过这种例只是旧史的习惯书法，孔子沿用，并无什么褒贬之义存在里面。二传的经师，看出了这种习惯书法……于是在这些习惯书法之外，扩充了许多例……认为都有褒贬讥绝之义存在里面，便穿凿附会，无所不至了……殊不知有故无故未可知，即使有故，也不是后世人可以猜出来的。(《春秋辨例》，第80页)

戴君仁也承认《春秋》中对有些事的记载有一定规则，“可以算例”，只是他认为《公》《穀》二传以例见褒贬是错误的，戴氏也不否定例的背后有“义”，只能消极地说“即使有故，也不是后世人可以猜出来的”。戴氏这个论断乃承朱熹“你如何知得他肚里事”之说，并认为“这是很谨慎的态度”。[①] 但历来以例解《春秋》者多积极主动地深挖潜藏在例中的“大义”，以至于有可能造成过度诠释。戴君仁即言：

说经者研究何以不书日之故，而书不书，有一定的成规。这种成规，是比较经文而得到的，即是所谓例。那么，例也是一种研究方法，有什么可非呢？其可非之处，即在前人尚平实，而愈后愈说得离奇，不合道理，为我们所不能接受。(《春秋辨例》，第20页)

正如前文所分析，戴氏将“例”与“义”分割开来，主要是因为透过例而说义“不平实”“不合道理”。若然，用例说义“合道理”，是否就可以接受？有趣的是，戴君仁自己提供了这样的例子，其言：

《春秋》书“王正月”，大一统，这就是天下主义；夷狄可进则进之，也是天下主义；并不拘于一国为尊。胡《传》拈出天下为公为《春秋》大义，不算附会……东莱不赞成胡氏之言，但在我们看，觉得胡氏有理。(《春秋辨例》，第7页)

① 戴君仁：《春秋辨例》，第39页。

胡安国以“王正月”言“大一统”，本出于《公羊传》之说。[①] 而徐复观则指出“王正月”是“周史官纪时之常例；孔子亦本此常例而书‘王正月’，不可能有其他非常异义存于其中”。[②] 戴君仁也知道历来有儒者不同意《公羊传》及胡安国之说，但戴氏仍然认为“胡氏有理”“不算附会”。由此可见，要完全秉除“义”与“例”之间的联结是一件多不容易的事！因为这中间更牵涉到对《春秋》性质上的判定。

其实，若要将《春秋》中的“例”与“义”的关联完全斩断，最单纯的方式应是：《春秋》并非孔子所作。如戴君仁在《春秋辨例》中推崇“考证极为详密”的陈槃即是如此主张，陈槃言：

> 《春秋》，鲁史也，非圣经也。其书法皆旧文史所习用者，此固无可否认也。而三传凿为义例。[③]

若仅将《春秋》单纯视为鲁史，则书中的“例”并没有“义”。如果《春秋》非孔子所作，那么就不须包含“大义”，《春秋》也就不是儒学的核心典籍。但戴君仁认为《春秋》是孔子手作，而且“《春秋》更比余经来得重要”。若是如此，为什么《春秋》被有些儒者讥为“断烂朝报”呢？戴君仁认为：

> 殊不知孔子所据的史料是如此断烂的，又岂能随便妄为添改呢？世人一听见“断烂朝报”四字，便认为贬损了《春秋》经的尊严，不知即使断烂，已有了不起的价值。况且惟其有断烂，才可证明这些史料的真实。（《春秋辨例》，第150页）

戴君仁这个说法可从两个角度来理解：一、《春秋》是很有文献价值的。古代文献留存不易，孔子作《春秋》，仍保存着残缺而又十分珍贵的古典文献。二、《春秋》虽经孔子修订，但因“文献不足故也”，所书也有缺

---

① 胡安国言：“加王于正者，《公羊》言‘大一统’是也。”见胡安国：《春秋胡氏传》卷1，浙江古籍出版社2010年版，第2—3页。

② 徐复观：《两汉思想史》卷2，（台北）台湾学生书局1993年版，第352—353页。

③ 陈槃：《左氏春秋义例辨·纲要》，第11页。

失。戴君仁说：

> 汉代经师……他们过尊圣人，同时也过尊旧史，以为不但圣人不会舛缺，即旧史也不会舛缺。欲求其故，便造出许多凡例来……其实《春秋》大义，只是道名分、明是非、善善恶恶、尊王攘夷、礼义之大宗，几点而已。决不如说例者之琐碎。而且孔子之修《春秋》，其最大功绩，即在于把国史公布于民间。朱子所谓“写取在此”……他把鲁史的《春秋》，写取为六经之一，传给他的弟子，由是《春秋》成为一种重要的儒家经典而流传下来。这种传播文化的功勋，已足够被尊为至圣先师，何必一定要去弥缝和他不相干的缺失呢？（《春秋辨例》，第146—147页）

依照这个说法，孔子作《春秋》的主要贡献在于保存与推广，至于“大义”，则仅有“几点而已”。但如果孔子的功勋在于传播文化，应该去除旧史中明显的缺失，可是，前文所举桓公十二年经重书“丙戌”，戴氏说“原始史料如此，想是史官未加整理，仲尼也笔而未削”，又说“应削而不削，还可反证日月无关重要，非大义所寄”。这说明孔子作《春秋》，除因仍旧史外，更有笔削。早在唐代，刘知几已提出类似的看法：

> 则知夫子之所修者，但因其成事，就加雕饰，仍旧而已，有何力哉？加以史策有阙文，时月有失次，皆存而不正，无所用心，斯又不可殚说矣。而太史公云：夫子“为《春秋》，笔则笔，削则削，游、夏之徒，不能赞一辞”，其虚美一也。[①]

刘知几认为孔子作《春秋》，因仍旧史策而已，司马迁以下诸儒对《春秋》的赞美都言过其实。如此，仅从保留文献的角度看，《春秋》的价值反而不如《左传》。[②] 但若说孔子笔削旧史，何以《春秋》经又有诸多缺载？

---

① （唐）刘知几著，（清）浦起龙释：《史通通释·惑经》卷14，上海古籍出版社1978年版，第411页。

② 钱穆言：“《左传》是中国最先第一部最详密的编年史。专讲历史价值，就记载事实上讲，孔子《春秋》可说还远在《左传》之下。”见氏著：《中国史学名著》，（台北）联经出版事业公司1997年版，第58页。

如《春秋》在桓公四年、七年均不记“秋、冬”，文公二年、十年及十三年均不记“秋”，昭公十年及定公十四年均不记“冬”，郑良树云：“这些缺书，如果和全书对比起来，显然是很突兀的。”① 这与《春秋》中某些不记月日的情况不同，旧史若缺月日，《春秋》难以增补；若缺四时，在《春秋》中增补秋、冬并不需要额外文献。《春秋》不论有事无事，都列举春、夏、秋、冬四时，是《春秋》不同于旧史籍的重要特色。顾炎武即言：

> 《春秋》时月并书，于古未之见。考之《尚书》……言时则不言月……言月则不言时。其他钟鼎古文多如此。《春秋》独并举时、月者，以其为编年之史，有时、有月、有日，多是义例所存，不容于阙一也。②

认为记“时”是《春秋》所独创。四时若有缺失，则有义例存于其间。赵生群亦言：

> 《尚书》书月不著时，考之《竹书纪年》《春秋事语》等古代历史记载，也极少系以四时的例证……以上所举古史和金文数据足以证明春秋之前记事不书四时……以四时冠月日，是孔子的特笔。③

若书四时是孔子特笔，何以《春秋》又缺书秋冬？戴君仁引杜预说“今不书秋冬首月，史阙文，他皆仿此”。戴氏认为，“成十年、昭十年、定十四年去冬，可以一例看”，并言杜预的眼光“比何氏高明多了”。④ 但戴氏的这个评价也未必适切，如宋代的程伊川亦反对《春秋》中有所谓的日月例，其言：

> 或日，或不日，因旧史也。古之史，记事简略，日月或不备。

---

① 郑良树：《论〈春秋〉记时例》，载氏著：《百年汉学论丛》，（台北）台湾学生书局 2007 年版，第 54 页。

② （清）顾炎武著，（清）黄汝成集释：《日知录集释》卷 4，上海古籍出版社 2006 年版，第 191 页。

③ 赵生群：《春秋经传研究》，上海古籍出版社 2000 年版，第 11—12 页。

④ 戴君仁：《春秋辨例》，第 42 页。

《春秋》因旧史，有可损而不能益也。①

但其对桓公四年不书“秋”“冬”，则言：

桓公弑君而立，天子不能治，天下莫能讨，而王使其宰聘之，示加尊宠，天理灭矣，人道无矣。……人理既灭，天运乖矣；阴阳失序，岁功不能成矣，故不具四时。②

程伊川显然将“时”与“月日”分开，认为不书“秋”“冬”是孔子的特笔，其中所欲隐藏的大义是：桓公弑兄而立，而天下无人能主持公道，故孔子“不具四时”。程伊川之所以如此处理，实因兼顾孔子著《春秋》，有大义，又不愿事事以例解经。赵伯雄有段话把这中间的为难处说得十分显豁：

古人所以对此有纷纷之论，其源盖在于对《春秋》的基本看法有分歧。如果把《春秋》看作基本上是鲁史旧文，那就很容易对《公》《穀》的“日月时例”产生怀疑……今文家反对把《春秋》看成是鲁史旧文，他们大多以为经文是孔子所作，主张有所谓“一字褒贬”。他们说如果《春秋》真的仅仅直书其事，褒贬自见，那普通的史官皆可为之，何必还要仰赖孔子？③

赵氏指出，对《春秋》的不同看法，会直接影响到对义例的评价。戴君仁认为，孔子作《春秋》有大义存焉，不单因仍旧史，戴氏云：

《春秋》的原来材料，本是鲁史……这样的典籍，如果没有意义含在里面，便没有什么价值。所以《春秋》的价值，全在乎义。（《春秋辨例》，第9页）

《春秋》的价值在乎义，但问题是：怎样把《春秋》的“义”解读出来？这个问题颇难回答。而戴君仁言：

① （宋）程颢、程颐：《二程集》，中华书局1981年版，第1089页。

② （宋）程颢、程颐：《二程集》，第1103—1104页。

③ 赵伯雄：《〈春秋〉学中的“日月时例”》，载《中国经学》第一辑，第221页。

义例之说，实在是研究《春秋》的蔀蔽。我作此编，只是根据朱子之说，祛此蔀蔽。蔀蔽既祛，庶几此经可明。（《春秋辨例》，第 8 页）

认为去除义例之说，即可明《春秋》大义。但若我们回顾义例说的起源及发展，《公羊》家用义例说《春秋》，不就是因为《春秋》之义不显，所以才要透过义例这个方法，把《春秋》隐微的意思阐发出来吗？若去义例，又依凭什么方式呢？戴君仁认为《春秋》中有“道名分、明是非、善善恶恶、尊王攘夷、礼义之大宗”等数项“大义”，但并没有说明这些“大义”是如何传达出来的。我们也无从知晓或推测。但历来解《春秋》者，或依师说，或依义例，或据史事，不能单凭《春秋》原文即通晓经义。[①] 戴君仁援据朱熹之说，朱子论《春秋》言“只如看史样看”“圣人只是直笔据见在而书”，[②] 所以《春秋》需以《左传》为佐证。但问题是，戴君仁认为《左传》“是一部独立的书，不是《春秋》经的传”。若是如此，孔子作《春秋》，史料如此简省，又不透过文例彰显其义，那么阅读者凭什么得以探知其义？若无三传，当后人读“郑伯克段于鄢”时，如何仅凭这六字得知《春秋》中的“大义”？

当然，戴君仁撰写《春秋辨例》，主要因义例之弊而发，所以他说：

后人研究《春秋》想要探深窥微，寻求其指，本不能说不对。但其流弊，也因此而生，附会穿凿，在所难免。（《春秋辨例》，第 37 页）

---

① 关于这个问题，请参见张高评：《〈春秋〉书法与“义”在言外——比事见义与〈春秋〉学史研究》，《文与哲》2014 年第 25 期，第 77—130 页。张高评提出：“或据比事，或凭属辞，或兼二者而一之以见义。总之，任择其一，皆可以显法相而明《春秋》之义。”见该文第 80 页。

② 关于朱熹的《春秋》学相关研究成果颇众，请参见赵伯雄：《朱熹〈春秋〉学考述》，《孔子研究》2003 年第 1 期，第 63—72 页；丁亚杰：《方法论下的春秋观：朱子的〈春秋〉学》，《鹅湖学志》2007 年第 38 期，第 46—90 页及姜龙翔：《试探朱熹对〈春秋〉的态度及其解经方法》，《云汉学刊》2007 年第 14 期，第 141—166 页。刘德明：《张洽〈春秋〉学初探——以与朱子〈春秋〉学比较为起点》，《经学研究集刊》2013 年第 15 期，第 17—37 页。张高评：《朱熹之〈春秋〉观——据实直书与朱子之征实精神》，载台湾大学中国文学系、台湾中国经学研究会主编：《第八届中国经学国际学术研讨会论文选集》，（台北）万卷楼图书股份有限公司 2015 年版，第 353—390 页。

并言：

> 如弥缝得好，也还罢了。偏偏支离破碎，牵强附会说许多例，一方面违背圣人光明正大之心，一方面造成深求刻索之弊。这种的经说，真正所谓要不得，必须辞而辟之的。（《春秋辨例》，第147页）

因为以义例说《春秋》有诸多流弊，必须去除义例之说，回到孔子所说“君子于其所不知，盖阙如也”，认为“这是研究学问最好态度”①。戴君仁虽然推崇朱熹对《春秋》的看法，但朱子不注《春秋》，其学生要他讲《春秋》，朱子却说：“某实看不得。”甚至还“常劝人不必做此经，他经皆可做，何必去做《春秋》?”② 而戴君仁认为：

> 宋末及元朝人说《春秋》的书，如黄震《读春秋日钞》、黄仲炎《春秋通说》、吕大圭《春秋五论》、程端学《春秋本义》，都能够本此意阐发详尽，成为说《春秋》最好的书。（《春秋辨例》，第18页）

戴君仁盛赞宋元学者解《春秋》之书，可见他与朱子“何必去做《春秋》”之意有异。且此四人诠解《春秋》，多依《左传》，黄震言：“左氏据史为《传》，当是事实，《公羊》则据文立论耳。”③ 而黄仲炎则自言：“若夫具载事实则左氏尚可考。”④ 四库馆臣言吕大圭之说“大旨于三传之中多主《左氏》《穀梁》”，程端学之书“《左传》事迹即参错于众说之中”。⑤ 因此，除非不解《春秋》，否则，不得不依《左传》，既依《左传》，

① 戴君仁：《春秋辨例》，第80页。

② （宋）黎靖德编：《朱子语类》卷83，中华书局1986年版，第2174—2175页。

③ （宋）黄震：《黄氏日抄》卷7，载《黄震全集》第一册，浙江大学出版社2013年版，第162页。

④ （宋）黄仲炎：《春秋通说·春秋通说原序》，《景印文渊阁四库全书》，（台北）台湾商务印书馆1983年版，第4页。

⑤ 分见（宋）吕大圭：《吕氏春秋或问·提要》，《景印文渊阁四库全书》，（台北）台湾商务印书馆1983年版，第1页及（元）程端学：《春秋本义·提要》，《景印文渊阁四库全书》，（台北）台湾商务印书馆1983年版，第1页。

则以义例解经不失为有效法门。

五、结语

戴君仁对《春秋》性质的看法几乎完全秉承传统，并没有受到古史辨运动的影响。他相信《春秋》是孔子修订旧鲁史而成，其中蕴含“大义”，是儒学十分重要的经典，地位甚至超过其他诸经。他认为《公羊传》先于《穀梁传》，由《公羊传》只言日例，而《穀梁传》更言月例可见。二传虽均以诠解《春秋》为目标，但也掺杂了许多添加的内容，故其“义例”并非《春秋》原来具有。至于《左传》，原本非解经之传，只是在刘歆等人的改造下，才成为三传之一。

戴君仁以三传中的“时月日例”为证，说明以义例解经之不可信。他认为“时月日例”之所以产生，是因后人见《春秋》中偶有失书时、月、日者，因为要解释这种缺失，于是就产生了种种义例之说。戴氏认为三传以义例解《春秋》，不但无法自圆其说，其内容也有不合儒家义理之处，会导致孔子失去公平正大的人格形象。

在《春秋》学史上，朱熹反对以义例解《春秋》。戴君仁自觉承续朱熹之说，并以三传的“时月日例”为例，详细检讨其不可信之处，其学术史的反省很有深度。但戴君仁的主张也不是没有任何问题。首先，戴氏试图用否定“时月日例”来否定《春秋》中的其他义例。这种推证即具有跳跃性，以否定个别的义例达到否定所有义例的存在，不论就逻辑推证或事实检验，都值得商榷。其次，戴氏认为《春秋》为孔子所作，是儒家最重要的经典之一，其中必然含有“大义”。但戴君仁认为《左传》原非《春秋》之传，而戴氏推崇的黄震、黄仲炎、吕大圭与程端学等人的著作，无一不是广引《左传》，这是否与他对《左传》的看法相冲突？对此，戴君仁并没有更进一步的说明。总体而言，我们可以说戴氏的《春秋辨例》对《春秋》的解经方法有深度反省，但也留下了更深的理论难题。

台湾现当代(1945—2017)编撰与刊行《尔雅》学研究论著概况

庄雅州*

壹、前言

在古代经典之中，《尔雅》地位最为特殊，它是训诂学的始祖、词汇学的渊薮、词典学的先河、百科全书的雏形、文化学的宝库，具有多方面的价值。所以在小学长期附庸于经学的古代，却始终高居于经部，不仅成为“九流之津逮、六艺之钤键”（晋郭璞《尔雅注·序》），而且影响了《方言》《说文解字》《释名》的成书。这些语言文字学的名著，后来都以附庸蔚为大国，但溯其渊源，莫不同祖《尔雅》。明清以后，仍然把《方言》《释名》《小尔雅》《广雅》等仿雅、广雅之书，置于广义的《尔雅》学之列，然则《尔雅》之研究价值，不言可喻。

自汉代以后，《尔雅》学之研究，源远流长，至清代臻于顶峰。近百年受到时代潮流的激荡，求新求变，进入了由传统转向现代的新阶段，据林庆彰教授《经学研究论著目录》一至四辑著录，自 1912 至 2002 年，海峡两岸《尔雅》学的论著有 506 项，其中台湾有 57 项。此外，余培林、汪中文、刘文清与李隆献等教授也都迭有著录，但或截止时间较早，或搜辑不够宽广，而且大多有书目，无叙录，不易窥见各种论著的内容。因而在前人研究的基础上，还很有继续增补的空间。

四十几年前，本人就读于台湾师范大学博士班时，选修先师高仲华

* 庄雅州，台湾元智大学中国语文学系教授。

（明）教授的“《尔雅》研究”课程，就奠定了研究的基础，但当时发展方向在《大戴礼记》，尤其是《夏小正》与古代科技，毕业后又忙着教学与行政，所以只发表了两篇《尔雅》论文，而未进一步深造。直到 2001 年开始执行“台科会”研究计划，前后合计八年时间，其中五年是《尔雅》研究，有三年是语言文字学与其他领域整合研究。自此之后，至于今日，研究成果除了出版一本《尔雅今注今译》、若干篇经学及古代科技论文外，还有 20 篇左右的《尔雅》与语言文字学的论文，两者各居其半。研究过程中，对《尔雅》学资料的搜罗自然也随时关注，并且觉得有撰写一篇论文介绍台湾现当代编撰与刊行《尔雅》学研究论著概况的必要。前年台湾“中研院”文哲所执行“战后台湾的经学研究（1945—现在）”的计划，本来答应主持人蒋秋华教授发表一篇这方面的论文，不料诸事杂沓，以致在去年计划结束前始终未能交卷。最近适逢福建师范大学经学研究所邀稿，才又重理旧业，勉力成篇。庶几可以为台湾《尔雅》学之研究多尽一分心力，也可让广大的读者对台湾现当代编撰与刊行《尔雅》学研究论著概况多一分了解，未尝不是一桩快事。

贰、台湾现当代编撰与刊行《尔雅》学研究论著知见目录

△凡例

1. 本目录搜集 1945—2017 年台湾编撰与刊行《尔雅》学研究论著，知见所及，咸加著录，凡 181 项。

2. 研究论著以《尔雅》学为范围，包含《尔雅》、广雅、仿雅之相关论著。

3. 每笔论著均著录版本项，包括编撰者、论著名称、刊行年份、出版地、出版者或期刊卷期、起讫页码。

4. 编撰者以中国台湾学者为主，其论著一概收录。其他地区学者仅收录在台湾刊行之论著。

5. 论著刊行年份悉以公元为准。

6. 论著有不同版本者亦加以著录。

7. 所有论著归纳为九类，每类之下再分项目。以期纲举目张，便于查考。唯论著之归类，往往可以两从，甚至多从，仅能择一安置，未尽妥适。读者可通览全目，斟酌取用。

8. 各项目下之论著以类相从，不复细分子目，亦未必以刊行先后为序。

9. 每笔论著知见所及，辄加按语。未曾寓目者则付之阙如。按语旨在增进读者了解，限于时间及篇幅，仅摘录资料简要介绍，无法详加析论，并尽量避免评议。

10. 资料以撷自提要、绪言、结论、目次者居多，亦犹传统书目摘录序跋、题记、提要、后人评论等之意，以其不难检索，且为方便于删节、改写、整合，故不复交代出处。

一、通论类

（一）总论

潘重规：《尔雅学》（年份不详），（香港中文大学）讲义，未刊。

按：潘师石禅系黄季刚先生女婿、入室弟子，南京“中大”中文系毕业，曾任东北大学、四川大学、暨南大学、安徽大学教授。来台后任台湾师范大学、台湾中国文化大学、台湾东吴大学教授，以红学、敦煌学、语言文字学名家。此稿系20世纪80年代旅港讲学时所撰，未见。据余培林《六十年来之〈尔雅〉学》著录，共分五章：1.《尔雅》撰人，2.《尔雅》名义，3.《尔雅》篇卷，4.《雅》学著述，5. 论治《尔雅》方术。第四章占全编五分之四，又分七目：注、疏、音、图、校勘、辑佚、释例。篇末论治《尔雅》方术，又分：正文字、明音读、求义证（再分求各事之证佐、求全部之系统），盖受黄先生《尔雅略说》影响而更求精细。

马重奇：《尔雅漫谈》（1997），（台北）顶渊文化事业有限公司，278页。

按：马重奇，福建师范大学语言研究所教授，汉语音韵、汉语史、方言学专家。此书系《尔雅》通论唯一出版之专书。全书分九章：1.《尔雅》的名义，2.《尔雅》的作者及成书年代，3.《尔雅》的内容分类法，4.《尔雅》与古代社会文化，5.《尔雅》的编撰方法和体例，6.《尔雅》的经学地位，7.《尔雅》研究说略，8.《尔雅》版本简介，9.《尔雅》的研究方法论。是一部以通俗的语言全面介绍历代《尔雅》研究情况的著作。

刘德汉：《〈孝经〉与〈尔雅〉概述》（1974），《孔孟月刊》第12卷第6期，第22—23页。

按：本论文《尔雅》部分主要在概述其成书与内容。

王仁禄：《〈尔雅〉——我国第一部字典》（1979），《中兴大学台中夜刊》第13期。

谢一民：《〈尔雅〉导读》（1989），周何、田博元：《国学导读丛编》册二，（台北）康桥出版事业公司，第113—145页。又《尔雅》（1993），邱燮友、周何、田博元：《国学导读》册二，（台北）三民书局，第533—574页。

按：谢一民，台湾师范大学硕士，台湾成功大学教授，《尔雅》学、语言文字学专家。全文分五节：1.《尔雅》的作者，2.《尔雅》的名义，3.《尔雅》的内容，4.《尔雅》的篇卷，5.《尔雅》的价值。此外，国学概论、经学概论、《尔雅》学专书之类，常有《尔雅》通论，如：

王静芝：《尔雅》（1972），《经学通论》，（台北）环球书局，第238—255页。

陈飞龙：《尔雅述要》（1979），高明：《经学述要》，（台北）黎明文化事业股份有限公司，第191—210页。

庄雅州：《尔雅入门》（1979），《经学入门》，（台北）台湾书店，第243—256页。

孔维宁：《绪论篇》（1998），《〈尔雅〉古注辑考》，（台北）文史哲出版社，第1—148页。

叶国良、夏长朴、李隆献：《尔雅概说》（2005），《经学通论》，（台北）大安出版社，第391—416页。

庄雅州、黄静吟：《尔雅导论》（2012），《尔雅今注今译》，（台北）台湾商务印书馆，第1—9页。

（二）分论

高明：《〈尔雅〉之作者及其撰作之时代》（1974），《中华学苑》第14期，第11—30页。又《高明文辑》中册（1978），（台北）黎明文化事业股份有限公司，第445—465页。又《高明小学论丛》（1978），（台北）黎明文化事业股份有限公司，第445—465页。

按：先师高仲华教授，系黄季刚先生入室弟子，东南大学（“中大”）中文系毕业，曾任西北大学教授，来台后任台湾师范大学教授，与林师景伊（尹）合力创设台湾师范大学、台湾政治大学、台湾中国文化大学三校中文研究所，栽培国学人才为数众多。又曾讲学香港中文大学，以经学、语言文字学、文学名家。《尔雅》之作者及撰作之时代众说纷纭，本论文分八说加以诠评：1. 周公所制、后人所补说，2. 孔子门徒所作说，3. 子夏所作说，4. 秦汉之间学者所纂说，5. 汉人所作说，6. 出于孔子删诗之后说，7. 出于毛公以后、王莽以前说，8. 出于毛公以后、汉武帝以前说。结论为：“大概《尔雅》创始于中古，至孔子时已裒然成帙，故得举以语鲁哀公，迭经增益，至汉武帝时而未已，迨刘向父子校书，始有定本，此即《汉志》所载三卷二十篇之《尔雅》是也。至于创始之人为谁，迭经增益之人又为谁，前儒虽有揣测，多无实证，则吾人亦唯有置之而已矣！”其说折衷群言，力求精当，较黄季刚先生《尔雅略说》，《尔雅》撰人三说详尽许多，颇得一般学者信从。

胡锦贤：《论〈尔雅〉产生的时代背景》（1997），《孔孟月刊》第35卷第5期，第22—25页。

按：本文认为《尔雅》始作周公是合乎历史条件和逻辑的。大部分内容应是孔门弟子所编定的，目的是为了传播孔子的诗教。故《尔雅》应产生于六艺大备、儒学形成并广为传播，中国政治逐渐走向大一统之时。

胡锦贤：《论〈尔雅〉篇目编次的名义》（1997），《孔孟月刊》第35卷第6期，第1—7页。

按：本文认为《尔雅》编次篇目是有意义的，与儒家的宇宙观及其礼制有着密切的关系，特别注重伦理与治人之道，故以经证经，就《尔雅》各篇名义及编次意义详加探讨，以见《尔雅》是先秦儒学的产物，其来久矣！

二、文献学类

（一）目录

汪中文：《〈尔雅〉论著目录》（2000），周何：《十三经论著目录》，（台北）洪叶文化事业有限公司，第72页。

汪中文：《〈尔雅〉论著目录作者索引》（2001），《庆祝周一田先生七秩诞辰论文集》，（台北）万卷楼图书公司，第111—138页。

汪中文：《〈尔雅〉论著目录与〈尔雅〉著述考补》（2008），《嘉南药理科技大学2008年度教师专题研究计划成果报告》，第1—27页。

按：汪中文，台湾师范大学文学博士，台南大学、嘉南药理科技大学教授，语言文字学、目录学专家，对《尔雅》论著目录之编撰，用力尤勤。《尔雅论著目录》为先师周何（一田）教授主编《十三经论著目录》之一。上起先秦，下讫1994年，涵盖中国及其邻邦。分专书之部、单篇之部两大类，再分若干小题。每一论著皆著录其书名（篇名）、卷数、作者、史志书目之著录、存佚情形、传本考证。其后有作者索引，便于检索。《〈尔雅〉论著目录与〈尔雅〉著述考补》限于时间，仅先补《〈尔雅〉论著目录》（1993—2008）。除《尔雅》善本翻印及注疏古籍翻印53项外，其余海峡两岸暨香港研究论著凡342项，其中台湾研究论著64项，不仅使原目录更臻完整，也可补其他目录之不足。

汪中文：《〈尔雅〉著述考（一）》（2003），（台北）编译馆，384页。

按：此书为先师周何（一田）教授主编《十三经著述考》之一，著录《尔雅》及汉五家注以下至清尹桐阳、饶炯等111家，著作153本。首列条次、书名、卷数、存佚、作者。次列撰者生平简介。末列相关之序跋、题记、提要、后人之评论等，最后加按语。可以考见清代以前《尔雅》著述之大观。

汪中文：《近年来台湾〈尔雅〉学研究概述》（2011），2011年海峡两岸“文献与方言研究”学术研讨会论文，第1—9页。

按：本文从专书论著、学位论文、期刊论文、研讨会论文暨“台科会”计划五方面，著录1993—2011年台湾《尔雅》学研究论著83项，可以补相关目录之不足。

林明波：《清代雅学考》第一篇（1968），《庆祝高邮高仲华先生六秩诞辰论文集》，（台北）台湾师范大学中国文学研究所，第69—214页。

按：林师明波，台湾师范大学硕士、教授，文字学、目录学专家。本编著录有清一代《尔雅》学诸书130部，分为校勘、疏证、补正、文字、补笺、考释、释例、辑佚、音读、杂著、拟雅十一类，各书首列书名、卷数，次及撰人始末、全书梗概、诸家评论、成书年代与版本记录，依清谢启昆《小学考》之例，全录其序跋，俾作者之旨洞悉无隐，而序跋之所未及者则别以按语明之。清代《尔雅》学著作搜罗殆尽，诚为研究清代《尔雅》学之津筏，撰写清代雅学史之重要资料库。清代广雅、仿雅诸书另有续编，见本目录第九类。

余培林：《六十年来之〈尔雅〉学》（1977），程师发轫（旨云）：《六十年来之国学》册一，（台北）正中书局，第745—772页。

按：余培林，台湾师范大学文学硕士、教授，台湾玄奘大学讲座教授，《诗经》学、《尔雅》学、《老子》专家。本文编集1912—1971年《尔雅》学相关著作30篇，区为文字、考释、释例、音训、论说、杂著六类，所辑虽尠，而多传世之作，每篇记其名称、撰人、刊载之所，并就知见所及，简述其内容梗概，至于其长短得失，则概不置评。其纯属台湾地区者仅有7种，为现当代台湾《尔雅》学著作目录之最早出者。

林庆彰：《尔雅》（1989），《经学研究论著目录》第一辑（1912—1987），（台北）汉学研究中心，第797—809页。

林庆彰：《尔雅》（1995），《经学研究论著目录》第二辑（1988—1992），（台北）汉学研究中心，第1109—1117页。

林庆彰：《尔雅》（2002），《经学研究论著目录》第三辑（1993—1997），（台北）汉学研究中心，第1375—1383页。

林庆彰：《尔雅》（2013），《经学研究论著目录》第四辑（1998—2002），（台北）汉学研究中心，第1799—1810页。

按：林庆彰，台湾东吴大学文学博士，台湾东吴大学教授，台湾“中研院”文哲所研究员，经学史、文献学专家。本目录已出四辑，搜集1912—2002年海峡两岸暨香港、澳门及新加坡经学研究论著23692项。其中《尔雅》著作目录，第一辑收165项，第二辑收98项，第三辑收92项，第四辑收151项，合计506项，其中台湾论著57项。每辑主要分为通论（又分作者、成书时代、概述、编纂体例、价值、版本、目录、索引）、义例释例、注释翻译、各篇研究、札记、语言文字研究、《尔雅》研究史，附录：《小尔雅》《释名》《广雅》。资料宏富，学术界普遍使用。

刘文清、李隆献：《中韩训诂学研究论著目录初编》（2005），（台北）台湾大学出版中心，第777页。

按：刘文清、李隆献，台湾大学文学博士，台湾大学教授。本目录专收训诂学研究论著，多达一万项左右。全书分理论、训诂学史、训诂考释、丛书及其他四大类，若干小类，所收台湾《尔雅》研究论著，去其重复，仅得45项左右。

（二）版本

王世伟：《〈尔雅〉版本考略》（1994），台湾“世界新闻传播学院”《信息传播与图书馆学》第1卷第2期，第43—48页。原刊顾廷龙、王世伟：《尔雅导读》（1990），巴蜀书社，第110—148页。又《图书馆学文献学论丛》（2000），上海书店，第361—371页。

按：王世伟，华东师范大学图书馆系硕士、上海社会科学院信息研究所研究员。本文专门研究《尔雅》版本流传，分别就《尔雅》的单经本、单注本（经注本）、单疏本、注疏本、音义本、注音义本，共18种进行考证和论述。可厘清《尔雅》版本类型和源流关系。

蒋复璁：《景印南宋国子监本〈尔雅〉序》（1971），台北故宫博物院《图书季刊》第2卷第2期，第70页。

昌彼得：《跋宋监本〈尔雅〉》（1971），台北故宫博物院《图书季刊》第2卷第2期，第71—72页。

按：1971年，台北故宫博物院景印南宋初国子监刊本郭璞注《尔雅》三卷，该书据北宋景德监本覆刻，可借窥长兴国子监刻本之遗规，并知南宋公私椠雕诸经版式行款之所本。出版时，台湾“中图馆”馆长蒋复璁作短序，台北故宫博物院副院长昌彼得作跋。昌氏为目录版本专家，其跋详录该书之行款及源流。该书在版本学、校勘学方面价值极高，可惜台湾罕见有善加利用者。学者周祖谟据《天禄琳琅丛书》本（1931年故宫博物院景印）为底本，以敦煌所出唐写本残卷二种等十种为辅本，征引资料60种，撰成《尔雅校笺》三卷，1984年由江苏教育出版社印行，2004年由云南人民出版社再版。为现当代校勘名著，值得借镜。

长泽规矩也撰，锅岛亚朱华译：《现存宋刊单疏本刊行年代考》（2000），《中国文哲研究通讯》第10卷第4期，第13—18页。

按：长泽规矩也，日本知名学者，译者锅岛亚朱华，时为日本二松堂学舍大学博士生。此文译自《长泽规矩也著作集》册一（东京汲古书院1982年版），考证宋刻单疏本今传者有六，均非北宋刊本。其中《尔雅》单疏本，清陆心源旧藏本传至静嘉堂，蒋汝藻旧藏本传至涵芬楼，为南宋刊元修本。

简承禾：《〈尔雅〉单疏本概述》（2010），《东吴中文研究集刊》第16期，第97—119页。

按：简承禾，台湾东吴大学硕士。宋本《尔雅疏》是少数流传至今的单疏本之一，为清代藏书家眼中的无价之宝，如黄丕烈、陆心源、蒋汝藻等人皆曾收藏，且迭有题跋。本论文分为三节：1. 南北宋时期《尔雅》单疏本刊刻情形，2. 乾嘉以后《尔雅疏》流传概况及其现存版本，3.《尔雅疏》与阮元刻《尔雅注疏》校勘记。考证綦详，颇可参阅。

（三）校勘

谏侯：《唐写本郭璞注〈尔雅〉校记》（1946），台湾图书馆《图书月刊》第1卷第5期，第1—6页。

按：此为今日所见刊行最早的台湾《尔雅》学论著。首先考定敦煌出土伯希和所藏的p. 2661、p. 3735《郭璞注尔雅》残卷为唐写本，而非如王重民所定之六朝写本。进而持与今本对校一过，提出与王重民研究之异同及商榷，可补其不足。

宗静航：《〈尔雅〉与古书异文》（1997），台湾中山大学第一届国际暨第三届国内训诂学研讨会论文。又《训诂论丛》第三辑（1997），（台北）文史哲出版社，第181—189页。

按：宗静航，香港浸会大学教授。赵振铎《中国训诂学史》（中州古籍出版社1988年版），认为《尔雅》所收训释，有些是解释古书中的异文。本文则认为该书所引六条，因《尔雅》成书年代久远，成于众手，代有损益，且不知根据何种版本，运用何种方法，所以很难证明究竟是在解释哪些典籍。

（四）辨伪

翁世华：《郭璞〈尔雅音义〉释疑》（1974），《大陆杂志》第49卷第3期，第143—152页。又《大陆杂志语文丛书》第3辑第1册《经学·解诂·语言》（1988），第59—69页。

按：世传郭璞在《尔雅注》之外，另有《尔雅音义》，本文考证其实乃后世凭虚杜撰之书。首先指出《晋书·郭璞传》之误导，进而以三个证据证明郭璞未尝著《尔雅音义》，最后胪举唐慧琳《一切经音义》所引郭氏《音义》8条，陆德明《经典释文》所引郭氏《音义》7条，逐一驳斥其非。

（五）辑佚

孔维宁：《〈尔雅〉古注辑考》上、中、下三册（1998），（台北）文史哲出版社，1274页。

按：孔维宁，台湾大学中国文学系毕业，黎明工专教授。仿《汉书·艺文志》分《尔雅》为3卷19篇的模式，将本书分为三卷，第1—148页为上卷《绪论篇》，分五章：1.《尔雅的名义》，2.《尔雅》的作者，3.《尔雅》篇卷考，4.《尔雅》内容考，5.《尔雅》价值说。通论详细，与专书相比亦不遑多让。第149—932页为中卷《辑佚篇》，据清代马国翰、黄奭、王谟、王仁俊、臧庸诸家所辑《尔雅》古注14种，以台北故宫博物院景宋监本为底本，将古注一一打散，分配归入《尔雅》3卷19篇每一条经文之下，其末必加按语，按语之内容，可分为字数、校勘、注音、释义、图赞、郭注六项，如有前人失辑之佚文，亦附焉。手此一篇，探求古注佚说，可以不假他求了。第933—1074页为下卷《考证篇》，分五章：1.《尔雅》古注考，2.《尔雅》古注贡献考，3.《尔雅》郭注承袭考，4.郭注评价考，5.《尔雅》古注还原举例（以《尔雅》卷上为例，凡566条）。以晋郭璞为分野，笼括其前古注五家六书，其后旧注七家，探讨古注与郭注之关系及其价值，皆沉思有得，博稽而能断。总而言之，其书每卷各自成篇，篇篇系联，卷卷衔接，浑然一体。如采互著别裁之例，上卷可列本书目之通论类，下卷可列经学史类，唯中下卷为全书主体，以辑佚为主，校勘、训诂为辅，故将全书置于此。

王书辉：《两晋南北朝〈尔雅〉著述佚籍辑考》（2001），台湾政治大学中文研究所博士学位论文，刘兆佑、简宗梧指导，784页。又（新北）花木兰出版社2006年出版专书。

王书辉：《郭璞〈尔雅图赞〉之辑校与注释——释草至释虫》（2007），《台湾中国文化大学中文学报》第14期，第29—64页。

王书辉：《郭璞〈尔雅图赞〉之辑校与注释——释鱼至释畜》（2007），

《台湾中国文化大学中文学报》第15期，第29—58页。

王书辉：《郭璞〈尔雅图赞〉与〈尔雅图〉之辑校与诠解——释器至释水》(2009)，《台湾中国文化大学中文学报》第18期，第59—88页。

按：王书辉，台湾政治大学中文系文学博士，台湾中国文化大学教授。汉魏六朝《尔雅注》目前仅存郭璞注流传于世，其余各家均已亡佚，其实亦颇有可观之处。因此，本论文即以两晋南北朝《尔雅》相关著述为辑校对象，除就清儒辑本所辑佚文进行全面的校勘与检讨，存是去非，校勘厘定外，并广泛搜检唐宋时期的古注、类书等著述，增补前人所未见的佚文，逐条进行考证，期使两晋南北朝《尔雅》相关著作得以精于前人所辑的面貌展现。本论文所辑《尔雅》相关著述，计有郭璞《尔雅音义》《尔雅注》佚文、《尔雅图》《尔雅图赞》、沈旋《集注尔雅》、施乾《尔雅音》、谢峤《尔雅音》、顾野王《尔雅音》8种。另辑校郭璞《山海经图赞》，俾与《尔雅图赞》有所分别。所辑各书均从事辑补与考证两大工作。所辑未见于清儒辑本者有132条；考证则对有疑义之佚文与义训尽可能求其确论。

《台湾中国文化大学中文学报》论文三篇则在博士学位论文的基础上，逐一剖析郭璞在赞辞中所呈现的思想，以及厘清《尔雅图赞》与《尔雅图》之关系，分析二书之性质与写作目的。

陈鸿森：《梁沈旋〈尔雅集注〉考证》(2010)，《中国经学》第六辑，第93—118页。

按：陈鸿森，台湾大学中国文学系毕业。台湾“中研院”历史语言研究所研究员，台湾中山大学、成功大学、“中大”兼任教授，经学、清代学术史专家。梁沈约之子沈旋著有《尔雅集注》十卷，纂集汉魏《尔雅》旧义，并为之音。其书久佚，清儒马国翰、黄奭，今人王书辉各有辑本，大抵皆就《释文》所载沈旋音读采录之，其《尔雅》义则仅玄应《一切经音义》、邢昺《尔雅疏》各引一条而已。沈书唐代曾东传日本，作者分别自东瀛旧籍《倭名类聚抄》《弘决外典钞》《令集解》，加上《经典释文》《玄应音义》《慧琳音义》、丁度《集韵》、邢昺《尔雅疏》等所引佚文采录之，凡得一百二十余事，末附考证，推考其书体例及隋唐间流传情况，不仅可补各家辑佚之未备，且为前此学者治六朝经学、《尔雅》学史所不及详者，成果相当丰硕。

三、语言文字类

（一）文字

陈建雄：《〈尔雅〉多训字考》（1969），（台北）作者印行。

庄雅州：《〈尔雅〉联绵字浅探》（1979），《新竹师专学报》第5期，第97—102页。

按：庄雅州，台湾师范大学中文系文学博士，台湾新竹师专、淡江大学、台湾中正大学、玄奘大学、元智大学教授。学术专长为经学、语言文字学、中国古代科技史、古代散文理论。本文旨在探讨《尔雅》联绵字的特点与功用。依黄季刚先生所分19纽、28部，将《尔雅》的联绵字分为双声、叠韵、非双声叠韵、叠字四类。其次阐述其特点，有特重声韵、字形不定、名词居多等现象。最后说明其功用，也有四项：探究语根、旁证古音、诠释载籍、摛洒辞章。

蔡信发：《段玉裁谓〈尔雅〉多俗字》（2007），台湾玄奘大学第八届中国训诂学学术研讨会论文。

按：蔡信发，台湾师范大学中文系文学博士，台北市立大学、“中大”、铭传大学教授。语言文字学、《史记》专家。本文归纳段氏所言《尔雅》俗字为五类：1. 增形而俗者（如桀之作榤），2. 改形而俗者（如適之作甋），3. 改声而俗者（如鲕之作鱦），4. 声化而俗者（如升之作陞），5. 声形俱异而俗者（如𩔻之作迨）。盖《说文》存古，《尔雅》从今之异。

（二）声韵

丁惟汾：《〈尔雅〉古音表》（1966），《诂雅堂丛著》六种之四中册，（台北）台湾中华丛书编审委员会，第1—185页。

按：丁惟汾，经学、语言文字学专家。深于古音，中年以后，与章太炎、黄季刚、刘申叔等先生往复商讨，举凡释《毛诗》《尔雅》《方言》，均以声韵为其枢要。初分古韵为22部，与王念孙、江有诰相近，后以蒸与冬合、支与歌合、幽与侯合、缉与叶合、侵元各与谈之部分合，凡析为17部，其名为之、宵、幽侯、鱼、蒸冬、叶、覃、东、阳、耕、真、文、元、脂、歌支、祭、至。本文以此为准，注明《尔雅》每字之古韵分部，虽无所阐释，而给予研究者极大之便利。可以补黄季刚先生《黄侃声韵学未刊稿·五雅声类表》（武汉大学出版社1985年版）言声不言韵之不足。

徐松君：《〈尔雅〉里面的泰国语音》（1965），《东南亚学报》第1卷第1期，第2—4页。

按：徐松君，东南亚民族古代史专家。本文认为今日泰国语言保存许多三代时河、淮、江、汉之古代土音，乃举《尔雅·释虫》10例以证之。可见中国古文明之建立，至低限度僮泰民族的先人是有份的。

冯蒸：《〈尔雅音图〉音注反映的宋初浊上变去》（1993），《大陆杂志》第87卷第2期，第21—25页。

冯蒸：《〈尔雅音图〉音注所反映的五代宋初重纽》（1998），申小龙：《走向新世纪的语言学——庆祝徐德江先生六十华诞论文集》，（台北）万卷楼图书公司，第394—489页。

按：冯蒸，首都师范大学文学院教授，声韵学专家。所撰《冯蒸音韵学论集》（学苑出版社2006年版）自序提及曾先后发表《尔雅音图》相关论文15篇，二十余万字，此为其中二篇。冯氏认为《尔雅音图》音注的作者是后蜀毋昭裔，注音资料所反映的是北宋官话音。此二篇旨在探讨《尔雅音图》音注在声调及声母的显著现象——浊上变去及重纽。

（三）训诂

刘百闵：《〈尔雅〉在训诂学上的价值》（1964），《经子肄言》，（台北）远东图书公司，第62—65页。

按：刘百闵，日本政法大学、早稻田大学哲学系毕业，曾任南京“中大”、上海复旦大学、香港中文大学教授。本文认为《尔雅》为会通正言和异言、雅名和俗名而作。要寻求古代文字的训诂自当求之于《尔雅》,《尔雅》不但在训诂学上有其价值,在经学上亦有其地位。

丁惟汾:《〈尔雅〉释名》(1966),《诂雅堂丛著》六种之三中册,(台北)台湾中华丛书编审委员会,第1—152页。

按:王献堂《诂雅堂主治学记——诂雅堂杂著六种序》(1943)云:“先生注《尔雅》则以音为经,以义为纬,即音求义,由义证音,取诸左右,若水逢源,不间飘忽。……证古之名物,即今某名某物;古之语言,即今某语某言……上下千古,犹一瞬也。”显现此书成于1943年以前,而刊行于1966年,为台湾《尔雅》学论著之最早成稿者。此篇自《释草》至《释畜》共七卷。其诠释名物必先求其音,次释其义,末多以俚语证之,多言初文、本字与通假,有助于《尔雅》声韵训诂之探讨。

谢一民:《〈尔雅〉逐字解诂》(2003),(台北)五南图书公司,1106页。

按:此书逐字解释《尔雅·释诂》首卷百余则,每则分训词(解释之词)与诂词(被解释之词)两部分,一字不漏,十分详尽,都为六十余万言。全书旁征博引,贯串百家,信手拈来,尽是甲骨文、金文之名。可说浩博无匹,虽朱祖延之《尔雅诂林》(1996)剪辑训释文字94种,亦逊其融会。可惜全书未竟,即赍志以终。

陈建初、胡世文、徐朝红:《新译〈尔雅〉读本》(2011),(台北)三民书局,625页。

按:陈建初,湖南师范大学文学博士、教授。胡世文,湖南大学博士、浙江海洋大学人文学院教授。徐朝红,文学博士,皆为语言文字学专家。本书为台湾刊行之第一部《尔雅》今注今译,前有导读、附图、凡例,后有主要引用书目、词语笔画索引。全书19篇,皆有题解,简要介绍本篇内容、特点。正文分2200余条训列,皆先注后译。注释力求精简,不作繁琐考证,但尽量引用古书、古注为证,以示有所依据。被释词语中如有通假字、古今字、异体字等,注释中尽量予以注明,并指出其本字、今字、正字。每字均有注音符号，颇便通读。

庄雅州、黄静吟：《〈尔雅〉今注今译》（2012），（台北）台湾商务印书馆，741页。

按：黄静吟，台湾中山大学文学博士，台湾中正大学中文系教授，专攻语言文字学，尤精于古文字学。本书是由台湾学者及书店合作印行的第一部《尔雅》今注今译，是执行“台科会”五年研究计划的具体成果之一。前有导论，后有跋。全书19篇，皆有题解，2200余条训列，皆有注有译。注释以清郝懿行《尔雅义疏》为主要依据，博观约取。在词语训诂方面，采用了不少语言文字学尤其是古文字学的研究成果；在名物训诂方面撷取了许多现代科学新知及地下出土文物。能兼顾学术与普及，以崭新而明确的面目呈现于世。

余培林：《〈尔雅〉引毛诗考》（1971），（台北）“台科会”研究奖助论文。

余培林：《〈尔雅〉引三礼考》（1972），（台北）“台科会”研究奖助论文。

四、释例类

（一）《尔雅》本书释例

谢云飞：《〈尔雅〉义训释例》（1961），（台北）“台科会”研究奖助论文，又《庆祝瑞安林景伊先生六秩诞辰论文集》（1969），（台北）华冈出版公司，第465—644页。

按：谢云飞，台湾师范大学文学硕士，台湾政治大学教授，语言文字学、《韩非子》专家。近代言《尔雅》条例者有陈玉树、罗长钰、王国维、杨树达诸家。此释例有互训例、推因例、义界例、类训例等凡88例，实集前人之大成。绪言云：“一例之出，必深及古音、古言，凡诸谐声、假借，俱引端竟委以探求之，分别是非，必穷及根源，而立意尤不敢逞胸臆。条例既竟，又益以‘《尔雅》撰人考’‘《尔雅》之名义’‘《尔雅》之篇卷’‘《尔雅》之著述’等资料，以终其编。”

高明：《〈尔雅〉辨例》（1974），台湾政治大学《中华学苑》第13期，第1—44页。后收入《高明文辑》中册，（台北）黎明文化事业股份有限公司1978年版，第466—510页。

按：高师仲华认为谢氏《释例》虽集前人之大成，而纲维不足，稍嫌琐碎，故参酌诸家，兼陈所见，别为辨例。其文分词式例、义类例、编次例、训诂例四大类，其下又分若干条例，纲举目张，可尽《尔雅》之纲维，使读者按图索骥，对《尔雅》一书了如指掌。

远藤光晓：《〈尔雅〉的体例类型》（1998），台湾师范大学第二届国际暨第四届国内训诂学学术研讨会论文。又《训诂论丛》第四辑（1999），（台北）文史哲出版社，第89—100页。

按：远藤光晓，日本青山学院大学教授。此文具体分析《尔雅》最初使用的注释方式为“X，A也”，然后产生“X为A”“X谓之A”“X曰A”。前二类型之先后，应无可疑。至于第三、四种类型之先后，则犹待验证。除了指出各种类型在全书中的分布情况，进而推测此种局面产生的原因。

朱星：《〈尔雅·释诂〉三篇体例》（1996），《朱星古汉语论文选集》，（台北）洪叶文化事业有限公司，第29—45页。

按：朱星，语言文字学专家。因《释诂》等三篇在《尔雅》中最为重要，可了解训诂的基本规律，故撰为此篇，析论其体例。全文分三节：1.《尔雅》命名的意义究竟是什么？2.《释诂》《释言》《释训》的内容有什么区别？3.《释诂》《释言》《释训》三篇的体例是怎样的？第三节又分8点加以析论。

（二）《尔雅》论著释例

蔡谋芳：《〈尔雅义疏〉指例》（1972），硕士学位论文，台湾师范大学中文系，72页，陈新雄指导。又《台湾师范大学中文研究所集刊》第17集

(1973)，第1—52页。

按：蔡谋芳，台湾师范大学文学硕士，台湾铭传大学教授。全书分三章：1. 总论篇义之例，30类；2. 文字处理之例，3类；3. 疏证之类例，4类。附编：论理程式举例、《义疏》用语举例。

方俊吉：《〈尔雅义疏〉释例》（1980），（台北）文史哲出版社，152页。又《高雄师范学院学报》1981年第9期，第37—62页。

按：方俊吉，台湾政治大学文学博士，高雄师范大学教授。经学、语言文字学专家。本书就《尔雅义疏》分析归纳，调理抉剔，都为十例：1. 校经文例，2. 证经例，3. 补郭例，4. 阐义例，5. 明声例，6. 辨字例，7. 验物例，8. 评比诸家旧注之说例，9. 阙疑例，10. 其他例。每大例又分若干类例。

孔维宁：《王国维〈尔雅〉草木虫鱼鸟兽名释例研究》（1996），《黎明学报》第10卷第2期，第121—134页。

五、单篇研究类

（一）《释诂》《释言》《释训》

郭鹏飞：《〈尔雅〉“俾，使也；俾、使，从也”探析（上、下）》（1999），《大陆杂志》第99卷第4期，第36—48页；第99卷第5期，第27—34页。又《尔雅义训研究》（2012），上海古籍出版社，第108—153页。

郭鹏飞：《〈尔雅·释诂〉“林、烝、天、帝、皇、王、后、辟、公、侯，君也”探析》，《汉学研究》2000年第2期（总第37期），第57—83页。又《尔雅义训研究》（2012），上海古籍出版社，第64—100页。

按：郭鹏飞，台湾大学中文系毕业，香港中文大学哲学硕士、博士。经学、语言文字学专家。此二篇论文，一论反训，一论同训，皆在博士学位论文《尔雅训义研究》（1997）之中。论文通过后，复沉潜多年，仔细修改，始公开发表。首篇全面搜集“俾”“使”“从”三字在先秦典籍中的用例，探求其正面意义，从而发掘其反向引申之由，颇能揭露此三字意义转向的真貌。次篇则是以大量的史料，透过义素的分析，去探求“林”“烝”“王”“君”等同义词之间的异同，以追寻词义变化的轨迹，以及词义引申的路向，为“同义相训”这个典型的训诂方法作了深化的工作。

庄雅州：《从〈尔雅·释言〉“曷，盍也”探讨历代训诂之演变》(2007)，台湾玄奘大学第八届中国训诂学学术研讨会论文，第1—7页。

按：本论文透过历代学者对《释言》“曷，盍也”的研究，探讨三种训诂方法——比较互证、以形索义、因声求义的运用，以及三个训诂次序——求证据、求本字、求语根的演变，真的是“前修未密，后出转精”。

李建诚：《〈尔雅·释训〉研究》(1992)，台湾“中大”中文研究所硕士学位论文，岑溢成指导，165页。又（新北）花木兰文化出版社2009年出版专书。

按：李建诚，台湾“中大”文学硕士，昆山科技大学教授。《释训》一篇，所释多为形容写貌之词，包括叠字、联绵字，兼及少量诗句。本书除导论、结论外，主体三章：1. 叠字的意义，2. 双组重叠与句义，3. 词义、句义与意义，对《释训》内容作了详尽的析论。

詹文君：《〈尔雅·释诂〉〈释言〉〈释训〉同训词研究》(1997)，台湾中正大学中国文学研究所硕士学位论文，竺家宁指导。

按：《释诂》《释言》《释训》为《尔雅》前三篇，重在训释普通语词，与后面名物各篇性质有别。三篇重点虽各有不同，要以同义相训为主要的方式。本文即综合三篇同训词加以深入研究，主体分四章：1.《尔雅》同训词概说，2.《尔雅》同训词“文同训异”与“训同异义”的词义分析，3.《尔雅》同训词“转相训”与语义场分析，4.《尔雅》同训词中反映的文化现象。

（二）《释亲》

芮逸夫：《〈尔雅·释亲〉补正》(1950)，台湾大学《文史哲学报》第

1 期，第 101—136 页。

按：芮逸夫，台湾大学考古人类学系教授，民族学专家。全文分为：1.《释亲》所释的亲属称谓，凡 102 种，2.《释亲》所释称谓的重复、遗阙及讹误，3.《释亲》遗阙及讹误称谓的探讨，4. 拟补正的《释亲》文，补 19 条，正 4 条，5. 附表。

陈静芳：《〈尔雅·释亲〉中亲属称谓词的语义结构》（1998），台湾大学《中国文学研究》第 12 期，第 99—122 页。

按：陈静芳，台湾大学中国文学系硕士。

（三）《释器》

李周龙：《〈尔雅·释器〉所见古事考》（1978），《孔孟月刊》第 17 卷第 3 期，第 29—31 页。

按：故友李周龙，台湾师范大学文学博士，新竹教育大学教授。词学、汉代学术、《逸周书》《周易》专家。本文认为《尔雅·释器》一篇，其编纂之次第应依器物进化之级序，分为：1. 初民之时，有骨、角、羽、皮之属 4 种，2. 狩猎游牧耕稼之时，有草、瓠、竹、木、瓦、土、石、玉之属 8 种，3. 黄帝之世，有铜、铁、金、银、锡之属 5 种。

（四）《释天》

庄雅州：《〈尔雅·释天〉天文史料析论》（2006），《李爽秋教授八十寿庆祝寿论文集》，（台北）万卷楼图书公司，第 251—271 页。

按：此文以科学新知析论《尔雅·释天》中的天文史料。除前言、结论外，主体分两节：1. 分别就二十八宿、四象、十二次、其他恒星、彗星、流星等项目，探讨《释天》天文史料的内容，2. 检讨其取材广泛、纲举目张之优点，及未臻完备、诠释简略之局限，并肯定其在中国天文学发展史及科技文化研究上的价值。

（五）《释草》《释木》

王富祥：《〈尔雅〉草名今释》（1973），《台东师专学报》第 1 期，第

1—50页。

按：此文依《释草》次第，先采前贤之意，继列其形状性质，证明即今之某物，末附其异称。有谬误者，则于文中分别纠之。其体例大而别之，有十：1. 同名异类，2. 同类异名，3. 双声，4. 叠韵，5. 双声兼叠韵，6. 以声为义，7. 以形为义，8. 假借字，9. 重出，10. 错简。于所不知，则付阙如。

沈秋雄：《〈尔雅〉木华草荣辨》（1978），《大陆杂志》第57卷第4期，第185页。

按：沈秋雄，台湾师范大学中文系博士、教授，育达科技大学教授。《说文》学、《左传》学、诗学专家。本文考察《说文》、金文、古典文献，认为《释草》"木谓之华，草谓之荣"。宜订正为"木谓之荣，草谓之华"。或《尔雅》原本不误，后世抄刻致讹，然年世绵邈，不可详考。其文极短，自有见地。

于景让：《〈尔雅·释草〉的"须薞芜"与"须葑蓯"》（1962），《大陆杂志》第4卷第4期，第6转12转15页。

按：于景让，日本京都大学农业博士，台湾大学生物系教授。郝懿行认为《尔雅》的"须葑蓯"与《说文》的"葑，须从也。"相通，而释为蔓菁。本文认为其解释并不正确。所谓蔓菁、芜菁是不是一物，在现在的植物分类学中究竟是何物？关于这两点，容后续论。

（六）《释虫》《释鱼》

施孝适：《〈尔雅〉虫鱼名今释》（1990），《大陆杂志》第81卷第3期，第130—144页。

按：施孝适，南京师范大学古文献整理研究所研究员，文献学专家。本文旨在厘清《尔雅》中虫鱼的名称，并通过形态描述，帮助读者识别，因而对原著的考证一概从略。全文每条先抄录原文，原文后有选择地括注今名及俗名。今名的确定主要依据《尔雅》的各种旧注和《本草纲目》，以及现代动物学方面的论著。释文先列今名，括注拉丁名，接着注明其所属的纲、目、科。形态描述中一般只择要介绍外观及色泽，以资识别。内容主要采自《辞海》、动物学工具书及其他专著及报刊。

徐复：《〈尔雅〉虫鱼名今释跋》（1990），《大陆杂志》第81卷第3期，第144页。

按：徐复，南京师范大学教授，著名语言文字学家。因施君助其编纂《广雅诂林》，时相切磋，故撰此跋，推许其贯穿古今，言之有物。

于景让：《鰋鲇鲤鲩——〈尔雅·释鱼〉注一》（1963），《大陆杂志》第27卷第1期，第1—8页。

按：《释鱼》："鰋鲇鲤鲩"究竟是二种抑或四种鱼，自古以来异说纷纭。于氏考证的结果，认为鰋即《广雅》《玉篇》《本草》的鳑、鲌、白鱼。鲇即鮧或鳀。鲤，在江南一带俗称黑鱼，亦有标为乌鱼者，古典注释鲖、鳢鰑，亦指这种鱼。鲩为草鱼，则无可疑。可见鰋鲇鲤鲩应为四种鱼。文末又有"草鱼的产卵"补其遗。

于氏另有《牛鱼考》(1958)，《大陆杂志》第16卷第10期，第293—296页，认为《尔雅》之鳣就是鲟鳇、黄鲟、牛鱼，可以参阅。

六、专题研究类

（一）研究方法

庄雅州：《论考释〈尔雅〉草木虫鱼鸟兽之方法》（2003），台湾大学东亚传世汉籍文献译解方法国际学术研讨会论文，第1—24页。又《东亚传世汉籍文献译解方法初探》（2005），（台北）台湾大学出版中心，第127—170页；(2008) 华东师范大学出版社，第92—122页。

按：本论文吸收前贤对《尔雅》的考释方式，并配合时代脉动，补充新方法，整理归纳而提出九种方法，即校正讹误、辨别名实、因声求义、比较互证、发凡起例、根据目验、描述性状、绘制图影、运用新知。这些方法或通用于各种古籍训解，或适用于名物训诂，或偏重于语言学、文献学知识，或符合客观科学的精神。在借重传统的训诂方法之余，又兼采新知、新方法，可供今人研究《尔雅》之参考。

庄雅州：《论二重证据法在〈尔雅〉研究上之运用》（2010），台湾师范大学“台科会”中文学门小学类2003—2008年研究成果发表会论文，第1—19页。后收入《“台科会”中文学门小学类2003—2008年研究成果发表会论文集》（2011），（台北）新文丰出版公司，第275—295页。

按：本论文除前言、结论外，主体分为四节：1. 斠传本之异同：如敦煌唐写本《尔雅》残卷可斠《尔雅》传本之讹误衍夺。2. 证古说之可信：如甲文可证《释天》“商曰祀”“商曰肜”之可信。3. 存典制之异说：如曾侯乙墓青龙白虎二十八宿图与《释天》二十八宿名称之异同，楚帛书十二月名与《尔雅》之异同。4. 详名物之形制：如出土青铜器之钟鼎彝卣、玉器之圭璋璧瑗为数甚多，可补《尔雅·释器》形制解说之不足。

庄雅州：《黄季刚先生〈尔雅〉研究方法述评》（2015），北京师范大学《章黄学术研讨会暨陆宗达先生诞辰110周年纪念会论文集》，第735—755页。

按：黄季刚先生对雅学文献作了全面而深入的探讨，把近代雅学研究推进到一个崭新的阶段。本论文就其研究方法加以窥测，主体分五节：1. 黄季刚先生的《尔雅》学著作，有《尔雅略说》《黄侃手批尔雅义疏》《尔雅音训》《文字声韵训诂笔记》中的雅学部分等。2. 黄季刚先生《尔雅》学研究方法的理论，又分雅学研究之基础、工具、途径、程序。3. 黄季刚先生《尔雅》学研究方法的实务，又分博稽群书，发凡起例、因声求义、考释订补。4. 黄季刚先生《尔雅》学研究方法的贡献，又分拓宽治雅途径、提升研究层次、建构理论体系、度与训诂金针。5. 黄季刚先生《尔雅》学研究方法的补苴：可从现代语言学、名物学、自然科学、地下文献、语言文化学等方面加以拓展。

（二）文化学

卢国屏：《尔雅语言文化学》（1999），（台北）台湾学生书局，414页。

卢国屏：《旧学虫鱼笺〈尔雅〉，晚知稼穑讲〈豳风〉（陆游晨起诗）——〈尔雅·释虫〉〈释鱼〉篇的文化诠释》（2000），淡江大学第九届中国社会与文化国际学术研讨会——汉语文化学论文。又《尔雅语言文化学》，第251—303页。

卢国屏：《语言文化学举例——〈尔雅·释鸟〉篇》（2000），第四届文学与文化学术研讨会论文。又《尔雅语言文化学》，第305—347页。又《文化密码——语言译码——第九届社会与文化国际学术研讨会论文集》（2001），（台北）台湾学生书局，第277—320页。

按：卢国屏，台湾政治大学中国文学系文学博士，淡江大学中国文学系教授，淮南师范学院终身特聘教授，《尔雅》学、语言文字学专家。《尔雅语言文化学》一书以宏观的文化观点，将语言文字学与文化学结合，重新诠释了《尔雅》中的词汇系统、宗族结构、工艺建筑、音乐文化、天文地理、植物与动物。不仅赋古典以新义，也显示语言文化学是一个值得探讨的新研究方向。

王盈芳：《〈尔雅·释亲〉亲属关系之文化诠解》（2005），淡江大学中国文学系硕士学位论文，卢国屏指导。

按：本论文企图由《释亲》的亲属称谓探讨古代的婚姻、家庭、性别等文化痕迹。操作方法上，先将字词的本义、引申义逐一说明，再依《释亲》篇的分类，宗族、母党、妻党、婚姻等四类，依条例名称之内容，表以关系图，将亲属关系逐代厘清，彼此之称谓以图示来表关系之远近，最后再将各亲属称谓作文化诠解。直系之血亲、旁系之姻亲、亲属远近关系的亲朋好友、婚姻形式产生的姻亲兄弟都尝试建构，并以较符合现今常用的称呼做古今两者之对照，找出其变化之痕迹。

古佳峻：《郝懿行〈尔雅义疏〉及其宫器二释研究——以文化阐析为观察重点》（2007），淡江大学中国文学系硕士学位论文，卢国屏指导，300页。

按：本论文除绪论、结论外，主体二章为：1. 郝懿行生平传略，包含：行谊、事迹、学术介评、生平年表、郝氏著作细目。2. 郝疏《尔雅》宫器二释析论，包含：《释宫》《释器》类聚群分、郝疏与《释宫》之文化诠解。郝疏与《释器》之文化诠解。在《释宫》方面，诠释宫室形制的别称界定、木建筑的工法、中国的门文化、路桥之行道文化，人与空间的联结；在《释器》方面，诠释农渔狩猎的时代性、饮食文化、衣着文化、工艺技巧，阐析都十分详细。

吴佩慈：《从〈尔雅·释兽〉〈释畜〉篇看中国古代牲畜文明》（2013），淡江大学中国文学系硕士学位论文，卢国屏指导。

按：现今一般《尔雅》相关的社会文化研究，大多是将牲畜当成农业或是祭祀研究的附属品。本论文则是以牲畜作为主角，从《尔雅》记载野兽及牲畜的篇章中延伸。从语言文化的角度，由《尔雅》的词条内容，将《尔雅》与先民生活两条脉络交会在一起，一探上古时期先民的牲畜文明，从狩猎至驯化，从驯化至豢养，其实这一连串的过程便是“人文化”的过程，也是古代先民与动物互动的可能样貌。

七、经学史类

（一）通代

孙永忠：《类书渊源诸说论析——以〈尔雅〉与〈吕氏春秋〉为范围》（2006），台湾辅仁大学第五届海峡两岸先秦两汉学术研讨会论文。

按：孙永忠，台湾辅仁大学中国文学系博士，任教于台湾辅仁大学，文学专家。类书之起源，说法不一，作者专攻类书之学，其博士学位论文《类书渊源与体例形成之研究》（2005年7月）认为在概念上类书提供的是文献内容而不是文献内容提要，也不是字词的音义，是辑集之功而非述作；在编辑体例与内容上，与百科全书、丛书、总集、政书、字辞书等不同，故赞同王应麟起于《皇览》之说。此文辨析张舜徽起于《尔雅》说、汪中起于《吕氏春秋》说，此外，《类书的渊源探讨——以〈洪范五行传论〉〈新序〉〈说苑〉为例》（中国人民大学“人文学术的中国语境”学术研讨会论文，2006 年 9 月）则在辨析马国翰之说，要皆考辨诸说不足信，仍坚主起源于《皇览》说。

林明昌：《从〈尔雅〉到雅虎——文献资料之分类与排序研究》(2002)，北京大学、淡江大学、复旦大学《海峡两岸古典文献学学术研讨会论文集》，上海古籍出版社，第 521—544 页。

按：林明昌，台湾淡江大学中国文学系博士，佛光大学中国文学与应用学系副教授。学术专长为文学概论、文学批评、美学研究、文化研究、思想史。作者认为《尔雅》分 19 类，释 2204 事，是中国最早处理资料分类、归类、排序的书，其本身虽非类书，堪称类书之滥觞。因而先论述三国以下类书之普遍分类原则，继而论述雅虎（YAHOO）网站及番薯藤网站的网络资料分类，而以数码世界之丛书、类书合一与类书消失的可能性作结。

赖贵三：《〈尔雅〉及郭璞注〈易〉学思想析论》(2011)，台湾辅仁大学《第十届中国训诂学国际学术研讨会论文集》，第 389—406 页。又韩国阳明学会：《阳明学》2011 年第 30 集，第 307—328 页。

按：赖贵三，台湾师范大学中文系博士、教授。《易经》、清代学术史专家。本论文主体两节：1.《尔雅》释《易》说的论证依据，2. 郭璞《尔雅注》引《易》及其《易》学探析。辨章考镜，以见小学与经学的涵蕴。

杨薇：《〈尔雅〉注释文献的衍生方式及特点》(2004)，《孔孟月刊》第 43 卷第 4 期，第 40—47 页。

按：杨薇，湖北大学古籍研究所毕业、教授。本论文据历代书目著录，认为从汉代犍为文学到近人黄侃这期间的《尔雅》注本约有 130 种，其注释方式可分为通注本、辑注本、校释本、补注本、图注本。文献与注释文献之间形成母子文献传承体系。其特点为 1. 注释文献不是另起炉灶的创作，而是有前提、受制约的创作。2. 注释子文献的体例基本上依从于原母体文献，只是在注文体系上有部分的自主性。3. 注释子文献在方法上，对原创母体文献有自觉的承继性。但从另一个角度看，注释文献对被注文献文字的整理、语义的解说、性质、体例、方法等方面的申述，实际上起到了保存、完善、总结、光大被注文献的作用。而由于《尔雅》注释子文献自身有了独特的文献地位和生命力，所以发展到一定的时期或程度，就有可能变成为新的、二级的母体文献。使得《尔雅》经注和《尔雅》注释文献共筑起一条极富生命力的文献链。

杨薇：《〈尔雅〉注本文献系列价值平议》(2007)，台湾东海大学《中国文化月刊》第314期，第1—25页。

按：本论文认为《尔雅》注本文献系列具有多方面的价值：1. 运用《尔雅》特有的训解词义的方法、体例、不断地进行“重建”，建构了传统训诂理论中较有系统的“《尔雅》派”学说体系。2. 自身形成了一个独立完整的文献系列，呈现了一条《尔雅》研究史的脉络。3. 不仅是研究古代语言现象及传统语言学理论的重要文献，在保存其他文献方面亦有重要价值。4. 保存了许多宝贵的文化史料，使我们能了解古代的礼制、古人的衣食住行、生活观念、当时的生态变化以及科技发展。

郭涛：《从〈尔雅〉到〈尔雅诂林〉》(2000)，《中国文化月刊》第247期，第1—9页。

按：本论文先谈《尔雅》的价值。继而将历来150部研究专著分成四类：校正文字、补正郭注邢疏、疏证《尔雅》、释例，并举例说明。最后介绍《尔雅诂林》的成书经过、内容、编纂特点及在学术史上的重大意义。

（二）汉代

陈鸿森：《〈尔雅汉注〉补正》(1988)，《汉学研究》第7卷第1期(总第13期)，第17—60页。

按：清代学者纂辑《尔雅》旧注者将近十家。本论文认为以臧庸《尔雅汉注》最为精审，故以此书为据，有正有补，凡150条，另附未能定、录以备考者11条。

（三）魏晋南北朝

李斐、杨薇：《浅谈〈尔雅〉郭璞注的文献价值》(2005)，《孔孟月刊》第44卷第1、2期，第27—35页。

按：李斐，湖北大学古典文献学硕士，与其师杨薇合撰本篇。认为《尔雅》郭璞注有五方面价值：1. 保存旧籍。2.《尔雅》研究史中的重要文献。3. 具有断代语言史料价值的文献。4. 是早期对训诂条例和方法进行较为明确总括的文献。5. 是反映古代社会生活、自然科学的一部重要史料文献。

（四）唐宋

吴焕瑞：《慧琳〈一切经音义〉引〈尔雅〉考》（1976），《大同学报》第6期，第283—300页。

按：吴焕瑞，台湾师范大学文学硕士，台湾大同大学教授，语言文字学专家。本论文总聚唐慧琳《一切经音义》所征引《尔雅》，复取宋邢昺《尔雅注疏》本排比异同，所得内容归纳为七类：1. 疑出于《尔雅注》，计35条。2. 疑出于《尔雅》经传注，计42条。3. 疑出于史书注，计17条。4. 疑出于诸子注，计8条。5. 疑出于文集注，计5条。6. 疑出于其他字书，计85条。7. 不知所出，计129条。

薛慧绮：《邢昺〈尔雅疏〉研究》（2010），高雄师范大学经学研究所硕士学位论文，蔡根祥指导。

按：宋代邢昺为郭璞《尔雅注》作疏，立于学官，颇受世人重视，但亦饱受批评，本论文即以后人的批评作为研究主题，首先比对邢疏与《五经正义》之间的关系，试图找出相近似的规则，包含：引用前人注解，引用其他经典书籍、疏解语相同。之后，从规则中分析其相异之处，以证明邢昺仍有自己的看法，以及注疏时所下的功夫，检视后人所谓的“抄袭”一说，重新定义邢疏与《五经正义》之间的关系。另外，探讨后人对邢疏的评价是否客观公允，以及邢昺在注疏《尔雅》时的缺失，邢昺《尔雅疏》一出，对后代造成了影响，包括：使《尔雅》复与诸经并列，广泛被后人采用的“以声通义”等，以及对学术上产生的贡献：保存前人注解及佚书内容、尊重郭注，并强调重申其意，重整补充《五经正义》，反映宋代学术现象等，都是本文探讨的重点。

林协成：《陆佃及其〈尔雅〉学研究》（2014），台湾中国文化大学中国文学系博士学位论文，刘兆佑指导。

按：本论文主体八章：1. 陆佃之生平。2. 陆佃之学术渊源。3. 陆佃著作考述。4. 陆佃之《尔雅》学著作考。5. 陆佃《尔雅》学著作释例。6. 陆佃《尔雅》学著作释例用语。7. 陆佃《尔雅》学著作引书考。8. 陆佃《尔雅》学著作之价值。

（五）元明清

卢国屏：《清代雅学考》（1987），（台北）台湾政治大学中国文学系硕士学位论文，李威熊指导。又（新北）花木兰出版社2009年出版专书。

按：本论文旨在表彰清代《尔雅》之学，并沿流讨源。主体分八章：1. 清以前之《尔雅》学，2. 清代《尔雅》学之背景，3. 清代《尔雅》学著述考（上），4. 清代《尔雅》学著述考（下），5. 清代《尔雅》要籍析论（上），6. 清代《尔雅》要籍析论（下），7. 清儒对《尔雅》作者时代及篇卷之考证，8. 清儒由《尔雅》发端之学。结论归纳清代《尔雅》学之特色与贡献有六：精于文字校勘，精于搜觅辑佚，精于文字声韵，新的义疏之学，拟雅之学兴盛，雅学系统研究。末附录：历代《尔雅》著作表、历代《尔雅》艺文纪事系年表。

黄智明：《〈古今图书集成·经籍典·尔雅部〉的文献价值》（2006），《中国文哲研究通讯》第16卷第4期，第137—162页。

按：黄智明，台湾东吴大学中国文学系文学博士，执教于元智大学中国语文学系。本论文主体分四节：1.《尔雅》之内容与编排，2.《尔雅部》之取材，3.《尔雅部》之文献价值，又分为：便于考校异同、便于文献之检索、可资校勘，4.《尔雅部》之缺失，又分为：文字前后重复、征引文献多有删节、文献出处标注不统一、文字校勘尚有未精。

柯亚莉、杨薇：《〈四库全书·小学类·尔雅类〉三题》（2007），《书目季刊》第40卷第4期，第1—5页。又《三峡大学学报（人文社会科学版）》第 30 卷第 1 期（2008），第 65—68 页。

按：柯亚莉时为湖北大学古籍研究所研究生，与其师杨薇合撰此文，讨论《四库全书·小学类·尔雅类》三个问题：1.《四库全书》成书以前，《尔雅》著作至少十余家，《四库全书》仅收录郭璞注邢昺疏、郑樵注、姜兆锡注三种，无法做到考辨学术源流。2.《尔雅》在传统目录或列于经类，或列于小学类，《四库全书》置于小学类训诂之首，与字书、韵书平列，这是清代治学宗旨、致思方式使然。3.《四库全书总目》对《尔雅》研究中一些争议所提出的见解，如《尔雅》的作者与成书、《尔雅》的性质、雅学的源流、郭注邢疏、郑樵注的评价，大抵相当客观。

陈鸿森：《续修四库全书总目提要经部辨证二》（2001），《台大文史哲学报》第 55 期，第 375—424 页。

按：此文针对《续修四库全书》孙冯翼、张澍所辑《子夏易传》等 14 书提要，其说有可议者，各为辨正商兑，订讹补阙，其中与雅学有关者有严可均《尔雅一切注音》、王祖源《尔雅直音》、钱大昭《广雅疏义》等三种。《辨证一》，《大陆杂志》第 95 卷第 6 期（1997），与《尔雅》无关，不赘。

王巧如：《段玉裁〈说文解字注〉引〈尔雅〉考》（2011），台湾辅仁大学中国文学系硕士学位论文，王初庆指导。

按：段注本《说文》中有 32 个正篆下明引《尔雅》，段玉裁注则有 1452 个正篆下引用《尔雅》以注《说文》，分量极多，是否有特殊含义，值得探讨。除绪论、结论外，本论文主体分三章：第二、三章论述《说文段注》引《尔雅》释例，关于段玉裁引用《尔雅》通例，以及引用《尔雅》注解《说文》之字形、字音、字义等。第四章分析《说文段注》引用《尔雅》的优、缺点。

林良如：《邵晋涵文献学探究》（2003），台湾师范大学中文系硕士学位论文，林礽乾指导。

按：本论文第四章《邵晋涵之注疏学》分三节介绍《尔雅正义》之缘起、体例与评价。体例又分为校补经注讹脱、兼采诸家古注、考补郭注未详、博引证明郭注、发明古音古义、辨别生物名实。评价则分为邵胜于郝、郝胜于邵、各具千秋三说。作者认为邵氏首开清代《尔雅》学之研究规模，功劳最大。

李建诚：《邵晋涵〈尔雅正义〉研究》（2003），（高雄）复文图书出版社。

按：清代《尔雅》新疏，邵晋涵《正义》及郝懿行《义疏》几乎总结了前此相关的研究成果，各有优劣。然世人多右郝而左邵，研究二家之论著亦多寡悬殊，故作者发愤撰写此书，以期彰显邵书之精义与价值。全书分六章：1. 导论：说明研究动机与对象。2. 邵晋涵之生平与著作。3.《尔雅正义》之内容：包含校勘《尔雅》本文及郭注、绎彰词义与博通旨趣、补充郭注之未详、多引经书注解之证、运用声训稽考古义、辨别生物名实之异、其他内容特色（如以郭注证其他经书文本之误、以《尔雅》校他书之讹、推阐郭注之释《尔雅》义例术语）。4.《尔雅正义》之训诂及疏解：包含训诂的特点（如运用异文、文物材料等）、疏解特点（形式、体例及内容方面与众不同之风貌）及说者讥其"疏不破注"之商榷。5.《尔雅正义》与《尔雅》相关问题，就《尔雅》之名义、撰者及时代、性质、篇卷等问题阐述郭氏之说，以见其可自成一家之言。6. 结论。

庄雅州：《论邵晋涵〈尔雅正义〉得失》（1981），《庆祝阳新成楚望先生七秩诞辰论文集》，（台北）文史哲出版社，第175—180页。

按：本论文认为邵晋涵《尔雅正义》有四得二失。四得是体例完整（包括校文、博义、补郭、证经、明声、辨物）、态度严谨、采撷宏富、考释精审；二失是墨守郭注、壅隔声理。文中指出，邵氏虽墨守疏不破注，然亦能览故考新，疏通证明，而屡有创获，故不必遽遗之。

林永强：《邵晋涵〈尔雅正义〉同族词研究》（2009），台湾政治大学中国文学系硕士学位论文，竺家宁指导。

按：本论文以邵晋涵《尔雅正义》因声求义243条词条作为研究对象。全文主体共分五章，首先探讨"同族词"的定义、研究概况以及和"同源词"之间的概念区分；其次整理、系联《尔雅正义》的同族词，并以现代语言学的角度加以分析，从中构拟出103组同族词的词根形式以及15组同族联绵词，按照李方桂的上古22韵部加以排列；接着借由系联的成果，进而分析《尔雅正义》同族词所表现的“语音关系类型”和“词义关系类型”，并就整体来观察《尔雅正义》在同族词研究上的贡献与局限。

郭鹏飞：《读王引之〈经义述闻〉〈尔雅〉札记三则》（2010），香港浸会大学中日韩经学国际学术研讨会论文。又林庆彰、卢鸣东主编：《中日韩经学国际学术研讨会论文集》（2015），（台北）万卷楼图书公司，第911—930页。

按：《经义述闻》是经学研究的名作，然智者千虑，容或有失，本文就书中《尔雅》部分，检其可议之处加以商榷。全文分三则：1.《释诂上》：“林、烝、天、帝、皇、王、后、辟、公、侯，君也。”2.《释诂上》：“基，谋也。”3.《释诂上》：“绩，事也。”仍在作者主要研究范畴之内。

陈鸿森：《郝氏〈尔雅义疏〉商兑》（1999），《台湾“中研院”历史语言研究所集刊》第70本第1分，第203—238页。

按：清代《尔雅》学者数十百家，其中以邵晋涵《正义》、郝懿行《义疏》二书为尤著。论者每谓郝视邵书为愈，本文作者认为二家各有高下，故继王念孙《尔雅郝注刊误》、萧璋《文字训诂论集·王石臞订〈尔雅义疏〉声韵谬误述补》（语文出版社1994年版）之后，于声音之外，由另一侧面检视郝书之得失，以为学者讨论邵、郝二书短长时参考之资。全文共分25条，或补其疏漏，或订其讹误，或正其迂曲，或批其比附，或举其掩袭，或纠其嗜异，皆深造有得之言。

汪启明：《郝疏〈尔雅〉转语表考》（2013），嘉南药理科技大学《第十一届训诂学国际学术研讨会论文集》，第19—70页。

按：汪启明，西南交通大学艺术与传播学院教授，古典文献学、语言文字学、编辑出版学专家。本论文分四节：1. 问题的提出，2. 前人的研究，3. 王氏《刊误》和萧璋《述补》转语补释，4. 郝疏《尔雅》转语表考，附表14。通过全面分析《刊误》转语18组，搜集郝疏中的转语512组，并与王力所拟上古时期语音系统比较。研究表明，王氏《刊误》和萧璋《述补》均只指出郝氏转语的少量错误，实际上误转的情形比他们看到的严重得多，可以讲得通的转语不及40%。如此，对《尔雅义疏》一书的学术价值就有了更明确的认识。

林义益:《郝疏〈尔雅·释诂〉〈释言〉〈释训〉假音、假借字检证》(2002)，台湾“中大”中国文学系硕士学位论文，蔡信发指导。

按：本论文乃针对郝氏疏《释诂》《释言》《释训》三篇，经文得为假音、假借之字，作全面性检验，并举史料典籍为证。所使用之方法步骤有四：1. 翻查《说文》之义，2. 检验声韵关系，3. 举证史料典籍例句，4. 判断郝说得当与否，并将分析所得之资料，再行研究归并，可得以简驭繁，如此之目的有二，可明郝氏之得失，此其一；可知文字之脉络，此其二。以期补正郝说，于《尔雅》之研究，有所贡献。

赖贵三:《焦循手批〈尔雅注疏〉钞释》(1998)，台湾师范大学第二届国际暨第四届国内训诂学学术研讨会论文。又《训诂论丛》第四辑(1999)，(台北)文史哲出版社，第267—302页。

按：清焦循手批明毛晋汲古阁本《十三经注疏》中有《尔雅注疏》三册，为焦循传世仅见有关《尔雅》之批校手稿。全稿虽未成系统，然其多方引据类书《初学记》《太平御览》，史书《史记》《后汉书》及小学书《说文》《玉篇》《经典释文》等专门著作，以厘清、辨证、考较文字训诂之意义，具有版本学、校雠学以及文献学之作用，足以勘补郭璞注，并增益阮元《校勘记》之阙漏。全文分四节：1. 刻藏印记，2. 手稿释文，3. 批校特色(又分：印记多、便条多、引书多、辑佚多、补正多、自释多)，4. 余论——《尔雅》释《易》。作者另有《焦循手批〈十三经注疏〉研究》，(台北)里仁书局2000年版；《批判继承与创造发展：焦循手批〈十三经注疏〉的学术价值》，祁龙威、林庆彰主编：《清代扬州学术研究》，(台北)台湾学生书局2001年版，第471—521页；《台海两岸焦循文献考察与学术研究》，(台北)文津出版社2008年版，第156—160、290—304页，可以参阅。

赖贵三:《焦循〈尔雅〉释易说述评》(2000)，逢甲大学第五届中国训诂学学术研讨会论文，第233—245页。

按：清朝乾嘉“扬州通儒”焦循（1763—1820）精研《易》学。他的《易》学诠释特色有二：一在于天算数学方法的齐同比例，另一为语言文字学方法的假借转注，二者交相为用，成为焦循独具别裁的《易》学诠释方法。本文试图述评他的《易话》下卷“《尔雅》释《易》”。全文分成“释《周易》经传自相训释，其端倪始于《尔雅》”“释攻，善也”“释济谓之霁”等十三条，参考《雕菰楼易学三书》相关内容，以述评其利弊得失，及其钩贯《周易》经传与其他经典文献的条理脉络。

彭喜双：《叶蕙心〈尔雅古注斠〉述评》（2010），《书目季刊》第44卷第1期，第9—32页。

按：彭喜双，复旦大学古典文献学博士，服务于杭州图书馆。晚清叶蕙心《尔雅古注斠》以辑采汉五家注为主，偶及郭璞《图赞》《音义》、郭注佚文及沈旋、施乾、谢峤、顾野王、裴瑜乃至俗传孙炎之音注，多达1200余条，历来学者多赞赏其所辑富、所考精。本文认为细研此书，其实大体袭取邵晋涵《正义》、郝懿行《义疏》而不言所出，罅漏实多，更仆难数，因而从27个方面论述该书存在的问题，如：叶氏所辑有误孙炎《礼记注》为《尔雅注》者、有将俗间孙炎《尔雅正义》与东州大儒孙炎注相混者……所言可供学者重新检视叶书。

彭喜双：《上海图书馆藏陶方琦〈尔雅汉学证义〉考略》（2011），《书目季刊》第44卷第4期，第19—27页。

按：晚清陶方琦《尔雅汉学证义》一书，虽仅是未审订且未卒业之书，然颇有特色，即疏证旧注，且不乏精审之处。此书原稿不见，姚振宗整理本现藏于上海图书馆。本论文对此书进行了较为系统而全面的考证，肯定整体而言，正如《尔雅诂林叙录》所赞“坚扣中心，要言不烦，精审之处，几可直追邵氏《正义》与郝氏《义疏》”。然亦指出不足之处，如：引用材料失于条理别裁、曲护旧注、好定古注本文字、所辑有漏略、溢出。

庄斐乔：《〈尔雅正名〉初探》（2016），台北市立大学第三届北市大中语系研究生学术论文研讨会会议论文，第83—99页。

按：庄斐乔，台湾“中大”中国文学系博士生，兼任讲师，专攻《尔雅》学、《说文》学。清末学者汪蓥著有《尔雅正名》，全书凡19卷690条，主要就字形论文字之正讹。黄季刚先生曾手批其书三百余条，改从音义关系去探讨本字、本义及语源，可以正汪书之失，并补其不足。此书鲜为学界所注意，故本文针对此书作一初步探索。全文共分五节：1. 汪蓥及其《尔雅正名》。2.《尔雅正名》内容体例：校异文、订讹误、求本字、知正变、考通用、注音切、言互见。3.《尔雅正名》引书分类：征引约在百种左右，可分四类：雅学著述、古籍、小学书、清代学者著作。4. 黄侃《尔雅正名评》评点要项：推其精确、正其讹误、删其不妥、质其疑义、补其不足、慎其取舍。5. 最后对《尔雅正名》之特色，如考求正变、崇尚汉学，重视《说文》等，及缺点，如过分精简、体例不纯、忽略音训等作一评价。

（六）现当代

孔维宁：《〈尔雅〉王氏学》（2008），《黎明学报》第20卷第1期，第1—13页。

按：作者认为王国维在小学方面，除精通声韵、文字、古文字之外，于《尔雅》学尤为用心，他除了《尔雅草木虫鱼鸟兽名释例》上下两篇外，尚有《书尔雅郭注后》等文。另外，他替蒋氏传书堂校勘善本图书，完成了《传书堂善本书志》三函16册，其中有《宋刻本〈尔雅注疏〉校记》凡10卷，订正阮元《尔雅注疏校勘记》讹误处甚夥。王氏非但于《尔雅》研究上创立“新例”，而且于校勘上亦突破清儒瓶颈，因而名之为“尔雅王氏学”，撰为此篇。除前言、结论外，主体包含四节：1. 王氏治雅学受沈曾植之启迪。2. 王氏发明《尔雅》经文之例。3. 王氏剖析《尔雅》郭注之论。4. 王氏开启古声研究法则之先声。

李建诚：《黄侃论邵晋涵〈尔雅正义〉笃守疏不破注说商榷》（2004），《正修通识教育学报》第1期，第181—194页。

按：在关于《尔雅正义》的寥寥可数的论述中，黄侃《尔雅略说》一文的评论是最受重视而常被引用的。然而，黄侃在《尔雅略说》中认为

《尔雅正义》是“笃守疏不破注之例”的说法却值得商榷。本论文即从体例及内容两方面，举出《尔雅正义》的训释实例来证明《尔雅正义》并未有“笃守疏不破注”的弊病。

陈冠佑：《黄侃手批〈尔雅义疏〉通转术语研究》（2009），台北市立教育大学中国语文学系硕士学位论文，叶键得指导。

按：本论文以黄季刚先生手批《尔雅义疏》为研究范畴，从音韵的角度，探讨其训诂术语“通”“转”的使用法则。全文主体分四章：1. 黄侃生平及其《尔雅》古音学，2. 黄侃手批《尔雅义疏》“通”字术语析论，3. 黄侃手批《尔雅义疏》“转”字术语析论，4. 黄侃手批《尔雅义疏》商榷，包括引书讹误、同组异名、术语相混。

庄雅州：《〈尔雅〉的时代价值及其在现当代的传播》（2010），孔孟学会与国际儒学联合会合办、世界华文会承办：《2010 年海峡两岸儒学交流研讨会论文集》，第 338—357 页。

按：除前言及结论外，本论文主体共分二节，首节从训诂学的始祖、词汇学的渊薮、词典学的先河、百科全书的雏形、文化学的宝库五方面论述《尔雅》具有多方面的价值，故在古代被奉为经典，钻研弗替。在时代潮流激烈变化的现当代，仍有其不可磨灭的价值。次节从通论、目录、校勘、释例、注释、翻译、资料汇编、各篇研究、专题研究、《尔雅》研究史等方面，探讨六十年来，《尔雅》在海峡两岸研究与流传的概况，以见《尔雅》之研究绵绵不绝，在学术研究日新月异的今日，成果颇为丰硕。

八、比较研究类

（一）雅学内部比较

陈芬琪：《汉代词书与社会文化：由〈尔雅〉〈方言〉与〈释名〉观察》（1998），台湾成功大学中国文学系硕士学位论文，竺家宁指导。

按：《尔雅》《方言》《释名》这三本古代的语言文字学名著，成书时间不同，其中所搜罗的词语各代表当时所见，将这三本书中同类词汇作一对比，可以看到文化变迁在词语中的反映。本论文主体分四章：1. 由义类区分看先秦到汉代的文化面貌。2. 词汇运用与先秦到汉代的饮食文化。3. 由词汇现象看先秦两汉之服饰文化。4. 称谓词所反映的亲属制度。

黄立楷：《从〈尔雅〉到〈释名〉的社会演化与文化发展》（2011），台湾淡江大学中国文学系博士学位论文，卢国屏指导。

按：本论文从社会史观的角度连贯《尔雅》《释名》这两部不同时代的词书，借以探讨先秦至汉代文化变迁在词语中的反映。全文分上、下两编，上编词书与词汇的社会文化本质，有五章：1. 绪论，2.《尔雅》与《释名》的成书与体例，3. 词书的文化本质，4.《尔雅》与《释名》词汇分类之社会观，5.《尔雅》与《释名》的基本词汇与社会演进。下编《尔雅》与《释名》的社会文化系统，亦有五章：1. 自然天地范畴的文化诠释，2. 食衣住行范畴的文化诠释，3. 生理人伦范畴的文化诠释，4. 礼乐教化范畴的文化诠释，5. 结论。

赵林：《〈尔雅·释亲〉与〈释名·释亲〉亲属称谓体系之比较研究》（2014），台湾中国文化大学《第25届中国文字学国际学术研讨会论文集》，第1—27页。

按：赵林，美国芝加哥大学远东语言文化学系博士，台湾中国文化大学教授，文字学、艺术考古学、中国上古史专家。本论文旨在探索及比较《尔雅·释亲》所载先秦时代的亲制与《释名·释亲》所载先秦至东汉时代之亲制之异同。采取语言学中的结构分析法，先将两个系统中的亲属称谓分出单式及复式称谓，再逐一表列、说明、比较、论述之。在单式亲称方面，《尔雅·释亲》计有26号32名，《释名·释亲》则有27号40名。在复式亲称方面，《尔雅·释亲》有72号73名，《释名·释亲》则有31号34名。在论文第二、三节及表一、二中对以上各要点皆有细致的论述。结论指出：《尔雅·释亲》所记的亲属体系乃反映了“姓族优势时代”的亲属体系，而《释名·释亲》所记的亲属体系乃反映了中国社会开始步入“家族优势时代”的亲属体系。

李冈：《〈尔雅〉邢昺疏与郑樵注比较研究》（2015），台南大学《第9届思维与创作暨第12届中国训诂学学术研讨会论文集》，（新北）大扬出版社，第131—158页。

按：李冈，西南交通大学艺术与传播学院教授。邢昺疏、郑樵注是宋代《尔雅》研究成就最大且最具代表性者，但学界对二者评价分歧甚巨。本论文从对音义关系的认识、同义词研究和义类研究三个方面对邢疏、郑注全书爬梳，进而进行对比得出以下基本结论：1. 相较不同而言，邢疏和郑注在《尔雅》研究的主要方面相当一致，表现了训诂学传统的历史继承性。2. 邢疏郑注《尔雅》研究取得的突出成就主要表现在：一是知音义之通，二是较系统地以同义词辨析纠正《尔雅》"类聚同训"方法上的不足，三是通过义类分析和逐层疏解尝试揭示上古汉语词汇层级系统特征。但是二者在大同之中，在内容、方法、系统性等方面还是有不少小异。论文还从宋代经学的剧变与训诂学的传统继承性方面揭示宋代训诂学发展的成因及其基本规律。

（二）雅学外部比较

芮逸夫：《九族制与〈尔雅·释亲〉》（1950），《台湾"中研院"历史语言研究所集刊》第22本，第209—231页。又《中国民族及其文化论丛》（1972），（台北）艺文印书馆，第723—746页。

按：全文分四节：1. 众说纷纭的九族解，2. 九族正解的讨论，3.《尔雅·释亲》的九族观，4.《释亲》九族观的九族制。附表二：1. 今文主要四家九族说比较，2.《尔雅·释亲》九族表。

石磊：《从〈尔雅〉到〈礼记〉——试论我国古代亲属体系的演变》（1989），《台湾"中研院"第二届国际学术会议论文集》（民族与文化组），第127—140页。

石磊：《从〈尔雅·释亲〉看我国古代亲属体系的演变》（1991），《台湾"中研院"民族学研究所集刊》第71期，第63—86页。

按：石磊，英国伦敦大学研究生，台湾"中研院"民族学研究所研究员，台湾大学人类学系教授。本论文分为五节：1. 从外形结构看《尔雅·释亲》所代表的亲属体系的性质，2. 妻党亲属混乱的情况与可能合理的解释，3. 婚姻项下的亲属称谓，4. 重新组合宗族、妻党与婚姻下的各词，5. Kachin，Purum 与 Siriono 的例子。

黄国祯：《从〈礼记〉礼器观到〈尔雅〉之礼器观》（2009），《仁德学报》，第 65—181 页。

按：黄国祯，任教于台湾仁德医护管理专科学校。本论文旨在研究《尔雅》礼的精神内涵。《礼记·礼器》所云："礼也者，合于天时，设于地财，顺于鬼神，合于人心，理万物者也。"作者即以此五个部分去解释"礼器观"的意义，并试着加以定义，以作为本文之理论背景依据。再就形式与内容两层面加以铺陈本文，就形式言，从《尔雅》篇章，探究《尔雅》与《礼记》的关联；就内容言，根据《礼器》之五大内涵，将《尔雅》名物各篇加以分章，再从《尔雅》与《礼记》的内文对照，以发现名物背后之意涵，回应"礼器"之精神。

卢国屏：《〈尔雅〉与〈毛传〉之研究与比较》（1994），台湾政治大学中国文学系博士学位论文，周何、李威熊指导。

按：《尔雅》与《毛传》二书之间所存在的争议，约而言之有三：一为成书先后之争议，二为依傍援引之争议，三为《尔雅》是否依傍《毛传》释《诗》之争议，自古以来，纷论不断，沿流至今。本论文秉持"回归原典""以自身材料解决自身问题"之研究理念，收集二书相关训例 772 条，以文字、训释、意义三大方向，做缜密的比较、考证，期望能解决下列七大问题：1. 考察《尔雅》与《毛传》全面相关之训例，2. 考察《尔雅》是否依傍《毛传》成书，3. 考察《尔雅》成书年代及与《毛传》之先后，4. 考察《尔雅》是否为释《诗》而作，5. 考察《尔雅》训诂材料之来源，6. 考察《尔雅》之成书性质，7. 考察早期训诂状况与成果。经全文九章 18 万字之比较研究，最后得出三大结论：1.《尔雅》非依傍《毛传》成书，2.《尔雅》早于《毛传》的可能性较大，3. 《尔雅》与《毛传》成书性质各异。

卢国屏：《由字异训异义同例看〈尔雅〉与〈毛传〉之关系》（1999），《淡江大学中文学报》第5期，第253—284页。

按：《尔雅》与《毛传》，是训诂学初期的两大巨著，成书年代相去不远，但成书目的与训诂性质却各自不同，历来在作者、成书先后、字词训释各方面均迭有争议。影响所及，使秦汉之际训诂实质成果产生疑惑，训诂学初期的学术体系，亦因此蒙昧。本文从二书训例之比较入手，希望回归字词在运用及发展阶段中之实际考察，以解决二书相关之争议。

魏培泉：《诗〈毛传〉与〈尔雅·释诂〉等三篇之比较研究》（1988），台湾大学《中国文学研究》第2期。

按：魏培泉，台湾大学中国文学系博士，台湾“中研院”语言学研究所研究员，语言学、语法学专家。论文奠基于美国学者 Coblin. w. South（1972）“An Introductory Study of Textual and Linguistic Problems in ERH-YA”（University of Washington），以不同的方法，从不同的角度来探讨《尔雅·释诂》三篇和《毛传》的训解异同，及其连带的意义。研究结果显示：《尔雅》和《毛传》之间在训解上颇有歧异，此与 Coblin 的观点大为不同，因而排除《韩诗》作为《尔雅》诗注来源的可能性，而此三篇与齐鲁二家的关系亦有待厘清。至于清陈乔枞把《尔雅》定为鲁学的观点及把汉代、六朝的引文、诗注作为家学派分亦不无可议。本文也因研究《释训》的组织内部及重言词的训解而判断此篇可能有早于《毛传》的部分，也有晚于《毛传》的部分，后面的数十条可能是后来才加入的。

庄雅州：《〈尔雅·释鱼〉与〈说文·鱼部〉之比较研究》（2005），中国训诂学会、杭州师范学院《纪念〈周礼正义〉出版百年暨陆宗达先生百年诞辰学术研讨会论文汇集》，第203—213页。又高雄师范大学《经学研究集刊》第7期（2009），第95—106页。

按：本论文分三节：1. 在材料方面，比较《尔雅》《说文》所收录的字词，除了相同者二十余字外，《说文》暗用《尔雅》者为数不少，足见深受其影响。2. 在体例方面，《尔雅·释鱼》胪列45条同义词，类似百科全书的性质，虽未详细诠释，然或有大小、颜色、性状等描述，开后世义训之先声。《说文》则继承其传统而踵事增华，在训诂方面更臻周密，例如诠释字义、剖析字形、标注读音、引证，各方面的体例大抵已包举无遗，可当训诂之渊薮。3. 在价值方面，分别从语言文字学、科技史、文化学三个方面进行比较。

赖雁蓉：《〈尔雅·释木〉与〈说文·木部〉之比较研究》（2006），《台湾中正大学中国文学研究所研究生论文集刊》第8期，第155—179页。

赖雁蓉：《〈尔雅〉与〈说文〉名物词比较研究——以器用类、植物类、动物类为例》（2006），台湾中正大学中国文学系硕士学位论文，黄静吟指导，253页。

按：本论文分四章：1.《尔雅》与《说文》名物词材料之分类：器用、植物、动物三大类名物词，《尔雅》有1065个，分见《释宫》等11篇，可再分成若干小类；《说文》则有2648个，散见150个部首，亦可分若干小类。2.《尔雅》与《说文》器用类名物词之比较。3.《尔雅》与《说文》植物类名物词之比较。4.《尔雅》与《说文》动物类名物词之比较。后三章除介绍各类名物词内容外，并进行材料、体例、价值的比较。

黄静吟：《〈尔雅〉与〈说文解字〉分类及释义同异析论——以〈释兽〉〈释畜〉两篇为例》（2013），台湾中正大学《第24届中国文字学国际学术研讨会论文集》，第175—204页。

按：本论文主体分三节：1. 在名义方面：《尔雅》“兽”“畜”二字非泛指所有动物，大部分是指脊索动物门哺乳纲的动物，又依其为野生或人工豢养而区分为“兽”“畜”两大类，而《释畜》中则额外加入脊索动物门鸟纲中属于家禽的鸡类。2. 在分类方面：在畜类方面，《尔雅》《说文》分类较为精准，在兽类方面，二书释义皆较模糊，以致无法确切区分属别。复因异体字的分别、复合词与单字词的限制、《说文》漏收和后世新造字四项因素，造成二书收字的歧异。3. 在释义方面：二书在兽类字释义相同者有17条，不同者有31条，在畜类字释义相同者有22条，不同者有14条。二书释义不同，可能有七种成因：释义简略、词义模糊，多义字词义的分歧，释义着眼点不同，词义变迁，训诂方式不同，版本传钞转误，单字词与复合词的差异。

王世豪：《〈说文解字〉与经典文献常用字词比较研究》（2014），台湾师范大学中文系博士学位论文，许锬辉指导，421页。

按：本论文第四章第二节《〈说文解字〉与〈尔雅·释诂〉〈释言〉〈释训〉训释常用词之比较》，又分四项：《尔雅·释诂》三篇训释常用字词的性质、《尔雅·释诂》三篇训释常用字词的训释类型、《尔雅·释诂》三篇训释常用字词在《说文解字》训释时之使用形态、常用训释字词在《尔雅·释诂》与《说文解字》承继与变化关系。第五章第三节《〈说文解字〉与〈方言〉〈释名〉常用字词之比较》，亦与雅学有关。

康才媛：《莲荷同异字考辨——以〈尔雅〉〈说文解字〉为例》（2002），《历史博物馆馆刊》第12卷第3期，第22—31页。

李建诚：《邢昺〈尔雅疏〉与郭璞〈尔雅注〉、孔颖达〈五经正义〉之关系试论》（2007），《正修通识教育学报》第4期，第1—18页。

按：本论文从邢氏详细疏解郭注之序文、补充郭注之书证、不补郭注未详、校勘郭注等方面举实例说明邢氏重视郭注、为郭注作疏。再从邢疏中举出实例，与所从出之文字比较，以说明邢氏抄袭《五经正义》之缺失。

九、广雅、仿雅类

（一）通考

林明波：《清代雅学考》第二至第五篇（1969），《庆祝瑞安林景伊先生六秩诞辰论文集》，（台北）台湾政治大学中国文学研究所，第645—788页。

按：第二篇“小尔雅类”收莫栻《小尔雅广注》等9部，第三篇“广雅类”收钱大昭《广雅义疏》等10部，第四篇“方言类”收戴震《方言疏证》等55部，第五篇“释名类”收吴志忠《吴氏释名校订本》等15部，体例与第一篇并同。

林尹：《训诂学的根柢书籍》（1972），《训诂学概要》，（台北）正中书局，第207—339页。

按：林师景伊，北京大学国学研究所毕业，曾任教于河北大学、金陵女子文理学院、北京师范大学，来台后，任台湾师范大学中国文学研究所教授，黄季刚先生入室弟子，与高师仲华、潘师石禅同为章黄学派在台最重要的传人，以语言文字学、老庄哲学、学术史名家。其《训诂学概要》秉承师说，认为训诂学根柢之书有十：《尔雅》《小尔雅》《方言》《说文》《释名》《广雅》《玉篇》《广韵》《集韵》《类篇》，其中雅学居其半。第209—239页介绍《尔雅》，第239—247页介绍《小尔雅》，第247—258页介绍《方言》，第278—303页介绍《释名》，第303—313页介绍《广雅》，各书皆分作者、内容、条例、重要著述四项，条分缕析，要言不烦，颇便初学。

其他训诂学书如：

胡楚生：《训诂学大纲》（1989），（台北）华正书局，第241—319页。

陈新雄：《训诂学》下册（2005），（台北）台湾学生书局，第325—663页。

皆有类似章节，不赘。

（二）《小尔雅》

许老居：《小尔雅考释》（1973），台湾师范大学中文系硕士学位论文，黄永武指导。又《台湾师范大学中文研究所集刊》第18号（1974），第209—320页。

按：全书分七章：1. 书名及作者辨证，2. 版本考，3. 与《尔雅》《广雅》之比较，4. 价值，5. 校笺，6. 补遗，7. 著述。其中校笺占全书篇幅70%，是重点所在。

（三）《方言》

丁介民：《方言考》（1964），台湾师范大学中文系硕士学位论文，许世瑛指导。又《台湾师范大学中文研究所集刊》第10号（1965），第739—

812 页。（台北）台湾中华书局 1969 年出版专书。

按：丁介民，台湾师范大学文学硕士，海洋学院教授。本文分两大部分：1.《方言》版本考，又分宋本、明本（明刊本、明钞本、明丛书本）、清本（清刊本、清丛书本）。2.《方言》书考，又分校勘之属、辑佚之属、注疏之属、芟广之属、通考之属、专考之属、分地之属、杂著之属，凡 115 部。序云："是篇之作，亦本数端：曰审名实、曰重佐证、曰戒妄牵、曰汰华辞，义例求其谨严，论述务其详尽，于所不知，则守盖阙之义。"可以略见梗概。

丁惟汾：《方言译》（1966），《诂雅堂丛著》六种之五下册，（台北）台湾中华丛书编审委员会，第 1—294 页。又《方言音释》（1985），齐鲁书社。

按：本文认为《方言》之注本，首推清钱绎《笺疏》，然钱氏于声音未能通贯，故此篇释《方言》，一如释《毛诗》《尔雅》，亦旁征博引，即音求义、由义证音，尤侧重以后代方言、俚语作为佐证。在求经训于笺注之余，搜讨求音义于已耳，为治学者别辟新途，诚有足多。

李周龙：《扬雄学案》（1979），台湾师范大学中文系博士学位论文，高明、李鍌指导。

按：本论文第 175—214 页第三章《子云之著述》第三节《方言》分著录、存本与辑本、叙录、考证，参考丁介民《方言考》，益臻完备。第 425—477 页第四章《子云之学术》第四节《从方言中所见之小学成就》分《方言》之条例（又分词式例、义类例、编次例、训诂例）、《方言》分区、《方言》之转语，亦能见《方言》之价值。

全广镇：《〈方言〉的体例及其在汉语语言史上的地位》（1990），《书目季刊》第 23 卷第 4 期，第 22—35 页。

按：全广镇，台湾大学中国文学系文学博士，语言文字学专家。本论文焦点集中在此书问世的时代背景、内容和体例，及其在汉语史、训诂学史、方言学史上的地位。在内容和体例方面，探讨《方言》的内容以及与《尔雅》的关系，并分析《方言》词汇的体例、区分汉代方言界线的条例。

李昭莹：《扬雄〈方言〉同源词研究——以秦晋方言和楚方言为例》(1997)，台湾大学中国文学系硕士学位论文，杨秀芳指导。

按：本论文主体分四章：1. 讨论《方言》一书的作者、时代、版本、体例与术语等内容：方言词与共同语的判定方法以及方言地理区的划分情况。2. 论述分析同源词以及其与古今字、同义词、通假字、异体字、亦声字的区分和关系：回溯古代汉语的同源词研究情况及近人的研究成果。3. 以秦晋方言和楚方言为例，呈现《方言》同源词的音韵对应现象。4. 分析讨论秦晋方言同源词和楚方言同源词的特色以及二者间之比较。

陈素贞、高秋凤：《〈说文〉所见之〈方言〉研探》(1986)，台湾师范大学《中国学术年刊》第8期，第37—87页。

按：陈素真，台湾师范大学中文系硕士，台湾东海大学中国文学系博士。高秋凤，台湾师范大学中文系文学博士、教授，文学专家。本论文为二人肄业硕士班时合撰。《说文》所见《方言》与扬雄《方言》互有异同，亦古代方言之珍贵资料。而前人之论述仅止于收录，或有略加注释者，或有与扬雄《方言》条证异同者，然未有做较深入探讨者。以是本文之作乃尝试据此资料作一较深入之探讨。绪论言对《说文》方言取舍之标准。本论则先探讨《说文》引方言之目的，其次则论《说文》方言出现之区域，再次则略究《说文》方言与扬雄《方言》之关系，末则先言《说文》方言与转注之关系，再论《说文》方言以何部首出现较多及其何以然。最末则以《说文》所见《方言》之价值作结。

鲍国顺：《戴震研究》(1997)，(台北)编译馆。

按：鲍国顺，台湾政治大学文学博士，静宜大学、台湾中山大学教授，清代学术专家。本书据博士学位论文《戴东原学记》(1978)修订而成，第三章“小学三·训诂学”评介《尔雅文字考》《转语》《方言书证》《续方言》《书小尔雅后》。东原之书，或存或佚，此篇论《方言疏证》最详，除考《方言》作者问题外，又举校定之例、疏证之例，并论其草创之功。

(四)《释名》

胡楚生：《释名考》(1963)，台湾师范大学中文系硕士学位论文，杨家骆指导。又《台湾师范大学中文研究所集刊》第 8 期（1964），第 139—360 页。

按：胡楚生，新加坡南洋大学文学博士，台湾东吴大学、中兴大学教授，目录学、训诂学、清代学术、韩柳文专家。本论文共分八章：1. 作者考，2. 内容考，3. 价值考，4. 版本源流考，5. 有关著述考，6. 校勘记，7. 佚篇遗文考，8. 音训类例笺证，对《释名》之研究面面俱到，十分详细。第八章《释名音训类例笺证》分单名之属、复名之属、无音及存疑之属三类，又分古音相同为训例、复名单训例、直陈其义训例等 21 例，篇幅占全文三分之二，为重心所在。

方俊吉：《释名考释》（1978），（台北）文史哲出版社，159 页。

按：全书七章，首章论音训之起源，其余六章论《释名》之作者、篇章及内容、体例、评价、版本、有关著述。认为《释名》一书之训诂，就音同、音近之词，以求事物得音得义之所由，虽或以为“颇伤穿凿”，然其书去古未远，所释名物典礼，亦多存古制之遗，所留声韵，尤可资后世考究古音之道也。所言颇为中肯。

方俊吉：《音训与刘熙〈释名〉》（1988），（台北）学海出版社，223 页。

按：此书为《释名考释》之增订本。全书凡 10 章，除将“音训之起源”一章扩充为音训之体裁、缘起、检讨三章，增加“《释名》之成书背景”外，其余多与前书相同。

利瓦伊棻：《释名研究》（1979），（台北）大化书局。

按：利瓦伊棻，淡江大学中国文学系教授。该书主体分四章：1. 训释之条例：分形训、声训、义训。2. 声训之分析：有方言、叠字、双声、同韵、异音等项目。3.《释名》的复词。4. 从文法看《释名》训解用词的品类，计分 11 项。

徐芳敏：《释名研究》（1984），台湾大学中国文学系硕士学位论文，杜其容指导。又 1989 年《台湾大学文史丛刊》之八十三，250 页。

按：徐芳敏，台湾大学中国文学系文学博士、教授，音韵学、方言学专家。主体分四章：1.《释名》简介：介绍刘熙生平及其时代、《释名》内容及体例。2. 前人研究《释名》之总成绩：评述杨树达、齐佩瑢、胡楚生等11家论著。3. 以系联法窥测《释名》声训之可信度。4. 从相关书籍看《释名》声训之历史渊源。研究结果显示：《释名》声训大多出于主观的人为附会，未足轻信，而全书中不少声训显然皆其来有自，非出于刘熙手笔。

庄美琪：《释名研究》（2007），台北市教育大学中国语文学系硕士学位论文，叶键得指导。

按：主体分六章：1.《释名》的作者与时代背景，2.《释名》之版本，3. 前贤研究概述，4.《释名》之内容分析，分自然地理、人文社会、文物器具三个范畴分析，5.《释名》之训诂方式，以声训为主，形训、义训为辅，6.《释名》之评价，先论胡朴安之28点、方俊吉之6点，又补充5点。

邱永祺：《毕沅生平及其小学研究》（2017），台北市立大学中国语文学系博士学位论文，许锬辉指导。

按：本论文第八章《毕沅之训诂学研究》第一节《释名疏证》，共分六项：1. 疏证作者考论：认为自张之洞以降，世人多以此书乃江声代撰，颇乏实据，可能为二人合撰，以毕氏之名为署。2.《释名》作者考证：认为《释名》可能是刘熙、刘珍相继完成。3. 疏证动机与目的：旨在荟萃参校众说，表其异同，正其纰缪。4. 书证与统计：《疏证》引书18种，不下千余条，皆分卷统计加总，制成表格。5. 内容析述：重要内容为斠正文字、标明音读、考据名义、钩沉轶文。6. 学术价值：振兴《释名》之研究、研究《释名》之宝库、辑补《释名》之阙失、训诂成果之展现。第二节《继踵之作》，简要介绍毕氏之《释名补遗》《续释名》及顾广圻、成蓉镜、吴翊寅、王先谦等之补作。

谢云飞：《〈释名〉音训疏证》（1960），（台北）“台科会”研究奖助论文。

按：本论文以古声28纽、古韵22部为准，注明《释名》每一个音训字的古音，依27篇先后制成表格，颇便检索。

姚荣松：《〈释名〉声训探微》（1980），《庆祝阳新成楚望先生七秩诞辰论文集》，（台北）文史哲出版社，第181—198页。

按：姚荣松，台湾师范大学中文系文学博士、教授，语言文字学专家。本文主体分三节：1.《释名》声训之义例，2.《释名》声训之语音分析，3.《释名》声训之语意分析。其结论为：《释名》声训的声音原则大抵是相同或相近，声韵悬绝的例外不多，却有待进一步解释。语义相似的程度，尚无客观标准，大抵同音为训中，属于同谐声的语意关系比较接近，非形声字的同音字，语义关系的决定较主观。声训并非全为探究语源而作，它只是从语音与语义的联系，试图把分散的个别语词，加以义类的串通。

包拟古（N. C. Bodman）撰，竺家宁译：《〈释名〉复声母研究》（1979），台湾师范大学《中国学术年刊》第3期，第59—83页。

按：包拟古，耶鲁大学博士。竺家宁，台湾中国文化大学中国文学系博士，台湾淡江大学、台湾中正大学、台湾政治大学中文系教授，语言文字学、语言风格学、佛经语言学专家。本文系作者1950年博士学位论文“A Linguistic Study of the Shih Ming”第三章，1954年由哈佛大学出版。专门讨论复声母在《释名》中存在之形式，为全书最精要的部分，分三个部分论述：1. 舌根音和l构成的复声母，2. l与非舌根声母的接触，3. 含有ŋ、n、m的复声母，每个字之下皆注明国际音标，运用新方法、新概念，使古汉语的研究在清儒的基础上，又迈进了一步。

何宗周：《〈释名·释天〉绎》（1981），（台北）香草山出版公司。

按：何宗周，台湾师范大学教授。本书将《释名·释天》依刘熙原文的次序排列，首先求每个“名”的性质，其次，列出一般古代文献对每个“名”的各种解释。然后说明被训词与声训词古声古韵的情形，并且泛论其他古人声训的音理。

黄立楷：《〈释名〉语言文化研究》（2004），淡江大学中国文学系硕士学位论文，卢国屏、石汉椿指导。

按：本论文以刘熙《释名》为基础材料，再以语言文化学的观点研究，并利用语言与文化之间的紧密关系，重新建构出刘熙在《释名》里观察出的人文世界。主体各章为：1. 自然天地：包含天文（《释天》）与地理

（《释地》《释州国》《释山》《释水》《释丘》）两个部分。2. 生命与人际互动：包含形体（《释形体》《释姿容》《释疾病》）与人际关系（《释亲属》《释长幼》《释丧制》）。3. 民生基本需求：包含食（《释饮食》）、衣（《释彩帛》《释首饰》《释衣服》）、住（《释宫室》《释床帐》）、行（《释车》《释船》《释道》）。4. 器物与教化：包含音乐（《释乐器》）、用器（《释乐器》《释兵》）、书籍经典（《释典艺》《释书契》）。每一章皆阐明其文化意涵，为《释名》建构出一个完整的有机社会组织。

江敏华：《〈说文〉〈释名〉中所反映的汉代方言现象》（2002），《台大中文学报》第16期，第108—142页。

按：《说文》与《释名》是扬雄《方言》之外考察汉代汉语方言的重要材料。本文以《说文》和《释名》引用方言的材料为研究对象，试图从中寻绎出汉语的同源词，利用已知的汉语上古音与汉代韵部分合演变的知识，考察古代音韵变迁与方音分化的情形。主体分二节：1. 说明《说文》《释名》引用方言材料的性质和目的，以厘清这些材料的可信度以及它们可以运用的程度。2. 针对我们认为属于汉语同源词的资料，分声母、韵母两方面的音韵对应检视其方音分化的过程。结论是《说文》《释名》中所提及的方言地理区，有少数方言现象和现代方言不谋而合，更可见古代方言材料之弥足珍贵。

李振兴：《〈释名〉研究述略》（1999），《中华学苑》第53期，第55—80页。

按：李振兴，台湾政治大学中国文学系文学博士、教授，《尚书》学专家。本文将古今《释名》研究论著打散，依六大项若干小项重新组合论述：1.《释名》的作者及成书时代，2.《释名》的时代背景及写作目的，3.《释名》的内容体例及音训，4.《释名》的价值、影响，5.《释名》的商榷，6.《释名》以后的研究著作及评论。参考取阅，有左右逢源之便。

（五）《广雅》

梁春华：《广雅考》（1973），台湾政治大学中国文学系硕士学位论文，周何指导。

按：主体分五章：1.《广雅》作者考：作者张揖之略历，著述《广雅》之动机，作者其他撰著。2.《广雅》版本考：自明代至民国，凡 27 本。3.《广雅》篇卷内容及价值考。4.《广雅》训诂条例：义训例：6 大例；音训例：11 例。5.《广雅》有关著述考：专著类：13 书；单篇论文类：5 篇。

金朱庆：《广雅研究》（2002），台北市立大学中国语文学系硕士学位论文，叶键得指导。

按：本论文主体七章：1. 谈《尔雅》发展到《广雅》的过程，另介绍《广雅》成书时代背景、作者生平及其他著作。2. 介绍《广雅》版本：包括明、清二朝各版本的内容体例、传承关系、流传因果等。3. 逐一介绍古今研究《广雅》文献著作。4. 探讨《广雅》的词汇范畴。5. 探讨《广雅》的人文范畴。6. 探讨《广雅》的自然环境范畴。7. 探讨《广雅》的生物范畴。结论提出《广雅》在古代训诂学、今日语言学、和反映古代文化三个方面的价值。

张文彬：《高邮王氏父子学记》（1978），台湾师范大学中文系博士学位论文，高明、林尹指导。

按：张文彬，台湾师范大学教授，清代学术、语言文字学专家。本论文第三章《王氏父子著述考》著录王氏父子著述 86 种，其中，第 113—125 页著录《广雅疏证》十卷、《补正广雅音》十卷、《广雅疏证补正》一卷、《尔雅郝注刊误》一卷、《删刊郝氏尔雅义疏》，以《广雅疏证》析论特详，绪论第 4 页云："《广雅疏证》始撰及撰成之年代，虽说者多家，然本文重加考订，可知正文经始于乾隆五十二年八月，截稿于六十年底，而叙则作于次年嘉庆元年正月。众说或误或简略，得此而可定矣！又此书今台湾'中研院'史语所藏有残稿 90 纸，系畿辅本定稿，目睹墨泽，倍感亲切，诚可宝也。"

钟哲宇：《论〈广雅疏证〉资料取证之校勘方法》（2017），嘉南药理科技大学《儒学与训诂：第 13 届中国训诂学国际学术研讨会论文》，第 27—39 页。

按：钟哲宇，台湾“中大”中国文学系博士，任教于台湾“中大”、铭传大学、元智大学。本文旨在探讨王念孙自云所侧重之几种主要资料，一窥其校勘《广雅》之方法。主体分两节：1. 以“诸书无训”为校勘之立论基础，形式有二：诸书无训者，字之讹误；诸书无训者，上下条误合为一。2. 从《广雅》训诂之传承脉络校勘，其校勘方法有二：《广雅》之前的文献，《广雅》之训多本《方言》与《说文》；《广雅》之后的文献，《玉篇》本于《广雅》，《广韵》《集韵》之训多本《广雅》。唯王氏《疏证》资料宏富，校勘取证不限于此，此但就其荦荦大者言之而已。

方俊吉：《〈广雅疏证〉释例》（1970），台湾政治大学中国文学系硕士学位论文，高明指导，182 页。

按：本文分 6 章：1. 前言，2. 王氏明《广雅》之体例（分 12 项），3. 王氏自明《疏证》之体例（分 3 项），4. 王氏《疏证》之体例：考证例、本声音例、析意义例、校讹脱例、阙略例，5. 王氏《疏证》用语例（分 24 项），6. 其他（两可之条例，9 项），各项之下又分为若干条例。

崔南圭：《由王氏〈疏证〉研究〈广雅〉联绵词》（1988），台湾东海大学中国文学系硕士学位论文，周法高指导。

按：主体有两章：1. 为《广雅》作联绵词谱，依王氏《疏证》联绵词分为重音和连语两大类，再依声韵关系分为若干组。2. 由《广雅疏证》看王念孙对联绵词的看法及其声训理论的探讨，先述评王念孙对联绵词的看法，再由《广雅》联绵词检讨王氏声训理论及其实践，最后有一总评，对王念孙的一些观念加以肯定或批评，正文后有三个附录。

赵中方：《〈广雅疏证〉与汉语词族研究》（2001），祁龙威、林庆彰主编：《清代扬州学术研究》上册，（台北）学生书局，第 389—403 页。

按：赵中方，扬州大学中文系教授。本文认为《广雅疏证》以语音为引线，以词义为核心，以书证为依据，从纷繁的汉语词汇中串联出众多的音近义同的同族词，其方法和成果不但为汉语语义学也为普通语言学理论提供了极有价值的借鉴和材料。具体而言，可分三项：1. 明义类，2. 明模拟，3. 明语源，三者密切联系，不可分割。在明语源方面，又可分为以功用释名物、以特征释名物，以性状释名物，以位置释名物、比况，以通名释散名，以动作释动作方式，以重言释状词，值得特别留意。

徐兴海：《从〈广雅疏证〉看王念孙的词群研究》（2003），《台湾东海大学文学院学报》第44卷，第138—158页。

按：徐兴海，华东师范大学硕士，江南大学文学院教授。本文主要通过对《广雅疏证》中所提出的词族的研究，以说明王念孙对中国训诂学的贡献。主体分三节：1. 训诂之旨在于声音，2.《疏证》之声训研究，3. 词族研究。

张显成：《〈广雅疏证〉同源词研究评介》（2003），《台湾东海大学文学院学报》第44卷，第390—396页。

按：张显成，文学博士，西南大学文献研究所教授，出土简帛、中医文献专家。本文旨在评介胡继明《〈广雅疏证〉同源词研究》（巴蜀书社2003年版）一书。全文分为三节：1. 所用理论方法科学先进，2. 对王书同源词进行逐一梳理阐释，3. 对王书同源词的研究进行全面的总结归纳。

翁慧芳：《〈广雅疏证〉同源词研究述评》（2005），中国训诂学会、杭州师范学院《纪念〈周礼正义〉出版百年暨陆宗达先生百年诞辰学术研讨会论文汇集》，第315—327页。

按：翁慧芳，台湾师范大学中文系硕士。本文认为胡继明《〈广雅疏证〉同源词研究》从《疏证》列举、分析的语言材料出发，对王念孙排比的具有同源关系的一组组词进行了切实的探讨，在材料的梳理、辑佚方面下了相当大的工夫，并补充书证，加强其论点，也揭示了王书同源词研究方法的重大突破与创新。因而将胡氏一书分两部分探讨：1. 简述王念孙《疏证》研究同源词的理论与方法，在理论方面主要为“训诂之旨，本于声音”，在方法方面，有声训法、谐声之义例及音转法。2. 介绍胡氏一书对《疏证》的阐释，分为同源词语音、语义分析之依据，补充书证，构成类型及音转、音义结合规律。

张意霞：《〈广雅疏证〉与某通音读析论》（2000），逢甲大学《第五届中国训诂学学术研讨会论文集》，第171—196页。

张意霞:《王念孙〈广雅疏证〉训诂术语研究》(2004),台湾师范大学中文系博士学位论文,陈新雄指导。

按:本论文针对《广雅疏证》中训诂术语的部分加以归纳分析,期望透过这样的研究来寻求各训诂术语的使用条件与含义,及各术语间的异同与关联,来进行确定及厘清训诂术语定义的工作。全书分六章:第一章绪论。第二章训诂术语析例,将训诂术语分门别类,以见其梗概。第三至第五章分别将《广雅疏证》中的重点术语分类研讨,包括"转""通""同"等,以厘清这些术语的定义与意涵。第六章为王念孙《广雅疏证》训诂术语的评析,探讨其对右文说的继承与发扬、训诂术语定义的比较与合理界说及王念孙《广雅疏证》的贡献与影响。

李福言:《〈广雅疏证〉音义关系术语略考》(2014),武汉大学古籍研究所博士学位论文,万献初指导。(新北)花木兰文化出版社2016年出版专书,上下册,428页。

按:李福言,任教于江西师范大学。本论文选择《广雅疏证》中数量较多的四个音义术语——"一声之转""之言""声近义同""犹"进行计量与考据研究。分析术语连接的字(词)音形义特点,讨论术语的性质与来源,比较术语功能性异同,并从现代语言学的角度讨论音义关系问题。研究表明:《广雅疏证》四个术语间,功能上有同有异。声韵上,"一声之转"更强调声类的联系,"之言""声近义同""犹"更强调韵类的联系。形体上,利用谐声关系进行训释,是"之言"和"声近义同"的重要特色。"一声之转"和"犹"多强调形体的异,而"之言"和"声近义同"多强调形体的同。词义上,"一声之转""之言""声近义同",显示同源占词义关系比较大。可见"一声之转""之言""声近义同"更多属于语言学范畴,"犹"更多地属于语文学范畴。经深入讨论,认为音义关系上,《广雅疏证》四个术语显示的音义关系是必然性和偶然性的统一、有序性和无序性的统一,还显示了音义关系具有层次性,以及义素与义位、语音形式与概念的复杂对应关系。最后,本文讨论了《广雅疏证》因声求义的特点和贡献,及音义关系研究要注意的问题。

陈新雄：《王念孙〈广雅·释诂〉疏证训诂术语一声之转索解》(1997)，台湾中山大学第一届国际暨第三届国内训诂学学术研讨会论文，又《训诂论丛》第三辑（1997)，（台北）文史哲出版社，第283—326页。

按：陈师伯元，台湾师范大学中文系文学博士，台湾师范大学、台湾中国文化大学教授，林师景伊入室弟子，《诗经》学、语言文字学专家。本论文以为王氏之言“一声之转”者，在《广雅·释诂》疏证四卷中，共106条，大多数均为双声相转，然亦有叠韵相转者。

（六）宋代仿雅

庄斐乔：《〈埤雅·释天〉析论》(2017)，嘉南药理科技大学《儒学与训诂：第13届中国训诂学国际学术研讨会论文》，第237—254页。

按：宋代陆佃的《埤雅》是第一部博物类的仿雅专书，很特别的是该书除了草木虫鱼鸟兽之外，还有《释天》两卷。因而引起本文写作的动机。主体分三节：1.《埤雅·释天》探析，探讨《埤雅·释天》的编纂、内容、引书。2.《埤雅·释天》与雅学著作的比较，与《尔雅》、仿雅学书、广雅学书比较异同。3.《埤雅·释天》的评价，特色为开创仿雅书籍的体例、博采传统思想与俗谚、重视文字训诂的运用。缺点为引用资料不足、记录不甚完备、未见当代特色，带有迷信色彩。影响是对后代较无影响，但对仿雅学具有开创性，有探讨的价值。

庄斐乔：《〈埤雅〉〈尔雅翼〉异同论》(2016)，台湾东吴大学在线学术论文第35期，第19—41页。

按：北宋陆佃的《埤雅》、南宋罗愿的《尔雅翼》是宋代两本仿雅名著。二书时代相近，性质相类，取名亦有异曲同工之妙，本论文因而从三方面针对这两本书进行比对研究：1. 在编排体例方面，二书分类、词目、词条编排各有异同。2. 在训诂方面，二书之训诂方式、训诂术语、名物考释各有异同。3. 在引书方面，以小学类为例，二书在文字类、声韵类、训诂类引书各有异同。最后从《尔雅翼》引《埤雅》三条，见其传承关系，并针对其价值、影响及优缺点进行总结。

庄斐乔：《〈尔雅翼〉引语言文字学书考》（2015），台湾东吴大学第10届有凤初鸣研究生学术研讨会会议论文。又《有凤年刊》第11期（2015），（台北）台湾东吴大学，第252—276页。

按：罗愿《尔雅翼》引据浩博，不下250种，其中语言文字学方面，所引多达300余次，本论文分三节探讨之：首先以归纳的方式，举例胪列《尔雅翼》引用语言文字学的书目、次数及其内容。进而比较其引文与今日所见版本之异同，及辑出今本无存之《苍颉篇》《急就章》《尔雅古注》《埤苍》《字林》《三苍解诂》《尔雅赞》《切韵》《唐韵》、裴瑜《尔雅注》《字说》《字源》等书之条目。其次说明《尔雅翼》引语言文字学书之价值，包括版本学价值、校勘学价值、辑佚学价值。其三说明《尔雅翼》引语言文字学书之疏失，如出处交代不清，引用不够忠实，常有窜改删节等。

庄雅州：《罗愿及其〈尔雅翼〉》（2015），台湾师范大学陈新雄教授八秩冥诞纪念学术研讨会论文。又《陈新雄教授八秩诞辰纪念论文集》（2015），（台北）万卷楼图书股份有限公司，第519—533页。

按：本文除了介绍罗愿的生平事迹、《尔雅翼》的成书及版本等背景资料外，研究重点是分析《尔雅翼》的内容体例，计得十一项，即：标举词目、分析字词、追溯物名、考辨名实、区分品种、描述性状、引用书证、旁采异闻、阐发意旨、评骘得失、付诸阙如。最后结论还论及罗愿不仅博览群书，引用250种以上的典籍，且以实事求是、无征不信的精神探考资料，或出自目验，谋及刍薪，或深入民间，调查里谚，倾注大量心力，完成考据精博、内容充实的《尔雅翼》，成为宋代雅学著作中成就最高、流传最广的不朽之作。

庄雅州：《罗愿〈尔雅翼〉平议》（2015），台南大学《第9届思维与创作暨第12届中国训诂学学术研讨会论文集》，（新北）大扬出版社，第89—105页。

按：此为《罗愿及其〈尔雅翼〉》的赓续之作，旨在平议《尔雅翼》的特色及其疏失。文中首先指出《尔雅翼》具有资料丰富（旁征博引、保存文献）、论述详细（考辨用心、描述细腻）、文辞高雅（遣词精炼、行文生动）、重视调查（亲验耳目、兼采俗谚）、讲求实用（推广物用、修己治人）等五项特色；其次评述其缺失，归纳为五项局限，即：体例不纯（称引不一、交代不清）、引文失真（删节改写、子虚乌有）、分类欠妥（承袭旧说、自行归类）、判断失准（见理未莹、徒逞胸臆）、牵强附会（蹈袭前误、好奇杜撰）。罗书虽然瑕瑜互见，然瑕不掩瑜，后学仍可去芜存菁，以其为雅学研究的重要参考。

（七）清代仿雅

廖逸廷：《方以智〈通雅〉同族词研究》（2008），台湾师范大学中文系硕士学位论文，姚荣松指导，180页。

按：本论文以历史比较语言学方法，研究《通雅》中训诂之词条，分析其上古声韵关系、意义关系、联系同族词近150组，借以窥探明末清初时词族研究之规模与价值。全文共分六章，除绪论外，主体各章为方以智行述及其《通雅》概说、《通雅》所反映的同族词分析、《通雅》同族词音转规律分析、《通雅》同族词意义规律分析、《通雅》同族词研究的价值与不足。

方丽娜：《方以智〈通雅〉謰语述评——兼谈联绵词典的编纂》（1997），高雄师范大学中文系1997学年度教师学术研讨会论文。

方丽娜：《吴玉搢〈别雅〉研究——兼谈通假字与假借字、古今字的相互关系》（2001），《高雄师大学报》第12期，第109—130页。

按：方丽娜，台湾师范大学中文系文学博士，高雄师范大学中文系教授，语言文字学专家。清吴玉搢《别雅》五卷，集录古籍中文字形体不同而意义相同的词，按韵编排，共收录188条词语，一一注明出处，辨析它们同用、通用或转训、假借关系，是一部研究古书某些词语的异同及其原因的重要参考书。此书所收各词条的形异类别，按今日的标准衡量，除大部分是音同或音近的通假字外，也有不少是古今字、异体字、同源字、假借字。本文以《别雅》所提供的训诂材料，加以分析说明，兼谈训诂术语"借""通""同"等等的辨析。全文分三节：1. 绪论：概述本文的研究动机与旨趣。2. 本论：探讨《别雅》一书的内容、体例、评价。3. 结语：辨析通假字与假借字、古今字的相互关系。

萧惠兰：《〈叠雅〉论绎》（1998），《孔孟月刊》第37卷第4期，第37—44页。

按：本论文分三节：1.《叠雅》的作者与成书、版本。2.《叠雅》的内容与条例，条例分为：（1）改变框架，不显分门类，（2）同义相聚，一条一释，（3）同文异义，分条别裁，（4）自为疏证，方便阅读。3.《叠雅》的价值与不足。价值为：（1）填补了雅书选题的一个空白，为雅学作出了新贡献。（2）占有充实可靠的资料，把雅书编纂提高到一个新水平。（3）开辟了叠音词研究的广阔天地，在理论和实践上都有新突破。不足为：（1）有的引书格式自破其例，（2）按语有的采用前人成果而未指明，（3）引书讹误之处，也还不少。

方丽娜：《史梦兰〈叠雅〉述评——兼谈重叠式构词法的特色》（1999），《高雄师大学报》第10期，第133—152页。

按：清代史梦兰《叠雅》一书专门搜辑经史子集和诸家注疏中的重叠词，是中国第一本系统整理研究重言词的专著。在训解古籍时了解重叠式构词法的特色是非常重要的。本文希望利用现代语言学的理论，对重叠词加以分析整理，既要重视语法结构，也不能忽略词汇意义。全篇分三节：1. 绪论：概述史梦兰生平传略与著作，和本文研究的动机与旨趣；2. 本论：讨论《叠雅》一书的内容、体例、评价；3. 结语：说明重叠式构词法的特色。

方丽娜：《洪亮吉〈比雅〉述评——兼谈模拟释义的原则及其语义之间的关系》（2000），《高雄师大学报》第11期，第31—53页。

按：清代洪亮吉《比雅》一书，收录词语极多，是研究古代汉语的同义词、类义词、反义词的重要参考资料。本文从《比雅》所提供的训诂材料加以比较、分析，以说明此书的释词形式和内容，并希望利用语义场理论、义素分析法等现代语言学的方法，来阐述模拟释义法的功能。全文分三节：1. 绪论：概述洪亮吉生平传略与著作、本文的研究动机与旨趣；2.

本论：探讨《比雅》一书的内容、体例、评价；3. 结语：说明模拟释义、语义关系及模拟的原则与范畴。

刘雅芬：《朱骏声〈说雅·释诂〉“言语类”动词语义场析论》（2011），台湾辅仁大学《第 10 届中国训诂学国际学术研讨会论文集》，第 311—336 页。

按：刘雅芬，台湾成功大学中文系博士，任教于台湾辅仁大学中文系，语言文字学、佛经语言学专家。清代朱骏声《说雅》一书附刊于《说文通训定声》，依《尔雅》编纂体例，将《说文解字》9353 字以及《说文通训定声》新增加的 7000 余字，仿同《尔雅》归为 19 义类，其词条形式亦例仿《尔雅》，释义则以《说文解字》为依据，是辨析古汉语同义词之珍贵语料。本论文以“语义场”理论分析《说雅·释诂》一篇中“言语类”动词语义场。《释诂》“言语类”动词语义场共可分为一个上位概念、六个下位概念：1. 表说话、陈述：如言。2. 表谈论、讨论、评论：如订、详、议。3. 表询问：如咨、论、諟。4. 表劝谏：如讳、敕、诫。5. 表责骂、毁谤：如谗、譖讦。6. 表欺诈：如夸、诞、谲。7. 表其他与说话类相关语义：如谀、讥、诽。共 52 个语词，逐一分析。

刘雅芬：《朱骏声〈说雅·释诂〉“知道类”动词语义场析论》（2011），台湾辅仁大学中文系教师学术研讨会论文，第 1—25 页。

按：《释诂》“知道类”动词语义场共可分为一个上位概念（表知晓、明白：知）、四个下位概念：1. 表识辨：识、哲、谞、惰。2. 表觉察、领悟：觉、寤、发、谛。3. 表知之详尽：审、咸、谙、悉、睿。4. 表特殊情况：嬒、訣、惀。本文尝试以语义场方法，补苴传统语义学对词义孤立、零碎的考察方法；以《说雅》编辑而得《说文解字》“知道类”动词语义场中，得知了许多成分构成的语义结构。然而，虽然语义场可提供对词义系统而宏观的研究，但更进一步对语义场内部义位进行微观观察，尚待来日。

刘雅芬：《朱骏声〈说雅·释诂〉近义词分合观初探》（2014），台湾辅仁大学《传统与再生——汉学学术国际研讨会论文》，第 1—17 页。

按:《尔雅·释诂》共收词条175条，释2290词。《说雅·释诂》共收词条1639条，释2515词。两者数字悬殊，呈现了《说雅·释诂》于近义词意义区分的长足发展。作者细察朱骏声《说雅·释诂》近义词的分合处理，发现其处理近义词词义的明确观念。首先，就全书体例而言，朱骏声遵循《释诂》收基本词义概念，以“词本义”为主要原则，将《尔雅·释诂》中的引申义逐一调整至相关篇目，而假借义则加以删除。在近义词词条分合上，不论增繁分化或重整删并，则采取“从其分不从其合”的条例原则。凡词义中具有类义素者，则分之。对《尔雅·释诂》词条，均展现了朱骏声对近义词词义系统“本义为主”“从其分不从其合”的条例原则。此一分合观的探讨，有助于《说雅·释诂》的研究。

刘雅芬:《朱骏声〈说雅·释诂〉新增近义词研究——以“扰乱义”为例》(2015)，台南大学《第九届思维与创作暨第十二届中国训诂学学术研讨会论文集》，(新北)大扬出版社，第65—81页。

按:《说雅·释诂》对《尔雅·释诂》中的词条，如有未见《尔雅·释诂》或释义不同者，均另列于后，成为新增词条，并产生新的近义词词群。本论文析论《说雅·释诂》“扰乱”义词群共计5条18词，如惑、愦、妄、扰，以“乱”为上位概念，下领四个子义场，形成一个上古汉语有关混乱的相关词义场，分别为“罕用词”“混乱状况”“乱后处理”“乱后反应”。

刘雅芬:《朱骏声〈说雅·释诂〉新增近义词——以“使从义”为例》(2015)，北京师范大学《陈新雄先生逝世三周年纪念会论文集》，第124—138页。

按:本文析论《说雅·释诂》“使从”义词群“命、使、随、从”等词条6条10词，反义词“很”1条1词。其中“命”见收《尔雅·释诂》，但释义不同，其余相对《尔雅》，均属于新增词，故朱骏声将之群聚安排于后。词群以“使”为上位概念，引申出“随从”义场，形成一个上古汉语有关发号施令与接受、执行命令的相关动词义场。

叁、台湾现当代编撰与刊行《尔雅》学研究论著检视

昌彼得：《中国目录学讲义》（1973），（台北）文史哲出版社，第21页云：

> 目录学者，详分类例以部次群书，而推阐其大旨，辨学术之源流本末，志版本之异同优劣，俾读者即类以知学，因学以求书，索书知择本之专门学术也。

此言目录学之定义，但也涉及其内容与功用，最完整之目录，前有总序、小序，用以辨章学术、考镜源流。各书则有叙录，用以指导学者治学涉经，鉴别古籍之真伪存佚，是进行研究必不可缺的指南针。从古以来目录学能如此完善者为数极尠。本论文的知见目录共收录181项，分门别类著录七十年来台湾编撰与刊行《尔雅》学著述，各书皆著录其作者、书（篇）名、出版年、版本、出版地、出版社或期刊卷期、页码等，再简要介绍作者，客观陈述论著内容，虽不够详尽，但比起其他相关书目已增补超过一倍，对学者之循目求书、因书研究应该不无裨益。唯为了使读者更进一步对台湾七十年来编撰与刊行的《尔雅》学研究论著有较深刻、较完整的认识，在此有必要针对知见书目略加检视：

一、量的分析

（一）论著的总量

在经学论著目录中，林庆彰的《经学研究论著目录》一至四辑搜集的时间最长，资料的内容最为丰富，共著录了1912—2002年间的23692项论著，其中《尔雅》学仅有506项，占全部论著的2.14%，台湾的只有57项，占《尔雅》学的11.13%，占全部的0.24%。汪中文的《近年来台湾〈尔雅〉学研究概述》著录1993—2011年论著83项，是最新的资料。此

外，如余培林《六十年来之〈尔雅〉学》著录7项，刘文清、李隆献《中韩训诂学研究论著目录初编》著录45项左右，为数也都极少。窦秀艳《中国雅学史》（齐鲁书社2004年版）附录二《1950年以来雅学研究著作论文举要》著录海峡两岸著作论文300篇，其中台湾有41篇，占13.66%，情况也相仿。由此可见，就研究成果而言，与其他经学相较，《尔雅》学在海峡两岸都是“小众经学”，正如唐代《尔雅》以字数较少而称为“小经”一样。而与大陆相比，台湾的成果只有十之一二，更是小中之小了。不过，以海峡两岸人口比例而言，台湾的《尔雅》学研究，也算得上是尽心尽力了。

（二）各时段的成果

从1945年到现在，以10年为一时段，共可分为8个时段，每一时段的研究成果各有不同：

20世纪40年代	1项
50年代	2项
60年代	1项
70年代	14项
80年代	27项
90年代	14项
21世纪00年代	39项
10年代	83项

1946年，谏侯在《图书月刊》第1卷第5期发表《唐写本郭璞注尔雅校记》，1950年芮逸夫连续发表了两篇《释亲》方面的论文，1960年谢云飞以《〈释名〉音训疏证》获得“台科会”研究奖助，这些都是台湾最早出现的《尔雅》学论文。那时成果极少，可说是台湾《尔雅》学的拓荒期。20世纪70年代至90年代，30年间《尔雅》学论著有55项，风气才逐渐展开，可称之为发展期。到了21世纪初，近20年间共出现了122项，可说是研究的鼎盛期。

如果以181项著述分配到73年，则平均每年只有2.48项，又足以见台湾《尔雅》学研究确实不够发达，还很有拓展的空间。

（三）不同研究者的论著数量

181项论著有独撰，有合写，有译作，如果每一位执笔的人都算是一位研究者，则共有112位研究者。

如果以项数计算，则庄雅州的12项最多，详见陈温菊《庄雅州教授传略及其经学论著初论》（2016）（台湾“中研院”文哲所：《战后台湾的经学研究1945——迄今》，第四次学术研讨会论文）。其次为汪中文、卢国屏、刘雅芬的5项，陈鸿森、王书辉、方俊吉、李建诚、方丽娜、庄斐乔的4项。当然这样的统计是很不科学的，如谢一民虽然只有2项，其《〈尔雅〉逐字解诂》却多达六十余万言；丁惟汾虽然只有3项，其《诂雅堂丛著》3篇论文却厚达631页；孔维宁虽然只有3项，其《〈尔雅〉古注辑考》三册，更有1274页之多。然若改以质量的价值作为衡量的标准，那就更非量的统计所能窥测了。

（四）论著发表的方式

论著发表的方式主要有专书、期刊论文、研讨会论文、学位论文、专书论文等。这181项论著，以首次发表的方式，依数量的多少，其数量的分布是：

期刊论文　　64项
研讨会论文　39项
学位论文　　36项
专书　　　　21项
专书论文　　16项
其他　　　　5项

期刊论文高居首位，显示期刊仍是一般研究者发表成果的重要园地，随着学术标准的日趋严谨，有外审制度的核心期刊，仍将是研究者的首选。

研讨会以文会友，在脑力激荡之余，兼有旅游的优点，也是日益受到重视的选项。学位论文分量相当于一部专书，是最好的学术训练，培养出来的硕、博士是教学、研究的生力军，就《尔雅》研究来说，应该特别加以重视。就学校而言，有13个学校研究生写过《尔雅》学学位论文，其中台湾师大8篇、台湾政大6篇、淡江5篇；指导《尔雅》学论文最多的教授为卢国屏5篇，竺家宁、叶键得各3篇；硕、博士学位论文都是《尔雅》学的为卢国屏、黄立楷。专书内容丰富，最有藏诸名山的企图心，值得多加鼓励。专书论文可以补其他园地的不足，也常有佳作产生。各种不同的园地，满足不同研究者的需求，对学术研究贡献良多。

二、质的鸟瞰

（一）通论类

20世纪初叶，黄季刚先生的《尔雅略说》分八部分通论《尔雅》一书的书名、撰人、注家、研究史、参考书、与其他典籍关系等问题，为近代《尔雅》学研究奠定基础，影响极大。厥后，踵继而起的通论之作为数不少，其要者如：

陈晋：《尔雅学》（1935）（山西大学教育学院）
骆鸿凯：《尔雅论略》（1985）（岳麓书社）
顾廷龙、王世伟：《尔雅导读》（1990）（巴蜀书社）
管锡华：《尔雅研究》（1996）（安徽大学出版社）
胡锦贤：《尔雅导读》（1997）（华中理工大学出版社）
林寒生：《尔雅新探》（2006）（百花洲文艺出版社）
马重奇、李春晓：《尔雅开讲》（2013）（华东师范大学出版社）

这类著作有系统地导引读者了解《尔雅》、研究《尔雅》，有其重要性。在台湾，总论方面，潘师石禅的《尔雅学》是未曾印行的讲义；马重奇的

《尔雅导读》是《尔雅开讲》的初版；孔维宁的《绪论篇》则藏身于《尔雅古注辑考》之中。其余散见于国学概论、经学概论、训诂学之类的，只是薄物小篇，还不足以成为专书。在分论方面，高师仲华的《〈尔雅〉之作者及其撰作之时代》依傍师说，更求详尽，可惜引绪一端，未窥全豹。胡锦贤的《论〈尔雅〉产生的时代背景》《论〈尔雅〉篇目编次的名义》，讨论《尔雅》的部分问题，应是《尔雅导读》的一部分，在分论方面还是大有分别探讨的空间。

（二）文献学类

《尔雅》学源远流长，族类孔多，内容庞杂，本身是十分重要的古典文献，所以与文献学息息相关。不仅在决定研究的目标、充实研究的材料时有赖于文献学，即使为了熟悉研究方法、提升研究的水平也脱离不了它。文献学主要包含目录、版本、校勘、辨伪、辑佚五方面，清代的学者在这几方面都着力甚深，窦秀艳《雅学文献学研究》（中国社会科学出版社 2015 年版）曾撷取他们的成果，做了综合的研究。台湾学界的成果多属个别方面的探讨。成绩最好的应是目录学，林师明波的《清代雅学考》一至五篇对雅学书 219 部做了详细的著录，颇便于按图索骥。在现当代的《尔雅》学研究中，林庆彰、汪中文、余培林、刘文清、李隆献等学者也都有书目协助读者检索资料。在版本方面，王世伟的《尔雅板本考略》对 18 种版本进行考述，可厘清《尔雅》版本类型和源流关系，马重奇《尔雅漫谈》第八章著录了《尔雅》的经、注、疏、音义的古版本 39 种，相当简明，可以表现通论的功用。简承禾的《尔雅单疏本概述》对重要的单疏本进行多方面的考证，也颇有参考价值。在校勘方面，台北故宫博物院曾印行南宋国子监本郭璞《尔雅注》，周祖谟据为底本，详加校勘，写成《尔雅校笺》。后来孔维宁的《尔雅古注辑考》曾以监本为底本，将古注一一打散，分别归入《尔雅》每一条之下，进行综合研究，但重点不全在校勘，而且也有失先机。谏侯的《唐写本郭璞〈尔雅注〉校记》利用敦煌资料从事校勘，但台湾的敦煌学者未见有继起研究者。辨伪方面，只有翁世华《郭璞〈尔雅音义〉释疑》考定郭书为赝鼎，其余亦未见嗣音。辑佚方面，是孔维宁《〈尔雅〉古注辑考》的重点，也是王书辉《两晋南北朝〈尔雅〉著述佚籍辑考》全力以赴的焦点，都有相当不错的成绩。陈鸿森的《梁沈旋〈尔雅集注〉考证》虽仅钩稽梁朝沈旋一家之书，却考证綦详，可补前人之不足。

（三）语言文字学类

《尔雅》不仅为训诂学之鼻祖，同时也下开文字学、方言学、词源学的长流，是语言文字学最重要的经典，所有的《尔雅》著述多少都与语言文字学有关，此处但就其纯度最高者言之。在文字学方面，清代学者研究《尔雅》无论解字形、释音义、订俗字，几乎无不与《说文》相互参照，以形音义互相求。戴震曾撰《尔雅文字考》10卷，惜已亡佚，严元照的《尔雅匡名》、汪蓥的《尔雅正名》，重点皆在文字。台湾在这方面，只有陈建雄的《〈尔雅〉多训字考》、庄雅州的《〈尔雅〉联绵字浅探》、蔡信发的《段玉裁谓〈尔雅〉多俗字》，寥寥数种。此外，庄斐乔的《〈尔雅正名〉初探》曾对汪蓥之书进行探究。近代，地下文献不断出土，提供了不少宝贵的资料，不过，台湾学者只有偶尔采用，像大陆学者冯华《尔雅新证》（2006）（首都师范大学博士学位论文）那样的专著则未曾见。在声韵学方面，徐松君《〈尔雅〉里面的泰国语音》提供了不同凡响的讯息，丁惟汾的《尔雅古音表》注明《尔雅》每字之古韵分部，给予研究者极大的方便。训诂学方面，成绩较为可观，谢一民的《〈尔雅〉逐字解诂》逐字解说《尔雅·释诂》中的训词与诂词，一字不漏，十分详尽，可惜未成完璧。丁惟汾的《尔雅释名》即音求义、以义证音，多言初文、本字与通假，有助于《尔雅》声韵、训诂之探讨。在今注今译方面，先有陈建初、胡世文、徐朝红的《新译尔雅读本》，后有庄雅州、黄静吟的《尔雅今注今译》，都能兼顾学术与普及，颇便通读。

（四）释例类

所谓释例、条例或义例，是具有概括性的总原则，属于较高层次的分析。以此为据，作者可以确定研究的范围及方法，读者可以更准确掌握全书的重点，足见其重要。《尔雅》的经、注、疏未尝无例，但散见全书，不成体系，到了清代末年，陈玉树《尔雅释例》（南京师范高等学校 1921 年版）始著称于世，其书凡 45 例，堪称细密。至谢云飞的《尔雅义训释例》增为 88 例，更集前人之大成，但纲维不足，稍嫌琐碎，高师仲华因而重加整理，撰为《尔雅辨例》，纲举目张，使读《尔雅》者得以探骊得珠。此外，远滕光晓的《〈尔雅〉的体例》、朱星的《〈尔雅·释诂〉三篇体例》亦属具体而微。至于《尔雅》论著方面的释例，有蔡谋芳的《尔雅义疏举例》、方俊吉的《尔雅义疏释例》、孔维宁的《王国维〈尔雅草木虫鱼鸟兽名释例〉研究》皆有助于研读郝懿行、王国维之论著。在广雅、仿雅类，也有方俊吉的《〈广雅疏证〉释例》。此外，尚有赵伯义《〈尔雅〉亲宫器乐天地丘山水释例》（1978）、《〈尔雅〉兽畜名释例》（1992）及《论〈尔雅〉的编写体例》（1997），陈重业《〈尔雅草木虫鱼鸟兽释例〉补正》（1994），邓细南《试论〈尔雅〉在训诂体例和释词方式上的贡献》（1995），李音好《〈尔雅〉中的声训类型》（1996），方怀海《论〈尔雅〉的语源训释条例及其方法论价值》（2001）等短篇论著，释例研究无疑是台湾的一个强项。

（五）单篇研究类

《尔雅》19 篇，依内容可分为五类：语言类、人际关系类、建筑器物类、天文地理类、植物动物类。语言类《释诂》《释言》《释训》三篇，训释同义词，有古语、今语、方言、雅言、叠字、联绵字等，是先秦词汇的宝库。郭鹏飞的博士学位论文《尔雅义训研究》专门研究《释诂》，他的三篇论文《〈尔雅〉“俾，使也；俾、使，从也”探析》《〈尔雅·释诂〉“林、烝、天、帝、王、皇、后、辟、公、侯，君也”探析》《读王引之〈经义述闻〉尔雅札记三则》也不出这个范围。庄雅州的《从〈尔雅·释言〉“曷，盍也”探讨历代训诂的演变》由小见大，谢一民的《〈尔雅·释诂〉逐字解诂》、李建诚的《〈尔雅·释训〉研究》、詹文君的《〈尔雅·释诂〉〈释言〉

〈释训〉同训词研究》则是长篇大论，做了地毯式的研究。人际关系类除了芮逸夫的《〈尔雅·释亲〉补正》《九族制与〈尔雅·释亲〉》、陈静芳的《〈尔雅·释亲〉中亲属称谓词的语义结构》外，还有赵林的《〈尔雅·释亲〉与〈释名·释亲〉亲属称谓体系之比较研究》、石磊的《从〈尔雅〉到〈礼记〉——试论我国古代亲属体系的演变》《从〈尔雅·释亲〉看我国古代亲属体系的演变》、王盈芳的《〈尔雅·释亲〉亲属关系之文化诠释》，从不同的角度探讨《释亲》，各有可观。建筑器物类只有李周龙的《〈尔雅·释器〉所见古事考》，天文地理类只有庄雅州的《〈尔雅·释天〉天文史料析论》，论著都十分有限。植物动物类有王富祥的《〈尔雅〉草名今释》、施孝适的《〈尔雅〉虫鱼名今释》，能运用现代生物学知识，逐一考释。于景让身为生物学专家，其《〈尔雅·释草〉的葝蘋芜与须葑苁》《鰋鲇鲤鲩——〈尔雅·释鱼〉注一》虽仅考释少数动植物，更是有其权威性。沈秋雄的《〈尔雅〉木华草荣辨》，虽仅一页，却能提出独特的看法。

（六）专题研究类

专题研究本来可根据各种主题分成许多专题，但本论文只取研究方法及文化学两种，其余都分散到各种不同类别之中。在研究方法方面，庄雅州发表过三篇论文：《论考释〈尔雅〉草木虫鱼鸟兽之方法》《二重证据法在〈尔雅〉研究上之运用》《黄季刚先生〈尔雅〉研究方法述评》，在借重传统的训诂方法之余，又兼采新知、新方法，同时能注意到地下文献的考释与个案的研究，在海峡两岸都不多见。此外，马重奇《尔雅漫谈》第九章《尔雅的研究方法论》提出分析《尔雅》训诂条例、《尔雅》与《说文》相互对照、《尔雅》与群雅的对勘互证、熟悉《尔雅》学的研究书目四种方法，颇有实用价值。文化学方面，卢国屏的《〈尔雅〉语言文化学》，以宏观的文化观点，赋古典以新义，他又指导了王盈芳的《〈尔雅·释亲〉亲属关系之文化诠释》、古佳峻的《郝懿行〈尔雅义疏〉及其宫器二释研究——以文化阐析为观察重点》、吴佩慈的《从〈尔雅·释兽〉〈释畜〉篇看中国古代牲畜文化》、黄立楷的《〈释名〉语言文化研究》及《从〈尔雅〉到

〈释名〉的社会演化与文化发展》等多篇硕、博士学位论文。另外，陈芬祺也有《汉代词书与社会文化：由〈尔雅〉〈方言〉与〈释名〉观察》，这些也是海峡两岸《尔雅》研究的亮点。

（七）经学史类

窦秀艳《中国雅学史》（齐鲁书社2004年版），分别从雅学的出现、雅学的形成、雅学的成熟、雅学的进一步发展和转型、雅学的兴盛、雅学由传统向现代的转变等方面阐述雅学发展的历史，这是海峡两岸唯一的《尔雅》学通史。马重奇的《尔雅漫谈》第7章《尔雅研究说略》分5节介绍汉魏至清代的《尔雅》学著作，60家，庶几近乎简明的雅学史。除此之外，台湾编撰与刊行的雅学论著和大陆一样，也以断代，甚至专家、专书的研究为主。通代方面，有孙永忠的《类书渊源诸说论析——以〈尔雅〉与〈吕氏春秋〉为范围》、林明昌的《从〈尔雅〉到〈雅虎〉——文献资料之分类与排序研究》、赖贵三的《〈尔雅〉及郭璞注易学思想析论》、杨薇的《〈尔雅〉注释文献的衍生方式及特点》《〈尔雅〉注本文献系列价值平议》、郭涛的《从〈尔雅〉到〈尔雅诂林〉》，或论《尔雅》与类书、易学思想乃至网络的关系，或论《尔雅》注释文献的衍生、特点、价值等问题，都是短篇论文，难以统观全局。关于两汉时期，陈鸿森的《尔雅汉注补正》，针对臧庸《尔雅汉注》补正了150条，颇见功力。孔维宁《尔雅古注辑考·辑佚篇》以台北故宫博物院景宋监本为底本，将清代学者所辑14种古注全部打散，分别列入《尔雅》每一条经文之下，末必加按语，详加考证，虽未必能尽复古注旧貌，但对汉代《尔雅》学的精华也可得其仿佛了。魏晋南北朝时期的郭璞注是《尔雅》学的一个重点，但台湾刊行的短篇论文只有李斐、杨薇的《浅论〈尔雅〉郭璞注的文献价值》，倒是孔维宁的《尔雅古注辑考·考证篇》，以郭璞为分野，笼括其前古注五家六书，其后旧注七家，探讨古注与郭注之关系及其价值，最能彰显郭璞注在雅学史上的地位。王书辉的《两晋南北朝〈尔雅〉著述佚籍辑考》，除在清儒辑佚的基础上进行全面的校勘与检讨外，又增补佚籍8种中前人所未见的佚文132条，逐条进行考证，用力至勤，为两晋南北朝雅学史增添不少新材料。针对唐宋时期，吴焕瑞有《慧琳〈一切经音义〉引〈尔雅〉考》胪列慧琳《音义》引《尔雅》341 条，唯未加按语有所考证。窦秀艳《雅学文献学研究》有数章评述《经典释文》《五经正义》《文选注》《汉书注》《后汉书注》等书之征引雅学。《经典释文》中的《序录》《尔雅音义》是后人研究唐以前雅学发展的最重要史料，且有黄焯《经典释文汇校》（中华书局 2006 年版）、赵少咸《经典释文集说附笺残卷》（中华书局 2016 年版）可供参考，应该还有进一步探讨的空间。宋代部分，薛慧绮有《邢昺〈尔雅疏〉研究》、林协成有《陆佃及其〈尔雅〉学研究》、李建诚有《邢昺〈尔雅疏〉与郭璞〈尔雅注〉、孔颖达〈五经正义〉之关系试论》，只可惜郑樵注未有研究专书，幸有李冈的《〈尔雅〉邢昺疏与郑樵注比较研究》可以见其大要。元明雅学不振，缺乏大家，台湾也无人研究。清代是雅学的兴盛期，早在 50 年前，林师明波就发表了《清代雅学考》，为清代雅学研究奠定了坚实的基础，30 年前，卢国屏也写出《清代雅学考》的硕士学位论文。清代的官书有不少雅学方面的资料，黄智明的《〈古今图书集成·经籍典·尔雅部〉的文献价值》、柯亚莉、杨薇的《〈四库全书·小学类·尔雅类〉三题》、陈鸿森的《续修四库全书总目提要经部辨证二》，曾加以检讨。至于专家专书方面的研究，以邵晋涵的《尔雅正义》、郝懿行的《尔雅义疏》最受到重视。邵晋涵的研究，有林良如的《邵晋涵文献学探究》、李建诚的《邵晋涵〈尔雅正义〉研究》、庄雅州的《论邵晋涵〈尔雅正义〉得失》、林永强的《邵晋涵〈尔雅正义〉同族词研究》。郝懿行的研究，有蔡谋芳的《尔雅义疏指例》、方俊吉的《尔雅义疏释例》、陈鸿森的《郝疏〈尔雅义疏〉商兑》、汪启明的《郝疏尔雅转语表考》、林义益的《郝疏〈尔雅·释诂〉〈释言〉〈释训〉假音、假借字检证》、古佳峻的《郝懿行〈尔雅义疏〉及其宫器二释研究——以文化阐析为观察重点》，从不同的角度探讨清代这两本《尔雅》学名著的内容与得失。其他专家的研究，则有王巧如《段玉裁〈说文解字注〉引〈尔雅〉考》、郭鹏飞的《读王引之〈经义述闻〉尔雅札记三则》、赖贵三的《焦循手批〈尔雅注疏〉钞释》《焦循尔雅释易说述评》、彭喜双《叶蕙心〈尔雅古注斠〉述评》《上海图书馆藏陶方琦〈尔雅汉学证义〉考略》、庄斐乔的《〈尔雅正名〉初探》。当然，清代的雅学大家辈出，佳作如林，无论目录、疏证、补正、校勘、辑佚、普及、释例等都有不少专著或札记，值得进一步去阐发。20世纪初期，黄季刚先生是《尔雅》学向现代转变发展的关键人物，由于教学的推波助澜，章、黄学术蔚然成派，至少每10年就举办一次纪念研讨会，发表的论文与《尔雅》学有关的为数不少，加上期刊、学位论文，讨论黄季刚先生《尔雅》学的论文就更为可观。在台湾只有李建诚的《黄侃论邵晋涵〈尔雅正义〉笃守疏不破注说商榷》、陈冠佑的《黄侃手批〈尔雅义疏〉通转术语研究》、庄雅州的《黄季刚先生〈尔雅〉研究方法述评》寥寥数篇，相形之下，未免逊色。此外，孔维宁有《王国维〈尔雅草木虫鱼鸟兽名释例〉研究》《〈尔雅〉王氏学》，对另一位同期的大师总算注意到了。到了20世纪50年代以后，台湾《尔雅》研究只呈现在目录类资料之中，庄雅州的《〈尔雅〉的时代价值及其在现当代的传播》，分类介绍海峡两岸《尔雅》学的研究概况，也只是举要而言，不够全面。反观大陆，有张清常的《〈尔雅〉研究的回顾与展望》（《语言研究》1984年第1期）、宛志文的《〈尔雅〉研究的回顾与前瞻》（《辞书研究》1989年第4期）、吴礼权的《〈尔雅〉古今研究述评》（《古籍整理研究学刊》1993年第5期）、胡锦贤的《二十世纪雅学研究》（北京大学《国学研究》第8卷，2001年）、管锡华的《20世纪的〈尔雅〉研究》（《辞书研究》2002年第2期），可见大陆学界对现当代的研究毫不忽略。

（八）比较研究类

比较研究一向是学术研究的基本方法，在讲求科际整合的现当代更形重要。在雅学内部的比较方面，陈芬祺、黄立楷比较《尔雅》学词书以研究社会文化，已见上文（六）专题研究类；赵林比较《尔雅》与《释名》的《释亲》，已见（五）单篇研究类；李冈比较邢昺疏与郑樵注，已见（七）经学史类，不赘。在雅学外部的比较方面，芮逸夫比较九族制与《尔雅·释亲》，石磊比较《尔雅》与《礼记》之亲属体系，李建诚比较邢昺疏与《五经正义》之关系，已见（七）经学史类，亦不赘。此外，黄国祯的《从〈礼记〉礼器观到〈尔雅〉之礼器观》以《礼记·礼器》的天时、地财、鬼神、人心、万物五个原则与《尔雅》名物各篇进行比较。1994年，卢国屏的《〈尔雅〉与〈毛传〉之研究与比较》，是台湾六部《尔雅》学博士学位论文的第一部。收集二书相关训例772条，以文字、训释、意义三大方向，进行缜密的比较考证，可以与大陆学者丁忱的《尔雅毛传异同考》（武汉大学汉语史博士学位论文，1983年）参看。卢国屏另一篇短篇论文《由字异训异义同例看〈尔雅〉与〈毛传〉之关系》则由二书训例之比较，以解决相关争议。魏培泉的《〈诗毛传〉与〈尔雅·释诂〉等三篇之比较研究》发现二书在训解上颇有歧异，因而排除《韩诗》作为《尔雅》诗注来源的可能性。庄雅州的《〈尔雅·释鱼〉与〈说文·鱼部〉之比较研究》，从材料、体例、价值三方面比较《尔雅》与《说文》的异同，影响了赖雁蓉的《〈尔雅·释木〉与〈说文·木部〉之比较研究》《〈尔雅〉与〈说文〉名物词之比较研究——以器用类、植物类、动物类为例》、黄静吟的《〈尔雅〉与〈说文解字〉分类及释义同异析论——以〈释兽〉〈释畜〉两篇为例》，但赖作更为宏观，黄作更为深刻。王世豪《〈说文解字〉与经典文献常用字词比较研究》曾针对《说文解字》与《尔雅·释诂》《释言》《释训》三篇进行比较。此外，康才媛的《莲荷字考辨——以〈尔雅〉〈说文解字〉为例》，小题大作，应更饶趣味。

（九）广雅、仿雅类

广续《尔雅》的《小尔雅》《广雅》，仿拟《尔雅》的《方言》《释名》，明代的郎奎金将它们与《尔雅》一同纳入《五雅》之中，是为广义的《尔雅》学。本知见目录中，此类论著共有54项，占全部雅学论著的29.8%，分量不轻。在通考方面，有林师明波的《清代雅学考》第二至第五篇，共收录广雅、仿雅类论著89部，叙录綦详，林师景伊的《训诂学概要·训诂学的根柢书籍》分别介绍《五雅》的作者、内容、条例、重要著述，都为研究者提供不少重要的基本资料。在《小尔雅》方面，许老居的

《小尔雅考释》分七章，对此书的各种重要议题详加考证，面面俱到，但仅此一篇，绝无嗣响。在《方言》方面，丁介民的《方言考》从版本、论著两方面叙论历代《方言》的著作。李周龙《扬雄学案》的《子云之著述》一章赓续增补，益臻完备，其《论〈方言〉中所见的小学成就》一节亦颇能抉发《方言》的条例与价值。丁惟汾的《方言译》旁征博引，音义互证，又以方言、俚语作为佐证，为治学者别辟新途。全广镇的《〈方言〉的体例及其在汉语语言史上的地位》，除探讨《方言》的内容、体例及价值外，也论及其时代背景及其与《尔雅》的关系。李昭莹的《扬雄〈方言〉同源词研究——以秦晋方言和楚方言为例》，以最具代表性的秦晋方言和楚方言为例，探讨《方言》同源词的音韵对应现象，并讨论此二种方言同源词的特色及异同。陈素贞、高秋凤的《〈说文〉所见之方言研探》，深入探讨《说文》引用方言之标准、目的、价值，及其与扬雄《方言》之关系，而不似一般论文仅止于收录成注释。鲍国顺的《戴震研究》评介戴震的《尔雅文字考》《转语》《方言疏证》《续方言》《书小尔雅后》，以论《方言疏证》最详。其实，除戴震外，晋郭璞的《方言注》、清钱绎的《方言笺疏》，杭世骏的《续方言》，现代章太炎先生的《新方言》也都值得研究，可惜台湾学界未尝留意于此。在《释名》方面，胡楚生的《释名考》开台湾研究风气之先，全书八章，对《释名》的内容、价值、目录、版本、校勘、辑佚等重点均无遗漏，尤其第八章《释名音训类例》十分缜密，更是重心所在。方俊吉的《释名考释》《音训与刘熙〈释名〉》，分别从通论、音训及内容的考释进行研究，相当全面。利瓦伊棻的《释名研究》探究《释名》的条例、声训、复词、文法，较偏重语言学的研究。徐芳敏的《释名研究》以系联法窥测《释名》声训之可信度，并追溯其历史渊源，研究上亦有其特色。庄美琪的《释名研究》也是通论性质，面面俱到。邱永琪的《毕沅生平及其小学研究》第八章考证毕沅的《释名疏证》《释名补遗》《续释名》，旁及王先谦之补作。谢云飞的《〈释名〉音训疏证》，将《释名》27篇每一个音训字注明上古声纽、韵部，列成表格，颇便检索。姚荣松的《释名声训探微》，探讨《释名》声训的义例，分析其语音，探讨其语意，以窥其精微。美国学者包拟古撰，竺家宁译的《释名复声母研究》，专门探讨复声母在《释名》中存在的形式。当时译者正以《古汉语复声母研究》为题，撰写博士学位论文，如今已卓然成家了。何宗周的《〈释名·释天〉绎》，查明《释名·释天》各名的性质及其含义，说明被训词与声训词的古声韵关系。黄立楷的《〈释名〉语言文化研究》，以语言文化学的观点重新建构出刘熙《释名》所呈现的人文世界，包含：自然天地、生命与人际互动、民生基本需求、器物与教化四大部分，逐一阐明其文化意涵。江敏华的《〈说文〉〈释名〉中所反映的汉代方言现象》，从《说文》及《释名》所引用的方言材料中寻绎出汉语的同源词，考察古代音韵变迁与方音分化的情形。李振兴的《释名研究述略》，将古今《释名》研究论著打散，重新组合成六大项，参考取阅，十分方便。在《广雅》部分，共有14项，占广雅、仿雅类的25.92%，与《释名》数量相近，其中与王念孙《广雅疏证》有关者占12项，足见王书之重要。梁春华的《广雅考》、金朱庆的《广雅研究》同属通论性质。梁书通论作者、版本、内容价值、训诂条例、著述；金书通论成书、版本、研究文献、内容（词汇、人文、自然环境、生物），并归纳其训诂、语言、文化等价值，二书重点不尽相同。张文彬的《高邮王氏父子学记》，著录王氏父子雅学著述5种，以《广雅疏证》最为详尽，并考订其书经始于乾隆五十二年，截稿于六十年（1787—1795），历时8年。钟哲宇《论〈广雅疏证〉资料取证之校勘方法》，探讨王氏以“诸书无训”为校勘之立论基础，其校勘方法则侧重取证于《方言》《说文》《玉篇》《广韵》《集韵》等书。方俊吉的《〈广雅疏证〉释例》为台湾第一本《尔雅》学硕士学位论文，内容包括：王氏明《广雅》之体例、王氏自明《疏证》之体系、王氏《疏证》之体例、王氏《疏证》用语例、其他例，纲举目张、剖析入微。崔南圭的《由王氏〈疏证〉研究〈广雅〉联绵词》，先为《广雅》作联绵词谱，再由《广雅疏证》看王念孙对联绵词的看法及其声训理论的检讨。是本目录中唯一的联绵词专著，比庄雅州的《〈尔雅〉联绵字浅探》详细许多。赵中方的《〈广雅疏证〉与汉语词族研究》、徐兴海的《从〈广雅疏证〉看王念孙的词群研究》篇名虽有词族（齐佩瑢说）、词群（周法高说）的不同，其实都是在推崇《广雅疏证》对同源词研究的贡献。赵文强调王氏明义类、明模拟、明语源的方法，徐文则强调王氏由声音通训诂，由声训进行同源词的研究。张显成的《〈广雅疏证同源词研究〉评介》、翁蕙芳的《〈广雅疏证同源词研究〉述评》都是在评介胡继明的《广雅疏证同源词研究》一书，角度各有不同。其实，清代学者除了王念孙外，段玉裁的《说文解字注》、邵晋涵的《尔雅正义》、郝懿行的《尔雅义疏》、钱绎的《方言笺疏》、王先谦的《释名疏证补》对同源词的研究也都各有贡献，台湾只有林永强写过《邵晋涵〈尔雅正义〉同族词研究》，其余《尔雅》学的同源词研究都尚无专书。张意霞的《王念孙〈广雅疏证〉训诂术语研究》、李福言的《〈广雅疏证〉音义关系术语略考》，都是研究《广雅疏证》训诂术语的博士学位论文。张文侧重寻求各训诂术语的使用条件与含义、异同与关联；李文则将焦点集中于声训的“一声之转”“之言”“声近义同”“犹”四个术语，进行计量与考据研究，不仅可以看出二文的异同，也可略窥海峡两岸相辅相成的关系。陈师伯元的《王念孙〈广雅释诂疏证〉训诂术语“一声之转”索解》，专取《广雅疏证》之《释诂》四卷中106条“一声之转”立论，发现大多数均为双声相转，然亦偶有叠韵相转者，有助于研读古书。宋代仿雅之书以陆佃《埤雅》、罗愿的《尔雅翼》两部博物类的专书最有名，但在台湾只有庄斐乔发表过《〈埤雅·释天〉析论》《〈埤雅〉〈尔雅翼〉异同论》《〈尔雅翼〉引语言文字学书考》，庄雅州发表过《罗愿及其〈尔雅翼〉》《罗愿〈尔雅翼〉平议》。大陆则有王敏红（浙江大学出版社2008年版）、石云孙（黄山书社2013年版）的点校本，发表过的论文至少数十篇，还有继续探讨的空间。清代仿雅之作，台湾较专精研究的有两位学者，一位是方丽娜，写过《方以智〈通雅〉謰语述评——兼谈联绵词典的编集》《吴玉搢〈别雅〉研究——兼谈通假字与假借字、古今字的相互关系》《史梦兰〈迭雅〉述评——兼谈重迭式构词法的特色》《洪亮吉〈比雅〉述评——兼谈模拟释义的原则及其语义之间的关系》，除了述评这些仿雅之书外，也连带探讨了通假字、联绵词、叠字、模拟释义等相关议题，其中的《叠雅》，萧惠兰也曾发表过《叠雅论绎》。另一位是刘雅芬，专攻朱骏声《说雅》，曾写过《朱骏声〈说雅·释诂〉近义词分合观初探》，并以语义场理论分析《说雅》中的言语类动词、知道类动词、新增近义词的“扰乱义”“使从义”，辑成《承继与开创——朱骏声〈说雅〉词义研究》，即将由台湾洪叶文化公司印行，她的研究焦点相当集中，成绩颇有可观，但就语义场研究而言，还有继续拓展的空间。廖逸廷《方以智〈通雅〉同族词研究》专攻《通雅》的同族词，也有很好的成绩。窦秀艳《中国雅学史》及王其和《清代雅学史》介绍的唐、宋、元、明、清仿雅著作不下数十种，在海峡两岸多是未经开发的处女地，有志之士不妨留意采撷。

三、特色与局限

（一）特色

1. 多元发展

《尔雅》久列经部，又为群雅之首、语言文字学之鼻祖，二千余年来，钻研弗替，著述不啻汗牛充栋，学者亦更仆难数，方面自然十分宽广。台湾七十年来编撰与刊行的《尔雅》学研究论著也是呈现百花齐放的景象。本文之知见目录参酌林庆彰的《经学研究论著目录》、胡锦贤的《二十世纪中国尔雅学研究》，依研究重点，将181项论著，重新归为9类，发现除少数项目，如札记、评点杂考、《新尔雅》之外，几乎应有尽有。各类的分布是：

通论类	8项
文献学类	23项
语言文字学类	14项
释例类	7项
单篇研究类	15项
专题研究类	9项

经学史类　　33 项

比较研究类　　18 项

广雅、仿雅类　　54 项

虽然数量多少不一，但确实显示研究方向是多元发展的。

2. 素质整齐

本文之知见目录之研究者 112 位，年龄不同，背景非一，有初啼之雏莺，有学坛之耆老，随着岁月的转移，老辈逐渐谢幕，中生代不断崛起，昔日之新枝，也渐成粗壮之老干，薪尽火传，生生不息。各家的生长环境、学术背景各不相同，但总以大学院校教师、研究生、研究院研究人员为主体。他们多曾接受过严格的学术训练，具有丰富的研究经验，故论著虽然分量悬殊，少者不足千字，多者不下数十万言，但各有所得，不乏见解独到的佳构，绝少空洞无物之陈言。长篇者如谢一民的《〈尔雅〉逐字解诂》，采取传统的训诂方式，逐字解释释诂的训词与诂词，而融会众说，时采甲骨文、金文，浩博无匹。中篇如陈鸿森的《〈尔雅汉注〉补正》《梁沈旋〈尔雅集注〉考证》《郝氏〈尔雅义疏〉商兑》，对六朝以前古注及清代名著，或补其疏漏，或订其讹误，或正其迂曲，或批其比附，或举其掩袭，或纠其嗜异，都是读书有得，针针见血。短篇者，如于景让的《〈尔雅·释草〉的须薞芜与须葑葰》《鰋鲇鲤鲩——〈尔雅·释鱼〉注一》，以生物学的专业，考证《尔雅》的名物，虽寥寥数页，而折衷异说，有定于一是的气概。若斯之比，俯拾皆是，不赘。

3. 求新求变

现当代的学者，论古籍之熟悉、治学之专注，皆不易企及古人，所以能推陈出新，不让古人专美于前者，端在新材料的出现、新方法的运用、新工具的发明而已。在新材料方面，近百年来，甲骨文、敦煌文书、简帛及各种地下文物陆续出土，掀起了一阵阵研究的高潮。如谢一民的《〈尔雅〉逐字解诂》解释字词时，采撷了不少甲骨文、金文，庄雅州、黄静吟的《尔雅今注今译》，除了在词语训诂时同样吸收了许多古文字的研究成果外，在名物训诂时也借鉴了不少科学新知及地下文物，诸如周原的建筑报告、各地出土的乐器资料。在新方法方面，除了参考地下文献采用二重证据法外，如研究《释亲》，芮逸夫采取民族学研究法，赵林采取结构分析法；研究词汇，郭鹏飞使用义素分析法，刘雅芬使用语义场理论；研究《尔雅》全书的文化体系，卢国屏及其弟子更运用了语言文化学，这都使得研究成果有多彩多姿的展现。在新工具方面，计算机的发明，使得研究资料的搜集、整理，论文的撰写、缮打、修改，既快速又精准，其造福学术研究，已是众人皆知的事，《尔雅》的研究当然也不例外，此无烦缕述。

4. 科际整合

《尔雅》19篇原本用以解释古书中的语言、社会、自然环境、动植物等方面的词语，却不啻是一本文化的百科全书，在人类进入地球村、知识爆炸的现当代，更适合以科际整合的方式去进行研究。本文之知见目录虽然每一项论著都依据重点加以归类，其内容往往横跨几个领域。例如高师仲华的《〈尔雅〉之作者及其撰作之时代》、胡锦贤的《论〈尔雅〉产生的时代背景》都属通论类，而涉及年代学；林永强的《邵晋涵〈尔雅正义〉同族词研究》、李昭莹的《扬雄〈方言〉同源词研究——以秦晋方言和楚方言为例》、赵中方的《〈广雅疏证〉与汉语词族研究》，研究对象各有不同，而整合了训诂与词源学；孔维宁的《〈尔雅〉古注辑考》虽属文献学的辑佚类，却旁通校勘、训诂、通论、经学史；芮逸夫的《〈尔雅·释亲〉补正》《九族制与〈尔雅·释亲〉》、王盈芳的《〈尔雅·释亲〉亲属关系之文化诠释》，虽仅探讨《释亲》一篇，却旁涉训诂、社会文化；庄雅州的《〈尔雅·释天〉天文史料析论》，庄斐乔的《〈埤雅·释天〉析论》、王富祥的《〈尔雅〉草名今释》、施孝适的《〈尔雅〉虫鱼名今释》，虽亦为单篇研究，而攸关训诂与科技文化。诸如此类，都是整合不同的领域进行研究，视野显得更开阔，内容显得更充实。

（二）局限

1. 风气犹未大开

唐代经书以字数多少分大、中、小，《尔雅》因只有一万多字，故列为小经。一千多年后的今日，无论从论著的多少，研究者、读者的众寡，《尔雅》仍然只能列为小经。上文“量的分析”提到，1912—2002年，海峡两岸的《尔雅》学论著只有506项，占全部经学论著的2.14%，台湾的则只有57项，占《尔雅》学的11.13%，占全部经学的0.24%。当然，这是十几年前的统计，本文之知见目录虽然竭力网罗，增至181项，但为数终属有限，平均每年只有2.48项。在书坊中，《尔雅》的专书寥寥无几；在期刊上、研讨会上，《尔雅》的论文也难得一见。大学院校的课程表上，很少看到《尔雅》像《周易》《尚书》《诗经》《礼记》《左传》《四书》那样列为专书，被学子争相选修。要改变这种劣势，就得依赖数十位研究者在教学、研究尽量发挥以一当十的影响力，号召更多的学者加入研究的行列，更多的读者乐于研读《尔雅》学的论著，则有朝一日，《尔雅》学继清代之后，又出现另一个高峰，也不是不可能的事。

2. 重点有所疏漏

上文曾提及多元发展是台湾《尔雅》学研究论著的特色之一，但这只是就整体而言，若仔细检验，仍有许多不够缜密之处。首先，在论著的类别方面，有些大陆有、台湾无的，如札记、评点杂考、《新尔雅》，此或为旧时的方式，或为特殊的著述，犹有可言，然如资料汇编、工具书之付诸阙如，通论类连一本由台湾学者执笔的都难得一见，则值得检讨。在专书方面，五雅之一的《小尔雅》只有许老居的《〈小尔雅〉考释》，其后即绝无嗣响，唐陆德明的《尔雅音义》是重要的史料，唐宋元明清的仿雅著作不下数十种，但台湾的相关研究屈指可数，都有待改进。在学者方面，晋郭璞承先启后，最为重要，但并未受到充分的重视，其他如宋郑樵，清戴震、翟灏、钱坫、王树枏、张宗泰、阮元、严元照、俞樾等更不待言。在时代方面，尚无通史，只有林师明波、卢国屏写过《清代雅学考》，其他各朝代都没有断代的研究史，对于现当代的介绍更是寥若晨星。当然，这绝无苛责台湾学者之意，因为《尔雅》学的范围实在太广，议题实在太多，就连人力充沛的大陆都未能面面俱到，只是希望随着研究人口的增加、时间的延长，将来会有更多的重点得到补苴的机会。

3. 方法有待突破

《尔雅》为训诂学的经典，在古代，以比较互证的方法广搜证据，编撰成书，同时也用以解释群籍。到了汉代许慎的《说文解字》分析字形，以求本义，这种以形索义的方法，一直为学者广泛运用，尤其清代，更以《尔雅》《说文》互相参照，成就非凡。清代学者根据汉代的声训、宋代的右文说，发展出因声求义的方法，更是取得非常辉煌的成绩。由于《尔雅》多名物之学，所以古代尤其是清代学者也采取根据目验、绘制图影的方法。20世纪，地下文物赓续出土，王国维的二重证据法也就成为研究古书的利器。随着西方学术的东传，很多新的方法纷纷出笼，如使用定量分析以进行统计；运用结构分析法、义素分析法、语义场理论以研究词汇；采取文化学，以研究《尔雅》的语言文化、社会文化、科技文化。以上这些林林总总的方法，让现当代的《尔雅》学研究都获得不少优异的成果，当然可以继续加强使用。但是随着时代的日新月异、学术的突飞猛进，有许多新进的方法，如心理分析法、形式化方法、观境法、语言通感、模糊理论等，是否可以适用于《尔雅》研究，以期推陈出新，有所突破，当然是可以留意的。

4. 团队亟需强化

正如语言文字学的研究，台湾的《尔雅》学研究大多是学者单打独斗，像杨薇与弟子李斐、柯亚莉合撰《浅论〈尔雅〉郭璞注的文献价值》《〈四库全书·小学类·尔雅类〉三题》、陈素贞与高秋凤合撰《〈说文〉所见方言研探》，以及两本今注今译的编撰，为数极少。此外，如36篇硕博士学位论文的指导与撰写、图书目录的编辑、研究计划的执行、学术研讨会的筹办，当然也需要两人以上脑力激荡、通力合作，才能完成。其实，这样的团队精神，在学术工程日益庞大复杂的今日，更有加强的必要，如果能建立各种各样的工作团队，则《〈尔雅〉学辞典》《〈尔雅〉词汇集解》《〈尔雅〉名物辞典》《小尔雅诂林》《方言诂林》《释名诂林》《〈尔雅〉著述引书引得》《历代〈尔雅〉著作索引》《〈尔雅〉学史》《〈尔雅〉学书今注今译》的编撰，乃至《尔雅》学研究体系的建构等，都可望逐渐推展，以底于成，届时，《尔雅》学研究的成绩一定格外辉煌。

肆、结语

七十年来，台湾地区编撰与刊行的《尔雅》学研究论著，经过百余位海峡两岸暨香港及其他地区学者的辛苦耕耘，共发表了 181 项论著。本论文将这些成果分成九类，编成知见目录，并进行量的分析及质的检视。发现它们具有多元发展、素质整齐、求新求变、科际整合等特色，但亦有风气犹未大开、重点有所疏漏、方法有待突破、团队亟需强化等局限，亟待解决。回首前尘，对许多同道的孜孜努力，不能不由衷敬佩；展望未来，对前程充满的挑战与困难，又不能不深感任重道远。希望有更多有志之士加入《尔雅》学研究的行列，共同奋斗，相信未来的发展还是十分乐观且可寄予高度的期望。

台湾研究生学术视域中的周凤五先生

杨晋龙*

一、前言

传统中国学术源远流长，学术的研究与发展，大致在一个自给自足的系统范围内运行，即使与外来文化相遇，依然能凭借着包容万象的独立运作系统予以消化吸收。然而在 19 世纪 40 年代第一次鸦片战争之后，面对欧美帝国主义的侵略，一连串军事失利的事实，让许多人逐渐觉醒，传统独立自主的学术运作系统，已然无法因应挟带坚船利炮的帝国主义的挑战，因而开始注意引进欧美的现代学术研究，以便改变不利的局势。1894 年中日甲午战争的失利，让更多人认清传统中国学术不足的问题，以及引进欧美现代学术的必要性。在 20 世纪初的“五四运动”之后，引进学习欧美学术的主张，终于引发全国性的瞩目，此一主张于是逐渐扩散，终至得到众人的接受，而逐渐改变传统中国学术的研究方式，形成一种有别于传统研究的新学术。但台湾早在 1895 年因为战争失败而被日本帝国主义侵占，因而“五四新文化运动”带来的学术变化，对当时台湾地区的学术研究，并未带来实质性的影响。①

---

* 杨晋龙，台湾“中研院”中国文哲研究所研究员。

① 本文“学术研究”讨论的范围，限制在中文学界，故此专就“中文学术研究”立论，不涉及其他科系。有关“新文学”对“文学”创作方面的影响，也不在此论题之列。关于台湾新文学创作与“五四新文化运动”的关联性，尤其是张我军的实质性影响，相关研究成果甚多。这方面的讨论可参阅秦贤次：《台湾新文学运动的奠基者：张我军》，《台北县作家作品集（4）·评论集》，（新北）台北县立文化中心 1993 年版，第 32—57 页。

真正影响台湾中文学界现代学术研究者，要归功于由大陆迁移到台湾的学者，这批学者或是“五四新文化运动”的参与者，或是“五四新文化运动”的接受者，例如：胡适、傅斯年、台静农先生、屈万里、高明老师、林尹、孔德成老师等等，于是原本与台湾学术关联不深的“五四新文化运动”，就在此种历史的曲折转移下，竟然与台湾中文学术研究接轨而连成一体，甚至延续了“五四新文化运动”的精神，开启了台湾现代学术研究的发展之路。这批来自大陆的学者们，怀抱着文化传承与作育英才的热诚，在台湾的许多大学用心耕耘，造就许多学术研究人才，使得台湾的中文现代学术研究，终于有机会与世界接轨，并逐渐形成有别于大陆与香港的独立研究框架，取得不同的研究成就。这批学者，正是台湾学术现代化的开创者、推动者与维护者，他们同时也是台湾中文学界现代学术研究的第一代学者。①

每个时代有成就的学者，在学术研究上，必然都有其各自的学术特色与贡献，学术研究的正常发展，自是这类有成就学者代代相传累积的结果。学术研究真正的进步，必然是新时代有成就的学者，在继承前代学者成就的前提下，不断发明并提供不同的答案。是以若想了解某个时代的学术实情，当然就需要了解该时代有成就且具代表性学者的学术观点。若就了解台湾地区学术研究的内涵与发展，或者说探讨台湾现代学术研究史的需要而论，那么了解从大陆迁移到台湾的第一代学者及其指导培养的弟子们，以及更后的门生弟子的学术表现与学术贡献，应是学术史的题中应有之义。当然，想要了解台湾学者的学术成就与贡献，需要深入地探讨分析，方能有效地判定，此种工作自非一二篇小论文可以完成。因此在全面性探讨的专书出现之前，选择个案进行研究，提供准确有效的资讯与答案，将有助

① 台湾中文学界第一代和第二代学者相关问题较详细的讨论，请参阅龚鹏程：《学会运作概况》，载龚鹏程主编：《五十年来的中国文学研究（1950—2000）》，（台北）台湾学生书局2001年版，第363页；杨晋龙：《张以仁先生与台湾传统学术研究：以学位论文为对象的考征》，《中国文哲研究通讯》第25卷第4期，2015年12月，第137—158页；车行健：《指南山下经师业，渡船头边百年功：台湾政治大学在台复校初始阶段（1954—1982）的经学教育》，《中国文哲研究通讯》第27卷第2期，2017年6月。

于了解台湾学术发展的整体概貌。这是一项深具学术意义的工作。基于上述认知，笔者曾专文探讨，如屈万里先生与台湾《诗经》学发展的关系①，先师王叔岷教授对台湾学术的影响与贡献②，先师张以仁教授和台湾学术研究的关系及其贡献，或有助于读者对台湾学术发展的了解。本文延续前几篇论文的思路，探讨英年早逝的著名学者先师周凤五教授与台湾学术研究的关系，用以提供相关研究者参考。

周凤五先生号朋斋，祖籍四川犍为，1947年2月生于台湾高雄，2015年11月19日辞世，享年69岁。台湾大学中文研究所博士，文学博士，台湾大学中文系教授。生前曾获“台科会”杰出研究奖、台湾大学杰出研究奖、胡适纪念讲座等学术荣誉，并曾任台湾中正大学与台湾暨大两校中文所的创所所长，台湾大学特聘教授、杰出人才讲座教授，台湾东吴大学端木恺讲座等荣誉教职。周先生除了在学术上受教于戴君仁先生、台静农先生、屈万里先生、金祥恒先生及孔德成老师等之外；同时也接受齐白石高足朱俊佛先生和张大千门人匡仲英先生、陶寿伯先生以及陈福荫先生、庄尚严先生、孔德成老师、台静农先生、蒋谷孙先生等在绘画、书法及文物鉴赏上的教导，并曾亲炙张大千先生。周先生从事学术研究四十余年，治学的领域，兼及古文字学、经学、古典文献学、语言文字学、敦煌学、简帛学、古典文学及现代文学等领域。在传统中国学术研究方面的治学重点，主要经由释读古文字，扩及考察出土文献之物质现象与形式类别，进而探讨儒家经传之渊源与先秦诸子之流衍，分析楚简的字体演变、用笔技巧与美学意涵，逐步建构古文字学、古文献学、先秦学术史与先秦书法史的理论体系。开设的专业课程有：篆隶习作、殷周金文研究、先秦书法史、训诂学、出土文献与《尚书》研究、书法及习作、性情论研究、战国文字研究、简帛五行研究、楚辞、文字学、上博楚竹书研究等。治学研究的重心，

① 杨晋龙：《开辟引导与典律：论屈万里与台湾〈诗经〉学研究环境的生成》，台湾图书馆、台湾“中研院”历史语言研究所、台湾大学中国文学系等主编：《屈万里先生百岁诞辰国际学术研讨会论文集》，[（台北）台湾大学中文系，2006年12月]，第109—150页。

② 杨晋龙：《引导与典范：王叔岷先生论著在台湾学位论文的引述及意义探论》，《中国文哲研究通讯》第24卷第3期，2014年9月，第117—143页。

大致以1992年为界，区分为前后两大阶段：前一阶段以传统经、史、子、集四部为主，旁及出土文献与现代文学。后一阶段专注出土古文字与古文献的研究，内容有三：（一）古代汉语研究，包括传统文字、声韵、训诂之学，以及语法学、词汇学等相关内容。（二）古典文献学研究，包括文献类别、体式、目录、版本、校勘、辨伪、辑佚等。（三）学术思想史研究，包括早期儒家文本解读与战国秦汉儒道的相互渗透等内容。①

本文研究的主要范围，乃是分析探讨周先生对台湾学术影响贡献的实际情况。所谓“学术影响贡献”，专指研究成果的征引应用，② 暂不包括：硕博士的指导研究、大学课程的教学以及学术专题论文的具体创见等。是以本文主要依据2016学年度之前，台湾各大学的研究生在学位论文中征引周凤五先生研究成果的具体数据，③ 以便了解周先生在逝世前对台湾学术界尤其是青年学子中的影响与贡献。

本文的数据来源，是“台湾图书馆台湾博硕士学位论文知识加值系统”④、“师范校院联合博硕士学位论文系统”⑤、“台湾联合大学系统博硕士学位论文系统”⑥、“华艺在线图书馆”⑦ 等，以这四个网络数据库收录的学位论文为主，以各大学图书馆独立的论文搜寻网站为辅。首先将透过搜寻前述四个网络数据库收录的台湾各大学研究生学位论文，了解征引周先生学术论著的实际状况。

---

① 此段陈述之内容，系参考并征引 http：//www. cl. ntu. edu. tw/people/bio. php？ PID=9 “台湾大学中文系” 网站而成（2017年12月2日再搜寻），不敢掠美，谨此表明。同时本文以下涉及周老师的生平、研究、学术专长、开授课程等部分的讨论与说明，均以此网站之信息为基准。再者此网页《著作目录》中各篇论文与专著的标题，当是经周老师同意的正式标题，故各篇论文的标题，亦以此网站之名称为准。谨此说明并致谢。

② 学者的学术论著，被当作上课的教本或主要参考书，自也应归入研究成果的应用中，但这部分内容难以估量，是以无法纳入讨论。

③ 由于各校研究生论文上传的时间并不一致，本文选取搜寻的学位论文，系以2016年10月31日以前上传之论文为准。

④ 网址：http：//ndltd. ncl. edu. tw/cgi-bin/gs32/gsweb. cgi/login？ o=dwebmge。

⑤ 网址：http：//140. 122. 127. 247/cgi-bin/gs/gsweb. cgi？ o=d1。

⑥ 网址：http：//etd. lib. nctu. edu. tw/cgi-bin/gs32/gsweb. cgi/login？ o=dwebmge&cache=1478146968815。

⑦ 网址：http：//www. airitilibrary. com/Search/alThesisbrowse?FirstID=U0001&type=Dissertations&changeColor=CU0001。

论文设定的研究对象是台湾全体研究生，也包括周先生指导的研究生。所征引统计的对象，是周先生本人的研究论著，合写或者编著，因其中包含有周先生的创见在内，故也列入讨论。至于主编、新译这一类书籍，则不再列入。[①] 以上即是主要探讨的文献对象。接着就针对研究生征引的论著进行统整，以了解周先生辞世前的时段，有哪些学校哪些科系的研究生，征引周先生的哪些学术论著；然后再分析征引所表达的学术意义与价值；最后总结本文研究的结果、收获与价值。

二、征引周著的学校科系考实

台湾各大学研究生的学位论文征引周先生论著，最早出现在 1997 年度，总共有 2 篇：一是台湾中正大学中国文学研究所张晓芬的硕士学位论文《牟庭诗切研究》，征引的是周先生发表于 1985 年 3 月的《读牟默人同文尚书》。一是台湾辅仁大学图书信息学系吴介宇的硕士学位论文《中文字书探析》，征引周先生发表于 1987 年 6 月的《为现代汉语辞典催生》。此后即有研究生不断征引周先生论著。截至 2016 学年度，在这 19 个学年中，总共有 352 篇学位论文征引周先生的论著，其中博士学位论文 62 篇、硕士学位论文 290 篇，征引的研究生来自 40 所大学的 77 个系所，实际状况如下表：

---

① 主编类如：《古文字学论文集》［（台北）编译馆 1999 年版］或《先秦文本及思想之形成、发展与转化》［（台北）台湾大学出版中心 2013 年版］等之类。新译类，如台湾三民书局出版的《新译公羊传》《新译孔子家语》《新译扬子云集》《新译申鉴读本》《新译姜斋文集》《新译冲虚至德真经》《新译说苑读本》《新译论衡读本》等之类。

征引周先生论著的大学、系所及论文篇数总表

大学	系所	篇数	大学	系所	篇数
高雄师范大学（59）	中国文学系	57	台湾暨大（6）	中国语文学系	5
	台湾历史文化及语言研究所	1		比较教育研究所	1
	工业设计学系	1	台湾清华大学（6）	中国文学系	2
台湾师范大学（51）	中国文学系	45		历史研究所	2
	历史学系	2		台湾文学研究所	2
	教育研究所	2	淡江大学（6）	中国文学系	5
	美术研究所	1		历史学系	1
	“三民主义研究所”	1	台中教育大学（4）	语文教育学系	3
台湾大学（35）	中国文学研究所	26		数学教育学系	1
	历史学研究所	7	台湾东华大学（4）	中国语文学系	4
	“台湾发展研究所”	1	台湾“中大”（4）	中国文学系	4
	经济学研究所	1	静宜大学（3）	中国文学系	3
台湾中兴大学（21）	中国文学系	18	台湾辅仁大学（3）	中国文学系	2
	历史学系	3		图书资讯学系	1
台湾中山大学（14）	中国文学系	14	台东大学（3）	儿童文学研究所	2
彰化师范大学（13）	中国文学系	12		美术产业学系	1
	台湾文学研究所	1	新竹教育大学（3）	美劳教育学系	2
台湾艺术大学（12）	书画艺术学系	7		中国语文学系	1
	造形艺术研究所	5	铭传大学（2）	应用中国文学系	2
台北市立大学（12）	中国语文学系	10	台北教育大学（2）	数理教育研究所	1
	教育学系	1		民众教育研究所	1
	社会学系	1	台北大学（2）	中国文学系	1
玄奘大学（12）	中国语文学系	11		古典文献与民俗艺术研究所	1
	应用外语学系	1	嘉义大学（2）	中国文学系	2
台湾政治大学（11）	中国文学研究所	11	屏东教育大学（2）	中国语文学系	1
台湾南华大学（10）	文学研究所	8		视觉艺术学系	1
	建筑与景观学系	1	台湾东海大学（2）	中国文学系	1
	美学与艺术管理研究所	1		宗教研究所	1

续表

大学	系所	篇数	大学	系所	篇数
台湾中国文化大学（9）	中国文学研究所	5	明道大学（2）	“国学研究所”	2
	史学研究所	2	佛光大学（2）	艺术学研究所	2
	哲学系	1	元智大学（2）	中国语文学系	1
	日本语文学系	1		资讯传播学系	1
台南大学（7）	中国语文学系	7	台湾东吴大学	中国文学系	1
逢甲大学（7）	中国文学系	7	台北艺术大学	艺术行政与管理研究所	1
台湾成功大学（7）	中国文学系	5	台北科技大学	应用英文研究所	1
	历史学系	3	朝阳科技大学	设计研究所	1
	台湾文学研究所	1	树德科技大学	经营管理研究所	1
台湾中正大学（7）	中国文学系	4			
	历史研究所	2			
	台湾文学所	1			

注：表中括号内之数字，系该大学研究生的学位论文征引周老师论著的总篇数。一些改名的大学和系所，本文一律以现在的校名及系所名称为准，例如：台北市立大学。再者新竹教育大学与台湾清华大学2016年11月1日起方才合并，合并时间在本文设定的时间之外，是以依然分别计算。

据上表，征引周先生论著的研究生学位论文共352篇，征引少者为1篇，多者却有五十余篇。如高雄师范大学59篇、台湾师范大学51篇。以平均数而论，这19年内，至少有2—3篇论文征引了周先生的论著。这些研究生所属的大学，既有综合性大学，也有艺术类大学、科技类大学。

从统计数据看，排名前十的学校，台湾大学有35篇征引，台湾中兴大学21篇，台湾中山大学14篇，彰化师范大学13篇，台湾艺术大学、台北市立大学、玄奘大学等三校均有12篇，台湾政治大学11篇，以综合性大学与师范类大学居多，但像台湾艺术大学这类专业大学，其征引数竟也能居于前七名，可算是较为特殊的现象。其次，分据台北、台中、台南的三所师范大学，征引数共达123篇，占全部征引数的35%，超过三分之一的比例。周先生并未任教过这三所师范大学，但征引数竟然如此之高，可见周先生对这三校的中文专业的研究生，有较为重要的学术影响力。

征引的研究生，其科系大致可分为15类：（1）中国文学类[①]：288篇。（2）历史学类[②]：21篇。（3）艺术学类[③]：19篇。（4）教育学类[④]：5篇。（5）外国语文类[⑤]：3篇。（6）管理学类[⑥]：3篇。（7）哲学类[⑦]：2篇。（8）政治学类[⑧]：2篇。（9）设计学类[⑨]：2篇。（10）数学类[⑩]：2篇。（11）建筑学类：1篇。（12）经济学类：1篇。（13）社会学类：1篇。（14）图书馆学类：1篇。（15）传播学类：1篇。这15类研究领域，虽然征引的数量多寡不一，但也表示周先生学术影响的范围之广。中文学类的征引数占81.82%，属本门专业领域，自是多数。艺术学类征引数达19篇，则颇显特殊。至于管理学类、政治学类、设计学类、数学类、建筑学类、经济学类、社会学类、传播学类等，竟然也征引周先生之说，可见周先生的学术影响，已超越本门科系，达到更广泛的领域。

据上表352篇征引论文，若依据较为单纯方式的归纳，[⑪] 大致可分为下

① 包括：中国文学系、中国语文学系、语文教育学系、应用中国文学系、中国文学研究所、文学研究所、"国学研究所"、台湾文学研究所、儿童文学研究所、古典文献与民俗艺术研究所等。

② 包括：历史学系、历史学研究所、史学研究所、台湾历史文化及语言研究所等。

③ 包括：书画艺术学系、美术产业学系、美劳教育学系、视觉艺术学系、美术研究所、造形艺术研究所、艺术学研究所等。

④ 包括：教育学系、教育研究所、比较教育研究所、民众教育研究所等。

⑤ 包括：应用外语学系、日本语文学系、应用英文研究所等。

⑥ 包括：经营管理研究所、艺术行政与管理研究所、美学与艺术管理研究所等。

⑦ 包括：哲学系、宗教研究所等。

⑧ 包括："三民主义研究所""台湾发展研究所"等。

⑨ 包括：工业设计学系、设计研究所等。

⑩ 包括：数学教育学系、数理教育研究所等。

⑪ 所谓"单纯方式的归纳"指某些学位论文的内涵，可以分属两类以上的研究领域，但本文归纳统计之际，仅取其中较为显著的一种，不再分属他类。如陈丽红：《尹湾汉墓简牍文字及书法研究》[（高雄）高雄师范大学中国文学系博士学位论文，2003年]，既可归入"文字学类"，也可归入"书法艺术类"，但论文重点在"书法艺术"的讨论，因此归入"书法艺术类"。再如庄清嘉：《自适、载道与叹逝：欧阳修〈集古录跋尾〉之抒情性》[（台北）台湾大学中国文学研究所硕士学位论文，2016年]，既有"书法艺术类"的内容，也有"古典文学类"的内容，但内容较倾向"古典文学"的探讨，是以仅归入"古典文学类"。

述14类：（1）书法艺术类：58篇。[①]（2）教学教材类：52篇。[②]（3）简帛学类：41篇。[③]（4）现代文学类：37篇。[④]（5）思想研究类：35篇。[⑤]（6）

① 包括：江柏萱（博）、张学隆、黄程玮、陈慧玲（博）、萧顺杰、庄翔任、蔡翔宇（博）、阳宝颐、陈人豪、郑世宗、萧卓宇、黄素梅、江柏萱、余鹏鸿、任容清、施惟迪、杜振忠、林崇俊、施宏国、林寿泉、杜其东、陈克明、林容加、李佩铨、庄千慧（博）、赵茂男、李耀腾、林咏茜、卢毓骐、薛惠龄、袁启陶、刘佩贞、王浚涌、许秀娟、郑怡雯、赵太顺、洪嘉勇、黄一鸣、许榕、庄连棚、林俊臣、陈翠、郭芳忠、李泰玮、黄钰嵋、刘家华、余益兴、黄台芝、张淑喜、杨静如、陈丽红（博）、陈秀隽、杨旭堂、廖益贤、蔡舜宁、庄子茵、刘静敏（博）、洪然升等58位研究生的学位论文。

② 包括：吴惜华、洪已加、郑筱梅、陈雯萍、李宁均、薛珽懋、黄俊文（博）、林恩立、林靖惠、任允松（博）、柯宇龙、戴薇珍、柯雅玲、蔡家雯、庄丽娟、李匀秋、卢建润、翁淑鸾、陈雅苓、高嘉琪、蔡艳卿、郑美玲、薛美铃、蔡宜芸、张玉娇、李赞桐、邱盛煌、姚政男、王玉屏、赖玉枝、张翠珊、詹玉娟、方芷絜、陈锦慧、王一平、郑雅文、庄右升、吴淑娟、梁满修、周培芳、曾珍、黄丽玲、苏美珠、黄素贞、蔡宏政、黄淑瑮、侯美玉、张锦婷、曾晓雯、黄淑华、林伟琤、高昌平等52位研究生的学位论文。

③ 包括：颜世铉（博）、邱文才（博）、黄儒宣（博）、米敬萱、林锦荣、黄芮玟、李宛庭、黄静琚（博）、金宇祥、黄育翎、连明鸿、赵苑夙（博）、赵玉芬、李侑秦、谢雅惠、赵宇珩、詹吉翔、赖怡璇、张佩菁、李佳兴（博）、曾铭贤、简欣仪、林家瑜、郭欣怡、吴明吉、陈雅雯、高佑仁、许慜慧、邹浚智（博）、李姎頵、连德荣、林彦妙、张继凌、叶秀娥、周旻桦、方连全、苏建洲、邹浚智、陈霖庆、黄儒宣、赖怡璇（博）等41位研究生的学位论文。

④ 包括：傅怡祯（博）、郭怡吟、许佩瑜、钟宇翡、郭乃文、陈佳琳、廖玉铃、罗琇怡、陈雅婷、詹敏惠、林怡平、方巧雯、简秋兰、萧怡君、吴春娥、陈玉瑄、郭秀治、吴淑静、蔡桂月、杨美满、赖钰婷、宋孟津、林奕妗、洪婉真、杨鸿铭、疏淑贞、王怡菁、陈佩汝、李素贞、王洛夫、郭雅玲、黄世团、谢明芳、张晏蓉、戴景尼、林于弘（博）、蔡嘉惠等37位研究生的学位论文。

⑤ 包括：谢君赞（博）、詹筌亦、杨孟珠（博）、张家维、李本华、廖雅慧、游逸飞、伍真慧、吴郁音、李静玟、周安邦（博）、刘芝庆、黄静琚、陈幸永、罗雅纯（博）、郑雅文、何家仁、王玉洁、陈文和、王仁祥（博）、徐彩琪、谢佳惠、谢素菁、黄慧萍、张书豪、朱心怡（博）、戴美慧、萧凯文、范丽梅、陈奕瑄、吴勇冀、陈怡秀、郑保志（博）、李建民（博）、李松骏等35位研究生的学位论文。

文字学类：32 篇。[①]（7）古典文学类：22 篇。[②]（8）经学研究类：20 篇。[③]（9）历史文化类：17 篇。[④]（10）金石学类：13 篇。[⑤]（11）语法训诂类：12 篇。[⑥]（12）声韵学类：7 篇。[⑦]（13）甲骨学类：5 篇。[⑧]（14）文献学类：1 篇。[⑨] 在这 14 类中，征引超过 30 篇的有“书法艺术类”“教学教材类”“简帛学类”“现代文学类”“思想研究类”“文字学类”等。周先生的治学主要在古文字学、经学、古典文献学、语言文字学、敦煌学、简帛学及古典文学等方面，但根据征引数，周先生在“书法艺术类”和“现代文学类”的成就及影响，恐怕也不宜忽视。

由于学位论文必须经过指导教授的同意，方能考试通过而获得学位。据此，大致可以推测这 352 篇学位论文的指导教授，应该也同样接受周先生的学术成果。综合上表数据，除周先生外，另有 200 位指导教授。这 200 位

① 包括：林宏佳（博）、陈淑惠（博）、许雁绮、吕佩珊（博）、卓盈君、王瑜桢、陈怡婷、林宛臻、柯佩君（博）、李志庆、李绣玲（博）、林瑞能、陈嘉凌（博）、钟思榆、金俊秀、黄荣顺、马嘉贤、沈信宏、黄丽娟（博）、陈靖欣、赵苑夙、詹今慧、陈立（博）、郭碧娟、林宏佳、陈嘉凌、文炳淳、罗凡晸、李富琪、徐贵美、陈立、吴介宇等 32 位研究生的学位论文。

② 包括：庄欣华（博）、涂品卉、孙乃崴、胡慕云、陈儒茵（博）、陈伯政、林佳燕（博）、许俊贤、欧天发（博）、林家宏、陈雅惠、廖彩真、杨明璋（博）、林沛莹、王晴慧（博）、刘瑞晃、吴东晟、郭明珠、施筱云、江明玲、曾守正（博）、庄清嘉等 22 位研究生的学位论文。

③ 包括：陈高志（博）、郭怡君、陈姝伃、郑雯馨（博）、高荣鸿（博）、陈炫玮（博）、蔡莹莹、许舒絜（博）、刘逸文（博）、黄羽璇、陈一绫、刘昭敏、林玲华、郑玉姗、陈韦在、谢奇懿（博）、陈丽玉、濮传真、张晓芬、郑靖暄等 20 位研究生的学位论文。

④ 包括：黄圣松（博）、游逸飞（博）、江俊伟、詹今慧（博）、彭慧贤（博）、吴长青、洪德荣、刘永中、黄静怡、林信呈、洪丽卿、陈怡妃、高荣鸿、杨庸兰、林志鹏、赵容俊、刘燕俪（博）等 17 位研究生的学位论文。

⑤ 包括：廖佳瑜、蔡佩玲、陈苑玲、汪彤、黄庭颀（博）、谢博霖、庄惠茹（博）、邱敏文（博）、蔡馨仪、吕佩珊、林翠华、游国庆、刘彦彬等 13 位研究生的学位论文。

⑥ 包括：巫雪如（博）、申世利（博）、林映慈、简鸿文、陈锦雯、刘顺瀚、王贞英、许芝轩、陈明珠、杨素梅、蔡素华、谢夙霓等 12 位研究生的学位论文。

⑦ 包括：魏鸿钧（博）、吴轩毅、彭慧玉、许文献（博）、庄秀珠、曾昱夫、谢佩慈等 7 位研究生的学位论文。

⑧ 包括：吕映静、张宇卫（博）、陈儒茵、古育安、杨景木等 5 位研究生的学位论文。

⑨ 刘学伦：《张海鹏汇刊丛书的成就——〈学津讨原〉〈墨海金壶〉〈借月山房汇钞〉及其相关问题之研究》［（桃园）台湾“中大”中国文学研究所硕士学位论文，2004 年］。

教授，若根据科系区分，可归为以下学科：（1）中文相关系所 144 位。[①]（2）历史相关系所 19 位。[②]（3）艺术相关系所 14 位。[③]（4）教育相关系所 3 位。[④]（5）管理相关系所 3 位。[⑤]（6）外文相关系所 3 位。[⑥]（7）政治相关系所 3 位。[⑦]（8）哲学相关系所 2 位。[⑧]（9）设计相关系所 2 位。[⑨]（10）数学相关系所 2 位。[⑩]（11）其他系所 5 位。[⑪] 据研究生与其指导教授的接受，可以更加了解周先生学术成果，在台湾学术界的传播与影响。

---

① 包括：（1）季旭升指导 29 篇；（2）蔡崇名指导 22 篇；（3）林清源指导 12 篇；（4）郭芳忠指导 8 篇。（5）指导 7 篇者：林文钦、汪中文、邱德修。（6）指导 6 篇者：林素清老师、杜明德。（7）指导 5 篇者：耿志坚、许进雄、陈丽桂。（8）指导 4 篇者：刘文强、袁国华、陈章锡、陈钦忠、简宗梧先生。（9）指导 3 篇者：沈谦老师、沈宝春、林启屏、施隆民先生、柯金虎、徐富昌、许学仁、许锬辉先生、黄宗义、叶国良老师、蔡哲茂、魏慈德、罗宗涛先生。（10）指导 2 篇者：苏建洲、刘莹、潘美月先生、蔡振念、赖明德老师、张惠贞、徐汉昌、孔仲温、宋建华、李威熊老师、李淑萍、杜明城、林雅玲、林庆勋老师、邱燮友、陈光宪先生、陈宏铭、陈廖安、陈满铭先生、陈器文、傅荣珂、黄静吟、雷侨云、刘文起老师。（11）指导 1 篇者：颜美娟、林聪明、林聪舜、王仁禄、王年双、王松木、王财贵、王国良先生、古国顺先生、皮述民、朱晓海、江建俊、江惜美、江宝钗、何寄澎老师、何树环、余美玲、余崇生、兵界勇、吴俊德、李三荣、李立信、李存智、李李、李建昆、李若莺、李国俊、李隆献、李瑞腾、杜忠诰、汪天成、周昌龙、周虎林老师、周益忠、林安梧、林宏明、林秀蓉、林保淳、林素珍、林素英、邴尚白、施懿琳、柯淑龄、柯庆明老师、胡万川、袁保新、马铭浩、康世昌、康义勇、张健先生、张堂锜、张宝三、梅广、庄雅州先生、许东海、陈兆南、陈成文、陈旻志、陈昌明、陈金木、陈维德、陈锡勇、傅锡壬先生、游志诚、黄沛荣老师、黄忠慎、黄金文、黄庆萱老师、杨秀芳老师、杨祖汉、杨雅惠、杨银兴、杨济襄、叶达雄、叶键得、詹海云、廖秀娟、刘良佑、潘丽珠、郑玉卿、郑志明、郑阿财、郑靖时、萧振邦、赖贵三、赖贤宗、鲍国顺先生、戴景贤老师、魏培泉、龚显宗先生等。

② 包括：（1）指导 2 篇者：宋德喜、邢义田先生、阮芝生。（2）指导 1 篇者：石兰梅、宋晞、李弘祺先生、黄俊杰老师、黄繁光、雷家骥、廖咸惠、刘正元、刘增贵、萧琼瑞、阎鸿中、罗丽馨、邱添生、高明士、张永堂、郭静云等。

③ 包括：（1）林进忠指导 6 篇；（2）李郁周和蔡长盛各指导 3 篇；（3）林隆达指导 2 篇。（4）指导 1 篇者：李惠正、林谷芳、李奇茂、涂璨琳、张继文、陈锦忠、黄元庆、刘素真、潘襎、王北岳等。

④ 包括：（1）周愚文指导 2 篇；（2）李宗薇、杨莹等均各指导 1 篇。

⑤ 包括：阮昌锐、吴守从、许宝东等均各指导 1 篇。

⑥ 包括：洪妈益、陈顺益、欧雪贞等均各指导 1 篇。

⑦ 包括：陈雪云、葛永光、王定村等均各指导 1 篇。

⑧ 包括：张永俊先生、魏元珪等均各指导 1 篇。

⑨ 包括：王桂沰、林汉裕等均各指导 1 篇。

⑩ 包括：马秀兰、杨继正等均各指导 1 篇。

⑪ 包括：（1）陈正哲（建筑景观系）；（2）秦照芬（社会系）；（3）朱敬一（经济系）；（4）卢荷生（图书馆系）；（5）李其玮（传播系）等，以上 5 位均各指导 1 篇。

经由上述的归纳整理，可知在2015学年度之前，总共有40所大学77个系所的352篇学位论文征引过周先生的学术成果。征引数量最多者为高雄师大、台湾师大、台湾大学和台湾中兴大学，四所大学的征引总数为166篇，占全部论文总数的47.20%，其中高雄师大、台湾师大两所师范大学，征引的总数为110篇，接近全数论文的三成，比例相当可观。研究生论文所属学科，以中国文学类、历史学类、艺术学类为最多，征引数达328篇，占全数的93.20%。征引的论文类别，居前五名者为书法艺术类、教学教材类、简帛学类、现代文学类、思想研究类，总共有223篇，占全部征引数的63.35%。指导教授总共200位，以中文系所、历史系所、艺术系所居多，共有177位，占总数的88.5%。以上即是台湾各大学研究生征引周先生论著的基本讯息。

三、研究生征引周先生论著考实

周先生公开发表的论著，根据台湾大学中文系网站《著作目录》，最早一篇文章是1972年6月发表的《关于岳武穆的砚台》。但学术性论文应从1973年3月发表的《说猾》算起。最后一篇论文是2015年12月的《“橥”字新探——兼释“献民”“义民”“人鬲”》。周先生在这44年间发表的论著，哪些受到台湾研究生的重视并加以征引，被征引状况又如何？这类数据对于了解周先生学术对台湾青年学子的影响，是最基本的参考。如下表所示：

台湾学位论文征引周先生论著详表①

论著名称	出版时间	学科属性	征引篇数
《华夏之美——书法》	1985年10月	书法艺术	69篇
《现代文学欣赏与创作》	1987年	现代文学	51篇
《敦煌写本〈太公家教〉研究》	1986年	教学教材	37篇
《郭店竹简“唐虞之道”新释》	1999年9月	简帛学、古文字释读	31篇
《郭店楚简“忠信之道”考释》	1998年12月	古文字释读	26篇
《郭店竹简的形式特征与分类意义》	1999年10月	简帛学	26篇
《郭店楚简识字札记》	1999年1月	古文字释读	23篇
《读郭店竹简“成之闻之”札记》	1999年10月	古文字释读	23篇
《读上博〈从政（甲篇）〉札记》	2004年7月	古文字释读	18篇
《孔子诗论新释文与注解》	2002年3月	古文字释读	17篇
《说巫》	1989年12月	古文字释读	16篇
《楚简文字琐记（三则）》	1999年12月	古文字释读	13篇
《上博四〈柬大王泊旱〉重探》	2006年10月	古文字释读	13篇
《遂公盨铭初探》	2003年6月	古文字释读	12篇
《包山楚简文字初考》	1993年6月	古文字释读	11篇
《由文心辨骚、诠赋、谐隐论赋的起源》	1987年	古典文学	9篇
《包山楚简“集箸”“集箸言”析论》	1996年12月	古文字释读	9篇
《九店楚简〈告武夷〉重探》	2001年12月	古文字释读	9篇
《上博五〈姑成家父〉重编新释》	2006年12月	古文字释读	9篇
《郭店竹简编序复原研究》	1999年10月	简帛学	8篇
《楚简文字的书法史意义》	2000年6月	书法艺术	8篇
《六韬研究》	1978年	军事思想	7篇
《秦惠文王祷祠华山玉版新探》	2001年3月	古文字释读	7篇
《郭店〈性自命出〉“怒而盈而毋暴”说》	2002年7月	古文字释读	7篇
《火星文的美丽与哀愁》	2006年8月	现代语词	7篇

① 学位论文征引之际著录周老师论著的标题名称，颇有讹误者，例如：《郭店竹简的形式特征与分类意义》，曾铭贤的硕士学位论文将“形式”误作“形制”；再如：林家宏的硕士学位论文出现《由文心辨骚、诠赋、谐隐论辞赋之形构与评价》一文，实际征引的内容来自《由文心辨骚、诠赋、谐隐论赋的起源》，或者与蔡宗阳《〈从文心雕龙〉与〈昭明文选〉析论辞赋之形构与评价》（1981年6月）相混而误。本文因此以台湾大学中文系网站《著作目录》之标题名称为准。再者因为周老师论著的计数包括专书与单篇论文，故称“笔”不称“篇”。

续表

论著名称	出版时间	学科属性	征引篇数
《〈太公家教〉重探》	1986年12月	教学教材	6篇
《子弹库帛书“热气仓气”说》	1997年12月	古文字释读	6篇
《论上博孔子诗论竹简留白问题》	2002年3月	简帛学	6篇
《上博〈性情论〉小笺》	2002年4月	古文字释读	6篇
《楚简文字零释》	2003年4月	古文字释读	6篇
《上博四〈昭王与龚之隼〉新探》	2005年5月	古文字释读	6篇
《“畬睪命案文书”笺释——包山楚简司法文书研究之一》	1994年6月	古文字释读	5篇
《子犯编钟铭文“诸楚荆”的释读问题》	1998年6月	古文字释读	5篇
《眉县杨家村窖藏四十三年逑鼎铭文初探》	2006年1月	古文字释读	5篇
《上博六〈庄王既成〉〈申公臣灵王〉〈平王问郑寿〉〈平王与王子木〉新订释文批注语译》	2007年11月	古文字释读	5篇
《上博七〈君人者何必安哉〉新探》	2009年6月	古文字释读	5篇
《通识教育与中国传统文化》	1993年	教学教材	4篇
《文化的本土与传统》	1996年11月	教学教材	4篇
《上博六〈庄王既成〉〈申公臣灵王〉〈平王问郑寿〉〈平王与王子木〉新探》	2007年10月	古文字释读	4篇
《说猾》	1973年3月	古文字释读	3篇
《包山二号楚墓出土文书简研究》（中国台湾地区科学技术事务主管部门研究计划成果报告）	1995年	古文字释读	3篇
《读上博〈性情论〉小笺》	2002年7月	古文字释读	3篇
《眉县杨家村窖藏四十二年逑鼎铭文初探》	2004年12月	古文字释读	3篇
《试说〈季康子问于孔子〉的荣驾鹅》	2006年9月	古文字释读	3篇
《清华大学藏战国竹书〈保训〉新探》	2009年	古文字释读	3篇
《上博三〈仲弓〉篇重探》	2013年12月	古文字释读	3篇
《〈伪古文尚书〉问题重探》	1974年	经学研究	2篇
《〈太公家教〉研究》	1984年12月	教学教材	2篇
《〈辩才家教〉初探》	1986年5月	教学教材	2篇
《新订尹湾汉简〈神乌赋〉释文》	1996年12月	古文字释读	2篇
《郭店楚简〈天常篇〉疏证稿本》（未出版稿本）	2000年之前	古文字释读	2篇
《郭店竹简文字补释》	2003年11月	古文字释读	2篇
《上博三〈彭祖〉新探》	2005年	古文字释读	2篇

续表

论著名称	出版时间	学科属性	征引篇数
《上博五〈竞建内之〉〈鲍叔牙与隰朋之谏〉补释》	2008年6月	古文字释读	2篇
《上博四〈昭王与龚之雎〉重探》	2008年12月	古文字释读	2篇
《上博六〈竞公疟〉"公乃出视朝"解》	2009年10月	古文字释读	2篇
《读马王堆汉简》	1973年6月	古文字释读	1篇
《民生史观与中国文学——浅谈"三民主义"文艺的历史观》	1983年10月	现代文学	1篇
《说繇》	1984年10月	古文字释读	1篇
《读牟默人同文尚书》	1985年3月	经学研究	1篇
《敦煌写本〈辩才家教〉卷子》	1986年4月	教学教材	1篇
《读修订本〈辞源〉》	1986年11月	现代语词	1篇
《滂喜斋丛书》	1987年3月	文献学研究	1篇
《〈太公六韬〉佚文辑存》	1987年4月	军事思想	1篇
《凿壁偷光谈白话》	1987年4月	现代语词	1篇
《新出熹平石经〈尚书〉残石研究》	1987年5月	经学研究	1篇
《为现代汉语辞典催生》	1987年6月	现代语词	1篇
《琉璃河新出匽侯器铭新探》	1990年7月	古文字释读	1篇
《琉璃河新出匽侯克罍铭重探》	1991年5月	古文字释读	1篇
《越王者旨于赐钟铭初探》	1992年	古文字释读	1篇
《侯马盟书主盟人考》	1994年6月	古文字释读	1篇
《侯马盟书年代问题重探》	1994年9月	古文字释读	1篇
《新编包山楚简字表》（中国台湾地区科学技术事务主管部门研究计划成果报告）	1995年	古文字释读	1篇
《鄂君启节研究》（中国台湾地区科学技术事务主管部门研究计划成果报告）	1998年	古文字释读	1篇
《上博性情论"金石之有声也，弗叩不鸣"解》	2002年3月	古文字释读	1篇
《楚简文字考释》	2003年7月	古文字释读	1篇
《上海博物馆藏战国楚竹书》研究Ⅱ（中国台湾地区科学技术事务主管部门研究计划成果报告）	2004年	古文字释读	1篇
《如何考释古文字——以上博四〈柬大王泊旱〉为例》	2005年12月	古文字释读	1篇
《上博楚竹书〈曹沫之阵〉研究》（中国台湾地区科学技术事务主管部门研究计划成果报告）	2006年	古文字释读	1篇
《楚柬王泊旱》	2006年10月	古文字释读	1篇

续表

论著名称	出版时间	学科属性	征引篇数
《上博五〈竞建内之〉〈鲍叔牙与隰朋之谏〉重探》	2006 年 11 月	古文字释读	1 篇
《新出土战国楚简所见楚国的君臣关系——以上博四〈昭王与龚之脽〉为例》	2008 年 12 月	古文字释读	1 篇
《文字考释与文本解读——以出土楚简为例》	2010 年	古文字释读	1 篇
《清华简〈保训重〉探》	2010 年 10 月	古文字释读	1 篇
《楚简校读二题》	2011 年 12 月	古文字释读	1 篇
《传统汉学经典的再生——以〈清华简·保训〉"中"字为例》	2012 年 5 月	古文字释读	1 篇

据上表，周先生论著被征引者共 86 项，包括 4 种专著、2 篇学位论文、研究论文 74 篇，以及 5 篇未正式发表的中国台湾地区科学技术事务主管部门研究计划成果报告，还有 1 篇未刊稿本。时间跨度自 1973 年 3 月的《说猾》，至 2013 年 12 月发表的《上博三〈仲弓〉篇重探》。从研究计划成果报告到未刊稿本，被征引的学科领域主要集中在出土古文字释读，可知周先生这方面的学术成就受到台湾众多学子（包括指导教授）的高度关注。

将被征引的论著分门别类如下：（1）简帛学研究：主要是古文字的释读，少数触及竹简书的形制等的研究，64 项论著，共有 393 篇学位论文征引。[①]（2）书法艺术研究：2 项论著，共有 77 篇学位论文征引。（3）教学教材研究：7 项论著，共有 56 篇学位论文征引。（4）现代文学研究：2 项论著，共有 52 篇学位论文征引。（5）现代语词研究：4 项论著，共有 10 篇学位论文征引。（6）古典文学研究：1 项论著，共有 9 篇学位论文征引。（7）军事思想研究：2 项论著，共有 8 篇学位论文征引。（8）经学研究：3 项论著，共有 4 篇学位论文征引。（9）文献学研究：1 项论著，有 1 篇学位论文征引。据此，可以发现周先生在古文字释读方面的论著最受关注，其次是书法艺术、教学教材及现代文学领域，周先生在这三方面的著作数量，

① 竹简文字的考释，实际上涉及的层面相当广，不仅涉及传统的文字、音韵、训诂等小学问题，同时还涉及思想问题，因此说是"粗略"的分类。再者因为征引 1 项以上论著，即会重复计算，因此论文篇数总和超过 352 篇。

虽然无法与古文字释读相比，但也颇受研究生与指导教授的关注。

四、结论

学术研究的发展，是一代又一代的学者们，不断累积与创新的结果。学术创新指学术的发明或发现，学术累积指研究成果在当代及后代受重视的状况，是学者的学术贡献与影响力的表现。学术研究成果，可任人自由阅读，自由评价，并非法律或军事命令，不具备非征引不可的强制性。透过研究生征引周先生的学术论著，可以部分呈现周先生在台湾学术发展上的贡献、地位及其学术影响力。

周先生论著对台湾研究生影响的状况，经由前述实证性的考察，大致可得如下结论：

首先，从学位论文考察，台湾研究生征引周先生的学术论著，最早出现在1997学年度。该学年度有2篇学位论文征引，此后征引者即持续不断，截至2016学年度的19个学年，总共有来自40所大学77个系所200位教授指导的339位研究生，在62篇博士学位论文、290篇硕士学位论文中，征引过周先生的论著。

其次，从科系考察，征引周先生论著的研究生，分别来自中文、历史、艺术、教育、外文、管理、哲学、政治、设计、数学、建筑、经济、社会、图书馆、传播等相关的科系，以中文相关科系的论文征引最多，篇数占总数的八成以上。学位论文的专业包括有：书法艺术、教学教材、简帛学（古文字释读）、现代文学、思想研究、文字学、古典文学、经学研究、历史文化、金石学、语法训诂、声韵学、甲骨学、文献学等14个学科范围。其中书法艺术、教学教材、简帛学、现代文学、思想研究、文字学等，均有超过30篇论文的征引；尤其以书法艺术和教学教材等两类为最多，共有110篇论文征引，占论文总数的31.25%。指导这些研究生的教授，来自中文、历史、艺术、教育、管理、外文、政治、哲学、设计、数学、建筑、社会、经济、图书馆、传播等科系，总共有200位，其中以中文系所的144

位教授最多，占指导教授总数的七成二。

再次，从被征引的论著数量而言，总共有 86 项。内容包括：专著 4 部、学位论文 2 篇、单篇论文 74 篇、研究计划成果报告 5 篇、1 篇未发表的稿本。86 项论著研究内容的范围，包括简帛学（古文字释读）64 项、教学教材 7 项、现代语词 4 项、经学研究 3 项、书法艺术 2 项、现代文学 2 项、军事思想 2 项、古典文学 1 项、文献学 1 项等。其中以“简帛学”（古文字释读）的研究成果，有 393 篇学位论文的征引，为最多；其次是“书法艺术”受到 77 篇论文的征引；“教学教材”受到 56 篇论文征引；“现代文学”受到 52 篇论文征引，这四项研究成果占征引论文全数的 94.75%，可见周先生这四个学术研究范围的成果，最受研究生的重视，这也是周先生学术贡献的主要表现。

最后，本文借助现代计算机技术，透过台湾研究生学位论文征引周凤五先生论著的实况，用以了解研究生及其指导教授接受周先生学术的实际表现。这对于有心探讨台湾学术研究状况的学者，应当可以提供有效的参考，这也是本文研究的价值所在。

附识：本文初稿发表于 2016 年 11 月 11 日台湾“中研院”中国文哲研究所主办的“战后台湾经学研究（1945— ）第四次学术研讨会”，由于与会学者们的质疑提问，使得此文的讹误可以减到最低，谨此致谢。再者本文使用的相关文献数据，系由台北大学中文研究所研究生邱碧莹和王郡薇协助搜寻，谨此感谢二位同学的辛劳。

指南山下经师业，渡船头边百年功
——台湾政治大学在台复校初始阶段（1954—1982）的经学教育

车行健[*]

一、序言

1954年6月9日，中国台湾地区教育事务主管部门负责人张其昀向中国台湾地区行政管理机构负责人陈诚提出“拟先在台恢复设置政治大学，以应急需”的请求。经陈诚同意，提交中国台湾地区行政管理机构会议通过核准台湾政大在台复校，择定台北近郊指南山麓为校址，并成立筹备委员会。筹备委员会决议先恢复研究部，10月正式招生。11月20日，陈大齐出任台湾政大在台复校后第一任校长。1955年秋，增设大学部。1956年8月，大学部增设中国文学、东方语文和西洋语文三学系①，是为台湾政大中

---

* 车行健，台湾政治大学中文系教授。

① 以上叙述参见《台湾政治大学概况（1955学年度）》[（台北）台湾政治大学编印，1955年，再次征引同年份的《台湾政治大学概况》时，以《概况（学年度）》方式标示，或径简称《概况》，以省篇幅] 第5页；《台湾政治大学概况（1956学年度）》，第5页；《台湾政治大学在台复校校务发展概况资料汇编（初稿）》[（台北）台湾政治大学校长室印，1973年，以下简称《汇编》] 上册，第1a—b页；台湾政治大学校史编纂委员会编撰：《台湾政治大学校史稿》[（台北）台湾政治大学1989年版，以下简称《校史稿》]，第217—218、220页。按：陈大齐先是于1954年11月20日担任台湾政大代理校长，直至1955年4月1日才正式担任台湾政大校长。见《本校六十年大事纪要》，《校史稿》，第561—562页。

国文学系在台创设之始①，首任系主任为高明教授②。1960年6月，夜间部增设中文系与西洋语文学系各一班③。1964年，复增设中国文学研究所，由熊公哲教授兼代所主任④。1969年中文系招收双班，而中文所亦成立博士班⑤。至此台湾政治大学中文系的系所结构完全成型。一甲子来，肩负着弘扬中华文化、传承中文学术与培育台湾中文人才的神圣使命，在教育、学术研究和社会参与等方面，贡献卓著。

传统国学可说是台湾中文学界的核心，占据着中文教学与研究的极大比重。而在大学中文系（包含中国文学系、中国语文学系）的实际教学中，居于四部之首的经学相关课程（包含经书、经学整体和经学史），仍然占据着重要地位。台湾高校中文系重视经学（以及小学）的理念，实是延续着清代至民国的学术传统，正如杨儒宾所言“这一甲子的台湾学术可以说是民国学术的延伸”⑥。然而，台湾高校中文系的经学教育之内涵为何？其课程结构、施教成果如何？其整体的特色又为何？欲对这些问题做有效的回答，目前条件似尚未成熟。不过，已有六十年历史，且系所结构完整、办学成效卓著的台湾政大中文系，其经学教育的实施及其经验，或许可以对上述问题，提供一些富有启发性的参考。

---

① 台湾政大在台复校后的中文系究竟是“创立”还是“恢复”？这是颇耐人寻味的问题。台湾政大中文系系网中的“系所简介”明确地写道：“本系创立于1956年，招生大学部新生一班，由高明先生担任首届系主任。”（http://www.chinese.nccu.edu.tw/introduction/pages.php?ID=demo101）如此算来，成立已逾一甲子了。然而早在1946年8月，“政治学校”与“干部学校”合并，改制为政治大学，归入教育体系后，当时为因应改制，即新增设中文系，研究部亦设有文史哲学研究所。这个阶段一直延续至1949年，政大随国民党播迁至西南，最终参与川西战役为止。（参见《校史稿》，第203—204页。）如此，则台湾政大中文系的系史应是从1946年开始，至今当已有七十年的历史。其实在1973年出版的《台湾政治大学在台复校校务发展概况资料汇编（初稿）》中，其中关于中文系概况即已明言：“本系在大陆期间，即已创设，毕业学生计十有九期。1954年，本校在台复校，越三年，即恢复本系。首由教授高明先生任系主任。”（上册，第139a页）可见在当时的认知中，仍是“恢复”而非“创立”。因此，台湾政大中文系应是随着台湾政大在台复校而重新“恢复”，且高明也并非“首届”系主任。

② 《校史稿》，第220页。

③ 《校史稿》，第265页。

④ 《校史稿》，第267页。

⑤ 《校史稿》，第269页。

⑥ 杨儒宾：《一九四九礼赞》，（台北）联经出版事业公司2015年版，第171页。

本文对台湾政大中文系经学教育的考察，包括施教者（师资）、施教内容（课程）及施教对象（学生）三个方面。施教者方面，主要涉及教授经学方面的师资。施教内容，则是经学相关课程，包括通论性的经学概论、经学史，或断代及专题式的经学课程及经学专书等。施教对象，则将重点放在研究生的学位论文指导上。考察范围则以第一代学人为主，主要是高明、熊公哲与王梦鸥三位先生①。因此本文考察的时限就从台湾政大在台复校的1954年起，直至高明于1982年自台湾政大退休为止②，首尾共28年。这段时期，正是台湾政大在台复校的奠基肇始阶段。抚今追昔，述往思来，或许可让吾人对经学在台湾的持续传承与未来发展，有更多切合于历史经

① 龚鹏程在《年轻一代与中国古典文学研究》文中尝谓："以社会科学界的研究来说，最早到台湾来的第一批，算是第一代学者。"［《经典与现代生活》，（台北）新未来出版社1989年版，第181页。］以这个标准来看，高明、熊公哲、王梦鸥三先生无疑是台湾政大经学领域的第一代学人，而受业于此三先生且又曾长期任教台湾政大中文系的吕凯、李威熊、李振兴、简宗梧与董金裕等诸先生则为第二代学人，目前任教台湾政大中文系且师承于第二代学人者，如刘又铭、陈逢源、陈睿宏等人当为第三代学人。龚鹏程观察台湾的古典文学的研究，认为可分为三个阶段，第一代是林尹、高明、潘重规、台静农、郑骞和李辰冬等渡海来台的诸先生，直接延续大陆学风，在台湾传播文学研究的种子。第二代则是如王熙元、于大成、黄永武、罗宗涛、吴宏一等人，直接受业于来台的诸先生。龚鹏程这辈的学人，系第二代学人的学生辈，应属第三代学人，而第三代的学生辈则已是第四代了。［同上，第181页；又见氏著撰：《学会运作概况》，载《五十年来的中国文学研究》，（台北）台湾学生书局2001年版，第363页。相关讨论又见杨晋龙：《张以仁先生与台湾传统学术研究：以学位论文为对象的考征》，《中国文哲研究通讯》第25卷第4期，2015年12月，第138—140页。］若以古典文学领域学人的传承情况来衡量经学或其他领域学人的传承，则不免会有些参差不齐的地方。这种学人世代参差不齐的现象是很常见的，盖由于学者从年轻到晚年，一生教书的时间很长，授业弟子也有早年与中晚年之分。且现代大学体制，学生不须拜入门下即可自由选课，所以世代与世代之间的界限往往就会变得很模糊，于是就会发生同辈学人甲师承第一代学人，而乙则师承第二或第三代学人，致使二者辈分不相侔的情况。甚至亦有同一人在硕士阶段由第二或第三代学人指导，博士学位论文则由第一代学者指导的现象。所以在看待学人世代的问题时，师承关系、求学时间与实际年龄固须考虑，但三者又并非绝对的，中间仍存在不小的弹性空间。

② 据高明于1975年所作的《自述》谓："今年，余满六十五岁，依新规定，已届退休年龄，不能再兼大学学术行政职务；……晓峰先生闻余之将退休也，遂锡以'华冈教授'之名。"［《高明文辑》，（台北）黎明文化事业公司1978年版，下册，第699、701页］然据游淑静所编《高明教授年表》，却记载高明于1982年退休。［见氏著撰：《他编了第一套"国文"教科书——访高明教授》，《"国文"天地》（1986年第11期），第15页。］两相比对可知，高明于《自述》中自谓其于1975年实岁65岁时，已届退休年龄，故依新规定，"不能再兼大学学术行政职务"，但他直至72岁时，方才真正自台湾政大退休。又按：三人中以熊公哲年最长，王梦鸥次之，高明最幼。王梦鸥于1979年自台湾政大退休［参见林明德：《涵盖古今中外的学人——王梦鸥教授》，《文讯杂志》2002年10月，第90页；及《文论说部居泰山——王梦鸥教授》，（台北）文史哲出版社1999年版，第1页］因而高明于1982年在台湾政大的退休，当可视为一个时代的结束。

验与现实情境的省察①。

二、经学相关课程实施概况：科目与任课教师

台湾政大在台复校后的经学教育，主要由中文系（包括夜间部）与中文研究所承担，虽然其他系所也曾开设过相关的儒学或经学课程，如最早创立的政治研究所和教育研究所，皆开设过“孔子思想研究”“孟子思想研究”等课程②，政治所还曾另开“儒家政治思想”课程，教育所亦另曾开设“孔孟思想研究”③。成立于1969年的哲学系，也曾开设过“孔孟荀哲学”与“《易经》哲学”等课程④。但这些系所开设的儒学或经学课程，其教授方向不必是“经学的”。而且，这些课程的稳定度亦不够，并不持久，如1967年度《台湾政治大学概况》（以下简称《概况》）所载的政治研究所的科目表中，虽有“孔子思想研究”“孟子思想研究”与“儒家政治思想”这三门课程，且前二者还被列为必修课⑤，但在1970年度的科目表中，这三门课就与“中国政治思想史”一起，被并入“中国政治思想研究”和“中国近代政治思想研究”中，且学分数从总10学分缩减至4学分⑥。其后

① 蒙吕凯教授提醒，卢元骏教授亦应与三先生并列。其实第一代学人亦多有经学背景，卢元骏外，祁述祖、张立斋、马小梅等人亦皆有其成就和贡献，然因囿于篇幅和作者的疏陋，无法于本文中详论，当俟他文为之。

② 如1960年的《台湾政治大学概况》载政治研究所高级研究生必修科目表和政治研究所科目表中均有“孔子思想研究”2学分的课程（第21、23页）。1962年的《台湾政治大学概况》则在政治研究所高级研究生必修科目表、政治研究所科目表和教育研究所科目表中均列有“孔子思想研究”和“孟子思想研究”2学分的课程（第31—33页）。1963年、1965年、1967年的《台湾政治大学概况》亦同。（分别见第32—34、41—44页。）

③ 1967年《台湾政治大学概况》所载的政治研究所科目表除“孔子思想研究”和“孟子思想研究”外，尚见有“儒家政治思想”2学分的课程（第44—45页）。而在1970年《台湾政治大学概况》所载的教育研究所科目表中，不见分列的“孔子思想研究”和“孟子思想研究”，只见“孔孟思想研究”2学分的课程（第43页）。1972年的《台湾政治大学概况》亦同（第43页）。

④ 如1970年和1972年的《台湾政治大学概况》所载的哲学系科目表中，均见有“孔孟荀哲学”必修4学分。1977年《台湾政治大学概况》所载的哲学系科目表，不见“孔孟荀哲学”，似以“先秦儒家哲学”代之，不过，另见“《易经》哲学”选修3学分。1980年亦同。

⑤ 参见《台湾政治大学概况》。

⑥ 见《概况（1970）》，第44页。

的科目表，更未见此三门课程。教育所的情况亦类似，在1962、1963、1965和1967年度的课表中，虽列有“孔子思想研究”“孟子思想研究”二门课程①，但在1970年度的课表中，则只见“孔孟思想研究”，疑是将此二门课并为一门课②。到了1977年度的科目表，则浑不见孔孟的踪影，取而代之的是“中国教育思想研究”之类的课程③。可见，与儒学或经书相关的课程，并非政治所与教育所的长期发展方向。早年之所以有这方面的课程，应该是与复校初期第一代学人的办学理念与学术专长有关，而陈大齐应是其中较具关键性的人物④。随着第一代学人的凋零，本就深受西方学术主宰的政治与教育学界，其课程逐渐淡化传统中国学术的色彩，乃是必然的趋势⑤。哲学系虽保有相关课程，但其方向与理念是哲学，而非传统经学。因此，在台湾政大校园内传授经学课程的重大责任，乃全由以传承传统学术为使命的中文系承担起来。

---

① 参见《台湾政治大学概况》。

② 参见《台湾政治大学概况》。

③ 见《概况（1977）》，第22—23页；《概况（1980）》（第26—27页）所载亦同。按：虽在1988年的《概况》中可见教育所博士班有“中国儒家教育思想专题”选修课2—4学分，硕士班亦有“儒家教育思想”选修课2学分（第33、35页），但检视今日教育系网页，无论系所课程和教师专长领域皆已不再见有和儒学孔孟相关的痕迹。

④ 陈大齐自1960年起即担任政治研究所的专任教授，直至1967年退休。在1960、1961、1962、1965和1967学年的《概况》中，均见其列名政治所的专任教授，开设课程有“因明学研究”[《概况（1960）》，第9页]、“孟子思想研究”[《概况（1961）》，第11页；《概况（1962）》，第13页；《概况（1963）》，第13页；《概况（1967）》，第24页]、“孔孟学说研究”[《概况（1965）》，第23页；《概况（1967）》，第24页]。此外，1962年出版的《台湾政治大学课程说明概览》和1964年出版的《台湾政治大学课程说明》皆在政治研究所的课程中载有“孔子思想研究”和“孟子思想研究”的完整课程说明，授课教师当为陈大齐。见《政治研究所课程说明》，《台湾政治大学课程说明概览》，（台北）台湾政治大学1962年版，第6b页；《政治研究所》，《台湾政治大学课程说明》，（台北）台湾政治大学1964年版，第2—3页。

⑤ 从这个现象可以看出，在深受传统学术与文化熏陶的第一代学人心目中，传统经学或儒学还是具有开物成务与参天化育的功能和价值，因而可持之与从西方传入的政治学和教育学等社会科学相对话，甚至可从中开发中国传统的学术资源，并试图建构立基于中国传统学术与文化土壤中的政治学理与教育学理。他们的理念是否可行，努力是否成功，姑且不论，但至少他们积极地将经学儒学与现代西方社会科学进行对话，赋予经学儒学更多的时代能量，而非只圈禁在传统学术或所谓国学的牢笼中，这种企图与视野是值得肯定的。但自此之后，传统经学儒学逐渐淡出这些社会科学体国经野的视域中，回到文学院独见南山的孤芳自赏中，任凭其自开自谢，皆无与于社会的脉动与时代的变迁。然而这究竟是经学的损失，还是这些社会科学的损失，抑或是两败俱伤？今日重温前辈学人当年架构这些课程的理想，令人不胜感慨。

今日若欲对台湾政大在台复校前二十八年的课程，做一全面详细的回顾与检视，首先须依赖完整的原始课程档案，如每学期的课程科目表、课程大纲、课程说明或课程手册等。但今日所能掌握的相关资料并不完整，科目表主要见于历年编印的《台湾政治大学概况》中，里面载有各系所详细的科目表，包括课名（科目）、学分数、必选修、修业年级及相关规定等信息。此外还应有任课教师的名单，包括姓名字号、职级、专兼任及任课科目等。可惜今日台湾政治大学图书馆及校史室留存的《概况》并不完全，仅有 1955、1956、1959、1960、1961、1962、1963、1965、1967、1970、1972、1977 和 1980 年度的，缺 1957、1958、1964、1966、1968、1969、1971、1973—1976、1978、1979、1981 和 1982 年度的，因此，无法将这二十八年的课程做全面整理与详尽考察。至于课程大纲或课程说明等资料，目前能掌握到的，也仅有 1962 年出版的《台湾政治大学课程说明概览》和 1964 年出版的《台湾政治大学课程说明》。此外，1973 年出版的《台湾政治大学在台复校校务发展概况资料汇编（初稿）》（以下简称《汇编》），亦提供了各系所课程及师资等相关资料。以下就利用这些并不完整的材料，尝试将台湾政大中文系所在复校肇始阶段的经学相关课程，做一鸟瞰式的回顾。由于夜间部的课程内容不出中文系的规模，故以下叙述从略。

中文系的经学课程主要是经书教学，这些专书包括传统的《五经》，即《易经》《尚书》《诗经》《礼记》《左传》，以及《论语》《孟子》，总共七部经典。但这七部经典在课程架构中的重要性并不相同，“《论语》”“《孟子》”“《毛诗》”“《礼记》”是必修课，“《周易》”“《尚书》”为选修课。“《左传》”则颇有变化，开始列在必修，后又改为选修，并不固定。在中文系创始的 1956 学年，全系仅有八门课，当时即设有“《孟子》”课，4 学分，任课教师为熊公哲[①]。可以说，“《孟子》”是台湾政大经学教育的开端。在此后的课程中，“《孟子》”一直被列为中文系一年级的必修科目，学分数亦由一开始的上下学期各 2 学分，到 1962 年调为上下学期各 3 学分。而在 1967 年的《概况》中，则改为选修，学分数为 6，但备注栏却注为

① 《概况（1956）》，第 17 页。

“必修”。在1970年的《概况》中，又回复到上下学期各2学分的必修课，1972年和1977年《概况》所记亦同。教师除熊公哲（1956、1959、1962、1963学年）外，尚有张立斋（1960学年）、祁述祖（1961、1965、1967、1970、1972学年）、马小梅（1961、1962、1963学年）、华仲麟（1962、1963学年）、应裕康（1962学年）、张相（1963学年）和王先汉（1970学年）等①。

“《论语》”的情况与“《孟子》”相类似，在1959、1960年的《概况》中，被列为二年级的必修科目，亦为上下学期各2学分，均由熊公哲讲授，1962年调为上下学期各3学分。在1967年的《概况》中，改列在中文系选修科目表中，学分数为6，但备注栏注为“必修”。在1970年的《概况》中，又回复到上下学期各2学分，1972年和1977年《概况》所记亦同。讲授此课的教师有张立斋（1961、1962、1963、1965学年）、潘光晟（1962、1963学年）、韦日春（1965学年）、马小梅（1970、1972学年）②。

“《礼记》”在1959年度的《概况》中，列于三年级的必修课中，由王梦鸥教授。学分数一开始是上下学期各2学分，直至1967学年才改为上下学期各3学分，但此时却由必修改为必选。1970年的《概况》将其列为必修，但学分却调为上下学期各2学分，1972年和1977年《概况》所记亦同。授课教师除王梦鸥外，尚有马小梅（1965学年）③。

“《毛诗》”在1959年度《概况》中，列于四年级上下学期各2学分的必修课，但1960学年却改为上下学期各3学分，1961、1962、1963、1965

---

① 《概况（1959）》，第29、107页；《概况（1960）》，第10、30页；《概况（1961）》，第12、35页；《概况（1962）》，第14—15、38页；《概况（1963）》，第14、39页；《概况（1965）》，第24、52页；《概况（1967）》，第26、57页；《概况（1970）》，第26、58页；《概况（1972）》，第28、58页；《概况（1977）》，第51页。

② 《概况（1959）》，第29、107页；《概况（1960）》，第10、30页；《概况（1961）》，第12、35页；《概况（1962）》，第14、38页；《概况（1963）》，第14、39页；《概况（1965）》，第24—25、52页；《概况（1967）》，第57页；《概况（1970）》，第26、58页；《概况（1972）》，第28、58页；《概况（1977）》，第51页。

③ 《概况（1959）》，第29、107页；《概况（1960）》，第10、30页；《概况（1961）》，第12、35页；《概况（1962）》，第14、38页；《概况（1963）》，第14、39页；《概况（1965）》，第24、52页、《概况（1967）》，第57页；《概况（1970）》，第58页；《概况（1972）》，第58页；《概况（1977）》，第51页。

年俱同。1967学年改为必选，1970年的《概况》改列为上下学期各2学分的必修课，1972年和1977年的《概况》所记亦同。授课教师有祁述祖（1960、1961、1962、1963、1965、1967、1970、1972学年）、赖炎元（1965学年）①。

“《左传》”在1959年度《概况》中，列于四年级上下学期各2学分的必修课，但1960学年却改为上下学期各3学分，1961年亦同。但1962年改为必选课，即与“《楚辞》”“老庄选读”和“新文艺习作”并列，四科中必选一科，唯学分数仍为6学分，1963年亦同。1965、1967学年仍为选修6学分，1970年改列为上下学期各2学分的选修课，1972年和1977年《概况》所记亦同，唯未标示修课年级。授课教师有傅隶朴（1960、1961学年）、程发轫（1963学年）、卢元骏（1965、1967学年）、马小梅（1965学年）、刘太希（1970、1972学年）②。

“《周易》”和“《尚书》”在1959年度《概况》中，列于四年级上下学期各2学分的选修课，自此以后一直都是选修。但1967年度《概况》，却未列于科目表中，1970年度的课表又重新见到，调整为四年级上下学期各2学分的选修课，1972年和1977年《概况》所记亦同，唯未标示修课年级。曾担任“《周易》”的教师仅在1972年的《概况》中见到兼任教授章斗航。担任“《尚书》”的教师则无记载③。

台湾政大中文系经学课程，仅仅是经书教学，严格说来，并不算是台湾政大中文系经学教育的特色，因为这七部儒家经籍，在1939年就被列为

① 《概况（1959）》，第29页；《概况（1960）》，第10、30页；《概况（1961）》，第12、35页；《概况（1962）》，第14、38页；《概况（1963）》，第14、39页；《概况（1965）》，第24—25、52页；《概况（1967）》，第26、57页；《概况（1970）》，第26、58页；《概况（1972）》，第28、58页；《概况（1977）》，第51页。

② 《概况（1959）》，第29页；《概况（1960）》，第10、30页；《概况（1961）》，第12、35页；《概况（1962）》，第39页；《概况（1963）》，第14、40页；《概况（1965）》，第24、53页；《概况（1967）》，第26、57页；《概况（1970）》，第26、59页；《概况（1972）》，第28、59页；《概况（1977）》，第52页。

③ 《概况（1959）》，第30页；《概况（1960）》，第31页；《概况（1961）》，第36页；《概况（1962）》，第39页；《概况（1963）》，第40页；《概况（1965）》，第53页；《概况（1967）》，第56—58页；《概况（1970）》，第59页；《概况（1972）》，第28、59页；《概况（1977）》，第52页。

高校内中文系的必修科目，是五类“专书选读”中的经典类，经典类所规定的书目正是《论语》《孟子》《周易》《尚书》《诗经》《礼记》和《春秋左氏传》（附《国语》）①。此书目一直延续至1971年初的第六次大学课程修订②。而大约也在这个时代，台湾政大中文系的经学课程开始有所改变。在1977年《概况》中的中文系科目表中，经学课程除专书七经外，增加了“学庸选读”和通论性质的“经学概论”，均为选修4学分的课③。1980年《概况》又略加调整，将“《论语》”“《孟子》”“学庸选读”合并为必修4学分的“四书”，“经学概论”改称为“经学通论”。④“经学概论”或“经学通论”课的出现，其最大意义，是在大学教育中，重视以经学与经学史为主体的教学课程，而非仅止于儒家经典的专书选读。

中文研究所在1964年开办，1965年《概况》所记与经学相关的课程有：“孔孟学说研究”“经学史”“《尔雅》研究”，皆为必修，4学分。1967年《概况》所记与经学相关课程则为“孔孟学说”（必修，4学分）、“经学史”（与“周秦诸子”二科必选一）、“《诗经》研究”“《尔雅》研究”等选修课（2—4学分）。1969年成立博士班，但1970年《概况》所列中国文学研究所博士班科目，却没有经学课，硕士班科目则有“经学史”（必修，4学分）、“孔孟学说”（选修，4学分）、“《诗经》研究”（选修，2—4学分）、“经学专书研究”（分“《周易》研究”“《尚书》研究”“《春秋》研究”……选修，2—4学分）、“《尔雅》研究”（选修，2—4学分）。1972年《概况》所记与1970年略同。1977年《概况》所见课程仍有“经学史”（必修，4学分）、“孔孟学说”（选修，4学分）、“《诗经》研究”（选修，

① 《修订大学科目表》（1955年重印），第74、78—80页。按：“专书选读”中规定的五类为经典、诸子、史籍（诸史）、文翰及文史评。（见同上，第79—80页。）

② 1955年重印的《修订大学科目表》、1958年编印的《修订大学科目表》、1965年初版、1970年再版的《修订大学科目表》皆大致相同。（分见《修订大学科目表》，第6页；《修订大学科目表》，1958年，第10—11页；《修订大学科目表》1970年再版，第4—5页。）反映第六次大学课程修订精神的《修订大学课程报告书》则于必修课中的“专书选读”将《四书》和五类专书分开。且规定《四书》“或单开《论语》《孟子》《大学》《中庸》其中一至二种”。（《修订大学课程报告书》，1973年，第33—34页。）

③ 见《概况（1977）》，第52页。

④ 见《概况（1980）》，第56—57页。

2—4 学分）和“《尔雅》研究”（选修，2—4 学分），但已不见“经学专书研究”，而改为“《周易》研究”“《尚书》研究”“《春秋》研究”和“《三礼》研究”（皆为选修，2—4 学分）①。负责教授这些科目的教师，从 1973 年出版的《汇编》中所载，仅可查考如下：高明曾教授“《周易》研究”“《尚书》研究”“《尔雅》研究”等科目，熊公哲曾教授“经学史”“孔孟学说”“《诗经》研究”。又台湾“中大”中文系的胡自逢教授亦曾于高明外出讲学期间，代授其课②。

整体来说，台湾政大中文系所的经学课程，包含经书类的《周易》《尚书》《诗经》《礼记》或《三礼》《左传》及《春秋》《论语》《孟子》与《尔雅》，和通论类的“经学概论”与“经学史”，尚未见断代经学史（如现有的“两汉经学”）的课程，专题课程亦仅有“孔孟学说研究”。任课教师除熊公哲、高明和王梦鸥三元老外，尚有傅隶朴、程发轫、华仲麟、潘光晟、张立斋、祁述祖、马小梅、卢元骏、张相、王先汉、胡自逢、应裕康、韦日春、赖炎元、刘太希和章斗航等专兼任教师。其中马小梅曾任教过“《孟子》”“《论语》”“《礼记》”“《左传》”这四门课程。张立斋和祁述祖也各曾任教过两门课程（前者是“《孟子》”和“《论语》”，后者是“《孟子》”和“《毛诗》”）。

此外，台湾政大中文所当时有着浓厚的小学和文献学氛围，若只从经学课程来看，这个特色并不明显，但若把小学和文献学课程一起合观的话，其特色学风就很容易呈现出来。事实上，在当时的整体课程架构中，经学课程的数量及所占比重并不突出，反倒是小学和文献学课程，才是中文所的重头戏。以 1967 年的课程来看，中文所的科目表中共有 32 门课，经学课程只有“孔孟学说”“经学史”“《诗经》研究”和“《尔雅》研究”4 门，但小学课程则有“《说文》研究”“甲骨学”“金石学”“汉简文字”“广韵研究”“等韵研究”“语言学概要”等 7 门；文献学课程则有“目录学”

① 《概况（1965）》，第 47 页；《概况（1967）》，第 50—51 页；《概况（1970）》，第 48—49 页；《概况（1972）》，第 48—49 页；《概况（1977）》，第 30—31 页。

② 《汇编》上册，第 70b、71a 页；又熊公哲在 1967、1970 和 1972 年《概况》所载教师任课科目中有列“经学史”和“《诗经》研究”。（分别见第 26、23 和 25 页。）

“版本学”“校雠学”3门课，再加上小学和文献学色彩浓厚的“治学方法概要”，这些课全部加起来共15门，占所有课程的46%。若只单独计算小学和文献学课程，则原有小学的7门课还要加上“《尔雅》研究”一门，共12门，也有37%的分量。这种“盛况”在今日台湾的中文研究所是再难看到的。1970年度的情况略同，但相关课程更多，在全部的33门课中，经学、小学和文献的课程共有19门，更高达57%，其中小学领域又增开“方言研究”“俗文字学”，文献学领域还开出了“辨伪学”“辑佚学”①，小学和文献学形成的考据学风，俨然成了台湾政大中文所的最大特色，经学课在其中似成了陪衬。但从传统治经的角度看，二者实际上都是研治经学的工具性学问。固然这些工具性的学问，在长期的发展过程中，“附庸蔚成大国”，逐渐成为独立之学，并深刻影响着研治经学的方向，但其辅助经学的特点犹在。因此当时台湾政大中文所排出的课表，小学和文献学课程虽分别开设，但实又发挥着夹辅经学课程的作用。在这种情况下，经学之风朝文献考据的方向倾斜，是极自然的发展趋势。因此，经学、小学和文献学三者应放在一起看待，三者共同体现了当时经学课重视文献考证的主流学风。研治经学须重视小学和文献学，而不少小学和文献学的课程也与经学相关。经学、小学、文献学，可谓三位一体②。

附带一提的是，台湾政大中文所曾于1972年与台湾“中图馆”合作，招收目录学专业的硕士研究生5名③。但这个目录学专业宛如昙花一现，只

① 《概况（1967）》，第49—51页；《概况（1970）》，第48—49页。

② 以笔者粗略的观察，现今台湾的经学论文，更多地表现出重视文献学的倾向，而小学的倾向反而不明显。戴震所谓“由字以通其词，由词以通其道”之“训诂明则古经明”之语，与今日台湾研治经学之学似不相应。

③ 《汇编》上册，第68a页。关于设立目录学组的背景，据已故的乔衍管教授叙述，盖因1957年，时任中国台湾地区教育事务主管部门负责人的张其昀有鉴于图书馆、博物馆人才缺乏，因而在台湾师范大学中文研究所增设图书馆等组，除修习学科外，并在台湾“中图馆”实习。然仅办一期，招生六人。1972、1973年，又因图书馆高级馆员依赖留学生供职服务，但留学生供职意愿不高，再加上当时设置图书馆研究所的条件尚未成熟，因援前例，于台湾政大中文所增设目录学组，唯不再实习。以上见乔衍管：《台湾政治大学设图书馆系刍议》，《古籍整理自选集》，（台北）文史哲出版社1999年版，第248页。

招收了两届十名左右的学生①，就停办了，甚为可惜。观当时课表，与文献学有关的课程丰富而充实，除辨伪学外，目录学、校雠学、版本学、辑佚学、文献学、四库学等，均定期开设②，一直到1981年底。时移世易，今日与文献学相关的课程在台湾政大中文系所，几乎杳无踪迹，系所学风陵夷之快速与剧烈，令人吃惊。

三、经学课程施教内容举隅

台湾政大校方曾于1960年秋天开始研议编制课程说明书，但因课程种类繁多，各方撰拟先后不一，所以迟至1964年，仍未告竣。因而在1962年时，为适应各方需要，并且依照第四次校务会议决议，将已收到的课程说明，先行油印，以供参考，于是编辑成《台湾政治大学课程说明概览》。又于1964年加以打字排印，编成《台湾政治大学课程说明》③。就中文系的部分，二者内容大体相同，只不过一为油印，一为打字排印。从中可见中文系在台恢复后的头几年的课程纲要。类似的课程说明，在后来很长的时间内都未再编印，直到1987年，方由各学系编制课程手册④，之后，也未见继续。随着计算机网络化的普及，编制纸本的“课程说明”或“课程手册”已成绝响。

《台湾政治大学课程说明》编制时，中文研究所尚未成立，因而只能从

① 乔衍管在《培育版本鉴定人才》文中提及“共招两届十一人”，但在《台湾政治大学设图书馆系刍议》中又说是“两年共招生约十人”，以每届招收研究生五名来看，似当以后说为是。二文均收录于氏撰：《古籍整理自选集》，分见第241、248页。

② 此据乔衍管《台湾政治大学设图书馆系刍议》一文所述，见第250页。乔氏此文刊载于1990年8月出刊的《中华学苑》第40期，当能反映20世纪80年代后期的教学实况。

③ 参见《台湾政治大学课程说明概览》之《课程说明书例言》；《台湾政治大学课程说明》之《课程说明书例言》。

④ 中文系的《课程手册》，由台湾政大中文系编印，出版于1987年1月，由其《编辑凡例》可知，该手册系依1986学年度开设课程编定，编写的体例则为：“每一课程分‘旨趣与目标’‘内容与进度’‘授课方式与指定作业’‘教科书’‘重要参考书’‘其他’等项，由该课程任课教师撰文介绍之。”（第1页）比早年的《台湾政治大学课程说明》更加规范化。此《课程手册》由刘又铭教授借览，特申谢忱于此。

有限的材料中，对政大早期的大学经学课程，略做泛览概观。今仅见“《孟子》”“《论语》”“《礼记》”“《毛诗》”“《左传》”五种经学科目之课程说明，“《周易》”和“《尚书》”则不见收录。以下依次从必修、选修与修业年级的顺序，将经学相关的课程纲要加以引录。

（一）“《孟子》”，大一必修，上下学期各3学分

孟子之志，在学孔子。战国时诸侯放恣，邪说横行，孟子毅然以中国道统自任，排斥杨墨，宣扬儒教，使孔子之道，永垂于后世，故言中国文化者，莫不孔孟并称。自南宋朱子将《论语》《大学》《中庸》《孟子》合为《四书》，以示孔子、曾子、子思、孟子一贯之道统。于是《孟子》一书，更为学者所尊崇。今日研究《孟子》，不仅读其章句，尤须明其义理。孟子在政治方面：提倡仁义，反对功利；提倡王道，反对霸道；提倡和平，反对战争；提倡民主，反对专制。在教育方面，提倡孔学，反对异端；提倡性善，反对义外；提倡养气，反对小勇；提倡自得，反对助长。其思想之博大精深，虽传至二十世纪之今日，亦大可采取，以救世之急。故欧美学者，对于孔孟学说，颇多崇拜。……亦知精神文明之重要。观最近台湾孔孟学会之组织，可见学术思潮之转变矣。

1. 选授《梁惠王》《公孙丑》《滕文公》《离娄》《万章》《告子》《尽心》等七篇中之精要各章。

2. 弘扬孟子之思想、学说。简述如下：Ⅰ孟子之中心思想：性善主义。Ⅱ孟子之人生观：（1）服务人生观；（2）排斥功利之人生观。Ⅲ孟子之教育论：（1）原则——顺其本性，自动自发；（2）方法——存心养性，寡欲有恒；（3）信条——端正趋向，坚强意志。Ⅳ孟子之政治主张：（1）民贵主义；（2）保民政策；

（3）贤能政府；（4）法治精神。①

（二）“《论语》”，大二必修，上下学期各3学分

《论语》一经，辛亥以前为读书之士必读之书，为不读书之人皆知之书。辛亥以后废经，公家废，而私人不辍。五四新潮起，文学革命作，于是《论语》之书，乃由必读之书，一变而为不屑一顾之作。然乡曲开发，犹有吟哦而习知之者，……《论语》一书，盖关系极重也。近大学课程虽有《论语》一科，固仅二时，业限一载，其能收效至于何种程度乎？况此书如儒家之金科，草草竟之，是虽设而等于无，故愚意宜定《论语》为必修之外，且延长其修业期间，凡中文系学生不熟读而精晓者不得毕业，一方监其品行，佐以分数而后准其及格，若是其庶几乎。②

（三）“《礼记》选读”，大三必修，上下学期各2学分

本课程以选读《小戴礼记》为主，讲授大要如下：（一）示范研读，着重训诂考证；（二）课外指导，参考书评选③。

（四）“《毛诗》”，大四必修，上下学期各3学分

《诗》有兴观群怨之效，感人深切。故治中国文学者，首须熟读三百篇，陶冶其性情，培养其志气，以奠定文艺创作之基础。例如《六月》《采芑》《车攻》《崧高》《烝民》《江汉》《常武》诸诗，可以启发青年之民族思想；《瞻卬》《召旻》《节南山》《正月》《大东》《北山》诸诗，可以启发青年之民权思想；《硕鼠》

① 《文学院中国文学系课程说明》，《台湾政治大学课程说明概览》，第5a—b页；《台湾政治大学课程说明》，页中—第9、10页。

② 《文学院中国文学系课程说明》，《台湾政治大学课程说明概览》，第8b页；《台湾政治大学课程说明》，页中—第15、16页。

③ 《文学院中国文学系课程说明》，《台湾政治大学课程说明概览》，第9a页；《台湾政治大学课程说明》，页中—第16页。

《伐檀》《葛屦》《苕之华》《杕杜》诸诗，可以启发青年之民生思想。不但此也，读《凯风》《蓼莪》，当知孝于父母；读《小戎》《无衣》，当知忠于国家。必若子夏监绚素之章，子贡悟琢磨之句，而后可与言《诗》也。兹为配合教学时数，选授八十篇如左：

一、《国风》五十篇：1.《周南》四篇：《关雎》《卷耳》《汉广》《汝坟》；2.《召南》四篇：《鹊巢》《行露》《小星》《何彼秾矣》；3.《邶风》四篇：《柏舟》《凯风》《谷风》《北门》；4.《鄘风》三篇：《桑中》《相鼠》《载驰》；5.《卫风》三篇：《硕人》《氓》《伯兮》；6.《王风》三篇：《黍离》《兔爰》《葛藟》；7.《郑风》四篇：《萚兮》《褰裳》《扬之水》《溱洧》；8.《齐风》二篇：《鸡鸣》《敝笱》；9《魏风》五篇：《葛屦》《园有桃》《陟岵》《伐檀》《硕鼠》；10.《唐风》二篇：《鸨羽》《葛生》；11.《秦风》四篇：《小戎》《黄鸟》《晨风》《无衣》；12.《陈风》三篇：《宛丘》《衡门》《墓门》；13.《桧风》二篇：《隰有苌楚》《匪风》；14.《曹风》三篇：《蜉蝣》《鸤鸠》《下泉》；15.《豳风》三篇：《七月》《鸱鸮》《东山》。

二、《小雅》十五篇：《鹿鸣》《常棣》《采薇》《六月》《采芑》《车攻》《吉日》《小弁》《蓼莪》《大东》《北山》《都人士》《渐渐之石》《苕之华》《何草不黄》。

三、《大雅》十五篇：《文王》《大明》《绵》《皇矣》《生民》《公刘》《民劳》《板》《荡》《崧高》《烝民》《江汉》《常武》《瞻卬》《召旻》。①

（五）“《左传》”，大四选修，上下学期各3学分

《左传》，一名《左氏春秋》，或曰《春秋左氏传》，传家之义与列传之传有异，而同于注释，所谓《左传》者，即《春秋》左

① 《文学院中国文学系课程说明》，《台湾政治大学课程说明概览》，第6a—b页；《台湾政治大学课程说明》，页中—第11、12页。

氏注释之省称也。《春秋》一经，为孔子拨乱反正之工具，亦为其政治思想之结晶，唯其文微，其旨远，而史实又多不相属，末儒尝有断烂朝报之讥，其得以流传不泯者，全赖左氏之传之推挽。左丘明世为鲁史官，习于掌故，《春秋经》之底本即为鲁史，资料多出其助，故得接闻夫子之微言大义。其释经也，虽亦重单辞只字之笔削，而尤要在史实纪述之详赡。读其传，则经中人物之肺肝如见，经中事理之黑白自分，有羚羊挂角、不著形迹之妙。然此特就其解经之功而言耳；其在解经之外，实兼具中国文化史之用，如乐舞之制、章服之度、民族之源流、名字之意义、车骑之用、兵法之教、官衔之沿革、历算之系统、婚娶之俗、宴会之礼、星相之术、医卜之技，无不标纲絜领，赅举无遗，如登昆冈而窥瑶府；如之帝所而闻广乐，使人耳目不给焉。至其所载当时诸侯交涉惯例，前台湾暨南大学校长何炳松氏曾撮举其符合近代国际法者编为《古代“国际法”》一书，流布中外，盖其不仅有征于古，亦有验于今也。若夫文辞烂然，为文章不祧之祖，犹其余技耳。①

这五个科目的课程说明皆未注明撰者的姓名，只能从负责授课的教师中去推测。在1962年以前教授“《孟子》”者除熊公哲外，尚有张立斋、祁述祖和马小梅，但熊公哲讲授此课最早，次数也较多，此课程说明出自他手笔的可能性还是最大。熊公哲讲授“《论语》”的情况虽类似“《孟子》”，但“《论语》”的课程说明风格与“《孟子》”大不相同，并无具体讲授的计划，只在强调《论语》的重要，语多愤慨，不敢断然确定为熊公哲所撰。查张立斋曾在1961、1962、1963等学年讲授“《论语》”，此课程说明或可能出自其手。“《礼记》”长期由王梦鸥讲授，此课程说明当可确定由其执笔。祁述祖曾在1960、1961、1962等学年负责教授“《毛诗》”，则“《毛诗》”之课程说明应由其负责撰写。傅隶朴则在1960、

① 《文学院中国文学系课程说明》，《台湾政治大学课程说明概览》，第10a—b页；《台湾政治大学课程说明》，页中—18、19。

1961学年间任"《左传》"之授课教师,"《左传》"之课程说明由其撰写的可能性很大。

这五个经学科目的课程说明,除"《礼记》"外,大体都很详尽。唯涉于具体讲授内容者,只有"《孟子》"和"《毛诗》";"《论语》"和"《左传》"比较偏重该书的价值。且从"《孟子》""《毛诗》"和"《左传》"的课程说明中,可见执笔者不但尝试将经书之内涵整理出一有机之系统(如"《孟子》""《毛诗》"),更阐发其丰富的价值(如"《左传》"),他们心心念念的是,如何将经书之义理智慧运用至现今社会,或发掘其现代意义,使其为现代人所用。故而《孟子》之思想"传至二十世纪之今日,亦可采取,以救世之急";读《毛诗》,可以启发青年之民族、民权与民生思想;读《左传》,可以既征于古又验于今。显见当时讲授经学的教师,善用通经致用之教也。

四、系所课程规划与相关规定

1973年出版的《台湾政治大学在台复校校务发展概况资料汇编(初稿)》,对中文系的成立宗旨及发展方向有详尽的阐述,其云:

> 本系乃以发扬中国固有学术与培植中国文学人才为宗旨,故所开设之课程,向以古典文学为主,而以现代文学为辅,庶使学生在中文方面之修养,能新旧相融,古今参合,以达成本系设立之目的,此其一。本系对于学生之研习,理论与写作并重,期能同时养成其欣赏与创作能力,如声韵学、文字学则须常作笔记。如历代文选、诗选、词选、曲选、小说选等则须经常写作,教师尤乐于精细批改,俾使学生获致实益,此其二。本系为配合时代之需求,对学生外文之培养,特加顾及。故本系开有大二英文、大三英文,以及即将增设之日文等选修科目,至于所开之文艺概论,则尤着重中西文艺之比较研究,俾使学生具有多种语文能力与学识,以适应未来之需要,此其三。此外,为增进学生之学识,

对学生课外阅读，包括在校与寒假时期，作有计划之规定，并制定测验办法，庶使与正课配合发展，以增益其学业，此其四。①

上述有关中文系成立宗旨与发展方向的文字，在《台湾政治大学概况》中也可见到。在 1977 年、1980 年及 1988 年度的《概况》中，即有系所设立宗旨与发展方向的说明。从中可见《汇编》所载中文系的办学理念，大体上延续下来，没有太大改变。②

至于中文研究所的办学理念，《汇编》中并没有太多着墨，相关叙述亦仅见于 1977、1980 及 1988 年度的《概况》，其云：

本所设立宗旨，在培养研究中国文学专门人才，发扬中国文化之人文精神，促进文化复兴，唤醒民族灵魂、建立民族自信，以研究中国人文科学之成果，……并谋全人类福祉。分设硕士班与博士班，硕士班教学重在基础之奠立、方法之传授及专长之培养，博士班教学重在基础之加厚、视野之扩大及术业之专精。③

在上述文字中，并不太突出经学教育，因为在现代中文系科的形成过程中，文学（古典、现代）和语言文字学（即传统的小学）本就是最核心的领域。经学课程或者隶属于文学或语言文字学，如《台湾政治大学校史稿》即如此：

在古典文学方面，有“国学概论”“《孟子》”“《史记》”“《左传》”等典籍导读，计有十余门，是为该系教学的重点。④

又或者归属于中国文化或国学领域（如现今台湾政大中文系将经学相关课程皆归于义理领域）。中文所强调“发扬中国文化之人文精神”“研究中国人文科学之成果”，打破文学、小学、文献、义理等领域的区分方式，而以整体的“中国文化之人文精神”“中国人文科学”为研治重点，更能对

① 《汇编》上册，第 139b—140a 页。

② 《概况（1977）》，第 50 页；《概况（1980）》，第 55 页；《概况（1988）》，第 52 页。

③ 《概况（1977）》，第 29 页；《概况（1980）》，第 33—34 页；《概况（1988）》，第39 页。

④ 《校史稿》，第 235 页。

应中国传统学术浑圆一体之特色。

不过，中文所的点书规定颇能彰显其对经学教育的重视，《汇编》述此曰：

> 本所于规定课程之外，为奠定研究生治学基础，并定博士研究生须将《十三经注疏》圈点一遍，余则阅读唐晏《两汉三国学案》、黄宗羲《宋元学案》《明儒学案》、徐世昌《清儒学案》及《四库全书总目提要》，分别作礼（谨按：当作札）记。硕士研究生须圈点国学要籍八部，如《论语》《孟子》《荀子》《礼记》《毛诗》《昭明文选》《说文解字》及《左传》《史记》等。《论语》《孟子》《礼记》《毛诗》《左传》皆用注疏本，《荀子》用王先谦集解本，《昭明文选》用李善注本，《说文解字》用段玉裁注本，《史记》用斐（谨按：当作裴）骃、司马贞、张守节三家注本。①

规定圈点的古籍以经部为重，其对经学之重视，远超乎经学课程之数量及学分。② 当然，类似的点书规定在台湾大多数中文所的教育中，皆曾施

---

① 《汇编》上册，第70a—70b页。

② 台湾政大中文系目前仍旧保留圈读古籍的制度，并为此制定“台湾政治大学中国文学系硕博士班学生古籍圈读书目及考核办法”，圈读的书目除《十三经注疏》外，还包括系上开列的书目：《战国策》《国语》《史记》《汉书》《后汉书》《老子》《庄子》（二者合为一部）、《管子》《荀子》《墨子》《韩非子》《吕氏春秋》《淮南子》《世说新语》《宋元学案》《明儒学案》《清儒学案》《楚辞》《昭明文选》《文心雕龙》。规定硕士班学生须圈读《十三经注疏》中的大经一部或小经（《论语》《孟子》《孝经》《尔雅》）二部与系上开列书目中之一部。博士班学生须圈读《十三经注疏》中的大经二部与系上开列书目中之一部。圈读《十三经注疏》时，应圈读本文及古注。圈读《十三经注疏》以外书目时，则应全书句读。（见台湾政大中文系网页之“课程信息”中“硕士部修业规定”与“博士部修业规定”）

行很长时间，并不算台湾政大的特色。①

台湾政大中文系所的系所理念与课程规划究竟是由谁主导呢？关于中文系，《校史稿》明确说：

> 中文系在 1949 年之前即已创设，1956 年，在本校恢复设置，首由高明教授担任系主任，主持编订课程、延聘教师等工作。②

《汇编》说得更清楚：

> 1954 年，本校在台复校，越三年，即恢复本系。首由教授高明先生任系主任，编订课程，延揽教师。规划既定，遂于 1956 年夏招收一年级学生一班，九月开学，大体就绪。高主任复从而厘定各项规章，充实图书设备，筚路蓝缕，丕启规模，其后每年招收一年级新生一班，至 1959 年夏，遂完成四年建制。③

可知高明在中文系初创时期，主导中文系的系务与课程规划。但 1959 年 8 月，高明荣聘台湾政大教务长，系主任便改由熊公哲接任。④ 熊公哲继任后，系务续有开展，《汇编》说道：

> 熊主任复鉴于倡行民众教育，今后民众中学师资必感缺乏，为备将来需要，因建议将本系成立双班制，1969 年秋，开始招收

---

① 古籍圈点制度，可说是台湾中文人的普遍记忆，台湾辅仁大学中文系更将圈点的规定提前至大学部一年级施行。在大一必修上下学期各 2 学分的“《史记》”课中，修课学生须将《史记》全书（通常仍以本纪、世家与列传为主）圈点完毕，并经授课老师的检查或考核。但这种记忆对许多人来说，却似乎变成梦魇般的存在。龚鹏程曾对此有尖刻的批评，如云：“点书，本是好事。然凡好事，成了规矩就惹人厌。譬如吃饭，自是美事，人也不能不吃饭。但是若规定必须吃、不准不吃、而且有几样菜非吃不可，那胃口可就倒尽了。”见氏撰：《四十自述》，（台北）印刻出版公司 2002 年版，第 139 页。不过，对早年曾就读于台师大中文研究所的朱守亮教授而言，却有完全不同的认知，他在 1960 年 9 月 4 日的日记中记道：“虽也有人反对圈点书；但经验告诉我，功夫没白费，应是作学问最笨、最基础的训练。经此训练，我敢说，现在任何没有句读的书或文章给我，我都可断开句子后，再探寻其真正涵义，这是无此训练的人所不能做到的。读书真的要‘笨’，要‘下基本苦功夫’，没什么方法技巧！但谁能了解到这些？”见氏撰：《心灵深处：亦圃斋主人日记摘要》下册，（台北）知识系统出版有限公司 2010 年版，第 1221 页。

② 《校史稿》，第 235 页。

③ 《汇编》上册，第 139a 页。

④ 《校史稿》，第 235 页。

一年级学生两班，于是本系规模，益见扩充，而教学内容、研习精神，亦愈充沛。①

1969年秋天，熊公哲因年龄限制，辞去中文系主任之职，复由担任中文所主任的高明兼充。直至1972年，高明因赴新加坡南洋大学讲学，辞去系主任，改由卢元骏接任。② 高明共担任六年的中文系主任，熊公哲亦担任十年主任职务，二人合计主持系务长达十六年，中文系的系务规划与课程安排，主要是在他们任上完成的。或许可做如此论断：精研传统经学的熊、高二先生，联手擘画了台湾政大中文系的经学教育，台湾政大中文系的经学教育，也深深烙上二人的印记。③

关于中文所，其成立之初，熊公哲的贡献较大，《汇编》有云：

1964年，本所成立，先设硕士班，每年招收硕士研究生十名，1969年，增设博士班，每年招收博士研究生三名，1972年，本所与台湾“中图馆”合作，招收目录学组硕士研究生五名。初成立时，所主任由当时本校中国文学系主任熊公哲先生兼代，筹备擘画，开创的功劳最大。④

廖作琦《我所知国学大师——熊公哲》更有如此描述：

---

① 《汇编》上册，第139a页。

② 《汇编》上册，第139a—b页。

③ 在过去很长的一段时间内，高明几乎就是台湾政大中文系的旗帜，看到高明就使人联想到台湾政大中文系，反之亦然，这完全是因为他在台湾政大及整个台湾中文学界所散发出的影响力使然。当然，这也不可避免地给他带来一些负面的评语或闲话。如雷震与高明颇有来往，在他的日记中，就曾写到一则来自台湾政大内部有关高明的闲话，其谓：“下午三时去台湾政大，李易均谓高明要造派系，台湾政大研究所毕业生不给他们教课，反请台湾师大研究所毕业生来教课，台湾政大研究生甚不满。”[《雷震日记（1959—1960）》，《雷震全集》，（台北）桂冠图书公司1990年版，第40册，第182页。] 雷震此则日记写于1959年10月26日，当时台湾政大中文系连毕业生都没有，更遑论中文所的毕业生。雷震日记提到的台湾政大研究所毕业生当是台湾政大在台复校时，最早成立的教育、政治、新闻研究所的毕业生，截至1959学年度，这三所的研究生共毕业126人，结业5人。[《概况（1960）》，第67页。] 这些无法在台湾政大教课的台湾政大研究生将不满的矛头针对担任教务长的高明。可是，若他们希望教授的是中文之类课程，则并无此专业学历。若是中文之外的课程，则又事关各领域的专业属性，并非高明所能完全主导。由此或可推知，很多类似的批评与闲话未必都是建立在事实的基础上，多半是情绪的发泄与立场的表达。

④ 《汇编》上册，第68a页。

> 一九五四年台湾政治大学在台复校，先后创设中国文学系及中国文学研究所，公哲姻伯曾为此致力催生。尤其对中国文学研究所的设立，更竭尽所能奔走呼号，终获有关部门核准，立下了不可磨灭的功劳。其后任该所首任所长，并任中文系主任达十年之久，对于所务及系务之策划推行，更是殚精竭虑，时常为之眠食俱废。①

不过熊公哲只是兼代，当时台湾政大校长刘季洪似属意高明担任所长之职，然高明于1960年担任台湾政大教务长兼文学院院长任内，应香港中文大学联合书院之聘，任高级讲师兼系主任。1964年返台后，复应张其昀之聘，担任台湾中国文化学院中文系主任及中国文学研究所所长。台湾政大中文所成立后，据高明自述，刘校长“以所长一职悬以待余二年”②。因此他在得到张其昀的谅解后，于1966年返回台湾政大担任中文所所长，直至1975年因年龄而退下，中间只有在1972年时因赴新加坡讲学一年，由王梦鸥兼代。③ 因此中文所也与中文系一样，其所务规划和课程安排主要由熊、高二人主导。

然而，同属中文系所的创立元老④，且与高明、熊公哲同为“政校旧

---

① 原文载于《传记文学》第72卷第1期（总第428号），1998年1月，引文见第109页。此文经熊公哲哲嗣熊琬教授补充，挂载于果庭书院网站。（http：//blog. xuite. net/guoting_ academy/GTA/124819637）

② 以上参见高明：《高明文辑·自序》下册，第698—699页；上册，第1页；董金裕：《高仲华师的待人与处事》，载《高明教授百岁冥诞纪念学术研讨会论文集》，（台北）台湾政治大学中文系2009年版，第3页。董文将高明赴港讲学之事，记为1956年，当属笔误。

③ 《汇编》上册，第68a页。

④ 三人中，熊公哲最早进入台湾政治大学服务，他于台湾政大复校后的第二年，即获聘兼任教授，与成惕轩、梁容若、杜学知、丁宣孝等人共同担任教育、政治、新闻等系之中文课程。［《概况（44）》，第10、34页］当于中文系成立后的次年转任专任教授。高明则是于1956年，以陈大齐之礼聘，从台湾师范大学中文系转来台湾政大创办中文系。（高明：《高明文辑·自述》下册，第698页。）王梦鸥亦于1956年离开台湾“中研院”，专任台湾政大中文系教授。（参见林明德：《涵盖古今中外的学人——王梦鸥教授》，第90页；及《文论说部居泰山——王梦鸥教授》，第1页。）

人”的王梦鸥[①]，其在当中的角色为何？颇令人好奇。事实上，王梦鸥虽未担任系主任，但却曾两度兼代中文所所长，除1972年高明赴南洋讲学，兼代一年外，1965年，在中文所创立的第二年，由于熊公哲免兼中文所所长，而专任中文系主任，高明又远赴香港讲学，故暂由王梦鸥兼代一年。[②] 王梦鸥虽兼代此职，但并非拱手垂裳，于所务与课程规划无所措意，山东省图书馆和鱼台县政协编的《屈万里书信集·纪念文集》收录一通王梦鸥写给屈万里的信函，其中有如下内容：

> 拜诵十月十二日惠书，远辱勖勉，感奋何如！台湾政大中文研究所本似为应景而设，师资设备，两难充实，如弟驽钝，谬承其乏，深以贼人子弟为惧。今年先生应聘远行，末由叨教，幸获林岷先生惠允兼授专业，使诸生略知治学门径。然欲尽变冬烘积习，尚有待先生荣旋，赐以大力挽回也。……
>
> 弟王梦鸥敬上。十月十八日。[③]

该函当写于1965年10月18日，整理者却误系于“1976年10月18日”，刘兆佑编撰的《屈万里先生年谱》亦袭此误。[④] 王梦鸥写此函的主要目的，表面上是请托屈万里改善台湾政大中文所的师资，其实，很可能想延揽屈万里至台湾政大中文所任教。二人具体的通信背景是：王梦鸥于此年接掌台湾政大中文研究所所务，亟思改善师资，遂于当年致函屈万里，请求协助。屈万里赴美后，遂于10月12日复函王梦鸥，加以勉励。王梦鸥

① “政校旧人”语见高明自述，《高明文辑》下册，第698页。据其自述云，其于1941年，应陈果夫之召，至重庆小温泉“政治学校”任秘书。一年后，张道藩继陈果夫任政校教育长，以其兼通新旧文学，聘授中文。其时授中文者，尚有黄淬伯、徐澄宇（即徐英）、穆济波、苏渊雷、熊公哲与王梦鸥诸人。（第695页）王梦鸥亦曾自述：“民国三十年于重庆的政大，曾和高明先生来往。”（林明德：《文论说部居泰山——王梦鸥教授》，第4页。）

② 《汇编》上册，第68a页。

③ 山东省图书馆和鱼台县政协编：《屈万里书信集·纪念文集》，齐鲁书社2002年版，第167页。按：函中提及之林岷当为林尹。

④ 刘兆佑：《屈万里先生年谱》，（台北）台湾学生书局2011年版，第244页。

旋即于18日再度去函屈万里，即此信也。① 王梦鸥请托屈万里改善台湾政大中文所师资之原函及屈先生之复函今均未得见，从结果可知，屈万里未在台湾政大兼过课，台湾政大中文所的师资及课程，也看不出屈万里协助的痕迹。其间缘由不易考知。然王梦鸥勤勤所务之心，固不可抹灭也。②

五、经学学位论文的指导与撰写

台湾政大在台复校肇始阶段的经学教育，其成效与特色可从研究生学位论文的指导与撰写中体现出来。在这个阶段，硕博士班的学位论文指导，皆由熊公哲、高明与王梦鸥三位老师担任。有关经学的，主要由熊公哲与高明负责。由附录表中可以看出，③ 从1966年到1993年，熊公哲一共指导了32位研究生，其中硕士22位，博士10位。与经学有关的13位，其中台湾政大的研究生有10位（硕士生6位，博士生4位），其余3人为外校研究生。高明共指导了118位研究生，其中硕士47位，博士71位。与经学有关

① 关于此函的相关考释，请参见拙文：《〈屈万里书信集〉所收王梦鸥函札的系年问题》，《“国文”天地》第31卷第7期，2015年12月，第79—81页。

② 关于王梦鸥兼代台湾政大中文所主任期间，推动所务的作为，黄景进教授在审阅本文初稿后，曾提供若干珍贵的回忆，可与本文所述相互印证及补充。黄教授的回忆由其高足台湾政大中文系的陈英杰教授执笔记录下来，以《黄景进教授对王梦鸥先生兼代台湾政大中文所主任的回忆》为题，刊于《“国文”天地》第32卷第7期（2016年12月）。其中提及王梦鸥教授曾大约每月一次邀请国内外重量级学者莅所进行学术讲演，除屈万里外，尚包括台湾“中研院”的黄彰健教授、台湾大学的台静农教授、台湾师范大学的许世瑛教授，以及日本的御手洗胜教授。（第66页）黄景进教授的回忆颇可补本文之不足，同时也印证王梦鸥在致屈万里的函札中，所念兹在兹的，是希望借由屈万里的帮助，来改善台湾政大中文所的师资与教学，这并非客套的应酬虚语，而是由衷的心愿。

③ 本表搜录数据源包括台湾图书馆“台湾博硕士学位论文知识加值系统”、台湾政治大学图书馆网站、台湾政大中文系制作的“研究生历年毕业目录”（见台湾政大中文系网页之“学生信息”）和台湾师范大学中文系编制的“台湾师大中文系历年博硕士学位论文目录”（见台师大中文系网页之“研究信息”）。然其中有错漏，仍须以原始纸本论文为准。凡本表所列者，皆尽可能查核原始纸本论文。查核原始纸本论文的工作，承台湾政治大学中文系博士生许伟轩、硕士生伦凯琪与台湾大学中文系博士生卢启聪等三位同学协助，谨申谢忱。

者计39位，与台湾政大有关者仅11位。[①] 这当中有4位为硕士生，7位则为博士生，余皆为外校研究生，甚至有香港新亚研究所的学生。王梦鸥虽共指导了39位研究生，其中硕士22位，博士17位，但几乎皆与经学论题无关，与经学稍稍相关者，仅有博士生李时铭1位，而李时铭的硕士学位论文也由王梦鸥指导。三人在台湾政大指导的硕博士生，从事经学研究的共计22位。这22位研究生中，有4位是熊公哲和高明二人联合指导的博士生，去其重复数，仅余18位。而这18位中，又有2位的硕博士学位论文皆是经学题目，且又为熊公哲或高明所指导（即程南洲和李威熊），再去此重复数，则三人在台湾政大培养的经学人才总共16位。

截至1982学年度，台湾政大中文所硕士班共毕业了175位研究生，博士班共毕业了32位研究生，共计207位，[②] 三先生所培养的经学人才，所占比重不算太高，硕博士生合计共16人次（除去联合指导者，硕士共10人，博士共6人）。即使将其他教授指导的经学专业的研究生全都算进来

① 高明在1975年所作的《自述》谓："溯自1944年兼任西北大学系主任迄今，适满三十年。此三十年中，历教中外各大学，经余陶铸而得博士学位者二十余人、得硕士学位者三百余人、得学士学位者不计其数。"（第699—670页）然其所述与"一览表"所载者相差甚远，在"一览表"中，其指导之博士有71位，非仅二十余人。又"一览表"仅见有47位硕士生，与其自述之三百余人，差距尤其巨大，不知何故？或疑其所云受其陶铸之三百余位硕士生非全然为其指导之学生，授业生及参与硕士学位论文口试之研究生可能皆包括在内。

② 据台湾政治大学中国文学系"研究生历年毕业目录"统计而得，此数据与《概况（1988）》所附的"台湾政治大学各研究所历年毕业学生人数统计表"略有不同，据该表所载，截至1982学年度毕业的硕士生同是175位，但博士生则仅有26位。按："台湾政治大学中国文学系研究生历年毕业目录"于研究生姓名、论文题目、指导教授及毕业年份皆详加记载，当有极高的可信度，今暂以该目录所统计的数字为准。

（共17位硕士生，1位博士生[①]），则从事经学研究的硕士生计27位，博士生7位，共34位。在总共207位硕博士研究生中，只占16.4%。这个数据恰好可与第二节提及1967年度中文所经学课程（4科）占全部课程（32科）的12.5%相对照。二者所反映出的讯息是：从课程数量或研究生撰写论文的方向看，经学都称不上是热门领域。

但是，由附庸蔚成大国的小学领域却展现出极显著的影响力。事实上，当时有不少的论文正是介于经学与小学之间，如施炳华的《毛传释例》、程南洲的《经传释词辨例》、蔡主宾的《敦煌写本儒家经籍异文考》、方俊吉的《广雅疏证释例》、简宗梧的《经典释文徐邈音之研究》和李威熊的《经典释文引说文考》。除施炳华和程南洲的硕士学位论文由熊公哲指导外，余皆为高明指导。与此同时，高明在台湾政大指导的小学领域论文多达19篇（硕士15篇，博士4篇），比其在台湾政大指导的经学领域的论文还多（这当中包括上述介于经学和小学之间者）。这个情况正好印证了龚鹏程的观察：

> 在我之前，中文系尚沉浸于两大系统中：一为台湾大学及台湾“中研院”系统，上附胡适、顾颉刚、傅斯年之考证辨伪学，如屈万里先生《古籍导读》所代表者，即为此派之治学方法。另一派则为林尹、高明诸先生所主持之台湾师大、台湾政大系统，上附于章太炎、黄侃，而实以小学为主，谓训诂明而后义理明。[②]

---

① 硕士生包括卢元骏指导的李崇远《〈春秋三传〉传礼异同考要》（1967）、祁述祖指导的周浩治《清代之〈诗经〉学》（1970）、潘光晟指导的顾健民《〈孟子〉赵注与朱注之比较研究》（1978）、胡自逢指导的古国顺《清代〈尚书〉著述考》（1975）和黄忠慎《〈尚书·洪范〉研究》（1980）、周何指导的梁春华《广雅考》（1975）、方炫琛《〈春秋左传〉刘歆伪作窜乱辨疑》（1979）和倪天蕙《宋儒春秋尊王思想研究》（1981）、朱守亮指导的钟洪武《〈诗经〉中有关男女情感问题之探讨与分析》（1978）和王春谋《朱熹诗集传“淫诗”说之研究》（1980）、罗宗涛指导的张双英《〈周礼〉所表现之社会观》（1978）、刘兆佑指导的孔建国《〈文献通考·经籍考〉研究》（1975）、韦日春指导的关龙庭《大小戴记与荀子关系之探索》（1976）和伍安娜《孔孟之道述义》（1977）、董金裕指导的陈美圆《张载之礼学》（1980）、李威熊指导的陈炽彬《汪容甫学述》（1981）和吕凯指导的刘瀚平《东汉儒学与东汉风格》（1981）共17篇硕士学位论文。博士学位论文则为周何、李威熊指导的方炫琛《〈左传〉人物名号研究》（1982）1篇。

② 龚鹏程：《四十自述》，第35页。

他对这两个系统都有极尖锐的批评，尤其后者，更为其耳目常所接闻者，故时有一针见血之评论，如其云：

> 由于林老师（谨按：林尹）长期主持所务，他与高仲华师均出蕲春黄氏门下，由文字声韵之学以上溯于清代朴学统绪，似乎就成了台湾师大中研所的标记。即或并不钻研此道，小学也被解释为万学之本、必由之径。①

类似的批评也可见于台湾当代学人对中文系学风的描述，如周志文在其散文中回忆道：

> 台湾师大学术的主流向来标榜“小学”，举例而言，所长林尹，就是文字声韵学专家，又自称是章黄的传人，章太炎是宁信《说文》不信甲骨的，因此台湾师大这一系统的文字学，一切理论都得建立在《说文》上面，与《说文》相异的说法，都被视为野狐外道。其实章黄的学术视野也不算小，“小学”只是其中的一小部分，文字学上的某些偏见无损于他们在其他方面的贡献，但台湾师大视“小学”为学问的核心，又紧抱章黄的偏见不放，则无法避免有抱残守缺之讥了。②

由此可见，当时台湾政大中文所的课程设置和研究生论文方向，倾向于小学领域，并不难理解。但台湾政大毕竟不是台师大的分支，同样身为黄门弟子的高明和林尹，其学术表现并不全同。在强调文字声韵的同时，高明亦展现出他对经学本身的重视，如在《中华学术的体系》一文中强调“考求文字的学术是研究一切学术的入门的学术”，但也承认“中华学术的思想主流，是寄寓在‘经学’里面的”。③ 而从其有系统地指导学生从事郑玄经学研究，更可看出他的经学规划，如他在1969年为胡自逢《周易郑氏

---

① 龚鹏程：《四十自述》，第135页。

② 周志文：《初进台大》，《记忆之塔》，（台北）印刻文学生活杂志出版有限公司2010年版，第150页。这段话又见于《华仲麟先生》一文，收录于氏撰：《有的记得，有的忘了》，（台北）印刻文学生活杂志出版有限公司2016年版，第218页。

③ 高明：《中华学术的体系》，《高明文辑》上册，第66、67页。

学》写的序中说道：

> 余少从先师蕲春黄季刚先生侃问学，先生告以治小学、经学必由许郑，余以是寝馈于许郑之书者数十年，虽愚者时有一得，丁时丧乱，奔走四方，未遑悉书以问世。偶作《许慎生平行迹考》《郑玄学案》等文，不过初启其端，略发其凡而已。然与诸生讲学，则时时道之。诸生之俊彦者往往有所会心，欲因其说而分别精研之，以补余阙。于是赖生炎元撰《毛诗郑氏笺释例》，而郑氏之《诗》学明；李生云光撰《三礼郑氏学发凡》，而郑氏之《礼》学明；今自逢撰《周易郑氏学》，而郑氏之《易》学又明。清儒之治郑学者，固莫之能过也。他日傥有步赖、李、胡三博士之后尘者，续研郑氏之《尚书》学、《春秋》学，使郑氏之经学无不大明，岂非学苑之盛事也哉？至许氏以“五经无双”著称于世，有清一代撢研其《说文》之学者二百余家，可谓极盛，而撢研其《五经》之学者寥若晨星，宁非憾事？是则有望于后之博士矣。[①]

高明指导博士生从事郑玄经学研究的构想，后来在台湾政大续得实施，他和熊公哲联合指导吕凯撰写《郑玄之谶纬学》，吕凯以此文于1974年获得文学博士。又指导李威熊研究郑玄的老师马融，李威熊于1975年以《马融之经学》获得文学博士；指导李振兴研究郑玄的反对者王肃，李振兴亦于1976年以《王肃之经学》获得文学博士。但他的经学规划并非只停留在“许、郑之经学大明”的阶段，在他的指导下：

> 学者更缘以上探先秦、两汉之经学，如胡生自逢撰《先秦诸子易说通考》、许生锬辉撰《先秦典籍引〈尚书〉考》、徐生芹庭撰《两汉十六家易注阐微》，赖生炎元撰《韩诗外传考征》；又沿以下探魏、晋、南北朝之经学，如黄生庆萱撰《魏晋北朝易学考佚》、王生熙元撰《穀梁范注发微》；更有直探诸经之内容者，如黎生建寰撰《〈尚书·周书〉考释》、赖生明德撰《〈毛诗〉考

---

① 高明：《周易郑氏学序》，《高明文辑》上册，第197—198页。

释》、周生何撰《〈春秋〉吉礼考辨》、王生关仕撰《〈仪礼〉汉简本考证》《〈仪礼〉服饰考辨》；不以许、郑之经学为限。盖博通后儒之经学，即所以明经；明经，则孔子之道亦明也。①

高明虽只指导了10位台湾政大从事经学研究的硕博士生，不过若以整个台湾经学教育的角度来看，高明总共指导了经学领域的硕博士生39位，再将与经学关系较密切的小学领域加进来的话，则数目更加惊人。诚如林庆彰先生所说的：

如以对后来台湾研究经学的影响来说，以屈万里、高明两位最为重要。当时屈万里先生在台湾大学任教，后来他的弟子除在台湾大学外，分布在台湾“中研院”、台湾东吴大学等。高明先生本在台湾师范学院（今台湾师范大学）任教，后来创立台湾政治大学中研所，他的弟子除在台湾师范大学、台湾政治大学外，分布全台湾各大专院校，这些弟子把老师种下的经学幼苗，灌溉成绿荫浓密的大树。②

就台湾政大的角度，则或许应这样看：以熊公哲、高明和王梦鸥为骨干的第一代学人所培育的经学人才，日后皆茁壮成了经学领域的第二代学人，不只担任在台湾政大继续传授经学的主力，而且也撑起了台湾经学研究、教育与传播的一大片天空。

六、结语

本文利用《台湾政治大学概况》所载之课程科目，以及《台湾政治大学课程说明》中的经学课程纲要，再辅以其他相关校史系史、论文指导和学人文集书信等资料，试图呈现台湾政大在台复校肇始阶段的经学教育风貌。但关于早期的原始课程及人事资料，在掌握和利用上皆仍有缺憾不足

① 高明：《尚书郑氏学序》，《高明文辑》上册，第203—204页。

② 林庆彰：《五十年来的经学研究·序》，（台北）台湾学生书局2003年版，第Ⅳ页。

之处。或因原文件不复存于天壤，或仍有搜罗未尽未全者，只能暂时从阙。

然而经过这一番检讨，可引发某些值得进一步反思的问题，首先，如何客观公允地评价台湾政大这数十年来的经学教育成效？如何评估台湾政大经学教育与战后台湾整体经学环境之形塑？面对中文学界的整体趋势，即从经学、小学的盛极一时，到后来逐渐让位于文学、义理的研究，① 这样的转变又有怎样的代表意义？这些皆是不易解答却不得不正视的问题。

其次，由第一代学人于六十年前在指南山下所建立的经师之业，历经数十年，已开枝散叶传至第二代、第三代，乃至第四代学人。这是否有所谓“指南经学”成立的可能？或“指南学案”书写的可能？当然，现代的学风与古代学派或学案的观念并不相同，因而，如何用一种动态发展的眼光，来看待这数十年来的台湾政大经学，且不失其整体一贯的特色，此诚为今日学者所宜深思熟虑者。

附录：熊公哲、高明与王梦鸥指导硕博士生学位论文一览表

一、熊公哲（共32位，与经学有关者计13位，与台湾政大经学有关者计10位）

甲、硕士学位论文（共22位，与经学有关者计7位，与台湾政大经学有关者计6位）

---

① 龚鹏程曾在1984年发表过一篇评析文学博士学位论文内容与方法的论文，文中统计，在1961年至1983年的23年间，文学类论文从50年间占论文总数的19%，至60年间占论文总数的30%，再至70年间占总数的46%，上升趋势极明显。反观经学类论文则由同期的44%，降至23%，再跌至10%，形成一极大的反差。龚鹏程针对经学没落的趋势，提出如此的观察和建言：“经学方面，可能是因为较需要深厚的功力，虽然许多中文研究所都曾规定必须圈点十三经、四史才能卒业，研究意愿和能力却逐渐滑失……响应之道，不在加强磨炼，而在解除束缚，取消经书圈点制度，是培养自由探究意愿的第一步，只有在自由抉择与发展研究兴趣、能力的情况下，经学研究才能恢复生机，讲授群经大义之类课程，才不会被视为学习的负担。”但当时担任台师大中文研究所所长的黄锦鋐却认为，圈读经书的立意是好的，对聪明的学生是拘束，但对一般学生来说，就能使其按部就班地长进。以上均见龚鹏程：《我们都是稻草人》，（台北）久大文化公司1987年版，第124、142页。又参见龚鹏程：《年轻一代与中国古典文学研究》，载《经典与现代生活》，第190页。龚文只提及文学，义理为本人所加。

	姓名	论文题目	毕业学校	毕业年份	共同指导	附注
1	朱守亮	列子辨伪	台湾师范大学	1961		
2	周虎林	荀子学术渊源及其流衍	台湾师范大学	1963		
3	罗宗涛	韩非思想源于老子说	台湾师范大学	1963		
4	何希淳	礼记正义引佚书考	台湾师范大学	1964		经学
5	周荣村	朱子学术思想渊源	台湾政治大学	1966		
6	席涵静	周代史官考	台湾政治大学	1966		
7	储砥中	韩柳文比较研究	台湾政治大学	1966		
8	卓忠信	论语何氏集解朱子集注比较研究	台湾政治大学	1967		经学
9	黄俊郎	子游学案	台湾政治大学	1968		经学
10	叶程义	礼记正义引书考	台湾政治大学	1969		经学
11	陈宗贤	李太白诗述评	台湾师范大学	1970		
12	王义雄	法家思想溯源	台湾师范大学	1970		
13	黄景进	北宋四子修养方法论	台湾政治大学	1971		
14	许春雄	李二曲研究	台湾政治大学	1971		
15	陈美利	朱子诗集传释例	台湾政治大学	1972		经学
16	蓝秀隆	扬子法言研究	台湾政治大学	1972		
17	谢朝清	庄子天下篇疏证	台湾师范大学	1972		
18	程南洲	经传释词辨例	台湾政治大学	1973		经学、小学
19	董金裕	章实斋学记	台湾政治大学	1973		
20	杨志祥	管子富强政策之研究	台湾师范大学	1973		
21	施炳华	毛传释例	台湾政治大学	1974		经学、小学
22	徐平章	王符潜夫论研究	台湾政治大学	1974		

乙、博士学位论文（共10位，与经学有关者计6位，与台湾政大经学有关者计4位）

	姓名	论文题目	毕业学校	毕业年份	共同指导	附注
1	陈品卿	尚书郑氏学	台湾师范大学	1973	高明、林尹	经学
2	吕凯	郑玄之谶纬学	台湾政治大学	1974	高明	经学
3	李威熊	马融之经学	台湾政治大学	1975	高明	经学
4	李振兴	王肃之经学	台湾政治大学	1976	高明	经学
5	董金裕	宋永嘉学派之学术思想	台湾政治大学	1977	高明	

续表

	姓名	论文题目	毕业学校	毕业年份	共同指导	附注
6	程南洲	东汉时代之春秋左氏学	台湾政治大学	1978	高明	经学
7	李丰楙	魏晋南北朝文士与道教之关系	台湾政治大学	1978	罗宗涛	
8	权重达	资治通鉴对中韩学术之影响	台湾政治大学	1979	高明、方豪	
9	颜天佑	元杂剧所反映之元代社会	台湾政治大学	1980	叶庆炳	
10	简博贤	今存三国两晋经学遗籍考	台湾师范大学	1980	杨家骆	经学

二、高明（共118位，与经学有关者计39位，与台湾政大经学有关者计11位）

甲、硕士学位论文（共47位，与经学有关者计13位，与台湾政大经学有关者计4位）

	姓名	论文题目	毕业学校	毕业年份	共同指导	附注
1	王忠林	周易正义引书考	台湾师范大学	1958		经学
2	赖炎元	毛诗郑氏笺释例	台湾师范大学	1958		经学
3	蒙传铭	尹文子考	台湾师范大学	1959		
4	李云光	曾子学案	台湾师范大学	1959		经学
5	邱燮友	古文运动史略	台湾师范大学	1959		
6	祁怀美	花间集之研究	台湾师范大学	1959		
7	邱镇京	敦煌变文研究	台湾中国文化大学	1965		
8	吴德风	鲍照生平及其作品校正	台湾政治大学	1966		
9	王更生	晏子春秋研究	台湾师范大学	1966		
10	李金城	乐府诗集汉魏相和歌辞校注	台湾师范大学	1966		
11	王关仕	仪礼汉简本考证	台湾师范大学	1966		经学
12	吴铭远	东汉王充天人思想的研究	台湾中国文化大学哲学研究所	1966		
13	康荣吉	陆机及其诗	台湾政治大学	1967		
14	王初蓉	淮海词研究	台湾政治大学	1967		
15	李栖	漱玉词研究	台湾师范大学	1967		
16	蔡主宾	敦煌写本儒家经籍异文考	台湾政治大学	1968		经学、小学
17	陈飞龙	说文无声字考	台湾政治大学	1968		小学
18	曾勤良	二徐说文会意形声字考异	台湾辅仁大学	1968		小学

续表

	姓名	论文题目	毕业学校	毕业年份	共同指导	附注
19	张秉铎	张之洞评传	台湾中国文化大学	1968		
20	李三荣	闽南语十五音之研究	台湾政治大学	1969		小学
21	林素珍	广韵又音研究	台湾政治大学	1969		小学
22	丁履譔	文选李善注引诗考	台湾师范大学	1969		经学
23	尹定国	说文所存古史考	台湾辅仁大学	1969		小学
24	谢素行	陈振孙及其直斋书录解题	台湾中国文化大学	1969		
25	方俊吉	广雅疏证释例	台湾政治大学	1970		经学、小学
26	简宗梧	经典释文徐邈音之研究	台湾政治大学	1970		经学、小学
27	陈光政	梁僧宝之等韵学	台湾政治大学	1970		小学
28	邱衍文	冠礼研究	台湾中国文化大学	1970		经学
29	陈焕芝	玄应一切经音义引说文考	台湾中国文化大学	1970		小学
30	王初庆	说文草木疏	台湾辅仁大学	1970		小学
31	徐传雄	唐人类书引说文考	台湾辅仁大学	1969		小学
32	洪固	经史正音切韵指南之研究	台湾辅仁大学	1970		小学
33	陈光宪	慧琳一切经音义引说文考	台湾中国文化大学	1970		小学
34	侯秋东	王弼易学之研究（周易略例疏证）	台湾政治大学	1971		经学
35	李威熊	经典释文引说文考	台湾政治大学	1971		经学、小学
36	柯金虎	大广益会玉篇引说文考	台湾政治大学	1971		小学
37	陈玲琇	乐记研究	台湾师范大学	1971		经学
38	勤炳琅	水经注引书考	台湾师范大学	1971		
39	曾昭旭	曲园学记	台湾师范大学	1971		经学、小学
40	李振兴	说文地理图考	台湾政治大学	1972		小学
41	林平和	吕静韵集研究	台湾政治大学	1972		小学
42	董忠司	曹宪博雅音之研究	台湾政治大学	1973		小学
43	黄桂兰	集韵引说文考	台湾政治大学	1973		小学
44	鲍国顺	段玉裁校改说文之研究	台湾政治大学	1974		小学
45	施人豪	郑樵文字说之商榷	台湾政治大学	1974		小学
46	唐明敏	李白及其诗之版本	台湾政治大学	1975		
47	廖雪兰	评述花间集暨其十八作家	台湾中国文化大学	1978		

乙、博士学位论文（共71位，与经学有关者计26位，与台湾政大经学

有关者计 7 位）

	姓名	论文题目	毕业学校	毕业年份	共同指导	附注
1	赖炎元	韩诗外传考征	台湾师范大学	1962	林尹、程发轫	经学
2	王忠林	中国文学之声律研究	台湾师范大学	1962	林尹、程发轫	
3	李云光	三礼郑氏学发凡	台湾师范大学	1964	孔德成、林尹	经学
4	胡自逢	周易郑氏学	台湾师范大学	1966	林尹、程发轫	经学
5	周何	《春秋》吉礼考辨	台湾师范大学	1967	林尹、程发轫	经学
6	陈新雄	古音学发微	台湾师范大学	1969	林尹、许世瑛	小学
7	成元庆	十五世纪韩国字音 与中国声韵之关系	台湾师范大学	1969	林尹、许世瑛	小学
8	许世旭	中韩诗话渊源考	台湾师范大学	1970	林尹、李渔叔	
9	于大成	淮南子校订	台湾师范大学	1970	林尹、王叔岷	
10	王熙元	穀梁范注发微	台湾师范大学	1970	林尹	经学
11	许锬辉	先秦典籍引尚书考	台湾师范大学	1970	林尹	经学
12	黄永武	许慎之经学	台湾师范大学	1970	林尹	经学
13	阮廷焯	先秦诸子考佚	台湾师范大学	1970	林尹	
14	应裕康	清代韵图之研究	台湾政治大学	1972	林尹	小学
15	罗宗涛	敦煌讲经变文研究	台湾政治大学	1972	王梦鸥	
16	王更生	籀庼学记	台湾师范大学	1972	林尹	经学
17	黄庆萱	魏晋南北朝易学考佚	台湾师范大学	1972	林尹	经学
18	赖明德	毛诗考释	台湾师范大学	1972	林尹、鲁实先	经学
19	辛勉	古代藏语和中古汉语 语音系统的比较研究	台湾师范大学	1972	欧阳鹫、林尹	小学
20	左松超	说苑集证	台湾师范大学	1972	林尹	
21	娄良乐	管子评议	台湾师范大学	1973	林尹	
22	徐芹庭	两汉十六家易注阐微	台湾师范大学	1973	陈立夫、林尹	经学
23	陈品卿	尚书郑氏学	台湾师范大学	1973	熊公哲、林尹	经学
24	王关仕	仪礼服饰考辨	台湾师范大学	1973	林尹	经学
25	吕凯	郑玄之谶纬学	台湾政治大学	1974	熊公哲	经学
26	陈飞龙	龙龛手鉴研究	台湾政治大学	1974	林尹	小学
27	黎建寰	尚书周书考释	台湾师范大学	1974	林尹、鲁实先	经学
28	陈泰夏	鸡林类事研究	台湾师范大学	1974	林尹	
29	邱棨鐊	集韵研究	台湾中国文化大学	1974	林尹	小学

续表

	姓名	论文题目	毕业学校	毕业年份	共同指导	附注
30	李威熊	马融之经学	台湾政治大学	1975	熊公哲	经学
31	林平和	明代等韵学之研究	台湾政治大学	1975	林尹	小学
32	谢海平	唐代蕃胡生活及其对文化的影响	台湾政治大学	1975	王梦鸥、方豪	
33	蔡信发	新序疏证	台湾师范大学	1975	林尹	
34	李振兴	王肃之经学	台湾政治大学	1976	熊公哲	经学
35	简宗梧	司马相如、扬雄及其赋之研究	台湾政治大学	1976	卢元骏	
36	黄志民	王世贞研究	台湾政治大学	1976	王梦鸥	
37	杜松柏	禅学与唐宋诗学	台湾师范大学	1976	林尹	
38	董金裕	宋永嘉学派之学术思想	台湾政治大学	1977	熊公哲	
39	宋昌基	中国古代女性伦理观： 以先秦两汉为中心	台湾政治大学	1977	王梦鸥	
40	曾昭旭	王船山及其学术	台湾师范大学	1977	林尹	
41	程南洲	东汉时代之春秋左氏学	台湾政治大学	1978	熊公哲	经学
42	鲍国顺	戴东原学记	台湾政治大学	1978	林尹	与经学有关
43	董忠司	颜师古所作音切之研究	台湾政治大学	1978	小学	
44	胡玄明	中国文学与越南李朝文学之研究	台湾政治大学	1978	陈立夫、华仲麟	
45	张文彬	高邮王氏父子学记	台湾师范大学	1978	林尹	经学、小学
46	田凤台	吕氏春秋研究	台湾政治大学	1979	胡自逢	
47	权重达	资治通鉴对中韩学术之影响	台湾政治大学	1979	熊公哲、方豪	
48	龚显宗	明七子派诗文及其论评之研究	台湾师范大学	1979	林尹、汪中	
49	叶政欣	贾逵春秋左传遗说探究	台湾师范大学	1979	林尹	经学
50	李周龙	扬雄学案	台湾师范大学	1979	李鍌	
51	邱衍文	唐开元礼中丧礼之研究	台湾中国文化大学	1979	林尹	与经学有关
52	郑明娳	西游记探源	台湾师范大学	1980	罗宗涛	
53	庄雅州	夏小正研究	台湾师范大学	1981	周何	经学
54	沈秋雄	三国两晋南北朝 春秋左传学佚书考	台湾师范大学	1981	周何	经学
55	徐信义	碧鸡漫志校笺	台湾师范大学	1981	郑骞	
56	张梦机	词律探原	台湾师范大学	1981	郑骞	
57	朱荣智	元代文学批评之研究	台湾师范大学	1981	李鍌	
58	陈庆煌	刘申叔先生之经学	台湾政治大学	1982	成惕轩	经学

续表

	姓名	论文题目	毕业学校	毕业年份	共同指导	附注
59	陈丽桂	淮南鸿烈思想研究	台湾师范大学	1983	于大成	
60	洪淳孝	三国演义研究	台湾师范大学	1983	王静芝	
61	谭明皋	民生史观文学理论之研究	台湾中国文化大学	1983	林尹	
62	柯金虎	魏晋南北朝礼学书考佚	台湾政治大学	1984	周何	经学
63	赵钟业	唐宋诗话对韩日影响比较研究	台湾师范大学	1984		
64	崔完植	王阳明诗研究	台湾师范大学	1984	李鎏	
65	韦金满	柳苏周三家词（声律与修辞）之比较研究	香港新亚研究所文学组	1986		
66	安秉卨	中国寓言传记研究	台湾政治大学	1987	吕凯	
67	叶程义	汉魏石刻文学研究	台湾东吴大学	1987		
68	徐汉昌	管子思想之综合研究	台湾政治大学	1988	吕凯	
69	陈维德	孔墨思想异同之研究	台湾政治大学	1991	吕凯	
70	曹愉生	唐代诗论与画论之关系研究——仅以诗论与画论之专著为研究对象	台湾政治大学	1991	吕凯	
71	朴宗喆	王安石词研究	台湾东吴大学	1991		

三、王梦鸥（共39位，与经学有关者计1位，与台湾政大经学有关者计1位）

甲、硕士学位论文：（共22位，与经学有关者计0位，与台湾政大经学有关者计0位）

	姓名	论文题目	毕业学校	毕业年份	共同指导	附注
1	许德平	金楼子校注	台湾政治大学	1967		
2	赵英规	明代小说对李朝小说之影响：以剪灯新话、三言、三国志演义为中心	台湾政治大学	1967		
3	成宜济	孽海花研究	台湾政治大学	1967		
4	吴哲夫	清代禁毁书目研究	台湾政治大学	1968		
5	叶日光	诗人潘岳及其作品校注	台湾政治大学	1968		
6	谢海平	讲史性之变文研究	台湾政治大学	1970		
7	陈锦钊	李贽之文论	台湾政治大学	1971		

续表

	姓名	论文题目	毕业学校	毕业年份	共同指导	附注
8	周次吉	六朝志怪小说研究	台湾政治大学	1971		
9	康百世	金圣叹评改水浒传的研究	台湾政治大学	1971		
10	禹政夏	韩国小说洪吉童传之作者及其受中国小说影响之研究	台湾政治大学	1971		
11	黄志民	明人诗社之研究	台湾政治大学	1972		
12	蔡营源	徐渭之生平及其文学观	台湾政治大学	1972		
13	申美子	中国唐代妇女生活研究	台湾政治大学	1973		
14	胡万川	冯梦龙生平及其对小说之贡献	台湾政治大学	1973		
15	任日镐	李朝中国语言教学之研究	台湾政治大学	1973		
16	郑靖时	王若虚及其诗文论	台湾政治大学	1974		
17	卢锦堂	纪昀生平及其阅微草堂笔记	台湾政治大学	1974		
18	刘汉初	萧统兄弟的文学集团	台湾大学	1975		
19	欧阳炯	杨万里及其诗学	台湾东吴大学	1981		
20	俞炳甲	唐人小说的写作技巧研究	台湾辅仁大学	1985		
21	洪在玄	李贺的文学世界研究	台湾辅仁大学	1985		
22	陈昭昭	从戏剧小说看关公形象嬗变	台湾辅仁大学	1986		

乙、博士学位论文（共17位，与经学有关者计1位，与台湾政大经学有关者计1位）

	姓名	论文题目	毕业学校	毕业年份	共同指导	附注
1	罗宗涛	敦煌讲经变文研究	台湾政治大学	1972	高明	
2	谢海平	唐代蕃胡生活及其对文化的影响	台湾政治大学	1975	高明、方豪	
3	詹秀惠	南北朝著译书四种语法研究	台湾大学	1975	屈万里	
4	黄志民	王世贞研究提要	台湾政治大学	1976	高明	
5	宋昌基	中国古代女性伦理观：以先秦两汉为中心	台湾政治大学	1977	高明	
6	陈锦钊	子弟书之题材来源及其综合研究	台湾政治大学	1977	卢元骏	
7	陈万益	晚明性灵文学思想研究	台湾大学	1977	张敬	
8	沈谦	文心雕龙之文学理论与批评	台湾师范大学	1980	李辰冬	
9	卢锦堂	太平广记引书考	台湾政治大学	1981	罗宗涛	
10	郑亚薇	南宋江湖诗派之研究	台湾政治大学	1981	罗宗涛	

续表

	姓名	论文题目	毕业学校	毕业年份	共同指导	附注
11	钟慧玲	清代女诗人研究	台湾政治大学	1981	罗宗涛	
12	崔奉源	中国古典短篇侠义小说研究	台湾师范大学	1983	吴宏一	
13	李时铭	马骕之生平与学术	台湾政治大学	1984	罗宗涛	与经学有关
14	周全	宋遗民志节与文学之研究	台湾东吴大学	1983		
15	高大鹏	唐诗演变之研究：唐诗近代化特质形成初探	台湾政治大学	1985	罗宗涛	
16	林明德	梁启超与晚清文学运动	台湾政治大学	1989		
17	俞炳甲	唐人小说所表现之伦理思想研究：以儒家为中心	台湾政治大学	1993		

后　记

2016年11月，福建师范大学经学研究所有幸主持国家社科基金重大招标项目“台湾经学文献整理与研究（1945—2015）”（16ZDA181），本论文集就是此项目的阶段性成果。

从1945年算起，台湾地区经学经过七十来年的发展，已取得丰硕成果。无论是本经的研究，还是经学文献、经学史的研究，都有许多富有创见的论著。台湾“中研院”文哲所的林庆彰先生曾主持“战后台湾地区经学研究”的科研计划，并多次举办学术研讨会，对于战后台湾地区经学的研究，可谓早着先鞭、居功甚伟。福建师范大学经学研究所也因为承担招标项目之故，向林先生多有请益。另外，研究所的简逸光教授曾毕业于台湾地区高校，负责与作者联系授权等具体事宜，最为烦劳。没有两位先生的鼎力相助，本论文集实难顺利汇编。今择取二十一篇相关论文，分门别类，数量虽然有限，但窥斑见豹，希望对了解1945年以后的台湾地区经学有所助益。

近年来，台湾地区的经学研究渐有冷落之势，而大陆的经学研究方兴未艾。观今日经学研究之势，从事经学史研究的不少，从事经学文献研究的也不少，从事本经研究的却不多见。昔柳诒征认为，惠栋《易汉学》，乃辑一代之学说；张惠言《周易虞氏义》，乃明一师之家法，其书实非经学，而是考史之学。以此言之，目下的经学论著，取径多与《易汉学》《周易虞氏义》相似，至于本经研究，则相对薄弱。前辈学者如刘起釪先生之于《尚书》，杨伯峻先生之于《左传》，屈万里先生之于《尚书》，潘重规、陈新雄先生之于《诗经》，孔德成先生之于《仪礼》复原等，皆是本经研究的杰出代表。今日正当经学研究如火如荼之际，经学史、经学文献的研究固然重要，本经的研究自不宜落后太多，即使难度很大，也不懈惰，这是汇编此论文集的另一种期待吧。

二〇二〇年秋郜积意谨识于福建师范大学经学研究所

选题策划:陈寒节
责任编辑:沈　伟
封面设计:徐　晖
责任校对:吕　飞

图书在版编目(CIP)数据

1945年以来的台湾地区经学研究/郜积意 主编.—北京:
　人民出版社,2023.3
ISBN 978-7-01-023188-4

Ⅰ.①1…　Ⅱ.①郜…　Ⅲ.①经学-文集　Ⅳ.①Z126.27-53

中国版本图书馆CIP数据核字(2021)第034088号

1945年以来的台湾地区经学研究
1945 NIAN YILAI DE TAIWAN DIQU JINGXUE YANJIU
郜积意　主　编
林庆彰　副主编
人民出版社 出版发行
(100706　北京市东城区隆福寺街99号)
北京九州迅驰传媒文化有限公司印刷　新华书店经销
2023年3月第1版　2023年3月北京第1次印刷
开本:710毫米×1000毫米 1/16　印张:41.5
字数:560千字
ISBN 978-7-01-023188-4　定价:160.00元
邮购地址 100706　北京市东城区隆福寺街99号
人民东方图书销售中心　电话 (010)65250042　65289539